다원 진화고고학

나남
nanam

한국학술진흥재단 학술명저번역총서
서양편 269

다윈 진화고고학

2009년 5월 30일 발행
2009년 5월 30일 1쇄

지은이_ 마이클 오브라이언 · 리 라이맨
옮긴이_ 성춘택
발행자_ 趙相浩
발행처_ (주) 나남
주소_ 413-756 경기도 파주시 교하읍
출판도시 518-4
전화_ (031) 955-4600 (代)
FAX_ (031) 955-4555
등록_ 제 1-71호(79.5.12)
홈페이지_ http://www.nanam.net
전자우편_ post@nanam.net
인쇄인_ 유성근(삼화인쇄주식회사)

ISBN 978-89-300-8394-2
ISBN 978-89-300-8215-0 (세트)
책값은 뒤표지에 있습니다.

'한국학술진흥재단 학술명저번역총서'는 우리 시대 기초학문의 부흥을 위해
한국학술진흥재단과 (주)나남이 공동으로 펼치는 서양명저 번역간행사업입니다.

다윈 진화고고학

마이클 오브라이언 · 리 라이먼 지음 | 성춘택 옮김

나남
nanam

옮긴이 머리말

이 책은 마이클 오브라이언(Michael J. O'Brien)과 리 라이맨(R. Lee Lyman)이 공동으로 집필한 *Applying Evolutionary Archaeology: A Systematic Approach*를 《다윈 진화고고학》이라는 제목 아래 우리말로 번역한 것이다. 현재 두 집필자 모두 미국의 미주리대학교(University of Missouri-Columbia) 인류학과 교수로 재직하고 있으며, 다위니즘이라는 공통의 이론적인 관심사와 지향성을 가지고 많은 저술을 공동 발표하고 있다. 오브라이언은 1977년 텍사스대학교에서 인류학 박사학위를 받았으며, 현재 미주리대학 인류학과 교수, 박물관장의 직책과 함께 문과대학(College of Arts and Science)의 학장을 겸하는 등 왕성하게 활동하고 있다. 특히 그는 고고학 이론과 방법론, 고고학사, 미시시피 강 유역의 선사시대를 주된 연구분야로 하고 있다. 라이맨은 미주리대학교 인류학과의 학과장을 맡고 있는데, 워싱턴대학교에서 다윈 진화고고학의 원조라고 할 수 있는 로버트 더넬(Robert Dunnell)과 동물고고학자 도날드 그레이슨(Donald Grayson)을 사사하여 1982년 박사학위를 받았다. 특히 동물고고학, 고고학사, 미국 서부 선사시대를 주로 연구하고 있으며, 동물고고학에서 광범위하게 읽히는 《척추동물 화석형성학》(*Vertebrate Taphonomy*)이라는 학술서를 발간하기도 하였다.

역자 해제에서도 밝혔지만, 《다윈 진화고고학》은 다위니즘의 이론과 원칙을 소개하고 고고학이란 학문에 적용하는 것을 주된 내용으로 삼고 있다. 2009년은 찰스 다윈이 태어난 지 200년이 되고, 《종의 기원》이 출간된 지 150년이 되는 해이다. 숫자에 불과한 것이지만, 이제 다위니즘이 그동안 어떠한 위치를 차지하고 있었는지를 생각해보는 것도 의미 있는 일일 것이다.

진화라는 개념은 학문의 초창기부터 고고학에 깊숙하게 자리 잡고 있었지만, 사실 이렇듯 다위니즘을 근간으로 하는 진화이론에 대한 논의는 20세기 후반까지 제대로 시도되지 않았던 영역이었다. 사회과학에서 사회진화론과 다위니즘의 근본적인 차이가 인식된 것이 바로 그즈음, 1970년대 후반의 일이었던 것이다. 그러던 것이 1990년대 이후 고고학에서는 많은 연구자들이 다위니즘의 원칙과 이론에 대해 논의하고 구체적인 적용사례 연구들을 발표하고 있다. 그렇기 때문에 이와 같은 분야에서 가장 포괄적인 논의를 담고 있는 연구서를 번역하여 소개하는 것은 시의적절한 일이라 생각된다.

《다윈 진화고고학》은 고고학을 비롯하여 진화생물학과 고생물학에 관련된 연구사, 다양한 개념 및 이론적 내용을 담고 있다. 물론 독자들은 글을 읽으며 지은이들이 미국 고고학자인 까닭에 미국 고고학의 입장에서 논의를 전개시키는 것에 대해 아쉬움을 느낄지도 모른다. 또한 복잡한 학사적이고 이론적인 논의를 이해하는 것도 그리 수월한 일은 아닐 것이다. 생물학에서 흔하게 쓰이는 용어나 번역어가 고고학이나 인문사회과학에서는 이례적이며 생소한 경우도 있었음은 인정할 수밖에 없다. 옮긴이로서는 될 수 있는 한 용례를 적시하고 용어선택에 유의하여 읽는 이로 하여금 생소함을 덜 느끼도록 노력하였다. 또한 원문에 충실한 번역을 원칙으로 하면서도 적절한 우리말 표현들을 살려 원저자의 의도가 잘 이해될 수 있는 길을 찾고자 하였다. 가령 독자들이 논지의 흐름을 이해하는 데 도움이 된다고 생각될 경우 지나치게 긴 문단을 내용에 따라 나누기도 하고, 소절을 추가하기도 하였다. 5장의 "단위로서 고고학적 형식"은 내용이 길어 '포드-스폴딩 논쟁'을 나누기도 하였고, 같은 장의 '찌르개의 분류', 그리고 3장의 '불연속적 차원으로서 시간의 흐름' 부분에서도 소절들을 설정하여 가독성을 높이고자 하였다.

원서는 내용이 광범위하고 최근의 이론적 흐름을 포괄하는 전문 학술도서로서 고고학이나 진화생물학 등 관련분야에 문외한인 독자가 읽기에는 쉽지 않은 책이다. 저자들은 미국 고고학사적인 배경에서 많은 비판과 주장을 하면서도 기초적인 사항들을 생략하거나 비유적인 표현을 썼기 때문에 초보자로서는 선뜻 이해하기 힘든 부분도 있다. 이와 같은 상황에서 옮긴이로서는 전문적인 용어나 표현에 역주를 충실히 달아 내용을 수월하고도 효과적으로 전달하려고 애썼다. 고고학사의 흐름과 찌르개나 토기 등 관련자료에 대해서도 이해에 도움이 될 것이라고 판단되었을 경우 역주를 최대한 이용하였다.

의욕에 넘치기도 하였지만, 때로는 지난한 번역작업이 힘에 부치기도 하였다. 그러면서도 섣부른 소개논문 같은 것보다는 제대로 된 학술서를 번역하는 것이 더 중요하다는 믿음을 가지게 되었다. 최근 몇몇 연구자들을 중심으로 중요한 고고학 입문서와 방법론도서, 연구서들이 번역되고 있는 것은 같은 학계에 몸담고 있는 사람으로서는 더없이 반가운 일이며, 이 책이 그러한 요구에 조금이라도 부응하는 성과를 가져오기를 기대한다. 한편으로는 이 책이 담고 있는 방대한 다학문적인 내용을 생각할 때 고고학 연구자뿐만 아니라 다른 학문을 하는 사람들도 읽어주었으면 하는 바람도 있다.

분량은 물론 내용도 쉽지 않은 책을 번역하면서 많은 도움을 받았다. 먼저 이 책은 2004년도 학술진흥재단 동서양명저 번역사업의 대상으로 선정되었으며, 옮긴이는 재단의 지원을 받아 번역연구를 수행하였음을 밝힌다. 재단과 심사위원들에게 감사의 마음을 전한다. 또한 마지막까지 부족한 번역문을 가다듬어준 나남출판에도 감사드린다. 그리고 힘든 번역을 하면서 아내와 두 딸에게 많은 의지를 하였다. 마지막으로 독자들의 양해를 구하여 옮긴이가 헌정이라는 것을 할 기회를 가진다면, 늘 고고학을 하는 아들을 걱정하셨던 그리운 아버지에게 이 책을 드리고 싶다.

2009년 5월

성 춘 택

머리말

인류학은, 그리고 확장하여 고고학까지도, 아주 오래 전부터 어떤 식으로든 다양한 양태의 진화에 관심을 가져왔다. 19세기 말 인류에 대해 길게 쓴 논문 어떤 것을 펼쳐 보더라도 아마도 '진화'라는 단어가 어디에선가 등장할 가능성이 높다. 만약 이유야 어찌되었든지 진화라는 용어가 보이지 않을 수는 있겠지만, 적어도 시간의 흐름에 따른 변화라는 개념이 논의의 중심에 서 있을 가능성이 높을 것이다. 1850년대 허버트 스펜서(Herbert Spencer)라는 저명한(그러나 종종 비난을 받기도 하는) 19세기 사회과학자가 진화라는 용어를 유행시킨 이후, 일상생활에 흔하게 쓰이게 되었으며, 흔히 변화(물론 주로 긴 시간 동안에 일어나는 변화를 말한다)라는 말과 동의어로 쓰이고 있다. 이후 에드워드 타일러(Edward Tylor), 루이스 헨리 모건(Lewis Henry Morgan) 등의 저작에서 진화라는 관념은 사회 및 정치 발달의 단계를 의미하게 되었으며 인류학 논의에서 아주 영향력이 큰 사조가 되었다.

미국 인류학에 대해서 깊은 지식이 없는 사람들은 20세기 전반 프란츠 보아스(Franz Boas)를 비롯하여 흔히 특수주의자들(*particularists*)이라 불리는 학자들에 와서 진화론이 쇠락하였다고 생각할 수도 있다. 그러나 특수주의자들이 비판한 것은 진화론이었다기보다는 현대의 민족지를 이용하여 과거 사람들이 어떻게 살았는지를 이해하려는 비교주의(*comparativism*)였다고 해야 옳다(Boas 1896). 인류학에서는 대략 1900년 이후부터 비교주의적 접근에 대한 관심이 시들해지기 시작하였다. 그렇지만 진화론 자체는 인류학, 특히 고고학에서 강한 저류(底流)로서 지속되었다. 고고학자들은 북아메리카 대륙에서 언제부터 인류가 살게 되었는지를 연구함으로써, 비록 유럽과는 비교할 수 없는 시간 폭일지라도, 인류 점유가 최근의 민족지로는 포괄될 수 없을 만큼 시간적으로 오래 전으로 소급됨을 점점 깨닫게 되었다.

이렇듯 긴 시간 폭이 내재되어 있음을 알게 된 연구자들은 고고자료에서의 진화적 변화에 대해서 다시 이야기하기 시작하게 된다. 1920년대와 1930년대의 몇몇 미국고고학자들은 진화라는 관념을 채용하기도 하였다. 그러나 큰 실수를 저지르고 말았으니, 바로 자료에서 보이는 변이를 설명하는 데 과학적(다윈주의적) 진화이론을 사용할 기회를 놓친 것이다.

요약하여 말하자면, 당시 몇몇 고고학자들은 생물학 이론을 고고학에 적용하기는 하였으면서도, 스스로 명확한 생각을 가지고 있지 못했기 때문에 도대체 무엇이 진화하는지를 분명하게 밝히지 못하고 말았다. 이들을 제외한 다른 고고학자들은 이런 생물학 이론을 적용하는 일이 별로 설득력 없다고 생각하였으며, 1940년대 어떤 이는 유물이 새끼를 낳을 수는 없지 않느냐고 하면서 그런 시도를 비판하기도 했다. 다시 말하면 과학적, 그러니까 다윈 진화이론은 고고학에서 1970년대 이전까지는 적절한 설명체계로서 제대로 인식되지 못했던 것이다.

역설적으로, 고고학자들은 학문 자체의 성격 때문에 진화이론을 인류의 과거를 연구하는 데 필수적인 것으로서 삼을 수도 있었을 것이라 생각하기 쉽지만, 돌이켜보면 왜 그렇게 하지 못하였는지를 어렵지 않게 알 수 있다. 실패는 단순히 이론이 없어서가 아니라 (분명히 1859년 이후에 다윈이론이 있었으므로), 이론과 고고자료 사이에 논리적 연결고리를 만들지 못한 때문이다.

여기에서 우리가 연결고리가 전혀 없었다고 하지 않고 '논리적' 연결이 없었다고 말한 점에 주의하기 바란다. 물론 인류학자들은 진화이론과 연구대상 사이에 논리적인 연결을 맺기는 하였다. 하지만 여기에서 연구대상이라는 것은 사람이라는 생물체 자체였지, 사람이 만들고 사용하고 버린 물건들, 곧 유물들이 아니었다. 다시 말하면 이론과 자료 사이의 연결고리는 사람의 신체적 양상에만 국한되었던 것이다. 최근 인류학에서는 단순히 신체를 넘어서 인간행위까지도 진화적인 관점에서 파악하고자 하는 관심이 늘어나고 있다. 그러나 비생물체로서 유물들도 뼈나 이빨, 피부처럼 진화의 일부, 그러니까 진화자료로 보려는 노력은 별로 없다.

이 책을 쓰게 된 주된 목적은 바로 고고자료 역시 생물체로서 화석자료와 똑같이 진화자료임을 논증하기 위함이다. 이를 통해 고고자료가 생물사학적 방법을 사용하여 계통발생의 역사를 재구성하는 데 좋은 자료임을 보여주고자 한다. 그러나 앞으로 살펴보겠지만, 이론 및 방법론상에서 고고학은 아직도 이러한 접근을 완성하기 위해서는 갈 길이 멀다.

우리의 입장(아마 '근본원칙'이라는 말이 더 적절하겠지만)에서 1859년이야말로 자연세계(호모 사피엔스, 그리고 우리의 계통진화적 사촌과 조상들까지도 포함하여)에 대한 연구에 있어 일대 전환점이었다. 찰스 다윈은 《종의 기원》을 출간함으로써 자연을 연구하는 방식을 영원히 바꾸어 놓았다. 그렇다고 다윈의 말에 이후 아무런 수정(몰지각한 오해까지 포함하여)도 없었다는 것은 결코 아니다. 다만 우리는 다윈의 책이 간됨으로써 생물체의 계통과 변형을 바라보는 관점에 혁명이 일어났음을 강조할 뿐이다. 다윈 스스로 '변이가 따르는 계통'(*descent with modification*)이라고 했던 생각은 우리가 알고 있는 한 그때나 지금이나 여전히 유효하다. 적응의 과정뿐만 아니라 이 과정으로 나타나는 다른 특성들(불행히도 역시 '적응'이라는 용어로 불리고 있지만)에 대한 다윈의 생각은 아직도 진행중인 철학적(그리고 이후에는 방법론적인) 혁명을 낳았다. 핵심적으로 말하자면 다윈은 생물체에서의 변화(누대에 걸쳐 장기간에 일어나는 모든 종류의 변화)를 연구하는 데 이론적인 기반을 제공하였다. 이후 과학자들이 하였던 역할은 바로 다윈이 제시한 이론적 토대를 더 정제하는 일과 자연이 낳은 아름답고 독특한 특색들을 연구하는 일이었다.

인류학은 스스로 연구대상으로 삼고 있는 사람이라는 하나의 생물체의 발달에 관해서 통합된 그림을 제공하는 데 대체로 이차적인 역할만을 하였을 뿐이며, 흔히 인류학의 의붓자식처럼 여겨지고 있는 고고학은 이루어 놓은 성과가 인류학보다 더 적다. 패러다임들—우리가 세계를 지각하는 방식에 관한 세계관들—사이의 경쟁 때문에 원칙들이 묻히고 인류 진화에 대한 흥미로운 사실들이 그늘에 가려지고 말았다. 많은 인류학개론서의 처음 몇 장들은 진화, 유전학, 자연선택 같은 것들을 다루고 있는데, 결국에 가서는 비신체적인 속성들—일반적으로 문화—을 별개의 것처럼 취급하는 경우가 다반사이다. 그렇지 않은 경우에는 선택을 자연선택과 문화선택이라는 두 가지 것으로 구분하여 인류 진화에서 변화를 이끌었던 힘으로서 문화선택을 강조하는 식이다. 우리는 사람을 포함하여 생물체들은 부분적으로 선택(*selection*) 때문에 변화하는데, 선택이 작용하는 방식과는 상관이 없다고 생각한다. 선택, 또는 다른 진화적 메커니즘이 어디에서 기원했느냐

하는 문제는 생물체에 별다른 차이를 유발하지 않으며, 한 생물체 계통 안에서도 원인은 다양할 수 있다. 인류학자로서 우리가 할 일은 진화가 일어나는 맥락뿐만 아니라 진화과정의 결과까지도 이해하는 것이다. 바로 진화의 결과물들이 인류의 등장과 발달에 관한 흥미로운 이야기들을 전해주고 있다.

우리는 생물체의 형질적인 특성만이 아니라 석기 같은 유물 역시 이런 진화의 결과물들이라고 생각한다. 생물학자들은 확실히 새의 표현형을 둥지나 그것을 만드는 행위로까지 확장하여 이야기하는 것을 전혀 이상하게 여기지 않는다. 이는 그런 행위와 행위의 결과로 만들어지는 둥지는 생물체의 생식선을 보호하기 때문이다. 또한 비버가 만든 댐이나 댐을 만드는 행위 역시 비버의 표현형의 일부로서 다룰 것이다. 많은 인류학자들도 이런 주장을 받아들일 것인데, 역설적이게도 도구나 도구를 만드는 행위 또는 사람이 옷을 입거나 집을 만드는 방식을 사람의 표현형의 일부로 생각하는 것에는 그만 선을 그어버린다.

왜 이런 이중적인 관점이 존재하는가? 이는 우리가 사람을 나머지 자연세계와는 분리하여 생각하기 때문은 아닐까? 사람은 다른 자연세계와는 양과 질적인 면 모두에서 너무도 다르기 때문에 사람을 연구하는 데는 완전히 새로운 법칙뿐만 아니라 상이한 철학적 문제들이 필요한 것인가?

우리는 그렇게 생각하지 않는다. 그리고 우리는 회의적인 시각을 품고 있는 사람들에게 이미 140여 년 전에 인간의 계통에서 나타나는 변화를 설명하는 데 필요한 이론이 제시되었음을 알려주고자 한다. 덧붙여 고고학자들로 하여금 고고자료가 진화과정에 대한 역사기록임을 믿도록 만들고 싶다.

우리의 접근법은 다음 두 가지 서로 관련되는 전략들로 이루어져 있다. 첫째로는 고고학과 다윈 진화이론적인 접근을 결합시키는 데 근간이 되는 몇 가지 존재론적이고 인식론적인 문제들을 검토하는 것이다. 그러면서 약간 거슬러 올라가서 그런 문제들에 대해서 고고학과 생물학에서 어떠한 논의들이 있었는지를 살펴볼 것이다. 하지만, 우리는 이 책에서 고고학에 있어서 진화론적 사고에 대한 완전한 역사를 제시하지도 않을 것이며, 지난 세기 내내 진화생물학자들이 씨름하였던 문제들을 세밀한 부분까지 모두 다루지도 않을 것이다. 오히려 다윈 진화이론을 고고학에 적용시키는 데 근간이 된다고 생각되는 주제들을 소개하는 일에 치중할 것이다.

두 번째 전략은 진화적 경로를 검토하는 데 화석자료—생물체의 유체나 아니면 생물체가 만들어 사용하고 버린 것들까지도—를 연구하는 학자들이 직면하고 있는 수많은 방법론적인 문제들을 세분하여 논의하는 것이다. 연구자가 이런 주제들을 대하는 방식은 인식론적인 문제들을 어떻게 논의하느냐 하는 문제로부터 직접적으로 기인한다. 어떤 단위와 방법들을 선택하는지는 인식론적인 고려와 직결되어 있다. 이 책의 부제로 계통분류체계(*systematics*)라는 말을 쓴 것은 이론이야말로 어떠한 단위와 방법들을 선택할 것인지 하는 문제뿐만 아니라 이론과 설명 사이의 넓은 틈을 어떻게 주의 깊고 체계적으로 연결시킬지 하는 지침까지도 제시해줄 것이라는 우리의 믿음을 강조하고자 한 것이다.

우리의 목적은 이 책을 다윈 진화고고학을 개설적으로 소개하여 인간이라는 존재에 대해 가장 기초적인 호기심을 가지고 있는 사람이면 누구라도 손에 들고 큰 어려움 없이 읽을 수 있는 문헌으로 만드는 것이다. 다윈 진화이론은 이해하기 그리 어렵지 않지만, 지난 반세기 동안 이루어진 철학적이고 방법론적인 논쟁들은 흔히 복잡하여 이 분야에 많은 배경지식을 가지고 있는 사람들에게조차 어렵게 느껴지기도 한다. 지금까지 이런 논쟁을 고고학에까지 끌어들인 글들은, 비록 튼튼한 체계를 갖춘 것일지라도, 지나치게 간결했거나 논란이 될 만한 진술들을 너무 많이 담고 있었기 때문에, 그런 주장들을 고생스럽게 읽었을 고고학자가 거의 없었던 것 같다.

우리는 이런 어려움이야말로 1970년대 말 처음 다윈 진화이론이 고고학에 재적용되었을 때 기대만큼 큰 관심을 불러일으키지 못한 이유 가운데 하나라고 생각한다. 확실히 미국고고학은 진화생물학에서 일어났던 인식론적인 논쟁들에 별다른 관심을 보이지 않았으며, 우리를 포함하여 진화생물학적인 논쟁을 고려하자고 주장하는 고고학자들 역시 수월하게 이해할 수 있는 주장들을 제시할 만큼 그리 충분한 시간을 갖지 못하였음도 사실이다. 무엇보다도 고고자료에서 보이는 변화를 추적하는 데 필요한 단위들은 여전히 불명확하다.

우리는 이런 상황을 개선하고 몇 가지 사례들을 통해 다윈 진화이론을 고고학에 적용시키는 데 있어 중요한 생각들을 제시하고자 한다. 또한 전문용어들에 대한 안내로서, 사용되는 중요한 용어와 개념들을 말미의 용어해설에 정리하였다. 마지막으로 우리는 이 책이 중요한 주제 모두를 섭렵하였다고는 생각하지 않으며, 비판적인 사람들은 여전히 많은 결함이 있다고 불평을 할지도 모르겠다. 옳은 말이지만, 우리는 모든 것들을 포괄하기보다는 기본적이고 근간이 되는 주제들을 강조하고자 하였다. 따라서 아직도 우리 아닌 다른 연구자들이 메워주어야 할 부분이 많다.

마이클 오브라이언 · 리 라이맨

다윈 진화고고학

차 례

제1장

다윈이론과 고고학

> 자연선택을 통한 진화라는 다윈의 이론은 의문의 여지없이 역사상 가장 혁명적인 이론이었다. 다윈이론은 우주의 본질, 그리고 우주에서 인간의 위치와 역할에 대한 우리의 이해에 천문학에서의 코페르니쿠스 혁명보다도 더 큰 영향을 미쳤다. 덧붙여 다윈은 증거들을 완벽하게 열거함으로써 오늘날까지도 인류 사상사에서 누구도 능가하지 못할 기념비적 업적을 남겼다. (Muller 1949: 459)

최근 10여 년 동안 진화이론을 이용하여 물질 자료에서 보이는 변이를 연구하고 설명하는 데 관심을 가지는 연구자들이 늘어나고 있다. 이와 같은 관심은 진화이론과 고고학에 관한 논문과 책들이 늘어나고 있는 데에서도 잘 드러난다. 그러나 고고학을 잘 아는 사람들은 고고학자들이 이미 아주 오래 전부터 진화론을 적용하여 왔다고 의문을 제기할 수도 있을 것이다. 진화이론가들의 본질적 작업이라 할 수 있는 변화에 대한 연구와 설명은 언제나 고고학자들의 중심 연구주제가 아니었던가? 그렇다면 왜 그와 같은 관심이 최근 10여 년 동안에만 늘어났다고 할 수 있는가? 우리의 대답은, 고고학자들은 진화에 관심을 가져왔지만 — 사실 때때로 결실을 맺기도 하였지만 더 새롭고 시류에 부응했던 패러다임들에게 뒤져 파묻히고 말았다 —, 최근 고고학에서 이루어진 진화에 대한 관심과 과거의 관점은 크나큰 차이가 있다는 것이다. 한 가지 다른 점은 지금 논의하려는 진화이론은 과거의 진화에 대한 관심처럼 그렇게 쉽게 무너지지는 않을 것이라는 점이다. 사실, 고고학을 포함하여 역사성이 있는 자료를 연구대상으로 하는 학문에서 진화이론은 쉽게 다른 이론에 자리를 내어주고 사라질 수는 없다. 시간성을 근간으로 하는 역사자료에 관심을 가지는 많은 학문들 가운데 고고학을 포함하여 인류학만이 지금 논의하고자 하는 종류의 진화이론이 가지고 있는 설명적 능력을 제대로 이해하지 못하였다. 그러나 이제 이런 상황이 바뀔 조짐이 일고 있는 것이다.

우리가 지금 말하는 진화이론을 논의하기 위해서는 직접적으로 1859년 찰스 다윈이 《종의 기원》(*On the Origin of Species*)을 출간할 때로 돌아가야 한다. 그 이후 넓게는 인류학자들, 좁게는 고고학자들이 관심을 가졌던 사회진화론이나 문화진화론과는 거의 아무런 공통점도 없다. 다시 말하면, 다윈의 진화이론에 바탕을 둔 고고학은 19세기 말 선사학자들에게 영향력이 막강하였던 에드워드 타일러(Edward B. Tylor 1871), 루이스 헨리 모건(Lewis Henry Morgan 1877)의 단선적이고 진보를 강조하는 문화진화론과는 근본적으로 다르다(Dunnell 1988b; O'Brien 1996d). 또한 1960년대와 1970년대 과정고고학[1]에 비교적 큰 영향을 미쳤던 레슬리 화이트(Leslie White 1945, 1949, 1959a, 1959b), 고든 차일드(V. Gordon Childe 1951a, 1951b), 줄리안 스튜어드(Julian Steward 1955) 및 그 추종자들(e.g., Sahlins and Service 1960)의 문화진화론과도 매우 다르다. 이런 진화론과 다윈 진화이론이 고고학에서 가장 크게 다른 점은 문화 그 자체의 진화로부터 특정한 문화현상들의 진화로 관심이 달라진 것을 들 수 있다. 그러나 앞으로 살펴보겠지만, 인류학과 고고학에서는 그동안 문화적 현상이 아닌 문화 자체를 주제로 다루어 왔기 때문에 이런 관점의 변화가 쉽게 이루어지지는 않았다.

20세기 초 타일러-모건 식의 진화론이 고고학에서 쇠퇴한 이후 1960년대 및 1970년대 화이트 학파의 문화진화론이 등장하기까지의 시기

1) 옮긴이 주 — Processual archaeology. 1960년대 이후 주로 미국에서 유행하였던 신고고학(*New Archaeology*)의 다른 이름인데, 신고고학은 20세기 전반 학문의 중심이었던 문화(역)사고고학(*Culture History*)을 비판하면서 등장하였다. 이론적으로는 화이트학파의 문화진화론에 큰 영향을 받았다.

동안 고고자료에서 보이는 엄청난 변이를 부분적이나마 다윈 진화이론에 입각하여 설명하려는 시도가 몇 번 있었다. 생물진화를 인용하거나 적어도 그러한 내용을 함축적이나마 담고 있는 연구는 1920년 이후 미국(*Americanist*)[2] 고고학에서 상당히 보편적이었다(e. g., Gladwin 1936; Kidder 1915, 1932; Kroeber 1931a). 그러나 고고학에서 진화이론의 역사를 다룬 글(e. g., Dunnell 1980; O'Brien and Holland 1990)을 보면 고고학자들은 1970년대 말 몇몇 학자들이 지적할 때까지 다윈 진화이론을 거의 무시하였음을 알 수 있다. 이런 글들은 대부분 상당부분을 할애하여 다윈의 생물진화이론과 화이트학파의 문화진화론이 많은 차이가 있음을 논하고 있다. 또한 1960년대와 1970년대 문화진화론이 과정고고학에 끼친 영향이 지대하였으며, 정도는 다르지만 현재의 고고학에도 영향을 미치고 있음을 강조한다. 이렇게 20세기 중반 고고학이 의지하였던 문화진화론과 생물진화론의 차이를 논의하는 것도 의미있는 일일 것이다. 하지만, 많은 경우 간과된 사실이 있는데, 바로 20세기 전반 미국 고고학자들은 다윈 진화이론의 요소들을 받아들이고자 진지하게 (물론 세부적으로는 잘못도 범했지만) 노력했다는 사실이다(Lyman et al. 1997a, 1997; Lyman and O'Brien 1997 O'Brienand Lyman 1998, 1999a). 20세기 전반 주도적 문화(역)사고고학자 가운데 하나였으며, 1960년대 고고학자들에게 많은 비판을 받았던 알프레드 키더는 진화라는 주제에 대해서 다음과 같이 말한 바 있다.

> 고고학자들은 현대생물학이 순수 분류학(*taxonomy*)의 토대 위에서 확립되었음을 주목하여 고고학도 생물학의 길을 좇음으로써 매력적인 철학적 해석들을 생산할 수 있다고 생각하였다. 그렇지만 고고학자들은 지난 세기 동안 많은 생물학자들이 열심히 노력하여 관찰하

---

2) 옮긴이 주 — 저자들은 'American'이라는 말 대신에 'Americanist'라는 말을 사용한다. 단순히 미국(또는 미주)의 고고학을 넘어 미국에서 훈련을 받은 고고학자들이 하는 고고학, 곧 미국식 고고학을 의미하는 말이다.

> 고 수집하여 과학적으로 정리해 놓은 사실들을 근거로 하여 결론을 도출하였음을 간과하고 말았다. 우리 고고학자들은 이런 생물학적 토대를 갖추는 데 완전히 실패하였다. 엄격한 유전법칙에 따른 동식물과는 달리 사람의 손으로 만들어진 유물들은 무한정 다양하다는 점에서 그런 토대를 갖추는 것은 쉬운 일이 아니다. 그렇다고 해서 노력해 보지도 않고 포기할 수는 없다. 결국에는 되어야 할 것이며, 우리가 팔을 걷고 돌도끼와 화살촉, 뼈도구들을 비교 연구하고, 분류를 만들어 내며, 정확한 기술을 하고, 분포지도를 그리는 등 우리 스스로 고되고 힘든 일들을 더 일찍 시작하면 할수록 더 빨리 문화진화라는 문제에 접근할 수 있을 것이다. 내 생각에는 이것이야말로 우리의 궁극적 목적이다. (A. V. Kidder 1932: 8)

이와 같은 키더의 통찰력 있는 언급은 1930년대 일단의 문화사고고학자들이 연구대상들을 어떻게 지각하고 있었는지를 알려주기 때문에 중요하다. 낱말 몇 개를 바꾸면 키더의 주장은 가장 보수적인 다윈 진화고고학자의 주장과도 어울릴 수 있다. 곧, 고고자료의 내용은 시간의 흐름에 따라 '진화'한다는 것이다. 키더의 언급 가운데, '비교 연구를 하고', '분류를 만들어내며', '정확한 기술을 하고', '분포지도를 그리며'와 같은 말들에 주의해 보자. 이 말들은 진화에 관심을 가진 고고학자들이 하는 가장 기본적인 일들일 뿐만 아니라 고고학자들 대부분이 언제나 하고 있는 일들이다. 흥미롭게도 이런 일들은 진화생물학자, 특히 고생물학자들이 일상적으로 하는 작업이기도 하다. 이 책에서 생물사학(*paleobiology*)은 진화이론을 사용하여 고생물자료를 설명하는 학문임을 뜻할 것이다. 또 다른 용어, 곧 고생물학(*paleontology*)[3]은 더 기술(記述)적이거나 생물층위적인 작업을 의미하는데, 이는

3) 옮긴이 주 — 이 글에서는 'paleobiology'와 'paleontology'를 구분하여 쓰고 있는데, 전자를 생물사학(또는 순고생물학이라 번역하기도 한다)으로, 후자를 고생물학이라 번역하였다. 둘의 차이에 대해서는 제 3장에서 좀더 자세히 논의하겠다.

1960년대 과정고고학자들이 이전의 문화(역)사고고학에 대해서 평가했던 성격과 유사하다.

로버트 더넬(Robert Dunnell 1985b: 732)은 "고고학은 사회문화인류학보다 고생물학이나 진화생물학과 훨씬 더 비슷한 점이 많다"고 지적한 바 있으나, 이런 유사함은 별로 논의되지 못하였다. 사실, 고고학과 고생물학은 공통된 관심사가 많다. 이 책에서 살펴볼 것처럼 두 학문 사이의 자연스런 연결고리는 다윈 진화고고학을 성공적으로 만들어내는 데 중요한 열쇠가 된다. 불행히도 그 자연적 연결고리는 흔히 고고학의 연구대상이 근본적으로 역사성을 띤다는 점을 망각함으로써 제대로 인지되지 못하고 있다(Lyman and O'Brien 1998). 자료가 역사성을 띠고 있기 때문에 변화를 기록하고 설명하기 위해서는 각별한 분석 전략들이 필요하다. 고고학자들은 그동안 자연세계를 이해하는 여러 접근법들의 근본적인 차이를 제대로 구분해내지 못하였다. 때문에 고고학은 과학적 학문이 되고자 하였지만 잘못된 과학 모델을 취하고 말았던 것이다. 이 점은 키더나 당대 학자들에게 제대로 인지되지 못하였으며, 이후에도 그런 잘못은 계속되었다.

주지하듯이 20세기 전반에는 생물학계 내 학파들이 통합되는데, 위와 같은 키더의 언급은 이보다 10년 정도나 빨리 이루어진 것이다. 첫 번째 고생물학자들과 동물학자들은 자연학(박물학)파라 불리는 경향으로 통합하였으며, 이후 두 번째로 자연학과 유전학이 통합하게 된다. 줄리안 헉슬리(Julian Huxley 1942)는 이런 사건들을 아주 적절하게 '진화적 종합'(Modern Synthesis)이라고 명명한 바 있다. 이런 통합으로 늘 살아 있는 생물체를 연구하는 생물학의 주변에 머물러 있던 생물사학의 지위는 증진되었다. 생물사학은 아주 오래 전부터 역사적 연쇄를 나타내는 것으로서 화석 자료를 생물의 진화만이 아니라 현대의 생물계를 이해하는 데 아주 강력한 열쇠로 생각하였던 것이다. '진화적 종합'[4] 이전에 생물학자들은 고생물학적 관심을 거의 갖지 않았으나, 1940년대가 되면 상황이 달라지는데, 특히 1944년 심슨(George

Gaylord Simpson)이 《진화의 속도와 양태》(*Tempo and Mode in Evolution*)라는 책을 통해 종분화(*speciation*)와 같은 과정을 이해하기 위해서는 화석 자료가 중요함을 인정하게 되었다.

1. 실행 가능한 진화이론을 찾아서

고고학자들은 생물학의 '진화적 종합'에서 아주 중요시되었던 이론 및 방법론적 이슈들에 대해서 별다른 주의를 기울이지 못하였다. 그만큼 이론과 방법론적 문제들이 고고 자료를 연구하는 데 중요함을 인지하지 못했던 것이다. 윌리엄 하그(William G. Haag 1961: 440; 1959)라는 학자는 "생물체 진화의 자연스런 연장선상에서 문화진화를 생각할 때 진화의 과정에 대한 우리의 이해는 더욱 분명해질 것이다"라고 하였는데, 이 말에는 당시 고고학자들이 물질 자료의 이해에 다윈의 진화이론을 적용하지 못하고 있음이 역설적으로 잘 드러나 있다. 하그는 동물학 공부를 많이 하였던 고고학자로서 진화이론을 적용하여 고고 자료를 연구하지는 않았으며, 진화의 종류(생물진화와 문화진화)들 사이에 차별을 두지도 않았다. 다른 사람들이 어떻게 변모시켰다 하더라도 하그에게 진화는 진화였을 뿐이다. 하그의 언급은 신고고학의 등장이라는 1960년대 고고학의 지성적 혁명 바로 전에 이루어졌으며, 학사적 의미에서 키더의 말과 함께 중요한 의미를 지닌다. 여기서 하그는 문화진화를 "생물체 진화의 '자연스런' 연장선상에서 생각할 때"라고 말하였지 "문화진화를 생물체 진화와 유사한 방식으로 이해할 때"라고 하지 않았음을 유의해 보자. 다시 말하여 키더가 생물진화를 연장하여 고고 자료의 내용까지 포괄하자고 말한 뒤 약 30여 년 동안 아

4) **옮긴이 주** — 앞으로 살펴보겠지만 20세기 전반에 들어 다윈주의적 원칙과 유전학이 결합되어 통합된 생물진화이론이 완성된 것을 가리킨다. 경우에 따라서는 '현대의 종합설'이나 '근대적 종합'과 같은 용어로도 번역된다.

무런 진전도 없었다는 것이다. 이런 상황은 하그의 언급 이후 20여 년 동안에도 마찬가지였다. 문화가 어떠한 과정으로 변화하는지에 대해서 이해하고자 하였던 과정고고학자들은 키더와 하그 두 문화사고고학자들의 메시지를 이해하지 못함으로써 다윈 진화이론을 고고학에 끌어들일 수 있는 기회를 잃고 말았다. 1960년대와 1970년대 과정고고학을 떠받쳤던 것은 다윈 진화이론이 아니라 화이트 학파의 문화진화론이었던 것이다.

키더는 아마도 미국 고고학이 실행 가능한 진화이론을 찾는 데 있어 출발부터 잘못되었으며, 또 일탈하게 될 것임을 예견했었는지도 모른다. 또한 고고학이 문화현상을 설명할 수 있는 기본 자료와 이론을 갖지 못하였음을 잘 지적하기도 하였다. 하그와 마찬가지로 키더는 문화변이를 설명하는 데 '전혀 새로운' 이론을 만들어낼 필요를 느끼지는 못하였음이 명백하다. 이론(진화이론)은 이미 있었던 것이다. 문제는 고고학자들을 설득하여 그 이론을 사용하게 하는 것이었다. 다윈 진화이론을 적용하는 데 관심을 가졌던 고고학자들에게 키더의 말은 더할 나위 없이 좋았을 것이다. 왜냐하면 키더는 모든 진화 연구를 떠받치고 있는 이슈, 곧 '변이의 기록'을 강조하였기 때문이다. 키더는 토기와 같은 유물에서 보이는 변이가 유전적 변이와 근본적으로 다른 것이라고 생각하지 않았다. 다만 유물의 변이는 인간의 무한한 상상력의 결과이며, 인간은 사회 및 물리적 환경에서 변화를 유발하는 능력이 지대함을 인정하였다. 그러나 글래드윈(Harold Gladwin 1936)과 같은 이들은 문화진화가 생물진화보다 훨씬 빠르게 일어나기 때문에 다윈의 생각은 고고 자료에 적용하기 어려울 것이라고 보기도 하였다. 이런 부정적 관점은 오늘날에도 광범위하게 찾아볼 수 있다.

키더는 젊은 시절 미국 서남부에서 그리고 나중에는 중앙아메리카에서 온 생애 동안 탁월한 능력을 발휘하여 고고 자료에서 나타나는 변이를 자료화하는 데 애썼지만, 사실 절차 가운데 빠뜨린 것이 있었다. 키더를 비롯한 문화사고고학자들은 너무 시급히 변이를 기록하려

했던 나머지 어떤 과학에서도 분석 단위의 선택은 반드시 이론적 근거를 바탕으로 하여야 한다는 점을 잊고 말았던 (또는 인식하지 못하였던) 것이다. 키더의 경우 문제는 어떤 방식으로 진화이론을 고고 자료에 응용하는지를 지각하는 데 있었다고 할 수 있다. 키더는 이론이 강력한 설명력을 가지고 있다고 생각을 했을지는 몰라도, 유물들을 어떻게 이론과 연결시킬지 하는 논리적 수단을 개발하지는 못하였다. 다시 말하여 진화라는 과정이 작용하는 방식 및 다윈 진화이론의 인식론적 이슈들(물론 당시에는 제대로 정리되어 있지 않았지만)을 확실히 인지하지 못하였기 때문에 진화와 물질 자료를 논할 때는 모호한 은유를 사용할 수밖에 없었다. 결과적으로 월터 테일러(Walter Taylor) 같은 후대 고고학자들이 키더의 연구는 "역사 아니고 문화인류학도 아니며" "유물에 대한 기술(記述) 자체를 위한 기술이며 비교연구 역시 순수한 기술적 목적에서 이루어진다"고 비판을 하게 된다. 그러나 앞에 제시한 키더의 글에 나와 있는 "철학적 해석" 이전에 "과학적으로 정리해 놓은 사실들에 근거해야 한다"는 말을 주목해 보자. 키더는 단지 자신이 성공적이라 생각했던 (고)생물학적 연구방법을 따랐던 것이다. 다시 말하여 사실들을 먼저 찾은 다음 이것을 이론과 연결시키는 일이다. 그런데, 이런 절차가 성공적이었을까?

만약 키더가 다윈 진화이론을 진정으로 이해하였다면 진화적 변화를 파악하는 단위들을 만들어내는 이론적 바탕을 마련하고자 하였을 수도 있다. 그러나 '이론'이 없었기 때문에, 키더를 비롯한 문화사고고학자들은 그저 '상식'적 수준에서 (분석)단위들을 만들었던 것이다 (Lyman et al. 1997b). 고고학에서 일상적으로 사용되는 단위들 가운데는 역설적으로 진화 연구에도 아주 잘 들어맞을 것들도 있었으나, 문화사고고학자들은 이것을 인식하지 못하고 말았다. 어떻게 그리고 왜 변화가 일어나는지를 설명하는 일도 적절한 이론이 없는 상태에서는 상식이나 인류학적 지식에 바탕을 둔 개인적 해석에 머물고 말았다. 불행히도 상식이란 상황에 따라 다르고 자의적(자민족중심적)이기 때문에 과학에서는 아무런 역할도 할 수 없다.

문화사고고학자들이 진화의 '진화적 종합'이라 불리는 생물학적 논쟁에 끼어들지 못했음은 그리 놀라운 일이 아니다. 이것은 미국 고고학은 처음부터 물질 자료를 바탕으로 시간의 흐름을 측정하고 문화편년을 확립하는 일에 관심을 가지고 이를 추구하는 독자적 방법과 기술을 가졌기 때문이다(Lyman et al. 1997b; O'Brien and Lyman 1999a; Willey and Sabloff 1993). 1940년대 초 생물학의 주된 학파들(자연학자들과 유전학자들) 사이에 벌어졌던 진화의 성격에 대한 지성적 논쟁은 인식론적인 결합을 가져왔다. 각 학파는 연구대상을 달리 하였으나 이 같은 결합을 통해 자연에서 보이는 변이의 생성뿐만 아니라 그런 변이들이 역사적으로 어떠한 과정을 거쳤는지에 대한 강력한 연구 수단을 갖추게 되었다. 그렇다면, 왜 생물학자들이 진화라는 오랫동안 당연시 여겨졌던 문제에 관심을 가질 때 문화사고고학자들은 그렇지 못했는가? 헤럴드 콜튼(Harold Colton) 같은 문화사고고학자는 젊었을 때 생물학을 공부했던 사람이었는데도 말이다. 그런데 이런 학자들조차도 생물학을 전혀 공부하지 않은 고고학자들과 마찬가지로 생물진화의 다양한 양상들을 고고학 연구에 어떻게 적용시킬지 하는 문제에 대해서는 별다른 생각이 없었다.

1) 인간의 표현형을 확장하기

이렇듯 고고학이 생물학적 이슈들에 별다른 관심이 없었던 것은 생물진화와 문화진화는 표피적 유사성에도 불구하고 하나로 다루기에는 너무도 많은 차이가 있다는 뿌리 깊은 인식 때문이라고 하겠다. 키더(Kidder 1932: 8) 등 진화에 관심을 가졌던 문화사고고학자들은 "문화진화의 문제"를 푸는 것이 가능할 것이라 믿었지만, 형질적 영역에 작용하는 진화의 메커니즘을 어떻게 유물에도 적용할 수 있을 것인지 하는 생각을 발전시키질 못하였다. 다시 말해(변이의 생산을 통제하는 법칙과 상관없이) 변이를 변이로 보았음에도 불구하고, 주로 유전의 법칙에 따르는 생물체의 진화를 끌어들여 그런 유전 법칙으로 "통제되지 않는"(Kidder 1932: 8) 비생물체적 특질들의 진화를 이야기하는 것은 너무도 큰 비약이라 생각되었던 것이다. 이는 문화사고고학자들만의 잘못은 아니어서 나중에 언급할 것처럼 현대 진화생물학자들조차도 다윈 진화이론을 바탕으로 인간의 문화를 제대로 이해하지 못하는 연구자들이 있다. 피부나 뼈는 다윈 진화이론의 타당한 주제로 보이지만, 석기나 토기는 그렇지 않은 것으로 생각되는 것이다.

그렇지만 석기와 토기와 같은 비신체적 특질들이야말로 생물학적 특질들과 마찬가지로 진화과정으로 보아야 한다는 것이 우리의 생각이다. 더 정확하게 말해서 석기나 토기를 만들고 사용하였던 '개인들'은 진화과정을 겪기 마련이다. 기술의 산물은 적응을 반영하기보다는 진화과정의 중요하고도 적극적인 부분이다. 산물로서 유물들에는 활발한 변이가 있으며, 변이들은 적응적 문제들에 대한 대안적 해결책, 곧 그에 대한 응답이다. 우리들은 고고 자료란 피부나 뼈와 같이 인간 표현형의 연장선상에서 이해할 수 있으며, 유물을 만들고 사용했던 사람들의 진화과정과 구체적 진화사를 이해하는 자료가 된다고 생각한다. 이 같이 고고 자료를 바라보는 관점은 '물질문화'에 대한 전통적 시각과는 근본적으로 다르다고 할 수 있다. 물론 지나치게 분란만을 일으키는 일이 되어서는 안 된다. 생물학자들 대부분은 일상적으로 부리나 깃털과 같이 새둥지도 표현형의 일부로 본다. 그렇다면 왜 토기나 석기 같은 유물들을 사람의 머리나 피부 같은 신체적 형질들과 같이 보면 안 되는 일인가? 물론 우리는 토기나 석기를 만드는 행위들도 표현형의 일부로 판단하는 데 아무런 문제도 없다고 생각한다. 행위의 결과물을 표현형으로 보게 되면 다윈 진화이론이라는 논리체계에 발을 디디는 일만이 남는다. 그렇게 되면 고고 자료에서 나타나는 변이들이 만들어지는 데 어떻게 선택(*selection*)이나 부동(*drift*)과 같은 것들이 역할을 하였는지를 논의할 수 있게 되는 것이다.

생물학자들이 새둥지나 비버댐, 거미줄 같은 것들을 표현형의 일부로 생각하는 이유는 부분적으로 이런 것들을 만드는 행위는 유전적으로 통제되기 때문이다. 우리가 아는 한 지금까지 아무도 '어떻게 생긴 댐을 만들라'는 메시지를 가진 비버의 유전자를 찾은 사람은 없지만, 그런 행위들이 유전적으로 통제된다는 논리적 진술을 거부할 증거도 없다. 이렇듯 행위는, 또는 적어도 특정한 행위들의 유전적 바탕은 전승된다. 유기체는 자신을 둘러싸고 있는 환경과 상호작용을 하며, 대응 단위들, 곧 유전자를 몸에 지니고 있는 하나의 운반체(*vehicle*)로서 기능한다는 생각에 이의를 제기하는 사람은 별로 없다. 이 생각을 인정한다면, 운반체는 유전자의 증식을 보호하여 그 정보가 누대에 걸쳐 전수되도록 하는 일을 한다고 볼 수 있다. 만약 운반체가 이런 일을 제대로 수행하지 못하면, 또는 수행할 수 없게 된다면, 그 생식선은 사라지고 말 것이다. 자연세계에는 거의 무한정한 수의 운반체가 있는데, 거기에는 특정한 환경에서 일을 잘 수행하고 그렇지 않는 차이가 있기 마련이다. 진화이론가는 환경이라는 주어진 배경에서 다음 세대에 유전자를 전수하는 데 어떤 개체들이 다른 것들보다 어떻게(그리고 왜) 더 성공적이었는지를 파악하는 일을 한다. 만약 이것이 진화학자들의 작업을 너무도 협소하게 언급하지는 않은 것인가 생각된다면, 우리는 사람을 포함한 생물체들이 성공적으로 걸어왔던 헤아릴 수 없는 길을 연구하는 것은 사실 이처럼 협소하며 그렇게 흥미 있는 일은 아니었음을 지적하고 싶다. 이로써 우리는 진화과정으로 생산된 놀랍도록 복잡한 특질들을 만나게 된다. 이런 특질들이 신체적인 것이든 그렇지 않은 것이든, 생물체의 적응도(*fitness*)에 영향을 미치는 것이다.

이것은 유전형과 표현형 사이의 차이에 관한 것이다. 만약 유전형이 "신체적" 표현형을 결정한다면, 이것은 다시 생식선상을 보호하게 되며, 때문에 새둥지를 만드는 행위를 통제하는 유전자 역시 생식선상을 보호하는 결과를 가져오는 것이다. 논리는 동일하며, 생물학자 리차드 도킨스는 다음과 같이 주장한다.

> 날도래 유충의 집은 엄격하게 말해서 세포로 이루어진 몸의 일부라 할 수는 없지만, 아늑하게 몸을 감싸고 있다. 만약 몸을 유전자를 지니고 있는 운반체, 또는 유전자가 생존하는 기계라고 생각한다면, 기능적 측면에서 운반체의 외부를 돌처럼 단단하게 둘러싸 집을 만드는 것이야말로 확실한 보호를 할 수 있을 것이다. 다만 여기서는 돌이 아니라 키틴질로 만들어졌을 뿐이다. 이제 거미가 거미줄에 앉아 있는 것을 상상해보자. 거미를 유전자를 가진 운반체로 간주할 수 있지만, 거미가 몸을 돌릴 때 거미줄은 같이 돌지 않는 것을 보아도 거미줄은 엄밀하게 이야기하여 날도래 유충의 집의 예에서처럼 운반체의 일부라 볼 수는 없다. 그러나 이것을 구분하는 일은 정말 하찮은 짓이다. 진정한 의미에서 거미줄은 일시적으로 거미의 신체의 연장으로 거미가 사냥감을 잡는 범위를 크게 확장하는 기능을 하였던 것이다. (Richard Dawkins 1990: 198)

우리는 이런 주장을 모두 고고학적 맥락에서 벌집과 미시시피안시대[5]의 벽을 파서 만든 소굴에서 나온 유물 조각들에 적용시킬 수 있다(O'Brien and Holland 1995b). 현대의 생물학자들은 아무런 어려움 없이 벌집과 벌집을 만드는 행위를 확장된 표현형이라는 틀 안에서 다룰 것이다. 또한 벌집을 만드는 행위를 역사적 특질, 곧 시간의 흐름에 따라 변화하는 구조물로 보는 데도 별다른 어려움이 없을 것이다. 그럼에도 많은 고고학자들은 그런 유적을 이해하기 위하여 민족지나 민족사 문헌에서 끌어온 '행위적 유추'를 동원하여야 한다고 생각할 것이다. 하지만, 형태적 발달에 대한 유전적인 바탕에서 행위에 대한 유전적인 바탕으로 옮아가는 것이 큰 문제가 없다고 한다면, 행위로부터

5) 옮긴이 주 — 미국 중서부와 동남부의 선사시대 문화의 하나로 우드랜드시대를 뒤이은 것이다. 기원 후 약 7세기부터 15세기까지를 포괄하며, 옥수수와 콩 재배를 특징으로 한다.

표현형의 확장(여기서는 벌집과 미시시피안시대 소굴, 또는 누에 집이나 거미줄)으로 옮아가는 것 역시 별다른 문제가 없을 것이다.

2) 다윈 진화고고학과 환원론의 문제

현대의 다윈 진화고고학을 소개하는 글들[6]에서는, 분명하거나 암시적이거나, 고고 자료를 인간의 표현형의 확장으로 파악하려 애쓰고 있다. 이런 노력은 문화사고고학자들보다는 진화의 복합성을 더 잘 이해할 수 있게 되었을 뿐 아니라 동시에 환원론에 빠질 수 있는 오류를 피해야 하겠다는 필요성을 인식함으로써 비롯되었다. 여기서 환원론이란 다른 학문(생물학)으로부터 일반 이론 원칙들을 도출하여 적용시킴으로써 결과적으로 막다른 길에 마주치는 것이다. 20세기 전반 문화사고고학자들이 진화이론을 고고학에 적용시키고자 하였지만 이런 환원론적 문제 때문에 끝내 실패하고 말았던 것이다. 당시 진화이론을 고고학에 적용시키는 것은 지나치게 순진한 생각이라는 비판을 쉽게 할 수 있었는데, 예를 들면 브루(J. O. Brew 1946) 같은 이는 유물들이 서로 어울려 자식을 낳을 수는 없지 않느냐고 지적하기도 하였다. 이런 공격으로 다윈 진화고고학은 제대로 싹을 틔울 기회를 갖지 못하고 말았던 것이다(Lyman and O'Brien 1997의 논의 참조).

그러나 고고학을 다윈 진화이론이라는 큰 틀 안으로 끌어 들이는 데 더 이상 환원론적 주장을 할 필요는 없다. 우리가 해야 할 일은 첫째, 표현형이란 개념을 확장하여 물질 자료까지 포괄하는 일이며, 둘째, 물질 자료는 화석 자료와 마찬가지로 '역사' 자료임을 논증하는 일이다. 물질 자료는 역사성을 띠기 때문에 고고 자료는 시간의 흐름을 담고 있다. 그러나 격지(박편)가 되었든 토기편이나 동물뼈가 되었든 유물들은 마치 화석화한 생물체와 마찬가지로 단순히 시간만을 알려주는

---

6) 학사적으로 중요한 문헌들은 'O'Brien 1996b'에 수록되어 있으며, 최근의 것들은 'O'Brien et al. 1998, Lyman and O'Brien 1998'을 참조할 수 있다.

것이 아니다(e.g., Eldredge and Gould 1977). 유물에는 제작, 사용, 폐기, 유실 등 수많은 사람의 행위들〔*activities*, 쉬퍼(M. Schiffer 1976)가 유행시킨 용어이다〕을 담고 있다. 사실 과거 특정한 사건으로 생긴 변이들도 있을 것이며, 이것들을 꿰면 시간의 흐름에 따라 변이들이 어떻게 다른 변이들을 대체하여 왔는지 하는 역사 기록을 얻게 된다. 이러한 고고자료의 역사성 때문에 고고학은 민족학과는 다른 연구분야가 된다. 유물들을 적절하게 편년하여 역사적 연결(계보, *lineages*)을 구성했다면, 진화이론을 사용하여 왜 그러한 연결고리를 갖추게 되었는지를 잘 설명할 수 있다(Lyman and O'Brien 1998). 이 연결고리는 다시 유물들을 만들고 사용하였던 사람들의 계보와도 직접적으로 관련된다. 이런 연구절차에 환원론상의 문제는 전혀 없다.

그런데 고고자료는 이러한 역사를 이야기해주는 데 불완전한 자료이며, 사실상 진화상 실패보다는 성공에 관한 기록임을 알아야 할 필요가 있다(O'Brien and Holland 1990). 마치 고생물학 자료와도 같이 고고 자료에는 과거의 많은 양상들이 결실되어 있다. 인간의 제작과 사용을 보여주는 모든 유물들이 똑같이 보존되지는 않는데, 가령 유기물로 만들어진 물건들은 오랜 시간이 흐르면 사라져 없어져 버리는 것이다. 어떤 고생물화석 지점도 과거에 살았던 모든 생물체들을 담고 있지 않듯이 어떤 고고 유적도 과거 사람들이 만들고 사용하고 버리거나 잃어버린 물건들을 모두 포괄하고 있지는 않다. 설사 그렇다손 치더라도 어떻게 한 지점의 자료들만으로 점유자들이 다른 지점에서 무슨 일들을 하였는지를 어떻게 알 수 있겠는가? 따라서, 고고학자들은 고생물학자들처럼 넓은 지역의 자료를 모아서 역사를 구성하고 서로 비교하여 비어있는 공간들을 메워 시간적으로 아주 큰 연쇄를 확립하여야 한다(O'Brien and Lyman 1999a). 역사적 연쇄가 얼마나 완전하고 불완전한지 하는 문제는 일단 논외로 치자. 여기에서 중요한 것은 고고학자와 고생물학자들이 만드는 연쇄는 역사성을 띠고 있다는 사실이다. 중요한 것은 아주 세밀하게 기술할 수 있는 연쇄들도 있겠지만,

이런 기술들은 결과적으로 '어떻게' 서로 연결되어 있다는 진술들일 뿐이지 '왜' 서로 그 같은 연결을 맺게 되었는지를 설명해주지는 않는다는 사실이다. 다시 말하면 연쇄들을 구성하는 일도 중요하지만 연쇄들을 만들었다고 해서 학문적인 관심의 끝은 아닌 것이다. 오하라(Robert O'Hara 1988)가 지적하였듯이 구성된 연쇄들은 역사적 연대기일 뿐이다.

이런 문제들을 인지함으로써 1960년대에는 신고고학이라는 '새로운 종류의' 고고학이 나타나게 되었다. 다시 말하면 고고학자들이 이전 문화사고고학자들이 애써 만들어놓은 수많은 편년 연쇄들에 자신들의 연쇄를 한두 개 추가하는 데 더 이상 만족하지 않음으로써 '문화 과정주의'(*cultural processualism*)[7]가 등장하게 되었던 것이다. 애써 편년 연쇄를 만드는 일은 과거에나 했던 일로서, '왜'라는 물음에는 관심이 없고, 따라서 과학으로 고고학을 세우는 데 관심이 없던 사람들이나 하는 일이라고 비판받게 되었다. 고고학에서 정말 흥미 있는 일은 바로 단순히 '어떻게'라는 물음보다는 도대체 '왜' 그렇게 되었는지 하는 '설명'의 영역이다. 놀랄 것도 없이 과정고고학에서는 화이트의 시각을 채택함으로써 진화란 다윈의 과정으로 생각되지 않게 되었다. 한 둘의 예를 제외하면 아무도 다윈 진화이론을 사용하여 문화사고고학자들이 그렇게 많은 시간을 투자하며 만들어낸 유물의 역사적 여정들을 설명하려 하지 않았던 것이다.[8]

---

7) 옮긴이 주 — 신고고학, 곧 과정고고학(*Processual Archaeology*)을 말한다.

8) 옮긴이 주 — 이 책을 주의 깊게 읽으면 분명해지겠지만, 20세기 전반 미국 고고학의 대세는 문화영역을 설정하고 그 안에서 유물이나 유적과 같은 고고학적 내용들을 자세히 편년하고 그 기원을 탐구하는 이른바 '문화사고고학'이었다. 1940년대 말부터 이러한 문화사고고학적 경향을 비판하는 흐름이 일어났으며, 1960년대에는 과정고고학(신고고학)이 등장하여 전통고고학의 문화사 편년과 복원의 경향에 반대하고 과학으로서 고고학을 주장하여 학계의 흐름을 주도하게 된다.

2. 이슈들을 정리하며

진화론자로서 우리는 현재 다윈이론에 대한 관심이 다시 일어나고 있다는 사실에 고무되어 있다. 아울러 진화이론의 성공을 판단하는 데는 두 가지 기준이 있음을 잘 알고 있다. 그것은 첫째 진화이론이 얼마나 충실하게 적용되고 있는지 하는 것이며, 둘째 설명 체계로서 얼마나 광범위하게 적용되고 있는지 하는 것이다. 첫 번째 것과 관련하여 우리는 진화이론이라는 이름을 사용하고는 있지만, 논리적으로 이론적인 절차를 따르지 않고 있는 경우 어떻게 다윈 진화고고학이라 부를 수 있을지 의문을 가지고 있다(Lyman and O'Brien 1998; O'Brien 1996d). 여기서 우리는 다윈이론이 모든 고고학적 문제들을 해결해주지는 않음을 주의할 필요가 있다. 사실 다윈이론은 고고학을 위해 고안된 것이 아니기 때문에 만병통치약이 될 수는 없으며, 물론 진화생물학자들이 당면한 모든 문제들을 해결해주는 것도 아니다. 따라서 원래의 다윈이론은 우리가 자연세계를 더 많이 알게 되면서 정제되고 확장되어 왔다(다시 말하면 진화하여 왔다). 어떤 이는 너무 많은 영역들에 확장되었기 때문에 19세기의 다윈 자신은 지금의 진화이론을 제대로 인식하지 못할 정도라고 주장할 수도 있겠다. 하지만, 우리는 다윈이 지금 다시 나타난다면 반드시 현대 진화이론을 인지할 것이라고 믿는다. 아마도 수도 없이 많은 미사여구들을 익히느라 힘은 조금 들겠지만, 결국 다윈은 현대의 진화이론을 이해하게 될 것이다. 그러면서 다윈 자신이 약 150년 전 고안하였던 중심적 생각들은 그대로 유지되고 있음도 깨닫게 될 것이라고 생각한다.

두 번째 기준에 대해서 살펴보자. 이론의 역할에 대해서 잘 이해하지 못하면서 이론을 기획된 상황에서나 적용되고 있다고 생각하여 아무도 실제 상황에서 이론을 사용하려 하지 않는다고 한다면, 이론이 무엇을 얼마나 잘 설명하는지 하는 문제와는 상관없이, 이론의 쓰임새란 도대체 무엇인가 하는 문제가 생긴다. 고고학자들은, 그리고 넓게는 과학자들까지 포함하여, 거대한 패러다임 아래에서 학문을 하기 때문에 지금까지 관습적으로 부적절한 과학 모델에 바탕을 두고 물질 자료를 연구하여 왔음을 쉽게 인정하려 들지 않는다. 자료의 성격을 설명하는 데 사용되는 이론은 어떤가? 이것 역시 부적절한가? 아니면 이보다 더 나아가 '이론'이라는 것이 진정한 이론이 아니란 말인가?

고고학자 가운데는 특정한 패러다임에 크게 의존한 나머지 다윈 진화이론이 많은 것들을 해결해준다는 사실에 확신을 갖지 못하는 사람들도 있다(e. g., Boone and Smith, 1998). 어떤 이는 다윈 진화고고학을 떠받치는 원칙이라 할 수 있는 물질 자료는 생물학적인 것에서 확장하여 표현형의 일부로 보아야 한다는 점을 받아들이려 하지 않기도 한다(e. g., Maschner 1998). 이 같은 학자들은 다윈 진화이론에 관심을 표하고 있으면서도, 사람이란 '문화'를 가졌기 때문에 선택(*selection*)의 효과로부터 자유로울 수 있었다는 생각을 가진다. 이 같은 생각에 우리는 대니얼 데넷(Daniel Dennett 1995: 365)이라는 철학자가 했던 '우리는 아직 멀었다. 거대한 자연의 힘이 지구상에서 문화라는 실험을 한 지는 이제 겨우 수천 세대가 지났을 뿐이다'라는 말을 해주고 싶다.

마지막으로 다윈주의적 접근으로 고고 자료를 이해하는 일은 분명 가치가 있지만 생물학적 개념이나 방법을 채택하는 일에는 문제가 있다고 생각하는 사람들이 있다. 대표적으로 브루스 트리거는 다음과 같이 말한다.

> 나는 선택(*selection*)을 강조하는 진화고고학이 진보를 강조하는 문화진화론적인 과정고고학보다 많은 것을 할 수 있다는 데 동의한다. 하지만 더 본질적인 것은 사람들에게 선택은 단순히 외부적이지 않아서, 문화적으로 조정되는 지각, 에이전시, 기호 등이 개입되어 있다는 사실이다. 나는 진화고고학이 환원론적인 생물학 용어들을 버리고 인간행위만이 가지는 독특한 양상들을 명확히 인정한다면 사회문화적 현상들을 설명하는 데 더욱 널리 받아들여질 수 있을 것이라고 믿는다. (Trigger 1998: 364)

하지만, 트리거의 시각과는 달리 우리는 진화이론이야말로 변화를 설명하는 가장 강력한 도구임을 확신하고 있고 또 앞으로 그렇게 생각하게 될 고고학자들이 수도 없이 많아질 것이라고 믿는다. 물론 널리 받아들여지기 위해서는 무엇이 진정한 다윈 진화고고학이고 어떤 것이 그렇지 않은지에 대한 기본적 이해를 필요로 한다. 우리는 이제 '다윈주의 진화'라고 하는 것이 무엇을 뜻하는 것인지, 도대체 무엇이 진화하는지, 변화란 어떻게 평가될 수 있는 것인지와 같은 문제들을 확실히 할 것이다. 진화고고학에 관심을 가지는 사람들 사이에도 방법뿐만 아니라 기본 전제에 대해서 혼동이 있는 듯하다.

예를 들어 《다윈주의 고고학들》(*Darwinian Archaeologies*, Maschner 1996)이라는 최근에 나온 책 제목은 다윈이론을 바탕으로 할 수 있는 고고학이 한 줄기만이 아님을 시사하고 있다. 그러나 이것은 잘못된 말일 뿐만 아니라 불가능한 것이다. 가령 다윈 생물학은 단 하나뿐이다. 물론 이론들 역시 다양한 구성 요소들을 가지고 있고, 마이어(Ernst Mayr 1991b) 같은 이는 다윈이론을 적어도 다섯 개의 서로 관련된 이론들 또는 하부이론들로 나누기도 했다. 하지만, 그렇다고 해서 몇 개의 진화생물학이 가능하다는 말은 아니다. 똑같은 원칙을 다윈 진화고고학에도 적용할 수 있는 것이어서 여러 개의 다윈주의 고고학이란 존재할 수 없다.

이렇게 혼란이 싹튼 원인 가운데는 고고학자들이 생물학 문헌들을 제대로 섭렵하지 못했기 때문이다. 또한 고전 진화이론은 고고학적 현상들을 설명하기 위해서 만들어지지는 않았다는 이유를 들 수도 있다(Dunnell 1995; Teltser 1995b, 1995c). 혼란의 원인 가운데 하나는 진화와 생태학이라는 용어를 합성한 진화생태학(*evolutionary ecology*, 더 정확히는 '행위'생태학)을 들 수 있으며, 진화생태학은 적어도 원칙적 측면에서는 다윈 진화고고학과 겹치는 부분이 많다고 주장하는 사람이 있기도 하다(Boone and Smith 1998; 그러나 O'Connell 1995; Broughton and O'Connell 1999도 참조). 우리는 반대로 우리가 말하는 다윈 진화고고학과 진화생태학 사이에는 분석적 목적이라는 측면에서 공통점이 크지 않다고 생각한다. 물론 그렇다고 해서 결코 생태학의 근간이라고 할 기능적 분석의 중요성을 과소평가할 생각은 없지만 말이다(Lyman and O'Brien 1998).

다윈 진화를 떠받치는 원칙들〔마이어의 (하부)이론들〕은 사실 이해하기 어렵지 않다. 오히려 어려운 것은 다윈주의 진화를 둘러싼 복잡한 철학 및 방법론적 논쟁들이다. 그럼에도 인식론적 근거(곧, 생물체 진화에 대해서 우리가 알고 있다고 생각하는 것을 어떻게 알게 되었는지에 대한 논쟁)에 대해서 적절하게 논의하지 않는다면, 다윈 진화이론은 그 자체로 환원론의 형태에서 벗어날 수 없게 될 것이다. 우리는 이 책에서 진화생물학에서 제기된 수많은 이슈들을 정리할 것이며, 진화이론을 고고학으로 확장하여 논의하는 데 근본적이라고 생각되는 것들에 논의의 초점을 맞출 것이다. 그렇게 하기 위해서 고고학에 어떻게 이론을 끌어올 것인지에 대해서 확실하게 진술할 것이며, 진화이론이 물질 자료에 대해 강력한 설명력을 가지고 있음을 보여줄 것이다. 또한 이전 문화사고고학자들이 저질렀던 잘못에 빠지지 않도록 하는 것이 무엇보다도 중요하다(Lyman and O'Brien 1997). 우리는 유물이라는 문화적 현상은 자연스럽게 다윈 진화이론이라는 큰 틀 안에 들어갈 수 있음을 보여주고자 한다.

그렇다고 해서 이 책에서 진화이론을 확장하여 고고 자료를 이해하는 일과 관련된 모든 이슈들을 다룰 수는 없다. 우리가 고른 주제들은 제 1장의 뒷부분에 개괄되어 있는데, 존재론적이고 인식론적이며 방법론적인 세 부분으로 이루어져 있다. 각각은 서로 연관되어 있어 서로 확실히 구분되지는 않는다. 때문에, 개별 장들에서 주제들은 어느 정도 자의적으로 배열되기도 하였으며, 각 장들은 진화고고학이 다윈이론의 측면에서 역사성(계보)을 추구하는 데 중요한 것들을 논의할 수 있도록 배치하였다. 주제들을 서로 확연히 구분하기 힘들다는 것은 사실 별로 놀랄 일도 아니다. 다윈은 《종의 기원》에서 '변이가 따르는 계통'(*descent with modification*)을 논하면서 짧고 압축된 문제들과는 달리 이것은 "오랫동안 논쟁해야 할 문제"(Darwin 1859: 459)라고 했던 말을 기억할 필요가 있다.

1) 본질론과 유물론: 제 2장

근본적으로 이야기하여, 다윈 진화이론은 과학에서 사용되고 있는 다른 이론들과는 상이하며, 나아가 더욱 중요한 것은 질적으로 다른 '종류'의 이론이라는 점이다(Mayr 1959a). 제 2장에서는 다윈 진화이론과 함께 성장한 과학들의 종류를 비교하여 살펴볼 것이다. 다윈 진화이론은 유형론적(*typological*)이고 본질론(*essentialism*)[9]적인 이론들과는 대조적으로 유물론(*materialism*)적 존재론에 바탕을 두고 있는데, 이러한 다윈 진화이론의 독창성을 결코 간과하여서는 안 된다(Lewontin 1974b). 유물론은 시간과 공간을 동등하게 고려하기 때문에 역사성을 띤 이슈들을 다루는 데 탁월하다. 반대로 본질론은 시간과 공간을 하나의 실체로 합치기기 때문에 비역사성을 띤 질문들만을 다룬다고 할 수 있다.

미국 고고학은 과거에도 언제나 과학임을 자처해 왔으나, 이것은 명백하였다기보다는 암묵적이었다. 1950년대 문화사고고학에 염증을 느낀 미국 고고학은 루이스 빈포드(Lewis Binford)가 명시적으로 과학적인 고고학을 제창하자 이에 쉽게 동의하였던 것이다. 신고고학, 또는 과정고고학은 크게 유행하였지만 결국 과학적 학문이 되고자 하였던 원래 목적을 달성하지는 못하고 말았다〔물론 신고고학의 유산은 오늘날에도 남아 있지만 말이다(e. g, Spencer 1997, 1998)〕. 우리는 신고고학의 실패의 원인은 철학자를 포함하여 아무도 지각하지 못하였지만 내

9) 옮긴이 주 — 유물론에 대비하여 본질론이라고도 번역하였지만, 본질주의라는 말도 쓰이고 있다〔마이어 2002(최재천 옮김) 《이것이 생물학이다》 몸과 마음〕. 제 2장에서 자세하게 논의된다.

부에 있었다고 본다. 다시 말하면 서둘러 과학으로서 고고학을 확립시키려 했으나, 불행히도 본질론적 존재론을 가진 물리과학(*physical science*)을 모델로 택하고 말았던 것이 잘못이었다. 이 과정에서 신고고학자들은 고고 자료라는 연구대상은 반드시 유물론적 영역으로 다루어야 한다는 사실을 간과하고 만 것이다.

과정고고학은 고고학에는 부적절한 물리과학의 모델을 따랐기 때문에 역사성을 가진 주제들을 다루는 이론을 만들어낼 수 없었다. 과정고고학이 할 수 있었던 일은 바로 인류학으로부터 이론적 영감을 받는(당대의 신고고학자들은 합당하다고 여겼다) 정도에 불과하였던 것이다. 인류학은 그동안 별로 지적되어 오지 않았지만, 세계를 설명하는 데 오랫동안 과학이 아닌 '상식'—공공연하게 본질론적 존재론을 바탕으로 한다—에 의존하여 왔다. 과정고고학자들은 특히 문화진화론과 같은 인류학 이론을 빌려 고고 자료의 설명에 적용하였으나, 이는 역사성을 가진 자료를 설명하는 데는 부적절한 이론일 수밖에 없었다(Lyman and O'Brien 1997). 오랫동안 인류학과 밀접한 관련을 맺어 온 고고학에서는 진화를 진보와 (발달)단계의 시각에서 보는 경향이 강했는데, 이것은 바로 화이트 학파의 문화진화론을 떠받치는 인식론이었다. 진보의 사다리에서 인간을 끌어올리는 힘이란 첫째, 사람을 포함한 모든 생물체들에 내재되어 있는 삶을 증진시키려는 '추동력'으로서, 이것은 "문화진화의 수단일 뿐 아니라 동기"가 되고, 둘째, 바로 '문화'로서 이것은 "인간이라는 동물이 안정적이고 지속적인 삶을 위해 만들어낸 비신체적 기제(*extrasomatic mechanism*)"라고 이해되었다(White 1959b: 8). 크로버의 지적대로 "화이트는 진화를 고정된 것이고, 필수적이면서도, 고유한 것이며, 미리 규정된 과정이라 생각하였다"(Kroeber 1946: 9). 이런 관점은 우리가 채택한 다윈의 시각과는 전혀 다르다고 할 수 있다.

어떤 이유에서인지는 몰라도 인류학자들과 고고학자들은 아직도 '문화'는 인간의 생존과 적응에 가장 중요한 개념이며, 그 생존 및 적응과 관련된 미스터리들을 푸는 열쇠가 된다는 믿음을 놓지 않고 있다. 따라서 분석은 비용과 효과의 관계를 순환론적으로 맴돌 수밖에 없다. 나아가 고인류는 문화를 가진 동물로서 지위를 획득하였으며, '의도'(*intent*)를 갖게 되어 예기치 않은 일들을 제압하는 중요한 수단으로 삼게 되었다고 생각된다. 의도와 이와 연관된 '발명'은 인간성을 더욱 증진시키게 되고, 화이트가 말하는 진화의 사다리를 올라가게 되었다는 것이다. 이런 시각에서 인간의 의도는 원인 제공이라는 역할을 하게 된다. 이와 대조로 다윈 진화이론을 취하는 우리의 입장에서 '의도'는 강력한 '변이' 생산 기제임은 사실이지만 종국적 설명에는 아무런 도움을 주지 못한다. 그 이유는 첫째, 의도란 고고학적으로 관찰할 수 없는 것이며, 둘째, 인간의 의도를 포함시키는 일은 "원인을 이론 체계를 통해 구하지 않고 연구대상인 현상에서 찾으려는" 오류를 범하고 있기 때문이다(Dunnell 1989: 37). 다시 이야기하면 "원인을 행위자나 자료에 돌림으로써 인간의 의도가 이론을 대신하게 되는" 잘못을 저지르고 있는 것이다(Dunnell 1992a: 214). 더넬에 따르면, 이는 인간의 동기나 의도를 과학적 원인과 혼동한 것으로 반증이라는 과학적 절차를 통한 경험적 검증을 가로막는 장애물이다(Dunnell 1992a: 214~215).

물론 인간의 의도가 전혀 고려의 대상이 아니라는 말은 아니다. 인간의 결정이란 많은 정보를 알고 내린 결정이라 하더라도 '선택'이라는 과정과 배치되는 것은 아니다. 우리는 인간의 의도성을 "문화체계 내에서 변이들을 증가시키는 방식"이라 생각하는 것이 가장 바람직하다고 믿는다(Rindos 1989: 13). 스펜서(Spencer 1997: 225)는 다윈 진화고고학자들이 '의도된 변이'(*directed variation*)라는 개념을 일시적 적응이나 라마르키즘(*Lamarckism*)이라 하며 조롱하고 있다고 평한 바 있다. 틀린 말은 아니지만, 중요한 것은 '선택'만이 변화를 일으키는 단 하나의 기제는 아니라는 사실을 주지하여야 한다. 오히려 우리는 그런 식의 라마르키즘적 접근은 의도된 변이라는 기제가 어디에서 기원하는 것인지를 이해할 수 있는 길을 가로막고 있다고 생각한다. 다시 말하면 적응적인 필요에 따라 인간의 의지가 발현되어 적절하게 의도적인 변이를 창조해낼 수 있는 문화적 방식을 찾을 수는 없는 것이다(Rindos 1989: 16~17). 사람을 자연세계로부터 분리해서 생각하여 인간의 의도를 설명의 기제로 삼는다면 어떻게 생물학적 측면이 강조되는 정보 전수(*information transmission*)로부터 문화적 양식이 강조되는 것으로 전이가 이루어졌는지를 설명하기 어렵게 된다(Leonard & Jones 1987: 216).

오늘날, 많은 고고학자들은 아직도 본질론적 과학 모델에 얽매여 있다. 본질론적 모델이 가장 적합하다고 믿고 있는 사람도 있고 그보다 나은 모델이 없다고 생각하는 사람들도 있다. 그러나 더 나은 모델이 분명 있다. 다만 지성적으로 그동안 가지고 있던 많은 생각들을 버려야지만 새로운 것을 얻을 수 있을 뿐이다. 고고학은 유물론적 과학이 되어야 한다고 이야기하는 것은 그리 어려운 일이 아니라 생각할 수 있을지 모르지만, 본질론적 생각을 유물론적 사고방식으로 바꾸는 일은 그리 간단하지 않다. 유물론적 시각을 채택하기가 얼마나 어려운지를 보여주는 단적인 예가 바로 진화생물학에서 아주 오랫동안 논쟁이 끊이지 않았던 '종(種)이란 무엇인가?'라는 문제이다. 이 책을 읽는 많은 이들은 이 문제는 벌써 오래 전에 해결된 것 아니냐고 생각할지도 모르겠다. 그러나 결코 그렇지 않다. 진화생물학자들과 생물철학자들은 종이란 무엇인지에 대한 문제만이 아니라,[10] 종을 어떻게 정의할 수 있는지,[11] 그리고 종이 어떻게 기원한 것이며 어떻게 그리고 왜 변화하는 것인지(e.g., Mayr 1987)에 대해서 많은 질문을 던져 왔다.

---

10) e.g., Davis 1996; Ghiselin 1974a, 1974b, 1981, 1987; Hull 1976; Kitcher 1984a, 1984b; Kitts 1984; Kitts and Kitts 1979; Mayr 1987; O'Hara 1993; Schwartz 1981; Sober 1984a, 1984b; Sokal and Crovello 1970; Wilson 1996.

11) e.g., Cracraft 1983, 1987, 1989a, 1989b; Mayden 1997; Mayr 1957, 1963, 1976b, 1982c, 1993; Mishler and Brandon 1987; Mishler and Donoghue 1982; Simpson 1961.

심지어 종이란 개념이 과연 유용한지 의문을 표하는 학자들도 있다(e.g., Ereshefsky 1989; Hull 1998). 종의 '실체'에 대한 문제도 가끔 제기되는 이슈인데, 종이란 정말 실존하는 것인지, 아니면 자연을 범주화하기 위해 연구자들이 만들어낸 개념에 불과한 것인지 하는 문제이다. 이것이야말로 다윈 진화이론에 관심을 가진 사람이라면 누구나 품게 되는 문제이다.

종이란 무엇인지 하는 문제가 생물학의 중심적 이슈임은 이해하기 어렵지 않을지도 모른다. 그렇다면 왜 고고학 논의에 종의 개념이 등장하는가? 복잡한 이슈라면 철학자나 생물학자들에게 맡겨 두면 되지 않는가? 종이 실존하는 것인지 아니면 고안된 개념인지 하는 문제와 상관없이 우리 사람은 어찌 되었든 모두 하나의 종인 것은 사실이지 않느냐고 말할 사람이 있을지도 모른다. 더구나 대부분 고고 자료는 지금으로부터 5만 년 전 이후(말하자면 해부학적으로 현생인류의 등장 이후)의 것이기 때문에 종이나 종의 분화 같은 문제에 왜 얽매이느냐고 생각할 수도 있다. 호미니드 집단 자체의 종(種)적인 변화를 다루는 상황을 제외하고는 종이나 종분화와 같은 개념들이 고고학적으로 적용된 예는 거의 없다. 종이나 종분화 개념은 호모 하빌리스에서 에렉투스로 진화하는 것을 논의할 때나 서아시아의 유물들을 호모 사피엔스가 남긴 것인지 아니면 호모 하이델베르겐시스가 남긴 것인지를 논의할 때 쓸 수 있을 뿐, 그 이후의 시대를 연구할 때는 별로 쓸 여지가 없을 것이다. 그렇다면 인류의 기원이 겨우 1만 3천 년 전으로 거슬러 올라갈 뿐인 아메리카 대륙에서 연구하는 고고학자들에게 종이나 종분화의 개념은 무슨 의미가 있을까? 우리의 대답은 고고학에서 진화이론적 접근을 취했다면, 반드시 유물론에 바탕을 두어야 한다는 것이다. 생물학과 고생물학에서 있었던 종이나 종분화에 대한 논의는 어떻게 유물론적으로 변화를 이해할 수 있는지 하는 문제를 푸는 데 필수적이며, 뿐만이 아니라 그 과정에서 마주치는 지성적이면서도 실제적인 문제들을 논증하는 데에도 반드시 필요하다.

2) 고고학으로 논의를 끌어들이며: 제3장

제 3장에서는 20세기 고고학자들이 어떻게 변화라는 주제를 다루었으며, 고고 자료에서 보이는 변화를 어떻게 진화와 연관시켰는지를 살펴본다. 문화사고고학자들과 과정고고학자들은 모두 자신들이 진화이론을 바탕으로 한다고 믿었지만, 그 진화이론이란 결코 다윈주의적 성격을 가지지 않았다. 역설적으로 미국 고고학에서 개발된 방법 가운데는 유물론적 뼈대를 갖춘 것도 있는데, 특히 문화사고고학자들이 시간의 흐름을 예의 주시한 것을 예로 들 수 있다. 하지만 이런 방법들은 과학적 이론을 토대로 확립된 것이 아니었기 때문에 시간의 흐름을 평가하기 위해 고안된 단위들이 무차별적으로 다른 목적으로도 쓰이고 말았다. 결국 고고학은 이론을 바탕으로 하는 설명을 추구하지 못하고 주어진 결과를 상식적 수준에서 해석하는 학문이 되고 말았던 것이다.

제 3장에서도 논의하겠지만 그동안 고고학은 언제나 설명과학이 아니라 확증과학이고자 해왔다(Dunnell 1992a). 다시 말하면 고고학자들은 연구대상인 고고 자료에 대해서 이미 확립된, 상식적 관념에서부터 시작하여 결국 그런 관념을 확증하는 것으로 끝을 맺는 것이다. 이런 확증적 접근에서 왜 대상 자료가 그렇게 구성되어 있는지를 어떻게 알 수 있겠는가? 지금까지 민족지적이고 민족사적인 유추가 과거를 이해하는 데 중요한 역할을 수행한 것은 사실이다. 그러나 이런 식의 유추 접근의 결과, 고고 자료를 설명하기보다는 해석하는 데 그치게 되었던 것이다(Dunnell 1994; O'Brien 1996b). 이 같은 유추는 단지 인간의 행위가 불변할 때만 의미를 지닐 수 있을 것이다. 하지만 인간행위는 시간의 흐름과 공간에 따라 변화하며, 그것도 예측 불가능하게 변화한다. 행위는 역사성을 띤다. 따라서 이런 역사성의 중요도를 이해하지 못하는 접근이라면 그 어떤 것도 물적 자료를 연구하는 데 적합하지 않다. 물론 유추는 역사과학에서도 나름의 역할을 할 수 있겠지만, 역사 편년의 자리 위에 앉아서는 안 된다.

3) 고생물학과 유사성: 제 4장

진화고고학과 생물사학의 유사성은 매우 두드러진다. 물론 두 학문 모두 다윈이론에 바탕을 두고 있다는 점에서 그러하다. 고생물학이 고생물학자료를 설명하듯이 진화고고학은 고고 자료에 대한 다윈주의적 설명을 위해 만들어졌다. 진화고고학은 문화적 계보〔O'Hara(1988)가 말하는 역사적 편년〕를 구성하고 그 계보들에 관한 설명(O'Hara의 진화적 이야기)을 구축하는 일로 이루어진다(Szalay and Bock 1991). 다시 말하면 다윈 진화고고학은 상이한 특질들의 역사적 유형들을 기술하고, 그런 유형들을 만들어내는 데 어떠한 진화적 과정이 개입되어 있었는지를 밝히는 학문이다(Jones et al. 1995: 29). 고생물학 역시 이와 똑같은 절차를 거친다. 고고학이나 고생물학 모두 다윈 진화이론의 개념들을 사용한다. 이 가운데 중요한 개념들로는 계통(계보, 전승이나 유전으로 형성된 변화의 시간적 선), 선택(변화의 기제), 전수 기제들, 혁신/돌연변이, 전파/유전적 재결합, 유전성 등을 들 수 있다. 유전성이란 개념을 통해 우리는 단순한 시간상의 연쇄나 수렴이 아닌 계보 내에서 보이는 변화를 연구하게 된다. 따라서 비슷함에도 '상사'(유비, *analogy*)와 '상동'(*homology*)을 구분해야 역사 편년을 제대로 세울 수 있다.

고생물학자들은 고고학자들보다 훨씬 오래 전부터 진화적 문제들을 다루어 왔다. 따라서 고고학자로서 우리는 고생물학자들에게 배울 점이 많은데, 특히 고생물학 개념들을 사용함으로써 많은 용어들을 새로이 만들어내야 할 필요를 덜 수 있다. 이런 이슈들에 대해서는 제 4장에서 자세히 논의하고, 1970년대 및 그 이후 고생물학과 고고학의 여정을 대비시킬 것이다. 또한 고생물학자들이 직면한 많은 중요한 문제들은 고고학에도 커다란 관심을 불러일으켜야 옳았지만 무시되었음을 지적할 것이다. 고고학자들은 고고학을 과학으로 만들어 보려고 많은 노력을 했지만, 이 노력은 고고학을 어떻게 인류학적인 것으로 전환시킬 것인지하는 문제가 되어 버렸다. 이런 과정에서 고고학자들은 고생물학자들이 신조처럼 여기는 '역사성이 중요하다'는 생각을 간과하고 말았다.

4) 고고학의 단위: 제 5장

고고학과 생물학에서 인식론적이고 방법론적인 혼란은 많은 경우 '단위'(*unit*)에 관한 문제이다. 유물론을 바탕으로 하는 과학에서는 단위를 구성하고 적용하는 일만큼 중요한 것은 없다. 무엇이 적용할 수 있는 단위이며 그런 단위들은 어떻게 만들어낼 수 있는가? 제 2장에서 살펴보겠지만 문화사고고학자들은 유물론의 패러독스에 빠져버렸다. 그 이유는 부분적으로 상이한 종류의 작업을 하면서도 동일한 단위들을 썼기 때문이다. 단위는 어떤 한 목적에는 이상적으로 적용할 수 있지만, 목적이 달라졌을 경우 적합하지 않게 되었던 것이다(Lyman and O'Brien 1997; O'Brien and Lyman 1998).

생물학자들도 종개념에 관해 똑같은 문제에 부딪힌다. 사실 종이란 무엇이고 그 개념을 자연세계의 이해에 적용하는 문제는 단위의 종류에 관한 인식론적 혼란의 고전적인 예라 할 수 있다(Hull 1997). 이런 문제들은 제 5장에서 다룬다. 우리는 생물학이나 전통 고고학에서 사용되는 다양한 단위들을 만들어내는 분류 방법들뿐만 아니라 종류(*kind*), 형식(*type*), 그룹(*group*), 클래스(*class*) 등도 포괄적으로 다룰 것이다. 몇 가지 점에서 제 5장은 다른 장들에 비해 가장 중요한데, 이는 다윈 진화이론의 성공에 열쇠라 할 수 있는 단위들을 다루고 있기 때문이다. 과학의 종류를 논하고 이론적 문제를 검토한 다음 마지막으로 설명에 도달하기 위해서는 계통분류체계(*systematics*)를 사용하여야 한다. 계통분류체계란 특정한 목적에 따라 단위들을 만들어내는 논리적 수단일 뿐이다. 여기서 '논리적'이라는 말은 변이들을 분리해내는 단위들은 사용되는 과학의 종류와 이론으로부터 자연스럽게 나온다는 점을 의미한다. 이 책의 원제에 '분류체계론적 접근'이라는 말을 사용한 것은 바로 다윈 진화고고학에서 계통분류체계가 그만큼 중요함을 강조하고 있다고 할 것이다.

다윈 진화이론은 대부분 고고학자들이 알고 있는 것과는 전혀 다른 종류의 접근이다. 따라서 보통 고고학 분석에서 일상적으로 이루어지는 자료처리 방식으로는 다윈이론에 입각한 역사성을 연구하기가 어렵다.[12] 고고학에서 일상적으로 쓰이고 있는 방식들은 진화이론과 잘 어울리지 않는 것이다. 고고학자들이라면 모두 시공간상에 존재하는 변이들에 근본적인 관심을 가지고 있음을 부인하지는 못할 것이다. 물론 변이에 대한 관심은 고고학에만 독특한 것은 아니며, 생물학자나 물리학자들도 자연세계에 존재하는 변이들에 관해 관심을 가지고 있다(물론 변이의 성격은 다르지만). 개체군(*population*), 종, 딤(*deme*)[13]과 같은 단위들은 물리학적 단위들과는 다르고, 원자의 수나 무게 등과 같은 것은 진화생물학에는 부적합하다. 하지만, 단위들의 종류가 다른 것은 연구대상이 현재의 것인지 과거의 것인지의 차이가 아니라, 과학의 종류가 다르기 때문임을 주의해야 한다.

중요한 것은 한 과학에서 쓰이는 단위들은 거의 다른 과학으로 전환될 수 없다는 사실이다. 물론 생물체의 물리적이고 화학적인 구성을 다루는 것과 같이 예외적인 경우에는 물리학이나 생물학의 단위가 공통될 수도 있다. 하지만 시공간상의 문제가 중요할 경우 단위들은 물리과학으로부터 생물과학으로 전환될 수 없다. 이것은 좀더 확실히 해둘 필요가 있다. 특정한 시공간상에서만 벌어지는 역사적 실체들과 시공간상에 관계없이 고른 분포를 보이는 비역사적 실체들은 분명히 상이한 단위들을 필요로 한다. 만약 연구대상의 차이에 따라 적절한

---

12) 고고학은 Dunnell 1980, 1982, 1985a, 1985b, 1986, 1988a; O'Brien & Holland 1990, 1992; O'Brien et al. 1994; 생물학은 Dobzhansky 1951; Ghiselin 1966, 1974b, 1981; Hull 1992, 1997; Mayden 1997; Mayr 1959a, 1963, 1977, 1987; Sober 1980, 1984a를 참조. (원문)

13) 옮긴이 주 — 어떤 종의 국소 개체군, 잠재적으로 상호 교배가 가능한 개체들의 군집으로서 최소 교배 단위를 가리킨다.

과학의 종류가 결정된다면, 연구대상에 따라서 단위 역시 달라져야 하는 것이다.

고고학자들은 그동안 유물 형식, 단계(*phase*), 성분(*component*) 등과 같은 단위들을 개발하여 고고 자료를 다루어 왔다. 그러나 고고학이 전통적으로 잘못된 과학을 모델로 삼았다고 한다면 이렇게 흔히 쓰이는 단위들 가운데는 진화이론에 입각한 연구와 일치하지 않는 것들이 있을지도 모른다. 고고학자들은 (1960년대에 물리학적 과학이라는) 과학 모델을 한 번 정한 뒤에는 그 모델이 맞는지에 대한 의문을 거의 품지 않았기 때문에 어떤 단위를 사용하고 사용하지 말지 하는 논쟁은 생물학에서 벌여졌던 철학적 논쟁과는 비교도 할 수 없을 만큼 미약했다. 우리는 단순히 생물학에서 쓰이는 단위들을 고고학에서도 채택하자고 주장하는 것은 아니다. 비록 생물학자들도 고고학자들처럼 표현형적 변이들을 연구하지만, 생물학에서 개발된 언어나 단위들이 진화이론이라는 범위 안에 반드시 고고 자료에 포괄되리란 법은 없으며(Dunnell 1995; O'Brien 1996c; O'Brien and Holland 1995b), 그렇게 되리라 기대할 수도 없다.

여기서 반드시 인식되어야 할 것은 진화이론이 형이상학적 연습이 되지 않으려면 적당한 방법과 단위들을 체계적으로 사용하여 현실 세계의 예들을 표현해야 한다는 점이다. 고고학자들만이 이러한 어려움에 봉착하고 있는 것은 아니다. 고생물학을 포함하여 살아있는 생물체를 연구대상으로 하는 모든 학문들이 그런 문제에 직면하고 있다.

> 고생물학자료는 그 자체의 성격상 진화적 메커니즘에 대해서 전혀 아무것도 직접적인 언급을 하여주지 않는다. 화석만으로는 돌연변이, 재결합, 선택을 실제적 기준에서 연구할 수는 없는 것이며, 이런 개념들이 결코 고생물학으로부터 온 것은 아니다. 마찬가지로 종분화에 관한 현대적 개념을 고생물학자료에 적용하는 것은 조금은 덜 어려울지는 몰라도 화석 자료를 연구하는 과정에서 저절로 지각될 수 있는 것은 아니다. 아무리 넓은 맥락에서 본다고 해도 고생물

> 학에서 기원한 진화이론의 응집된 단편을 확인하는 일이란 아주 어렵다. (Trigger 1998: 364)

5) 역사계보의 구축: 제6장, 제7장

변이들의 역사적 연쇄를 잘 보여주는 고생물학자료가 다윈의 이론 수립에 큰 역할을 한 것은 사실이다. 그러나 '변이가 따르는 계통'이라는 생각은 단순히 자료를 관찰하였다고 해서 얻어졌던 것은 아니고, 얻어질 수도 없었다. 다윈은 영국에서 다양한 종류의 가축들이 누대에 걸쳐 어떻게 변화하였는지에 대해 관찰하였고, 초기 비글호 선상에서 했던 많은 관찰을 하였으며, 이와 함께 자신이 가지고 있던 경제학적 지식을 바탕으로 변이가 따르는 계통이라는 생각을 만들어 가게 되었던 것이다. 물론 그렇다고 해서 화석 자료가 다윈 진화이론의 영역 밖이라는 말은 아니다. 다만 다윈이론은 고생물학에서 만들어진 것은 아니라는 뜻이다. 그렇다면 왜 고생물학은 생물학과가 아닌 지질학과에 속하게 되었는가? 이런 학과 소속의 배경에는 "19세기 및 20세기 전반 지질학자들에게 고생물학 결과는 아주 중요하였지만 생물학자들에게는 그렇지 못하였다"는 학사적 이유가 있다(Laudan 1992: 57). 이런 상황은 1940년대 진화의 진화적 종합 이후 바뀌었다.

다윈 자신은 고고 자료에 대해서는 전혀 고려하지 않고 이론을 만들어 내었음을 생각할 때 고고학의 상황은 고생물학보다 훨씬 열악한 듯하다. 그러나 린도스(David Rindos 1989: 5)의 지적처럼 왜 고고 자료를 고려하지 않았느냐고 다윈을 책망할 필요는 없다. 고고 자료를 진화이론에 입각하여 이해하는 방법들을 개발하고 체계적으로 사용하는 일은 우리가 해야 한다. 제6장에서는 생물학자들과 고생물학자들이 어떻게 역사계보를 구성하고 연구하는지를 알아봄으로써 이를 토대로 어떻게 고고학에서 적절한 단위들을 사용하여 유물들의 계보를 만들어 낼 수 있는지를 논의한다. 계보를 연구하는 데 있어 가장 중요한 이슈는 바로 진화의 양태(*mode*)로부터 진화의 속도(*tempo*)를 구분해내는 일이다. 양태와 속도의 차이는 생물학에서는 잘 확립되어 있는데 1940년대 조지 심슨(George Gaylord Simpson)의 연구에서 명확하게 드러난다. 이 문제는 제 7장에서 다루어질 것인데, 주로 계통(적)점진설(*phyletic gradualism*)과 단속평형설(*punctuated equilibrium*)의 차이를 강조하고, 이 차이가 어떻게 고생물 및 고고 자료에 드러나 있는지를 중심으로 살펴볼 것이다.

6) 계보 설명하기: 제 8장

적절한 단위를 사용하여 유물들의 계보를 구축하고 그 신빙성을 검증한 뒤에는 결과물을 감상이나 하고 있을 것이 아니라 왜 그와 같은 계보를 갖추게 되었는지를 설명하여야 한다. 설명은 정말 힘든 일이면서도 별다른 소득을 얻지 못하는 경우가 다반사이다. 이 문제는 제 8장에서 다루겠다. 우리 동료 가운데 한 사람은 "도대체 다윈 진화이론은 내가 고고학을 하는 데 어떤 도움을 주느냐?"는 말을 하였는데, 우리는 이 질문을 가슴에 담아 장을 구성하고 무엇을 다룰 것인지를 결정하였다. 우리의 대답은 진화이론은 단순히 '고고학을 하는 데' 도움을 주기보다는 고고학적으로 관찰되는 것들에 설명을 줄 수 있을 것이라는 말이었다. 다시 말하면 설명은 이론을 통해 정당화되며 설명은 이론으로부터 나온다. 다만 설명은 생물학이 아닌 고고학적 틀 안에 만들어져야 한다.

간단히 말해서 제 8장의 목적은 다윈 진화이론이 고고학적 단위들을 사용하여 몇 가지 고고학적 문제들을 풀 수 있음을 보여주는 것이다. 고고 자료에 보이는 변이들은 이론에 입각하여 적절한 단위들을 사용함으로써 분할된다. 여기서 중요한 것은 실제 유물들에서 데이터를 구성하기 위해서는 다윈 진화고고학이 단순한 형이상학적 연습에 머물러서는 안 된다는 점이다. 무엇인가를 과학적으로 설명하기 위해서는 체계적으로 이론과 방법, 단위들을 사용하여야 할 뿐 아니라 대상과 사건들을 (이론에 입각하여) 관찰하여야 한다. 과학이란 이런 식으로 지식을 창출한다. 예를 들어 아인슈타인이 우주를 이론적으로 연역했었지만, 현실 세계에서 자료로서 관찰되기 이전까지는 흥미 있는 논쟁만을 불러 일으켰을 뿐이다. 중요한 것은 물리학자들은 아인슈타인의 공식을 증명하기 위해 자료 찾기를 계속하였다는 사실이다. 자료의 성격상 찾기가 아주 힘이 들었음은 물론, 아주 엄격한 기준을 적용하여 만들어져야 하였다. 마찬가지로 고고학자들 역시 특정 주제들을 논하는데 구체적 정보를 필요로 한다. 그동안 '왜'가 아닌 '어떻게'라는 문제와 연관된 논제들일 경우 매우 많은 정보를 가지고 단위들과 방법들을 개발하여 그 문제에 대답하여 왔다. 그러나 '왜'라는 문제와 연관된 논제들이었을 때 고고학자들은 별다른 해결책을 찾지 못하고, '어떻게'라는 문제에 사용된 것과 동일한 단위들을 사용하고 말았던 것이다.

또한 제 8장에서는 진화이론에 다른 중요한 주제들도 다룬다. 이 가운데는 고고학 문헌들에서 이미 많은 논의를 거친 것도 있다. 금방 떠오르는 것으로는 '적응'과 '선택'이란 개념이 있다. 이 용어들은 일상생활에서도 그대로 사용되기 때문에 진화생물학에서 쓰이는 정확한 개념 정의에 혼란이 일고 있다. 이런 개념들이 고고학적으로 정확하게 설명되어야 하지만 지금까지 다윈 진화고고학자들은 분명하게 설명하지 못하였던 것 같다. 이전에는 대체로 철저한 논의를 했다기보다는 간단한 진술들만을 하였을 뿐이며, 어떤 면에서는 이런 간결함 때문에 독자들이 이해하기 힘든 점이 있었다고 하겠다. 그럼에도 적응, 선택, 부동, 상동, 상형(*homography*), 상사와 같은 개념들은 생물학뿐만 아니라 진화고고학에도 없어서는 안 될 것들이다. 다윈 진화이론의 설명력을 고고 자료에까지 확장시키는 문제는 그리 간단하지 않다. 만약 간단하다면 알프레드 키더나 루이스 빈포드 같은 이들이 이미 잘 언급하였을 터이다. 1970년대 말 이후 다윈 진화이론의 중요성이 다시 고고학에 제기되었을 때 더 많은 관심을 끌지 못한 것은 부분적으로 고고학자들이 진화이론의 개념이나 용어들을 그리 잘 알고 있지는 않다는 사실 때문일 것이다. 관심을 불러 일으켰을 경우에도 종종 잘못된 이해와 적용이 있기도 하였다.

7) 앞으로 방향: 제 9장

진화이론이 고고학에 기여할 수 있으려면 현재 생물학자들과 생물 철학자들만이 참여하고 있는 논쟁에 고고학도 참여하여야 한다. 고고학자들은 진화 연구에 유용한 단위들을 만들어내고 방법들을 개발하는 작업에 함께 해야 할 것이다. 아마도 이보다 중요한 것은 제 9장에서도 지적하였듯이, 고고학자들은 고고 자료에서 보이는 변이의 설명에 진화이론을 적용하게 될 것이다. 진화이론을 고고학에 적용시킴에 있어 큰 단점이 하나 있는데, 바로 이론, 방법, 자료가 하나의 설명체계 내에서 논리적으로 결합된 사례 연구가 그리 많지 않다는 점이다. 이것은 이 책에서 지속적으로 논의하였다. 물론 몇몇 중요한 연구들이 나와 있지만,[14] 지금까지는 주로 좁은 범위의 주제들만을 다루는 경향이 있었다. 이 때문에 비판적 학자들은 이미 충분한 시간이 흘렀기 때문에 다윈 진화고고학이 결과물을 생산해야 한다고 주장하기도 한다(e. g., Boone and Smith 1998). 최근 글쓴이가 주장했듯이 (O'Brien 1996c: 14) 고고학적으로 확실한 적용보다는 너무 야심이 앞섰음이 사실이다. 그러나 고고학에 다윈 진화이론을 적용한 실례가 적은 이유는 부분적으로 다윈 진화고고학자의 수가 아직 적고 이런 식의 접근이 시도된 지가 얼마 안 되었기 때문이기도 하다. 이런 상황은 리차드 르원틴이라는 생물학자가 집단유전학 연구의 초기 상황을 다음과 같이 기술한 것과 많은 점에서 유사하다.

---

14) Dunnell and Feathers 1991; Lipo et al. 1997; Neff 1993; O'Brien et al. 1994; O'Brien 1996b, Teltser 1995; Journal of Anthropological Archaeology 18(3), 1999의 논문들 참조.

> 수년 동안 집단유전학은 아주 풍부하고 강력한 이론이었음에도 실제로 적당한 사실자료는 별로 없었다. 집단유전학은 원자재를 가공하도록 복잡하고도 정교한 기계장치로 고안되었지만, 실제 아무도 원자재를 캐는 데 성공하지 못하였던 것이다. 아주 가끔 똑똑하고 운이 좋은 사람이 자연적으로 노출된 질 좋은 광석을 찾기도 하여 정교한 기계장치가 제대로 작동할 것이라고 믿게 만들기도 하였다. 그러나 대부분의 경우 기계장치는 열심히 궁리하고 장치를 발전시킨 엔지니어의 손에 맡겨져 언젠가는 완전한 생산을 할 때가 오기를 기다리고 있었던 것이다. (Richard Lewontin 1974: 189)

언젠가 고고학을 과학적 바탕 위에 올려놓을 수 있는 가장 좋은 수단은 바로 진화이론이라는 점을 더 이상 고고학자들에게 강조할 필요가 없어진다면 참으로 고마운 일이다. 더넬 같은 이는 좀더 비관적이기도 하지만(Dunnell 1996), 우리는 이것이 이루어지리라고 믿는다. 우리는 생물학에서와 똑같은 방식으로, 그러니까 여러 학파들 사이에 커다란 통합 같은 것이 고고학에도 일어나리라 믿는다. 이런 통합이 언젠가는 이루어질 것이라는 조짐도 보이지만(e.g., Schiffer 1996), 아직 갈 길이 먼 것도 사실이다(O'Brien et al. 1998). 그럼에도 통합의 결과물이 유용하려면 반드시 다윈 진화이론이라는 중심적 원칙에 충실해야 할 것이다. 또한 아무런 검증도 할 수 없는 적응주의적(*adaptationist*) 주장[15]들이 더 이상 나오지 않도록 하여야 할 뿐만 아니라 변이를 인지하면서도 왜 어떤 변이들이 지속되고 다른 변이들은 그렇지 않은지에 대해서 설명을 주지 못하는 이른바 "계량적 본질론"(*quantified essentialism*, O'Brien and Holland 1995b)에 빠지는 것도 막아야 할 것이다.

고고학을 설명과학으로 만들고자 하는 사람들에게 우리는 이 책이

---

15) 옮긴이 주—관찰되는 특질들을 모두 기능주의적 시각에서 해석하여 환경 등에 적응한 결과라 판단하는 입장으로서, 다윈 진화이론가들은 이런 시각에 아주 비판적이다.

그 첫걸음이 되길 바라며 바친다. 또 이미 많은 일들이 성취되었다고 생각하는 사람들도 이 책을 읽어 그렇지 않음을 느끼게 하고 싶다. 다윈 진화이론은 마치 요리책과 같이 고고 자료를 설명하는 가이드북은 되지 못한다. 하지만 다윈 진화이론은 필요한 개념들뿐만 아니라 강력한 이론을 제공하여 준다. 고고 자료의 설명에 이론을 사용해야 함을 인정한다면 이제 할 일은 이론과 고고 자료를 연결시키는 일이다. 우리는 바로 이 점에 고고학의 활기찬 미래가 달려 있다고 생각한다. 많은 양의 고고 자료가 사라지고 있는 지금 바로 이 작업을 시작하는 것이 좋을 것이다.

제 2 장

두 종류의 과학: 본질론과 유물론

> 개체군(집단)론적 사고(*population thinking*)를 하는 사람과 유형론적 사고(*typological thinking*)를 하는 사람은 정반대의 결론에 다다르게 되어 있다. 유형론적 사고를 하는 사람에게 형식은 실재하는 것이며 변이는 착시에 불과하다. 반대로 개체군론적 사고를 하는 사람에게 형식(평균)이란 추상이며 실재하는 것은 오로지 변이뿐이다. 자연을 바라보는 이 두 방식은 이토록 다를 수가 없는 것이다. (Mayr 1959a: 412)

마이어(Ernst Mayr)의 지적은 옳다. 자연을 바라보는 방식에서 유형론자(앞으로 '본질론'자라 지칭할 것이다)의 관점과 개체군론자(집단론자, 일반적으로 '유물론'자라 부를 것이다)의 시각만큼 서로 상이한 것도 찾기 힘들다. "이 같은 두 가지 철학과 자연에 대한 개념들(본질론과 유물론)을 명확히 구분 짓는 것이야말로 아무리 강조해도 지나치지 않는다. 진화이론이라는 연구 분야에서 거의 모든 논쟁들(진화이론만큼 많은 논쟁이 있는 학문 분야도 드물다)은 유형론자들과 개체군론자들 사이의 논쟁이었다"(Mayr 1959a: 2). 이러한 논쟁이 생물학에서만 일어났던 것은 아니다. 비슷한 논쟁들이 1930년대 이후 고고학에서도 일어났는데, 이것을 더넬(Dunnell 1995; Lyman et al. 1997b; O'Brien and Lyman 1998)은 '유물론적 역설(패러독스)'이라 불러 본질론적 토대 위에서 유물론적 과학을 실행하려 하였다고 평가한 바 있다. 고고학자들은 이런 역설을 인지하지 못하였기 때문에 문화사고고학자들이 가지고 있었던 고고 자료에 대한 독특한 유물론적 관점을 버리고 말았다(Lyman and O'Brien 1997). 만약 문화사고고학자들이 충분한 시간을 가지고 이 같은 유물론적 관점을 발전시켰다면 결국 고고 자료를 다윈주의적 방식으로 연구하여야 한다는 깨달음을 얻었을지도 모른다. 이후 고고학자들은 부적절한 과학 모델(본질론적 물리과학)에 바탕을 두고 일련의 시각과 방법을 거칠게 짜 맞추고 말았다. 주장과 절차를 이렇듯 엉성하게 짜 맞추는 일은 1940년대 말(e.g., Willey and Woodbury 1942)부터 시작하였으며, 1950년대에 본격적으로 논의되고(e. g., Phillips and Willey 1953; Willey and Phillips 1958), 결국 신고고학 또는 과정고고학으로 가고 말았던 것이다(Binford and Binford 1968).

본질론과 유물론이 자연 세계를 보는 관점이 이렇듯 극적으로 상이하기 때문에 생물학자들과 생물철학자들은 이것들을 구분하려는 논의를 다양하게 전개하였다.[1] 이런 모든 논의들은 어느 정도 본질론과 유물론은 상이한 과학 이론들일 뿐만 아니라, 마이어(Mayr 1959a)의 지적과도 같이 질적으로 다른 '종류'의 과학 이론들이라는 결론에 공통적으로 다다르고 있다. 독자들은 본질론과 유물론이라는 용어가 정확히 무엇을 뜻하는지 확실하게 알지 못하더라도 직관적으로 어떤 한 종류의 과학이 자연 세계의 모든 것을 — 가령 분자의 구성성분과 생명의 진화를 한꺼번에 — 설명해주리라고 생각하지는 않을 것이다.

이렇듯 과학의 종류를 골라야 한다면 진화론자들은 어떤 것을 선택할까? 우리가 이 책에서 씨름하는 수많은 주제들과는 달리 이 문제에 대한 해답은 쉽다. 바로 다윈주의적 원칙을 따르는 진화이론이라면 반드시 유물론을 선택해야 한다는 점이다. 이는 본질론을 전반적인 분석 전략으로 선택할 경우 생물체의 진화를 설명할 수 없게 된다는 단순한

---

1) 생물학 및 생물철학적 논의는 Hull 1965; LaPorte 1997; Lewontin 1974b; Mayr 1959a, 1961, 1963, 1970, 1972, 1976b; Simpson 1963, 1970; Sober 1980, 1984a, 고고학적 논의는 Dunnell 1980, 1982, 1992a, 1992b, 1994, 1995; Lyman et al. 1997b; Lyman and O'Brien 1997, 1998; Neff and Larson 1997; O'Brien 1996b, 1996bc, 1996d; O'Brien and Holland 1990, 1992, 1995a; O'Brien and Lyman 1998, 200a, 200b; O'Brien et al. 1998, 사회과학적 논의는 Haslan 1998 참조. (원문)

이유 때문이다. 그렇다면 본질론은 왜 불가능한가? 다윈의 진화는 모든 생물체란 정지되어 있지 않고 일관되게 그 무엇인가가 되어가고 있는 과정에 있다고 생각하기 때문이다. 여기에서 혼동하면 안 되는데, 그 무엇인가가 되어가고 있다는 것이 생물체의 개체발생이나 이른바 특정 유물의 일대기 같은 것을 의미하는 것은 아니다(물론 이런 주제들은 진화론적 질문에서 중요할 수는 있지만). 우리가 뜻하는 것은 조상-자손의 계통상에서 아주 충분한 세대가 흘렀다면 자손은 조상과는 다른 종류가 될 것이라는 점이다. 이 입장을 문자 그대로 엄밀히 해석한다면 어떤 특정한 생물체나 동시대를 사는 생물체 집단, 또는 생물체들의 특정한 계통도 시간상 한 점에 머물러 확실히 범주화시킬 만한 본질적 속성(본질론의 핵심이다)을 가질 수는 없다는 말이다. 생명은 진화하는데, 그 과정에는 어떠한 틈도 없이 시간상 연속선을 그린다. 40억 년 전 바다에 처음으로 등장한 생물로부터 현재 지구상에 있는 모든 생명체에 이르기까지 생명은 그 자체로 자연적 이음새나 단절 없이 연속적 흐름을 그리고 있는 것이다. 이것은 결코 그 흐름의 폭과 비율이 일정함을 의미하는 것은 아니다. 사실 현실적으로 그 흐름은 폭과 비율에서 상당히 다양하다. 진화이론가가 할 일의 한 가지는 바로 그 흐름의 폭과 비율이 언제 그리고 어디서 달라지는지를 판단하는 것이다. 그밖에도 그 비율이나 폭이 왜 특정한 시간에 변화하고 변화하지 않는지를 판단하는 일도 포함된다.

진화의 흐름을 연구대상으로 삼고 있는 과학이라면 모두 생명과 시간의 흐름을 일련의 단위들로 쪼개야 하며, 그 단위들이란 실재하는 것이 아니라는 (유물론적) 주장을 받아들여야 한다(O'Brien and Lyman 1999a). 유물론은 자연 세계에서 단위들이 각각 고유한 성격을 지닌 채 존재하고 있다는 생각을 하지 않는다. 다윈 진화이론은 유물론적 전략의 정수로서 그런 단위의 존재를 단호히 거부한다(e.g., Gould 1986; Mayr 1961, 1972). 따라서 생물체들에서 본질이나 본질적 경향성 등을 찾는 접근법은 모두 그 같은 유물론적 전략과 배치될 수밖에 없다. 그렇다고 해서 진화론적 연구에 형식, 종류, 그리고 이와 관련된 단위들이 필요 없다는 것은 아니다. 오히려 반드시 필요한 개념들이다(O'Brien and Lyman 1998, 1999a). 만약 이런 단위들을 사용하지 않는다면 진화이론은 형이상학의 영역에 불과하게 될 것이다(Dunnell 1992a).

성숙된 학문 분야에서는 어떤 종류의 과학을 추구할 것인지 하는 문제는 별로 제기되지 않는다. 생물학자들은 종(種)이 무엇인지에 대해서 논쟁할 수는 있겠지만, 자신들이 일상적으로 하고 있는 행위들이 본질론적인 것인지 유물론적인 것인지 하는 문제에 고민하지는 않는다. 생물학자들이 이런 고민을 하지 않는다고 해서 스스로 어떤 종류의 과학을 하고 있는지 신경 쓰지 않는다거나 본질론과 유물론의 차이를 이해하지 못하고 있다는 뜻은 아니다. 오히려 현대 생물학자들은 선학들이 그랬듯이 다윈의 이론이 본질론에 쐐기를 박았음을 인정하고 있으며, 이제 이를 바탕으로 어떻게 생명이 진화하는지를 이해하는 일에 매달리고 있는 것이다. 마찬가지로 고생물학자들은 과거에 생명이 어떻게 진화하였는지를 이해하는 일을 하고 있다. 본질론적 학문으로서 화학자와 물리학자들 역시 자신들이 하는 일이 어떠한 존재론적 범주에 들어가는지에 대한 문제에 그리 신경을 쓰지 않는 듯하며, 또 그럴 필요도 없다. 화학과 물리학의 영역은 본질론적 세계이며, 자연적 종류들을 강조하며, 앞으로도 계속 그럴 것이다. 다만 우주학자들의 경우 태양계의 진화와 같은 것을 은유적으로 언급할 수도 있는데, 여기서 '진화'라는 말은 변화 또는 발달이란 말과 동의어로 쓰이는 것이며, '변이가 따르는 계통'이라는 생물체의 진화와는 같지 않음을 잘 알고 있다.

마찬가지로 고고학자들도 대부분 본질론과 유물론의 구분에 대해서 별로 관심이 없는 것 같다. 이미 20여 년 전에 로버트 더넬이 그 차이가 중요하다는 지적을 하였는데도 말이다(Robert Dunnell 1982). "북아메리카 고고학은 인류학이며, 그렇지 않다면 아무것도 아니다"[2] 라는 필립스(Philip Phillips 1955: 246~247)의 언명을 받아들임으로써 고고학은 본질론적 양식의 과학을 취하게 되었다. 그리하여 학문 스스로 인간이라는 생물체의 연구에 독특한 기여를 할 수 있는 잠재력을 잃고 말았던 것이다(Lyman and O'Brien 1997, 1998). 따라서 고고학자들이 인문학이나 사회과학적인 주제에 관심을 돌리지 않는 한 어떤 식의 과학을 할 것인지에 대해서 진지하게 관심을 가져야 한다.[3] 본질론과 유물론이라는 두 종류의 과학이 가지고 있는 차이에 주의를 기울이지 않는다면 고고학에는 몇 가지 문제가 생기게 된다. 이 가운데 상당수는 단위, 곧 고고학자들이 변화를 측정하기 위해 일상적으로 사용하는 단위들의 종류와 관련된 문제들이다.

비록 고고학은 변이를 파악하는 데 수많은 단위들을 사용하고 있지만, 특정 단위들이 의도한 대로 적절히 작업(가령 변화를 측정하는 일)을 수행하는지를 판단하는 데 별다른 주의를 기울이지 않는다. 단위들의 적절성은 어떠한 이론을 사용하는지의 문제에 직결되는데(Hull 1970; Lewontin 1970, 1974b), 이것이야말로 존재론적 시각의 요체가 된다.

우리는 20세기 동안 본질론과 유물론 모두 고고학자들이 어떻게 고고학을 하는지에 부분적으로 역할을 하였다고 본다. 물론 유물론은 엄밀하게 이야기하여 상대적으로 작은 역할밖에 못하였지만 말이다(Lyman and O'Brien 1997). 고고학 문헌에 다윈 진화가 (유물론적 틀과 잘 어울리는 방법 및 단위들과 함께) 가끔씩 언급되어 있음에도 불구하고, 미국 고고학은 지속적으로, 본질론적인 주제들을 따랐고(Lyman et al. 1997b), 결과적으로 학문의 인식론적 토대는 어떤 면에서는 생

---

2) 옮긴이 주 — 3장 후반부에서 다시 다루겠지만, 미국의 고고학은 반드시 인류학적 목적을 추구하여야 한다는 말로서, 자주 인용되는 문구이다.

3) 옮긴이 주 — 대부분의 고고학자들은 과학적 접근이 중요함을 강조하며, 이 책의 저자들을 비롯하여 진화고고학자들은 고고학이 과학을 따라야 한다면 그것은 당연히 시간성과 역사성을 근간으로 하는 유물론적 과학이어야 한다고 주장하는 것이다.

물학이 아니라 물리학의 토대와 비슷해지고 말았다.

이것은 고고학의 연구 주제는 화학의 원자와 같은 것이 아니라 생물체가 만들어낸 생산물과 부산물로 이루어졌음을 생각할 때 이해가 잘 되지 않는 일이다. 그러나 이것은 본질론과 유물론의 큰 차이를 인지 또는 인정하지 못한 것에서 비롯된 문제이다. 사실 우리가 진화이론을 고고학으로 끌어들이는 데 있어 당면한 가장 심각한 문제는 과학에는 한 가지 종류만이 있는 것이 아님을 인지하지 못하는 현실이라는 주장이 있다(Dunnell 1980, 1982, 1992a, 1992b, 1994, 1995; O'Brien and Hollan 1990, 1992, 1995a, 1995b). 그리고 설명에도 물리학적인 예측 가능한 영역에 속하는 종류만이 있는 것이 아니며, 역사학적인 영역에 들어가는 설명도 있다. 1960년대와 1970년대 이른바 신고고학자들은 대부분 칼 헴펠(Carl Hempel 1965)이 유행시킨 연역법칙적 과학 모델을 따라 보편 법칙을 찾는 데 매달림으로써 결국 본질론과 유물론의 차이를 간과하고 말았다.

우리가 이렇게 고고학의 슬픈 현실을 이야기하고, 더불어 물리학과 생물학의 밝은 모습을 그리기는 하였지만, 이제 일견 지금까지 이야기한 것과 상반되는 점을 지적해 보겠다. 우리는 위에서 대개 생물학자들은 자신들이 어떠한 과학을 하는지 별로 신경 쓰지 않는다고 말하였다. 대다수 학자들은 유물론이 다윈 진화이론의 토대라는 데 동의할 것이다. 그러나 그렇다고 해서 유물론적 연구전략에 관계되는 수많은 인식론적이고 방법론적인 문제들에 대해서 생물학자들이 모두 동의하고 있다는 것은 아니다. 나중에 더 자세히 살펴보겠지만, 생물학에서도 사정은 결코 간단하지 않다. 제 2장을 시작하며 인용한 마이어의 언급을 보면 생물학자들 사이에서 가장 쟁점이 되었던 것은 바로 "유형론과 개체군론" 사이의 논쟁이라고 하였는데, 이것은 사실 예전의 진화생물학을 이야기하는 것이지 현재의 학문을 말하는 것은 아니다. 1930년대 말에서 1940년대 초의 '진화적 종합' 이후에는 논쟁이 주로 개체군론자들 사이에서 일어났다. 다윈 진화이론의 핵심에서 가장 중요한 문제는 종(種)이란 무엇이며, 종은 어떻게 만들어지는 것인지 하는 두 가지 것이라 할 수 있다. 앞으로 살펴보겠지만, 이 문제들에 해답을 찾기 위해 지난 40~50년 동안 수많은 글들이 쓰였다. 그러나 어떤 점에서는 1940년대보다 오히려 지금의 생물학에서 문제의 해답에서 더 멀어지고 있는 것 같다(최근의 논의로는 Hull 1997; Mayden 1997을 보라).

우리는 종과 관련된 문제에 논쟁을 벌였던 대다수의 생물학자들과 생물철학자들은 유물론자들임을 강조하고 싶다. 이 사실은 논쟁을 더욱 흥미롭게 만들었다. 모두가 다윈의 핵심적 주장에 지지를 하면서도 종이라는 다윈 진화이론의 가장 기초적 단위에 대해서는 논쟁을 벌이고 있는 것이다(Mayr 1996; O'Hara 1993). 이런 상황을 고려해볼 때 아마도 종에 대해서 생물학적인 의견일치가 조만간에 이루어질 것 같지는 않다. 이는 마치 인류학자들 사이에 문화의 정의에 대하여 의견일치를 보기 힘들다는 점과 마찬가지라 할 것이다(Keesing 1974; O'Maera 1989). 종에 대해서는 수십 가지에 이르는 정의가 있었으며(e.g., Mayden 1997), 앞으로도 더 많은 정의들이 나올 것이다. 어떻게 종개념(*species concept*)에 접근하는지의 문제는 나아가 종분화[4]의 문제를 어떻게 접근하는지에 영향을 미친다. 하지만 우리는 이 난감한 문제로부터 벗어나는 길이 있다고 믿는다. 이 길은 생물학과 고고학에서 각각 독자적으로 제시된 바 있는데, 일반적으로 간과되고 있다. 이 해결책에 대해서는 제 5장에서 자세히 논의할 것이며, 여기서는 다만 문제를 확실히 해두고 넘어 가기로 하자.

독자들은 앞으로 몇 쪽에 걸쳐서 전개될 본질론과 유물론에 대한 설명은 주로 둘의 차이를 강조하는 데 치중하는 것을 이해하기 바란다. 유물론자들이라고 해서 작업을 수행하면서 논리적으로 언제나 유물론적 원칙을 따를 것이라 생각하면 오산이다. 그 이유는 첫째, 그런 원

---

4) 종분화(*speciation*), 곧 새로운 종을 만들어내는 분지 과정, 혹은 시간의 흐름에 따라 다른 종으로 변환하는 것.

칙이란 존재하지 않으며, 둘째, 자연적 종류를 강조하는 본질론적 교육 배경을 버리고 엄밀하게 변이에만 치중하는 것은 극히 어려운 문제로서 경우에 따라서는 거의 불가능에 가깝다(Dunnell 1982). 또 다른 이유 하나는 사람은 주변에서 일어난 것들을 경험하고 미래의 상황을 '설명'하는 데 도움을 줄 수 있는 엄청난 정보들을 보유하는 능력이 탁월하다는 점이다. 이것은 장점과 단점을 모두 가지고 있다. 장점이라면 그런 능력을 바탕으로 다른 사람들과 과거와 미래에 대해서 의사소통을 할 수 있다는 것이며, 단점이라 말하는 것은 경험이란 달리 말해 '상식'으로서 과학의 영역에는 별로 설 자리가 없기 때문이다. 그러나 우리는 일반으로 경험을 단점이라고 생각하고 있지 않으며, 사실 우리는 경험을 과학적인 장점으로 보는 것이 보통이다. 고고학자들은 일상적으로 지식 생산 체계로서 상식을 동원하여 고고 자료에 질서를 찾는 과정에서 이용하는 많은 단위들을 실재하는 것으로 가정한다(Dunnell 1982; Kluckhohn 1939b, 제3장). 진화생물학자들 역시 이런 역사가 있는데 (물론 고고학보다는 정도가 덜 하지만), 이 때문에 종과 종분화에 대해서 아직도 논쟁이 있는 결과를 초래하게 되었다. 제5장에서 지적한 바와 같이 우리의 단위들을 분명하게 할 수만 있다면, 수많은 막다른 길로부터 벗어나 역사적 발전을 논리적이고 유물론적 방식으로 설명하는 일에 뛰어들 수 있다. 하지만, 앞으로 살펴보겠지만, 실제로 행하는 것은 말보다 어렵다.

1. 과학을 보는 하나의 관점

기본적인 수준에서 이야기한다면 과학이란 세계가 어떤 방식으로 돌아가고 있으며, 왜 그러한지에 대해서 이해하고 설명하는 방식에 다름이 아니다. 과학만이 단 하나의 지식 생산 체계는 아니며, 우리 주변의 세계를 이해하고 설명하는 데 가장 흔하게 동원하는 방식도 아니다. 우리가 가장 자주 의존하는 것은 바로 '상식'인데, 상식은 몇 가지 점에서 과학과는 대조를 이룬다(Dunnell 1982; Kluckhohon 1939b). 과학은 "수행 기준"(*performance standards*)을 통해 특정한 결론이 옳고 그른지, 다시 말해 결론이 실제로 설명하고자 하는 현상을 제대로 설명하고 있는지를 판단한다(Dunnell 1971b, 1978b, 1978c, 1982; Schiffer 1996). 이런 방법을 사용하기 때문에 도출되는 결론은 체계적 지식으로 포괄할 수 있게 된다. 이론은 다음 세 가지 것들을 명확히 해주는데, 첫째 연구되는 현상이 어떠한 종류인지, 둘째 어떻게 현상이 연구를 위해 구조화되고 측정되는지, 그리고 셋째 이러한 현상들이 주어진 주건 아래 어떻게 관련을 맺고 상호 작용을 하며 서로에 반응을 보이는지 등이다. 따라서 이론은 설명의 토대를 마련해 준다고 할 수 있다. 그러나 이론을 대신하여 상식이 사용될 수도 있는데, 이때는 잠재의식적이고 자의적이며 우발적인 것들이 끼어들 수 있으며 (Kluckhohn 1939b), 시간의 흐름이라는 개념에 대해서 별다른 논의를 할 수 없게 된다(O'Brien and Lyman 1999a). 짧게 말하여 상식은 본질론적 세계관을 수반하게 된다.

과학적 질문에는 역학적충족성, 경험적충족성, 허용한도라는 세 변수가 있다. 만약 학문에서 사용하는 이론이 '역학적으로 충족하다'는 말은 이론이 적절한 구조를 가지고 그 안에 적절한 요소들을 담아 과학적으로 받아들일 수 있는 설명들을 만들어낸다는 것으로서 그 학문은 과학적이라 말할 수 있다. 여기서 과학적으로 받아들일만한 설명이란 경험적 맥락에서 통용되는 설명을 말한다. 때문에 '경험적충족성'을 만족하는 이론은 현상들을 직접적으로 측정할 수 있는 요소들과 단위들을 가지고 있어야 한다. 직접 측정할 수 없는 단위 또는 요소들은 경험적으로 검증할 수 없다. 마지막으로 사물 그 자체와 사물들에 대한 모델은 엄연히 다르다는 사실 때문에 '허용한도'가 필요하다. 즉, 허용한도를 통해서 모델이 얼마나 사물을 잘 비추어주고 있는지를 판단하는 것이다. 르원틴은 다음과 같이 말한다.

> 이론을 세우기 위해서는 지속적으로 법칙을 만들고 이 법칙들이 통용되는 기술(記述)적 상황변수들(단위들이나 요소들)을 찾아내는 작업을 하여야 한다. 아무런 문제의식 없이 … 예전에 했던 방식대로 세계를 기술한 다음, 가만히 앉아서 그 기술 위에 설명 및 예측 이론이 저절로 솟아나기를 기대할 수는 없는 일이다. … 시행착오와 종합화의 과정을 겪기 마련이며 그 속에서 상황 기술(記述)과 법칙이 서로 결합되어야 한다. (Lewontin 1974a: 8)

요약하면 이론에 합당하고 그 이론이 요구하는 과정들이 어떻게 경험적으로 구현되는지를 추적할 수 있는 측정 단위들이 필요하다. 이는 사실 미국 고고학자들에게 익숙한 주제이며, 흔히 분류 또는 형식학적 단위 설정이라 불리는 것이다. 진화생물학자들 역시 단위를 설정하는 데는 두 가지 방식이 있음을 인식하였는데(e.g., Hull 1970; Mayr 1959a, 1968, 1981, 1987, 1995b), 이 단위들은 실재를 보는 두 가지 상이한 시각(본질론과 유물론)에서 기원한 것이다. 그러나 고고학에서 이런 차이가 명확히 인식된 것은 최근의 일이다(e.g., Dunnell 1982, 1995; O'Brien and Hollan 1990). 물론 그 전에도 전조가 되는 인식이 있기는 하였는데(Dunnell 1971a, 1971b, 1978a, 1978b, 1978c; Kluckhohn 1960), 이와 관련된 논의는 제3장과 제5장에서 다루어질 것이다.

2. 실재를 보는 두 가지 상이한 시각

과학 자체를 보는 관점은 단 하나밖에는 없을 수도 있으나, 과학의 종류에는 하나만 있는 것은 아니다. 상이한 과학들이 각기 독특한 관점으로 실재를 바라본다는 사실에서 이 같은 과학의 복수성이 잘 드러난다. 비록 생물학자들과 생물철학자들은 관점들이 어떻게 구별되는지를 때때로 논의하였다(e.g., Mayr 1963, 1970, 1976b; Hull 1965; Sober 1980, 1984a). 우리는 가장 처음 그 차이를 논의한 것은 1959년 마이어가 다윈의 《종의 기원》 출간 100주년 기념을 맞아 진화와 인류학에 대한 논문들을 모안 낸 책 속에 쓴 "다윈과 생물학에서 진화이론"이라는 짧은 글에서였다고 믿고 있다. 우리가 이 같이 믿는 이유는 한편으로 우리 스스로 문헌들을 숙독하였기 때문이며, 또한 마이어가 1976년 자신의 저술들을 모아서 책으로 출간할 때 다시 그 논문에 대해서 다음과 같이 간략히 언급한 글에 다음과 같이 나와 있기도 하다. "내가 아는 한 이 글은 본질론과 개체군론적 사고를 처음으로 대조시킨 것이며, 생물철학에서 이 같은 혁명적 변화를 처음으로 명료하게 구분한 것이었다(Mayr 1976b: 26).[5] 물론 과연 마이어가 다윈이 이룩한 혁명적 변화를 처음으로 명료하게 논의하였는지에 대해서는 논란이 있을 수도 있겠다. 그러나 마이어가 논문에서 한 "다윈은 분석적 초점을 개인에서 개체군으로, 그리고 본질론적 유형으로부터 유물론적 변이로 이동시킴으로써 생물체를 보는 관점을 영위히 바꾸어 놓았다"는 말의 중요성을 부인할 수는 없다(Lewontin 1974b; Mayr 1972). 그러나 개인에서 개체군으로, 유형에서 변이로 초점이 이동하였다는 것은 무엇을 의미하는가? 개체군은 개인을 포함하는 것이 아닌가? 유형은 변이를 바탕으로 구분되는 것이 아닌가? 다윈주의 진화이론은 도대체 무엇이 새롭다는 것인가?

본질론과 유물론을 떠받치는 믿음들을 검토하면 다윈주의 진화이론의 새로움은 더욱 두드러져 보일 것이다. 일반적 의미에서 이 두 존재론적 입장들 사이의 기본적 차이는 둘이 극단적으로 다르기 때문에 상당히 쉽게 이해할 수 있다. 확실히 하기 위해서 본질론을 가리키는 다른 용어는 '유형론적 사고'이며, 유물론은 다른 말로 '개체군론적 사고'라고도 하는 것을 반복할 필요가 있다(Mayr 1959a; Dobzhansky 1951). 용어들이 암시하고 있듯이 본질론/유형론적 사고는 사물들에

---

5) 다윈은 실제로 Notebook M이라는 글에서 자신의 입장을 가리켜 유물론(*materialism*)이라는 말을 사용하였는데(Bowler 1990: 85), 다만 본질론과 직접적으로 대조시키지는 않았다.

서 본질을 찾으려 하며, 그 본질이란 자연적 종류 또는 유형(형식)의 내재적 특성으로 간주된다. 본질론과는 대척점에 서있는 유물론은 그런 내재적 특성들은 없다고 본다. 유물론은 본질론과는 달리 이름을 붙이기가 쉽지 않다. 특히 인류학의 문화유물론(*cultural materialism*, Harris 1979)과 같이 상이한 내용을 가지면서도 비슷한 용어가 쓰이는 것을 부연하지는 않겠다. '개체군론적 사고'라는 용어 역시 영어로 'population'이란 말이 많은 의미를 함축하고 있음을 생각할 때 그리 좋은 것으로 여겨지지는 않는다. 물론 개체군이라는 말은 연구되고 있는 것이 복수의 것이라는 사실에 주의를 환기시키는 것은 사실이지만 말이다.

1) 본질론

본질론은 유형 또는 종류라는 것이 자연적 존재라고 가정하는 데서 비롯된다. 물론 쉽게 발견할 수 있는 종류도 있을 것이며, 그렇지 않은 것들도 있을 테지만 모두 자연적이라는 데에는 같은 입장이다. 따라서 각 유형은 명확한 본질을 가지고 있거나(이로부터 본질론이라는 용어가 왔다) 앞으로 논의하겠지만 적어도 명확한 중심적 경향이라도 있다고 생각된다. 여기서는 종류나 유형이라는 문제에 너무 집착할 필요는 없을 텐데, 이 문제는 제3장과 제5장에서 더 자세히 다룰 것이다. 물론 종류/유형이 어떻게 만들어지는지를 전혀 언급하지 않고 넘어갈 수는 없다. 고고학에서 '유형(형식)'이란 용어가 수많은 의미를 내포하고 있기 때문에(Lyman et al. 1997b) 여기에서는 종류라는 측면에 한정하여 논의해 보자. 다만 두 용어는 서로 바꾸어 사용할 수 있음을 주의하라.

종류라는 것은 분석자가 어떤 방식으로든 비슷하다고 생각하는 것들을 모아 더미로 나눈 것을 말한다. 본질론적 존재론 아래에서 분석자는 사물들의 모음을 면밀히 검토하여 중요한 특질들을 찾아내려 하는데, 그 특질이란 내재되어 있으면서 인지 가능하여 사물의 자연적 종류를 파악하는 데 필수적인 것들이다. 종류라는 것은 독립된 사물의 속성, 사물 그 자체나 속성들의 결합, 사물들의 모음 등 어떠한 척도에서도 관찰할 수 있으며, 거기에 개개 물건이나 사건들도 모두 포괄될 수 있다. 그리고 보통 복수의 표본들을 검토한 뒤에 종류는 완전히 굳어진 단위가 되어 더 이상 주어진 영역을 넘어서는 개체들을 포괄할 수 없게 된다. 이 같은 중요한 사실을 고고학에서는 미국 문화사고고학의 가장 뛰어난 세 고고학자들이라 할 수 있는 필립 필립스(Philip Phillips), 제임스 포드(James A. Ford), 제임스 그리핀(James B. Griffin)이 다음과 같이 언급하였다.

> 우리가 형식 설정에 결정적이었다고 보았던 특성들은 서서히 변화한다. 우리가 처음부터 가졌던 정의를 더 이상 확장시키지 않고 특정한 물건 "X"가 예를 들어 "B" 형식에 속한다고 판단할 때까지, 또는 그 물건이 "A"나 "B"로 묶기에 충분치 않아서 독자적으로 "C" 형식으로 묶을 때까지 형식 설정의 기준이 천천히 변화하고 있음은 익히 알려진 현상이다. 이렇게 가여울 정도로 아슬아슬하게 형식을 설정하는 것은 연구자가 늘 직면하는 문제이다. (Phillips et al. 1951: 65)

연구자는 늘 그 같은 상황에서 결정을 내리기 마련인데, 이는 다음과 같은 단순한 이유 때문이다. 특정 한 종류의 경계는 우선 표본에서 나타나기 마련인데, 다시 말하여 표본을 관찰하고 비슷한 것들을 구분하여 한 다발로 묶고, 각 종류들이 가지는 본질을 각 다발에서 추출하는 식이다. 대부분 경우에 적어도 어느 정도의 변이는 각 종류나 다발 안에서 수용되기 마련인데, 여기서 중요한 것은 본질론자들은 그런 변이를 "귀찮은 산란"(Lewontin 1974a: 5) 정도로 설명적 가치가 없는 것이라고 본다는 사실이다. 본질론에 입각한 연구자들은 이런 '노이즈(잡음)' 문제를 피하기 위해서 평균(중심적 경향)을 찾아 원형(原型)이 되는 표본을 가려내고자 한다. 여기서 원형이라는 것은 다른 모든 표본들을 비교할 때 기준 자료가 되는 이상적이거나 "진정한" 표본을 말한다. 필립스 등(Phillips et al. 1951)은 이런 방식으로 유물의 형식을 찾으면서, 형식이란 분석자의 절차일 뿐 유물 자체에 내재된 것이 아님을 인지하였음에도 불구하고 결국 혼란(유물론적 역설)에 빠지고 말았다(Lyman et al. 1997b; O'Brien and Lyman 1998). 이들과 함께 역시 탁월한 문화사고고학자였던 고든 윌리(Gordon R. Willey 1940: 673)는 그런 절차에 대해서 명확한 언급을 하였는데, "형식이란 개념은 유물의 모음에 대한 상징적으로 대표해준다는 점에서 종합적인데, 곧 유물들이 결정적 속성들을 중심으로 군집하며 그 속성들의 평균이 되는 것이 형식이다"라는 말을 하였다. 여기서 평균이라는 것은 유물 표본들로부터 추출되기 때문에 형식이란 어찌되었든지 실재하는 것(곧 본질을 가지고 있는 것)이라는 생각이 굳어지게 되었다. 앞으로 살펴보겠지만, 이것은 다윈 이전의 세계에서 종을 정의하는 전형적 (일반적인 것은 아니지만) 절차였다.

본질론적 시각에서 흥미로운 특징은 바로 종류들 사이에는 점진적 이행이 있을 수 없다는 점이다. 다시 말하여 녹색이든지 파란색이든지 둘 중의 하나이지 그 밖의 범주는 없다는 것이다. 만약 녹색과 파란색 사이의 중간 정도 것을 발견한다면 어떻게 하겠는가? 한 가지 방법은 새로운 종류를 설정하여 청록색과 같은 새로운 이름을 주는 것이다. 두 번째로 취할 수 있는 방법은 녹색에 조금이라도 더 가깝기 때문에 녹색 범주에 집어넣어야 한다는 식으로 처리하는 것이다. 이런 점은 거의 논의되지 않았지만, 19세기 유명한 식물교배학자였던 그레고르 멘델(Gregor Mendel)은 그 빈도는 어떠한지에 대해 제 2세대와 제 3세대 콩을 연구하면서 색깔과 관련된 형질이 어떻게 보유되고 표현되는지 하는 문제에 접근하였다.[6] 세 번째 방법은 분석을 시작하기 전에

6) 로널드 피셔(Sir Ronald Fisher 1936)는 멘델의 자료는 자신의 의도한 대로 색깔 비율이 나왔기 때문에 너무 좋았다고 지적하였는데, 멘델은 경우에 따라서 독단적 결정을 내리기도 하였다. 오렐(Orel 1996)이 최근 멘델을 옹호하기도 하였지만, 피셔의 주장은 상당히 일리가 있다. 어찌되었든지, 멘델은 다른 본

얼마나 많은 자연적 종류들을 설정하여 표본들을 포괄할 것인지를 결정하는 것이다. 이것은 존재하는 변이의 수가 어느 정도인지를 알아보기 위해 이용 가능한 표본들을 정렬시킴으로써 달성할 수 있는 일이다. 그러면서 몇 가지 종류들이 필요하다며 미리 결정해버릴 수도 있는 것이다. 사용되는 종류의 수는 우리가 풀고자 하는 문제 및 그 종류들이 용인하는 노이즈 등 두 가지 문제에 달려 있다. 많은 노이즈가 용인되는 분석들에서는 우리가 파란색이라 정의하였던 범주 안에 들어가는 것을 모두 "파란색"이라 부를 수 있을 것이며, 그렇지 않고 더욱 세밀한 구별을 원하는 분석에서는 더 많은 종류들을 설정할 수도 있을 것이다(이것이 바로 "모으는 분류"와 "나누는 분류"의 차이이다). 결과물은 기본적으로 동일하다. 다시 말하여 종류들은 각각 다양한 개체들을 포함할 것이며, 종류 안에 속한 각 표본들의 차이는 "귀찮은" 것이거나 별로 무의미한 것이며 종류들 간의 차이만이 유의한 것이 된다. 여기서 중요한 것은 색깔은 사물이 어떠한 종류인지를 결정해주는 본질적인 성격이 된다는 사실이다. 이 본질들은 경험적 현상에서 나타나는 형질이라는 점에서 실재하는 것으로 생각된다. 정의상 특정한 종류의 사물들은 모두 그 본질을 공유하여야 하며, 그렇지 않다면 다른 종류의 개체일 수밖에 없다.

여기서 두 종류인지, 다섯 종류인지, 아니면 열 가지 종류를 설정할 것인지를 결정하는 사람은 분석자라는 사실을 주지하여야 한다. 본질론적 시각에서는 본질이 실재하기 때문에 종류는 여전히 실재하는 것이라 여겨지는데, 표본들로부터 추출된 것인데, 어떻게 존재하지 않는다고 할 수 있겠는가? 얼마나 많은 종류를 사용할 것인지를 결정하는 것은 "종류들 자체가 실재하는가?"라고 하는 질문과는 전혀 다른 것이다. 단순하게 개체들을 모으고 나누는 일은 종류가 실재하는 것이라

질론자들이 모두 부딪치는 문제에 마주치게 되었는데, 그것은 다름 아닌 변이를 어떻게 할 것인가 하는 문제였다. 멘델은 확실히 변이를 고려의 대상에 넣지 않았다.

보는지 아닌지 하는 문제와는 아무런 관련이 없다. 얼마나 많은 종류들이 실제로 설정되는지와 관계없이 자연적인 것, 곧 실재하는 본질이 여전히 포본 속에 있다고 생각된다. 따라서 설정되는 종류들은 연구대상 표본에 따라서 우연적으로 결정되기 마련이다. 여기에 문제가 있다는 사실을 알아두자.

2) 유물론

우리가 발견할 수 있는 자연적인 종류가 존재한다고 보는 본질론적 관점과는 반대로 유물론적 입장은 귀납적 방식을 배제하고 특정한 작업을 수행할 수 있는 단위를 설정하는 과정을 취한다. 이것은 본질론적 종류가 전혀 분석적 작업을 수행할 수 없다는 뜻은 아니다. 예를 들어 화학의 요소 같은 것들은 확실히 분석 작업에 적합하며, 고고학에서도 가령 본질론적 토기 형식들을 이용해서 시간의 흐름, 그러니까 편년을 만들 수도 있다(O'Brien and Lyman 1998, 1999a). 그렇다고 해서 본질론적 종류들이 모두 유물론자가 수행하는 분석적인 일에 적합하다는 뜻은 아니다. 왜냐하면 본질론적인 종류들은 흔히 그 자체가 진화적 변화 연구 — 한 계통의 특정한 개체가 다른 것이 되는 과정 — 를 막아버리기도 하여 분석자가 종류들 사이의 상사성과 상이성만을 추구하게 만들기도 한다. 우리가 여기에서 말하고자 하는 것은 본질론적 종류들이 유물론적 연구에 유용할 수도 있는 경우도 있겠지만, 그것은 주로 우연의 일치에 불과하다. 왜냐하면 본질론적인 종류들은 각각 독립적으로 존재하기 때문에 변화는 한 종류가 다른 종류가 되는 식으로 인지되기 때문이다. 다윈은 생물체의 변화를 연구하면서 바로 이런 미다스의 손과 같은 것을 버렸다. 편년표에서 특정한 본질론적인 종류를 다른 종류의 시간상 위에 놓는 식으로 시간적 연쇄를 표현할 수도 있겠지만, 이 안에 진화적 변화가 의미하는 조상-자손의 계보가 들어 있는 것은 아니다. 다윈은 진화적 변화는 변이들의 차별적 지속

(*differential persistence*)이며, 본질론적인 종류들은 예외적이고 우연적인 경우를 제외하면 이런 진화적 변화를 추적하는 데 적합하지 않다고 주장하였다.

만약 실체라는 것이 끊임없이 변화하는 존재물이라면 유물론자는 늘 무엇인가로 변화하는 상태에 있는 것들을 평가하기 위한 단위들을 개발하는 데 시간을 쏟아야 한다고 주장하게 될 것이다. 따라서 유물론자에게 '완전한 파랑'과 '조금 파랑' 같은 범주들은 상황에 따라 분석적으로 의미가 있을 수도 있으며, 마찬가지로 분석적 상황이 바뀌었을 경우 — 곧 시공간적 틀이 바뀌었을 때 — 더 이상 유동한 범주가 아닐 수도 있다. '조금 파랑'과 같은 것에서 본질을 결정해주는 어떠한 실재하는 것은 없는 것이다. 물론 '조금 파랑'과 같은 용어를 사용할 수 있는 범주들을 "만들어내는" 것이 분석적으로 유의할 수도 있으나, 그런 분석적 범주를 "만들어내는" 것(분석자가 사물들에 범주의 정의를 부여하는 것)과 범주를 "발견해내는" 것(범주에 대한 정의가 사물들의 표본들로부터 추출되는 것)은 구분하여야 한다.

사건과 사물들을 범주화하기 위해서 유물론자는 문제 해결에 적절한 속성들을 고르고 단지 그 속성들의 존재 여부에 따라 표본들을 내적으로 동질적이며 외적으로 이질적인 다발로 나누게 된다. 그 속성들이 아닌 사물이나 사건이 가지고 있을 수 있는 다른 속성들은 어떤 식으로든 기술(記述)될 수 있을 것이지만, 특정 사물이 A 다발에 속할 것인지 B 다발에 포함될 것인지를 결정해주지는 않는다. 그런 속성들은 단지 딸려갈 뿐이다. 중요한 것은 결정적 속성들을 공유하고 있는 표본들은 내재적이고 질적으로 같기 때문이 아니라, "분석자가 선택한" 속성들을 공통으로 가지고 있다는 사실 때문에 하나의 그룹에 묶인다는 사실이다. 마이어(Mayr 1987)는 이런 속성들을 '공통 특성'이라 불렀는데, 한 다발로 묶인 모든 사물들은 그런 결정적 속성들을 공통으로 가지고 있다는 점을 의미한다. 물론 사물들은 그 속성 말고도 다른 특성들을 공유할 수도 있다.

석기를 예로 들어 더 자세히 살펴보자. 우리는 관찰에 입각하여 석기의 색깔이 기능과 아무런 관련이 없다고 결정할 수도 있으며, 반면 석기의 작업날의 각도가 기능과 관련 있다고 판단할 수도 있다. 따라서 우리가 석기의 기능적 변이에 관심이 있다면, 날의 각도라는 속성을 선택할 것이다. 또는 사용흔 등 분석자의 관심사와 인과적으로 연관된다고 생각되는 속성들을 선택할 것이다. 따라서 유물의 색깔에는 별다른 관심을 두지 않게 될 것인데, 물론 이 경우에도 표본들의 색깔을 기술할 수는 있을 것이다. 여기에서 중요한 것은 전술하였듯이 석기가 환경에 어떠한 작용을 하였는지에 대한 관찰이 중요한 기준이 된다는 점이다. 이 문제에 대해서는 이후 장들에서 자세히 다루겠지만 여기에서도 조금 더 언급해 보자. 석기의 사용에 관한 우리의 관찰들은 석기 자체 및 석기가 사용된 사물에 가해진 물리적 힘과 그 결과에 관한 것이다. 날의 각도와 같은 석기의 특성과 그런 특성들이 '자르기와 같은 일'에 미치는 영향은 '내재적 특성'(*immanent property*)들이라 부른다. 이 특성들은 시공간에 상관없는 것으로서, 시공간에 따라 변화하게 되는 '형상적(*configurational*) 특성'과 대조된다. 이것이야말로 다윈 진화고고학자들과 행위고고학자들 사이의 가장 큰 차이라고 할 수 있는데(O'Brien et al. 1998), 행위고고학자들은 행위의 일반법칙들을 찾으려 한다. 행위고고학자들은 물리적 특성들과 행위적 특성들을 구분하지 않으며, 따라서 반복적으로 나타나는 현재의 인간 행위들은 과거 행위들을 유추하는 데 쓰이는 것이다. 이에 반해 다윈 진화고고학자들은 유물의 기능적 속성을 연구할 때 물리학적 추론을 사용하면서도, 그런 형상적(행위적) 추론으로 법칙을 추구하는 것을 배격한다.

유물론자들은 이미 가지고 있는 정보에 입각하여 종류들을 만든 다음 표본들을 검토한다. 그리고 각 특정한 표본들이 종류 설정에 결정적이었던 속성(들)을 가지고 있는지를 판단한다. 이것은 단순히 어떤 표본들이 그런 결정적 속성들을 가지고 있느냐를 확인하고 속성을 지니고 있는 표본들을 한 데 묶는 과정이다. 그 다음 시간의 흐름에 따라 종류들 내의 표본들의 빈도의 변화—곧 변이들의 차별적 지속—를 통해 진화적 변화를 파악하게 된다. 마이어(Mayr 1991b: 128)가 주목하였듯이, "표본 집단들은 평균값이 점차 이동함에 따라 변화하며", 평균이란 표본 변이들을 만들어내는 다양한 종류들을 통계적으로 요약한 것이다. 여기에는 상동적 구조를 확인하여야 하는 또 다른 아주 중요한 문제가 있는데, 이에 대해서는 6장에 가서 논의할 것이다.

3. 유물론적 역설과 종(種)

다윈 진화이론에 관한 많은 문헌들을 잘 읽어보면 다윈은 생물의 진화에 대한 시각을 영원히 바꾸어 놓았음을 명확하게 알 수 있다. 다시 말해 다윈은 본질론적 관점에서 유물론적 관점으로 변화시킨 것이다. 그렇다고 해서 다윈 이전의 모든 생물학자들이 본질론적 사고를 하였다고 생각하는 것은 잘못이며, 마찬가지로 《종의 기원》을 읽은 모든 생물학자들이 유물론으로 돌아섰다고 볼 수도 없다(Mayr 1982a, 1991b). 하지만 다윈의 '변이가 따르는 계통'라는 생각 때문에 궁극적으로 생물학자들은 진화적 변화를 분절적인 것이 아니라 연속적인 것으로 보기 시작하게 되었다(Mayr 1982b, 1995a). 이 같은 관점의 변화는 즉각적인 것은 아니었는데, 사실 다윈의 입장은 한 세기 정도가 지나서야 대체로 받아들여지게 되었던 것이다. 여기에서 연속성이라고 하는 것은 변화의 비율과는 다른 개념인데, 이것은 생물학자들 사이에 여전히 논란거리가 되고 있다.

넓은 의미에서 이 같은 진화생물학에서 본질론으로부터 유물론으로의 관점 변화는 생물학자들이 종(種)을 보는 시각에도 변화를 수반하게 된다. 다시 말하여 확인할 수 있는 본질을 가진 자연적인 종류가 아니라 생물체들의 집단으로 종을 보기 시작했다는 것이다. 다윈 이후 종 안의 생물 개체가 아니라 종이 주된 초점이 되었는데, 이것은 다음과 같은 두 가지 이유에서 다윈주의적 시각에서는 아주 적절한 것이었다. 첫째, 다윈은 종 안의 생물체가 아니라 종이 전체적으로 진화한다고 보았다. 둘째, 다윈은 생물체의 집단이나 종 사이의 차이를 관찰하는 데서 그런 차이가 진화적 변화상—자신의 말대로 변이가 따르는 계통—에 어떤 의미가 있는지의 문제로 분석의 초점을 바꾸었다.

이런 변화의 이유는 바로 다윈은 생명체의 다양한 형태뿐만 아니라 왜 그런 다양한 형태들이 모두 잘 적응되어 있는 듯이 보이는지에 대해서도 설명하고자 하였기 때문이다. 그러면서 다윈은 독특한 해결책을 제시하는데, 바로 모든 생명체 형태들은 공통 조상으로부터 내려왔지만, 어떤 생물체도 다른 것의 단순한 복제품은 아니라는 것이다. 현저히 비슷한 생물체들은 확실히 점진적이고도 장기간의 개체에 작용하는 자연선택의 결과임에 틀림없는데, 자연선택으로 더 잘 적응된 개체들은 살아남고 그렇지 못한 개체들은 도태되는 것이다(Mayr 1982a: 116~117). 따라서 종의 역사를 입증하기 위해서는 종의 계통 안에서 개별 변이들을 기록하고, 그 변이들이 시간의 흐름에 따라 어떻게 변화하였는지 족적을 찾으며 변이들의 빈도에서 보이는 변화를 이끌었던 선택적 맥락을 확인하여야 하는 것이다(Szalay and Bock 1991). 여기에서 계보를 구축하고 설명하는 것은 유물론적 인식론을 필요로 한다.

계보를 구축하기 위해서는 변화에 대한 연구를 해야 하는데, 단순히 유사함과 차이만을 기록해서는 안 된다. 이것이 바로 본질론과 유물론적 관점의 주된 차이이기도 하다. 본질론적 시각에서는 유사함과 차이만을 다루는데, 유물론적 입장은 유사함과 차이만이 아니라 변화를 다룬다. 이것을 다른 식으로 살펴보자. 화학은 탄소원자와 질소원자 사이의 차이와 같은 다양한 단위들 사이의 본질적 차이를 연구하는데, 그렇다고 해서 탄소원자에서 보이는 변화를 추적하지는 않는다. 본질을 가진 어떤 것이 변화할 수 있는 방법이란 오직 스스로 본질을 바꾸어 다른 종류의 것으로 전환되는 것 밖에는 없다. 그러므로 본질론적인 존재론에서 변화란 분절적인 것이며, 본질이나 단위들을 가로질러

서만이 변화할 수 있게 되는 것이다. 이와는 달리 유물론적 변화란 이음새 없는 연속적 과정으로서 경계가 존재하지 않는 — 자연적인 종류(단위)들이 없는 — 체계 안에서 일어난다.

분절적 변화와 연속적 변화의 차이는 생물학에서 별로 논란이 되지 않는 주제인 것 같다. 그런데도, 본질론과 유물론 사이의 차이에 대한 이전의 논의들은 다윈이 종이 진화함을 보여주었기 때문에 더 이상 본질론이 생물학에서 합당한 입장으로 받아들여지지 않게 되었음을 잘 논하고 있다(e. g., Mayr 1959a, 1991b, 1995a). 이것은 넓은 맥락에서만 적절하다고 볼 수 있기 때문에 그런 말을 할 때는 주의하여야 한다. 우리는 엘리엇 소버(Elliott Sober 1980: 355~356)가 하였던 '단순히 종이 진화한다는 사실로 본질은 없다는 증명이 될 수는 없다'는 중요한 지적을 귀담아 들어야 한다. 다윈이 참으로 보여주었던 것은 진화이론은 종에 대한 구성적 정의를 내려야 할 '필요'를 덜어주었다는 것이다(Sober 1980: 360). 철학적인 글들에서는 간간히 연속적 변화와 분절적 변화 사이의 차이에 대한 논의를 빼놓고 있다.

자연적인 또는 본질론적인 종류들도 변화할 수 있으나 보통 변환이라 불리는 방식으로 이루어진다. 원소들의 변환을 예로 들어 보자.

> 원소주기율표에는 분절적 도약들이 있는데, 원자가 36과 원자가 37 사이 중간에 존재하는 원자가는 없다. 그러나 잠깐 변환의 메커니즘에 대해서 살펴보자. 가령 다음과 같이 질소가 어떻게 산소로 변할 수 있는지 하는 문제를 생각해보자(Ihde 1964: 509).
>
> $$^{4}_{2}He + ^{14}_{7}N \rightarrow ^{17}_{8}O + ^{1}_{1}H$$
>
> 이 반응에서 알파 입자는 흡수되고 양자는 방출된다. 이 과정에 대해서 질문을 던져 보자. … 바로 어떤 시점에서 핵이 더 이상 질소가 아니게 되고 정확히 언제 산소로 되기 시작하는가?
>
> 이 문제에 대해서 적절한 물리 이론에 입각하여 정확하고도 원칙적인 대답이 있을 수도 있다. 그러나 그렇지 않을 수도 있다. 나는

> 둘 가운데 어느 쪽이 맞는지 하는 것은 본질론이 화학적인 종류에 관해서 옳은 것인지 하는 문제와는 상관이 없다. 특정한 원자가를 가진다는 것 역시 모호한 개념일 수도 있다. 그러나 그 모호함이란 특질은 화학적 종류의 본질이라는 점과 잘 부합된다. 다시 말해 적어도 "질소"의 모호함과 "원자가 14"의 모호함이 일치한다고 한다면 별로 문제될 것이 없는 것이다.

질소와 원자가 14라는 두 종류는 정의상 저절로 상응하도록 되어 있기 때문에 일치된다. 이와 비슷하게 동위원소 역시 변형될 수 있다. 무거운 탄소인 ^{14}C와 이보다 조금 가벼운 ^{13}C를 예로 들어보자. 두 동위원소 모두 각각 양자와 중성자를 가지고 있다는 사실에서 '본질'을 가지고 있다. 중성자를 더하거나 뺌으로 해서 하나의 동위원소는 다른 동위원소로 변환되는데, 이것은 유물론적 변화가 아니다. 동위원소 ^{13}C은 언제나 ^{14}C이 되려는 상태에 있지는 않은 것이다.

원소와 동위원소들이 변환한다고 해서 원소 주기율표가 잘못일 수는 없으며, 그렇다고 해서 원소와 동위원소가 본질을 가지고 있음을 증명해주는 것도 아니다. 소버의 지적과도 같이 질소가 되는 것과 산소가 되는 것은 전혀 다른 것이다(Sober 1980: 366). 한정된 사물들만이 공유하고 있는 내재적 특성들이 있다면 그것들은 특정한 종류의 일원이 될 수 있다. 중요한 것은 그것들이 본질을 가지고 있다는 것이지 변환을 통해 본질을 바꿀 수 있다는 것이 아니다. 이 점은 고고학에서 진화적 단위들을 언급하면서 이야기했는데(e.g., O'Brien and Holland 1990, 1992), 주장이 그리 잘 논증되지는 않았다.

원소와 동위원소와는 달리 종은 진화한다. 물론 종이 진화한다는 생각은 1859년 이후에 받아들여지기 시작했지만 말이다. 하지만, 다윈이 종분화에 영향을 미치는 자연선택의 역할을 논증한 뒤로도 종이 무엇인지에 대해서 모든 것이 명확해진 것은 아니다(Bowler 1990). 다윈 이전의 생물학자들도 변화라는 생각에 대해서 다루었는데, 모두 창조자를 언급하며 천지와 생물체가 창조될 때 유한한 수의 종이 만들어졌다는 식으로 넘어갔다. 이와 반대로 어느 정도 진화의 존재를 인정하였던 사람들이 가졌던 전형적 생각은 한 종이 어떻게 해서 다른 종으로 전화되었다는 식이었다. 다시 말하여 정해진 종이 그 과정을 다한 뒤에 다른 종으로 전화된다는 것이다.

변화의 문제, 그리고 변화가 무엇을 수반하는지 하는 문제는 다윈이 남긴 유산의 한 부분이라 할 것이지만, 이와 관련된 또 다른 문제가 있다. 그것은 바로 종개념에 대한 것인데 여기에서는 다음 두 가지 이유에서 관심 주제가 된다. 첫째, 종개념은 본질론과 유물론의 차이를 부각시키는 이상적 매체이다. 이 두 존재론적 입장에서 종이 정확히 어떻게 상이하게 인식되는가? 지금까지 논의로 모두 명확해졌겠지만, 두 입장은 판이하게 다른 관점을 가지고 있는데, 과연 무엇이 타당한 것인가? 더 생각해 보면, 이 문제는 현대 생물학은 유물론적 관점을 신봉하고 있다는 사실을 알기 때문에 더 이상 대답하기 흥미로운 문제가 아닌가? 만약 그렇다면 우리는 쉽게 본질론적 종개념을 버릴 수 있을 것이다. 그러나 앞으로 살펴보겠지만 문제는 그렇게 쉽지 않았다. 이로부터 우리가 종개념에 관심을 가지는 두 번째 이유가 있다.

우리가 모든 것들은 다른 어떤 것이 되려는 과정에 있다고 보는 유물론적 입장을 신봉한다고 할 때 역사(시간) 자료로부터 무엇을 얻어낼 수 있을 것인가? 유물론적 입장은 사실 진화적 연구를 가로막고 있는 것은 아닌가? 그리고 조상-자손의 계보를 구축하는 계통적 연구는 사실 형이상학적 작업에 불과한 것인가? 쉽게 이야기해서 고고학자나 생물사학자들이 어떻게 유물론에 충실하면서 하고자 하는 일을 할 수 있을까? 이 문제에 대한 대답은 연구자가 어떻게 (분석) 단위와 관련된 문제에 접근하고 어떻게 그런 단위들을 사용하여 변이를 확인하고 평가하는지에 달려 있다. 앞으로 살펴보겠지만 생물학자들은 오랫동안 단위의 문제에 씨름하였는데, 모두 성공적이었던 것은 아니다. 아래에서는 단위로서 종의 문제에 대한 개괄만을 담을 것인데, 단위에 대한 문제는 제 4장과 제 5장에서 더욱 자세히 논의하였다. 우리가 여기서 강조하고자 하는 것은, 사실 이미 앞에서 지적한 바 있는데, 생물학자나 생물사학자라 할지라도 언제나 유물론을 충실히 따르는 것은 그리 쉬운 문제가 아니라는 사실이다.

1) 단위로서 종류들

종류는 생물학적 사고에서 언제나 중심적 역할을 했다. 마이어를 비롯한 학자들은 유형론적인 형이상학을 플라톤과 에이도스(*eidos*)라는 개념까지 추적한 바 있는데, 여기서 에이도스는 형태라고 번역할 수 있으며, 실재하는 어떤 것을 말한다(e.g., Mayr 1959a, 1982a). 소버는 아리스토텔레스의 자연상태모델(*Natural State Model*)이라는 개념까지 추적하여 본질론이 변이를 다루는 방식을 찾고자 했다(Sober 1980). 자연상태모델에서 개체는 현재 스스로가 귀속되어 있거나 한 번은 귀속되었던 자연상태를 가지고 있다고 여겨진다(Hull 1965). 어떤 사물이 우연히 귀속하게 된 다른 모든 상태들은 그것에 작용하였던 외부적 영향의 결과라고 생각된다. 몇몇 예외도 있었지만, 다윈 이전의 분류학자(*taxonomy*)들은 플라톤과 아리스토텔레스의 논리를 뒤이어 유형(형식, 여기서는 종)을 적절한 본질을 확인하여 발견할 수 있는 실재하는 자연단위들로 다루었다. 이와는 달리 몇몇 생물학자들은 종이 실재하지 않는다고 공언하기도 하였다. 그 같은 공언은 ① 생물학자들이 하나의 종에 포함시키고자 하는 모든 개별 생물체들을 통합시킬 수 있는 특성을 찾을 수 없었기 때문이거나 ② 자연세계에는 정리하기에는 너무도 많은 변이들이 있기에 본질이나 자연상태가 있다고 해도 그것을 찾는다는 것은 환상에 불과하다고 믿었기 때문이다. 이러한 시각에서 종이란 그저 비슷하게 생긴 창조물들을 한 데 묶는 편의적 공간에 불과했던 것이다.

후자의 입장을 취했던 19세기 생물학자들이 했던 말 가운데 진실은 무엇인가? 자연은 우리에게 사실을 가림으로써 종의 본질을 모호하게 하는 장난을 치고 있는가? 그렇다면 어떻게 모든 변이들—아마도 돌연변이라고 부를 수밖에 없을—을 솎아내고 진정한 유형을 찾을 수 있을 것인가? 소버가 말했듯이 우리는 어떻게 변이를 투명하게 만들 수 있을 것인가(Sober 1980: 367)? 한 가지 방법은 개체들 사이의 변이의 평균을 내는 것이다. 이 방법은 폭넓게 다른 변이들을 억누르면서 이상적 전형을 설정하도록 한다. 19세기 생물학자들 가운데는 그런 방식을 취하는 사람들도 있었는데, 계산을 위해 수학자나 통계학자에게 도움을 청하였다. 이 가운데 아돌프 케틀레(Adolphe Quetelet)라는 벨기에의 통계학자는 상당한 시간과 공을 들여 이른바 "평균인간"을 찾고자 하였는데, 여기서 평균인간이란 집단내의 다양하고 독특한 특질들에 구애되지 않는 진정한 사회체의 대표라고 생각되었다(Sober 1980: 366). 케틀레에게 변이란 그저 '산만한 것들'에 불과하였으며, 아무런 의미가 없는 것이었다. 변이는 단지 우연적 이유로 생산될 뿐이기 때문에 분석할 수 있는 성질의 것이 아니었다(Hilt 1973: 219).

케틀레는 스스로 중요하다고 생각하였던 산술평균에 초점을 맞추었는데, 이는 자연세계에서 예측 불가능한 것이 아니라 항상적 토대 위에서 나온 것이었기 때문이다. 중요한 것은 케틀레는 산술평균과 참 또는 "전형적" 평균을 구분하였다는 점인데(Quetlet 1935), 후자는 오차의 법칙에 입각한 분포를 보이는 현상들을 일컫는 것이다(Hilts 1973: 217). 그는 평균인간을 찾고자 애쓰는 동안 이런 방법에 의존하였다. 빅터 힐츠(Victor Hilts 1973)는 19세기 동안 통계학과 사회과학 사이의 밀접한 관련에 대해 논의하면서 1850년 천문학자 존 허스첼(Sir John Herschel)이 평균인간이란 개념은 단순히 측정오차의 결과만은 아니라는 케틀레의 생각을 얼마나 잘 받아들이고 있는지를 다음과 같은 말에서 알 수 있다.

> 평균(*average*)이라는 것은 한 마을에 있는 집의 높이나 도서관에 있는 책들의 크기와 같이 상이한 것들에 대해서 존재할 수 있다. 어떤

> 것들의 평균에 대해서 아는 것은 편리할 수도 있겠다. 그러나 평균이라는 개념에는 자연적이거나 인지할 수 있는 중심 값이 있고 중심 값으로부터 나타나는 차이는 모두 표준으로부터 떨어진 편차로서 취급된다는 생각이 들어있지 않다. 이런 생각은 바로 중간값(*mean*)이란 개념에 들어있는데, 일관되게 최대점을 향하여 증가하고, 그 뒤에는 다시 감소하는 특성을 표현하고 있다. 평균은 우리에게 미래가 과거와 비슷할 것이란 확신을 주지 않는다. 대신 그런 확신을 암시적으로 갖고 중간값을 셈할 수 있을 것이다. (Herschel 1850: 23)[7]

다시 말해 "평균"은 측정오차의 결과물인 데 반해 "중간값"은 실재하는 것이고 전형을 비추어준다는 것이다. 소버(Sober 1980: 367)의 예를 들면, 케틀레는 "수천의 스코틀랜드 병사들의 허리 치수를 정확히 재는 것은 단 하나의 평균적 병사의 허리띠 치수를 부정확하게 재는 결과와 마찬가지로 종 모양의 분포 곡선을 얻을 것이라는 사실에 크게 인상을 받았다." 수천 병사의 허리 치수를 재는 것은 평균인간에 대한 진실하고도 유용한 특징들을 알게 되며, 반면 후자의 방식으로는 측정오차의 결과물로서 평균을 얻게 된다는 것이다.

평균은 일련의 숫자들의 요약이지만, 산술평균은 실재하는 것이라는 케틀레의 본질론적인 메시지는 확실하다. 바로 이 (진정한) 중심적 경향이야말로 생물학자들이 찾았던 것이다. 19세기 다윈의 사촌 프란시스 골튼(Francis Galton)의 연구에서야 수리생물학자들은 중간값에서 편차의 중요성과 함께 변이와 유전 사이의 연결의 중요성에 대해서 인식하기 시작하였다. 갑자기 변이는 더 이상 난처함의 대상이 아니라 자연세계의 질서를 찾는 데 아주 중요한 일부분이 되었다. 개체군유전학뿐만 아니라 자연주의 싹이 튼 것은 바로 이 골튼의 연구에서부터이다. 개체군유전학은 20세기 전반 생물학의 주된 분야 가운데 하나였

7) 본질론자로서 허첼은 나중에 다윈의 '변이가 따르는 계통'이라는 생각을 "뒤죽박죽된 이론"이라고 비판하기도 하였다(Francis Darwin 1893: 232에서 인용).

으며, 사실상 자연학자(박물학자)들과 실험학자들을 연결하는 다리 역할을 하여 진화적 종합을 낳게 되었던 것이다.

1940년 이전에도 무시되지는 않았지만 1940년대 이후 중심적 역할을 하게 되는 한 가지 이슈는 바로 종개념이다. 집단유전학은 다윈주의적 자연학자들과 멘델식의 유전학자들을 떠받쳤던 인식론적 바탕들을 연결시키는 데 아주 노력을 많이 하였지만, 종이 무엇인가에 대한 이슈는 풀리지 않은 채 남아 있었다. 생물학자들과 생물철학자들이 어떻게 그 문제에 접근하였는지를 살펴보면 유물론적 시각으로 경험 현상을 연구하는 데 발생하는 어려움들이 무엇인지에 대해서 개략적으로 알게 된다.

2) 단위로서 종(種)

70여 년 전 포유동물학자 레이몬드 홀(E. Raymond Hall 1926)은 캘리포니아 북부에 있는 두 동굴에서 발견된 플라이스토세 말 담비의 뼈를 검토하여 선사시대 북아메리카 서부에서 독특한 담비 아종〔*subspecies, Martes caurina*(*americanus*)〕이 살았었을 것이라고 주장하였다. 10년 뒤 홀은 생각을 바꾸어 예전 자신이 분류학적으로 그 화석들의 가장 특징적인 특질(형질)들이라 생각했던 것은 사실 특징적이지 않았다고 정정하였다(Hall 1936). 이 문제는 거기서 끝날 수도 있었지만, 1970년 생물사학자 일레인 앤더슨(Elaine Anderson 1970)은 홀(Hall 1926)이 검토하였던 화석들 및 그 이후 알려진 많은 화석들뿐만 아니라 현대의 수많은 북아메리카 담비류(*M. americanus* 및 *M. pennanti*) 뼈 자료들을 연구하였다. 앤더슨은 잔존하는 집단과 일부 화석 자료의 뼈와 치아들에는 분류학적으로 독자적으로 새로운 담비의 종류를 상정하기 기 충분한 수치적 형태 차이가 있었다고 결론을 내렸다. 따라서 앤더슨은 새로운 담비 표본을 분류 단위에서 종(M. nobilis) 단계까지 끌어올렸다. 북아메리카에서는 적어도 열세 유적에서 새로운 담비 종이

나왔는데(Graham and Graham 1994; Grayson 1993: 184), 이 가운데 상당수는 플라이스토세 말에서 약 3천 년 전까지 존속하였음이 편년적으로 잘 입증되었다.

앤더슨이 분류학적 단위로서 새로운 담비 종에 대한 이슈를 다시 제기한 지 21년이 지난 뒤 생물학자 영맨과 슐러(Youngman and Schueler 1991)는 과연 화석들이 독특한 종으로 분류할 만한지에 대해 다시 의문을 표하였다. 새로운 담비 종과 현대의 담비 뼈에 대한 아래턱뼈 측정값 하나와 첫 번째 어금니 측정값 세 개, 두개의 머리뼈 측정값, 위팔뼈 측정값 넷을 비교한 뒤 영맨과 슐러는 화석들은 많은 양상에서 현대 담비 표본들과 유사하여 화석을 독특한 종으로 구분할 이유가 없다고 결론을 내렸다. 단 하나 차이는 크기였는데, 이 크기 범주로는 종들을 구분하는 기준이 되기 힘들다고 주장하였다. 앤더슨(Anderson 1994)과 동물고고학자 도날드 그레이슨(Donald Grayson 1993: 184)은 각각 새로운 담비 종은 현재의 것과 크기뿐만 아니라 어금니의 생김새까지도 다르기 때문에 새로운 종으로 분리시키는 데 근거가 있다고 한다. 생물사학자 러스 그래함(Russ Graham)은 이 문제는 아직 만족스럽게 해결되지 못하였음을 주목하였으며, 형태학적 정보 때문에 새로운 종의 이름을 계속 사용한다고 하였다(Graham and Graham 1994: 31). 그렇다면 그 형태학적 정보란 무엇인가?

새로운 담비 종으로 분류된 화석 뼈들과 이빨들은 크기에서 현대의 소나무를 먹고 사는 소나무담비와 물고기를 먹고 사는 피셔담비 사이에 위치하는 경향이 있다. 그런데 새로운 담비 종 화석은 이런 두 현대 종들과는 이빨의 특징에서 크기뿐만 아니라 생김새와 관련된 속성들에서도 다양하게 차이가 난다(Anderson 1994; Graham and Graham 1994; Grayson 1993; Youngman and Schueler 1991). 새로운 담비 종이 아직까지 알려지지 않은 새로운 'Martes' 속에 귀속시키기 힘든 주된 이유는 이 분류군(*taxon*)의 가장 기준이 되는 특징은 현재 잘 알려져 있지만 분류학적으로 유사관계에 있는 화석들로부터 추출된 것이라는 사실 때문이다. 앤더슨(Anderson 1970)과 영맨과 슐러(Youngman and Schueler 1991)는 현대의 담비 및 담비피셔의 뼈와 이빨들을 측정하여 화석으로 남아 있는 자료에 비교한 것이다. 화석 자료와 현대 종들 사이에 차이가 충분히 크다고 생각될 때 새로운 분류군으로 종이 설정되는 것이다. 여기서 문제는 이제 알려진 두 분류군 사이의 형태계측적 경계를 세우는 데 사용된 비교 자료들의 성격, 그리고 아마도 관찰자 간의 차이에 대한 것으로 모아진다. 앤더슨이나 영맨과 슐러는 자신들이 비교 표본들에서 측정하였던 표본의 크기, 범위, 표준편차, 중간값 등을 제시하였으나, 상이한 표본들을 측정하였기에 통계값들은 서로 다르다.

현재 읽을 수 있는 문헌들은 알려지지 않은 분류학적으로 유사관계에 있는 표본들을 특정한 분류군에 설정할 수 있는 일관된 필요충분조건들이 제시되어 있지 않다. 우리가 할 수 있는 일이란 기껏 표본을 들고 진열실을 찾아 측정하고 나서 분류학적으로 어디에 위치시킬 것인지를 결정하는 일이다. 최악의 상황에서 우리는 기존의 다양한 선택사항들 중에 스스로 더 나은 것 같다고 생각하는 것을 단순히 고를 수도 있을 것이다. 생물학적 분류학의 분야에 문외한인 사람들은 아마도 새로운 담비 종에 대한 분류학적 위치 설정은 아주 까다로운 과학자들이 세세한 부분들에 대해서 지나치게 논쟁하는 것으로 일반적 사례는 아니라고 생각할지도 모른다. 그러나 이 같은 예가 드문 것이 아니기 때문에 그렇게 생각하면 안 된다. 담비이든 호미니드이든지 분류학적 주장들은 자연사 연구에 흔한 일이다. 새로운 증거들이 나와 예전의 증거들이 다시 평가받게 되면, 표본들은 이제 일관되게 상이한 분류학적인 종류에 놓이게 된다. 하지만 문제는 특정한 표본들의 경계를 분류학적으로 어떻게 설정할 것인지 하는 아주 깊고도 긴 문제이다. 그 깊은 문제는 바로 종이란 무엇인가—특정한 표본이 A종에 속할지 B 아종에 속할지 하는 문제가 아니라 그런 단위들이 인식론적으로 의미하는 것은 무엇인가—에 대한 문제인 것이다.

'종이란 무엇인가?'라는 문제는 생물학자들이 오랫동안 관심을 가졌던 문제일 뿐만 아니라, 이것이 인식론적으로 어려운 이슈이고 생물학이라는 큰 학문 아래 다양한 하위 분야들이 존재하기 때문에 아주 논란이 되었던 사항이다. 지난 60여 년 동안 생물학 문헌들을 살펴보면 종에 대해서는 단 하나로 정의를 내리는 것은 불가능하였음을 알 수 있다(Hull 1997; Mayden 1997; Mayr 1987, 1993). 예를 들어 현존하는 생물체를 대상으로 연구하는 생태학자들에게 유용한 것으로 보이는 것들은 이미 사라진 생물체들의 잔존물을 연구하기 마련인 생물사학자들의 논리에는 잘 들어맞지 않는다. 다시 말해 생물체 집단들이 새끼를 낳을 수 있고 그 새끼가 다시 생식 능력이 있어야 한다는 것을 가장 중요한 기준으로 삼고 있는 종에 대한 정의는 생태학자들에게는 유용할지 모른다. 하지만 그런 기준을 화석 자료에 연장시켜 적용할 수는 없기 때문에 생물사학자들에게는 무용한 것이다. 생태학자는 짝짓기 행위를 관찰하여 종의 경계에 대해 나름대로 생각을 가질 수 있겠지만, 생물사학자들은 그렇지 못하다. 이와 비슷하게 현대의 생물 종들을 연구하는 생물학자는 그런 행위들을 격리 기제(Dobzhansky 1937b) —유전자 흐름을 제약하거나 막는 집단들 사이의 유전적 차이들— 라고 생각할 수 있지만, 그런 개념들은 종과 종분화에 관심을 가지는 생물사학자들에게는 무용하다. 생물사학자들 역시 생태학자들과 유사하게 과거 생물체들이 살았던 물리적 환경을 연구할 수 있고 실제 연구하고 있지만, 생물사학자들이 연구할 수 있는 경험 세계라는 것은 대부분 형태적 자원(가령, 크기, 생김새, 색깔, 경도)에 한정되어 있다. 비록 고환경적 차이가 화석들을 특정 종에 위치 지을 때 중요한 역할을 할 수 있지만, 더 중요한 것은 역시 크기나 이빨의 생김새 같은 표현형적 특징에서 보이는 차이일 것이다. 이미 생식에서 유전적으로 격리된 생물체 집단이라는 종개념은 화석 자료에서 경험적으로 검증될 수 없다는 점이 몇십 년 전부터 일관되게 인정되어 왔음에도 (e.g., Fox 1986; Pearson 1998a; Tattersal 1986; Trueman 1979;

Weller 1961) 생물사학자들은 특정한 화석들을 종이라는 꼬리표를 붙여 분류하고 있다.

하지만 우리는 여전히 기초 생물학 과목에서 짝짓기 및 생식과 관련된 습성이야말로 종을 인지하는 기본적 기준이라고 배우지 않았는가? 그리고 종을 인지하는 것보다 더 중요한 것은 교잡 행위는 이론적으로 일어날 수 있는 것이 아니라 '실제로' 특정 집단들 사이에서만 일어난다고 배우지 않았던가? 그렇다면 어떻게 생식 행위에 관한 직접 자료가 없다고 하더라도, 이런 가장 중요한 기준을 무시할 수 있는가? 종에 대한 정의가 하나가 아니라 생물학자들과 생태학자들이 쓰는 정의가 따로 있고, 생물사학자들은 다른 정의를 쓰는가? 대답은 '그렇다'이며, 사실 문헌상 십여 개의 종에 대한 정의가 있다(Dobzhansky 1935, 1937b; Simpson 1951; 종의 정의에 대한 토론은 Mayden 1997 참조). 종의 정의의 숫자가 몇이든지, 그리고 유물론인지 본질론 과학인지를 분간하기 이전에 어떻게 한 가지 문제에 여러 정의가 존재할 수 있단 말인가? 결국 물리학자들은 전자에 대해서 복수의 정의를 사용하고 있지 않다. 그런데 왜 생물학자들은 모두가 공감하는 종에 대한 정의를 찾지 못하고 있는가?

가장 간단하게 대답을 말하자면, 우리는 종을 실제로 관찰할 수 없기 때문이다. 우리는 다만 종 안에 포함된 생물체들만을 관찰할 수 있을 뿐이지, 종 자체를 볼 수 있는 것은 아니다. 물론 물리학에서 전자 역시 볼 수 없지만, 그것이 존재하는 것을 추적할 수는 있다. 생물학에서 문제는 단순히 우리가 종을 볼 수 없다는 것만이 아니라 더욱 복잡하다. 마이어의 지적과도 같이(Mayr 1987: 146, 1969b: 27~29, Simpson 1940, 1951), 우리는 두 가지 완전히 상이한 것에 종이라는 말을 사용하고 있는데, 첫째는 과, 속, 종이라는 개념적 범주이며, 둘째는 심슨이 분류군이라 불렀던 것으로 개별 생물체들을 포괄하는 어떤 단위이다. 우리는 범주로서 종을 볼 수 없으며 볼 수 있는 것은 단지 분류군일 뿐이라고 할지라도 그 사실만으로는 종이란 범주의 존재를 거부할 만한 충분한 이유가 되지 못한다. 우리는 중력을 볼 수는 없다. 그렇지만, 중력이 존재함을 믿고 있다. 더구나 우리는 중력을 측정할 수도 있다. 생물학적 종개념에 크게 신경 쓰지 않는 생물학자들은 그냥 단순히 하나의 분류 장치로 생각하는데, 그것은 그들이 종을 볼 수 없어서가 아니라 그런 것이 진정으로 존재하리라 믿지 않기 때문이다. 이런 생물학자들은 진화란 너무도 연속적이기 때문에 우리가 종이라 부를 만한 경계를 가진 생물체들의 단위를 만들어내지 못했을 것이라 본다(e. g., Mayden 1997). 아마도 시간을 멈추게 할 수 있다면 종을 확인할 수 있을지도 모른다. 하지만 실제로 시간은 연속적이고, 세상은 너무 유동적이어서 살아 있는 모든 것들은 다른 어떤 것이 되려는 상태에 있으며, 상호 교류하는 경계 역시 끊임없이 변하고 있고, 격리 기제(기작) 역시 부동하기 때문에 종이 실재할 수는 없다. 종이란 개념을 소중히 여기는 생물학자들은 이런 주장에 반대하고 만약 시간을 멈추고 특정한 시간에서 종을 확인할 수 있다면 종이란 실재하는 것이라고 말할 수도 있다. 그런데 역시 시간은 누구도 멈추게 할 수 없다. 그렇다면 종이 무엇인지에 대해 아무 걱정도 할 필요가 없는가? 유물론자들은 어떻게 해서 그런 곤경에 빠지고 말았는가?

3) 진화적 종합의 서막

어떤 이는 다윈이 자연선택이란 방식으로 종이 천천히 점진적으로 진화함을 논증한 뒤로 생물학자들은, 진화의 속도와 양태에 대해서는 논쟁을 할 수 있겠지만, 적어도 종이 무엇인지에 대해서만은 모두 동의하리라고 생각할지도 모른다. 그러한 이 생각은 전혀 사실과 다르다. 19세기 말이 되면(아직 멘델의 실험 업적을 재발견하지 못했던 시기임을 상기하라) 생물학자들은 종개념에 대해서, 그리고 종이 어떻게 진화하는지에 대해서 의견이 나뉘게 된다. 종은 대체로 (그리고 여기서 우리가 일반화시키듯이) 개별 생물체들을 모은 실재하는 것으로 생각되는데, 물론 이보다 소수의 사람들은 실재하는 것들을 단순히 모아 놓은 것이라고 보지만 말이다. 이 두 관점 사이의 차이는 중요하다. 전자는 종을 존재하는 것으로 보는 데 반해, 후자는 종을 단순히 분석적 장치로 생각한다(Williams 1966을 보라).

1900년 멘델의 업적을 재발견하고 당시의 실험적 작업들이 합쳐진다. 이로부터 아마도 '돌연변이설'이라 부를 수 있을 학파가 발달하였는데, 일반적으로 이야기하면 변이를 불연속적인 것이고 따라서 종이란 돌연변이의 직접적 결과로 임의로 발생한 형질들의 집합체라고 생각하는 시각이 나타나게 되었다. 역시 넓게 이야기해서 약 1900년 이후 생물학에서 두 학파를 이야기할 수 있는데 바로 자연학자들과 실험학자들이다. 마이어가 주목하듯이(Mayr 1982a: 541, 1993: 131), 실험학자들은 '개별 전승'이라는 관념을 발전시켰으며 이를 토대로 진화란 도약적이어서 새로운 종은 단절적으로 출현한다는 (잘못된) 결론을 내렸다. 실험학자들은 유형론적 사고에 편향되어 있었으며, 집단의 존재를 무시하고 말았다. 그동안 자연학자들은 생물체 집단의 점진적 변화에 지속적으로 주목하였지만, 그만 유전적 전승이란 그저 변이를 섞는 것에 불과하다는 잘못된 생각을 갖고 있었다.

실험주의자들은 도약적인 것에 주목하였기 때문에 단절적 변이(돌연발생, *heterogenesis*)를 확증하는 데 중점을 두었다. 이들의 관점에서 진화에서 가장 중요한 요소는 바로 이 돌연변이로 인해 발생한 변이였다. 이 점에 대해서는 19세기 말 윌리엄 베이트슨(William Bateson)이 《변이의 연구를 위한 자료들》(*Materials for the Study of Variation*)이라는 책에서 다음과 같이 유려하게 요약한 바 있다. "변이는 어떤 원인으로 발생하였든지 … 진화의 본질적 현상이다. 변이는 사실 진화이다. 따라서 진화의 문제를 가장 쉽게 해결하는 방법은 변이에 관한 사실들을 연구하는 것이다" (Bateson 1894: 6). 그러나 베이트슨은 종은 "불연속적인 것이며, 종을 생산하는 변이 역시 불연속적인 것은 아닌가?" (Bateson 1894: 18). 이것은 순수하게 유형론적 사고이며, 변이는 단속적(연속적이다가, 불연속적이고, 다시 연속적이 되는 식의) 생명을 낳는다는 생각에서 온 것이다. 다윈은 비록 공격을 받고 나중에 자신의 입장을 조금 누그러뜨렸지만, 원래 그와 같은 점을 인정하였다. 실험주의자들은 불연속적 변이라는 관점을 유지하였으며, 이를 바탕으로 종의 발생을 설명하고자 하였다.

역사상 가장 위대한 도약진화론자였던 위고 드브리스(Hugo de Vries)는 "보통의, 또는 이른바 개별 〔연속적〕 변이는… 가장 엄격하고도 연속적인 선택 조건 아래에서도 종의 경계를 넘을 수 없음"을 주목하였다(de Vries 1901: 4). 그러므로 종분화라는 것은 불연속적 변형들이 발생한 결과이며, "따라서 새로운 종은 갑자기 기원하는데, 기존의 종에서 준비나 과도기 없이 갑자기 생긴다"는 것이다(de Vries 1901: 3). 드브리스는 이러한 시각에 입각하여 모든 신변형들을 새로운 종으로 불렀다(다시 말하여 형태상에 나타나는 변화가 새로운 종의 발생의 전조가 된다는 것이다). 이런 입장은 논리적이지만 종의 기원과 종의 형질의 기원을 섞은 것에 불과하다. 이런 입장은 초기 실험주의자들에게는 예외적인 것이 아니다. 이상하게도 드브리스는 종은 "변하기 쉬운" 시기와 "불변의" 시기를 겪는다는 관점을 가졌는데, 때문에 종이 존재를 위한 싸움을 통해 기원하는 것이 아니라 오히려 반대로 그 때문에 멸종하게 된다고 생각하였다.

점진적 변화를 주장한 자연학자들이나 진화를 일련의 불연속적 도약으로 생각하였던 실험학자들 모두 상대방을 이해하거나 귀 기울여 듣지 않았다. 앞서 지적하였듯이 다윈은 생명의 다양성이 어디에서 기원하고 생명체의 형태가 어떻게 적응성[8]을 유지하는지를 설명하고자 하였다. 20세기 초의 자연학자들은 전자에 치중하였으며, 실험주의자들은 후자에 초점을 맞추었던 것이다. 자연학자들은 평면적인, 또는

8) 옮긴이 주 — 적응성(*adaptedness*)이란 둘러싸고 있는 자연 및 생물 환경에 대해 개체나 개체군이 자연선택의 결과 얻게 된 적응능력 또는 적응되어 있는 상태를 말한다.

공간적이고 종분화적인 진화적 양상들을 연구하였으며, 반면 실험주의자들은 수직적인, 또는 시간적이고 적응적인 진화적 양상들을 연구하였다. 두 학파 모두 시공적 차원들을 모두 고려하지 못하였으며, 따라서 모두 진정한 개체군적 사고를 하였다고 볼 수 없다.

적어도 1920년대가 되면 드브리스를 비롯한 사람들의 유전적 연구는 치명적으로 잘못되었음이 알려지게 된다. 다윈의 연속적 변이와 실험주의자들의 불연속적 변이라는 것은 사실 동일한 것이었다. 하지만, 드브리스학파의 돌연변이설에 강한 맞상대였던 자연학자들은 유전학에서 일어났던 변화에 대응하지 못하였으며, 따라서 마치 이미 죽은 시신을 향해 포격을 퍼붓는 것과 비슷한 상황이었다. 새로운 실험주의 학파의 연구자들은 예전에 지녔던 불연속적 변이라는 관념을 폐기하였을 수도 있었지만, 일치감치 그 학파는 선택이라는 개념과 선택이 종분화를 일으키는 데 하는 역할에 그리 호의적이지 않았다. 멘델학파로 전향한 토마스 모건(Thomas Hunt Morgan 1932)과 그의 제자 허만 뮬러(Hermann J. Muller, Morgan et al. 1915)를 비롯한 유전학자들은 자연선택의 존재를 부인하지 않았지만, 기본적으로 자연선택이 단순히 변이를 없애고 역사적 연결선을 끊는 역할을 한다고 보았다. 모건의 지도 아래 유전학자들은 선택을 통해 종이 만들어진다는 관점을 수용하였으며, 종이 단순히 부기적 단위가 아니라는 것도 인정하게 되었다. 1923년 새로운 변형들이 새로운 종이라는 멘델학파의 생각을 반박하면서 모건은 다음과 같이 썼다.

> 얼마나 이런 새로운 유형들이 새로운 종을 설정할 만큼 변이들을 제공하는지 하는 문제는 사실 우리가 무엇을 "종"이라 부르는지에 달려 있는지도 모른다. 몇몇 계통분류학자들이 솔직하게 이야기하듯이 만약 분류를 위해 개체들을 독단적으로 모아 만들어진 것이 '종'이라면, 또는 다른 계통분류학자들이 인정하듯이 자연세계와 책 안에는 온갖 종류의 종들이 있다고 한다면, 우리가 어떻게 그 같은 임의로 만들어진 모음들이 발생하였는지를 아는 것처럼 말한다는 것은 어리석은

> 일일 것이다. 그 가운데 몇몇은 전혀 발생하지도 않았을 가능성도 있으며, 단지 분류학자들이 임의로 모은 것에 불과할지도 모른다. (Morgan 1923: 237~238)

우리는 갈랜드 알렌(Garland Allen 1980: 379)이 모건을 명백한 유물론자라고 평가한 것에 동의한다. 위 글에서 모건은 종의 실체에 대해서 의문을 제기하고 있는 것이 아니라 분류는 전적으로 임의적인 것이라는 점을 말하는 것이다. 자연학자가 만들어내는 분류체계와 유전학자가 만들어내는 분류체계는 둘 모두 논리적이고 유효한 것일 수 있다. 그러나 모건은 또한 "자연세계와 책들 안에는 온갖 종류의 종들이 있다"는 몇몇 계통분류학자들의 언급을 종이 실재한다는 관념을 떨쳐버릴 이유로서 이용하였음을 주목해 보자. 종이라는 용어를 이런 식으로 중복적으로 사용한 것은 마이어가 종이란 용어가 범주뿐만 아니라 분류군을 지칭하는 것으로 사용됨을 주목하였을 때 언급한 바와 같다(Mayr 1987, 1969b: 27~29). 모건은 이 두 용어 사용상의 차이를 제대로 구분하지 못했기 때문에 그런 "임의적 모음들"이 어떻게 발생하였는지를 아는 것처럼 말한다는 것은 "어리석은" 일이라 말하였다. 모건은 일차적으로 경험주의자였지, 진화를 역사의 문제로서 진지하게 고려하였던 사람은 아니었던 것이다.

물론 진화는 역사의 문제이다. 그러나 모건이 비판하였던 것은 종의 정의에 대해서 자연주의적인 접근의 모호한 입장이었다. 다위니즘에 대해서 어떤 태도를 취하고 호소를 했을지라도 다윈이 《종의 기원》 출간 이후 70여 년 동안 종이 무엇인지에 대한 문제는 아직 만족스럽게 대답되지 못하였다는 사실을 숨기기 어려울 것이다. 자연학자들은 이 문제의 주변에서 맴돌았으며, 초기 실험주의자들은 어떻게 돌연변이가 짧은 시간 동안 종분화를 일으키는지를 보여줌으로써 그 문제를 직접적으로 공격하려 하였다. 후일의 유전학자들은 변이는 분절적이지만 종의 실체에 대해서는 확신할 수 없다는 관념을 버리게 되었다. 자연학자들은 점점 종은 다른 개체군과는 생식적으로 격리된 개체군들을 의미한다는 사실을 인식하게 되었으나, 1920년대 말이라는 시점은 아직 로날드 피셔(Ronald A. Fisher 1930)의 《유전학적 자연선택 이론》(*The Genetical Theory of Natural Selection*), 홀데인(J. B. S. Haldane 1932)의 《진화의 원인들》(*The Causes of Evolution*), 소월 라이트(Sewall Wright 1930)의 '유전학적 자연선택이론: 연구 회고', '멘델주의적 개체군에서 진화'(1931)라는 기념비적 출간들이 발표되기 몇 년 전이었음을 주지할 필요가 있다. 1930년대 초 이런 글들을 통해 아주 조그만 선택적 차이들도 개체군내의 유전적 빈도 변화를 일으키고 진화를 불러 올 수 있음을 확실히 보여주게 되었다. 자연학자들이 개체군유전학의 업적을 즉각 인정하였던 것은 아니지만, 1937년 테오도시우스 도브잔스키(Theodosius Dobzhansky)[9]의 《유전학과 종의 기원》(*Genetic and the Origin of Species*)이라는 책을 통해 바뀌기 시작하였다. 몇 가지 점에서 도브잔스키의 책은 '진화적 종합'을 알리는 것이었다(Cain 1993: 9).

지금까지 언급을 통해 독자들은 아마도 진화적 종합이 실험주의자, 자연학자, 개체군유전학자들이 통합하여 종이 무엇인지에 대해서 통일된 관점을 만들어내었을 것이라 기대할지도 모른다. 그런 기대를 할 수도 있지만, 사실 그런 통일된 관점은 나타나지 않았다. 그렇지 못한 이유 한 가지는 종의 정의라는 문제에서 적어도 한 연구자 집단들이 권리를 빼앗겼다고 느꼈기 때문이다. 이들은 고생물학자들로서 진화적 종합의 결과물로서 새로운 하나의 생물학자 집단에 의해 형성된 종에 대한 정의를 사용할 길을 찾지 못하였던 것이다(학자적 시각에 대해서는 Cain 1993: 10; Laporte 1991; Sylvester-Bradley 1956 참조). 고생물학에 반하여 이 새로운 생물학자 집단은 현세생물학자(*neontologist*)들이라 불리는데, 여기에 들어가는 사람들은 조류학자들, 동물학자들

9) 옮긴이 주 — 집단유전학(*population genetics*) 분야를 개척한 러시아 출신의 미국 유전학자. 유전학과 진화이론의 결합에 큰 공헌을 하였다.

등을 비롯한 옛 학파의 자연학자들로 채워졌는데, 집단유전학이 기본적으로 무엇인지에 대해서 이해하고 있었다. 진화적 종합 이후의 생물학계를 주도한 것은 바로 도브잔스키와 마이어를 포함하여 현세생물학자들이었다. 도브잔스키(Dobzhansky 1937a: 11)는 진화는 단순히 "개체군의 유전적 혼합에 있어서의 변화"로 구성된다고 하면서 실험주의자들의 입장을 요약하였다. 도브잔스키를 비롯한 학자들은 "〔1930년대 중반에 들어서면〕 진화적이고 체계적인 문제들은 유전학과 세포학에서 풀 수 있다고 확신에 차서 주장하게 되었다" (Cain 1993: 17).

물론 도브잔스키라는 러시아 자연학자의 위대한 업적들도 마땅히 인정되어야 하지만(Cain 1993: 9~10 및 거기에 있는 참고문헌 참조), 여기에서는 마이어의 연구를 중심으로 살펴볼 것이다. 그 주된 이유는 1940년대와 1950년대 종과 종분화를 둘러싼 논쟁의 중심에는 도브잔스키가 아니라 마이어가 있었기 때문이다. 또한 비현세생물학자들에게도 동등한 시간을 할애하여 논의하기 위해서 고생물학자 조지 심슨(George Gaylord Simpson)의 업적을 살펴볼 것이다. 심슨은 비록 엄밀하게 이야기하여 현세생물학자들과 관계가 대척점에 있지는 않았지만, 종이 무엇인지에 대해서는 상이한 시각을 가졌다. 사실 심슨은 현세생물학자들의 연구와 자신의 연구를 융합시키는 데 어려움을 다음과 같이 유명한 말을 하면서 토로하였다. 심슨은 현세생물학자들은 "고정된 단순 조건 아래에서 10년 동안 쥐 백 마리에게 무슨 일이 있었는지를 밝힐 수는 있겠지만, 지구의 예측할 수 없는 조건 하에서 천만 년 동안 쥐 수십만 마리에게 어떠한 일이 벌어졌는지를 밝힐 수는 없을 것이다. 분명 우리에게는 후자의 문제가 더 중요하다"고 하였다(Simpson 1944: xvii).

우리는 마이어와 심슨에 초점을 맞출 것인데, 이들의 연구가 종에 대한 모든 논점들을 요약해 주어서가 아니라 두 과학자가 일견 실체를 근본적으로 상이한 시각에서 바라보는 것 같으면서도 실제로는 상호보완적이었던 아주 좋은 예를 보여주기 때문이다. 또한 마이어와 심슨은 수십 년 동안 종에 대한 논쟁에서 가장 영향력이 높았던 학자이기도 하였다. 어떤 이는 만약 종을 둘러싼 논란이 해결된다면 이 두 과학자 중 한 사람이 그 주인공이 될 것이라고 생각할 수도 있을 것이다. 각각은 종의 문제를 스스로의 방식대로 풀었으나, 최근 수십 년 동안 생물학 및 철학적 문헌들을 살펴보면 그다지 만족할 만한 결과를 보여주지 못했다.

4) 현세생물학과 진화적 종합

마이어가 이 논쟁에서 기여한 것 가운데 하나는 '생물학적 종개념'을 대중화시켰다는 점일 것이다. 마이어는 후일 "개체군 공동체로서, 생식 격리(단순히 생물학적 장벽이 아니라 행위적 메커니즘에 바탕을 참고)로서의 종, 그리고 동일한 종에 속하지 않는 동소성(*sympatric*)의 개체군들의 생태학적 상호작용을 주목하고 강조하였다. 종을 특징짓는 가장 주된 내재적 속성은 다른 종들과 지속적으로 구분시켜주는 일련의 격리 메커니즘이다"(Mayr 1980: 34). 이런 생물학적 종에 대한 개념이 어디에서 왔는지를 추적하는 것은 매우 어려운 일인데, 아마도 다윈 이전의 생물학에서 연원하여(Mayr 1969a: 25~26), 20세기에 가까워지면서 더욱 증가하였던 것으로 보인다(Mary 1959b). 이런 개념이 정식으로 발달하게 된 계기는 특히 렌쉬(Bernhard Rensch, 마이어의 스승이기도 했다)와 같은 조류학자들을 비롯한 1920년대 계통분류학자-자연학자들의 저술을 통해서였다. 우리의 생각에 1942년 이후 이런 개념을 "급격하게 채택하게"된 주된 이유는 바로 마이어(Mayr 1993: 133) 때문이다.

마이어가 스스로 제기하였던 문제는 생식 격리라는 생각을 변이와 진화적 변화를 논의하는 데 끌어들이는 것이었다. 종분화에 관한 문제에서 중심을 차지하였던 것은 개체군들 사이의 격리가 어디에서 기원하는지의 문제였으며, 점진적이고 연속적인 변화라는 다윈주의적 개념을 "지구의 역사 동안 일어났던 것으로 보이는 꾸준한 종의 숫자의 증가"(Mayr 1959b: 222)와 상이한 현존 개체군이나 종들 사이의 유전적인 단절이 있다는 경험적 결론을 연결시키는 데 역시 중요한 것이었다. 시간이라는 차원을 추가시키면 다윈이 그렇게도 자주 언급하였던 점진적으로 변이가 따르는 계통은 한 계보 안에서 진화적 변화를 구성하게 된다. 다시 말하여 충분한 시간이 흐르면 자손이 되는 개체군은 새로운 종을 설정할 만큼 충분히 조상과는 달라진다는 말이다. 이것은 오늘날 향상진화(*anagenesis*)라는 용어로 불리는데 계보 내의 진화를 말하며, 분지진화(분기진화, *cladogenesis*), 곧 가지 치는 진화와는 구분되는데, 후자는 한 계보 안에서 복수의 종이 분지하는 것을 가리킨다.[10] 마이어는 유전자 빈도상의 변화를 강조하는 실험주의자들의 순수한 유전학적 정의와 자연학자들의 순수한 형태학적 정의를 모두 비판하면서, 1942년 출간한 《계통분류학과 종의 기원》(*Systematics and the Origin of Species*)이라는 책에서 생물학적 종에 대한 이론적 원칙들을 수립하였다.

이로부터 약 반세기가 흐른 뒤 마이어는 종과 종분화 문제에 대해 자신이 기여한 바에 대해 다음과 같이 요약하고 있다.

> 종은 개체군이지 유형이 아님을 인지하는 것은 특히 종분화를 설명하는 데 중요하다. 나는 1942년, 새나 짐승, 나비, 달팽이를 막론하고 모든 분류학적으로 잘 연구된 개체군들에서 종분화는 모두 지리적 문제였음이 드러났다고 말한 바 있다. 이는 한 개체군이 지리적이거나 식생에서 격리되면 그렇게 지리적으로 격리되는 동안 유전적으로 격리되는 메커니즘을 획득하게 되고, 이것은 다시 부모가 되는 종과 서로 생식을 하지 않으면서 공존할 수 있게 됨을 의미한다. 여기서 섬 동물상에 대한 나의 연구는 중요한 시사점을 주었는데, 그

10) 옮긴이 주 — 향상진화(*anagenesis*)라는 것은 새로운 종의 진화가 기존의 계통에서 일어나는 것을 말하며, 이와 대조적으로 분지진화(*cladogenesis*)라는 용어는 한 계통이 두 개 이상으로 분지되고 분화하는 진화를 일컫는다.

이유는 섬에 사는 동물상에 대해 연구함으로써 지리적 종분화는 연속적 과정임을 알게 되었기 때문이다. 다시 말하여 가장 시간적으로 최근에 섬을 점유한 개체군들은 여전히 원 개체군과 동일한 데 반해 오래 전에 섬에 격리되었다면 그럴수록 서로 더욱 상이하였으며, 충분한 시간이 경과한 뒤에는 완전히 새로운 종으로서 지위에 도달하게 되었던 것이다. (Mayr 1993: 135)

마이어는 다음과 같이 계속해서 자신의 업적에 대해 언급한다.

〔내가 가장 크게 기여한 것은〕 어떻게 다윈주의적인 점진 진화라는 개념을 바탕으로 국지적인 동물상과 식물상에서 보이는 명확한 종들의 경계를 융합시킬 수 있을 것인지에 대한 오래된 논란을 해결하였다는 점이다. 나는 국지적 상황에서 종들은 진정으로 명확하게 분리되어 있으나, 한 종의 분포 범위 전체의 각 지리적 양태들을 살펴보면 대부분의 종들은 국지적 개체군들이 모여서 이루어진 것임을 논증하였다. 이 가운데 몇몇, 특히 그 종이 분포하는 지리 범위에서 변두리에 고립된 것들은 실제로 '창시 종'으로서 새로운 독자적인 종으로 가는 과도기에 있는 개체군이라 할 수 있을 것이다. 이러한 관점은 국지적인 종들에서 보이는 명확한 경계는 다윈의 점진적 변화라는 개념과는 어울리지 않는다는 다윈 반대론자들의 오래된 주장과는 배치되는 것이다. 문제는 자연학자들이 무차원적 종을 다차원적 접근을 바탕으로 지리적으로 다양한 종들로 확장시키면 풀리게 된다. 더구나 도약을 통해 종분화가 이루어진다는 관점은 지리적 종분화는 점진적 과정이기 때문에 불필요하고도 잘못된 것이었다.

이렇듯 마이어는 이미 1942년에 논란을 해결하였다고 믿을 수 있겠지만, 그렇다고 해서 모든 생물학자들이 여기에 동의하는 것은 아니다. 현존하는 종들은 명확한 간격들로 분리되어 있어 한 종에 속하는 개체들은 경계를 넘어 다른 종의 개체와 생식하지 못하는 것이 사실이며, 또한 한 종의 범위 전체에는 국지적 개체군들이 있는 것도 사실이다. 당시 마이어의 가장 큰 기여는 유전학자들의 가정과는 반대로 큰 개체군보다는 작은 격리된 '창시'개체군(*founder population*)들이 더 높은 종분화의 잠재성을 지니고 있다는 주장이었다. 이 점은 최근 실험적 증거에 따르면 보편적으로 옳은 것은 아니지만 말이다(e.g., Barton and Charlesworth 1984; Lande 1980; Templeton 1980, 1981). 마이어(1942, 1970)는 본래 이것을 지리적 종분화 또는 이소성 종분화(*allopatric speciation*)라 불렀는데 (e.g., Eldredge 1971), 나중에는 주변지역성 종분화(*peripatric speciation*, Mayr 1982b, 1982c)[11]라고 이름하기도 하였다. 그렇다면 마이어가 주장하고 있는 것이 어떻게 이미 죽어버린 생물체를 다루는 고생물학자에게 유용할 수 있을 것인가? 마이어는 이 문제에 대해서 스스로 아주 명확한 대답이라고 믿는 것을 다음과 같이 반복하여 말한다(e.g., Mayr 1943: 133; 1949: 371).

> 나는 늘 40여 년 전 뉴기니 산악지대 파푸아 원시부족사회에서 혼자 생활하였을 때의 경험을 떠올린다. 이 훌륭한 파푸아부족민들은 내가 구분하였던 137개 종들에 대해서 무려 136개 이름을 사용하였는데, 단지 특징이 확실히 구분되지 않는 딱새과의 명금 두 종에 대해서만 혼란스러워 했을 뿐이다. 이렇듯 석기시대 사람들이 서양의 대학에서 훈련 받은 과학자와 동일하게 자연세계의 존재물을 인지한다는 사실은 종이 단순히 인간의 상상의 소산에 불과하다는 주장은 잘못임을 보여준다. 당신은 숲과 정원에 사는 새들을 연구할 때 파랑박새와 큰박새 사이의 중간형, 또는 지빠귀와 검은지빠귀사이의 중간형, 갈가마귀와 떼가마귀 사이의 중간형을 발견한 적은 없는가? 물론 그렇지 않았을 것이다. 모든 새나 짐승, 또는 다른 고등 동물 종들은 주어진 특정한 지역에서 아주 잘 정의되어 있다. … 종은 진화의 산물이지 단순히 사람의 마음속에 있는 것은 아니다. (Mayr 1969b: 313)

11) 옮긴이 주 — 지역적으로 고립된 창시개체군이 생물학적으로 격리되어 새로운 종이 유래하는 것을 말한다.

다시 말하여 생물학적 종개념은 두 상이한 문화를 가진 사람이 특정 생물체 집단을 동일한 방식으로 분류하기 때문에 정확하게 실체를 반영할 수밖에 없다는 것이다. 따라서 종은 다른 종들로부터 생식 격리라는 메커니즘으로 나누어진 상호 교배하는 하나 또는 그 이상의 생물체 개체군들로 이루어지게 되어 있는 것이다. 마이어의 메시지는 단순하다. 종은 실재하고 서양의 과학자이든 뉴기니 부족민이든 종을 찾아야 한다는 것이다. 이 말 자체는 맞는 것이지만, 마이어는 사람들은 자연을 관찰할 당시 진화적 연속선상에서 동일한 시공간적 위치를 차지하고 있었다는 사실을 설명하지 못하고 말았다(마이어의 실수에 대해 자세한 논의는 Hull 1992 참조). 그렇다면 마이어의 생물학적 종개념 속 어디에 시간이라는 관념을 집어넣을 것인가? 들어갈 자리는 없다. 이것이 바로 고생물학자 조지 심슨이 헤치고 나아갔던 문제이다.

5) 고생물학과 진화적 종합

스티븐 제이 굴드(Stephen Jay Gould)와 나일즈 엘드리지(Niles Eldredge 1977: 15)는 마이어(Mayr 1980: 37)를 비롯한 사람들(e.g., Cain 1992, 1993; Laporte 1991, 1994)과 마찬가지로 고생물학이 진화적 종합의 한 부분이 된 것은 심슨의 노력 덕분이었다고 주장하였으며, 우리도 이점에 동의한다. 심슨의 첫 저술인 《진화의 속도와 양태》(*Tempo and Mode in Evolution*)는 1944년 출간되었으며, 고생물학자들이 화석 자료로부터 관찰한 것들, 곧 화석 자료상의 대진화(*macro evolution*)적 사건들은 유전학의 소진화(*micro evolution*)적 발견들과 일치됨을 보여주었다. 화석 자료를 설명하는 데 유전학적 자료와는 다른 특수한 과정이나 원인을 찾을 필요가 없다는 것이다. 심슨은 자연학자와 유전학자들 사이의 틈을 잘 알고 있었으며, 일반적으로 생물학자들과 고생물학자들 사이의 간격도 잘 인지하고 있었다. 라포트(Larporte 1991: 81)의 지적과도 같이 심슨은 "돌 속의 뼈화석은 병 속의 파리와는 전혀 다른 세계의 것"임을 잘 알고 있었다. 심슨은 《진화의 속도와 양태》를 출간하기까지 약 20년 동안 생물학적 현상들의 시간적 차원은 진화적 측면에서 그러한 현상들을 이해하는 데 가장 중심적인 것이라고 주장하였다(Cain 1992). 심슨은 이때 이미 통계적 기법들을 채택하여 공반되는 화석조합들에서의 변이에 대한 계통적 유의성을 평가함으로써, 특히 예일대학교에서 지도교수였던 고생물학자 리차드 스완 럴(Richard Swann Lull)을 비롯한 스승들이 가졌던 유형론적 사고의 한계로부터 벗어나기 시작했다(e.g., Simpson 1937a, 1937b, 1937c). 그리고는 종과 같은 유형이나 분류학적 단위들에 관한 문제를 다루었다(Simpson 1940). 이렇듯 아주 이른 시기에 인식론적이고 존재론적인 측면에 관심을 가졌던 사실은 《진화의 속도와 양태》에 아주 잘 드러나 있다(Larporte 1983, 1994).

이 책의 머리말에서 심슨은 자신이 시도하였던 유전학과 고생물학의 종합에 대해서 다음과 같이 말한다.

> 〔나의 시도는〕 아주 놀랍고도 아마도 위험한 일일 수도 있다. 별로 오래 전 일도 아니지만, 고생물학자들은 유전학자들이 어두침침한 방안에 갇혀서 작은 파리가 우유병 안에서 장난치고 노는 것을 관찰하면서 스스로 자연을 연구하고 있다고 생각하는 사람들이라고 여겼었다. … 한편으로 유전학자들은 고생물학이 생물학에 별다른 기여를 할 수 없는 분야로서 단지 진화의 진실을 완전히 보여준다는 점에만 의의가 있으며, 너무도 기술(記述)적이기 때문에 "과학"이란 이름을 붙이기가 어렵다고 말했었다. 유전학자들이 생각하기에 고생물학자는 마치 길가에 서서 자동차가 윙하고 지나가는 것을 보면서 차의 내부 연소 엔진장치의 원칙에 대해 연구하는 사람에 불과하였다. … 이 두 학문 분야의 연구자들은 서로를 불신하고 때로는 경멸조의 냉소를 보내기도 하였음은 그리 놀라운 일이 아니다. (Simpson 1944: xv~xvi)

심슨은 그동안 어떤 고생물학자도 하지 못했던 일을 하였다. 곧, 현세생물학적인 다위니즘의 원칙들에서 출발하여 유전학의 원칙들, 그리고 유전학이 과거 분절적 변화를 강조하였던 경향에서 탈피하여 작고 연속적 변화를 강조하고 있음을 인지하고, 화석 자료에서 보이는 주된 특징들이 이 같은 새로운 형태의 다위니즘과 일치하는지 하는 질문을 던졌던 것이다(Gould 1980b: 158). 돌이켜보면, 심슨의 책은 자연학자와 유전학 사이의 결합을 주장하는 역작이었으며, 지금도 여전히 생물사 연구를 수행하는 데 고전적 가이드가 되고 있다(e.g., Eldredge 1985; Larporte 1983). 그러나 과연 심슨의 연구가 몇몇 연구자들의 주장(e.g., Gould 1980a; Larporte 1983; Stanley 1979)과도 같이 엄청난 영향을 주었는가? 우리는 그렇게 생각하지 않는다. 먼저 ① 고생물학자들은 언제나 연구자의 숫자에서 생물학이란 학문에서 소수의 입장에 불과하였고, ② 1940년대 학문 내 정치적 여건에서 고생물학은 생명과학이라기보다는 지구과학의 일부였으며(Larporte 1991: 98), ③ 대부분 생물학자들은 일반적으로 시간의 흐름이라는 변수에 별다른 관심이 없었고, ④ 유전학에 아직도 강한 관심을 가졌음(Stanley 1981: 107~108)을 생각할 때, 어떻게 생물사학자의 연구가 진화적 종합에서 그렇게 큰 영향을 끼쳤다고 할 수 있을 것인가? '공간'이야말로 현세생물학자들의 종과 종분화에 대한 관점에 중심적 역할을 하였던 개념이었으나(e.g., Mary 1942, 1949, 1959b), '시간'이라는 개념이 들어갈 자리는 거의 없었다고 해야 할 것이다. 이런 대조적 관점들 때문에 심슨은 1953년 《진화의 주된 특징들》(*The Major Features of Evolution*)라는 제하에 《진화의 속도와 양태》의 내용을 많이 고쳐 수정판을 내게 되었다. 이 수정판에는 1930년대와 1940년대 스스로 가졌던 많은 혁신적 통찰들이 빠져있는데, 최근 들어서는 심슨의 통찰에 관심이 증가하고 있다(Eldredge 1985; Larporte 1983; Stanley 1979, 1981). 그렇다면 초기 심슨이 가졌던 종개념은 무엇인가?

마이어(Mayr 1982b: 1120)는 "종분화의 문제에 대해서 무관심하였던 사람은 심슨뿐만이 아니었으며, 《종의 기원》 출간 이후 100여 년 동안 대부분 고생물학자들은 생물체의 다양성의 기원에 대한 문제를 완전히 무시하고 말았다"고 비판하였다. 이 같은 반응은 마이어의 연구가 살아 있는 생물체 연구를 포괄하였음을 생각할 때 이미 예견된 것이었다. "'이소성 종분화'(*allopatric speciation*)와 '창시 효과'라는 개념들을 발달시킨" 사람은 마이어였으며, "좁은 시간대 안에서 개체군들의 세부적인 지리적 관련들"을 일관되게 강조하였던 사람도 마이어였다(Larporte 1994: 157). 고생물학자들은 개체군유전학(*population genetics*)자들이 이야기했던 것들을 읽었을 수는 있었을 것이다. 그러나 심슨은 예외지만 현세생물학자들의 수준에서 유전학 문헌들을 이해한 사람들은 거의 없었다. 심슨(Simpson 1951: 287)은 이런 상황을 인지하고 "전체적으로 고생물학자들은 분류학적 군집들의 개체군적 개념을 이해하거나 받아들이지 못하고 있다"고 안타까워했던 것이다. 때문에 우리는 심슨의 연구가 그렇게 큰 영향을 미쳤다고 보지 않았던 것이다. 그러나 역사가들은 고생물학자들이 유전학적 원칙을 이해하지 못한 것은 단지 한 가지 문제에 불과할 뿐이라고 하였다(Eldredge 1985; Larporte 1983; Stanley 1981).

예를 들어 조엘 크래크래프트(Joel Cracraft 1979: 23)는 마이어와 같이 "고생물학자들은 자신들이 가지고 있는 선입관과 가장 잘 어울리는 유전학적이고 계통분류학적인 양상들을 추론하고 사용하면서도, 사실상 '진화적 신종합'이 제공하였던 가장 중요한 이론적 구성물—곧 종은 지리적으로 고립된 개체군에서 기원한다—을 포괄하지 못하였다"고 주장하였다. 물론 이것은 고생물학자들은 화석을 연구하기 때문에 화석 자료는 "기본적으로 공간과 특히 시간상에서 거칠다"는 사실을 간과한 것이다. 때문에 "고생물학자로서 심슨이 이소성 종분화와 같은 개념을 정식화시키는 것은 불가능하였을 것이다"(Larporte 1994: 157~158). 다시 말하여 고생물학자들은 생물학적 종개념을 쉽게 받아들일 수 없었다(e.g., Sylvester-Bradely 1956). 그 이유를 심슨은 다음과 같이 아주 명확하게 말한다.

> 시간적, 곧 수직적 연속을 분할한 것으로서의 종은 공간적, 곧 수평적 종과는 사뭇 다르며, 동일한 방식으로 정의할 수는 없다. 그 차이는 너무나 크고 명백하여 사려 깊은 고동물학자라면 그와 같은 분할들을 종이라 부를 수 있을 것인지 하는 의심을 품거나, 수직적 분류를 기본적으로 수평적인 린네의 분류체계와 전적으로 다른 틀로 분석하여서는 안 되는 것인지에 대해 의심을 품는 것은 온당한 일이다. (Simpson 1943: 171)

이 부분은 심슨의 세계관을 이해하는 데 열쇠가 된다. 심슨은 종이 실재함을 부인하지 않았다. 다만 그 문제에 신경을 쓰면서 많은 시간을 허비하는 것이 별로 바람직하지 않다고 보았던 것이다. 심슨이 생각한 두 가지 것 가운데 첫째는 마이어(Mayr 1949: 371)가 "비차원적"인 생물학적 종이라 불렀던 것이며(심슨은 공간적, 또는 수평적 단위라고 불렀다), 둘째는 심슨의 고생물학적 종으로서 시간적인 수직적 연속을 분할한 것을 말한다. 우리는 마이어가 "비차원적"이라는 말을 사용한 것은 하나의 생물학적 종을 구성하는 상호 생식하는 생물체 개체군은 분포(*distribution*)라기보다는 시공간상에 하나의 지점(*location*)을 가지고 있으며, 따라서 지리적으로 또는 시간적으로 별도의 개체군과는 생식적으로 격리될 수 있음을 보여주려 하였을 것이라고 생각한다. 마이어(Mayr 1949: 372)는 자신과 심슨의 관점을 통합하는 데 별다른 어려움을 느끼지 못하였는데, "종이란 진화의 산물이고 지속적으로 진화한다는 사실은 고생물학자들에게는 그리 별다른 어려움 없이 받아들여지고 있었음을 주목하고 있었다. 대다수 고생물학자들의 연구는 비차원적 상황을 다루고 있었다." 다시 말하면 시간적으로 충분히 구분되는 일련의 화석 자료들은 명백히 형태학적으로 불연속적인 일련의 종을 구성할 것이다.

심슨(Simpson 1951: 286)은 후일 수직적인 연속적 전승을 종으로 나누는 것을 "임의적"인 절차라고 하였으며 (1943: 172 또한 참조), 종을 절차에는 "생물체에 관한 정보는 모두 본질적으로 연속성을 보여주고 있지만, 실제로는 별도의 집단에 놓이게 되는 상황들로 가득 차 있다." 독단적 경계를 짓는 데 쓰이는 범주들에는 층위적이며 형태적인 불연속까지 포괄된다(Simpson 1943, 1951). 이런 절차를 통해 생산되는 집단들은 "인위적이거나 비실존적인 것은 아닌데, 이것들은 자연세계에 한 번은 존재하였던 개체군에 근접하는 자연적 집단들이다" (Simpson 1943: 176). 그러나 수직적 연속을 잘라 나누는 모든 과정이 독단적이라면 어떻게 "자연적" 집단들이 얻어질 수 있을까? 심슨은 연속선상을 어떻게 나누든지 분할된 것들은 생물체 개체군을 포함할 것이라는 점을 지적하면서 문제에 답할 것이다. 물론 분할된 것들에 하나의 개체군을 구성하는 '모든' 생물체들을 포함하지 않을 수도 있으나 (사실 모든 것들을 포함하는 예는 거의 없지만), 거기에는 하나의 개체군에 근접하는 충분한 생물체들이 포함되어 있을 수도 있다. 심슨의 생각에 이러한 개체군은 바로 종이었다. 층위 단면상 위에 있는 생물체 화석과 아래에 있는 것들이 형태적 특성에서 충분히 다를 때 각각을 상이한 종으로 나눌 수 있다. 몇몇 경우에는 층위적 분열에 의해 종을 쉽게 나눌 수 있기도 할 것이다. 이보다 더 좋은 경우는 형태학적 변화가 층위적 경계와 잘 어울려서 종들을 구분할 수 있는 복합적 근거를 얻을 수도 있는 것이다.

크래크래프트는 고생물학자들과 현세생물학자들 사이의 상황을 요약한 바 있다. 크래크래프트의 요약은 벌써 20여 년이란 세월이 흘렀지만 그 취지에 아무런 변함이 없이 지금이라도 그대로 다시 쓸 수 있을 정도이다. 그 평가의 명료함 때문에 아래에 조금 자세히 인용한다.

> 고생물학과 현세생물학에서 지난 50여 년 동안 있었던 이론적 가정들을 검토해 보면 둘 사이의 종합(통합)은 불가능한 것은 아니지만 철학적으로 및 생물학적으로 힘든 일이었음을 알 수 있다. 내 생각

에 혼란과 입론들의 종합은 조화로운 혼합이라기보다는 선전에 가깝다. 고생물학과 현세생물학적인 진화이론이 통합되지 못한 가장 주된 이유는 불연속적 진화적 단위로서 종의 실체에 대한 철학적이고 생물학적인 논란 때문이다. 고생물학자들은 학사적으로 ① 현세생물학적 종의 실체는 환상에 불과하며, ② 진화적 시간으로 환원시킬 때 "자손 종"(현재의 것이든 아니든)과 "조상 종"을 구분할 수 없을 것이며, ③ 종은 단지 진화적 연속선상을 임의로 나눈 부분에 불과하다는 점을 주장하였다. … 고생물학자들은 거의 보편적으로 명목주의적인 철학을 채택하였다. 점진설을 받아들임과 '아울러' 불연속적인 종에 대한 실체를 인정하는 것은 정신분열적 모순이다.

반면 대부분 현세생물학자들은 종을 "실재"하는 생물학적 실체로서 생각하고, 공간상으로는 확실히 불연속적이지만 시간적으로는 명확하게 나눠지는 않는다고 보았다. 분석에 시간이란 차원이 끼어들 여지가 없기 때문에 현세생물학자들은 시간상 종의 단일성에 대해서 별로 이야기한 바가 없다. 물론 동료 고생물학자들에게 조금은 영향을 받기는 하였지만 말이다. (Cracraft 1979: 23, 강조는 원문 그대로임)

크래크래프트가 말하는 "동료 고생물학자들"에는 엘드리지와 굴드가 포함되어 있을 것이다. 이들은 1970년대 일련의 글을 발표하여 계통(적) 점진설(*phyletic gradualism*)을 비판하고 이소성 종분화 과정을 중심으로 하는 단속평형설(*punctuated-equilibrium*) 모델을 제안하였다.[12] 우리는 단속평형설이라는 주제에 대해서는 제 4장에서 더 자세히 살펴볼 것인데, 다만 여기에서는 엘드리지와 굴드가 화석 자료는 겉보기와는 달리 그렇게 결함이 많은 것은 아니라고 하였음을 주목하여 보자. 오히려 고생물학자들은 장기간의 정체 뒤에 종분화라는 급격한 파열이 일어난다고 보았던 것이다. 엘드리지와 굴드에 비판적인 사람들은 리차드 골드슈미트의 "괴물 같은 기대주"—이상한 돌연변이들로서 결정

12) e.g., Eldredge 1971, 1972; Eldredge and Gould 1972, 1974; Gould and Eldredge 1977; 또한 Eldredge and Gould 1997; Gould and Eldredge 1988a, 1993도 참조. (원문)

적인 진화 단계들을 대표한다고 생각된다(Goldschmidt 1940: 183)—같은 생각을 다시 불러오는 것이라 공격하였다. 굴드(Gould 1977: 30)는 스스로 그와 비슷한 이야기—"대진화는 개체군내에서의 연속적이고 조그만 변화들이 아니라 드물지만 성공적인 괴물 같은 기대주들로 진행된다"—를 하고 말았다. 그러나 그런 불행스런 언급을 한 것은 단 하나의 대규모 돌연변이가 일어나서 새로운 종을 발생시킨다는 골드슈미트의 생각으로 되돌아가는 것을 의미했다기보다는 다분히 은유적 표현으로 보아야 할 것이다. 확실히 굴드와 엘드리지는 일관되게 '개체군으로서의 종'이라는 개념에 충실하였다. 물론 이들도 정체(평형상태)와 급격한 진화의 원인이 되는 구체적 메커니즘들을 이야기할 때는 일관성을 결여하기도 했지만 말이다(Coyne and Charlesworth 1997).

다시 크래크래프트의 지적으로 돌아와 살펴보자. 고생물학자들과 현세생물학자들이 종개념에 관해 깊은 인식론적 차이를 가지고 있다면 어떻게 종합을 이루어내는 것을 소망했는지를 논의하는 것은 참으로 어려운 일이다. 하지만 1940년대 초가 되면서 심슨은 그러한 종합을 의도하고 있었으며, 《진화의 속도와 양태》(Simpson 1944)라는 그의 저술은 그 같은 목적으로 가는 첫 걸음이었다(심슨의 저술과 학사에 대한 설득력 있는 개괄을 위해서는 Larpote 1983을 참조). 심슨은 현세생물학자들과 고생물학자들에게 잘 알려져 있는 대진화적 현상들은 유전학자들의 발견과도 동떨어져 있는 것이 아님을 성공적으로 주장했다. 사실상 그의 주장은 진화적 변화에 자연선택이 영향을 미침을 확실하게 보여주었다. 심슨은 유전학과 고생물학 사이를 적절하게 어울리도록 하는 데 관심이 있었을 수도 있지만, 후일 심슨은 그것이 자신의 주된 목적은 아니었다고 주장했다(Simpson 1984). 사실 자신의 책을 주의 깊게 읽은 사람들이 "고생물학이야말로 단 하나의 4차원적 생물과학이라는 사실을 살펴보고 선전하고자 하는" 자신의 주된 논점을 놓치지나 않을까 노심초사하였다. 심슨은 "고생물학에는 시간, '속도'라는 차원이 내재되어 있었던 것이다. 따라서 이 책의 목적은 이 같은 차원을 진화 이론의 연구에 확실하고도 방법론적으로 보여주기 위함이었는데, 내 스스로 달성되었다고 생각한다" 라고 했다(Simpson 1984: xxii).

심슨은 이후 20여 년 동안 몇 개의 책을 더 출간하여 대진화 이론에 대해 다루고 있다. 1953년 출판된 《진화의 주된 특성들》과 1961년 간행된 《동물분류학 원론》(*Principles of Animal Taxonomy*)에서는 《진화의 속도와 양태》에서와 마찬가지로 지속적으로 종개념과 관계되어 시간을 주의 깊게 고려할 필요가 있음을 주장하였으며, 마이어의 생물학적 종개념을 인정은 하지만 고생물학적으로 적용할 자리가 없다고 지적하였다(Simpson 1951). 심슨은 고생물학자로서 마이어의 정의를 채택하지 '않을' 수밖에 없었던 것이다. 경험 자료에서 관찰할 수 없는 범주에 바탕을 둔 정의가 무슨 소용이 있었겠는가? 웰러(Weller 1949: 681)의 지적과도 같이 생물학적 종개념과 같이 유전학에 바탕을 둔 정의들은 "고생물학의 영역을 벗어난" 것이다.

더구나 심슨은 점진적인 진화적 변화 — 이러한 변화가 궁극적으로 새로운 종을 만들어낸다 — 라는 생각을 버릴 이유가 없다고 보았다. 진화의 속도가 변할 수는 있음을 인정하더라도 — 심슨은 1944년 출간된 책의 제목에서도 이를 인정하고 있으며 후일 엘드리지와 굴드의 단속평형설이 자신의 초기 생각들에 바탕을 두고 있음을 주목하였다(Simpson 1984: xxv) — 엄청나게 긴 지질학적 시간에서 진화를 특징짓는 변화는 바로 느리게 점진적으로 일어난다는 것이다. 마이어(Mayr 1993: 136)는 자신의 초기 생각들과 관련하여 유사한 주장을 하였는데, 나중에 이런 생각은 '주변지역성 종분화'라고 불리게 된다. 마지막으로 생물학적 종개념은 상호교배와 포함된 유전장(유전자 풀)의 격리된 경계에 초점을 맞추고는 있지만, 형태적 속성들은 화석이든 현생이든 대부분 인지되고 이름이 붙여진 종들에 대해서 확실한 범주를 제공하는 경향이 있는데(Simpson 1943: 164~165, 1951; Sylverster-Bradley 1956; Wright 1950도 참조), 이에 대해서는 마이어(Mayr 1943: 134~135)조차도 인정하고 있던 것이다.

6) 종분화

아마도 심슨의 연구에서 가장 중요한 점은 그가 '계통적 진화'라고 불렀던 것과 종분화를 확실히 구분한 것일 것이다. 종분화는 발생할 때 분지의 과정을 겪는데, "개체군 내에서 차별화 및 과거 동일한 종에 속하였던 개체군들 사이에서 유전적인 고립이 발생하는 과정"이다. "그 이후의 분지는 엄격하게 이야기하면 종분화가 아니라 계통적 진화이다"(Simpson 1953: 380). 심슨은 종분화를 두개의 개체군들 사이에 유전적인 고립의 결과(현세생물학자들의 입장과 다소 일치한다), 또는 "새로운 형질들이 기원하여 확산되거나 개체군들 사이에 차별화"의 산물(확실히 비현세생물학자들의 입장이다)일 수 있다고 하였다(Simpson 1953: 379). 중요한 것은 심슨이 계통적 진화와 종분화를 구분하였다는 사실인데, "현존하는 변이들이 격리됨으로써 조상이 되는 종이 두 개 또는 그 이상의 자손 종으로 분지할 때 계통적 진화는 본질적 부분이 아니며, 하나의 개체군이 광범위한 누적적 변화를 겪을 때는 분지하는 과정이 없다"고 하였다(Simpson 1953: 384). 크래크래프트(Cracraft 1979: 20)는 심슨의 언급을 "고립의 과정은 중요한 형태적 변화를 동반하지 않고, 형태 변화는 고립된 개체군들 안에서 계통적 진화와 더불어 생김"을 의미한다고 해석하였다. 우리도 이 해석에 동의하며, 다만 심슨이 속도와 양태를 강조한 것과 일치하여 다음과 같은 점까지 확대시켜 해석하고 싶다. 다시 말해 계통적 진화—계보 내에서의 느린 변화의 축적—는 종의 증식과는 아무런 관련이 없다는 점이다. 이 점은 다음 장들에서 더 자세히 살펴볼 것이다.

1961년 심슨은 스스로 화석 자료의 한계를 극복하는 데 적당하다고 생각하였던 종의 정의를 발표한다. 심슨은 '진화적 종'이라는 용어를 사용하여 "다른 것과는 독자적으로 진화하는 계통(개체군의 조상-자손의 연쇄)이며, 그 자체로 단일한 역할과 경향을 가지고 있다"고 정의하였다(Simpson 1951, 1961: 133). 마이어(Mayr 1993: 133)는 후일 이 정의를 비판하여 "생식적 격리라는 생물학적 종에 대한 확실한 범주를 '진화적 경향'과 '독자적으로 진화하는'과 같은 애매모호한 용어로 대체함으로써 좋은 종과 고립된 것들 사이를 구분하지 못하게 되고, … 계통적 계보 내에서 '진화적 종'의 한계를 넘을 수도 없게 되었다"고 지적하였다. 아마도 마이어의 지적은 옳을 것이지만, 심슨 스스로 실패를 겪었던 것은 바로 화석 자료에서 생물학적 종을 관찰할 수 없었다는 점이다. 심슨이 계통이라는 용어를 사용한 것은 심슨에게 진화란 각각 조상과 자손을 구성하고 각각 독자적인 '경향들'을 가진 별도의 역사적 계보를 생산하는 것이었기 때문이다. 이러한 계보들의 성쇠를 추적하는 작업 — 정확하게 얘기하면 시간과 공간상에서 형태적 변이를 추적하는 것 — 이야말로 고생물학자들의 일일 것이다.

심슨의 생각은 후일 분지학(*cladistics*)이라 알려진 분야의 탄생을 알리는데, 그에게 계보는 진화적 연구의 중심 분야였다(e. g., Simpson 1951). 한 계보 안에서의 변화의 속도는 때로 가속될 수도 있고, 그 비율이 느려질 때 종이 고정된 것처럼 화석 자료에 나타날 수 있는데, 이것은 역사적 현상으로서 계보에 대한 연구에서 아무런 문제가 되지 않는다. 연속선상에서 급격한 진화로 인한 다수의 명백한 공백들은 화석 자료가 더 많이 축적되면서 메워질 것이다. 그 같은 변화의 비율상에서 자료의 증가는 당분간 종을 나누는 데 편리한 지점을 제공해 줄 것인데, 물론 형태에서 충분한 차이가 있음이 명백하다면 말이다(e. g., Simpson 1943: 170). 마이어(Mayr 1969a: 35)는 시간의 흐름에서 더 깊은 고려가 필요한 비율에 관한 논의는 하지 않고 과도기적 표본들을 자신이 제시한 지리적 종분화의 모델로서 설명했는데, 이는 그리 놀라운 일은 아니다. 마이어는 "대부분 종분화는 주변 지역의 고립에서 발생하기 때문에 형태적으로 중간형인 개체군(창시종)을 지닌 층을 발견하기란 아주 어렵고도 드물게만 일어나는 일일 것이다"라고 했다.

심슨에게 종이란 분석자가 엄청난 양으로 축적된 변이에서 무엇인가를 추출하기 위해 고안하고 연구자들 사이에 의사소통을 원활하게 해주는 부기적(簿記的) 장치에 불과하였다. 종을 만들어내기 위해서 연구자는 단순히 표본들을 시간 축에 쌓아올리고 — 올바른 시간 순서는 일반적으로 지층누중에 따른다 — 종들 사이를 어디에서 나눌 것인지를 결정하였다. 다시 말하면 분석자는 너무 많은 노이즈가 있다고 생각할 때, 또는 종이 너무 오랜 시간대에 걸쳐 있다고 생각할 때 아마도 종을 나누어 다른 종을 설정하였을 것이다. 분석자가 다음과 같은 심슨의 원칙에 충실할 때 이 같은 절차는 합당해진다. "특정한 진화적 종은 별도의 계보를 가지는 것으로 정의된다. … 만약 연쇄의 어느 한 시점에서 시작하여 그 선을 시간 상 거슬러 올라간다면, 아마도 그 정의가 적용되는 사례를 찾기 힘들어질 것이다"(Simpson 1961: 165). 이 언급은 종의 시간상 불연속에 관한 자료를 그렇게 많이 쌓아올리지 못했던 사람의 언급이다. 심슨은 그 언급으로는 충분하다고 여기지 않았던 것처럼, "만약 화석 자료가 완전하다면, 연구자는 사람에서 시작하여 호모 사피엔스 종을 거슬러 원생(原生)까지 올라갈 수 있을 것이다"고 말하였다. "그러한 분류는 명백히 쓸모없는 것이며, 어찌되었든지 원론적으로 잘못이다. 확실히 분류를 위해서는 계보를 부분으로 나눌 수밖에 없으며, 이것은 … 연속적 선상을 나눌만한 어떤 객관적 기준도 없기 때문에 인위적으로 이루어질 수밖에 없는 것이다"(Simpson 1961: 165). 이 언급을 나중에 고고학적 형식의 개념에 대해 논의할 때 확실히 마음속에 새기자. 우리는 심슨이 존재론적이고 인식론적 측면에서 제임스 포드(James A. Ford)와 파트너가 될 수 있다고 생각한다. 심슨과 마찬가지로 포드는 시간의 흐름을 분석적 단위로 자를 때 독단적이었다고 공격을 받았던 것이다.

가끔 주장되듯이 심슨은 종의 실체를 절대적으로 부정했을까? 사실은 그렇지 않다. 심슨은 마이어(Mayr 1949)와 마찬가지로 종은 "비차원적으로" — 곧, 특정한 시공간상에서 상호 생식하는 생물체 개체군들로서 — 존재한다고 확실하게 믿었던 것이다(Simpson 1951: 288~289). 심슨이 부정하였던 것은 '시간적' 불연속이었다. 마이어(Mayr 1949:

372)는 이것을 인정하였으며, 종의 개념을 확장한다—곧 비차원적인 것에서 차원적인 것으로—고 해서 자신의 생물학적 종개념의 가치가 무효로 되지는 않는다고 정당하게 주장하였다. 더구나 심슨과 마찬가지로 마이어는 어떤 한 층에서 발견되는 화석을 현존하며 상호 생식하여 종을 구성하는 개체군이라 하여 비차원적인 것—자신의 용어로는 "동소-공시적인"(*sympatric-synchronous*)—으로 생각하였다. 그러나 마이어가 야외조사에서 비차원적 종에 초점을 맞추었기 때문에 자신의 종에 대한 개념에서 시간의 흐름을 고려하지 못하고 공간상 불연속적인 것에 초점을 맞추게 되었던 것이다(e.g., Mayr 1987). 심슨은 시간의 흐름에 따른 변이는 연속적인 것으로서, 그런 연속선상을 실재하는 단위로 쪼개는 것은 전혀 이론적 근거가 없다고 생각하였다. 이것은 종이 존재하지 않음을 의미하는 것은 아니고, 다시 말하지만 종을 관찰할 수 없기 때문에 우리가 그것이 존재하는지 그렇지 않은지를 걱정할 필요가 없다는 점을 의미하는 것이었다. 심슨은 고생물학적으로 유용한 단위—곧, 진화적 계보를 구성하고 추적할 수 있는 단위들—를 만들어내는 데 관심이 있었다. 심슨과 마이어가 가졌던 개념들의 차이들과 고고학에서 문화사고고학자들과 인류학자들의 개념적 차이들이 평행선을 그렸던 것은 매우 인상적인 것이다.

7) 《진화의 속도와 양태》에서 계보를 설명하기

〈그림 2-1〉은 종분화, 계통적 진화, 양자 진화(비연속적 진화)[13]라는 세 가지 주된 진화의 양식들을 나타낸 것이다. 양자 진화의 양식을 보여주는 것까지 포함하여 각 도표에서 시간의 흐름은 연속적임을 주목하라.

---

13) 옮긴이 주—비연속적 진화라고도 말해지며, 매우 짧은 시간 동안에 진화의 속도가 빨라지는 유형을 일컫는다.

〈그림 2-1〉 조지 심슨이 제시한 세 가지 주요 진화 양태

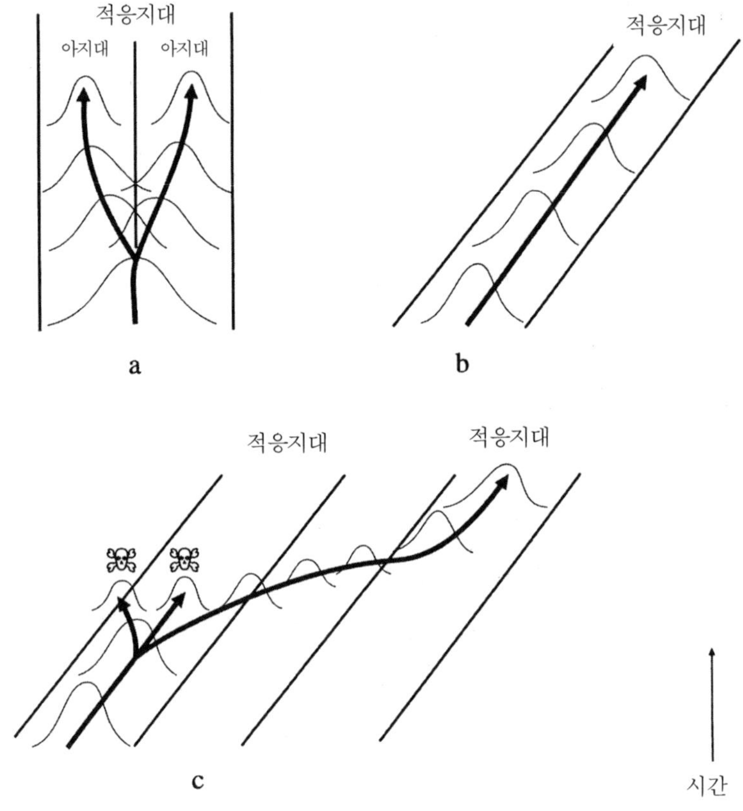

a는 종분화(*speciation*), b는 계통적 진화(*phyletic evolution*), c는 양자 진화(*quantum evolution*). 셋 모두에서 시간은 연속적임을 주목하라. 종분화는 개체군 안에서 두 개 또는 그 이상의 집단이 차별화하는 것이다. 계통적 진화, 또는 향상진화(*anagenesis*)는 분할이 아니라 개체군의 평균 형질이 지속적이며 방향성을 가지며 변동하는 것을 말한다. 양자 진화는 비평형적 상태에서 평형상태로 이전의 조건과는 확실히 다르게 비교적 급속하게 변화하는 것이다. 심슨은 진화의 90% 정도는 계통(*phyletic*) 진화[14]에 속하는 것이라고 짐작했다. (Simpson 1944)

14) 옮긴이 주 — 가지 치는 분지적 진화가 아니라 혈통 안에서 일어나는 변화.

심슨(Simpson 1944: 199)은 종분화를 "광범위하게 분포하는 개체군 내에서 두개 혹은 그 이상의 집단들이 국지적으로 차별화하는 것"이라 정의하였다. "이런 과정은 가장 작은 규모에서는 너무도 작고 등락하는 현상이어서 분류적으로 전혀 표시가 나지 않고 명확한 진화적 의미가 없을 수 있는데, 물론 조그만 사건이 궁극적으로 영구적이고 중요한 변화의 시작을 알리는 것일 수도 있지만 말이다." 분석자는 "진화적으로 유의한"것이 무엇이고 무엇이 그렇지 않은지를 결정한다. 심슨은 두 유형의 종분화를 인지하였는데, 하나는 다양한 적응지대 안에서 광범위하게 분포하는 개체군이 분지하는 것이고(〈그림 2-2a〉), 다른 하나는 시간상 다양한 시점에 이미 분지한 자매 개체군들이 각각의 적응지대에 재배치되는 것이다(〈그림 2-2b〉). 더 현대적 표현으로 우리는 심슨의 종분화를 분지진화(*cladogenesis*)라고 부를 것이다.

계통적 진화, 곧 현대적 표현으로는 향상진화(*anagenesis*)는 개체군들의 평균적 형질에 있어 … 지속적이며 방향성을 지닌 변화를 의미한다. "이것은 주로 개체군을 분할하는 과정이지만, 개체군의 전체적 변화를 동반한다. 명백히 이 과정은 종분화라 불리는 상이한 양식들과 마찬가지로 새로운 종을 일으킬 수도 있으나, 전형적 종분화의 양식은 아니다(Simpson 1944: 202).

심슨은 세 가지 유형의 계통적 진화를 제안하였는데, 첫째는 잘 적응된 개체군이 시간의 흐름에도 거의 변화가 없는 것이고(〈그림 2-3a〉), 둘째는 한 개체군의 적응지대가 더욱 좁아져(더 특수화하여) 궁극적으로는 멸종하게 되는 것이며(〈그림 2-3b〉), 셋째로는 개체군이 적응지대의 변동에 따라 천천히 변화하는 것이다(〈그림 2-3c〉).

심슨(Simpson 1944: 203)은 "진화 연구에 별로 직접적으로 기여하지 못하는 고립된 발견들을 제외하고는 십중팔구 적절한 고생물 자료는 계통적 양태의 유형들에 속하게 된다"라는 의견을 가졌다. 다시 말하면 고생물학자가 연구하는 것 중 90%는 생물체의 형태적 구조에 있어 느리지만 한결같은 변화가 된다.

〈그림 2-2〉 심슨이 제시한 두 가지 종분화 유형

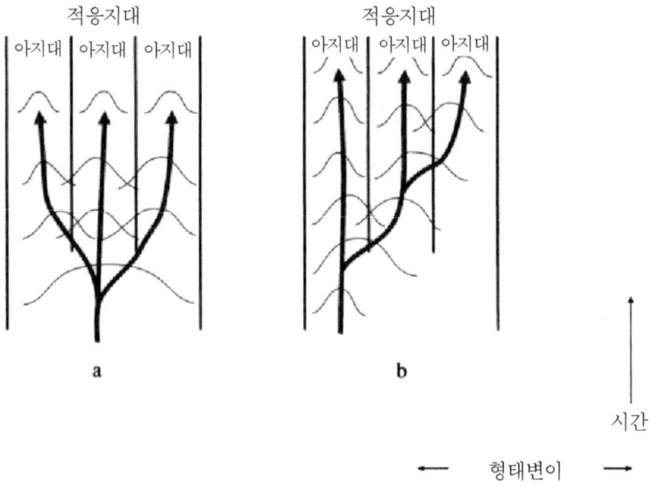

a: 하나의 광범위하게 분포하던 개체군이 다양한 적응지대에서 분지하는 양상.
b: 이미 분지된 자매 개체군들이 다양한 시점에 상이한 적응지대에 재배치되는 것.
(Simpson 1944)

〈그림 2-3〉 심슨이 제시한 세 가지 계통적 진화의 유형

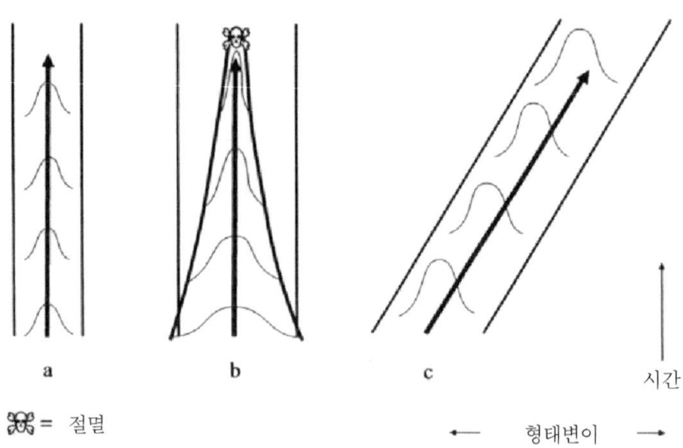

a: 잘 적응된 개체군이 시간의 흐름에도 별로 변화하지 않는 양상.
b: 한 개체군의 적응지대가 더욱 협소해져, 끝내 멸종하고 마는 양상.
c: 한 개체군이 적응지대의 변동에 맞추어 느리게 변화하는 양상. (Simpson 1944)

심슨은 첫째, 어느 정도 시간이 흐른 뒤 생물체에는 너무도 많은 변화가 일어나 조상과는 달라져서 더 이상 상호교배하지 못할 것이며, 둘째, 그 시점에 생물체는 독립적 종이 된다는 점을 인정하였다. 그러나 이것은 심슨이 생각하였던 고생물학자의 작업과는 상관없는 일이었다. 예를 들어 심슨은 고생물학자의 생물체의 시간 형질변화도(*chronoline*)와 현세생물학자의 공간 형질변화도(*chorocline*) 사이에 유사한 점을 이끌어내기도 하였다(Simpson 1943: 173~176).

계통점진설만큼 중요한 사실은 심슨이 (물리학자들에게는 미안한 일이지만) 양자 진화(*quantum evolution*)라는 용어를 사용하여 많은 논의를 하였다는 점이다. 여기에서 양자 진화란 "비평형상태에서 평형상태로 이전의 조건과는 확실히 다르게 비교적 급속하게 변화하는 것을 말한다. 그러한 변화의 연쇄는 어떠한 종류의 개체군에서도 그리고 복합적 진화의 과정상 어느 부분에서도 비교적 작은 규모로 일어날 수 있다"(Simpson 1944: 206). 심슨은 라이트(Sewall Wright 1932)의 적응지형도[15]라는 은유적 표현을 사용하면서, 다음과 같이 세 가지 양자 진화의 단계들을 구분한다. "첫째, 비적응단계로서 문제가 되는 집단이 조상 또는 방계의 평형상태를 잃는 단계이며, 둘째, 전적응단계로서 큰 선택압으로 집단이 새로운 평형상태로 나아가는 단계이고, 셋째, 적응단계로서 새로운 평형상태에 도달하는 단계이다"(Simpson 1944: 207). 양자 진화는 확실히 종분화나 계통적 진화보다는 "대규모"의 현상이고, 특정 한계에 이르지 못한 행동들은 전혀 아무런 반응을 낳지 못하지만 한계를 넘는 행동들은 확실한 규모(양자)의 반응들을 낳는 상황들에 적용시킬 수 있다"(Simpson 1944: 206).

심슨은 양자 진화를 독특한 양식의 진화로서 확인하였음에도 불구하고, "양자 진화에는 종분화나 계통적 진화가 동반될 수도 있으며,

---

15) 옮긴이 주 — 적응지형도(*adaptive landscape*)란 서월 라이트(Sewall Wright)가 고안한 모델로서, 높은 적응도(*fitness*)는 정점로, 낮은 적응도는 골짜기로 지형적으로 표현한 도표를 말한다.

그 같은 양식들에서도 어떤 유형들은 양자 진화와 중간 형태를 띨 수도 있을 것"이라는 점을 주목하였다(Simpson 1944: 206). 그러나 심슨은 양자 진화가 "과나 목, 강 같은 비교적 상위의 분류학적 단위들의 기원에 있어서 가장 주도적이고 본질적 과정이었다"라고 확신하였다. 양자 진화에는 "그런 주된 집단들의 기원에 대한 미스터리를 설명해주는 상황들이 포함되어 있다"고 생각하였던 것이다(Simpson 1944: 206). 위에 인용된 문장 바로 앞에 양자 진화는 "아종(*subspecies*) 이상의 분류 단위로도 발생할 수 있으며, 여기에 동반된 연쇄들은 아종에서부터 어떠한 범위의 형태적 단위로도 (주관적으로) 분할될 수 있다"고 지적하였다. 따라서 심슨은 한 문장에서는 아종에서부터 어떤 수준의 분류학적 단위들이든지 모두 "주관적", 곧 인위적 단위들이라고 말하고 있는 것이다. 그리고 그 다음 문장에서는 양자 진화는 "과나 목, 강 같은 비교적 상위의 분류학적 단위들의 기원에 있어서 가장 주도적이고 본질적인 과정"이라고 보았다. 여기서 심슨이 양자 진화는 "분류학자들이 위계적으로 분류학적 단위에 설정하는 근거가 되는 변이들을 일으키는 가장 주도적이고 본질적인 과정"이라 하지 않고, "비교적 상위의 분류학적 단위들의 기원에 있어서 가장 주도적이고 본질적인 과정"이라고만 하였던 것을 주목할 필요가 있다. 심슨은 여기에서 유물론적 역설에 휘말리게 되고 마는 것이다. 그 역설이란 분류학적 단위들이란 실재하는 것인가 그렇지 않은가 하는 문제이다.

심슨은 상위의 분류학적 단위들의 실체에 대해서 은유적으로 말하고 있는가? 우리는 심슨이 그런 의미로 말하고 있다고 생각하지만, 우리 생각에 심슨은 이것을 더 분명하게 말하지 못하고 말았다. 심슨이 어떻게 '주된' 분류학적 단위들의 기원을 설명하고 있는지 다음 인용문을 살펴보자.

> 그런 집단의 기원에는 현저하게 새로운 적응적 유형들이나 적응 상한 적응지대에서 다른 곳으로 이동하는 것이 있었을 것이다. 이런

> 측면에서 양자 진화는 적응지대간의 이동을 말하는 것인데, 이는 적응지대 내에서 벌어지는 계통적 및 소적응지대 내에서 일어나는 종분화적 진화와는 대조되는 것이다. 하지만 본질적 차이는 단순히 한 적응지대에서 다른 곳으로 이동하는 것(근접하는 적응지대들 사이에서는 계통적 진화에서도 일어날 수 있다)이 아니라, 불연속의 형태인 것이다. 계통적 진화에서는 생물체-환경 체계의 평형상태가 연속적이거나 거의 연속에 가까운데, 평형상태의 점은 흔히 이동될 수도 있지만 말이다. 양자 진화에서는 평형상태가 유실되고 새로운 평형상태에 도달하게 된다. 두 가지 상태 사이에는 시간 간격이 있는데, 이것은 생물학적 측면에서 마치 양자(*quantum*)와도 유사한 것으로서, 여기에서 체계는 불안정하여 이전의 상태로 돌아가거나 (실제로 거의 일어나지 않는다), 멸종될 수도 있고 (보통 일어나는 결과), 먼 거리에서 새로운 평형상태로 옮기(엄밀한 의미에서 양자 진화)지 않으면 지속될 수 없게 된다. (Simpson 1944: 207)

심슨은 적응 "유형들"을 이야기하는 것은 아마도 본질론적 단위들을 말하고 있는 것 같다. 가령 그의 "전이(과도기)" 유형은 두 가지 적응지대 사이의 중간 형태를 말한다. 우리가 이렇게 추측하는 것은 심슨이 자신의 적응적 유형들이 종과 마찬가지로 "실재"하지 않는다고 확실하게 말하지 않았기 때문이다. 마치 이빨의 높이에서 나타나는 변이와 같이 시간이 연속적이라고 한다면, 분석적 목적에서 적응지형도는 단위들로 쪼개어질 수 있을 것이지만, 이때 그 단위들은 '실재'하지 않는 것들이다. 이와 비슷하게 심슨의 진화적 '상태'들은 그 어떤 본질론적 측면에서 생각하더라도 실재하는 것일 수는 없다. 오히려 그 단위들이란 단지 상대적으로 급격한 진화적 변화의 예들에 의해 경계가 지워진 비교적 안정된 현상들에 불과하다. 심슨은 결코 상태들이 실재하고 있다고 주장한 적은 없으나, 다만 "이전의 상태로 되돌아간다"와 같은 언급을 보면 그 위치를 짐작해 볼 수 있다. 시간과 변이가 연속적이라면, 어떻게 다양한 생물체들이 이전의 상태로 되돌아갈 수 있을 것인가? 개념적으로 이것은 오직 변이가 단위(형식)들로 묶이고, 평균이 매겨지고, 그 형식들에 이름이 주어질 경우만 일어날 수 있다. 그런 다음 그 변이들의 묶음이 세 가지 상이한 시점에서 처음에는 A 같이 보이다가, 다시 B 같았으며, 끝내 A 같았다고 한다면, 그 묶음을 확실히 이전의 상태로 되돌아갔다고 할 수 있을 것이다. 공평하게 이야기하면 심슨은 이것은 거의 일어나지 않는 일이며, 오히려 멸종이 더 흔히 일어날 수 있는 일이라고 지적하였지만, 그럴 가능성을 인정했다는 것은 심슨이 하나의 유물론적 역설에 빠지게 되었음을 보여주고 있다. 우리는 이제 심슨이 어떻게 양자 진화를 논의할 것인지를 살펴보면서 왜 스스로 역설에 빠지고 말았는지를 알게 될 것이다.

심슨(Simpson 1944: 207)은 양자 진화에 관하여 "가장 논란이 될 만한 점은 물리학의 양자와 유사하게 전이가 순간적인 것인지, 아니면 양자 진화는 급격하게 발생하지만 그 비율에는 한계가 있는지 하는 것"이라고 말하였다. 이에 대해서 심슨은 "후자가 타당하다고 생각할 만한 이유가 더 크다"고 지적하였다. 이런 시각에 의해서 심슨은 "양자 진화와 계통 진화의 중간 형태 정도에 해당하는 어느 정도 주변적 사례"를 예로 들고 있다. 그것은 북아메리카의 높은 치관을 가진 이빨의 발달이었는데, 심슨은 이것이 마이오세에 어린잎을 따먹는 것(브라우징)보다 풀을 뜯어 먹는 것(그레이징)에 적응한 말 개체군이 출현함으로써 일어난 일이라고 믿었다. 다시 말해 잎을 먹는 개체군이 전체적 크기에서 증가하여 조상들보다 높은 치관의 이빨을 발달시키게 되었다고 보았던 것이다. 이것은 엘드리지(Eldredge 1995a: 22)의 지적대로, 미국 서부에서 "새롭게 진화한 거친 규소질 풀들을 먹기 위해 반드시 필요한 치아 구조"였던 것이다. 심슨은 누대에 걸친 유전적 부동(*genetic drift*)[16] — 라이트(Wright 1931, 1932)가 제안하였던 개념 — 은 개체군이 어린잎을 따먹는 것에서 멀어지고 풀을 뜯어 먹는 쪽으로

16) 옮긴이 주 — 개체군내 대립유전자의 빈도가 무작위적 과정에 의해 변화하는 것을 말하는데, '유전적 부동(또는 표이)'이라고도 번역한다.

이동하게 하였으며, 따라서 이빨의 높이의 증가가 적응적으로 귀중하게 되었다고 주장하였다. 심슨의 틀에서 이렇듯 한결 같으면서도 느리게 증가하는 것은 계통 진화의 전형적 특징이다. 그 다음 역할은 선택(*selection*)의 차례로서 급격하게 말의 이빨의 크기를 변화시키는 것이다. 이 시점에서는 높은 치아를 가지고 있는 개체군에게는 다른 대안이 없는데, 그 짐승으로서는 "사실상 전부-아니면-전무, 헤엄치기-아니면-가라앉기 식의 진화에 들어서는데, 만약 모든 것이 잘 돌아간다면 급격하게 변화하여야 하는 것이다" (Eldredge 1995a: 23). 심슨은 다음과 같은 용어를 사용하여 진화의 시나리오를 설명하였다.

> 이 변화로 브라우징(*browsing*) 정점이 결국 그레이징(*grazing*) 정점에 근접하는 효과가 생기에 된다. 모든 시간대에서 상당한 변이가 있었으며, 높은 치관(*hypsodonty*) 쪽으로, 그리고 그 반대 방향으로 모두 돌연변이가 있었음이 분명하다. 최적 상태 이상으로 넘어가는 높은 치관에 대해서는 반대의 선택압이 있을 것이다. 그렇지만, 그 선택압은 비교적 약할 것인데, 왜냐하면 최적 상태 이하에서의 높은 치관과 같이 확실히 불이익이 있어서가 아니라 최적 상태 이상의 조건은 불필요할 것이기 때문이다. 몇몇 더욱 높은 치관을 가진 변종들은 그레이징 정점의 바닥면이나 가장 아래쪽 경사면 같은 적응지형도에 도달하게 될 것이다. 이 변종들은 비교적 거친 음식이며 치아를 빨리 마모시키는 풀을 먹음으로써 식량을 보충하게 될 것이다. 물론 만약 그 변종들이 풀만을 먹었다고 한다면, 치아는 생식 기간을 넘기지도 못하고 말았을 것이며, 강한 반대의 선택압에 부딪쳤을 것이다.
>
> 이 시점이 바로 문지방 역할을 하게 된다. 이것은 진화적 양자 반응을 시작하게 하는 방아쇠 효과를 내게 된다. 물론 이것은 주된 양자 효과와는 다르고 계통적 진화의 양상과도 공통점을 가지고 있는데, 이것은 연속적으로 큰 개체군 안에서 일어나며 생물체가 전체적으로 변환하는 것이 아니라 몇몇 기관만이 비교적 단순하게 변화하는 것이기 때문이다. (Simpson 1944: 209)

〈그림 2-4〉 심슨이 제안한 양자 진화의 세 단계

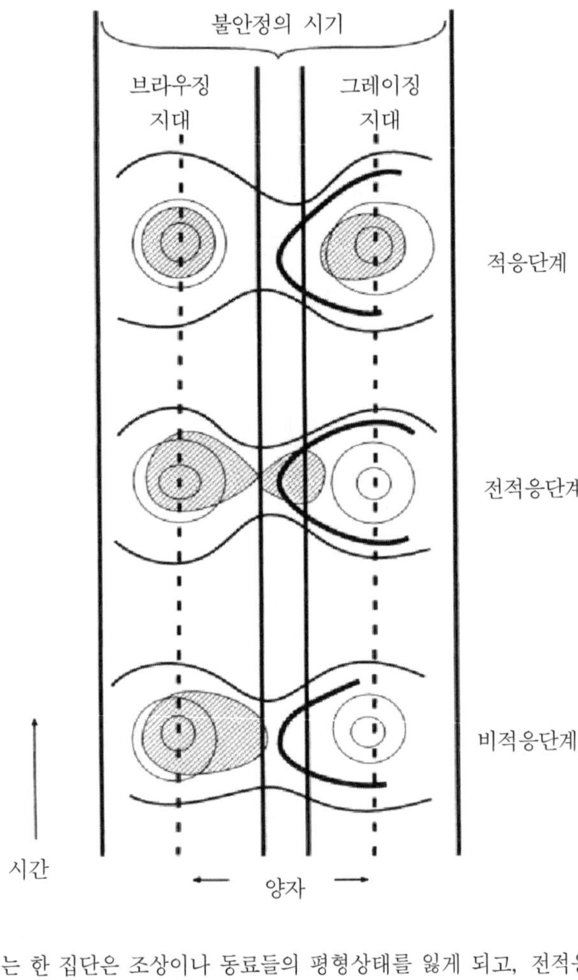

비적응단계에서는 한 집단은 조상이나 동료들의 평형상태를 잃게 되고, 전적응단계에서는 상당한 선택압이 있게 되고 집단은 새로운 평형상태로 이동하며, 적응 단계에서는 새로운 평형상태에 도달하게 된다. 심슨이 사용하였던 사례는 브라우징보다는 그레이징에 적응하였던 북아메리카에 살았던 제 3기 말 개체군의 발달이다. "양자"라는 말이 의미하듯이 상당히 빨리 그 개체군은 조상 개체군으로부터 분할하여 그레이징지대에서 정착하게 된다. (Simpson 1944)

심슨은 〈그림 2-4〉에서와 같이 양자 진화의 양식을 도식화하였다. 비적응단계(*inadaptive phase*)에서 개체군의 일부가 "불안정한 시간대"로 접어들기 시작하고 있으며, 전적응단계(*preadaptive phase*)에서 개체군의 일부는 "그레이징지대"로 들어서게 된다. 적응 단계가 되면 개체군들 사이의 분할이 완결되는데, 자손이 되는 개체군은 그레이징지대에서 확실히 안착하고 조상이 되는 개체군은 브라우징지대에 남게 되는 것이다. 종분화가 일어났다고 한다면 자손 개체군과 조상 개체군이 다른 종이 되는가? 아마도 그럴 수도 있을 것이다. 그러나 다시 말하지만 심슨에게 이것은 별로 문제가 되지 않았다. 중요했던 것은 시간이 지나면서 선택은 원래 개체군의 자손들 중 일부가 새로운 적응 정점(*adaptive peak*)으로 이동한다는 것인데, 적응 정점이라는 용어는 라이트(Wright 1931)가 한 개체군이 살고 있는 경제적 상태를 가리킬 때 사용하였던 것으로 현재 생물학자들이 생태적 니치(*niche*)[17] 라고 말하는 것과 흡사하다. 심슨은 종분화가 일어나지 않았다고 부인하지 않았지만, 이 이야기에 종분화가 본질적이라고 생각하지는 않았다.

약간 본론에서 벗어난 얘기지만 심슨의 관점을 요즘 방식으로 생각해보면, 라이트에게서 빌린 적응지형도라는 생각은 현재의 단속평형설이라는 관념에 아주 주된 역할을 하였음을 주목할 수 있다(Lewin 1986에 요약됨). 단속평형설이라는 생각이 모두 들어있는 것은 아니지만, 심슨(Simpson 1944)은 양자 진화라는 생각으로 그 일부를 이미 예견한 것이다. 가령, 양자 진화는 급격함 때문에 화석 자료로는 별로 남아 있지 않게 되는데, 단속평형설 역시 마찬가지이다(Gould and Eldredge 1977). 더욱이 심슨은 보통 주된 멸종 사건 뒤에 새로운 적응지대가 급격하게 침입하는 것은 "폭발적 진화"를 가져올 수 있고, 그동안 분지진화(*cladogenesis*)가 일어난다고 보았다(〈그림 2-5〉).

---

17) 옮긴이 주 — 개체군 혹은 종의 환경적 서식처를 말하며 생물이 이용하는 자원과 다른 생물과의 관계를 포괄하는 개념이다. 적응정점이란 라이트의 적응지형도 모델에서 적응도가 높은 것을 표현한 것이다.

이러한 심슨의 생각은 많이 비판을 받았는데, 1940년대와 1950년대 신다윈주의적 종합이 "굳어졌기" 때문에(Gould 1983b), 양자 진화의 특성들은 1970년대 다시 재생될 때까지 거의 언급되지 않고 말았다(제 4장 참조).

〈그림 2-5〉 심슨이 묘사한 새로운 적응지대를 급격하게 침입하는 개체군 발달의 두 단계

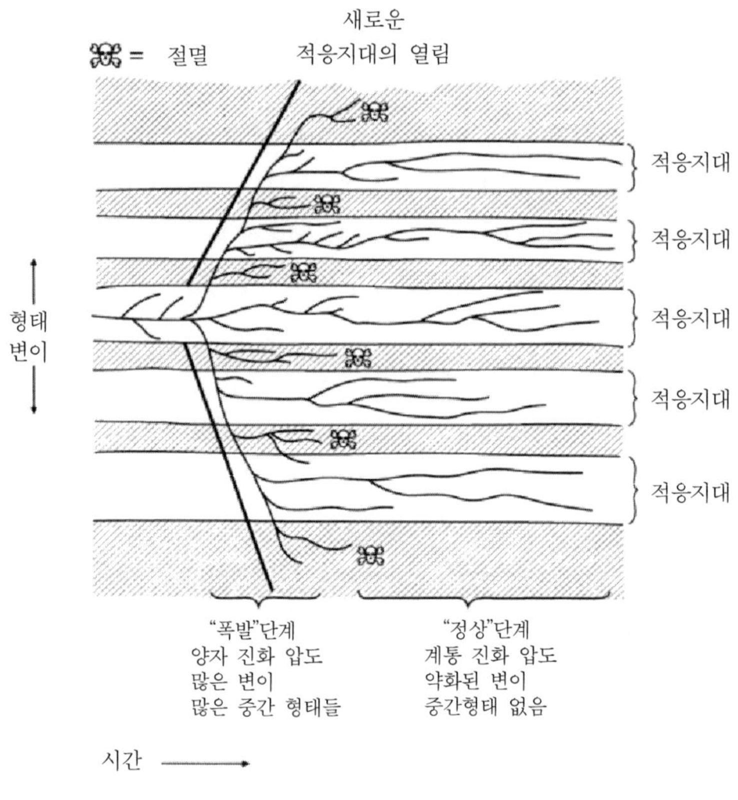

처음에는 중간 형식들이 많이 나타나는 변이의 폭발이 있고, 나중에는 중간 형식들이 없는 계통적 진화의 시기가 뒤따른다. 여기에서 심슨은 용어를 사용하지 않았으나, 이것은 후일 분지진화라 불리게 된다. 또한 심슨이 깊이 논의하지는 않았으나, 그의 "정상" 단계라는 말은 확실히 "폭발" 단계 동안에 형성된 종에 의한 적응지대의 점유를 나타내고 있다. (Simpson 1944)

8) 고생물학과 유물론적 역설

심슨은 스스로 신다윈주의자라고 생각하였지만, 마이어(Mayr 1982: 1120)의 말마따나 심슨이 '종의 기원'이라는 다윈의 가장 큰 연구 주제에 관심을 가지지 않았다고 한다면 과연 그를 신다윈주의자라고 할 수 있을까? 우리의 시각에 심슨은 종의 기원의 문제에 관심을 가졌으며, 이것은 예를 들어 그의 양자 진화에 대한 논의에서 명확하다고 본다. 하지만 심슨은 시간의 흐름에 초점을 맞추었기 때문에 종의 수직적 분절을 부인하게 되었으며, 따라서 어느 정도 이단자처럼 보이게 만들었던 것이다. 그러나 심슨은 유물론의 옷을 입고 있었지만 실상 본질론자인가, 아니면 유물론자로서 유물론적 역설에 빠진, 말하자면 본질론적 사고로부터 자유롭지 못하였던 유물론자였는가? 우리는 만약 심슨을 어느 한쪽으로 분류하여야 한다고 하면, 확실히 유물론자 쪽으로 배치할 것인데, 왜냐하면 심슨의 사고는 순수한 본질론적인 것과는 전혀 맞지 않기 때문이다.

우선 심슨은 그 세대 누구보다도 진화에서 시간의 중요성을 결코 간과하지 않았다. 둘째로 심슨은 화석 자료의 연속성을 일관되게 강조하였는데, 물론 거기에는 공백도 존재하지만 말이다. 심슨은 공백 가운데 흔히 표본추출의 오차이거나 보존이 양호하지 않아서 생긴 것들도 있다고 생각하였지만, 몇몇 명백한 "공백"들은 양자 진화의 측면 — 이것은 엘드리지와 굴드가 단속평형설을 제창할 때 주목하였던 점과 대동소이하다 — 에서 설명할 수 있을 것이라고 믿었다. 또한 심슨은 자료에 "전이"(과도기) 형태들이 존재한다고 강조하였으며, 마찬가지로 긴 평형상태(정체) 기간을 단속시키는 전이 단계 역시 강조하였다. 나중에 살펴보겠지만, 경험적 측면에서 그런 전이 표본들이라는 개념에는 그 어떠한 반다윈주의적 요소도 내재되어 있지 않다. 다만 관념상 전이 표본들이 실재한다고 본다면 — 유물론적 시각에서는 근본적으로 불가능한 일이다 — 논리적 오류가 생기는 것이다. 유물론적 존재론에서는 자연적 종류란 없다고 생각되기 때문에 그 틀 안에서 전이 표본들을 상정할 수는 없는 것이다. 그렇다면 전이 표본들이라는 말에서 "무엇에서 무엇으로의 전이"인지를 묻지 않을 수 없다. 만약 "무엇"이라는 것조차도 없다고 한다면 전이 표본 역시 있을 수 없게 되는 것이다. 또는 언젠가 로버트 레오나드(Robert Leonard)가 우리에게 지적하였듯이 유물론적 시각에서 우리는 모든 표본들을 전이적인 것이라 다룰 수도 있다. 레오나드의 지적은 옳다. 전혀 아무 것도 전이적인 것이라 보지 않을 수도 있으며, 모든 표본들을 전이적인 것이라 다룰 수도 있다.

사족으로 들릴 수도 있겠지만, '전이' 표본이란 개념의 유용성에 대해서 다시 한 번 반복해서 논의하고 싶다. 레오나드의 논평은 단지 관념 단위에만 해당되지 경험 단위18)에는 적용되지 않는다. 따라서 레오나드의 논평은 '전이'라는 용어가 진화적 측면에서 아무런 의미가 없다고 말하는 것은 아니다. 왜냐하면 의미가 있기 때문이다. 전이 표본이란 개념이 유용하다는 것은 형태적으로 두 가지 본질론적 범주들 사이 중간에 위치하는 표본들에 주목할 필요가 있기 때문이다. 또한 그 두 범주들 사이에 아마도 전승(유전)적 연속성이 있다는 단서를 제공하고 있다. 모든 고고 자료와 대부분의 생물 자료는 형식이나 종과 같은 본질론적 범주들로 언급되어 왔기 때문에 이 시점에서 전이 표본들을 사용하여 전승적 계보를 구축하는 것은 섣부른 논의로 보인다. 따라서 우리는 다음 장들에서 '전이'라는 용어를 사용할 것인데, 다만 논의의 도구로서만 사용할 것이다.

왜 심슨이 유물론적 역설에 빠지고 말았는지는 어렵지 않게 짐작할 수 있다. 심슨은 자신의 '진화적 종'을 경험적으로 정의하고, 통계학을 사용하여 층위적으로 경계가 지어진 화석 표본들 간의 차이를 발견하고자 하였다. 한 계보 안에서 종이라 불리는 것들을 구분하기 위해 사

18) 옮긴이 주 — 관념 단위란 연구자의 머릿속에 있는 개념을 말하고 경험 단위란 실재하는 것을 가리킨다. 이는 제5장에서 자세히 다루어질 것이다.

용되는 범주들은, 표본추출의 우연성의 결과임을 인정하기는 하지만, "주어진 시간에 종을 구성하는" "동소-공시적인(Mayr 1949)" 생물체들을 나타내고 있다(Simpson 1937a: 21). 다시 말하면 종은 이런 비차원적 측면에서 실재하는 것이다. 우리는 많은 사람들이 심슨의 전반적인 유물론적 인식론을 잘못 이해하는 것이 바로 이점이라고 생각한다. 오해는 사실 심슨 자신에 의해 더욱 커지고 말았는데, 심슨이 양자 진화는 다양한 위계의 분류학적 단위들을 낳게 된다고 주장할 때, 적응지대와 적응 형식들에 대해서 이야기 할 때, 그리고 전이 형식들을 논의할 때 더욱 그러하였다. 심슨은 이러한 용어들을 모두 은유적 표현으로 사용하였다. 물론 은유적 표현이었음을 분명하게 하지 못하고 말았지만, 심슨이 (분지진화적 시각에서) 종분화 이전, 종분화 도중, 그리고 그 이후에도 종이 존재한다고 믿었다는 사실에서 볼 때 확실히 본질론자는 아니었음이 분명하다.

심슨은 적어도 개념적으로는 종분화를 잘 이해하고 있었다. 이것은 〈그림 2-6〉(Simpson 1951: 295)에서도 확실히 드러나는데, 이 그림은 심슨의 생각에 화석 자료가 충분히 알려진다면 얼마나 종분화를 쉽게 인지할 수 있는지를 보여주는 것이다(Simpson 1951: 296). 하지만, 화석 자료는 흔히 그러한 구분을 쉽게 할 수 있을 만큼 완전하고 충분하지 못하다. 〈그림 2-6〉의 도표를 자세히 살펴보자. 표본 a와 c는 형태적으로 충분히 멀어서 별도의 종의 이름을 부여할 수 있다. 여기에 전이 형식으로서 표본 b를 추가하면, a와 c 사이의 구분이 모호해지게 된다. 이제 〈그림 2-6〉의 아래 도표를 보자. 만약 표본이 a, c′, d′에서 발견되었다면 이 세 종들은 아마도 종으로서 명명될 것이다. 분지, 즉 종분화에서 이것들이 흥미로워진다. 우선 종분화는 양자 진화를 예증해주는 또 다른 방식이 되는데(〈그림 2-1〉), 물론 심슨(Simpson 1951)은 이것을 그렇게 부르지는 않았다. 분지하는 시점에서 발견되는 표본은, 측정되는 속성들의 측면에서 그 빈도분포가 단일빈도봉을 나타내든지 또는 두 개의 빈도봉을 나타내든지, 아주 중요하게 된다.

〈그림 2-6〉 종분화와 종의 인지에 대한 심슨의 시각

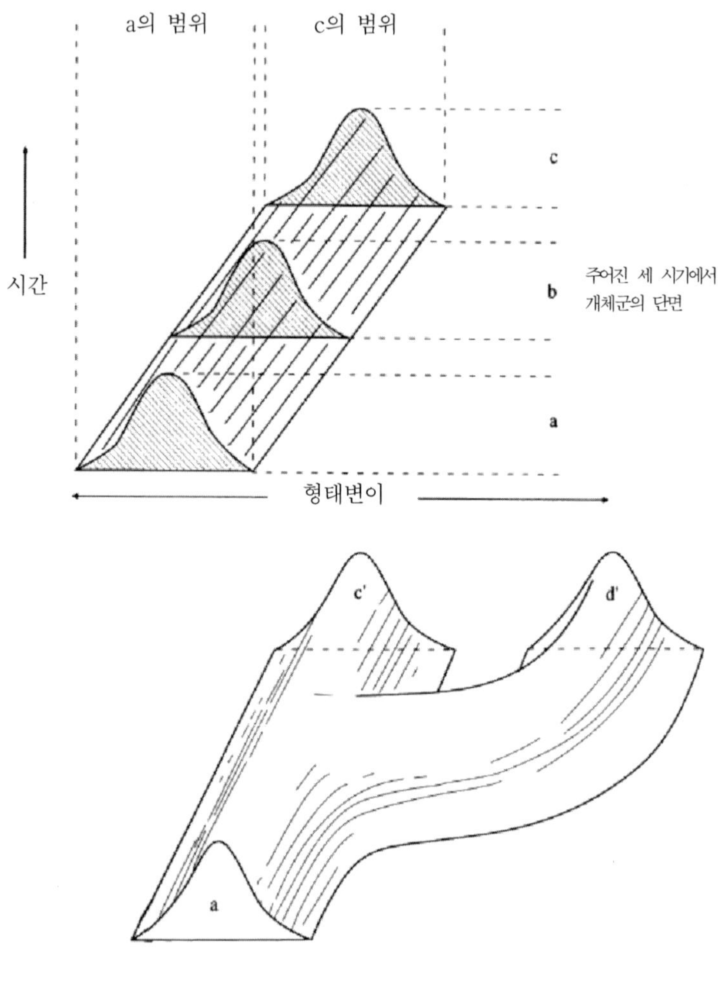

만약 화석자료가 상당히 완전하다면, 심슨은 종을 인지하는 데 아무런 문제도 없을 것이라고 주장하였다. 위에 든 예에서 a와 c종에 비해 b종이 보여주는 형태변이가 중복적이어서 이 경우 b종은 이른바 "전이"종으로 명명되지만 말이다. 그림 아래의 예에서는 불완전한 화석 자료로부터, 아니 더 완전한 자료라 할지라도, 분류군 사이의 진정한 관계를 확실하게 알아낼 수는 없다. (Simpson 1951)

분지하는 초기에 그 빈도는 단일빈도일 것이며, 나중에는 두개의 빈도봉을 그릴 것이다. 따라서 문제는 충분한 크기의 표본들을 확보하여 복수의 빈도봉을 그리는 것을 추적하는 것인데, 그런 표본들은 시간적 연속선상에서 내내 존재하여 종분화(곧 분지)를 추적할 수 있어야 한다. 이것은 굉장히 어려운 조건인데, 왜냐하면 고생물학자들이 연구하는 층위적 자료가 거친 시간대만을 표현하고 있으며, 분지진화, 곧 분지 또는 종분화의 표현이란 측면에서 두 개의 빈도봉을 그리는 분포가 실재하는지를 판단하기가 쉽지 않고, 과연 그런 분포가 표본추출의 오차의 결과인지도 의심되기 때문이다.

심슨과 그의 동료들은 이상적 표본자료가 없는 상황에서의 종분화에 대해서는 거의 다루지 않았으며, 때문에 심슨의 종은 시간적 연속선상에서 분절적인 것으로 비추어지게 되었다. 이것은 진화적 계보의 시나리오를 불연속적이지만 비분지적인 것처럼 보이게 만들었다. 층서적 경계가 지어진 화석 표본들의 지속시간은 해석에 아주 중요한 것이었지만, 이것이 무시되고 다양한 지속시간을 가지는 일련의 화석들에 대한 분석을 하게 되었던 것이다. 이것은 다시 계보가 단속적으로 보이게 — 곧 층위 사이의 경계에서 단속되는 듯이 보이게 — 만들었다(Lyman and O'Brien n. d. a, n. d. b.). 심슨을 비롯한 고생물학자들은 지질학적 현상들에 의존하여 '동소-공시적인' 화석들을 표시하였기 때문에 "고생물학적 분류체계는 층위적 결론과 일치하여야 한다"는 진화적으로 다소 조리 없는 입장을 취하게 되었다고 할 수 있다(Bell 1950: 493). 다시 말해 특정 층들 사이의 경계에서 한 종에서 다른 종으로 변형되는 것처럼 표현되었던 것이다. 그런데 이와 동일한 문제가 오랫동안 고고학을 괴롭혀 왔다(Lyman and O'Brien 199a, n. d. b; O'Brien and Lyman 1998, 1999a).

엘드리지(Eldredge 1979: 8)는 "형질이 변형한다는 관점에서 진화에 접근하는 방식은, 여러 가지로 '종'을 간과하였으며, 때문에 종분화 이론을 그 패러다임에 통합할 필요를 느끼지 못하였다"고 하면서 이 문제를 명쾌하게 진단하였다. 우리 생각에 심슨은 자신의 진화에 대한 시각이 결코 '변형적'(*transformational*)인 관점[19]이 아니라고 대답하였을 것이다. 또한 엘드리지가 "만약 관찰할 수 없다면, 왜 거기에 신경을 쓰는가?"하고 평한 것에 대해서도 심슨은 종분화란 결코 간과할 수 없는 것이라고 하며 비판할 수도 있었을 것이다. 그렇다면 실재한다는 데 상당한 의견일치가 있는데도 관찰할 수 없는 것이라면 어떻게 하겠다는 말인가? 확실히 지리적 장벽이나 격리 기제 같은 것이 존재하고 이것들이 한꺼번에 작용할 때 종분화를 일으키고 새로운 종을 만들어 낼 수 있을 것이다. 단순히 관찰할 수 없는 것이고 쉽게 측정할 수 없다고 해서, 존재하지 않는다고 무시할 수는 없을 것이다. 우리는 이 문제에 대해서는 결코 경험적으로 분명한 해결책이 없음을 인정할 수밖에 없으며, 또는 이 문제를 해결하기 위해 할 수 있는 최선을 다하겠다고 하면서 그럭저럭 넘어갈 수밖에 없다. 심슨은 전자의 입장에 근접하다고 할 수 있으며, 고생물학자들은 무려 35년 전 한 고고학자가 제안하였던 해결책을 아직 채택하지 못하고 있다. 이 해결책에 대해서는 앞으로 자세히 살펴볼 것이다.

---

19) 옮긴이 주—곧, 한 형질이 시간이 지나 다른 형질로 변형(*transformation*)되었다고 보는 관점으로, 이와 대조적 시각은 상이한 변이들이 시간의 흐름에 따라 (빈도상) 차별적 지속(*differential persistence*)으로 변화한다고 보는 것이다. 후자가 다위니즘에서 변화를 보는 관점이라고 할 때 전자는 라마르키즘적 시각이라고 할 것이다.

제 3 장

고고학에서 유물론적 역설

> 언어적 한계 때문에 우리는 토기 형식들을 마치 독립적 존재물인 것처럼 생각하고 이야기한다. 우리는 "이 토기편은 베이타운 무문토기(*Baytown Plain*)이다"는 식으로 말한다. 이런 언급을 계속 되풀이하면, '베이타운 무문토기'라는 개념은 아주 강하게 굳어지게 된다. 이제 바로 '베이타운'이라는 말이 진정으로 무엇을 의미하는지를 검토해야할 때가 왔다. 우리가 기억하여야 할 것은 그런 언급은 사실 "이 토기편은 '일단' 베이타운 무문토기라고 부르기로 한 토기 형식과 충분히 비슷하다"는 말을 의미한다는 점이다. 이렇게 자주 되풀이 말하고 합당하지 않은 것들을 배제시킨다면 분류라는 행위를 통해 아주 유익한 결과를 얻을 것이다. (Phillips et al. 1951: 66)

우리는 다음과 같은 두 명의 20세기 저명한 미국 고고학자들의 언급을 보면서 고고학이란 학문이 왜 시작부터 '유물론'(물론 이런 용어가 직접 사용되지는 않았지만)적인 과학을 추구하지 않았나 하는 의문을 품게 된다. 1950년대 초 고든 윌리(Gordon R. Willey)는 고고학의 기본 목적에 대해서 다음과 같이 말하였음을 주목해보자: "고고학의 목표는… 형태, 공간, 시간이라는 세 가지 기본 요인을 연구함으로써 달성될 수 있다"(Willey 1953: 361). 몇 년 뒤 알버트 스폴딩(Albert C. Spaulding)은 조금 다른 방식으로 이런 명제를 반복한다: "고고학이란 학문은 유물에서 보이는 형태, 시간적 위치, 공간적 위치의 상호관련성을 연구하는 것이라 정의할 수 있다. 다시 말하여 고고학자들은 각양각색의 관심사를 불문하고 늘 그런 상호관련성에 관심을 가지는데, 이것이야말로 고고학만의 전문적 작업이다." 윌리와 스폴딩이 말하였던 학문의 목적은 생물사학자들의 연구목적, 곧 '시간과 공간상에 나타나는 유물 형태의 변화 연구'와 동일하다. 다만 뼈, 이빨, 조개를 대신하여 고고학자는 유물을 연구할 뿐인데, 그 목적만은 똑같은 것이다. 제2장에서 살펴본 것처럼, 생물학에서도 종이 무엇인지, 왜 그리고 언제 종분화가 일어나는지와 같은 문제에 대해서 근본적인 의견불일치가 있었으나, '진화적 종합'(*Modern Synthesis*) 이후 생물사학자들과 현세생물학자들은 적어도 유물론적이 입장이라는 같은 인식론적 시각을 취한다. 반대로 고고학자들은 때로 '유물론적 욕구'가 있기는 하지만, 분명히 그 바탕을 '본질론적 입장'에 두고 목적을 추구한다.

1940년대 과학계에서 본질론과 유물론라는 용어는 그리 보편적으로 쓰이지는 않았는데, 만약 그런 용어가 널리 쓰였다면, 아마도 조지 심슨(George Gaylord Simpson)은 유물론적 입장을 옹호했을 것이다. 만약 본질론과 유물론이라는 두 입장의 차이가 이미 정리가 잘 된 상태였다면, 미국 고고학자들이 스스로 어느 쪽에 섰을지도 궁금하다. 우리 생각으로는 많은 고고학자들은 심슨과 똑같은 이유에서, 다시 말해 시간과 공간상의 형태 변화에 관심이 있다는 이유에서, 스스로 유물론자라고 생각하였을 것이다. 생물사학자들은 시간의 흐름에 따른 기능적 변화, 곧 어떤 기능을 수행한 표현형질상의 변화에 관심이 있었다. 고고학자들 역시 기능적 변화에 관심이 있었으나, 그 관심은 형태에 대한 관심과 혼합되어 있었다. 생물사학자들은 형태와 기능을 혼합한 것이 함정임을 일찍부터 알았으며, 대부분 그 함정을 피하였다. 또한 생물사학자들은 '상사'와 '상동'의 차이를 잘 알고 있었으며(e. g., Boyden 1943, 1947; Scharrer 1946), 각각을 가려내는 절차를 고안하기도 하였다. 그러나 고고학자들 가운데는 이런 연구를 할 준비가 되어 있는 사람은 거의 없었다. 비록 그 가운데 몇몇은 문제를 인식하고는 있었지만 말이다(e. g., Kroeber 1931a).

되돌아보면 진화적 종합 이후 1940년대 생물사학자들은 고고학자들보다 훨씬 더 수월하게 연구하였으리라 주장할 수도 있을 것이다. 우선 생물사학자들은 아주 점진적으로 일어나는 종류의 진화를 다루었는데, 비록 변화가 있기는 하였지만 점진적 흐름이라 여겼다(또는 애초부터 점진적이라고 생각되기도 하였다). 분명 진화적 속도(템포)는 가속될 수도 있으나, 전반적 속도는 고고학자들이 다루는 것과는 비교도 안 되게 느렸다. 한편 과거를 돌이켜 볼 때 고고학자들은 전체 문화들이 진화한다고 생각하였는데, 그 진화가 매우 급격하게 일어난다고 보았다(e. g., Gladwin 1936). 고고 자료만큼은 급격한 진화가 일어났었다고 생각했던 것이다. 이것은 게임의 규칙을 크게 바꾸어 놓고 말았다. 예를 들어, 생물사학자들은 상동 대 상사적 특질들에 관해서 아주 주의 깊고도 조심스럽게 접근하였는데, 이는 생물학에서는 잘 통했을지 모르겠지만, 진화적 속도가 훨씬 가속되어 나타나는 고고학에서는 그런 접근법이 어떻게 적용될 수 있었을 것인가? 공통 조상에서 전승되어 나타나는 상동적 특질과 수렴의 결과인 상사적 특질들이 자료에 섞여 있었겠지만, 어떻게 그 둘을 구분하였겠는가? 또한 생물진화의 산물과는 아주 다른, 문화진화만의 독특한 상사 및 상동적 특질들이 있는 것은 아닌가? 이와 함께 화석 자료에 비하여 고고 자료에서 보이는 변화의 속도에는 큰 차이가 있음을 생각할 때 고고학자들이 문화진화를 이야기하면서 비유적 표현 이상의 별다른 일을 하지 못하였음은 그리 놀랄 일이 아니다. 왜 문화적 현상들에 별로 적용될 것 같지 않은 인식론적 이슈를 연구하고 복잡한 분석 절차들을 공부할 필요를 느꼈겠는가? 이것은, 물론 이해할 수는 있는 일이기는 하지만, 고고학자들의 큰 잘못이었다.

고고학자들은 1930년대와 1940년대 생물학에서 벌어졌던 많은 일들에 무관심하였다. 때문에 다윈 진화이론이 아니라 19세기 후반 이후 인류학의 주변에 머물러 있던 다른 종류의 진화론, 곧 '문화진화론'에 의지하게 되었다. 이것은 미국 고고학자들이 인류학과에서 훈련 받은 것을 생각할 때 자연스럽지 못한 결과는 아니다. 고고학자들은 인류학과에 소속되어 있었기 때문에 허버트 스펜서, 루이스 헨리 모건, 에드워드 타일러의 저술들을 읽었을 것(긍정적으로 읽었든지, 아니면 비판적이었든지)이지만, 결국 고고학은 유물론적 역설로 곤두박질치고 말았다. 20세기 미국 고고학의 독특한 발달 선상의 뒤에는 '진화'에 대해 인식론적이고 방법론적인 혼동이 끊임없이 있었던 것이다. 그러나 반드시 이것 때문에 미국 고고학의 학사가 규정되었다고 할 수는 없다. 왜냐하면 다양한 길이 언제라도 열려 있었을 것이기 때문이다. 다만 그런 혼동 때문에 학문이 나아갈 가능한 길의 숫자가 줄어들었던 것은 사실임을 지적하고자 한 것이다.

결국 선택된 것은 막다른 길로 향하는 것이었으며, 고고학자들은 끝내 잘못된 길에 들어서고 말았다. 제4장에서 논의한 바와 같이 1962년 과정주의(*processualism*)라는 새로운 대안은 고고학자들이 막다른 길을 피할 대안을 제시해주는 듯이 보였다. 고고학자들 가운데는 과정주의적 매력에 이끌려서 다시 수십 년을 보낸 뒤에서야 자신들이 또 다른 막다른 길에 봉착하였다고 느끼게 되었던 사람들도 있었다. 그 막다른 길은 이전 문화사고고학자들이 빠졌던 것보다 훨씬 더 좁은 것이었다. 예전 초기와 마찬가지로 과정주의라는 새로운 길을 이끌었던 것은 역시 '진화론'이었는데, 비록 다위니즘과는 완전히 다른 종류의 것, 곧 신진화론이었지만 말이다(Lewontin 1974b).

여기에서 우리의 목적은 미국 고고학에서 진화론의 역할을 자세하게 요약하는 것이 아니다(자세한 논의는 Lyman et al. 1997b; Lyman and O'Brien 1997 참조). 다만 20세기 고고학의 학사와 전개에 관해 몇몇 양상들에 초점을 맞출 것인데, 마치 고고학자는 늘 과거를 되짚는 일을 하듯이 말이다. 이번 장의 전반부에서는 어떻게 고고학자들이 시간의 흐름이라는 이슈에 접근하였는지에 특히 주목하여 살펴볼 것이다. 시간의 흐름을 분할하는 데 고고학이 겪었던 시행착오들을 타산지석으로 삼음으로써, 고고학이 본질론적 모양새를 유지하면서 유물론적 과학이 되고자 할 때 마주쳤던 문제들을 논의할 것이다. 생물학자들도 종개념에 대해서 인식론적 문제를 가지고 있을 수 있을 것이다.

하지만, 생물학과는 달리 미국 고고학은 과학적인 형태변이 연구를 추구하고 시간의 흐름에 따른 다양한 변형들의 성쇠를 연구하면서 더 큰 곤경에 빠졌다. 이런 곤경은 미국 고고학에서 문화사고고학 패러다임의 시기 동안에 날카롭게 대립하였던 논점이기도 하였다.

우리의 주된 관심은 시간에 있기 때문에, 고고학자들이 다양한 시점에서 물질 자료로부터 무엇인가를 얻어내려 애썼던 몇몇 중요한 접근들을 우회할 수밖에 없다. 20세기 초 문화 변화에 대한 문제를 논하면서 많은 접근들이 시도되었으며, 1920년대 말이 되면 몇 개의 방법들이 하나의 조합으로 합쳐지기 시작한다. 그리하여, 후일 공식화되었듯이 보통 '문화(역)사고고학'(*culture history*)이라 불리는, 미국 고고학에서 첫 번째 공식적 패러다임을 구성하게 되는 것이다(Strong 1952; Trigger 1989; Willey and Sabloff 1993). 문화사고고학 패러다임은 1960년대 초 (과정고고학에 밀려) 유행에서 멀어졌지만, 주된 원칙들은 새로운 시각에도 존속되어 여전히 고고학의 근본을 차지하고 있다.

문화사고고고학자들은 어떤 경우에는 다위니즘의 측면에서 진화고고학을 개발하는 데 아주 근접한 적도 있었다. 이 말은 바로 유물론적 형이상학에 근접하였음을 뜻한다. 20세기 초 인류학과 고고학에서는 문화가 어떻게 그리고 왜 변화하는지에 대한 설명으로서 생물진화를 언급하기도 하였으며, 적어도 진화적 비유를 하는 것은 상당히 보편적이었다(e. g., Kidder 1915; Kroeber 1931a). 더구나 미국 고고학에서 문화사고고학 패러다임을 창안하였던 학자들(이들 중 몇몇은 본래 생물학을 공부하였던 사람들이었다) 가운데는 생물진화에 관한 많은 개념들을 고고학 연구에 끌어들이려 했다(e. g., Colton 1939; Gladwin and Gladwin 1934). 마지막으로, 제 1장에서 주목하였듯이, 알프레드 키더(Alfred V. Kidder 1932: 8)라는 학자는 문화사고고학의 "궁극적 목적은 문화진화의 문제들을 푸는 것"이라고 분명하게 말하기도 하였다.

20세기 미국 고고학은 진화에 관해 일시적으로 일치된 생각을 중심으로 성장하였지만, 끝내는 경험적 일반화(*empirical generalization*)에 머물고 말았다. 바로 '이론'이 결여된 상태에서 과거 문화의 진화를 설명하는 고고학의 역할을 제대로 해낼 수는 없었던 것이다. 고고학자들은 본질론적 입장을 취함으로써, 고고 자료에 대해서 상식적 수준의 해석들만을 생산하였다. 그 해석들은 과학적 용어들로 쓰이지 않고 단순한 일상용어들로 표현되었는데, 때문에 경우에 따라서는 모두가 동의하는 의미를 지니기도 하였지만 그렇지 않은 경우도 있었다. 1930년대와 1940년대 생물학에서와 같이 (그리고 심슨의 노력으로 고생물학에서도) 독자적 방식으로, 변화에 대해서 고고학적 이론을 개발하려는 시도는 없었다. 물론 선구적 문화사고고학 문헌들은 진화적 접근의 장점들을 옹호하기도 하였다. 하지만 고고학자들은 다위니즘의 측면에서 진화론을 사용하지 못하였으며, 대신 (다위니즘과는 거의 관련이 없는) 문화진화론에 기대어 시간의 흐름에 따른 변화를 이해하고자 하였다.

1940년대가 되면 문화사고고학은 절정에 다다랐지만, 문제의 소지는 점점 커지고 있었다. 문화사고고학자들은 패턴에 입각하여 정지된 문화를 복원하여 만들어냈기 때문에(e.g., Willey and Woodbury 1942) 고고학자와 인류학자들로부터 많은 공격을 받았다. 문화사고고학을 비판했던 사람들이 생각한 고고학의 궁극적 목적은 시간의 흐름을 연구하는 것이 아니라, 로버트 브레이드우드(Robert Braidwood 1959: 79)의 말대로, "유물 속에 숨어 있는 인디언"을 연구하는 것이었다. '인디언의 삶'이야말로 늘 문화사고고학의 추구하였던 주제였으나, 일단 분석적으로 편년을 확립할 때까지 유보하였다고 할 수 있다(O'Brien and Lyman 1999a). 특정 지역에서 시간의 흐름을 충분히 가늠할 수 있을 때에서야 편년적 연쇄들을 해석하는 노력이 뒤따르게 된다. 그러한 노력들은 사실 처음부터 실패로 끝날 운명이었다. 왜냐하면 부적절한 유물 단위들을 사용하였고, 고고 자료가 왜 현재와 같은 모습을 띠게 되었는지 하는 문제보다는 일련의 문화 연쇄들을 해석하려는 데 애썼기 때문이다. 해석과 설명은 모두 지식을 만들어내는 시스템이기는 하지만, 사실 해석이 과학에서 차지하는 역할은 거의 없다. 비록 경우에 따라 해석과 설명은 흔히 서로 혼합되기도 하지만 말이다(e.g., Watson 1986; Wylie 1995; O'Brien 1996a도 참조).

문화사고고학자들은 문화 단위를 엄밀한 방식으로 구성하지 못했으며, 비다위니즘의 시각으로 문화진화를 보았기 때문에 많은 비판을 받을 빌미를 스스로 만들게 되었다. 1960년대 과정고고학은 고고 자료에서 나타나는 상동적 유사를 설명하는 일에서 멀어지고 현재 및 과거의 문화들 사이의 상사적 유사를 설명하는 데 초점을 맞추게 되었다(Binford 1962, 1965). 바로 '문화의 역사에 초점을 맞춘 설명'을 추구하는 데서 '보편 법칙을 찾아 설명의 원천'으로 삼는 데로 관심이 달라졌던 것이다. 여전히 논의의 초점은 고고 자료보다는 문화 단위들에 맞추었다. 결과적으로 문화사고고학자들이 상식적이고 민족지적인 상상에 바탕을 두고 만들어내어 대개 경험적이며 시행착오적인 절차들을 합리화하는 데 사용하였던 단위와 과정들이 문화사고고학을 뒤이었던 패러다임(과정고고학)에서는 주도적 역할을 하게 되었다. 문화사고고학자들이 수십 년 동안 간략하게 반복하였던 진화에 대한 생각들은 이제 전체적으로 통용되게 되었다. 그러나 과정주의의 기본적 원칙들은 문화사고고학을 떠받쳤던 원칙들이 쇠락한 것과 똑같은 이유에서 약해지고 말았다. 과정주의의 원칙들이라는 것은 변이 자체를 설명하는 것이 아니라 외부적 측면에서 변이를 설명하는 이론에 입각한 것이었다. 하지만 문화사고고학과는 달리 과정주의자들은 과거를 다루면서 시간의 흐름을 간과하였다. 이 문제에 대해서는 너무 앞질러 가는 것 같아 이쯤에서 그만두겠다. 일단 이렇게 나중에 일어난 일들을 사건들을 머릿속에 담아 두면서, 문제의 뿌리가 어디에 있었는지를 다시 검토해 보자.

1. 문화사고고학의 전야

우리는 문화사고고학의 탄생을 1910년대 중반의 일이라고 보는데, 상호 연관된 일련의 사건들을 바탕으로 임의적으로 설정한 것일 뿐 이 시점에 어떤 하나의 결과물이 한꺼번에 출현했다는 것은 아니다. 너무 하나하나 사건들에 매달리다보면 미국 서남부에서 1915년을 즈음하여 일어난 사건들이 상당히 오랜 태동 기간(적어도 30년, 그리고 아마도 40년 정도의)을 거친 결과라는 사실을 간과하게 된다. 왜 문화사고고학이 그 때에 출현하였고 그러한 모습을 띠게 되었는지를 이해하기 위해서는 문화사패러다임이 나타나게 된 지성적 배경에 대해 먼저 이해할 필요가 있다.

1) 인류의 북아메리카대륙 점유 시기

19세기 말 선사학자들에게는 몇 가지 논쟁 이슈들이 있었는데, 이 가운데 북아메리카에 언제부터 사람이 살게 되었는지에 대해서만큼 논란이 치열했던 것은 없었다. 20세기가 시작되면서 윌리엄 헨리 홈스(William Henry Holmes)가 이끄는 미국민족학국(Bureau of American Ethnology)에 소속된 선사학자들을 비롯한 연구자들은 최후빙기 동안 미주 대륙에 사람이 살았었다는 시각을 비판하였다(Meltzer 1983, 1985, 1991). 특히 홈스는 미국 동북부에서 나온 몇몇 석기 유물들은 아주 거칠게 보일지라도 유럽의 구석기시대[1] 유물들과 시간적으로 동등한 위치에 있을 것이라고 생각할 만한 어떠한 근거도 없음을 논증하

1) 존 러복(John Lubbock, 에이브베리 경)은 1865년 구석기시대와 신석기시대를 구분하였다. 구석기시대에는 뗀석기들과 함께 절멸된 동물들이 공반하였으며, 이에 반해 신석기시대에는 더욱 잘 만들어진 (갈린, 또는 마연된) 석기들이 현생 동물종들의 뼈들과 같이 나왔다(Daniel 1981; Van Riper 1993). 유럽에서 이 같은 시간적 차이는 동물뼈와 석기 형태의 차이뿐만 아니라 층위적 차이에도 바탕을 둔 것이었다(Daniel 1975; Van Riper 1993).

기도 하였다(Holmes 1892, 1897). 홈스가 빙하기로 올라가는 도구들이 없다고 주장한 것은 북아메리카에서 사람의 뼈와 멸종된 동물의 뼈가 확실히 공반된 예가 없다는 사실과 함께 미주 대륙에서 사람이 살기 시작한 시기를 그리 높이 올리지 못하게 되는 결과를 초래하였다. 홈스를 비롯한 연구자들의 생각은 결국 잘못된 것임이 드러났지만, 그로부터 20~30년이 지난 뒤에서야 그런 잘못을 확증할 만한 증거가 나오게 되었다(Figgins 1927).

인류 점유가 빙하시대까지 올라간다고 주장했던 사람들이 효과적 자료를 제시하지 못한 결과, 19세기에서 20세기로 들어서는 길목에 있던 대부분의 선사학자들은, 북아메리카 고고 자료는 시간적으로 얕은 깊이를 가지고 있다고 가정하고 연구하게 되었다. 그러나 선사학자들은 시간 폭이 얼마나 짧은지에 대해서는 수십 년 동안이나 별달리 신경 쓰지 않았다. 미국민족학국의 사이러스 토마스(Cyrus Thomas)는 미국 동부의 마운드들에 대해서 광범위하게 지표조사를 실시하여 흙을 쌓아 만든 마운드 구조물들은 민족지적으로 기록된 미주 원주민들의 조상들이 만든 것이지 마운드빌더라는 이미 사라진 족속들이 만든 것이 아님을 보여주었다.[2] 이렇듯 현 원주민과 마운드를 축조하였던 사람들 사이에 관련을 짓게 되면서 미국 고고학이 다루는 시간 폭이 짧다는 생각은 더욱 굳어졌다. 또한 이른바 '민족지적 현재'를 과거에 대한 유추의 바탕으로 삼았는데, 이 방법은 후일 직접역사적 접근(*direct historical approach*)이라 불리게 되었다. 이것은 전적으로 본질론적 접근법이며(Steward 1942), 미국민족학국이 수행하였던 고고학적 조사 연구의 토대가 되었다(O'Brien and Lyman 1997). 선사학자들은 북아메리카에서도 문화변화가 일어났었음을 인지하기는 하였으나, 구석기

2) 옮긴이 주 — 당시 미국의 대중들과 상당수의 연구자들은 원주민의 문화능력을 과소평가하여 원주민의 선조들이 마운드와 같은 구조물을 만들 수 없었을 것이라고 생각하였다. 때문에 마운드빌더라는 상상 속의 부족을 설정하여 그 같은 유적을 축조하였다고 보았던 것이다.

시대가 없었다는 점, 따라서 유럽에서 보이는 것과 동일한 문화적 시간대가 결여되어 있음을 인정하였다. 문화변화에 대한 연구가 고고학이란 학문의 실용적 주제라고 할 때, 바로 이 사실은 유럽과는 달리 미국만의 독특한 고고학적 방법과 설명 모델들을 개발하여야 함을 의미하는 것이었다. 20세기 초 프란츠 보아스(Franz Boas 1902: 1)가 지적하였듯이 "미국 고고학 연구에서는 구대륙의 고고학에서 사용되는 것과는 어느 정도 다른 방법들을 적용하지 않을 수 없었던" 것이다.

2) 유물의 범주화

당시의 선사학자들은 미주 대륙에서 인류 점유의 시기가 길지 않다고 믿었으면서도 토기나 뗀석기들과 같은 유물들에서 분명히 나타나는 변이들이 원주민 부족의 차이가 아닌 다른 요인의 결과임을 깨닫지 못했는지 하는 의문을 제기하는 사람도 있을 수 있겠다. 대부분의 연구자들과는 달리 고고 자료에 시간의 깊이를 더 크게 설정하는 선사학자들도 있었다. 물론 여전히 유물에서 보이는 변이의 대부분은 원주민 부족의 차이의 산물이라고 강조하였지만 말이다. 20세기 초가 되면 연방 정부의 지원 아래 서남부와 같은 미국 각지에서 오랫동안 연구가 축적되면서 고고 자료의 다양성은 엄청나게 증가하였다. 더욱 많은 유물들과 다양한 양상의 유물들이 알려지면서 특정한 종류의 유물의 기원지를 추적하는 일과 각 수집품들에서의 특정 형태들에 대해 개별 연구자들이 의사소통하는 일은 더욱 힘들어지게 되었다. 더넬(Dunnell 1986)의 지적과도 같이 19세기 후반 고고학적 범주화가 발달한 것은 바로 고고학만의 독특한 탐구 영역이 등장하였음을 가리켜준다. 이론적으로 범주화라는 것은 두 가지 기능이 있는데, 첫째는 관찰되는 현상들을 설명될 수 있도록 구조화시키는 것이며, 둘째는 의사소통을 가능하게 해주는 일련의 용어적 관습들을 제공하는 것이다. 미국 고고학에서 범주화는 주로 전자보다는 후자의 역할을 하였다.

초기의 분류들은 유물들에서 쉽게 지각할 수 있는 차이와 유사점들을 바탕으로 만들어졌다. 유물의 형태는 직접적으로 관찰되기 때문에 가장 주목을 받는 기준이었다. 비록 많은 사례에서 형태와 기능적 속성들이 뒤섞여 있었지만 말이다. 비슷한 표본들을 가지고 있으면서도 차이가 있는 유물군들은 흔히 민족학적 차이가 있다는 식으로 설명되곤 하였다. 유물군간의 차이가 아니라 각 유물군 내의 형태의 변이는 설명적 가치가 없다고 생각되었으며, 제작 기술 수준의 차이, 또는 원자재의 질에서 차이가 난 결과로서 단순히 노이즈 정도로 취급되었다. 미국 국립박물관의 인류학자였던 찰스 라우(Charles Rau)가 오래 전 지적하였듯이 "편년적 발달과 측면에서 화살촉을 분류하는 일은 아직 시도되지 않았으며 필요하다고 생각되지도 않았다". "동일한 부족(가령 유타 남부의 파유트족 같은)의 북아메리카 인디언들은 상이한 형태로 돌화살촉을 만들며, 화살촉의 생김새는 개별적 취향과 편의에 해당하는 문제"라고 생각되었다(Rau 1876: 159). 선사학자들 가운데는 특정 형태의 유물이 아주 멀리 떨어져 있는 곳에서도 발견되기 때문에 이런 민족지적 분류를 비판하는 연구자도 있었다. 범주화에 대한 근거가 충분하였다면, 특정한 형태들이 넓은 지역 범위에서 나타나는 것을 상이한 시각으로도 바라볼 수 있었을 텐데, 그런 근거는 전혀 없었으며, 선사학자들은 분류의 토대로 사용할 속성들을 상식에 의존하여 찾았던 것이다.

19세기 말 토기 분류 체계는 석기 분류에 뒤처지게 되었다. 이는 대부분의 분류가 생김새를 사용하였는데, 석기와 달리 토기 표본들은 흔히 완형의 그릇이아니라 조각들을 대상으로 다루어야 하였기 때문이다. 그럼에도 윌리엄 헨리 홈스는 예외라 할 수 있는데, 그는 토기 형태에서 나타나는 변이를 어떻게 설명할 것인지를 진지하게 고찰하였다. 홈스는 "특히 루이스 헨리 모건의 문화진화론 같은 인류학적 진화론에 심취하여 당대의 다른 많은 연구자들과 마찬가지로 야만, 미개, 문명이라는 모건의 인류 문화의 단계들을 마치 사실인양 사용하였다"(Meltzer and Dunnell 1992: xxviii). 모건이 제시한 문화진화의 틀을 받아들이면서도, 홈스는 시간의 흐름에는 별다른 관심이 없었다. 그리하여 얼마 지나지 않아 자신의 고고 자료에 대한 지식을 바탕으로 선사시대에 진화적 발전을 기록할 수 있다는 데 회의를 가지게 되었다. 홈스는 "흔히 〔유물의 형태에서는〕 발전적 측면에서 분명한 변화를 발견하기 어렵다"고 하였다. "결과적으로 차이들을 설명하는 데 (모건의 문화진화가 아닌) 다른 대안적(가령 인종적이거나 환경, 또는 전파주의적인) 설명들을 찾게 되었다"(Meltzer and Dunnell 1992: xxxvii).

3) 연대-지역 가설

1920년대가 되면 선사학자들 가운데는 그동안 유물 형태의 공간적 분포라고 생각되었던 것은 아마도 시간(그렇게 깊은 시간대는 아닐지라도)과도 연관되어 있을 수 있다고 생각하는 사람들이 나타났다. 민족학자들은 오랜 전부터 문화 특질들로부터 짧은 시간대에 일어나는 변화를 판단하는 방법을 고안해냈는데, 그 결과 가운데 하나가 바로 연대-지역 개념이다. 연대-지역 개념은 다음 세 가지 서로 관련된 가정들을 하는데, ① 문화 특질들은 기원한 곳에서 시작하여 마치 물웅덩이에 떨어지는 빗방울과 같이 "파동"(Murdock 1948: 294)을 그리며 여러 방향으로 퍼져갈 것이며, ② 모든 문화특질들은, 다시 파동처럼 동일한 비율로 확산될 것이고, ③ 특정한 문화 특질이 발견되는 지리적 영역 가운데는 넓은 것이 더 오래된 특질이라는 것이다. 따라서 고고학적 유존물들을 바탕으로 그리는 문화 특질들의 지리적 분포도는 특질들의 역사를 가리키게 되는 것이다. 연대-지역 개념은 인류학과 고고학에서 부분적으로 지지를 받았는데(e.g., Kroeber 1931b), 생물학에서 쓰이는 동일한 개념(e.g., Willis 1922)을 인용하였다. 비록 생물학에서조차 결코 완전하게 받아들여진 것은 아니었지만 말이다(Gleason 1923).

4) 문화영역 개념

특정 유물 형태는 북아메리카 안에서도 널리 분포하면서 출토될 수도 있을 것이다. 20세기 초 고고학자들은 많은 형태의 유물들이 국지적으로 분포할 수 있음을 인지하게 되었다. 유물들이 지리적 본포에서 서로 차이가 있음은 아주 분명했는데, 그 차이의 의미는 무엇인가? 당시 고고학자들의 대답이란 변이는 종족의 차이일 수밖에 없으며, 더욱이 변이는 직접적으로 환경적 차이와 연결되어 있을 수도 있다는 것이었다. 문화영역(*culture area*)이란 유물 내용을 토대로 만들어진 지리학적 단위이며 사실상 종족적 소속을 반영해주는 것으로 생각되었다(e. g., Wissler 1914, 1916a, 1917, 1923, 1924). 이 개념은 오티스 메이슨(Otis T. Mason 1896, 1905)의 문화 분류에 대한 연구, 토마스(Thomas 1894)의 마운드 형식의 지역군에 대한 연구, 홈스(Holmes 1886a, 1886b, 1886c, 1903)의 토기 분류에 대한 독창적 논문들에 뿌리를 두고 있다.

줄리안 스튜어드(Julian Steward 1929)를 비롯한 연구자들의 연대-지역 개념에 대한 비판은 가혹하였다. 비판가들은 연대-지역 개념이 독자적 발명이나 수렴이라 생각되는 것들을 인지하지 못하고 있음을 지적하였다. 수렴의 중요성에 대해서는 논란이 있었지만 수렴이라는 과정이 일어난다는 데는 모두 동의하였다. 오히려 연대-지역 개념은 상이한 문화들에서 나타나는 유사성을 상동적 구조, 곧 교역, 전파 등과 같은 것의 결과로 파악하였다. 그러나 이런 비판에도 불구하고 클라크 위슬러(Clark Wissler 1919)를 비롯한 연구자들은 문화영역이란 개념을 개발하였다. 그 근거는 바로 문화진화와 생물진화 사이의 느슨한 유사성 때문임은 두말할 나위가 없다. 후일 크로버(A. L. Kroeber 1931a)는 문화 특질들은 생물체의 종과 유사하며, 특질들의 조합으로 구성되는 문화는 동물 종과 식물 종들로 구성되는 동물상이나 식물상과 유사하다고 주장하였다. 크로버는 비록 하나의 "문화 복합체는 '다계통'적이고 속(*genus*)은 정의에 따르면 거의 '단계통'적이라 하겠지만, 둘 사이에 유사함이 있다는 점은 적어도 문화적 요소들(특질들)은 '종'과 마찬가지로 역사인류학자들과 생물학자들이 연구하는 가장 작은 단위들이라는 사실을 말해준다"고 하였다(Kroeber 1931a: 149). 보아스는 한 해 뒤 크로버의 언급에 동의를 표하였다(Boas 1932: 609). 그러므로 문화특질들의 분포에 대한 자료를 통해서 "집단의 기원과 역사에 대해 추론할 수 있는데", 이는 "식물과 동물 분류군에 대한 자료와 마찬가지이며, 연대-지역 원칙은 생물학과 문화인류학에서 동일"하기 때문이다(Kroeber 1931a: 150). 종은 생물학자들이 다루는 가장 작은 단위를 나타낸다는 크로버의 생각은 지금에서 생각하면 분명히 잘못된 것이다. 크로버가 그런 평가를 내릴 당시에도 이미 잘 알려져 있던 생물학적 현상이었던 유전자나 세포내의 작은 소기관들은 무엇이란 말인가? 유전자나 소기관들은 종보다는 작은 단위들이다. 종을 구성할 뿐만 아니라 선택이 작용하는 단위인 개별 생물체들은 또 무엇인가?

문화사를 서술하는 일에 대해서 크로버는 독자적 발명—상사적 유사—이라는 아주 까다로운 요인들을 인지하였으며, 인류학자들은 충분히 검증하지 않고 너무도 자주 전파에 의존한 설명을 하고 있다고 지적하였다.

> 생물과학에서는 오랫동안 상동적 유사성과 상사적 유사성이 역사적 관련을 판단함에 있어 근본적으로 차이가 있음을 인지하였는데, 진정한 계통분류학적, 즉 유전적 관련을 찾는 것이야말로 과학의 원칙이 되어 왔다. 인류학에서는 이 둘의 차이를 분명하게 한 적이 거의 없었으며, 동등한 것으로 다루었다. (Kroeber 1931a: 151)

불행히도 이론이 결여되어 있었기 때문에, 크로버는 이 같은 통찰을 하고도 인류학이나 고고학에 적절한 분석 절차를 개발하지 못하고 말았다. 크로버가 했던 작업에 대해서는 제6장에서 기술하겠다.

5) 지층누중과 층위

궁극적으로 문화영역 개념과 연대-지역 가설을 발달하게 만든 논리는 그럴듯하고 합당한 것이었지만, 그 논거가 너무 사변적이라 생각하는 고고학자들도 있었다. 그리하여 1910년대가 되면 고고학자들 가운데는 문화영역 같은 개념에 의존하지 않으면서 직접적으로 유물의 연대를 파악할 수 있는 방법을 찾는 연구자들이 생겼다. 이러한 비판적 시각을 가진 고고학자들은 지질학자나 고생물학자들의 연구에서 힌트를 얻어 지층누중과 층위적 관찰이 유물 연대를 파악하는 데 수단이 될 수 있음을 깨닫게 되었다.

연구자들이 어떻게 그러한 결론에 도달하였는지, 그리고 그런 생각이 문화사고고학의 성장에 끼친 파장이 어떠했는지 하는 문제는 유물론적 역설의 성격을 이해하는 데 아주 중요하다. 이런 이유 때문에 우리는 층서법 그 자체뿐만 아니라 층서법을 사용할 때의 가정들까지도 검토해야할 필요성을 느낀다. 20세기에 미국 고고학이 본질론에 머물게 된 것은 고고학자들이 지층누중과 층위발굴에 대한 이슈에 접근하는 방식에서 직접적으로 기인한 것이다. 수년 동안 고고학은 유물론적 학문이 되는 듯도 하였지만, 그런 노력은 실패로 끝났고 본질론적 경향이 다시 주된 자리를 차지하게 되었다(Lyman et al. 1997b). 1916년에는 단순히 의심되는 편년 순서들을 확실하게 하는 방식에서 탈피하여 빠르게 그런 편년 순서들을 만들어내는 전략으로 전환하게 된다(Lyman and O'Brien 1999a, n. d. b). 이 시점에 미국 고고학은 확실히 본질론적 경향으로 회귀하고 말았다. 이렇듯 학문의 운명을 결정할 정도로 중요한 1920년대의 학사를 논의하기 위해서, 약간 더 거슬러 올라가 19세기 말 지층누중과 층위학에 관한 이야기부터 시작해 보자.

북아메리카에서 층위발굴 — 퇴적층을 수직적 단위들에 입각하여 발굴 및 유물을 수집하는 것 — 이라 부를 수 있는 가장 첫 발굴은 선사학자들이 실시한 것이 아니라 자연과학자들이 한 것이었다(Lyman and

O'Brien 1999a). 예를 들면 물리학자였던 제프리스 와이맨(Jeffreis Wyman 1868, 1875)은 뉴잉글랜드와 플로리다에서 조개더미(패총)를 조사하였으며, 패류학자였던 윌리엄 돌(William Healey Dall 1877) 역시 알류산열도에서 조개더미를 발굴한 바 있다. 시간이 흘러 1901년에서 1902년까지 선사학자 찰스 피바디(Charles Peabody)는 미시시피주 코아호마카운티에서 에드워즈마운드(Edwards Mound)를 발굴하였으며, 층위적 관찰을 바탕으로 두 개의 마운드 축조 및 사용 시기를 구분하기도 하였다. 1년 뒤 피바디와 워런 무어헤드(Peabody and Warren K. Moorehead 1904)는 미주리주 맥도날드카운티의 제이콥스 캐번(Jacobs Cavern)을 발굴하면서 정사각형 단위와 수직 레벨 등을 사용하는 등 당시로서는 세련된 발굴 전략을 보여주었다(O'Brien 1996a). 또한 넬스 넬슨(Nels Nelson 1906)은 일반적으로 알려진 것보다도 10여 년 먼저 층위발굴을 하였다.

다른 선사학자들도 이 같은 층위학적 절차들을 알고 있었지만, 연구에 적용한 사람은 별로 없었다. 왜 그랬을까? 20세기에 들면서 보아스(Boas 1902: 1)는 "미국의 대부분 고고학 유적들에서 발견되는 유물들은 현재의 인디언들과 문화적으로 유사한 사람들이 남긴 것이다"고 쓴 바 있다. 이것은 미국 고고학자들이 1900년에서 1915년까지 무엇을 했는지, 그리고 왜 그렇게 했는지를 이해하는 데 중요한 언급이다. 고고학사를 다룬 연구자들에게 가장 일반적인 생각은 1915년을 전후하여 "층위학적 혁명"이 있었으며, 이때부터 갑자기 고고학자들이 시간의 흐름을 추적하는 데 관심을 갖게 되었고, 그러기 위해서 층위발굴기법을 개발(또는 적어도 채택)했다는 것이다(e.g., Browman and Givens 1996; Strong 1952; Willey 1968; Willey and Sabloff 1993). 이는 잘못된 생각이다. 자연과학자들과 선사학자들은 19세기 말 층위발굴을 하였으며, 유물이나 무덤들의 수직적 위치가 시간의 흐름과 관련이 있음을 알고 있었다. 다만 보아스와 마찬가지로 시간폭이 너무도 얇아서 별로 문제 되지 않는다고 생각하였다. 물질문화에서 나타나는 변이는 시간의 흐름과 그리 상응하지 않는 듯이 보였던 것이다.

우리가 학사를 보는 시각이 다른 것은 부분적으로 '층위발굴'이라는 용어에 대해 상이한 의견을 가지고 있기 때문이다. 가령, 브로우맨과 기븐스(Browman and Givens 1996: 81)는 "소급층위발굴"과 "실제층위발굴"을 구분하는데, 전자는 "발굴된 도랑(트렌치) 벽에 있는 〔수직적〕 단위를 고고학적 층으로 설정하는 것"을 말하며, 후자는 "지질학적 세부 단위들을 고고학적 층위로 설정함으로써 그 층위가 자료를 수습하는 단위가 되는 것"을 말한다(Browman and Givens 1996: 80). 층위를 가시화할 수 있는 가장 확실한 방법은 발굴을 통해서 노출시키는 것이지만, 한 번에 하나의 층을 벗겨내지 않았다고 해서 층위발굴이 없었다고 할 수는 없다(Lyman and O'Brien 1999a; O'Brien and Lyman 1999a). 발굴이라는 용어는 엄밀하게 층위학과는 관련이 없는 것이다. 고생물학자들은 발굴을 하지 않고서도 언제나 층위적 관찰을 한다. 고생물학자들은 노출면을 찾아서 깨끗하게 정리한 다음 노출면에 드러난 화석을 수습한다. 고고학자들도 자주 비슷한 일을 하기 때문에, '발굴'이라는 용어를 '층위'라는 용어와 결합시켜 논의하는 것은 문제의 본질을 흐리게 할 뿐이다. 그렇다면 과연 고고학자들은 이른바 "층위학적 혁명" 이전에 별개의 불연속적인 퇴적 단위들을 유물 수습의 단위로 사용하였는가? 대답은 확실히 "예"이다(Lyman and O'Brien 1999a).

그러나 이 논의에 여전히 누락되어 있는 것이 있다. 바로 층위적으로 누적되는 유물들에 대한 분석을 통해 시간의 흐름을 파악하는 문제이다. 이전의 모든 층위발굴에 대한 정의에 이 기준을 추가시킨다면, 문제는 1912년 이전 고고학자들이 발굴할 때 별개의 수직 단위에 입각하여 단순히 유물들을 수습하였는지가 아니라, 지층누중과 층위학적 해석을 통해 시간의 흐름을 추구하였는지가 된다. 프레드 스턴스(Fred Sterns 1915: 121)는 1914년에 했던 작업에서 "〔문화〕 연쇄들에 대한 증거는 반드시 층위적 증거에 근거하여야 하며, 층위를 이룬 유적들은 〔북아메리카에〕 아주 드물"고, "그러므로 그런 층위를 가진 유적은 높은 희소가치가 있기 때문에 (층위가 없을 때는 중요하게 생각지 않더라도) 특별한 관심을 기울여야 한다"고 보았다. 그 같이 층위를 이룬 유적 가운데 하나인 메인 주의 조개더미(패총) 유적은 루미스(Frederic Loomis)와 영(D. B. Young)이 1909년 발굴하였는데, "이 조개더미는 5피트 폭으로 쌓였는데, 각 단면에서 나온 모든 발견물들(이빨, 도구, 토기편 등)은 수평적 위치와 수직적 깊이에 따라서 기록되었으며, … 조개더미의 수직 단면도도 자주 그렸다"(Loomis and Young 1912: 19). 루미스와 영은 층위들 가운데는 "확실히 사람들이 밟았거나 위에서 불을 피워 조개들이 많이 부서져 있기도 하였으며, … 조개류들이 별로 부서져 있지 않은 층에서는 그런 재들이 거의 없어 급격하게 쌓인 것으로 보이며, 유물도 별로 없었다. … 재층이 있고 작게 부서진 조개조각들로 이루어진 층들은 쌓인 시간이 더 길었으며 이와 아울러 그 안에서 발견되는 물건들의 수도 더 많았다"고 기술하였다(Loomis and Young 1912: 19~20).

확실히 루미스와 영은 유물들과 동물뼈를 퇴적 단위별로 수습하였다. 이는 흔히 떠들썩하게 인용되고 있는 멕시코 계곡에서의 매뉴얼 가미오(Manuel Gamio 1913)의 조사보다 3년이 빠른 것이었는데, 마크 해링튼(Mark Harriongton 1909a, 1909b)의 연구는 루미스와 영의 조사보다도 8~9년이나 앞서 이루어진 것이기도 하다. 루미스와 영은 지층누중이 시간의 흐름을 파악할 수 있음을 알고 있었으나 편년적 컨트롤을 요하는 문제의식은 가지고 있지 않았다. 따라서 층위발굴을 통해 그런 편년적 문제들을 풀려고 하지도 않았다. 이는 루미스와 영이 가졌던 사고방식이 스턴스와 비슷하였기 때문이라 할 수 있는데, 스턴스는 "상부와 하부 재층이 시간상 큰 차이가 있을 것이라는 가정에 반하는 중요한 사실은 두 층의 화덕자리들에서 발견된 토기와 석기 및 뼈도구들이 형식상 아무런 차이가 없다는 점이다"고 보았다(Sterns 1915: 125). 이것은 보아스가 이전에 미국의 고고 자료의 시간적 깊이는 너무 얕아서 역사적으로 기록된 문화들과 선사시대 문화들 사이에는 별다른 차이가 없다고 한 언급을 되풀이한 것에 지나지 않는다(Boas 1902). 단순하게 말하면 이 같은 사고방식 때문에 아무도 일관되게 그리고 엄격하게 편년적 문제들을 제기하지 않았다고 할 수 있다. 비록 많은 고고학자들은 퇴적 단위들을 구분하면서 유물들을 수습하였지만 말이다. 이런 경향은 곧 바뀌게 되는데, 바로 캘리포니아에서 프레드리히 맥스 울(Fredrich Max Uhle)의 조사로 거슬러 올라갈 수 있다.

6) 형태 변화로 시간의 흐름을 파악하기

울은 페루에서 광범위한 야외조사를 하면서 세미한 부분까지 층위학적 원칙을 이용하였다(Uhle 1903; Row 1954: 20; Willey and Sabloff 1993: 79 역시 참조). 로우(Rowe 1954: 20)는 울이 층위별로, 그러니까 지층누중에 입각하여 유물을 수습함으로써 역사적 기록 같은 것을 근거로 스스로 개발한 토기 양식의 편년을 확증하고자 하였다고 평가하였다. 로우의 말이 사실이라면, 울은 미국에서 그런 연구를 수행한 최초의 고고학자 가운데 한 사람이 된다. 이런 식의 조사 방식은, 나중에 또 지적하겠지만, 1915년을 즈음하기까지 대중화하지 못한 방식이었다. 하지만, 고고학자들에게 가장 잘 알려진 것은 바로 '에머리빌 조개더미'라는 글에 나와 있는 샌프란시스코 만 지역의 조사인데, 여기서 울은 층위학적 방법으로 조개더미 일부를 발굴하였다. 울은 고생물학자 존 메리엄(John C. Merriam)의 도움을 받아(Woodbury 1960a), "조개더미에 있는 모든 층들을 파악할 수 있는" 발굴법을 고안하게 되었다(Uhle 1907: 8). 울은 조개더미가 몇백 년의 점유시기를 나타내고 있으며 "시간에 따른 문화적 차이는 각각의 연속적인 층들에 드러나 있기 마련이다"고 믿었다(Uhle 1907: 36). 비록 울은 층을 하나씩 발굴하기는 하였지만, 자신의 "(I에서 VII층까지) 많은 층들을 나눈 선은 몇몇 가시적인 것들을 확장하여 인위적으로 구분한 것"임을 인정하였다(Uhle 1907: 8). 그런 층들은 별개의 트렌치를 파서 하부 층위(VIII

층에서 X층까지)에 연결시키게 되는데, 트렌치에는 그런 하부 층들이 보이지 않았던 것이다. 울은 "층을 나누는 선들은 확실히 조개더미의 층위들이 점진적으로 발달하였음을 보여준다"고 지적하였다(Uhle 1907: 15). 울은 무덤의 층위적 위치를 알아내고, 각 층에서 공반되어 나온 유물군들에서 보이는 변이를 검토하며, 퇴적층의 연대를 추정할 수 있게 되었다.

울의 조사는 방법론적 정교함에서 당시로서는 상당히 진전된 것이었지만, 크로버는 이것을 간단하게 거부하고 말았다. 크로버는 (맥스 울이) 퇴적층이 쌓이는 시간 동안 문명이 진보하고 발달하였다는 울의 가정에 대해, 유물들을 검토해보면 "확인되기보다는 부인되는 경향이 있다"고 말하였다(Kroeber 1909: 15). 크로버는 비록 지표에서 가까운 층위적 맥락에서는 "잘 만들어진 물건들"이 나오고, "하부 층위들에서는 거친 석기 조각들이 압도적이"기는 하지만, 모든 층들에서 대부분 유물 형식들이 모두 발견되고 있다고 보았다. 이를 바탕으로 크로버는 "기술적 과정에 있어서는 점진적 향상과 세련화가 있기는 하지만, 단지 정도의 변화만이 보일뿐이지 구석기시대에서 신석기시대로 전이하는 것과 비교할 만큼 근본적인 것은 결코 찾을 수 없다"고 생각하였다(Kroeber 1909: 16; Rowe 1975: 158도 참조). 다시 말하여 미국 서해안 지역에서 인류의 점유는 유럽과는 비교할 수 없는 것이며, 따라서 유럽 고고학의 주춧돌이라 할 수 있는 구석기시대나 신석기시대와 같은 '본질론'적 단계들은 분명 적용될 수 없다는 것이다. 더욱이 유럽과 같이 시간적 연쇄를 그리며 변화하지는 않았기 때문에 시간의 흐름은 별로 중요한 것이 아니라고 생각되었다.

10여 년 뒤 크로버는 캘리포니아에서 문화 변화와 시간의 깊이에 대한 고고학적 증거들이 부족한 것은 "캘리포니아주 많은 곳에서 토기가 없고", 유적들에서도 "층위를 이룬 증거가 별로 없으며", 고고학자들도 유물의 "깊이나 위치, 배치에 무관심했기 때문이라고 하며 유감스러워 하였다. 크로버는 샌프란시스코 만 끝자락에 있는 엘리스랜딩(Ellis

Landing) 조개더미에서 넬스 넬슨이 수습한 유물들에서 어떠한 중요한 문화 변화도 관찰할 수 없음"을 주목하였으며 (Nelson 1910), 다음과 같이 에머리빌 조개더미에 대한 맥스 울의 조사에 대한 이전 자신의 평가를 다시 반복하였다. 얼마 안 되는 유물이지만 거의 "주목할 만한 문화 변화"는 없었으며, 변화라는 것은 새로운 형식의 도입이 아니라 질적 측면과 완성도에서의 차이뿐이고, "주된 형식들은 모든 층위에서 나타나고 있었다"(Kroeber 1923b: 141). 크로버는 이런 관찰을 바탕으로 "가장 상층과 가장 하층이 나타내는 시간대는 모두 동일한 생활 방식을 보여주고 있다"고 지적하였다(Kroeber 1909: 15). 이것이야말로 순수하게 본질론적 시각에서 큰 규모의 변화(유럽의 구석기-신석기-청동기시대의 변화와 같은)에 관심을 가진 연구자의 언급이라고 말할 수 있다. 또는 적어도 크로버는 층위 선상에서 새로운 형식의 유물들이 도입되고 있는지를 알아보고자 하였을지도 모른다.

고고학자들은 크로버가 이야기했던 것을 표피적으로만 이해했기 때문에 크로버가 편년에 관심이 없었다고 잘못 생각하는 것이 보통이다. 사실 크로버는 층위 맥락을 확실히 가진 유물의 자료적 가치에 대해서 아주 잘 인식하고 있었으며, "문화적이고 편년적인 관계들에 대한 정보"를 얻고자 한다면 그런 층위 정보가 "반드시 필요하다"고 주장하였다(Kroeber 1909: 39, 41). 그러므로 크로버는 울의 층위적 방법을 과소평가한 것이 아니라, 다만 울이 기록하였던 문화 변화에 대한 편년적 자료들의 중요성을 낮게 평가하였던 것이다. 우선 캘리포니아 해안(그리고 미국의 다른 모든 곳)에서 인류가 점유한 시기가 얼마 올라가지 못하는 상황에서 "근본적 변화에 대한 어떠한 증거"도, 또는 "주목할 만한 발달"도 가능하지 않다고 생각되었던 것이다(Kroeber 1909: 16).

그러나 크로버의 문화사에 대한 시각에는 문화의 역사를 파악하는 방식에 문제가 있었다. 크로버는 보아스의 제자였기 때문에 다음과 같이 미주 대륙의 문화사에 대한 스승의 언급을 다듬고 있는 것은 결코 놀랄 일이 아니다.

> 고고학에 의해 드러난 문명은 동일한 지역에서 최근의 탐험가나 거주민들이 보았던 것과 본질에서는 똑같다. … 고고학이나 민족학 모두 어떤 한 시기에 중요한 문화적 특성들이 존재했었는지 또는 그렇지 않았는지 단서를 아직 찾지 못하고 있다. … 고고학은 결코 문화에서 중요한 변화가 있었다는 증거를 제공하지 못하고 있다. … 과거와 현재의 차이들은 단지 세부적 사항에서의 차이들에 불과하며, 제작이나 취급 등에서 나타나는 "유행의 변화" 이상의 것은 아니다. (Kroeber 1909: 3~5, 강조 추가)

로우는 1909년 크로버가 "문화 변화를 기술이나 생계에서 일어나는 중요한 전이라고 보았으며, 울이 기록한 것 같이 작은 규모의 변화들은 모두 별로 중요한 것으로 생각지 않았다"고 주장하였다(Rowe 1969: 399~400). 울은 점진적이며 비본질론적인 형태의 문화진화를 선호하였던 것 같으며, 이에 반해 크로버는 유럽의 구석기-신석기-청동기-철기시대의 계기적 변화와 같은 본질론적 형태를 선호하였다. 이런 변화에 대한 본질론적 시각은 19세기에서 20세기로 넘어가는 시기에 전형적인 것이었다. 우리는 그런 시각이 미국민족학국에 소속된 선사학자들에게 전형적으로 보이며, 크로버에게서는 더욱 두드러지게 나타난다고 본다. 시간의 흐름에 따른 변화가 의미를 가지려면 물질에서의 중요한 변화, 특히 기능적 차이를 통해 두드러지게 보여야 한다고 생각되었다. 울은 자신의 에머리빌 자료에 대해서 "상부 층위에서 나온 물건들의 특징은 하부 층위에서 발견된 도구들과는 완전히 다른 것이다"고 말하였다(Uhle 1907: 39). 그러나 이런 범주의 유물들은 일반적으로 묘사〔기술(記述)〕적이거나 제작기술에 관한 것 — "뗀석기" 또는 "간석기" — 및 기능적인 것 — "칼 모양"이라든지 "뚜르개 모양" 등 — 이었다. 여기서 크로버가 고고학을 짧은 시간 안에 새롭게 정립시킬 만한 그 어떤 중요한 문화 변화도 찾지 못했음은 그리 놀랄 일이 아니다. 울이 제시한 범주들과 크로버가 이후 몇 년 동안 시간의 흐름과 문화 변화를 나타내는 데 사용한 범주들은 전혀 달랐던 것이다.

〈표 3-1〉 맥스 울이 제시한 캘리포니아 에머리빌 조개더미유적에서 층위에 따른 유물 형식들의 빈도 자료

층	간석기[a]	흑요석 유물	흑요석을 제외한 뗀석기	칼 모양 도구	거친 뚜르개 모양 도구
I	2〔5〕[b]	2〔2〕	-	〔6〕	-〔8〕
II	21〔10〕	11〔5〕	6〔10〕	〔13〕	-〔16〕
III	3〔7〕	4〔4〕	4〔7〕	〔13〕	-〔11〕
IV	4	2	4	〔5〕	-〔6〕
V	4〔4〕	1〔1〕	5〔2〕	〔4〕	-〔5〕
VI	-〔1〕	-〔1〕	3	〔1〕	-〔2〕
VII	-〔1〕	2〔-〕	6	〔1〕	-〔1〕
VIII	1〔7〕	1〔4〕	24	1〔9〕	-〔3〕
IX	-〔3〕	1〔2〕	62	4〔4〕	5〔5〕
X	-〔2〕	-〔1〕	17	-〔2〕	4〔3〕

[a] 꺽쇠 괄호 안의 숫자들은 "중간층으로서 비율적으로 기대할 수 있는 유물의 숫자를 나타냄"(Uhle 1907: 39).
[b] 갈판과 갈돌은 제외.

로날드 딕슨(Ronald B. Dixon 1913: 551)은 이른바 '층위학적 혁명' 전야에 고고학에서 이루어진 작업을 검토한 바 있다. 그는 분명한 문화 변화들이 많이 있었음을 지적하면서도, 이 가운데 많은 것은 "동일한 문화적 산물들의 완전성이 증가하는 것"에 불과하다고 말했는데, 이는 보아스와 크로버의 입장을 반복한 것이다. 만약 고고학 문화들이 상당히 다를 경우, 딕슨은 이것을 문화의 연속성에 관한 자료들이라기보다는 "계기적 문화들"을 나타내는 것으로 생각했다(Dixon 1913: 553). 딕슨은 그런 이어짐은 "광범위하면서도 아주 많은 수의 종족적 이동들"을 반영하며, 이런 이동으로 "한 문화가 버려지고 다른 문화가 위에 쌓이는 식으로 문화들이 층서를 이루어 나타나게 된 것"이라고 하였다(Dixon 1913: 559). 따라서 딕슨의 관점은 본질론적인 것으로서, 내부적 문화진화는 불가능했으며, 고고 자료에서 관찰되는 모든 차이들은 상식적 선에서 종족적 차이와 같은 민족학적 측면에서 설명했다.

딕슨의 글에 대한 논평들에서는 어떤 미래에 대한 전조를 예감한 듯한 말도 있는데, 다음과 같이 지적하고 있다: "상사를 계통관계로 오해할 수도 있고, 평행하는 현상을 수렴하는 현상으로 잘못 해석할 위험성이 언제나 도사리고 있다"(MacCurdy, in Dixon 1913: 569). 그리고 "편년은 문제의 뿌리이며 이미 죽은 역사의 몸에 전기를 통하게 하는 신경의 역할을 한다. 미국 고고학자는 콜럼부스 이전의 문화들의 편년적 토대를 세울 의무가 있다"(Laufer, in Dixon 1913: 577)고도 하였다. 메시지는 확실하였다. 곧, 시간의 흐름을 통제하여 상동적 유사로부터 상사적 유사들을 가려내어야 하였던 것이다. 이런 문제에 대해서는 딕슨의 언급이 발표된 뒤로는 바로 훌륭하게 대처하게 되고, 이미 층위적 발굴을 시작하고 있었던 고고학자들에게는 별다른 새로운 문제가 되지 않았다(e.g., Browman and Givens 1996). 오히려 중요한 것은 유물의 형태적 변이를 연구하는 방식에 변화가 온 것이다.

2. 문화사고고학과 유물에서 시간의 흐름을 파악하기

1915년이 되면 미국 고고학의 현저한 방향 전환으로 가는 무대가 마련된다. 바로 미국 고고학자들이 유물을 통해 시간의 흐름을 파악하는 방식에 있어서 큰 전환을 맞게 된다. 유물들은 유적에서 발굴되기도 하였으며 지표에서 수습되기도 하였다. 유물의 범주를 만들어내는 방식에서도 큰 전환이 일어났다. 1915년 이전 고고학자들은 일련의 문화특질들에서 나타나는 차이(질적으로 중요한 차이)를 찾고 있었다. 그런 다음 이 변이들의 조합들이 각각 시간적으로 상이한 위치를 점하는 것으로 이해하였는데, 이것은 루이스 헨리 모건(Morgan 1877)의 고전적 논저 《고대 사회》(*Ancient Society*)와 같은 문화진화의 발달 모델에 정렬되고 비교된다. 문화 간 차이들은 기술(技術) 또는 기능적 범주들의 측면에서 문화 특질들의 존부에 근거한 차이들을 표시한다. 그런 특질들이 전체적 규모로 대체되지 않는 한 작은 규모의 차이는 모두 별 의미가 없는 것으로 치부되고 말았다. 이런 식으로 문화 발달을 보는 시각은 1914년에서 1916년까지 급격한 변화를 맞게 되는데, 이때가 되면 고고학자들은 '문화 특질들의 존부에 대한 관찰'로부터 특정 특질의 '변이의 빈도에 대한 관찰'로 관심사를 옮기게 된다. 유물론이 미국 고고학에 처음으로 들어오게 되는 것도 바로 이 시점이다.

1) 연속적 차원으로서 시간의 흐름

1912년부터 1915년까지 짧은 기간 동안 미국 고고학의 운명을 결정할 만큼 중요한 시기를 맞게 된다. 아래에 논의하겠지만, 당시 미국 서남부에서는 세 개의 중요한 야외조사가 이루어졌다. 세 야외조사는 각각 처음 시작될 때는 별로 공통점이 없는 것처럼 보였지만, 결국 학사적으로는 비슷한 역할을 하게 된다. 이 조사들은 애당초 미국 서남부의 선사시대 편년 수립을 위해 상호보완적으로 기획된 것은 아니었던 것이다. 하지만, 궁극적으로 이 세 프로젝트는 유물론적 접근을 바탕으로 편년적 문제들을 해결할 수 있는 길을 보여주게 된다.

첫 번째 야외조사는 1912년에 시작되었다. 당시 미국국립자연사박물관의 인류학 학예연구관 신분이었던 클라크 위슬러(Clark Wissler)는 넬스 넬슨(Nels Nelson 1913, 1914, 1915, 1916)을 뉴멕시코 주의 리오그란데 밸리(Rio Grande Valley)에 파견하여 특별히 "서남부의 역사와 관련된 문제들을 다루어 선사시대에 살았던 사람들과 역사시대의 사람들 사이에 어떠한 관련이 있는지를 파악하도록" 하였다(Wissler 1915: 395). 두 번째로는 비슷한 시기에 알프레드 키더가 자신의 학위논문 연구의 연장선상에서 넬슨이 작업하고 있던 갈리스테오 분지(Galisteo Basin) 동북쪽에 있는 페코스 푸에블로(Pecos Pueblo) 지역의 문화사 편년에 대한 문제들을 논의하기 시작한 것을 말한다(Kidder 1916, 1917). 세 번째 야외조사는 크로버가 시작한 것인데, 크로버는 넬슨과 키더가 작업하고 있던 곳 서쪽에 자리 잡은 주니 푸에블로(Zuñi Pueblo)족을 찾아 미국박물관을 위한 민족지 현지조사를 수행하였다. 크로버는 민족지 조사와는 별다른 관련이 없었는데도 스스로의 많은 생각 끝에 후일 고고 자료를 보는 방식에 극적 변화를 이끌게 되는 혁신적 고고학 조사(곧 순서배열법)를 수행하게 된다. 레슬리 스파이어(Leslie Spier 1917a, 1917b) 역시 위슬러의 지시를 받아 주니 푸에블로 근처에서 크로버의 작업을 계속하여 수행함으로써, 크로버가 발견한 사실들을 경험적으로 검증하는 역할을 하였다. 넬슨, 키더, 크로버, 스파이어와 같은 고고학자들의 혁신적 연구는 시간의 흐름과 문화 변화를 유물론적 시각으로 보는 토대가 되었다.

(1) 넬스 넬슨과 산크리스토발

1914년 발굴이 시작되면서 넬슨은 갈리스테오분지 전역의 유적에서 공통으로 발견되는 다섯 종류의 토기들의 편년 순서에 대해 의문을 품었음을 발굴보고서에 기록하고 있다. 넬슨은 교란되지 않은 층위를 가진 퇴적층들을 찾으려 했지만, 처음에는 실패했음이 분명하다(Nelson 1916). 그런데 발굴 첫해 후반부에 들어 푸에블로 산크리스도발(San Critsobal)이라는 곳에서 그런 층들을 발견하게 된다. 넬슨은 1913년 스페인에서 구대륙 고고학자였던 오토 오베르마이어(Otto Obermaier)와 앙리 브루일(Henry Breuil)과 함께 조사하던 시절 발굴 구덩이 "네 벽에 표시한 레벨들"을 본 경험을 되살려 유럽적 기법들을 채용하여 산크리스토발을 발굴하였다(Nelson, in Woodbury 1960b: 98). 넬슨은 자연층위 단위가 아니라 임의로 1피트 두께의 레벨로 파 들어가 각 레벨에서 나온 토기편들의 숫자를 따로따로 세었다. 넬슨은"뉴멕시코 타노 유지의 편년"이라는 글에서 각 1피트 두께 레벨에서 출토된 다섯 토기 형식들 각각의 절대적 수량을 표시하였으며, 제시된 표에서는 상이한 발굴 수량을 설명하기 위해 토기편의 빈도를 맞추기도 하였다(Nelson 1916). 두 가지 모두 당시로서는 혁신적 방법이었다고 얘기되

〈그림 3-1〉 뉴멕시코 주 푸에블로 산크리스토발 유적에서 나온
넬스 넬슨의 토기 자료의 각 형식들이 유행하고 쇠락하는 과정

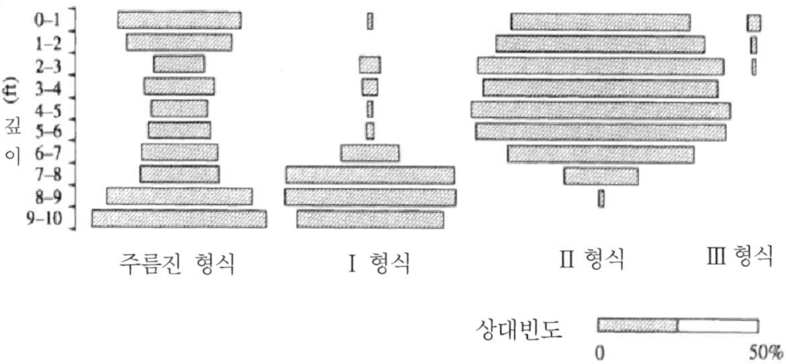

넬슨은 주름진 토기형식은 별로 연대를 잘 나타내지 못한다고 믿었는데, 이는 옳은 지적이었다. 또한 넬슨의 I, II, III 형식 토기들의 빈도 분포가 기본적으로 단일빈도봉을 그리는 양상임을 주목하라. (Nelson 1916)

지만, 이미 맥스 울(Uhle 1907)이 에머리빌 조개더미유적에서 사용한 바 있으며(〈표 3-1〉) 넬슨도 1906년 에머리빌 조개더미 일부를 발굴할 때 이 방법을 채용하기도 하였다(Nelson 1906).

넬슨은 산크리스토발 유적에서 나온 토기 형식들 각각의 절대량을 "정규분포곡선"에 근접한다고 해석했다(Nelson 1916: 167, 〈그림 3-1〉). 넬슨은 그러한 패턴은 이미 예견된 것이었다고 하였다. 왜냐하면 토기 양식이란 "천천히 유행하기 시작하여 정점에 도달하고 그리고 나서 점진적으로 쇠락하여 끝내 사라지게 되기" 때문이라는 것이다(Nelson 1916: 167). 넬슨은 이런 식의 빈도 분포를 특정 형식의 유물이 유행하고 쇠락하는 것을 나타낸다고 합리화했다. 이는 시간의 흐름에 따른 유물 양식의 변화에 대한 아주 비범한 통찰이라 하겠다. 비록 당시에 일반적으로 받아들여지던 생각이었다 하더라도, 넬슨 이전에는 그 누구도 이렇게 확실한 언어로 표현할 생각을 하지 않았었다. 위슬러는 넬슨의 연구를 분명하게 언급하면서 "우리는 왜 이런 단일빈도봉을 갖는 분

포 곡선이 나타나게 되었는지에 대한 확실한 원인을 모르고 있다"고 지적한 바 있다(Wissler 1916b: 194). 이런 식의 (이른바 전함형 곡선형의) 빈도 분포를 설명해주는 어떠한 설명 이론도 없었으며, 다만 관찰되는 빈도 분포는 상식적 선에서 설명되곤 했다. 한 문화에서의 특정한 변이가 유행했던 정도는 그 변이의 빈도로 나타난다는 생각—이것을 우리는 '유행의 원칙'이라 명명한 바 있다(Lyman et al. 1997b: 43)—은 문화사고고학의 중심적 신조가 되었다. 만약 이것이 그냥 편년적 원칙에 머물러서 이후 개념상 별다른 진전이 없었다고 한다면 문화사고고학은 유물론적 역설에 빠지고 말았을 것이다. 그러나 그렇지 않았다.

발굴 구덩이 안에서 유물들을 수직적 위치에 따라 수습하는 것은 그리 새로운 일이 아니었다. 그렇다면, 편년에 관한 문제에서 넬슨의 접근이 새로운 것은 무엇일까? 넬슨은 1914년 산크리스토발유적에 다시 들어가면서 네 토기 형식들의 지역적 연쇄에 대한 가정을 검증하고자 하였음을 분명하게 언급한다. 넬슨은 "1914년 발굴을 시작하면서 그동안의 작업과 함께 상식적 측면에서 네 토기 형식들의 편년 순서를 대략적으로 알게 되었지만, 여전히 확실한 증거가 부족하다"고 말했다(Nelson 1916: 162). 다시 말해 이 토기 형식들의 상대 편년에 대해서 의문을 가졌는데, 산크리스토발 유적을 발굴하고서야 상대 편년을 세울 수 있게 되었던 것이다. 그동안 편년에 대한 지층누중의 층위적 증거들은 "불완전하고 단편적이어서 전체 토기 형식 가운데 단지 두 개의 계기적 토기 형식들의 시간 관계만이 국지적으로 나타나고 있었다"(Nelson 1916: 163). 넬슨의 연구에서 중요한 혁신이라 평가할 수 있는 것은 시간의 흐름에 따라 토기 형식들의 절대 빈도가 달라지면서 "거의 정규분포에 가까운 빈도 곡선"을 그리게 된다는 점을 파악했던 점이다(Nelson 1916: 167). 넬슨은 당시의 일반적 방식을 따르지 않았다. 해링튼(Harrington 1909b)과 위슬러(Wissler 1909)를 비롯한 당시의 연구자들은 유물군에서 특정 형태 토기가 존재하는지, 그렇지 않는지 하는 질적 기준으로 문화 변화를 파악했는데, 넬슨은 이런 전형적 방식을 이용하지 않았다. 그 대신, 토기 형식들이나 토기라는 문화특질의 변이의 빈도 변화를 기록함으로써, 당시로는 획기적으로 새로운 방법을 사용하여 문화 변화를 파악할 수 있었던 것이다(Lyman and O'Brien 1999a; O'Brien and Lyman 1999a). 유물의 층서에 따라 특정 형식의 빈도가 성쇠하는 것은 바로 시간의 흐름을 말해줌을 확인시켜 준다.

위슬러는 넬슨이 제시한 유물 형식에 나타나는 빈도 변화는 "특정 양식에서 나타나는 변화로서 양식의 파동을 나타내준다"고 평가하였다(Wissler 1916b: 195~196). 양식(*style*)이라는 낱말을 사용한 것은 아마도 우연적인 일이었겠지만, 이 용어는 유물의 형식 — 시간의 흐름을 파악하는 데 사용됨 — 의 종류를 잘 표현해준다. 후일 양식들은 비교적 짧은 시간대를 나타내주는 '지시 화석'과 동등하게 사용된다. 유물의 양식이 가지는 시간적 의미는 1960년대에서 1970년대까지도 변하지 않았다. 다만 이 시점이 되면 고고학자들은 양식이라 불리는 유물의 범주들로부터 시간의 흐름이 아닌 다른 의미들을 찾으려 하기 시작한다. 이런 주제에 대해서는 제 4장에서 다룰 것이며, 여기서는 논의를 마무리하기 전에 넬슨의 다른 작업들을 살펴보자.

넬슨은 1914년 미국 서남부에서 야외조사에 들어가기 전에 층위를 이룬 유물들을 발견하였지만, "흔히 그런 유물에는 평가할 만한 편년적 차이가 존재하지 않는다"고 지적하기도 하였다(Nelson 1916: 163). 편년적 차이에 대한 증거를 찾았다면 그것은 몇 가지 토기 형식들의 연속선상에서 양쪽 끝에 있는 형식들 간의 차이였으며, 때문에 그런 사례들은 "단순히 시간적인 차이 말고 다른 것은 전혀 보여주지 못하는 지층누중"에 불과한 것이라고 하며 유감스러워 했다(Nelson 1916: 163). 하지만, 연속선상에 있는 두 가지 형식들이 층서상 상이한 비율로 섞여서 발견되었을 때, "한 형식은 다른 형식을 점진적으로 대체하게 되고, 이것은 우리가 찾고 있는 증거가 된다"고 말하였다. 왜냐하면 "지층누중된 형식 간에는 시차가 존재함을 설명해 주고, 또 단순히 물리적 일치 관계의 측면에서 보았을 때는 그 형식들을 서로 연결시켜주기 때문이다"(Nelson 1916: 163).

이런 언급은 넬슨이 문화 변화를 당시의 동료 연구자들과는 다른 관점으로 보았음을 가리켜준다는 점에서 중요하다. 다른 연구자들은 본질론적 측면에서 문화 특질들을 보았는데, 여기서 특질들의 의미는 상식적 수준에서 민족학적으로 추론되었다. 이에 반해 넬슨은 유물론적으로 분석단위들을 고안하여 시간의 흐름을 파악하고 시간적으로

〈그림 3-2〉 시간의 흐름을 보는 두 가지 방식

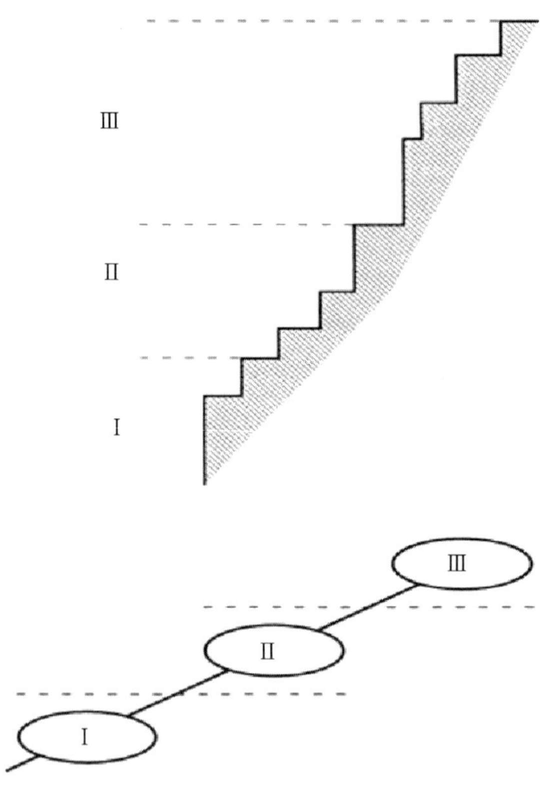

위는 일련의 계단들로서 상승하는 것은 급격한 단속적 변화를 나타내며, 아래는 연속적 이동트랩 같은 변화를 나타낸다. 각각에서 단계들은 새로운 특징들이 급격히(위), 또는 점진적으로(아래) 나타난다.

중첩되는 역사적 '계승'의 연속을 파악하고자 하였던 것이다. 결과적으로 적어도 넬슨의 생각 속에는 당시로서는 보편적 믿음, 다시 말해 문화 변화는 마치 계단을 오르는 것과 같아 각 계단이 걸음이 정지된 진화적 단계를 말해주며 한 단계에서 다음 단계로의 변화가 급격한 전환을 나타낸다는 식의 사고방식은 없었던 것이다. 이와 달리 넬슨의 마음속에는 문화 변화가 점진적으로 올라가는 이동트랩 같은 모델을 가졌다(Nelson 1919a, 1919b, 1919c, 1932). 비록 그 모델은 더 진보한 단계로 점차적으로 이동하는 것을 나타내고 있지만 말이다(〈그림 3-2〉). 넬슨은 시간의 흐름에 따른 토기 형식들의 빈도—지질학적으로는 수직적 위치로 나타난다—를 표시함으로써 점진적 문화진화를 도식화시킬 수 있었으며, 궁극적으로는 문화 단계들의 상대적 시간대를 기록할 수 있게 된다(e.g., Nelson 1937). 이것은 분석적 방법에서 혁명이었을 뿐만 아니라 형이상학의 측면에서도 획기적이었다. 다만 발굴 전략상의 혁명은 분명 아니었다. 물론 그 반대의 평가도 받고 있지만 말이다.

(2) 키더와 페코스 푸에블로

1915년 키더는 넬슨의 연구에 대해서 퇴적층이 층위를 잘 이루고 있어 네 형식의 토기의 상대적 존속 시간대를 확실하게 알 수 있게 해준다고 평가하였다. 다만 "그 그릇들이 진정 무엇이었는지는 아직 발표되지 않고 있다"고 하며 유감을 표하였다(Kidder 1915: 461). 키더는 학위 논문 조사를 통해서 토기들, 또는 형식들의 연쇄에 대해서 의문을 품었으나, "우리에게는 그런 시간적 연쇄에 대해서 절대적으로 확실한 증거를 제공해주는 층위를 이룬 유물들이 없다"고 하였다(Kidder 1915: 452). 키더가 이처럼 일찍부터 시간 연쇄에 대해 의문을 품게 된 이유는 첫째, 특정 형식의 토기가 "다른 유적들보다 시기적으로 아주 올라가면서 거의 완전히 사라진 유적에서 나오고 있으며" (Kidder 1915: 452~453), 둘째, 특정 토기 양식들의 지리적 분포는 연대-지역 개념의 측면에서 해석되고 있고(Kidder 1931: 4), 셋째, 토기 양식들과 기술에 있어 혁명적 진보가 있었을 것으로 생각되기 때문이었다(Kidder 1915: 453~456). 키더는 "신뢰할 만한 발전이나 역사적 결론들"을 얻기 위해서는 층위를 이룬 유적을 찾는 것이 필요함을 지적하면서 논의를 끝맺고 있다(Kidder 1915: 461). 때문에 지층 누중되어 발견되는 유물은 기존의 가설적인 지역적 연쇄들(전혀 새로운 내용이 아니라)을 확인해주는 역할을 할 것이다.

키더는 역사 기록에 따르면 뉴멕시코 주 페코스 푸에블로 유적은 1540년부터 1840년까지 점유된 것으로 나와 있기 때문에 조사연구대상으로 선택하였다고 하였다. 그리고 유적에서 지표 수습된 유물들에는 "실제로 리오그란데 상류 지역에서 알려진 선사시대의 거의 모든 형식의 토기들"이 포함되어 있음을 보고하였다. 따라서 유적에서 인간의 점유는 연속적인 것이었으며 "아주 오래 전"부터 시작된 것이었다. 당시까지 뉴멕시코 주에서 알려진 발굴 가능한 그 밖의 다른 어떤 유적도 그런 특징을 가지고 있지 않았다.

> 나는 페코스 유적이 층위를 잘 이루고 있어 다양한 푸에블로 예술품들의 발달을 잘 보여주며, 이를 토대로 이미 오래전부터 알려져 있었지만 다른 유적들과의 관계에 대해서는 확실히 알기 힘들었던 뉴멕시코 주의 다른 많은 유적들을 적절한 편년 순서로 배열할 수 있게 되었으면 좋겠다. 이런 바람은 최근 넬슨 씨가 서쪽으로 몇 마일 떨어져 있는 산크리스토발에서 층위를 이룬 아주 중요한 유적을 발견함으로써 더욱 희망적이 되었다. (Kidder 1916: 120)

만약 페코스 유적에서도 산크리스토발과 비슷한 퇴적층들이 있었다면 두 유적을 서로 비교 분석할 수 있었을 것이며, 넬슨의 편년을 확장시킬 수도 있을 것이다. 넬슨의 편년은 산크리스토발 유적이 폐기된 시점인 1680년에 끝났기 때문에, 그때부터 19세기 중반까지는 공백이었다(Kidder 1916: 120).

〈그림 3-3〉 뉴멕시코 주의 폐기 유적에 대한 키더의 단면도

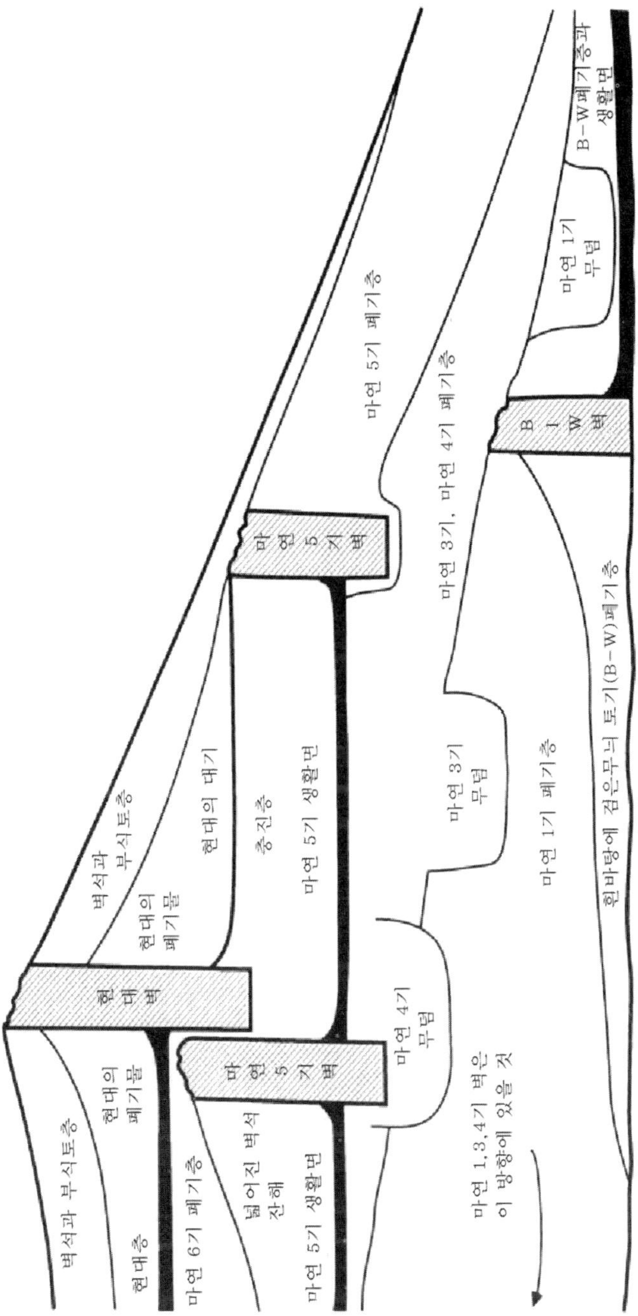

위의 그림에는 토기 형식들과 건축 유구들의 위치가 나타나 있다(Kidder 1924).

키더는 초기의 조사에서 발굴구덩이 하부 레벨에서 나온 토기 형식들은 "상부에서 나온 것들과 두드러지게 다르며 그 사이에도 몇 가지 별개 형식들이 존재함"을 인지한 바 있다(Kidder 1916: 122). 키더의 요약도면(Kidder 1924, 〈그림 3-3〉)에는 그런 형식들이 수직적 분포에 따라 정렬되어 있다(Kidder 1916, 1931, 1936b; Kidder and Kidder 1917 참조). 키더는 이전에 자신은 "기술적이고 미학적인 근거"에서 편년을 시도하였지만(e.g., Kidder 1915, 1917), 넬슨은 "층위에 바탕을 두고 더욱 견실하게 편년의 문제를 다루었는데, 이 방법은 미국 서남부 고고학에서 (간헐적인 것을 제외하고는) 거의 쓰인 적이 없었던 것이기에, 그 중요성이 간과되어서는 안 된다"고 언급하였다(Kidder 1936b: xix). 키더는 페코스 유적 발굴에서 적어도 '유물의 수직적 출토 위치 확인'이란 넬슨의 방법을 본받았던 것이다.

키더는 1차년도 발굴조사가 끝나고 페코스 유적 일부를 자연층위에 입각하여 발굴하였는데, 이는 이전의 넬슨과 가미오가 임의의 레벨을 사용하였던 것과는 다르다. 키더는 학창시절 이집트학자 조지 라이스너(George Reisner)에게서 배웠는데, 라이스너는 플린더스 페트리(W. M. Flinders Petrie)의 제자이기도 하였다(Browman and Givens 1996; Stiebing 1993: 82). 페트리가 이집트에서 층위발굴을 대중화시킨 장본인이었음에는 두말할 나위가 없다. 키더의 업적을 논한 글들(e.g., Givens 1992: 50; Willey 1988: 307; Woodbury 1973: 43)과 고고학사를 다룬 글(e.g., Willey and Sabloff 1993: 103~105)에서는 키더가 넬슨의 영향을 받아 층위상 유물의 누적 관계에 주목하게 되었다고 기술되어 있다. 그런데도 (키더의 교육적 배경을 고려할 때) 발굴 기법을 완결시켜 자연 층위 단위에 입각하여 발굴한 사람은 다름 아니라 키더라고 보는 것이 더 정확할 것이다(Wauchope 1965: 151 참조).

일반적으로는 키더가 개별 층들을 하나씩 벗겨내어 각 단위별로 유물들을 수습했다고 생각된다. 그렇지만, 이밖에도 거의 언급되지 않는 문화사고고학 패러다임의 탄생에 크게 기여한 두 가지 업적이 있다.

〈그림 3-4〉 뉴멕시코 주 페코스 푸에블로 자료의 각 형식의 빈도 그래프

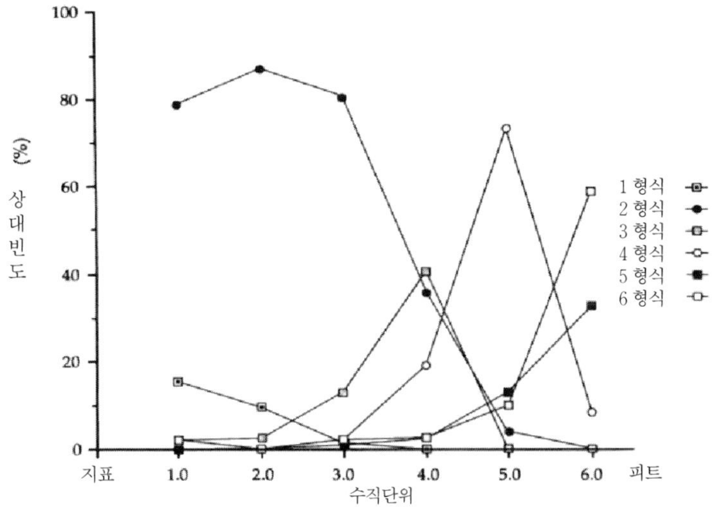

* 위의 그래프는 각 형식의 빈도가 수직적 공간에서 오르내리고 있음을 보여준다. (Kidder and Kidder 1917)

빈도 분포가 거의 정규분포 곡선을 그리며, 또 그런 분포가 기대된다는 넬슨의 언급을 주목해 보자. 키더는 넬슨의 분석법을 본받았지만 개량하기도 하였다. 키더가 넬슨을 본받아 토기 형식들의 수직 출토 분포를 목록으로 표현하고, 발굴 레벨상 토기 형식들의 상대 빈도의 변화를 그래프로 표현한 것은 혁신적 업적이라 할 것이다(Kidder and Kidder 1917). 넬슨의 방식과는 달리 상대 빈도의 개념을 사용함으로써 발굴된 단위와 유물 수량의 차이에서 오는 문제를 피할 수 있었던 것이다.

우리는 키더의 그래프 가운데 하나를 〈그림 3-4〉에 다시 그려 놓았다. 이런 그래프들을 검토하면서 키더는 전부는 아니지만 많은 형식들이 "정규 빈도 곡선에 근접"하고 있음을 주목하였다(Kidder and Kidder 1917: 341). 다시 말해 넬슨과 위슬러의 입장에 동의하여, "각 형식들은 자연적 성장, 유행, 쇠락"을 보여준다고 해석하였던 것이다(Kidder and Kidder 1917: 349). 비록 이런 그래프가 나오게 된 철학적 배경에는 유물론적 형이상학이 있음을 짐작할 수는 있지만, 여기에 포함된 해석적 진술들은 이론적 근거에서 나온 설명들이 아니었으며, 단지 많은 사람들이 이해할 수 있는 용어로 표현된 상식적 수준의 해석에 불과했다. 키더가 사용한 용어들은 이른바 '유행의 원칙'을 이루게 된다. 그러므로 자주 언급되지는 않지만 문화사고고학에 대한 키더의 업적에는 유물론에 입각한 분석법들을 완결시켰다는 점이 포함된다. 이 기법은 후일 "토기층서법"(*ceramic stratigraphy*, Willey 1938, 1939) 또는 "비율층서법"(*percentage stratigraphy*이라 알려지게 된다(Ford 1962; Willey 1939: 142; Lyman et al. 1998; O'Brien andLyman 1998, 1999a).

거의 언급되지 않는 키더의 또 다른 기여는 이와는 완전히 다른 종류의 것으로서, 토기 디자인에서 나타나는 변화를 사용하여 편년 순서를 매긴 것을 주목할 수 있다. 키더는 후일 자신이 "비교 분석적 근거에서 이용 가능한 유물을 순서배열하고자 하였다"고 주장하기도 하였다(Kidder 1931: 7). 키더는 학위 논문을 쓰기 위해서 "속성들의 연속 및 주제상의 변이를 근거로 순서 매김하는 방법"(Rowe 1961: 327)을 사용하였는데, 이는 본질적으로 에반스(John Evans 1850, 1875), 페트리(e.g., William Matthews Flinders Petrie 1899, 1901), 피트리버스(A. L.-F. Pitt-Rivers 1875a, 1875b) 등이 영국에서 하였던 작업과 동일한 것이었다. 다만 당시 크로버가 시도했던 것과는 상당히 달랐다.

키더는 스스로 다양한 디자인과 기술적 특징들의 진화에 대해 물음을 던지면서 토기 시퀀스를 만들어냈는데, 진화적이고 시간적인 연쇄를 어떻게 만들어낼 수 있는지 모범을 보여주었다(Kidder 1917). 여기서 중요한 것은 "장식품의 발달을 연구하는 단 하나 안전한 방법은 편년적으로 연쇄적인 유물들의 시퀀스를 세우는 것이며, 이 시퀀스로부터 이론이 형성되도록 하는 것이다"라고 주의를 환기시켰다는 점이다(Kidder 1917: 369). 그 이론이라는 것은 사실 편년적 시퀀스의 순서

〈그림 3-5〉 뉴멕시코 주 페코스 푸에블로 유적에서 나온 토기 디자인의 진화 과정을 키더가 도식화한 그림

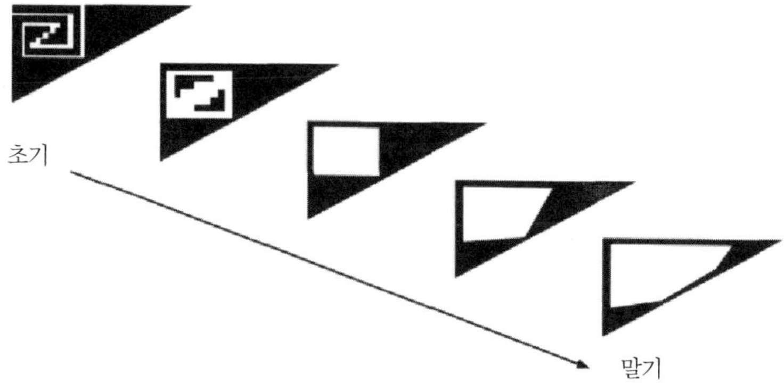

키더는 시간의 흐름에 따라 토기 디자인의 복잡함이 덜해지는데, 계단상의 모티프에서 양쪽에 계단 모양을 가진 모티프를 거쳐, 결국 흰색이 공간이 넓어지는 쪽으로 변하였다고 보았다. (Kidder 1917)

에 관한 '가설'이라고 보는 것이 더 적절하다. 가설적인 편년 시퀀스(〈그림 3-5〉)는 1916년에서 1917년까지 페코스 유적에서 검증되었는데, 바로 지층 누중되어 수습된 유물들에 대한 연구를 통해서 검증한 것이다. 키더가 이런 가설적 시퀀스를 만들어낼 때 사용하였던 방법은 계통순서배열(*phyletic seriation*)이라는 용어로 부르는 것이 합당할 것이다(Lyman et al. 1997b; O'Brien and Lyman 1999a). 계통이라는 용어는 심슨(Simpson 1944)이 고생물학에서 사용한 것과 똑같은 맥락에서(제 2장 참조) 계승(유전)되는 계통선상을 나타내는데, 이점에 대해서는 제 6장에서 훨씬 더 자세히 논의할 것이다. 키더는 그런 순서를 만들어내는 데 있어 어떤 규칙을 마음속에 품었음이 확실하지만 — 아마도 모건(Morgan 1877)의 문화진화의 순서와 같은 것 —, 그런 순서배열이 암시하는 편년적 경향은 검증되어야 하며 문화가 진보한다는 생각도 마찬가지로 검증되어야 함을 잘 알고 있었다. 따라서 그의 순

서배열은 조상-자손이란 맥락에서 아주 계통적인 것이다. 중요한 것은 넬슨과 마찬가지로 키더 역시 토기라는 문화 특질을 사용하여 시간의 흐름과 전승되는 계통을 파악하였다는 점이다.

(3) 크로버와 주니푸에블로

과학이란 학문영역에서 중요한 혁신이 정확히 어디에서 비롯되었는지를 알 수 있는 경우는 드물다. 보통 혁신은 비슷한 시기에 여러 형태로 나타나 모호할 뿐만 아니라, 처음 제안될 당시에는 조건들에 대한 적절한 논의도 없으며 혁신으로 이끈 근거도 제시되지 않고 앞뒤가 바뀐 기능주의적 설명을 하기도 한다. 빈도순서배열법의 기원 역시 마찬가지이다. 여기서 말하는 빈도순서배열이란 유물 형식들의 상대적 비율에서의 변화에 따라 일련의 유물군들의 편년 순서를 매기는 방법이다. 크로버는 주니 푸에블로 지역의 토기편에 대한 논문에서 정확하게 어떻게 빈도순서배열이라는 생각에 다다르게 되었는지를 산만하게 언급하고 있다. 크로버의 글에서는 이전에 있었던 비슷한 생각들(e.g., Evans 1850, 1875; Petrie 1899; Pitt-Rivers 1875a, 1875b; Uhle 1903)은 순서배열법의 발달에 아무런 역할도 하지 못했음을 명백하게 진술하는데, 물론 그 반대의 주장도 있기는 하다(e.g., Browman and Givens 1996; Praetzellis 1993; Willey and Sabloff 1993).

크로버는 1915년 여름 동안 서남부에서 미국국립박물관의 야외조사를 돕겠다고 자원하였다(Wissler 1915: 397). 그리고는 주니 푸에블로 주변의 시골을 돌아다니면서 10여 개 이상의 선사시대 유적에서 지표유물들을 수습하기 시작한다. 크로버는 "붉고, 검으며, 패턴화된 토기편들"이 압도하고 있는 유물군이 있는 데 반해, 흰색 토기편들이 압도적으로 많은 유물군도 있음을 주목한다(Kroeber 1916b: 8). 그는 "현재의 푸에블로〔주니〕 마을에서 30분 정도 거리에 있는 선사시대 유적들에는 마치 물과 기름처럼 다른 두 형식과 두 시기가 있음에 틀림없"으며, "유적들의 상태를 검토해 보면 검고 붉은 토기를 가진 유적들이 시기가 가장 늦음을 알 수 있다"고 결론을 내렸다(Kroeber 1916b: 9). 또한 키더와 마찬가지로 역사적 증거와 유적의 보존 상태에 근거하여 "흰색 토기형식보다 검은 토기와 붉은 토기 형식이 시간적으로 늦어 부분적으로 미국 역사시대 초까지 이어지며, 전자는 모두 선사시대에 속한다"고 결론을 내렸다(Kroeber 1916b: 9~10). 그러므로 크로버는 토기라고 하는 문화 특질에서 보이는 변이가 시간적 차이라는 두 가지 증거를 가지고 있었는데, 첫째 역사 자료에서 나타나듯이 "몇몇 유적들은 스페인이 들어왔을 때 점유된 것이며"(Kroeber 1916a: 43), 이에 반해 당시의 인디언들의 말로는 "아주 오래 전"에(Kroeber 1916b: 9) 점유된 유적들도 있었으며, "둘째 A형식의 역사시대 유적들은 보통 세워진 벽들과 함께 엉성하게 돌들이 채워져 있으나, B형식의 모든 선사 유적들은 벽이나 돌이 없이 낮거나 편평한데, 이런 상태는 시간의 흐름 탓이거나 부서진 돌들이 떨어져 나가 후대의 구조물들의 재료가 되었기 때문이다"라고 하였다(Kroeber 1916a: 43).

크로버는 "유적 전체에서 그럴듯하게 생긴 토기편만을 취사선택하지 않고 각 유적의 특정 지점에 있는 모든 토기편들을 수습"하고자 하였다(1916b: 8). 크로버는 발굴을 하지는 않았는데, "나는 주니 땅에서 한 삽 가득 흙을 떠본 일이 없다"고 말하기도 하였다. "그러나 지표 수습 유물만으로도 1000년 정도의 문명(문화) 변화를 개괄하는 것이 확실하였기 때문에 발굴자가 보더라도 충분한 근거가 있음은 두말할 나위가 없었던" 것이다(Kroeber 1916b: 14). 그러나 크로버는 아주 조심스러웠다. 자신이 제시한 편년적 분류에 대해서도 "마지막 증거는 삽으로 떠낸 흙에 있다"고 믿었으며, 당시 가지고 있는 "지식이 혼란스럽기 때문에 토기편 형식들의 빈도에서 어떠한 차이가 연대에 대한 것이고 어떤 것이 지역성이나 환경 때문인 것인지를 누가 말할 수 있겠는가?"라고 말하면서 유감을 나타내었다(Kroeber 1916b: 20, 21). 또한 당시 다른 연구자들과 함께 가정적 편년에 대한 확실한 증거는 층위로 누적되어 수습되는 유물들이겠지만 아직 그런 자료를 얻지는 못하였다고 말하기도 하였다.

크로버는 자신의 지표 수습 유물들을 두 개가 아니라 다섯 시기(실제로는 현대 주니 토기를 포함할 경우 여섯 시기)의 문화 시퀀스로 배열하여, 각 시기를 분기라 지칭하였다(Kroeber 1916a: 44). 이 시퀀스는 〈표 3-2〉에 나와 있다. 크로버의 연구에서 혁신적인 점은 흔히 간과되고 만다. 크로버의 "빈도순서배열"(*frequency seriation*, Dunnell 1970)은 주름진 토기를 가장 오래되고 흔한 형식으로 보고 시작한다. 각각의 토기 유물군이 수습된 개별 유적들은 주름진 형식의 상대적 감소

〈표 3-2〉 뉴멕시코 주 주 니푸에블로 주변의 유적에서 수습된 토기편들에 대한 크로버의 빈도순서배열

시기	유적	주름진 토기	삼색 토기	붉은바탕에 검은무늬토기	붉은 토기	검은 토기
현대	주니	0	12	1		
A 후기	토와이얄라나	1	8	3		
	콜리와	-	7	2		
	슌테키야	2	7	2		
	위마야와	2	4	1	22	53
	맛사키야	3	4	3		
	키야키마	4	3	2		
A 전기	피나와	10	1	8		
	W 유적	24	-	1		
B 후기	핫시나와	27	-	5	10	19
	키야키마 서쪽	12	-	4	8	-
B 중기	숍틀루와얄라	40	-	2	3	7
	하위쿠 B	49	-	6	12	9
B 전기	테알라타시시하나	66	-	-	-	5
	X 유적	71	-	-	3	1
	텔나틀루와얄라	72	-	-	2	-
불확실	헤일틀리아나나	-	-	-	-	3
	Y 유적	-	-	-	-	-

* 자료: Kroeber 1916b.

비율에 의거하여 일률적으로 배치되는데, 여기에는 두 가지 예외만이 있었다(〈표 3-2〉). 이런 식의 배열은 사실 현대의 토기들과 주름진 토기는 공반하지 않고 이미 파괴된 유적에서만 흔하게 나오기 때문에 그 형식의 빈도는 시간의 흐름에 따라 감소할 것이라는 느낌에 근거하였다. 이런 식으로 "유적들을 순서대로" 배열할 수 있었던 것이다.

크로버가 제시한 "삼색"(三色) 토기 형식은 처음 시퀀스에 등장한 뒤 일률적으로 증가하는데, 이후 현대의 주니 토기유물군에서는 가장 흔한 유물이 되었다. "붉은 바탕에 검은 디자인" 형식은 길게 꼬리를 짓고 빈도에서도 등락을 거듭하지만, "붉은" 토기와 "검은" 토기 형식은 일률적으로 감소하는 경향이 있다. 크로버는 처음에는 열 가지 토기 형식들을 설정하였지만 나중에 순서배열의 목적에 따라 이 중 5가지를 2가지 형식으로 묶고 나머지 두 형식은 누락시켰다(Kroeber 1916b: 16~18). 궁극적으로 크로버는 세 형식들만의 상대적 빈도를 이용하여 자신의 A기 유적들을 순서배열하였고, 다른 두 형식들(원래 다섯 형식에서 두 형식으로 묶인 것)에 대해서는 단지 요약된 유적별 빈도만을 제시하였다. 크로버는 이렇게 원래 다섯 형식을 2개로 묶은 것에 대해서, 빈도상의 변이는 표본 추출의 오차의 결과일 것이라고 하면서 합리화하였다(Kroeber 1916b: 20). 두 형식으로 다시 묶었다는 것은 토기의 형식이란 실재하여 발견되는 어떤 것이라 생각하지 않고 분석자가 임의로 만들어내는 것이라고 생각하였음을 말해 준다. 적절하게 구성만 된다면 형식들은 시간의 흐름에서 보이는 차이들을 파악할 수 있게 해주는 단위들이 된다. 그러나 이런 추론에 어떤 이론적 근거가 있는 것은 아니다. 그런 배열 방식은 유적에서 유물들이 상이한 방식으로 공반되고 있다는 관찰에 토대를 둔 것이다.

크로버의 편년적으로 민감한 토기 형식들은 자신의 분기들이 부분적으로 중첩되고, 가장 중요한 두 시기라고 할 수 있는 "A기와 B기 사이에 어떠한 공백이나 끊어짐도 없음"을 보여주고 있다. 한편, 푸에블로 문화의 변화는 흐르는 물과 같은 것이다. 이 두 시기는 본래부터

"물과 기름과 같이 별개의 것"이었을 수 있을(Kroeber 1916b: 9) — 본질론적 생각이다 — 테지만, 원래는 순서배열법과는 다른 범주들 — 주로 출토된 유적이 파괴된 정도 — 에 근거하여 구분되었었다. 크로버는 두 시기는 "너무도 확실하게 구분할 수 있으며, 이 두 시기가 별개임은 아주 근본적인 것인데, 다만 두 시기는 상이한 종족성, 이주, 또는 문화의 물결 등이 아닌 연속적이고 일관된 발달을 반영하고 있다"고 믿었다. 이것은 크로버가 유물론적 입장을 가졌음을 확실하게 보여주고 있으며, 당시까지 미국 고고학에서 가장 확실하게 이런 입장을 표현한 것이라 할 수 있다. 크로버의 빈도순서배열법의 근거는, 크로버가 주니 푸에블로 지역을 연구할 때와 같은 시기 넬슨(Nelson 1916)과 위슬러(Wissler 1916b)가 논의하였듯이, '유행의 원칙'이었다.

(4) 레슬리 스파이어와 주니 토기의 순서배열

크로버는 주니 토기형식들의 순서가 편년적일 것이라고 믿었지만, 그 증거는 레슬리 스파이어(Leslie Spier)가 제공한다. 스파이어는 넬슨의 지층누중의 레벨이라는 개념과 크로버의 비율 빈도의 개념을 결합시켰다(Spier 1917a). 스파이어는 넬슨, 크로버, 키더의 연구와 자신의 층위학적 조사를 통해서 기본적 토기 시퀀스를 알게 되었다(Speir 1917n). 그에 따르면 "우리들이 다루고 있는 것은 단일한 토기 예술에서 나타나는 몇 가지 단계들에 다름이 아니다"고 하였다(Spier 1917a: 281). 스파이어는 자신의 지층누중에 관한 자료와 주름진 토기가 시간적 시퀀스에서 초기에 많고 나중에는 사라진다는 크로버의 '유행의 원칙'을 인용하면서, 이 (주름진) 형식에서 나타나는 등락을 바탕으로 지표에서 수습된 유물들에 대한 예비적 순서배열을 하였다. 그런 다음 "주름진 토기의 비율을 바탕으로 시퀀스의 밑(오래된 것)에서 위(늦은 것)까지 자료들을 배열하는 것은 생산적"이라고 주장한다(Spier 1917a: 181~182). 스파이어는 자료를 순서배열하는 데 그런 유행의 원칙의 근거에 대해서 결코 문제를 제기하지 않았으며, 다만 "그 원칙은 동시에 나타나는 변이들에 입각하여 확인될 수밖에 없다"고 하였다(Spier 1917a: 281). 하지만 이런 진술은 순서배열이 시간의 흐름을 나타내고 있는지에 대해 말하는 것이 아니라 순서배열이 옳고 그른지를 판단하는 일에 해당하는 언급이다.

스파이어는 주름진 토기의 빈도에 근거한 순서배열을 통해 채문토기가 마연토기보다 선행함을 인지 — 모두 유행의 원칙에 근거하여 추론한 것이다 — 하게 되었음을 주목하면서 자신의 방법에 대한 증거를 다음과 같이 더욱 정교화시킨다.

> 그런 순서배열이 역사적 연쇄를 보여주는지를 검증하는 것은 동반하는 토기들에서 관찰된 〔빈도〕 순서배열에 달려 있다. 왜냐하면 가정된 시퀀스에 따라 세 개 이상의 독자적이면서도 상호 의존적인 값들을 배열할 때 다른 값들도 이에 호응하여 일련의 동반되는 양상을 보여준다고 하면, 그런 배열의 산물은 우연의 일치가 아니라고 결론을 내릴 수 있을 것이기 때문이다. (Spier 1917a: 282)

스파이어는 한 형식의 일관된 빈도 변화에 근거하여 유물군들을 배열한 다음, 순서배열에 포함되어 있는 다른 형식들도 일관되게 증가하거나 감소하는 분포를 보이는지를 판단하였던 것이다. 그는 순서배열에서 이런 식의 일치의 정도를 검증하기 위해서 회귀 분석을 쓰기도 하였다. 또한 자신의 순서배열은 유효하지만 "확실한 것은 아니다"고도 하였는데, 다시 말하면 배열은 좋은 것이지만, 과연 그 배열이 진정으로 시간의 흐름을 나타내고 있는지는 불확실하다는 것이다. 스파이어는 시간의 흐름을 지층누중을 통해 검증하였다.

스파이어는 자신의 순서배열 가운데는 키더(Kidder 1916)의 지층누중 시퀀스로 확증되는 것들도 있고, 그 밖의 것들도 자신의 발굴로 검증됨을 알게 된다. 스파이어는 '평행 발달'[3]로 자신의 시퀀스가 무효가

3) 옮긴이 주 — 다시 말하여 서로 역사적 관련이 없는 형식의 유물들이 비슷한 발달을 보여주는 상황을 말한다. 이것을 상사(*analogy*)라 하여 역사적 관련을

될 수도 있음을 인지하기도 하였다(Spier 1917a: 305). 요약하면 스파이어는 "연속해서 이어지는 재층에서 수습된 토기편들은 우리에게 유효한 편년의 지표들을 제공함에 아무런 의심도 없다"고 하였다. 또 자신이 "지표 유물들을 편년적 측면에서 폐기된 재층의 유물과 흡사하게 수습할 수도 있음"을 보여주었다고 주장하였다(Spier 1917a: 326). 스파이어는 지층누중과 함께 넬슨, 키더 등의 연구에서 나온 특정 종류의 토기들에 대한 빈도 분포의 성격에 근거하여 자신의 순서배열에서 시간의 흐름의 방향을 인지하고 있었다. 스파이어의 순서배열에 사용된 형식들의 변이에 대한 검증은 회귀 분석, 잔존물 분석 등과 함께 모두 혁신적인 것이었다. 참으로 스파이어의 연구는 스스로 언급하였듯이 "고고학적 방법의 모범을 제시한" 것이었다(Spier 1917a: 328). 키더는 스파이어의 연구를 검토하면서 다음과 같이 평가하고 있다.

> 스파이어 씨가 자료를 제시하고 통계적으로 다루는 방법은 참으로 견실하다. 토기의 비율에 근거하여 유적들의 순서를 매긴 방법(넬슨의 층위학적 조사를 통해 편년적으로 유의함이 드러났다)은 새롭고도 귀중한 방법론적 기여이다. … 좋은 방법은 좋은 결과를 이끈다. 스파이어 씨의 결론들은 전적으로 만족스럽다. 그의 연구는 리틀콜로라도(Little Colorado) 유역에서 이루어지는 장래의 고고학 연구의 근간이 될 것이다. … 〔이것은〕 토대가 될 것이다.

2) 불연속 차원으로서 시간의 흐름

1916년에서 1917년까지 두 해 동안 넬슨과 크로버, 그리고 그 뒤를 이어서 스파이어와 키더는 특정 유물의 양식에서 나타나는 빈도의 변이를 검토함으로써 문화 변화를 분석적으로 파악할 수 있음을 보여주었다. 또한 그런 빈도 변이는 지층누중의 원칙을 이용한다면 사실상

의미하는 상동(*homology*)과 구분한다.

시간의 흐름을 나타냄을 확인하였다. 이렇게 형식의 빈도 변이가 시간의 흐름을 가리킨다는 혁신적이면서도 유물론적인 사고방식을 후일의 연구자들도 지속적으로 추구하였을 것이라고 생각하기 쉽지만, 사실 그렇지 못했다. 가령 키더 역시 후일 페코스 유적에 대한 보고서를 쓰면서, 디자인 형식의 빈도에 근거하여 토기 편년과 발달의 시퀀스를 수립하려 하였던 자신의 과거 노력을 되풀이하지 못했다(Kidder 1924, 1931, 1932, 1936a, 1936b). 윌리와 새블로프(Willey and Sabloff 1993), 그리고 기븐스(Givens 1992)는 키더(Kidder 1931)가 후일 비율층서법(*percentage stratigraphy*)을 사용하였음을 암시적으로 말했지만, 사실상 이들이 말한 비율층서법의 적용은 찰스 앰스든(Charles Amsden 1931)의 조사에서 이루어졌다. 키더는 후일의 연구 대부분에서 특정한 토기 형식들을 지시 화석으로 사용하였으며(O'Brien and Lyman 1999a), 시간의 흐름을 파악하는 수단으로서 비율층서법을 버리게 되었다.

(1) 연속적 시간과 불연속적 시간

프랭크 로버츠(Frank H. H. Roberts 1935: 3~4)는 1930년대의 고고학을 회고하면서 다음과 같은 문제를 지적하였는데, 옳은 말이다.

> 〔토기형식들의 비율에 대한 크로버와 넬슨, 스파이어, 키더의 연구방법〕은 이제 더 이상 쓰이지 않고 폐기되고 말았다. 왜 이렇게 되었는지는 그리 분명하지 않다. 경우에 따라, 특히 전적으로 지표 유물들에 의존한 연구에서는 편년의 증거들이 그렇게 완전한 것은 아닐 수도 있음이 사실이다. 그럼에도 이런 연구는 한 지역문화의 주된 특징들을 개괄해 주며, 어떤 주제에 연구를 집중하여야 하는지를 파악하는 데 도움이 된다. 어떤 한 유적에서 출토된 토기에 대한 연구에서는, 고고학이란 학문의 절차상 토기의 구체적 수량을 확실히 하는 것은 아주 바람직하다. 이를 통해 토기 복합체의 진정한 성격을 도식화하여 보여줄 수도 있다. 다만 그런 방법을 최대한 이용하지 못

> 하는 이유 가운데 하나는 아마도 연구자들이 지나치게 토기 그 자체에 대한 세밀한 연구에 치중하여 비율에서 기인하는 중요한 요인을 잊어버리고 말았기 때문일 것이다. 그래도 여전히 바로 그런 비율자료를 통해서만이 토기 형식들의 연쇄에서 각 그룹〔진정한 형식〕의 진정한 의미를 판단할 수 있다.

로버츠는 아마도 다소 너무 부정적이었는지 모른다. 이런 부정적 인식은 시간의 흐름을 파악하기 위해서 토기 형식들의 상대적 빈도에서 보이는 변이를 연구하고 비율층서법(e. g., Martin 1936)이나 순서배열법(e. g., Martin 1938, 1939)을 사용하였던 미국 서남부의 연구자들도 마찬가지였다. 그러나 로버츠의 생각은 전반적으로 옳았다. 고고학자들은 토기 그 자체에 지나치게 관심을 쏟은 나머지 토기 형식이 편년 구축에 어떠한 역할을 하는지에 대해서는 그다지 신경을 쓰지 못하고 말았다. 이로써 더 이상 형식들의 빈도에 의존하여 시간의 흐름을 추적하지 않게 되고 말았다. 고고학자들은 이제 지층누중과 층위학을 통해서 그런 작업을 하게 되었다. 로버츠의 진술을 비롯한 당시의 평가는 바로 이 점을 확실하게 보여주고 있다.

키더는 자신의 미국 서남부 고고학에 대한 독창적이면서도 종합적인 연구에서 다음과 같이 평가한다.

> 이상적 편년의 증거는 층위인데, 곧 한 형식의 유물이 다른 형식의 유물보다 아래에서 발견될 때를 말한다.… 연구자는 층위적 증거를 최대한으로 이용하기 위해서 … 반드시 문화의 변화를 가장 정확하게 반영하는 것, 또는 분기를 구분하게 해주는 것을 연구대상으로 삼아야 한다. 토기는 문화 변화에 가장 민감하게 반응하기 때문에 지금까지 그 같은 연구에 가장 유용한 자료가 되었다. (Kidder 1924: 45)

키더는 어디에서도 계통순서배열, 비율층서법, 또는 빈도순서배열이라는 말을 언급하지 않고 있다. 그러나 키더의 메시지는 다음 두 가지 논점에서 명확하였다. 첫째, 분석자가 적절하게 구성만 한다면 유물 형식을 지시 화석으로 사용할 수 있으며, 둘째, 유물 형식들은 시간적 변화—본질론적 시각에서—만이 아니라 문화 변화를 비추어 주고 있다는 점이다. 연구자가 해야 할 일이란 단위들을 시간적으로 적절한 순서로 쌓아올리고, 층위발굴기법을 토대로 발굴하는 것이다. 1920년대 말 저드(Neil Judd 1929: 408)가 기술하였듯이, "편년은 미국 선사시대에 대한 많은 비밀들을 풀 열쇠가 될 것이며, 층위를 바탕으로 편년을 구성해야 한다"는 것이다. 넬슨은 10년 뒤 거의 동일한 언급을 하게 된다. 아무도 비율층서법, 순서배열법, 그리고 특히 문화 변화를 파악할 수 있게 해주는 유물 분류법에 대해서는 언급하지 않았다.

수년 전에는 가설적 편년 시퀀스를 검증하고 확인하는 데 쓰였던 방법이 이제는 그것을 만들어내는 창작의 전략이 되었다. 1920년대 초가 되면 유적에서 불연속적이고 별개의 퇴적 단위로서 층이 존재한다는 것은 계기적 문화들의 불연속적 점유를 시사한다는 위슬러(Wissler 1917a)의 주장이 이제 고고학에서 일반적으로 받아들여지게 된 듯하다. 제라드 포크(Gerard Fowke 1922: 37)는 "단속적 점유는 계기적으로 폐기된 많은 쓰레기 층들이 단절되어 나타나는 것으로 확인된다"고 지적하였다. 크로버(Kroeber 1925: 927)는 "비교를 함에 있어 올바른 〔발굴〕 절차는 퇴적의 선(층위)들을 따르는 것"이라고 주장하였다. 층(수직 단면에 나타나는 불연속적 퇴적 단위)은 불연속적 "점유들"을 설정하는 근거가 된다는 생각을 바탕으로 "문화"—민족지적으로는 분명 가시적인 것이고, 따라서 실재하는 것이라 여겨졌다—의 시퀀스에 대한 개념은 더욱 뚜렷해졌다. 이렇듯 시간의 흐름이 가지고 있는 성격에 대한 혼란—곧, 시간을 연속적 흐름 및 단속적 연속 둘 모두의 측면에서 바라봄으로써 생기는 혼란—은 더욱 커지고 있었다. 페코스 푸에블로에서 나온 토기에 대한 키더의 다음과 같은 언급은 어떻게 고고학자들이 한편으로 연속적 흐름, 그리고 다른 한편으로 불연속적 단위의 흐름이라는 두 가지 상반되는 시각으로 시간의 흐름을 파악하고 있었는지를 잘 보여준다.

> 페코스의 마연토기를 시간적으로 연쇄적인 여섯 형식들로 배열하는 것은 매우 편의적이며, 피상적으로는 만족스러운 것이다. 얼마 동안 이나마 나는 그런 분류를 매우 자랑스럽게 생각하였는데, 사실 마치 형식들이 정확하고도 묘사할 수 있는 실재물인 양 생각하고 서술할 정도였다. 물론 형식들은 전혀 그런 것이 아니며 끊임없이 변화하는 문화 특질들을 자른, 단순히 유용한 단면일 뿐이다. 대부분 형식들은 한 형식에서 다른 형식으로 단계적으로 변하는데, 그 차이는 아주 미세하다. 그러므로 내가 그런 식으로 형식들을 배치한 것은 결국 개별성들 가운데 여섯 개의 인지할 수 있는 마디를 고른 것일 뿐이며, 실제로 더 오래되거나 더 늦은 과도기적인 많은 표본들 가운데 가장 눈에 띄거나 "봉우리"로 솟은 것들을 찾기 마련인 것이다. … 이 토기는 그냥 가만히 머물러 있었던 것이 아니다. 바로 약 3백년 동안 점진적이며, 미세하지만 끊임없는 변태를 거듭하여 왔던 것이다. (Kidder 1936b: xx)

키더의 논평은 초기 문화사고고학 패러다임의 토대에 내재되어 있던 근본적 역설을 잘 보여 준다. 그 역설이란 시간의 흐름에 따라 유물 형태들이 "점진적이며, 미세하지만 끊임없는 변태를 거듭하였다"는 유물론적 인식을 "개별성들 가운데 인지할 수 있는 마디들"이라는 불연속적이며 유형론적이고 본질론적인 형식들을 바탕으로 추구하였다는 것이다. 만약 시간적 연속선상에 어떠한 단절도 없으며 '인위적으로' 단위들 — 형식들 — 을 만들어내어 그런 연속성을 파악하려 하였다면, 키더는 끝까지 유물론적 원칙을 지킬 수 있었을지도 모른다. 그러나 그런 구분을 확실하게 하지 않았으며 — 물론 마음속에 정확히 무슨 생각을 가졌는지는 불확실하지만 —, 그 결과 동료들이 걸려들었던 것과 똑같은 역설에 휘말리게 된 것이다.

이와 유사하게 넬슨은 한 문화의 역사는 흐르는 물처럼 생각될 수 있으며, "몇몇 전략적 지점에서 단면들"을 관찰함으로써 그 흐름을 추적할 수 있다고 주장하였다(Nelson 1932: 105). 이것은 유물론적 진술이었다. 그러나 고고학자들이 그런 단면들을 불연속적 형식들, 점유들, 문화들과 같은 것들로 바라보기 시작할 때, 그리고 점유들을 별도의 퇴적 단위들 — 층위 — 과 상응시키기 시작할 때, 유물론적 역설에 빠지고 마는 것이다.

이 문제 — 지층누중이 (편년 순서의) 확인 방법이 아니라 편년을 만들어내는 '창작의 방법'이 되면서부터 문화사고고학 패러다임에 뿌리박은 문제 — 에 대한 좋은 사례는 고든 윌리(Gordon Willey)와 리차드 우드버리(Richard Woodbury)가 플로리다 서북부에서 토기 형식의 편년을 수립하면서 했던 노력에 잘 드러나 있다.

> 어떤 토기 형식이든지 여러 양식적 특징들이 결합되어 만들어진 것인데, 시간의 흐름에 따라 변화가 일어나며 과도기는 너무도 점진적이어서 확실한 구분을 할 수 없게 만드는 경우가 많다. 하지만, 토기 형식들의 시기라는 것은 하나나 그 이상의 "열쇠"가 되는, 또는 "지시적", 형식들에 바탕을 둔 것이다. 그런 지시 형식들이 충분히 한정된 범위를 가지고 있고 외관상 구분되어 존재하는지를 정확하게 판단할 수 있어야 한다. 또한 토기 편년이라는 뼈대 위에 충분하고도 "기능적" 문화적 기술(記述)이라는 살과 몸을 보탠다면 "분기들"이 독자적 문화들을 표현하고 있음을 입증할 수 있을 것이라 생각한다. (Willey and Woodbury 1942: 236)

'지시 형식'들의 역할은 대체로 '지시 화석'과 같은 것으로서, 특정 지역의 특정 시간대 — 짧을수록 좋다 — 를 가리키는 데 사용된다 (O'Brien and Lyman 1999a). 더욱 중요한 것은 윌리와 우드버리의 진술은 문화 변화가 점진적이고 연속적 — 마치 흐르는 물처럼 — 이라는 개념 모델과 민족지적 정보로 불연속적 단위들을 혼합했다는 사실이다. 지시 화석, 곧 지시 형식들은 유물론적 접근에 입각하여 시간의 흐름을 파악하는 데 쓰일 수도 있지만, 마찬가지로 본질론적 접근인 '문화'와 같은 민족지적 단위와 상응될 수도 있는 것이다. 크로버의 언급처럼, 유물 형식들은 시간의 흐름에 입각하여 "반드시 분기들로서 해석되어야만" 했다(Kroeber 1925: 931). 그러한 상응은 검증할 수 없다고 하여도, 그것을 바탕으로 상식적 수준에서 임의로 문화적 연속선상을 부분들로 나눌 수 있었던 것이다. 20세기 이전에도 그러했듯이, 이런 부분들은 1916년 이후 '문화들'이라고 언급되며(Lyman et al. 1998b), 지역적인 문화 복원의 초석이 된다(e.g., Ford 1936a; Kidder 1924). 당시 불명확했던 것은 이런 단위들이 전혀 상반되는 두 존재론적 시각(곧, 유물론 대 본질론)의 산물이라는 점이었다. 미국 고고학자들이 이런 사실을 이해하지 못했다는 사실은 문제의 발단이 되었으며, 결국 문화사고고학이라는 패러다임은 유행에서 밀리게 되었다.

(2) 필립스, 그리핀, 포드의 논의

편년을 구성하기 위한 윌리와 우드버리의 시도는 문화 변화가 점진적이고 연속적이라는 생각을 문화 변화를 민족학적 정보에 바탕을 둔 불연속적 단위로서의 문화 개념과 혼동한 좋은 예이다. 하지만, 아마도 가장 고전적인 사례는 필립 필립스(Philip Phillips), 제임스 포드(James A. Ford), 제임스 그리핀(James B. Griffin)이 북으로는 미주리와 아칸소 주 경계에서 남으로는 아칸소와 루이지애나 주 경계에 이르기까지 미시시피 강 유역의 토기 유물군에 대한 합동 연구일 것이다(Phillips et al. 1951). 이 연구는 실제적으로, 그리고 방법론적으로도 기념비적 업적이었으며(Dunnell 1985a; O'Brien and Dunnell 1998; O'Brien and Lyman 1998), 많은 점에서 본질론과 유물론 사이의 충돌을 잘 보여주고 있다. "미시시피 하류의 고고학 조사, 1940~1947년"(Phillips et al. 1951)이라는 글이 가진 가장 큰 가치는 세 연구자들 사이의 대화에서 찾을 수 있다. 저자들 사이의 의견 차이는 사실 대립

〈그림 3-6〉 필립 필립스 · 제임스 포드 · 제임스 그리핀이 생각했던 토기 형식

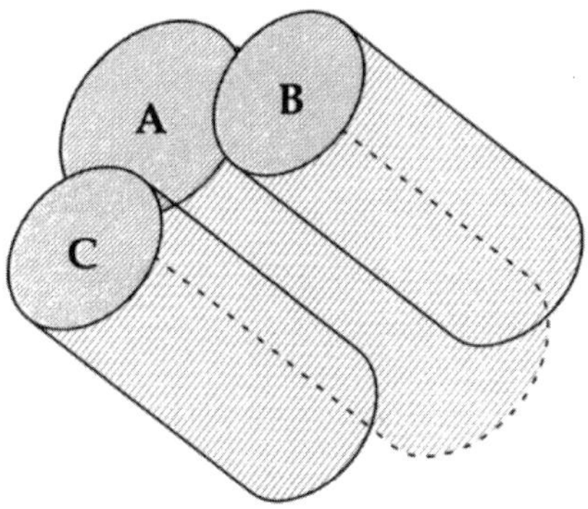

각 문자들은 하나의 형식을 가리키며 둥그런 모양은 형식 내의 형태변이의 범위를 가리킨다. 원기둥의 길이는 한 형식의 시간적 범위를 나타내고 있다. (Phillips et al. 1951)

되는 존재론적 차이(본질론 대 유물론)에 기인한다 — 많은 부분에서 잘 드러난다.

이 조사에 대해 우리의 관심은 시간의 흐름에 대한 접근 방식뿐만 아니라 유물의 형식들이란 이슈에 대해서 우리에게 무엇을 말해주고 있는지 하는 데 있다. 이런 이슈는 흐르는 시간을 부분으로 나누는, 문화사고고학의 다양한 방법들의 근간을 이루고 있다. 필립스 등의 형식학에 대한 논의는 제 5장에서 자세하게 다루어질 주제에 대한 훌륭한 도입부 역할을 할 것이다. 저자들 3명 모두 토기의 분류를 연구하였으나, 무엇을 포함시키고 어떻게 단계를 구분할 것인지에 대한 논의는 그리핀의 몫이었다(Dunnell 1985a; O'Brien and Lyman 1998).

저자들은 토기 형식을 마치 "머리카락을 나누는 것"과도 같이 임의적 판단들이라고 하였다. 왜냐면 실제 표본들은 그 형태적 속성들에서 다소 연속적 분포를 보이기 때문인데, 이는 생물학에서 종(種)을 설정하는 문제와 비슷하다(〈그림 2-6〉). 저자들은 시공간에서 형태적 속성들이 아주 점진적으로 바뀌기 때문에 그 변화는 추적하기란 힘든 일이며 형식들을 구분하는 것은 임의적이라 생각하였다(Phillips et al. 1951: 64, 〈그림 3-6〉). 그런 점에서 이들이 생각하였던 형식은 '관념 단위'이며, 형식의 시공간적 경계는 제한적이어서 문화사를 쓸 수 있

도록—특히 시공간적 차이들을 파악하도록—해준다. 그러나 그런 형식의 이론적 내용은 단지 상식적 원리에 입각하여 채워졌으며, 형식들은 시행착오에 따른 외연적 재정의(*extensional redefinition*)[4]를 통해서 "시공간상 민족지적 분포와 근접하여 일치할" 때 "마침내 문화적 의미를 가지게" 될 것이라고 보았다(Phillips et al. 1951: 64).

유물 형식들은 시간의 흐름을 보여준다고 생각되었으며, 실제로 그러한지를 판단하기 위해서는 지층누중에 따라 각각의 상대적 분포를 검토하면 되었다. 하지만 저자들이 만들어낸 형식들의 민족지적 함의는 검증할 수 없는 것인데, 그 이유는 형식들이 분명하게 또는 이론적으로 그런 특성들을 가지고 있음을 말해주는 어떠한 형태적 속성도, 그리고 구성되는 형식들이 그런 특성을 가짐을 확인해주는 어떠한 이론적 검증도 없기 때문이다. 알렉스 크리거(Alex Krieger 1944)를 비롯한 연구자들과 마찬가지로 저자들은 그저 상식적 원리에 의존하고 말았다. 가령 "토기 속성들"의 변화는 점진적인 것이라 생각되었는데, 이유는 형식들이 선사시대의 규범, 또는 그들이 말했듯이 적절한 토기란 무엇인지에 대해 "합치된 공동체의 의견"을 반영한다고 생각되었기 때문이다(Phillips et al. 1951: 62). 저자들은 "우리가 형식의 정의에 대한 범주로서 선택한 특성들은 한 종류의 토기를 다른 종류로부터—이것을 제작하고 사용한 사람들의 마음속에서—구분시켜주는 특성들과 일치하게 되어 있다"고 하였다(Phillips et al. 1951: 63). 아마도 그럴 수도 있겠지만, 저자들은 그릇 제작자들의 머릿속에 무엇이 있었는지를 판단하는 근거를 전혀 제시하지 않았다. 토기편이 쌓인 더미에서 그 같은 정보를 얻어내기란 불가능하며, 물론 저자들도 이를 인정할지 모르겠다. 물론 5장에서 살펴보겠지만, 이를 인정하지 않는 사람들도 있다.

---

4) 옮긴이 주—제 5장에서 자세히 논의하겠지만, 처음부터 필요충분조건을 제시하는 이론적 정의(내포적 정의)와는 대조적으로, 집합의 구성원을 시행착오적으로 가려내는 식의 정의를 말한다.

필립스 등은 지리적인 "유행" 중심지를 주관적으로 골랐는데, 여기서 형식들은 점진적으로 부동하거나 다른 형식들에 "슬며시 끼어들기"도 한다. 이 점은 저자들이 가지고 있던 형식에 대한 정의가 '외연적' 특성을 가졌음을 보여줄 뿐만 아니라 문화는 전수되고 공유된다는 생각을 비추어주기도 한다.

> 토기 제작에 있어 어느 정도 숙련된 수준에 다다른 공동체는 몇 개의 상이한 그릇 양식들을 보유하고 있으리라 판단된다. … 중심지를 넘어서면서 양식은 변하고 거칠게나마 거리에 비례하여 다른 중심지로 기울게 되는 경향을 보인다. 물론 그것은 종족적 분포와 지리적 요인에 따른다.
>
> 그러므로 우리는 마음속에 '지속적으로 진화하는 지역 토기 전통'이라는 개념을 가지고 있는데, 전통은 많은 중심지들 안과 그 주변에서 다소 평행한 발달을 보인다. 각각은 독특하면서도 상호 관련된 여러 양식들을 가지고 있으며, 각 양식은 다시 지역적으로, 시간적으로 변화의 과정을 보이게 된다. 우리는 이렇듯 놀랄 만큼 불안정한(민감한) 자료를 한 지역의 선사시대를 푸는 열쇠로 삼고자 한다. 이 같은 (지역, 시간, 형태라는) 3차원적 흐름에는 "자연적"으로 나뉘는 부분들이 거의 드러나지 않으며, 때문에 우리는 이것을 다룰 수 있는 어떤 형태로 줄일 수밖에 없다. 이런 상황을 맞아 우리는 단위들을 임의로 나누게 된다. '토기의 연속선상'에서 그렇게 만들어진 단위들을 '토기 형식'이라 부르는 것이다. (Phillips et al. 1951: 62~63; 강조는 원문 그대로)

따라서 필립스 등이 생각했던 유물의 형식이란 문화 변화에 대해 자신들이 가졌던 개념에 기반을 두고 만들어진 임의적 구성물인데, 형식—양식적 규범—들이란 문화가 공유하는 생각들을 자른 단면이 된다.

필립스 등은 일관되게 토기 형식학을 아무런 비판도 없이 무작정 받아들이고 사용하는 것은 위험한 일이라고 고고학자들에게 경고하였다. 이런 경고는 저자들이 가졌던 형식이란 개념은 제 5장에서 논의하듯이 엄밀한 용어로는 '클래스'(집합)라 할 수는 없고, 유물들의 '그룹'(모둠)에 가까워 그 정의는 외연적으로 특정한 토기편 수집품에서 추출된 것이다.[5] 또한 저자들의 토기 형식학에 관한 논평은 지금까지 쓰인 글 가운데 가장 통찰력 있는 것 가운데 하나라고 할 수 있다. 때문에 이 장을 시작하면서 인용한 것이다. 저자들의 논평은 그보다 몇 년 전 브루(J. O. Brew 1946)가 했던 것과 똑같은 역설을 말하고 있는데, 바로 유물론적 측면에서 변화를 지각하면서도 관찰된 대상을 본질론적 측면에서 구조화하는 데서 생기는 어려움을 지적하고 있다. 미국 고고학의 발달을 개괄해보면 토기편이라는 연구대상을 '개념으로서의 형식'과 분리하여 생각하여야 한다[6]는 필립스 등의 경고가 그리 되풀이 강조되지 않음을 알게 된다(Lyman et al. 1997a, 1997b; O'Brien and Dunnell 1998; O'Brien and Lyman 1998, 1999a). 분리하여 생각하지 않을 경우 고고학자들은 유물론의 역설에 빠지고 마는 것이다.

이 역설의 범위는 너무도 커서 필립스, 포드, 그리핀까지도 휩쓸리게 되는데, 결국 포드는 다른 곳에 자신만의 견해를 발표하기에 이른다(Ford 1952). 포드는 문화 변화를 점진적이고 끊임없이 일어나는 것 —"토기의 연속성은 잔잔한 시냇물"에 비유된다(Phillips et al. 1951: 427; Ford 1951: 91~100도 참조) —으로 보았지만(e.g., Ford 1935a, 1949), 필립스와 그리핀은 그 흐름을 경련하는, 또는 단속적인 것이라 보았다. 후자의 관점은 부분적으로 층위적 단위들이 원래 불연속적이라는 데서 기인한 것이다(Phillips et al. 1951: 428). 따라서 필립스와 그리핀이 생각하였던 그 흐름에서의 단절이란 층위적 경계들과 일치하는 경향이 있었다(O'Brien and Dunnell 1998; O'Brien and Lyman

---

5) 옮긴이 주 — 제 5장에서 다루어지겠지만, 클래스(*class*)란 내연 정의(*intensional definition*)에 따라 구성원이 필요충분한 조건으로 미리 정의된 것을 말하며, 그룹(*group*)이란 외연 정의(*extensional definition*)에 따라서 경험적이고 현상적으로 분리된 묶음을 말한다.

6) 옮긴이 주 — 내포적으로 정의된 개념으로서의 형식과 연구대상을 분리하여 생각하여야 한다는 말이다.

1998). 이것이야말로 그리핀과 필립스가 예측한 고고 자료의 성격과도 정확히 일치하는데, 바로 잘 정돈되고 질서 정연한 단위들 사이에는 아주 가시적인 불연속들이 존재한다는 것이다(특히 Phillips 1970을 보라). 하지만 포드의 생각은 달랐다.

> 〔토기〕는 미시시피유역에서 전체 역사 내내 연속선상에서 지속적으로 발달하였다. 새로운 형식들이 이전 오래된 형식들을 개량하여 진화하는 것이었든지, 아니면 외부로부터 온 새로운 생각들로부터 새 형식이 발생하는 것이었든지 모두 문화적 흐름에서 아무런 단절도 없이 자리를 잡게 된다. 이런 관점은 논리적으로 대부분의 경우 어떠한 "뒤섞인"(*mixed*) 토기 복합체는 긴 연속선상에서 하나의 짧은 시간대만을 나타내게 된다는 결론을 내게 된다. 이런 생각이 갖는 중요한 점은 순서배열법에서 아무리 강조해도 지나치지 않는다. 포드는 유적들을 재점유함으로써 혼합된 복합체들이 생길 수 있음을 부인하지 않는다. 포드는 솔직하게 그런 유물군들을 그래프에서 제외하였으며 또 그랬다고 이야기한다. …
>
> 한편 그리핀과 필립스는 연속성이라는 일반적 이론(원칙)을 거부하지 않으면서도 재점유를 통한 뒤섞인 사례는 포드가 인지하였던 것보다 더 많다는 입장이다. 특히 그리핀과 필립스는 토기의 비짐에 있어서 진흙에서 조개가루로, 곧 베이타운기에서 미시시피기로 변화할 때 적어도 한 시점에서는 상당한 단절—물론 이런 단절이 없다면 잔잔한 흐름의 토기 연속성이 지속되겠지만—을 보여주는 경향이 있다고 본다. 그리핀과 필립스는 포드가 그래프에서 혼합된 유물군들을 포함시키는 것이 자신의 연속성의 가설을 증명하는 것처럼 생각함으로써 결국 가짜 과도기를 만들고 말았다고 느꼈지만, 실상이 문제는 아직 해결되지 않았다. (Phillips et al. 1951: 427)

후일 미시시피유역의 곡류하는 지역에 대한 수십 년 동안의 발굴에서는 비록 진흙 비짐을 사용한 토기에서 조개가루 비짐을 쓴 토기로 변화가 있었지만, 국지적으로 살펴보면 그리핀과 필립스가 예측했듯이 그렇게 급격한 변화가 있지는 않았음을 보여준다.

필립스와 그리핀은 순서배열과 층서가 "서로 독립적 분석법들"임을 인정하며(Phillips et al. 1951: 239), 발굴구획 단위를 퇴적층에 따라 노출시키는 것은, 노출 그 자체로는 정확한 것이지만, 전체 지역에 한꺼번에 적용해서는 안 된다고 하였다(Phillips 1951: 291). 이는 옳은 지적이다 . 그러나 필립스와 그리핀은 "문화 변화는 급격하게 일어난다"는 본질론적 관념을 가졌기에 결국 그러한 급격한 변화가 보이지 않을 때 많은 유적들을 층서적으로 "뒤섞인" 것이라고 판단하였다. 이와 비슷하게 필립스와 그리핀은 포드의 지표수습 유물들을 뒤섞인 것으로 판단하였다. 이 때문에 순서배열을 할 경우 가상의 "과도기적" 유물군—"실제로는 재점유의 결과"이지만—들이 생긴다는 것이다(Phillips et al. 1951: 292). 필립스 등이 순서배열[7]이라는 말에서 뜻하였던 것은 지표수습 유물군 내의 토기 형식들의 비율을 계산하여 층서적 방법으로 구축된 커다란 편년 시퀀스 속에 어떤 한 유적을 위치지우는 것을 말한다. 어떻게 포드의 동료들이 지표수습 유물군을 인지하였는지, 그리고 어떻게 그것이 뒤섞인 것임을 인지하였는지를 살피면 필립스와 그리핀이 가졌던 본질론적 입장을 잘 알 수 있다. 이들은 본질론적 입장을 입증하기 위해서 과거 문화의 실체를 정확히 반영하고 있다고 믿어지는, 층서적으로 분명한 사례들을 인용하여야 했으며, 동시에 층서에서 형식들이 한꺼번에 나오는 것을 '뒤섞인' 것이라고 평가절하해야만 했던 것이다.

필립스와 그리핀의 시각을 보여주는 훌륭한 사례는 아칸소 주 크로스카운티의 로즈마운드(Rose Mound) 유적에서 출토된 토기에 대한 논의에서 찾아볼 수 있다. 이 유적에서는 한 변이 2m인 정사각형 단위 하나를 임의로 10cm 레벨로 발굴하였다. 22개 레벨들이 발굴되었는데, 저자들은 "이 발굴 단위의 층위(성층)는 토기 층서의 해석에 중요

---

7) 여기에서 저자들은 순서배열(*seriation*)이라는 용어를 느슨한 용법으로 사용하고 있다(Lyman et al. 1998b; O'Brien and Lyman 1998, 1999a).

한 의미를 가지는데", 곧 모래 비짐에서 조개가루 비짐을 사용한 토기로, 다시 말하면 베이타운 토기 형식에서 미시시피 토기 형식으로의 변화 연구에 중요하다고 지적하였다(Phillips et al. 1951: 286~287). 저자들은 형식들의 비율을 표현한 그래프를 그리는데, 이런 식의 그래프를 그리기로 유명한 사람은 바로 포드이다(Lyman et al. 1998b; O'Brien and Lyman 1998). 이 그래프에서는 복잡한 층서 단면도에 수평막대 도표(형식의 비율)가 겹쳐서 표현되었는데, 단면도에서는 하부 층서 단위들의 경계가 나타나 있다(〈그림 3-7〉). 저자들(적어도 필립스와 그리핀 두 연구자)은 다음과 같은 결론을 내린다.

> 토기 층서〔층위 경계들이〕가 이렇듯 경사를 이루고 있기 때문에 함정에 빠질만한 거짓 전이적 양상들이 생길 수 있다. … 그러므로 산출되는 토기 그래프는 〔토기 형식들〕의 측면에서 부드러운 전이를 보이지 않을 수 없게 된다. 두 가지 층들 사이의 층서적 관계를 올바로 판단하기 위해서는 그 층들을 포함하고 있는 다섯 가지 임의의 레벨들을 제외하여야 하는 것이다. **결론적으로 순수한 베이타운 토기에서 역시 순수한 미시시피 토기 복합체로 급격한 전이가 있었다.** (Phillips et al. 1951: 288~289, 고딕체 강조가 추가됨)

실제로, 그런 급격한 전이는 없었다. 오히려 연구대상 지역에서는 시간의 흐름에 따라 조개가루 비짐이 진흙 비짐을 '점진적으로' 대체하게 된다. 이 대체는 결코 확실하게 완결되지 않아서 두 종류의 비짐은 역사시대에도 계속 사용된다. 만약 필립스와 그리핀은 이런 사실을 알고 있었다 해도 아마 아무 말도 하지 않았을 텐데, 후대의 유물군에서 진흙을 비짐으로 사용한 예가 소수에 불과하기 때문이라는 것이 그 이유일 것이다. 심지어 조개가루 비짐이 진흙 비짐을 급격하게 대체했다는 것은 과거 모든 사람들이 동시에 그런 급격한 전이를 실행했다는 것을 뜻하지 않는다고 변명할지도 모른다. 또한 언제나 강력한 문화변화 메커니즘인 '전파'라는 개념을 불러내어 원래의 중심지에서 특질들이 다른 곳으로 확산되는 것을 설명하려 할 수도 있을 것이다.

포드는 그런 비짐의 전이 문제에 대해서 필립스와 그리핀의 입장에 반대하였으며, 그것은 '대체'(*replacement*)가 아닌 '지역적 발달'이라는 관점을 취했다. 그렇지만, 역설적으로 필립스와 그리핀이 못마땅하게 여긴 것은 다름 아닌 포드의 전파론적 관점들이었는데(O'Brien and

〈그림 3-7〉 아칸소 주 로즈마운드 유적에서 수습된 세 가지 토기 형식의 상대적 빈도가 겹쳐서 표현된 도면

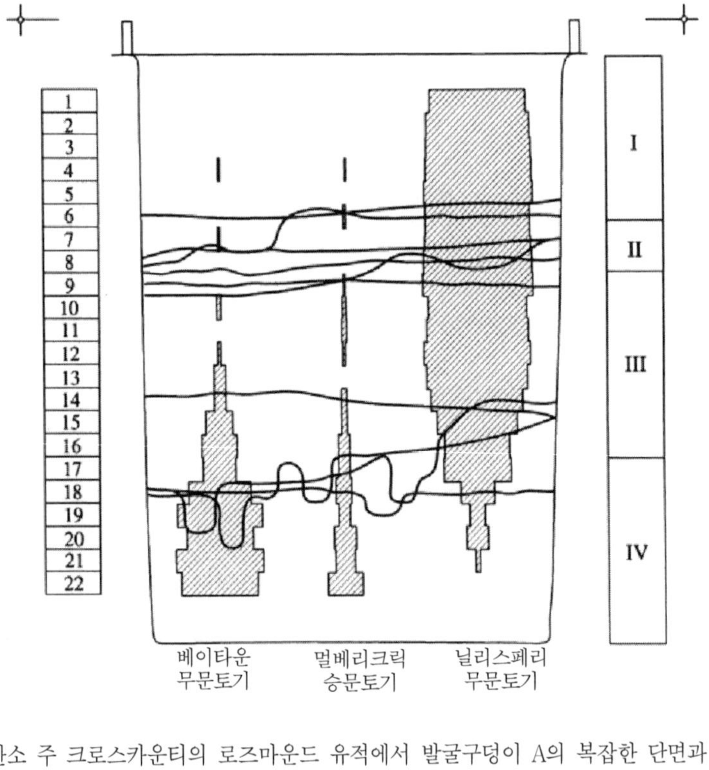

아칸소 주 크로스카운티의 로즈마운드 유적에서 발굴구덩이 A의 복잡한 단면과 임의적 발굴 레벨에 입각하여 수습된 세 가지 토기 형식의 상대적 빈도가 겹쳐서 표현된 도면. 왼쪽 칸들에 있는 숫자는 10cm 단위의 발굴 레벨을 의미한다. 오른쪽의 로마자들은 2×2m 발굴 단위의 네 벽에서 관찰되는 층위를 이상화하여 도식적으로 표현 것이다. 중간에 굴곡하는 선들은 네 벽 모두에서 관찰되는 층위선들이 복잡함을 나타내 준다. (Phillips et al. 1951)

Lyman 1998), 필립스와 그리핀은 포드의 전파론적 시각을 공동 저술에 발표하지 못하게 하였다. 포드는 자신의 시각을 1년 뒤 '미국 동남부 지역의 선사시대 토기 디자인의 발달에 대한 연구'(Ford 1952)라는 글에서 발표하여 동남부 지역의 많은 편년들을 연결시키고자 하였다.

(3) 제임스 포드의 시간 개념

포드는 시퀀스와 토기 형식들에 있어서 동남부의 편년들이 유사점을 가지고 있다는 사실은 "문화적 연속체라는 흐르는 물에 많은 실개천들"이 있음을 말해준다고 믿었다. 따라서 포드는 "주변 지역들의 토기 편년들을 연결"시킬 뿐만 아니라 (Ford 1952: 318) "시공간상에서 진화하는 계통들(생각의 흐름들)을 추적하여 질적 및 계량적으로 파악하고자" 하였다(Ford 1952: 319). 또한 그는 이 가운데 "몇몇 더 유력한 생각들의 흐름을 중심으로 파악하고자" 하였음을 분명히 밝혔다. 그리고 문화진화에 대한 크로버(Kroeber 1948: 260)의 그림을 인용하며 "이 나무에서 가지들은 서로 갈라지는 것만큼 쉽게, 그리고 빈번하게, 다시 함께 합쳐지기도 한다"고 말하였다(Ford 1952: 322). 우리는 이것을 망상 진화(*reticulate evolution*)라고 불러 생물체 진화에 적용되는 모델인 계통발생 진화(*phylogenetic evolution*)와 차별화시킬 수 있을 것이다(〈그림 3-8〉). 크로버(Kroeber 1931a), 보아스(Boas 1932), 스튜어드(Steward 1941)는 이 같은 문화진화와 생물진화의 차이 때문에 생물진화는 문화진화의 모델로서 부적절하다고 생각하였던 것이다(Lyman and O'Brien 1997). 이런 차이를 바탕으로 생물사학자들 가운데는(e. g., Gould 1996, 1997a) 이와 비슷한 결론(생물진화의 원칙을 문화진화에 적용시킬 수는 없다)에 다다른 사람도 있다. 그러나 포드는 이런 생물진화와 문화진화의 차이를 그 정도로 치명적인 것이라 보지 않고, 사실 문화진화에서 서로 교차되어 합쳐져 버리는 망상의 형태는 설명을 요하는 중요한 현상이라고 주장하였다.

포드는 디자인요소에 대한 논문에서 미국 동남부 여덟 지역들의 많

〈그림 3-8〉 크로버가 묘사한 생물진화(왼쪽)와 문화진화(오른쪽)

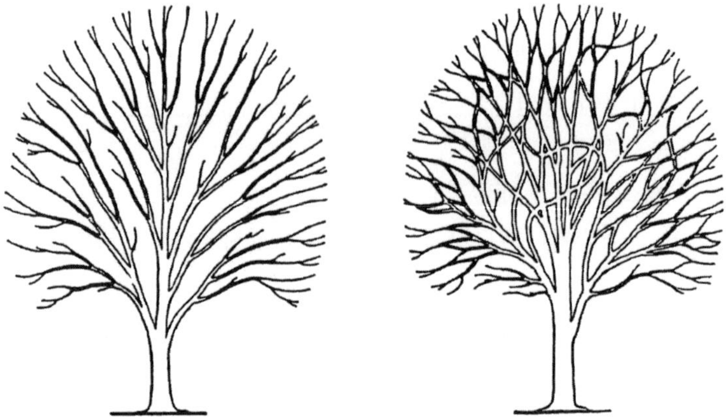

문화진화라는 망상의 나무는 포드가 문화를 실개천의 흐름이라 생각한 것과 유사함을 주목하라. (Kroeber 1948)

은 유적들에서 발굴된 레벨을 자신의 토기 형식을 사용하여 정렬시켰다. 그 다음 "형식 최대값으로 나타나는 패턴에 주목하고 형식 발생에서 더 명확하게 보이는 시점과 종점은 덜 중요하게 생각함으로써" 다양한 편년들을 비교하여 상응시켰다(Ford 1952: 331). 또한 포드는 현대 생물사학이 종의 지속기간을 정확하게 파악하는 데 관심을 갖고 있음을 예측하면서(e.g., Foote 1997a; Solow and Smith 1997), 각 형식의 지속시간이 가지는 양쪽 끝점들을 무시했는데, 이는 기계적 뒤섞임과 같은 잠재적 문제들을 고려했기 때문이었다. 물론 이런 문제 때문에 한 형식의 발단, 성행, 소멸의 과정을 나타내주는 알맞은 부드러운 곡선들을 찾는 데 어려움이 생길 수도 있음을 인정하기도 했다. 포드는 이런 외부적 요인들에 맞서, 각 지역 편년에서 유물군들의 순서를 매긴 뒤에 자신의 형식-빈도 곡선을 매끈하게 가다듬었다. 그리고 마지막에 생산되는 순서배열은 아마도 세부적 측면에서는 전부 옳다고 할 수는 없겠지만 일반적 순서에서는 큰 잘못이 없을 것이라고 말하며, 독자들에게 논의의 편의를 위해서 일단 배열을 받아들일 것을 요청했다.

〈그림 3-9〉 제임스 포드가 미시시피 주와 루이지애나 주에서 발굴된 토기를 근거로 제시한 레드 강(Red River) 하류 지역의 토기 편년 도표

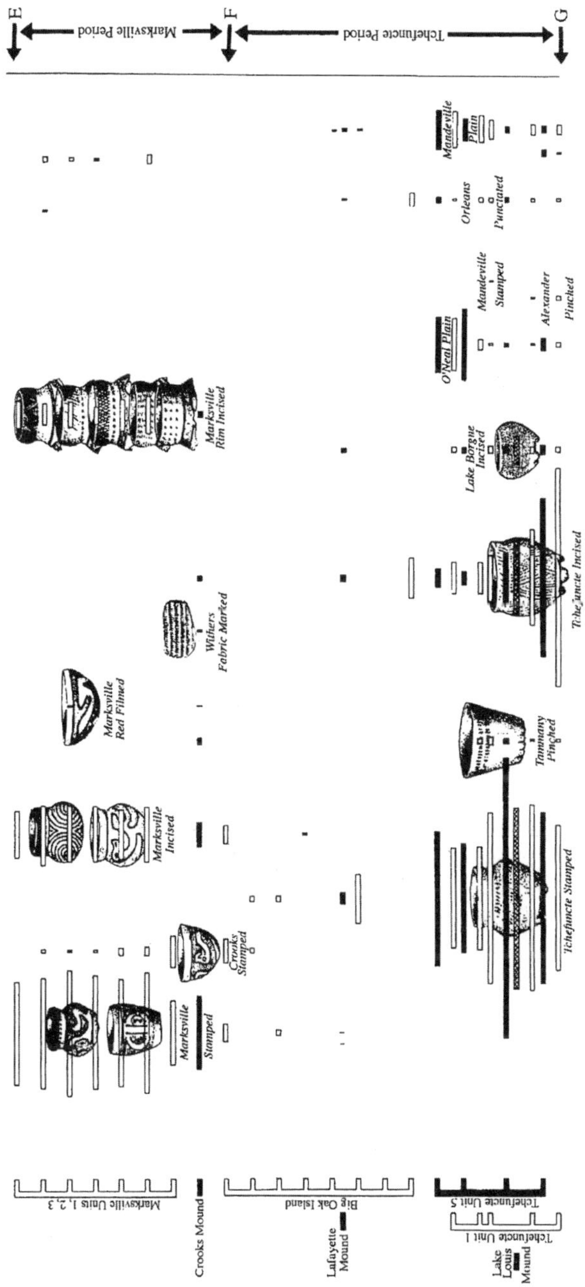

토기 형식들은 수직 칸들로 표현되어 있으며, 막대들은 많은 유적들에서 특정 발굴 단위에서 나온 각 형식의 비율을 표현하고 있다. 시기는 오른쪽 칸에 나타나 있는데, 임의적인 것이다. 단지 토기 시퀀스에서 초기의 40%정도만 여기에 나와 있다(Ford 1952).

포드는 다양한 지역 편년들을 정렬시키면서 스스로 "문화적 영향"이라 불렀던 것의 동향을 파악하고자 하였다(Ford 1952: 329). 이는 단순히 20세기에 들어서면서 유행하기 시작한 문화사고고학 패러다임의 원칙을 따른 것으로서, 이후 윌리(Willey 1953: 363)가 "형식학적 유사성은 문화적 관련성에 대한 지시자이다"라고 함으로써 이런 원칙을 공식적으로 진술하였다. 일단 지역 편년들이 정렬된 다음, 포드는 스스로 제시한 "여덟 개의 토기 장식 전통"의 역사를 연구하였다. 각 전통은 "시간이 지남에 따라 〔발달된〕 생각들이 공간상에서 시냇물처럼 흐르는 것"을 나타내고 있다고 묘사하였다. 포드는 전혀 아무런 직접적 후행 형식도 없는 디자인 형식(p. 347), 다른 것으로부터 진화한 디자인 형식(p. 350), 그리고 서로 "밀접한 혈연관계"를 보여주는 특정한 디자인 형식과 요소들에 대해서 언급하였다. 다시 말하여 형태적으로 비슷한 형식들은 계통적으로 관련되어 있는데, 여기서 비슷하다는 것은 상동적 유사성을 말하는 것이다. 그러한 해석들에 이론적 근거는 전혀 없는데, 포드가 문화진화를 시냇물의 흐름에 비유한 것은 그저 상식적 관념일 뿐이다.

포드의 연구에 반감을 가진 고고학자들이 필립스와 그리핀뿐만은 아니었다. 알버트 스폴딩(Spaulding 1953a: 591)은 문화사고고학 패러다임이 중심이었던 시기에 중요한 논평을 한 바 있는데, 포드가 형식들의 빈도 곡선을 매끄럽게 만드는 것을 "출혈을 통한 잘라내기"에 비교하며 비판하였다. 스폴딩은 포드의 작업을 토기 형식들의 "수를 세고 순위를 매기는 것"에 불과하다고 보았다. 스폴딩의 생각에 이런 절차는 측량도 아니고 과학적이지도 않은 것이었다(Spaulding 1953a: 589). 스폴딩은 다음과 같이 포드를 비판하고 있다.

> 마지막 만들어낸 배열이 조건들 아래에서 가장 최선의 것이라는 생각을 실현시키기 위해 그래프들을 재생산할 뿐이다. 막대그래프를 재생산하고 스스로 새로운 배열을 시도해 보는 것 — 더구나 이 일은

원래 비율을 계산한 것이 없이는 하기 어려운 일이다—말고는 얼마나 잘 들어맞는지에 대해서 어떠한 수학적 표현도 없다는 것은 독자로 하여금 신뢰를 갖지 못하게 한다. (Spaulding 1953a: 590~591)

대개 토기 형식들의 상대 빈도를 근거로 시간적 관계를 추론하지만, 연구대상은 시간의 흐름이 아니라 형식의 숫자와 출토 지점일 뿐이다. 따라서 이렇듯 일반적으로 모호하고, 부적절하게 측정값을 사용하기 때문에 주장들을 이해하는 데 여전히 어려움이 많다. (Spaulding 1954a: 113)

스폴딩은 장황하게 연도(年度) 같은 단위로는 거리를 측정할 수 없으며, 킬로미터(*km*) 같은 단위로는 시간을 측정할 수 없고, 또 형식이라 불리는 '임의적'인 단위로는 '문화적 아이디어'의 시간적 변화를 측정할 수는 없음을 말하고 있다. 스폴딩에게 통계 분석이야말로 유물 형식을 만들어내는 단 하나의 고고학적으로 유용한 수단이 되는데, 그 이유는 통계 분석을 통해 분석자는 선사시대 예술가들이 물건을 만들 때 했던 생각에 접근할 수 있다는 것이다(Spaulding 1953b, 1954b). 따라서 스폴딩은 포드의 디자인요소 연구를 비판하며 시공간상에 형식의 빈도를 배열함으로써—이때의 형식은 분석자가 임의적으로 정의함—실제 문화적 생각들의 시간적 흐름을 측정한다는 포드의 추론 근거에 문제를 제기하고 있다(Spaulding 1954a).

포드는 그런 추론을 하면서도 어떠한 이론적 근거도 제시하지 못하였으며, 다만 스폴딩의 문제 제기에 대해서 "기본 가정으로 사용된 문화 발달과 전파라는 기제의 특징들을 잘 알지 못하고 하는 말"이라고 대응할 뿐이었다(Ford 1954b: 110). 포드는 결코 그런 기제가 무엇을 의미하는지 분명하게 진술하지 못하였는데, 지금 생각하면 아마도 '유행의 원칙'이나 '계승의 연속성'일 것이다. 다시 말하면 사람들은 생각을 가지고 있고, 그런 생각들은 전수되고 유행하며, 그리고 사라지게 되며(사라진다는 것은 전수되지 않게 되는 것을 말한다), 다른 생각들로 대체되는데, 그 가운데는 다른 지역에서 전파되어 들어온 것도 있다는 것이다.

3. 문화사고고학과 유물 군집의 분류

20세기 초반 미국 고고학자들은 시간의 흐름을 어떻게 측정할 것인지에 대한 문제, 시간의 흐름을 파악하기 위해 유물을 어떻게 분류할 것인지에 대한 문제, 그리고 개별 유물들을 나누는 형식보다 큰 단위들을 어떻게 만들어낼 것인지에 관한 문제에 많은 고민을 했다. 고고학자들은 어떻게 '문화들'을 분류할 것인지에 관해서도 고민하였는데, 여기서 문화란 서로 일상적으로 공반되어 나오는 유물들의 군집 또는 조합들로서 표현된다. 궁극적으로 고고학자들은 어떻게 그런 형태들의 군집들이 시공간상에 관련되어 있는지, 그리고 어떻게 그것들이 서로 진화적으로 연관되어 있는지를 판단하고자 하였다. 수년 동안 유물 군집의 분류에 대해서는 많은 분류틀들이 제안되었으며, 우리는 여기에서 잘 알려진 세 가지 분류체계에 초점을 맞추어 논의한다. 이 세 체계는 몇 가지 공통점을 가지고 있는데도 〔그 가운데 하나는 모두 분류학적(*taxonomic*) 구조라는 점이다〕, 서로 아주 근본적으로 다르다. 세 체계 가운데 하나(중서부분류체계)는 첫 번째 단계에서 시간의 흐름을 고려하지 않는다. 나머지 두 체계는 계통발생적 역사를 찾으려 하는데, 하나(서남부분류체계)는 생물학적 체계와 유사하고 다른 하나(윌리-필립스체계)는 민족학적인 것과 비슷하다.

1) 중서부분류체계

1930년대가 되면 미국 고고학자들은 유물군을 기술하고 논의하는데 쓰이는 방법과 용어들에 대해서 막다른 길에 몰리게 된다. '문화'라는 용어는 유물군을 모둠 짓는 단위로서 늘 사용되던 개념이었지만, 사실 지칭하는 범위가 너무도 다양하여 문제가 많았다. 중서부분류체계(*Midwestern Taxonomic Method*)[8]는 1930년대에 유물군들을 범주화하는 데 광범위하게 쓰일 수 있는 방법을 제공함으로써 그런 문제들을 바로잡기 위해 만들어진 것으로서, 처음 제기될 때부터 윌리엄 맥컨(William McKern 1934, 1937, 1939, 1940, 1942, 1943, 1944)이라는 학자와 밀접하게 연관되어 있었다. 전체적으로 개괄하면 이 방법은 상당히 단순하다. 이 분류체계의 근간을 이루는 것은 '성분'(*component*)인데, 이것은 어떤 주어진 지역에서 특정한 인간 집단의 점유를 표현한다고 믿어지는 유물들의 집합체이다. 만약 유적이 한 번이 아니라 여러 번 점유되었다면 유적과 성분은 동등한 것이 아니게 된다(MaKern 1939, 1944). 실제로 성분들은 하나의 특질 목록으로 구성되며 그런 특질들을 근거로 정의된다. 그리고 특질 목록들에서의 유사성을 바탕으로 성분들을 모둠 짓는데, 여기에는 다섯 가지 수준의 단위가 있다. 가장 작은 것에서 큰 단위로 올라가면서 '초점'(*focus*), '양상'(*aspect*), '단계'(*phase*), '유형'(*pattern*), '토대'(*base*)가 그것이다. 단일한 초점에 속하는 성분들은 가장 많은 특질들을 공유하게 되는데, 여기서 특질들(가령 토기 디자인 같은)은 구체적인 것을 말한다. 많은 특질들을 공유하면 동일한 '초점'이 되며, 그보다 더 일반적 특질들(가령 토기 장식의 기법)을 많이 공유하는 경우 '양상'을 이루게 되고, 이런 식으로 '토대'라는 단위에 이르게 된다. '토대'에서는 단지 몇 개의 추론적 특질들(가령 농경)만을 공유하게 되는데, 다음 세 종류의 특질들이 구분된다. 첫째 '연관적 특질'(*linked traits*)은 한 단위 이상에서 공통적으로 보이는 것이며, 둘째 '특징적 특질'(*diagnostic traits*)은 특정 단위에만

8) 옮긴이 주 — 미국에서 중서부라 함은 일리노이, 미시건, 오하이오 주 등을 포함하는 지역을 말한다. 마찬가지로 서남부라 함은 애리조나, 뉴멕시코, 네바다 주 등 건조한 지역을 일컫는다. 미국 고고학의 발달에는 학사적으로 중서부와 서남부에서 이루어진 연구와 조사가 큰 영향을 미쳤다.

한정된 것이고, 셋째 '결정적 특질'(*determinants*)이란 한 단위를 구성하는 것에서는 모두 발견되지만 그 단위 이외에서는 보이지 않는 특질들을 일컫는다.

맥컨은 단위들에는 어떠한 시공간적 의미도 내재되어 있지 않음을 분명히 하였다. 그런 의미는 다른 별도의 방법을 통해서 얻어져야 하는데, 그 방법이란 순수하게 단위들의 형태적 유사성에 근간을 둔 것이다(Spaulding 1949, 1957). 요즘의 시각으로 이 방법은 산술분류학(*numerical phenetics* 또는 *numerical taxonomy*)을 적용하는 것인데, 분류 대상을 단순히 검사하는 것 말고 유사성을 측정하는 다른 어떤 절차도 없다. 동시대의 연구자들 가운데는 참으로 재빨리 맥컨의 방법이 유사성을 계량적으로 측정할 수 없다는 커다란 흠이 있음을 지적한 사람도 있다(Kroeber 1940, 1942). 다만 '성분'을 쉽게 분류할 수 있다는 점은 커다란 장점이었다. '초점' 또는 그 이상의 단위에 배치된 성분들을 검토하면 단위의 모든 구성원들에게 공통인 특질과 함께 특정 구성원에만 한정되어 있는 특질들을 가려낼 수 있다.

"분류는 클래스(*classes*)를 '인지하는' 과정이라 할 수 있는데, 각 집합은 특질들의 복합에 의해 설정"되는 것이다(McKern 1939: 304, 강조는 원문 그대로). '결정적 특질'들이 무엇인지를 판단한 다음, "정의에 따라 그런 결정적 특질들의 복합체를 찾아 분류하면 된다."(McKern 1940: 19). 이는 조건을 만족시키는 '특정한 특질'들 — 다시 말해 검토된 단위 가운데 특정한 것에만 존재하고 다른 단위들에는 찾아볼 수 없는 — 은 어떤 성분들이 선택되는지에 달려 있음을 뜻한다. 따라서 이 목록은 고고 자료에 대한 지식이 축적되고 더 많은 성분들이 알려지면 변하기 마련이다. 초점, 양상과 같은 단위들은 결국 '결정적 특질'을 추론한 당시 고고학자가 이용할 수 있는 유물군에 의존할 수밖에 없으며, 따라서 그 당시 조사 성과의 정도, 다시 말하여 역사적 우연의 결과에 다름이 아니다. 재미있는 것은 문화는 정지되어 있고 한 상태에서 다른 상태로 급격하게 변화한다는 (본질론적) 가정에 바탕을

〈그림 3-10〉 중서부분류체계에서 특질(대문자), 성분(동그라미), 초점(네모) 사이의 분석적 관계

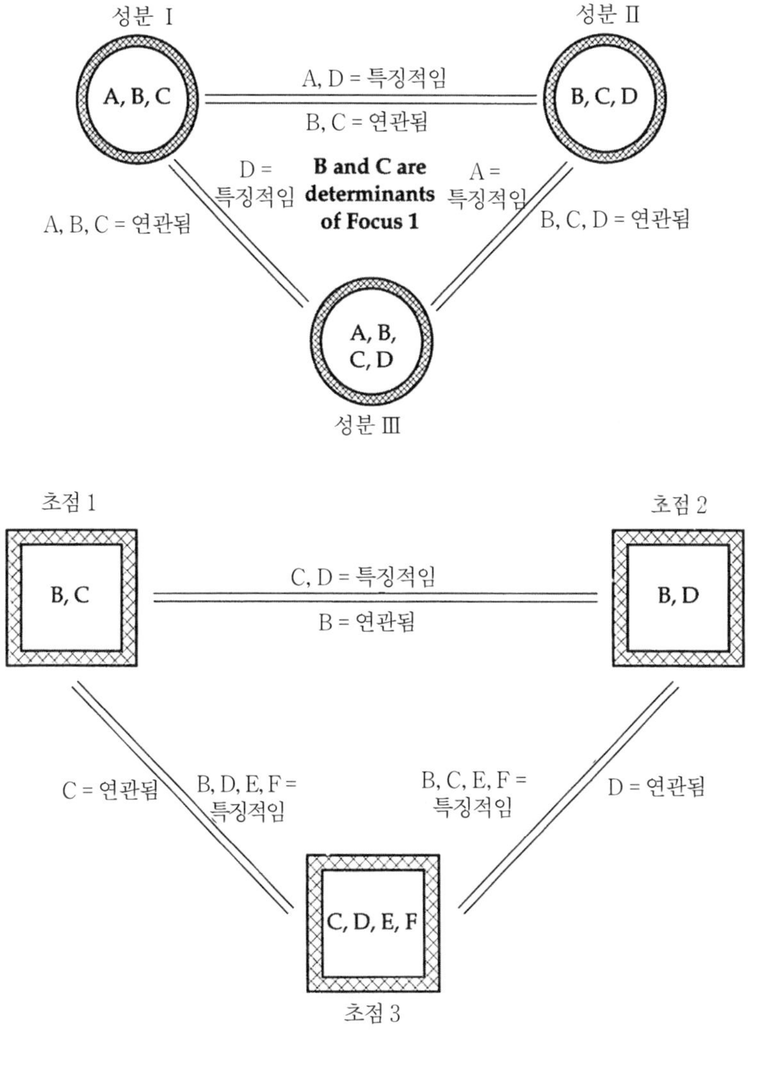

성분 I과 II, III은 특질 B와 C를 공유하고 있기 때문에 이것은 연관적 특질(*linked traits*)이며, 다른 것들은 특징적 특질(*diagnostic trait*)이 된다. 특질 B와 C는 초점 1에 결정적인 것(*determinants*)인데, 특질 B와 C를 포함하지 않는 성분들은 초점 1의 구성원이 아니다. (Lyman et al. 1997b)

둘 때만이 그렇게 '외연적'으로 '결정적 특질'들을 끌어낼 수 있다는 점이다. 이는 문화 변화를 다소 점진적이고 연속적으로 보는 관점과는 직접적으로 모순되는 것이다.

맥컨은 성분을 "특정 유적에서 주어진 초점을 명시해주는 것"으로 정의하며(McKern 1939: 308), 각각의 단위가 흔히 상위의 단위를 "명시해주는 것"이라는 식으로 언급하였다. 여기서 하나의 성분이란 공반된 유물 조합들로 이루어지는 "실재하는" 단위이다. 맥컨은 성분들에서 추론되는 특질 목록들에 대해 다음과 같이 민족학적 합리화를 꾀하고 있다: "한 유적에서 파악된 특질 복합체는 동일한 문화적 습관을 가진 한 종류(또는 한 무리)의 인디언 지역 집단의 관습과 생활양식을 표현할 수 있다" (McKern 1940: 18). 이런 상식적 수준의 근거 역시 추론에 불과한 것인데, '이론'이 없는 상황에서 순환논리의 모순에 빠지지 않고 검증하기란 불가능하다.[9] 하지만 하나의 중요한 이슈가 남아 있다. 특질 목록들은 공반되는 유물 조합으로부터 구성되지만, 어떻게 두개, 또는 그 이상의 유물들이 공반되고 있음을 판단할 수 있는가? 물론 대답은 가시적 경계를 가지고 있는 퇴적 단위로서 층을 이용하는 것인데, 이를 통해 하나의 유물 조합이 고고학적으로 공반될 뿐만 아니라 같은 체계 맥락(Schiffer 1972)[10]에 있음을 알 수 있다.

그러나 중서부분류체계 때문에 연속체로서의 문화가 모호해졌다고 보는 고고학자들도 있었는데, 이는 그리 놀랄 일이 아니다. 제시 제닝스는 우리의 시각에서 볼 때 유물론적인 진술을 하고 있는데, 다음과

9) 옮긴이 주 — 이 글에서는 늘 상식과 이론을 대조시키고 있다. 저자들은 20세기 전반 미국의 문화사고고학 패러다임은 강력한 방법론(분류와 순서배열법을 비롯한 상대편년법)을 지녔음에도 이론적 바탕을 마련하지 못해 실패한 것으로 파악하고 있다.

10) 옮긴이 주 — 미국의 고고학자 마이클 쉬퍼가 제시한 용어이다. 체계 맥락(*systemic context*)이라는 것은 고고 자료가 살아 있는 문화 및 행위적인 상황에서 기능하는 것을 말한다. 예를 들어 유물은 제작, 사용, 재사용, 폐기와 같은 체계 맥락을 거쳐 땅 속에 묻히고 보존되는 비행위적인 상태의 고고 맥락(*archaeological context*)을 거쳐 고고학자의 손에 이르게 되는 것이다.

같이 중서부분류체계를 비판하고 있다.

> 새로운 시기들은 새로운 특질을 보유하게 될 것이지만, 여전히 예전의 특질들도 많이 가지고 있을 것이다. 문화 특질들의 연속적 흐름이 시기를 넘어서까지 지속된다고 볼 경우, 편년적이고 유전적인 관계를 인정하기도 전에 단계나, 초점, 또는 유형 같은 단위를 설정하는 것은 불안함만 보탤 뿐이다. … 후대의 문화적 양상들이 잘 알려지고 이미 편년적 위치가 널리 확인된 문화들에 대한 명확하고도 날카로운 층서적 연쇄를 중서부분류체계라는 분류틀 안에 강제로 집어넣는 것은 노력 낭비이다. (Jesse Jennings 1947: 192~193)

제닝스에 따르면, 특질 목록들을 비교하고 그런 목록들 사이의 유사성과 차이들을 논증하며, 그것들의 상대 편년적 위치를 보여주고, 이를 바탕으로 목록들의 관계를 세우는 것은 "역사적 빚을 갚는 것이고, 고고학이 당연히 해야 할 일"이었다(Jennings 1947: 193). 스폴딩에 따르면 이것은 말도 안 되는 일인데, 왜냐하면 중서부분류체계는 명확하게 형태적 차원에만 관심을 두기 때문이다(e.g., Spaulding 1957). 시간 및 공간이란 차원들은 나중에 추가되며, 그 다음에서야 단위들의 계통발생적 관계들을 판단하게 된다는 것이다. 대부분 고고학자들은 중서부분류체계를 버리고 시간을 먼저 고려하는 체계를 선호하였다. 만약 그 체계가 다른 것까지도 할 수 있다면 이 역시 좋은 일이겠지만, 어디까지나 주된 강조는 시간의 흐름에 있었다. 그러나 여기서 고고학자들이 중서부분류체계를 버린 이유는 시간의 흐름을 연속적인 것으로 보지 않았기 때문이라고 생각해서는 안 된다. 중서부분류체계에는 시간이라는 차원이 아예 포함되어 있지도 않았다.

1960년대가 되면 중서부분류체계의 용어들은 대체로 사라지지만, 아케익(*Archaic*), 우드랜드(*Woodland*), 미시시피안(*Mississippian*) 시대와 같이 지금도 쓰이고 있는 단위들이 중서부분류체계상 상위의 단위들에 기원하였거나 또는 이 체계를 통해서 우리에게 전해지게 된 것들이다.[11] 현재 미국 고고학에서, 특히 동남부에서 사용되고 있는 많은 단계들은 애초 중서부분류체계상 초점들과 유사한 것들이다(O'Brien 1995, 1996a). 그러므로 많은 선사시대의 기본 단위들은 중서부분류체계가 적용될 당시에 알려져 있던 유물군 자료들만을 바탕으로 제시된 것으로, 역사적 우연의 결과라고 할 수 있는 것이다(Fox 1992, 1998; O'Brien and Fox 1994a, 1994b). 중서부분류체계가 현재의 선사시대 유물들에 대한 우리의 생각에 끼친 영향은 대단히 크지만, 이에 대해서는 별로 언급되지 않고 있다(e.g., Chang 1967; Trigger 1968). 중서부분류체계는 미국 서남부의 고고학에도 커다란 영향을 미쳤는데, 서남부의 분류체계는 중서부분류체계를 떠받치고 있는 원칙과는 아주 달랐다.

2) 서남부분류체계

1931년 헤럴드 글래드윈(Harold S. Gladwin)은 애리조나의 길라 푸에블로에서 학술회의(*Globe conference*)를 연다. 이것은 키더의 페코스 학술회의가 호호캄(Hohokam) 이외의 서남부 지역을 다룬 것과는 다른 방식으로 애리조나 남부에서 나온 호호캄 유물들을 연구하고자 조직된 것이다. 여기서 제시된 토기 용어들과 생물학 모델에서 기인한 분류체계는 1년 전에 이미 채택된 바 있었다(Gladwin and Gladwin 1930). 이를 바탕으로 "상호 관련성과 상대 편년을 표현할 수 있는 복합적인 틀"이 만들어지게 된다(Gladwin and Gladwin 1934: 8~9). 헤럴드와 위니프레드 글래드윈 부부는 서남부 지방의 모든 선사시대 집단들은 상이한 시간과 상이한 지역에서 동일한 문화적 단계들을 밟았다 — 고전적으로 모건-타일러식의 단선적 문화진화를 말한다 — 고 믿었다. 글래드윈 용어 체계는 구조상 분류학적인데, 다음 네 가지 기본

11) 옮긴이 주 — 주지하듯이 북아메리카 동부의 선사시대는 '고인디언-아케익-우드랜드-미시시피시대'로 이어진다.

단위들로 구성된다. '뿌리'(*roots*)는 인간 집단을 나타내며, '줄기'(*stems*)는 특정 집단(곧 뿌리)이 점유하는 별개의 지리학적 지역을 나타내고, '가지'(*branches*)는 '문화 영역'〔크로버(Kroeber 1939)의 문화 영역이라는 개념보다는 훨씬 낮고 세부적이다〕과 동등하게 "뿌리에서 싹이 터 오른 다양한 문화적 발달 단계들"(McGregor 1941: 6)을 나타내며, '단계'(*phases*)는 유물과 건축물의 특징적인 형식들을 가지고 있는 '가지'들 안에서 특정 시간과 공간에 따른 문화적 변이체들을 가리킨다(Gladwin and Gladwin 1934: 9~10).

글래드윈은 처음 공식적 논의가 발표되어 나온 지 얼마 되지 않아 다음과 같이 말한다.

> 토기 형식들에 대해서 속(屬)과 같이 구체적 명칭을 사용하는 것은 생물학적 용어와 유사함을 암시하기 때문에 잘못이다. 이 생각은 너무도 밀리 생물학석이고 농불학적인 선으로 옮겨간 것이라서, 동물 종과 사람이 만든 물건들 사이에는 심오한 차이들이 있음을 깨닫지 못한다. 동물 종은 서로 교차되지 못하고 중간 단계가 없으며, 생물 진화는 너무 느려 거의 인지할 수 없다. (Gladwin 1936: 258)

글래드윈은 문화진화는 생물진화보다 훨씬 더 급하고 "통합과 서로 교차되는 영향들"을 동반한다고 믿었다. 고고학자는 "종(種)이 아니라 문화 변이를 다루고 있으며, 결과적으로 문화 변이들은 중간 단계의 것과 전이적(과도기적) 형태가 많게 되어 있다"는 것이다(Gladwin 1936: 258). 글래드윈은 확실히 생물진화와 문화진화 사이의 진화적 비율에서 차이가 있음을 옳게 지적하였는데, 다만 고고학자들의 형식을 생물학적 속과 종에 동일시하면서 잘못을 범하고 만다.

1930년대가 되면 글자 그대로 수백 개의 토기 형식들이 만들어지고 형식명을 붙이는 데도 가령 세인트존스 채도(St. John's Polychrome)와 같은 이항 체계적 방법을 쓰는 것이 표준화하게 된다. 나아가 몇몇 고고학자들은 형식명을 생물 종과 유사한 것으로 생각하였는데, 물론 그렇게 보아야 할 아무런 논리적 근거도 제시되지 않았다. 비유적 측면에서만 그런 생물 종과 형식 사이의 유사를 이야기한 고고학자들도 있었지만, 실제로 토기 형식들을 계통발생적으로 배열하는 것이 가능하다고 주장하며 그런 명명 방법에 입각하여 용어들을 제시하였던 학자들도 있었다. 따라서 형식명이 생물학적 용법과 유사하였을 뿐만 아니라 형식 자체도 생물 종과 유사하다고 생각되었던 것이다.

헤럴드 콜튼(Harold S. Colton)과 린든 하그레이브(Lyndon L. Hargrave, 1937; Colton 1939, 1942도 참조)는 편년적 이슈와 함께 문화 발달이라는 주제까지 이해하려는 목적에서 글래드윈의 틀과 맥컨의 방법을 결합하게 된다. 클라이드 클러콘(Clyde Kluckhohn 1939a: 160)은 이것을 "옳은 방향에서 한 걸음 나아간 것"이라 평하였다. 그는 어떠한 특질들이 (본질론적) 문화 단위들에 결정적인지를 판단하는 데 많은 고민을 했으며, "지시 화석"이라는 용어를 사용하기까지 했다.

한편, 이미 미국 서남부에서 이전에 키더(Kidder 1915: 453; Kidder and Kidder 1917: 348)가 토기 형식들을 논의하면서 조상-자손의 관계와 함께 절멸 가능성까지 포괄하였음을 생각할 때, 글래드윈이 적어도 처음에는 생물학에 유사한 접근법을 채택하였음은 놀랄 일이 아니다. 다른 한편으로 콜튼은 생물학자로서 교육을 받았으며(Brew 1946; Gallagher 1978), 하그레이브는 고고학을 배웠으면서도 생물학, 특히 조류학에 깊은 취미가 있었고 생애의 대부분을 콜튼과 함께 일하였음도 고려할 수 있다(Carothers 1978). 키더와 글래드윈의 저술들 및 콜튼과 하그레이브의 전문 지식과 관심들은 아마도 콜튼과 하그레이브가 글래드윈의 생각들을 채택하는 데 큰 영향을 미쳤을 것인데, 글래드윈은 나중에 자신의 생각을 스스로 버렸지만 말이다.

콜튼은 특히 글래드윈의 지도를 착실하게 따랐다(Colton 1939, 1942). 콜튼의 목적은 "애리조나 북부의 문화 단위들을 개괄하고 상호 관련성을 보여주는 것"이었다(Colton 1939: 3). 콜튼은 고고학적으로 이용 가능한 물질문화적 특질들을 통해 선사 문화 단위들이 어떻게 밀접하게 관련되어 있는지를 알 수 있어야 한다고 믿었다(Colton 1939: 5). 물질문화에서 두드러진 차이가 있다는 것은 "아마도 느슨하게 부족들이라 부를 수 있을" 지리적으로 떨어져 있는 실체들을 가리킬 것이며, 물질문화가 비슷하다는 것은 부족들이 밀접하게 관련되어 있음을 나타내는 것으로 받아들였다(Colton 1939: 5). 그리고 맥컨(McKern 1934, 1937, 1939)을 따라 이 '부족'들을 구별시켜 주는 특징들은 '결정적인 것'이라 불렀다(Colton 1939: 5). 또한 글래드윈 부부(Gladwin and Gladwin 1934)를 뒤이어 '단계'란 "한 지역의 인류 집단들의 문화에서 가장 기초적 단위로서 서로 유사함을 아주 많이 보여주는 동시기의 선사 유적들"로 구성되며, "유전적으로 관련된 단계들은 하나의 '가지'로서 모둠 지어지며, 그 '가지'는 하나의 인디언 부족을 나타낸다고 생각된다"고 하였다(Colton 1939: 6).

글래드윈과 마찬가지로 콜튼에게도 서로 유사한 '가지'들은 '줄기'를 만들고, 서로 유사하게 관련된 '줄기'들은 '뿌리'를 구성하게 된다. 그래서 이런 계통발생적 함의를 단호히 거부하는 중서부분류체계와는 달리 글래드윈(적어도 처음에는)과 특히 콜튼은 자신들의 묶음(*groups*)에 대해 이론적 근거를 마련하였다. 나중에 드러났듯이, 콜튼은 단순히 중서부분류체계의 단위들과 묶음 절차들을 빌리고 몇몇 글래드윈의 용어들을 그런 단위들에 적용하여, 결국에는 일반적으로 이해할 만한 진화적 용어들을 그 단위들에 적용하였다.

비평가들은 콜튼의 방법보다는 계통발생적 해석에 더 초점을 맞추었다. 한편 에릭 리드(Erik Reed 1940: 190)는 이런 "유전적이고 시간적인 접근은 편년이 비교적 잘 수립되어 있지 못한 지역에서 바람직한 방법으로 생각된다"고 하며 콜튼의 틀을 합당하다고 생각하였다. 다른 한편으로 줄리안 스튜어드는 다음과 같이 말한다.

> 엄격히 생물학에 충실한 틀로 문화적 관계들을 보는 것은 본질적으로 상이한 형식들이 서로 혼합되고 교차하는 비생물학적이고 문화만

> 의 독특한 사실들을 설명하는 데 실패하기 마련임이 분명하다. … 문화적 흐름은 흔히 독특하지만, 결코 전적으로 순수하지 않고 완전히 혼합되어 있는 것이 보통인 것이 사실이다. (생물학적) 분류틀은 예외들의 목록을 제시하지 않고서는 이런 사실을 나타낼 수 없게 되어 있다. … 이 방법은 어쩔 수 없이 문화적 관계들을 왜곡시킬 수밖에 없다. (Steward 1941: 367)

나중의 언급에서 콜튼은 자신이 사용한 틀(글래드윈의 틀을 빌려 사용하여 1939년 발표한 것)은 "선사시대 인간 집단들에 대한 분류"였으며 문화들에 대한 분류가 아니었다고 설명하였다(Colton 1942: 34). 이는 콜튼이 "문화"라는 지역 집단들(인류학적 집단들이 아닌)에 주목하였다는 사실에서 흥미로운 구분이라 할 수 있다. 콜튼은 전수(*transmission*) 이론(한 집단 내의 사람에서 사람으로)을 암시하였지만, 유전자가 아니라 생각들이 전수된다는 점을 분명히 하지 않고 말았다. 비록 콜튼은 자신이 제시한 틀의 중요성을 암시적이나마 인지하였을 수는 있겠지만 — 그리고 확실히 필수적인 생물학적 배경 지식을 가졌지만 —, 분명하고도 잘 발달된 문화 발달 이론의 토대 위에서 전수 메커니즘을 제시하지 못했기 때문에 동료들에게 자기가 하는 일이 근거가 있는 것임을 확신시키는 데 실패하고 말았다. 이런 틀에 대한 비판들은 많은 점에서 불공평한 것이었지만, 당시의 고고학이 일반적으로 비생물학적 특질들을 진화적 측면에서 설명하고자 하는 노력을 신뢰하지 않았기 때문에 이해할 수 있는 측면이 있기는 하였다.

서남부체계에서는 '단계'가 관심의 가장 기본 단위였다. 글래드윈(e.g., Gladwin 1937)을 비롯한 사람들은 '단계'를 어떤 시간적 동일성을 가진 것으로 가정하였으며, 이 동일한 시간대가 무엇을 가리키는 것인지를 찾고자 하였다" (Olson 1962: 459). 1930년대에 "중심적 토기 형식은 단계를 말해주는 주된 지시자"였다(Olson 1940: 460). 키더에 따르면 그런 형식들은 연구자가 손에 가지고 있는 자료를 바탕으로 정의한 다음 새로운 증거들로 가다듬음으로써 아주 제한된 시공간적 위치를 가지게 되는 형식 화석, 곧 지시 화석이 된다(O'Brien and Lyman 1999a). 단계 및 상위의 단위들은 그러한 지시 화석들의 존부를 근거로 하여 정의된다.

층위발굴을 통해 고고 유적에서 수직적—따라서 시간에 민감한—단위들로부터 '단계'의 특징을 추출할 수 있게 되었다. 자연 층위 단위 또는 임의의 레벨에 근거하여 시간적으로 공통한다고 생각되는 유물 조합들을 설정하게 된다. 그러한 유물군에서 시행착오의 정제 과정을 거쳐 분명하게 한정된 시간 분포를 갖는 특질 목록—유물 형식들로 나타난다—을 만들어내게 된다. 그리고는 여러 지리적 영역의 유적들에서 특정 시간을 가리켜주는 특질들을 비교함으로써 서로 연관된—복수의 성분들이 공통으로 가지고 있는—특질들과 수직적으로 누중되는 '성분'과는 구분되는 '결정적 특질'을 선택하게 된다. 그러한 지시 화석들은 '문화들'을 가리키게 된다. 이런 식으로 지시 화석들을 가려내는 일은 비단 서남부지역에서만 국한된 것은 아니었다. 포드는 벌써 1930년대 미국 동남부에서 지시 형식을 이용하고 있었던 것이다(Ford 1935c, 1936a).

고고학에서와 동일한 이유에서 지시 화석들은 생물사학에서도 오랫동안 사용되어왔다. 다시 말해 지시 화석들을 통해 광범위한 지리적 범위에 걸쳐 물질들이나 층위들을 비교하였던 것이다(Hancok 1977; Mallory 1970; Rudwick 1996). 일반적으로 연구자는 층서적 불연속을 이용하여 화석 조합을 구체화하고 외연적 정의로 한 단위의 구성원이 되기 위한 필요충분조건들을 제시하게 되는데, 이를 통해 하나의 화석종이 현생 종에서 관찰되는 것과 유사한 형태변이의 범위만을 포괄하도록 되어 있다(O'Brien and Lyman 1999a). 화석을 상응시키는 데 필요한 가정은 "상이한 층에서 비슷한 형태의 생물체가 나왔다면 그것이 나온 모암이 어느 정도 동등한 종류임을 암시한다"는 것이다. 곧, 상응하는 층위들로 구성되는 퇴적 사건들의 연대가 동등하다는 것이다(Eldredge and Gould 1977: 25). 고생물학은 시공간을 넘어 종(種)에 어느 정도의 정체기가 있다고 보는데, 이를 통해 생물층위적인 상응을 꾀할 수 있게 된다(Eldredge and Gould 1977: 29). 경험적으로 고고자료 역시 이와 비슷하게 해석되는데, 그 결과 '성분'과 '단계'라는 두 가지 단위들이 자료에서 그 같은 상응에 개념적 근거를 제공하게 되었던 것이다. 이 단위들은 이제 우리가 논의하게 될 세 번째의 유물 분류 체계에서도 중심적 위치를 차지하고 있다.

3) 윌리-필립스체계

고든 윌리와 필립 필립스는 1950년대 시공간적 틀을 만들어내는 새로운 제안을 함으로써 논쟁에 적극 참여하게 된다. 첫 번째 진술은 '미국 고고학의 이론과 방법: 문화사적 통합을 위한 기본 전략'이라는 글에서 이루어졌는데, 이를 통해 유물군의 분류를 공식적으로 논의하고자 하였다(Phillips and Willey 1953). 이 논문은 나중에 쓴 글(Willey and Phillips 1955)과 합쳐져 《미국 고고학의 이론과 방법》(*Method and Theory in American Archaeology*)이라는 책의 근간을 이루게 된다. 이 책이 1950년대에 미국 고고학 및 선사학에서 이루어진 개념화를 요약하는 것은 주지의 사실이다. 필립스와 윌리가 1953년에 발표한 글은 중서부분류체계의 본래 원칙과 현실적 상황의 괴리가 갈수록 커가고 있다는 윌리(Willey 1953)의 생각에서 발전된 것이다. 당시 중서부분류체계는 시간이 갈수록 자의적으로 시공간을 재단하는 데 사용되고 있었다. 중서부분류체계는 원래의 취지상 엄밀하게 형태적 유사성에 근거한 개념들로서, 그 유사성이 역사적 관련성(곧 편년)을 나타낸다는 어떠한 구실도 포함되어 있지 않았다. 그러나 이러한 본래의 취지는 당시로서는 일반적인 것이라 할 수 없을 것이다. 왜냐하면 앞서 살펴본 것처럼 미국 고고학에서는 '형식학적 유사성은 문화적 관련성에 대한 지시자'라는 생각이 오랫동안 공식처럼 되어 있었기 때문이다. 그러므로 분류체계를 제시한 맥컨의 반대에도 불구하고, 비슷하다고 판단되는 단위들은 자연스럽게 “공동 또는 적어도 유사한 역사”를 가졌다고 믿어졌으며 (Willey 1953: 363~364), 고고학자들은 그런 함의를 가지고 단위 용어들을 사용하였던 것이다. 그렇다면, 중서부분류 체계가 본래 의도한 원칙과 현실적으로 사용되고 있는 방식을 어떻게 융화시킬 수 있을 것인가.

우선 윌리는 이른바 두 가지 고고학적 이론들을 대조시키는데, 여기서 윌리의 언급을 좀더 자세히 인용할 필요가 있다.

> 문화의 변화와 연속성에 관한 이론은 고고학 연구에 기본적인 것이다. … 고고학 유물군을 다룬 그 어떠한 역사 — 유전적인 체계일지라도(e. g., Colton 1939; Gladwin and Gladwin 1934) 모두 연속성과 변화에 대한 이론에 근거한다. 공간과 시간 요인들이 형태적으로 관찰되지 않는다 하더라도 연속성과 변화의 원칙들은 특질들의 유사 및 비(非)유사 정도에 따라 표현될 것이며, 이로써 유물군들을 서로 묶어주는 유전적인 선을 수립하게 될 것이다.
>
> 문화적 연속성과 변화 과정에 대해서는, 사실 미국 고고학자들이 이런 개념들을 사용하고는 있지만, 별반 연구가 이루어지지는 못하였다. ‘진화’와 ‘전파’라는 말이 꼬리표처럼 사용되기는 하였지만, 이 말들은 구체적 설명이라기보다는 폭넓은 범주일 뿐이며, 그 사용법에도 확실한 공식적인 이론적 논의가 없다. … 〔글래드윈과 콜튼의 틀에서는〕 상당히 단순하고 진화적 또는 유전적 유사성이 있다. 확실히 이런 식으로 인류 문화의 발달을 표현하는 데는 어떤 보편적 근거가 있다. … 〔그러나 어떤 경우〕 진화 이론은 아주 순진하게 적용되는 듯하다.
>
> 미국 고고학에서는 아마도 진화 이론보다 전파 이론에 대해서 더 많은 분석 또는 분석적 사고를 하였을 것이다. 전파는 대부분 고고학적 해석에서 핵심을 차지한다. 많은 구체적 사례들에서 교역, 이주, 점진적 차용, 생각이나 자극의 전파와 같은 말들이 쓰이고 있다. 전파 이론들은 진화적 가설과 마찬가지로 다양한 유형의 시공간적 분포들을 설명할 때 합리적인 방식으로 제시되어야 할 것이다.

필립스와 윌리(Phillips and Willey 1953: 617)는 "고고 문화란 공간-시간-문화적 연속체를 임의적으로 구분한 것"이라고 하여 앞선 연구자들과 마찬가지로 문화사를 '흐르는 시냇물'이라는 개념으로 지각하였는데, 이는 유물론적 개념이다. 이들은 고고학적 단위를 불문하고 모두 "공간, 시간, 형태라고 하는 세 가지 상이한 기본 특성들이 결합된 결과"임을 주목하면서 논의를 시작한다(Phillips and Willey 1953: 617). 그 다음 지점(*locality*, 보통 유적), 지방(*region*), 지역(*area*)이라고 하는 세 가지 다른 척도의 공간 단위를 명확하게 정의하였다. 여기서 지점과 지방은 임시적이지만 각각 공동체(또는 지역 집단)와 부족(또는 사회)에 대비시켰다. 이것은 저자들이 본질론적인 관점을 가졌음을 보여주는데, 사용된 단위들은 사회 또는 인류학적인 측면에서 나타나는 어떤 실체를 지닌 것으로 생각되었다. 필립스와 윌리의 형태 단위는 '성분'(*component*)과 '단계'(*phase*)로부터 시작됨은 그리 놀랄 일이 아니다. 필립스와 윌리는 "강한 시간적 함의"를 원했기 때문에 맥컨의 '초점'(*focus*)보다는 '단계'를 선호하였는데, 이 점은 이전에 글래드윈(Gladwin 1936)이 이미 명확히 한 바 있다.

'성분'은 사회학적 단위로 무리, 이웃, 마을 등과 거의 대등하며, '단계'는 '사회'에 근접한 것이다. 이렇듯 고고학적 단위들을 사회문화적 단위들에 대응시키는 것은 필립스와 윌리의 틀이 본질론적 토대를 가지고 있음을 말해준다. 성분과 단계라는 단위는 객관적 내용과 경험적 실체를 가진다고 하여 정당화된다. 이런 식으로 성분과 단계를 해석하는 데 이론적 근거는 전혀 없다. 고고학적 단위들을 민족지적 측면에서 해석하는 것에는, 이론적 근거가 아니라, 다만 상식적 수준의 논의만이 있을 뿐이다. 이런 맥락에서 이로부터 불과 2년 뒤 필립스는 "신대륙의 고고학은 인류학이며, 그렇지 않고서는 아무것도 아니다"[12)]

12) **옮긴이 주** — 원문 "New World archaeology is anthropology or it is nothing". 이 말은 미국 고고학이 인류학적 토대 위에 성립하였음을 이해하는 데 중요한 언급이다. 같은 맥락에서 앞서 제시된 바 있는 윌리와 필립스의

는 자주 인용되는 진술을 하게 됨을 이해할 수 있는 것이다(Phillips 1955: 246~247). 이러한 입장은 벌써 문화사고고학 패러다임에 어두운 그림자를 드리우게 되는데, 당시에는 지각하지 못했지만 폭풍우가 몰아칠 전조였다고 하겠다.

맥컨(McKern 1939)을 뒤이어 필립스와 윌리(Phillips and Willey 1953: 619)는 '성분'을 "특정 유적에서 주어진 '단계'의 현시"라고 정의하였다. 여기서 '단계'는 시간적으로, 공간적으로, 그리고 형태적으로 "비슷하게 생각되는 다른 모든 단위들과 구별시키기에 충분한 특징"이라고 정의된다(Phillips and Willey 1953: 620). 지금까지 고고학적인 "분석은 실제 사회문화적 정체에 이를 정도로 문화적 통일성을 잘 보여주기 때문에 성분들은 결합되어 단계"를 구성하게 된다는 것이다(Phillips and Willey 1953: 630). 중서부분류체계와는 달리 필립스-윌리체계의 '단계'는 단 하나의 '성분'에 의해서도 정의될 수 있었다. 그런 다음 새로이 발견되는 성분들을 바탕으로 단계가 되기 위한 필요충분조건을 수정할 수도 있다. 가령 몇몇 지역 시퀀스들〔여기서 "한 지역의 시퀀스는 한 유적에서 수직 층서적 관계에 있는 일련의 성분들로 구성된다"(Phillips and Willey 1953: 623)〕을 비교하여 상응시킬 경우, 일반적으로 원래의 유용성이 훼손될 때까지 단계들의 정의를 점점 확대시키면서 일반화하게 된다. "이 과정에서 지역 시퀀스들에 대한 원래의 틀은 더 폭넓은 공간 및 (아마도) 더 깊은 시간적 필요들에 맞도록 다시 재단되는 것이다"(Phillips and Willey 1953: 623).

간단하게 말해서 단위들은 대개 맨 처음 구체화된 '성분'이나 '일련의 성분들'에 의존하게 된다. 문제는 이러한 단위들은 한 번 글로 쓰이면 결코 사라지지 않는다는 사실이다. 시간이 흐르고 다른 연구자들이 인용하게 되면 그 단위들은 더욱 실재하는 것처럼 다루어지게 마련이

《미국 고고학의 이론과 방법》이라는 책에 나와 있는 "American archaeology is anthropology or it is nothing"(Willey and Phillips 1958: 2)이라는 말은 자주 인용되는 문구이다.

다. 예를 들어 미시시피 강 중류에서 필립스가 비교적 최근(Phillips 1970)에 제시한 고고학적 단계들(괄호 안에 제시되어 있다)과 에르난 데소토(Hernán de Soto)가 1540년대 초 이 지역을 지나가면서 확인하였던 부족들의 영역 사이의 상응을 살펴보자.

> 데소토의 탐험대는 퀴즈퀴즈 지역 커머스랜딩 근처의 미시시피강(east Walls phase)을 건너고, 아퀵코(west Walls phase)로 건너가, 카스키로 들어갔다(Parkin phase). 다시 동쪽으로 파카하(Nodena phase)로 돌아가, 프랑수아마운틴스(Greenbrier phase)를 방문하고, 캇키로 돌아왔으며, 남쪽으로 가서 키게이트(Kent/Old Town phase)로 갔고, 그리고 남쪽으로 리틀락으로 향하기 전에 서쪽 멀리 오작스(Quapaw phase)로 들어갔다. (Morse and Morse 1983: 313)

이런 식으로 둘을 상응시키는 것은 아무런 근거가 없는 것이다. 특히 단계의 경계들이 토기형식의 비율이나 그릇의 비짐의 양과 같은 몇 가지 변이에 토대를 두고 설정된 것에 지나지 않는다는 사실에서도 그러하다(O'Brien 1995, 1996a; O'Brien and Wood 1998).

필립스와 윌리는 시간/공간에 대한 논란에 해결책을 제시하려 하였지만, 여전히 '어떤 방법으로 유물의 조합을 설정하여 유사의 정도를 측정할 것인지' 하는 문제는 남아 있었다. 필립스와 윌리가 첫 번째로 요구하였던 것은 그 조합들의 경계를 설정하는 것이었다. 여기서 "한 유적, 또는 유적내의 한 레벨은 성분이 되고, 따라서 하나의 단계를 표현할 수도 있다"는 제안은 도움이 된다(Phillips and Willey 1953: 620). 그러므로 자연적이든지 임의적인 것이든 공간적 경계야말로 성분 속에 들어가는 내용, 그리고 단계를 구성하는 데 들어가는 내용을 지정해주는 역할을 하게 된다. 그 경계 안의 모든 유물들은 비교되는 유물 조합 안에 포괄된다. 그렇지 않았다면 필립스와 윌리는 이전의 연구자들과 마찬가지로 '단계들은 성분들이 모인 것이고, 성분들은 단계들의 경험적 현시'라는 식으로 적확하지 않은 표현을 할 수밖에 없었을 것이다.

이런 방식에서 연구자는 성분을 확인하기 위해서는 단계들을 먼저 인지하고 있어야 하는데, 역으로는 단계를 정의하기 위해서는 성분이 필요하게 되어버리는 오류가 있는 것이다. 결과적으로 한 단계는 하나의 성분에 근거하여 정의된다. 이것은 필립스와 윌리가 단위들을 설정하면서 제시했던 근거를 생각할 때 이해할 수 있는 것인데, 그 근거는 민족지적인 것이었다. 필립스와 윌리는 단계들은 실제 사회들에 근접하는 것으로 실재한다고 생각하였다. 이런 생각은 "연구자는 이론적으로 문화 및 사회적 '실체'에 대응할 만한 것 없이 추상만으로는 과정들을 밝힐 수 없다"는 말에서도 나타난다(Phillips and Willey 1953: 629). 이들이 이야기한 "이론"이라는 것은 불행히도 일반적 맥락에서 이론이라 볼 수 없는 것이었으며, 고고학적 단위와 민족학적 단위를 대응시키는 가설에 불과한 것이었다. 그리고 중서부분류체계의 성분이나 초점과 마찬가지로, 윌리-필립스체계에서 '성분'이 '단계'의 결정적 범주가 될 수 있는 방법이란 시간의 흐름에 따라 문화 변화가 어떤 식으로든지 불연속적인 경우인데, 이때 성분(아주 짧은 기간 존속한 것일지라도)은 조상 단계와 후손 단계가 혼합된 것이 된다.

그렇다면 '성분'이란 정확히 무엇인가? 윌리-필립스체계에서 성분은 민족지적으로 무리, 이웃, 또는 마을과 동등한 것으로 생각되었다는 점에 실마리가 있다. 그것은 중서부분류체계와 마찬가지로 하나의 점유를 현시하는 것이다. 따라서 시공간적으로, 그리고 행위적으로 같이 공반되는 유물들의 조합인 것이다. 윌리는 다음과 같이 말한다.

> 유물군(*assemblage*)이라는 개념은 암시적이나마 하나의 단위로서 유물-유구복합체가 역사적 유효성을 가진다는 생각을 바탕으로 하고 있다. 유적 내 유물의 공반관계에서 제일성이 나타난다는 것은 바로 그 같은 시공간적 상응이 있음을 말해준다. … 그러므로 유물군 개념에는 암묵적으로 역사 이론이 들어있다. … 유물군의 제일성의 존재

> 는, 만약 역사적 제일성이 상정될 수 있다면, 우리가 내적으로 통합된 문화복합체의 잔존물들을 다루고 있다는 결론으로 이끄는 것이다. (Willey 1953: 363~364)

유물군의 시공간적 경계에 관한 문제는 이론이 없는 상황에서 모호할 수밖에 없었다. 이론적 정보가 없는 상황에서 시공간적 경계를 구체적으로 획정할 때는 층위적 경계들에 주목하는 것이 전형적 방법이다. 고생물학에서는 "진화적 연속체에서 엄격히 말해 분류군의 경계는 임의적인 것인데, 실제로 편의적으로 화석 자료 연구에서 층서적 단절에 의존하고 있다"(Eldredge and Gould 1977: 29). 라우즈가 지적하였듯이 "층위발굴은 수습된 유물들을 층에 따라 세분함으로써 유적 점유의 계기적 연속을 파악할 수 있게 된다"(Rouse 1953: 59). 이런 생각은 이전 시기 위슬러(Wissler 1917a), 포크(Fowke 1922), 크로버(Kroeber 1925) 등이 유적을 계속하여 점유하였을 때는 하나의 층으로 나타나지만, 여러 번 점유하였을 경우 분리된 층으로 나타나게 된다고 하였던 생각과 어울리는 것이다. "문화 형식들이 서로 뒤섞이지 않도록 하기" 위해서는 발굴 할 때 인위적으로 임의로 층의 경계를 삼는 일은 피해야 하는 것이다(Phillips 1942: 200).

필립스와 윌리는 단계들이 안정되어 있다는 것은 지질층은 전적으로 인위적 기준으로 구분한 것이 아님을 가리킨다고 생각하였다. 실제 어떤 한 단계의 물질문화는 상황에 따라 아주 안정적일 수도 있다고 보았다(Phillips and Willey 1953: 622). 연구자는 지역 시퀀스, 지방의 시퀀스, 그리고 시기나 지역 편년들을 구축할 수 있을 것이며, 이런 식으로 공간 규모를 확대시키면서도 여전히 층위 자료에 밀접하게 의존하면서도, 동시에 키더가 이야기하는 빈도봉을 반영하도록, 다시 말하여 실제 과거 문화를 정확하게 반영하도록 할 수 있다는 것이다(Phillips and Willey 1953: 624). 논리의 앞뒤가 바뀐 채 민족지적 단위를 상정하는 것은 필립스와 윌리가 본질론적 형이상학에 토대를 두었음을 보여준다. 이런 식의 비유를 좀더 확대시켜 적용하면, 유물론적 입장에서 이른바 문화라는 시냇물의 흐름은 더 이상 점진적이거나 연속적이지 않다고 보게 된다. 그 흐름의 속도는 변덕스럽고, 일반적으로는 느리지만 일시적으로는 단속적일 수도 있고 아주 빠를 수도 있다(Spaulding 1957을 보라). 문화사라는 시냇물의 흐름에 정체기가 있다는 생각이야말로 문화사고고학 패러다임의 중요한 유산인데, 이에 대해서는 앞으로 다시 살펴볼 것이다.

후일 윌리와 필립스(Willey and Phillips 1958: 24)는 "형식학적이고 층위적인 분석들이 더욱 세련됨에 따라 단계(*phase*)를 더 작은 (주로 시간성을 띠는) 단위로 세분할 필요가 생기게 되었는데, 이것을 아단계(*subphase*)라 부를 수 있다"고 하였다. "단계가 가지고 있는 구체적 내용들에서 어느 정도 차이가 보일 때, 또는 적어도 빈도상에서 차이가 나타나는 경우 그런 아단계들을 구분할 수가 있다(Willey and Phillips 1958: 24). 새로운 정보가 쌓이면서 단계들은 더욱 작은 단위들로 쪼개지게 되고 그 새로운 정보를 바탕으로 세련되게 다듬어진다. 사실 윌리와 필립스는 시공간상의 연속체에서 더 작은 단위들에 초점을 맞춤으로써 과거 작은 규모의 집단들을 더 정확히 반영시키고자 노력하였는데, 이것은 후일 필립스(Phillips 1970)가 미시시피강 하류의 토기 형식-변이(*type-variety*) 체계를 통해 지속적으로 추구하던 문제다.

그러나 여전히 중심적 문제들은 풀리지 않고 남아 있었다. 다시 말해 중서부분류체계에서 의도하는 바와 실제로 사용되는 방식을 어떻게 융화시킬 수 있을 것인지, 그리고 진화와 전파에 대한 설명 이론들을 어떻게 이용할 수 있을까? 필립스와 윌리(Phhillips and Willey 1953)는 전통(*tradition*), 평면(*horizon*), 평면양식(*horizon style*)이라는 개념들이 문화의 진화를 비추어줄 것이며 이를 통해 단계들을 비교할 수 있을 것이라고 보았다. 라우즈(Rouse 1954: 222)의 지적과 같이 한 지역에 분포하는 고고학적 물질들을 통괄하는 장치로서 '평면'이나 '전통'이라는 개념을 사용하는 것은 마치 사각형에서 양측변은 지리적 한계를 나타내고 위아래 변은 시간적 한계를 나타내는 것에 비유할 수 있다.

> 옷의 날실은 아래에서 위로 흐르는 일련의 지역적 전통(*tradition*)들로 구성되어 있는데, 이에 반해 씨실은 옷의 한쪽에서 다른 쪽으로 전개되는 평면양식(*horizon style*)들로 구성되어 있다. 여기서 옷은 일련의 불규칙적으로 배치된 사각형들로 장식되어 있는데, 각각의 사각형들은 하나의 문화 (단계)를 나타내며 채색이 되어 있어서 일련의 평면적 밴드를 이루고 있는 듯하다. (Rouse 1954: 222)

그러나 라우즈(Rouse 1955)는 형식학적 유사성은 문화적 관련성을 나타낸다는 윌리의 언명을 지나치게 단순하게 해석하였다. 라우즈는 '평면'이나 '전통'이라는 단위에서 알 수 있듯이 몇 개의 유물 집합들의 분포를 추적하기보다는 단계들 사이의 계통발생적 관련을 파악하기를 원했다. 그는 이것을 예증하기 위해서 단계들을 상응시키는 세 가지 기법들을 제시하였다. 첫째, 중서부분류체계와 같은 절차를 사용하여 특질을 공유하고 있는 단계들을 묶을 수 있을 것이다. 물론 왜 특질이 공유되는지 하는 문제는 별개이다. 둘째, 단계들의 시공간 분포상 유사성에 주목할 수 있다. 한 지역 또는 주변에 분포하는 두 개 또는 그 이상의 단계들은 "동시기성이나 근접성을 나타내주며, 그런 것이 없다면 아무 것도 아닌" 것이다(Rouse 1955: 717). "주어진 평면양식을 공유하는 동시대의 단계들이 계통발생적으로 연관되어 있다고 보는 것은 분포에 관한 것이 아니라 유전적 근거에 바탕을 둔 해석인데, 그것은 양식은 한 단계로부터 다른 단계로 거의 시간차 없이 전파된다는 가정을 필요로 한다" (Rouse 1955: 718). 셋째, 상동적 형식들로 구성된 평면과 전통을 사용함으로써 단계들이 시간적으로 그리고 공간적으로 접촉하였음을 논증하여 단계들의 이른바 '유전적'이라 할 수 있는 관련성을 추적할 수도 있다(Rouse 1955: 719). 여기서 관련들이 '유전적'인지를 확인하기 위해서는 상사적 유사성과 상동적 유사성을 구분하여야 하는데, 이것이 바로 비교 분석의 요체가 된다. 우리는 어떻게 상동적 유사성을 고고학적으로 구분할 것인지에 대한 문제를 나중에 논의할 것이다. 여기서 중요한 것은 라우즈의 논평에 대한 윌리와 필립스의 평가이다.

윌리와 필립스(Willey and Phillips 1958: 31)는 라우즈의 '유전적' 관련들은 "문화적으로 파악되는 통합적 개념들을 통해 밝혀지고 표현될 수밖에 없을 것"이라고 주장하였다. 여기서 "문화적으로 파악된다"는 말은 아주 중요하다. 정의에 따르면 평면과 평면양식들은 지역적 문화 전수나 전파를 반영하는 것이다. '전통'이란 "주로 시간적 연속성을 이르는 개념인데, 특정한 기술이나 상호 관련된 형태들이 지속되는 것"으로 나타난다"(Willey and Phillips 1958: 38). 이것은 다시 라우즈(Rouse 1955)가 이야기하는 "유전적 차원의 해석"에 해당하는 것이고 시간의 흐름에 따른 전수나 계승을 반영하는 것이다. 이것은 문화 발달을 흐르는 시냇물에 비유한 것에서 잘 알 수 있다. 전통이란 실개천 같은 것인데, 각 실개천은 여러 방식으로 다른 실개천들과 만나 섞이고, 이것은 평면이나 평면양식에 드러난다고 생각된다. 라우즈가 지적하였듯이 평면이나 평면양식으로 표시되는 형식학적 유사성들은 상동적인 것임을 가정하고 있다는 데 문제가 있다. 윌리와 필립스(1958)는 이 중요한 문제에 대해서 더 이상 논의하지 않고 있다. 사실 윌리와 필립스는 라우즈와는 상당히 다른 생각을 가졌다.

윌리와 필립스는 평면과 전통은 문화의 역사적 발달을 논의하는 데 경험적인 근거를 제공한다고 생각하였다. 평면이나 전통은 "계통발생의 존재"를 암시하는 것이 아니라 "어떤 식으로든 역사적 접촉이 있었음"을 나타내는 "통합적" 단위라고 보았던 것이다(Willey and Phillips 1958: 30). 윌리와 필립스(Willey and Phillips 1953: 368)의 시각에 문화사를 쓴다는 것은 계통발생의 개념이 아닌, 평면이나 전통과 같이 "문화적으로 파악"된 통합적 개념들을 필요로 한다. 따라서 "연속성과 변화의 원칙들은 특질들의 닮음과 닮지 않음의 정도로서 표현되는데, 이것은 유물군을 서로 묶어주는 유전적 선을 확립시켜주는 수단"이라는 윌리(Willey 1953: 368)의 제안은 그저 비유적인 것에 불과하다. 그러나 다윈 진화이론의 맥락에서 볼 때, 윌리와 필립스가 문화 발달의 계보를 연구하기 위해 시간틀 속에서 문화적 또는 역사적 관련성을 살폈다는 것은 넓은 의미에서 계통발생적 개념이라 할 수밖에 없다. 일반적으로 학문 안에서 팽배하였던 다윈주의, 또는 유전적 시각에 대한 혐오 때문에 윌리-필립스의 틀에 내재되어 있던 이런 모순은 지각되지 못하고 말았다. 따라서 윌리가 말하는 두 가지 설명 '이론들'—곧 진화 및 전파—가운데 어느 것(전파)을 문화사고고학자들이 선호하였는지는 어렵지 않게 알 수 있다. 1960년대에 등장한 과정고고학은 진화를 다시 해석적 도구로 부활시켰으나, 문화사고고학이 폐기해버리고만 계통발생적 다윈 진화가 아니었다.[13]

4. 1950년대가 끝나며

후일 윌리와 필립스(Willey and Phillips 1958: 16~17)는 자신들이 처음 한 말을 바꾸어 다음과 같이 말한다. "고고학적 단위(또는 고고문화)라는 것은 전체 연속체를 정의를 통해 나눈 부분으로서, 궁극적인 유효성은 공간 및 시간적 차원들이 얼마나 문화 변화의 성격과 속도의 다양성과 일치하는지에 달려 있다." 고고학자들은 "그런 문화 단위 안에 얼마나 정확한 시공간적인 내용이 담겨 있는지"를 이해하기 위해서 모든 노력을 다해야 한다(Willey and Phillips 1958: 17). 이를 위해서는 문화 변화의 '속도'(*tempo*)에 대한 생각이 필요하다. 문화 변화의 속도란 예를 들면, 느리게 일어나는지 아니면 빨리 일어나는지,

13) **옮긴이 주**—물론 문화사고고학이 문화변화를 설명하는 데 주로 의존하였던 메커니즘은 전파였다. 과정고고학은 다시 진화라는 메커니즘의 중요성을 강조하였지만, 다윈주의적 진화가 아니라 신진화론이라 알려진 진보를 강조하는 문화진화였다.

그리고 점진적이면서 연속적인 것인지 단속적이면서 불연속적인 것인지, 아니면 이런 두 가지 내용들이 결합되어 있는 것인지, 만약 그렇다면 언제 어느 때 연속적이며 또는 불연속적인 것이 나타나는지 하는 문제를 말한다.

최근에 들어서야 보편적으로 적용 가능한 절대연대측정법 — 곧, 방사성탄소연대측정법 — 을 사용하게 되었다는 사실을 보더라도, 문화변화의 속도에 관한 문제들은 최근에 들어와서야 진지하게 묻고 답할 수 있는 문제가 되었다고 하겠다. 이보다 먼저 나이테연대측정법이 발달되어 그러한 문제들에 답을 해왔다고는 하지만, 측정할 수 있는 시기 폭이 제한되어 있고 지역적으로도 적용하는 데 한계가 있었다. 방사성탄소연대법에는 그러한 한계가 거의 없으며, 고고 자료의 지속시간과 속도에 대해서 그동안의 인식을 재고하게 만들었다. 또한 방사성탄소연대법의 발달은 문화사고고학 패러다임의 쇠락을 더욱 빠르게 하는 계기가 되기도 하였다. 이는 방사성탄소연대법 때문에 대부분 고고학자들은 더 이상 편년(상대 편년)에 매달리지 않게 되었기 때문이다(O'Brien and Lyman 1999a). 이제 전체 유물 조합들의 연대는 절대적 기준으로 측정되었다. 윌리와 필립스가 옹호하였던 방법은 무려 40여 년 동안 학문의 전통 위에 수립된 것이었으며, 고고학자들이 그러한 유물 조합들을 고고 문화로 인지할 수 있는 근거를 제공하였다. 미국 고고학은 이제 본질론에 확실히 갇히게 되고 말았다. 굴드(Gould 1986: 60)가 지적하였듯이, 고고학자들이 잊고 말았던 것은 (물론 고생물학자들은 잊지 않았지만) 유물군들의 역사와 관련된 문제들이었다. 고고학에서는 고생물학과 마찬가지로 역사에 대한 문제가 아주 중요함은 물론이다.

제 4 장

현대 생물사학과 고고학에서 역사의 의미

> 1940년대 특히 조지 게일로드 심슨의 《진화의 속도와 양태》(*Tempo and Mode in Evolution*, 1944)의 출간 이후 고생물학은 오랫동안 기존과는 다른 길에 들어섰다. 특히 개별 분류군의 기능적 형태와 화석 생물군을 복원하는 일에 많은 노력을 기울이게 되었다. 이런 연구들은 설득력 있고 정연한 것이었으며, 나름대로 큰 의미가 있는 것이 사실이지만, 새로운 진화이론을 만들어내지도, 생물사학이 이론적으로 독자적임을 주장하지도 않았다. 또한 본질적으로 화석 유기체나 생물군은 현대의 생물들과 비슷하게 살았음을 보여주었다. 이런 맥락에서 생물사학은 파생(2차) 과학의 역할을 지속하였다. 생물사학의 모든 통찰들은 현대의 생물체들에 대한 진화생물학적 연구에서 비롯되었으며, 화석 자료는 단순히 이것을 확증해주는 수단에 불과하였다. 그러나 만약 이런 식으로 생물학자가 직접적으로 할 수 있는 일을 고생물학은 단지 불완전하게 입증할 수만 있다면 누가 고생물학자가 되고자 할 것인가? (Gould and Eldredge 1977: 148~149)

> 간단히 말해 진화를 무시하면 설명은 '불완전'해질 수밖에 없다. …역사가 중요한 주제이기 때문에 진화 역시 중요하다. … 혈통 관계들을 복원하는 것은 '역사과학'의 목적이다. (Sober 1993: 7, 15)

지난 40여 년 동안 생물사학자들 가운데는 고고학과 생물사학의 주제가 유사함을 분명하게 인식한 사람들이 있었다. 하퍼(C. W. Harper 1976: 269)를 예로 들면, "화석 자료를 연구하여 근본적인 생물학적 일반화들을 검증하는 것은 고고 자료를 연구함으로써 사회학적 일반화들을 검증하는 것과 비슷하다"고 말했다. 스티븐 스탠리(Steven Stanley 1979: 8)는 이런 식으로 두 학문의 유사성을 제기하는 것이 '불공평'하다고 하였는데, 고고 자료를 연구하여 사회학적 일반화를 추구한다는 말은 사회학자의 분석 대상은 전적으로 관찰이 가능한 것들이고, 고고학은 과거의 자료를 다루기 때문에 불합리하다고 지적하기도 하였다. 스탠리가 지적한 것은 사실 생물학자들이 소진화적인 과정과 대진화적인 과정 사이에 존재하는 차이를 가리키는데, 이에 대해서는 이 장의 후반부에서 살펴볼 것이다. 하퍼가 고고학과 생물사학의 유사함을 말한 것에 대해 스탠리가 '불공평'하다고 평가한 것은 문화 (또는 사회) 진화라는 것은, 그 문화적 계통이 무엇이든지 상관없이 오직 소진화적 과정들에 의해 움직인다는 가정에서 나온 것이다. 그런 소진화적 과정들은 일반적으로 생물학에서는 유전적인 것이라 할 수 있으며, 연구자가 생애 내내 연구하는 '과일날벌레' 개체군에서도 관찰할 수 있다. 우리는 고고학에서도 부분적으로 이런 문제가 있다고 본다. 오늘날 다양한 민족 집단들에서 살아 움직이는 문화 과정들을 과거를 설명하는 원천으로서 사용하고 있는 것이다. 이것은 고고학에서 인류학적 접근들이 가지는 더 큰 문제의 일부분일 뿐이지만 말이다.

1. 역사 : 문제의 핵심

생물사학자 엘드리지(Eldredge 1989: 184)는 생물사학과 고고학은 "화석 자료로 남은 동식물상의 연쇄에서 보이는 진화적 과정이든지, 아니면 고고 자료로 보존된 인류의 사회문화 진화의 역사이든지 모두 실제 역사의 결과들을 기록하는 일을 하고 있다"고 지적하였다. 우리는 이런 두 학문 사이의 유사성이 유용하다고 생각하는데, 다만 문자 그대로 '사회문화진화'라는 말에 대해서는 동의하지는 않는다.[1] 더구나 역사(또는 선사)를 기록하는 것은 생물사학자들이 하는 일의 일부분에 불과하며, 이는 고고학자들에게도 마찬가지이다. 다시 말하여 연구의 중요한 부분은 바로 그 역사들을 설명하는 일인데, 즉 왜 그런 역사 과정을 겪게 되었는지를 해명하는 일이다.

역사는 모든 종류의 진화적 연구에 중대한 문제이다. 생물학에서는 이에 대한 논의들이 넘쳐나는데(Nitecki and Nitecki 1992), 특히 형질들의 상태를 '적응'으로 볼 것인지에 대한 글들이 많아지고 있다(이에 대해서는 Brandon 1990; Burian 1992를 참조). 그리고 최근 인류학 연구에서도 일반적으로 역사의 중요성을 명백히 인지하고 있기도 하다(e.g., Mace and Pagel 1994). 로버트 보이드(Robert Boyd)와 피터 리처슨(Peter Richerson)은 바로 이 점을 분명히 하였는데, "다윈이론은 과학적이면서 역사적이다. 진화하는 모든 종류의 계통 또는 문화는 독특하면서도 우연한 사건들의 연쇄이다"고 말한다(Boyd and Richerson 1992: 179~180). 보이드와 리처슨은 "무엇이 변화를 역사적이게 만드는가?"라는 문제와 "역사를 과학적으로 설명하는 것"에 천착하고 있다. 우리는 "생물 및 사회적 영역에서 '과학'은 '역사'를 빼놓고는 많은 흥미 있는 현상들을 설명하지 못하게 되며, '역사'는 '과학' 없이 과거에 대한 설명을 만들어낼 수 없고 단지 분절된 사실들만을 나열할 뿐이다"라는 보이드와 리처슨의 결론에 동의한다(Boyd and Richerson 1992: 201).

인문사회과학에서 고고학만이 가지는 독특한 위치는 바로 과거 표현형들에 접근할 수 있다는 점이다. 민족지학자들, 사회학자들, 심리학자들, 역사학자들 역시 인간을 연구하지만 현재 살아 있는 생물에, 또는 기록된 자료에만 한정될 뿐이다. 오로지 고고학자들만이 모든 시

---

1) 옮긴이 주 — 저자들은 사회진화론이나 문화진화론에 대해서는 비판적이며, 다윈 진화이론과는 별 관계없이 발전한 것이라 평가하고 있다. 제 1장 참조.

간대의 문화(문화를 어떻게 정의하든지)에 접근할 수 있는 것이다. 예를 들어 인류학자 클라크 위슬러는 문화영역 개념과 연대-지역 가설을 사용하여 역사를 집필하는 데 고고 자료는 불필요하다고 보기도 했지만(Kroeber 1931b의 논의 참조), 결국 문화사에 대한 자신의 생각들을 직접적으로 입증하기 위해서 고고 자료를 사용하게 되었다(e. g., Wissler 1919). 이런 식의 행동은 생물사학에서도 잘 드러난다. 현대의 생물학자들은 계통분류학(*systematics*)적 분석을 하면서 생물체의 계통발생적 역사를 파악하는 데 화석 자료가 불필요하다고 주장할지도 모른다. 하지만, 빈번히 화석 자료를 사용하여 계통분류학적 가설들을 검증하고 있는 생물사학자들은 결코 그렇게 생각하지 않는다.[2)]

역사적 문제야말로 고고학자들이 던질 수 있는 가장 명백한 질문이다. 물론 이것이 고고학자들이 역사적 질문을 던지는 강한 근거는 아니다(Eldredge 1989). 위슬러의 입장이나 몇몇 계통분류학자들의 생각에 선사시대 자료는 역사적 질문들에 대한 대답으로 불필요할 수도 있었을 것이다. 하지만, 우리는 고고학자들이 역사에 관한 질문들을 던져야 한다고 믿고 있는데, 그 이유는 단지 고고학자들이 역사적 가설들을 직접적으로 검증할 수 있는 자료들을 다룰 뿐만 아니라 〔계통분류학적 분석들(e. g., Mace and Pagel 1994), 또는 위슬의 연대-지역 가설이나 다른 모델들에 근거한 것이든지〕 역사적 질문들에 대한 대답들은 특정한 시공간을 차지했던 문화적 표현들을 완벽하게 이해하는 데 아주 중요하기 때문이다.

따라서 우리는 고고학의 가장 중요한 목적을 인간 표현형의 역사에 대한 집필과 설명이라고 본다(Lyman and O'Brien 1998; O'Brien et al. 1998). 진화적 시각에서 "설명한다는 것은 진화를 일으키는 메커니즘

---

2) e. g., Benton and Hitchin 1997; Clyde and Fisher 1997; Donoghue et al. 1989; Fisher 1994; Forey 1992; Huelsenbeck and Rannala 1997; Norell and Novacek 1992; Novacek 1992; Patterson 1981; Smith 1994; Wagner 1995. (원문)

을 확인한다는 것이며, 진화가 작용한 결과를 논증한다"는 것을 의미한다(Bell 1997: 1). 다윈주의적 시각에서 두 가지 중요한 메커니즘은 선택(*selection*)과 부동(*drift*, 전수)이며, 그런 메커니즘의 작용으로 일어나는 결과보다 앞서 원인이 있다. 선택과 부동(전수)은 역사적 메커니즘이며, 모든 시점에서 작용하는데, 어떤 때는 더 강하게, 그리고 더 급격하게 작용하기도 하기 때문에 시간의 흐름에 따라 진화적 변화의 속도는 다양하게 된다(e.g., Gould et al. 1987). 그러나 '시간의 흐름'을 빼고 역사란 무엇인가? 로버트 오하라(Robert O'Hara 1988: 144)는 다음과 같은 유용한 논의를 제공하고 있다.

> 일반적으로 이야기해서 '연대기'(*chronicle*)는 일련의 사건들을 기술한 것인데, 시간 순서로 배열한 것에 불과하며, 인과관계에 대한 진술이나 설명, 해석은 없다. 연대기는 사건 A가 일어났고, 뒤이어 사건 B가 일어났으며, 그 다음 사건 C가 일어났다는 식이나. 연대기와는 달리 '역사'(*history*)라는 것은 인과적 연결 관계나 설명, 해석들이 들어 있다. 역사는 단순히 '사건 A는 사건 B나 C 이전에 일어났다'고 진술하지 않고, '사건 B는 사건 A 때문에 일어났으며, 사건 C는 사건 B 때문에 발생했다'는 식으로 기술한다. 계통발생이란 '진화의 연대기'인데, 유기체들이 시간의 흐름에 따라 가지를 치듯 연쇄를 지어 변화하는 것을 말한다.… 역사는 연대기와는 달리 '서술문'이라고 불리는 진술들이 포괄되어 있다. 이 서술문이란 역사를 쓰는 데 본질적인 것이며, 연대기에서는 결코 찾아볼 수 없는 것이다. 서술문이라는 것은 하나의 '사건'을 기술하는 것으로서, 어떤 특정한 시점에서 일어나서 나중에 일어나는 다른 사건들을 언급한다.… 이렇듯 서술문을 통해 역사와 연대기가 구분되듯이, '진화적 서술문'을 바탕으로 '진화의 역사'와 '진화의 연대기'를 구분할 수 있다.

오하라의 언급 가운데 중요한 지적은 ① 거짓되거나 부정확한 연대기로는 정확한 역사를 얻을 수 없고, ② 서술문이란 왜 연대기가 그런 과정을 밟았는지를 설명하는 것이라는 점이다. 알프레드 키더나 어빙 라우즈, 제임스 포드와 같이 1960년대와 1970년대 과정고고학자들로부터 비난을 받았던 문화사고고학자들은 벌써 수십 년 전에 그 차이를 인지하고 있었다(Lyman and O'Brien 1997; Lyman et al. 1997b). 하지만, 이들은 현재 진화생물학에 만연되어 있는 문제들로부터 벗어날 수는 없었다. 이 문제는 역시 오하라(O'Hara 1988)가 이미 '상태'에 대한 설명과 '사건들'의 변화에 대한 설명의 차이를 구분하면서 지적하였던 것이다. 상태에 대한 설명은 '본질론'적이고 '형식론'적이며, 후자는 '유물론'적이며 '개체군(집단)론'적인 사고에 바탕을 둔 것이다(Hull 1965; LaPorte 1997; Mayr 1959a; Sober 1980). 다윈 진화이론은 변화에 대한 새로운 이론일 뿐만 아니라 새로운 '종류'의 이론이다. 다윈 진화이론은 새로운 존재론을 필요로 한다. 문화사고고학자들은 이것을 인지하지 못하였으며, 문화 상태 — 곧 문화 형식들 — 의 차이를 인류학적 맥락에서 설명하려 하였는데, 다윈 진화적 유물론적인 맥락에서 사건들의 변화를 설명할 수도 있을 것이라는 점을 깨닫지 못하고 말았던 것이다.

진화적 연구에서 어떤 한 표현형적 특질이 적응도(*fitness*)란 측면에서 긍정적 가치를 지닌다는 점을 보여주는 것은 중요하다〔최근 논의는 Novacek(1996) 참조〕. 이런 연구를 위해서 고고학에서는 유물들의 물리적 성질을 알아야 한다(O'Brien and Holland 1995a; O'Brien et al. 1994). 마치 생물학자들이 개가 숨을 헐떡이는 것은 체온을 조절하기 위한 것이라 판단하는 것과 마찬가지로 고고학자들도 유물의 특질들을 면밀히 검토해야만 한다(e.g., Mayr 1983). 과연 어떤 특정한 종류의 토기가 특정한 시공간에서 다른 종류의 토기보다 더 주어진 작업을 수행하는 데 적절하였는가? 그렇다면 왜 그러했는가? 어떻게 그런 특정한 토기의 상태가 특정한 선택적 맥락에서 작업을 잘 수행하였는가? 다윈이론을 채택하고 있는 고고학자들은 이런 질문들에 대답하는 데 아주 많은 시간을 보내고 있다(e.g., Braun 1987; Dunnell and Feathers 1991; O'Brien et al. 1994).

그러나 이것은 단지 대답해야 할 질문 가운데 하나일 뿐이다. 두 번째 질문은 역사적이고 특수한 것이다. 표현형적 특질이 발견되는 선택적 환경(*selective environment*)이란 무엇이었으며, 그런 특질의 출현을 가져오는 선택적 환경은 무엇이었는가? 그 특질이 자리 잡게 되었던 역사는 무엇이었는가(예를 들어 왜 개는 땀을 흘리지 않는 대신 숨을 헐떡이는가)? 이런 것들이 표현형적 특질들에서 나타나는 변화의 역사에 관한 질문들이다. 이런 질문들을 통해 고고학은 진화적 바탕을 갖추게 되는 것이다. 토기의 상태에 관한 질문(주로 물리학적 질문)들을 답하기 위해서는 토기에 내재하는 특성과 과정들, 곧 본질론적 존재론을 사용하여야 한다. 토기 '변화'에 관한 질문(역사에 관한 질문)들을 대답하기 위해서는 형상적 성질들과 과정들, 곧 유물론적 존재론을 사용하여야 하는 것이다(Simpson 1963, 1970; Szalay and Bock 1991).[3)]

이런 입장에 반대되는 생각은 로버트 베틴저(Robert Bettinger)와 피터 리처슨(Peter Richerson)의 진술에서 찾을 수 있는데, 이들은 "시간의 흐름이라는 황폐함을 생각할 때 '과거에 실제로 어떠했는지'를 확실히 설명할 수 있는 고고학자는 거의 없을 것이다"고 말한다(Bettinger and Richerson 1996: 226). 이는 다음과 같은 두 가지 점을 지적한 것이다. 첫째, 베틴저와 리처슨은 역사적 연대기들과 진화고고학의 서술들은 단지 '그럴듯한 이야기'일 뿐임을 말하고 있다. 우리도 이에 동의하는데, 진화고고학 아래에서 구성되는 이야기는 이론적 근거를 가지고 있다. 따라서 결코 귀납적으로 만들어진 추론이 아니라 검증할 수 있는 설명이다(Broughton and O'Connell 1999의 주장과는 배치된다). 둘째, 베틴저와 리처슨은 과거가 어떠했는지에 대한 진정한 이야기는 아무도 알 수 없다고 주장하고 있다. 이들은 '얼마나 가능한지'와 '실제로 어떠했는지'를 구분하고 있는데, 이는 오하라의 '어떤 변화가

---

3) 옮긴이 주 — 본질론과 유물론의 차이, 물리학이나 화학과 같은 본질론적 과학과 생물학 같은 유물론적 과학의 차이에 대해서는 제 2장에서 자세하게 논의한 바 있다.

어떻게 일어날 수 있었는지'와 같은 질문에 만족하지 못하고, "실제로 변화가 어떻게 일어났는지"(O'Hara 1988: 149) 하는 질문을 선호함을 보여준다. 베틴저와 리처슨은 후자는 대답하기 불가능한 것임을 지적하고 있는 것이다. 생물사학자들은 이 점에 동의할 것이지만, 아마도 포기하지 않고 계속 노력할 것이다.

베틴저와 리처슨(Bettinger and Richerson 1996)은 "얼마나 가능한지"와 "실제로 어떠했는지"에 대한 설명을 구분하면서 로버트 브랜든(Robert Brandon 1990)을 언급하였다. 브랜든(Brandon 1990: 176~184)은 "얼마나 가능한지"에 해당하는 설명은 다윈주의 이론에서 귀중한 역할을 하며, 사실 많은 경우 "실제로 어떠했는지" 하는 설명과 인식론적 차이 말고는 별반 다른 점을 찾기 힘들다고 지적하였다. "얼마나 가능한지" 하는 설명이 수많은 관찰들을 설명할 때, 그리고 경험적으로, 또 이론에 근거하여 논리적으로 일관된 설명을 제공할 때 "실제로 어떠했는지" 하는 수준의 설명에 도달하게 되며, 그 설명은 여전히 새로운 증거를 통해서 검증 받아야 한다. 브랜든(Brandon 1990: 183)은 진정한 의미에서 "실제로 어떠했는지" 하는 질문에 결코 정답을 찾을 수 없을 수도 있음을 인정하고 있다. "아마도 그런 '얼마나 가능한지' 하는 설명이 단순히 상상 속의 이야기는 아니다"고도 하였지만 말이다. 다시 말하면, 대니얼 데넷의 말과도 같이, 다윈의 자연선택 이론의 힘은 "역사(선사)시대가 정확히 어떠했는지를 증명해주는 것이 아니라, 현재 우리가 세상에 대해 알고 있는 것을 생각할 때, 어떻게 그럴 수도 있었는지를 말해주는 것이라 할 수 있다"(Daniel Dennett 1995: 319).

1) 라마르크의 유령

다윈 진화고고학은 고고학이란 학문 안에서 상당한 비판을 받고 있다(e.g., Boone and Smith 1998; Spencer 1997, 1998). 그 가운데는 다윈 진화고고학적인 접근이 적어도 부분적으로는 가치가 있음을 인정하는 시각도 있다(e. g., Rosenberg 1994, 1998; Schiffer 1996). 그러나 사실 더 강력한 비판은 스티븐 제이 굴드라는 진화이론의 권위자가 한 것이다. 굴드는 몇몇 글에서 다윈 진화이론은 문화 현상에는 적용할 수 없다고 주장하였다. 우리는 여기에서 굴드의 주장을 소개할 것인데, 이는 그 주장에는 앞으로 논의의 바탕이 되는 변화의 방향과 속도와 같은 몇 가지 중요한 요소들이 담겨있기 때문이다. 그리고는 굴드가 지적하였던 비판으로 돌아가서, 인간과 인간이 만들어 사용하고 버린 유물 연구에 다윈 진화이론의 적용 가능성에 대한 고고학자들의 논의를 살펴볼 것이다.

굴드는 다윈 진화이론을 인류 문화의 영역에 적용할 수 없다고 하면서 다음과 같이 말하였다.

> 나는 생물진화와 인류 문화 또는 기술 변화를 비교하는 것은 득보다는 실이 엄청나게 많다고 확신한다. … 생물진화는 자연선택의 힘으로 작용하지만, 문화진화는 내가 어슴푸레한 정도로만 알고 있는 다른 원칙들에 의해 작용한다.

그리고 굴드는 문제의 근저에 있다고 생각하는 것을 다음과 같이 지적한다.

> 첫째, 문화진화는 다위니즘적으로 변화하는 생물 세계보다 빠른 속도로 일어날 수 있는데, 진화적 논의에서 시간의 흐름에 대한 문제는 본질적인 것이다. 둘째, 문화진화는 직접적이고 라마르크적 형태를 띠고 있다. 다시 말해 한 세대에서 이루어놓은 성취들이 교육과 출판 등을 통해 자손들에게 직접적으로 전수되며, 따라서 문화 변화의 속도는 잠재적으로 더욱 커지게 된다. 생물진화는 간접적이고 다위니즘적인데, 호의적 특질들은 유전적 변화의 산물로 발생되는 아주 운 좋은 것이 아니면 다음 세대로 전수되지 않는다. 셋째, 생물

> 변화와 문화 변화는 기본적 형식에서 완전히 다르다. 생물진화는 지속적으로 분지하는 체계로서 가지들은 다시 만나지 않기 때문에 한 번 분지하여 다른 길로 가는 계통은 영원히 합쳐지지 않는다. 그렇지만 인류 역사에서는 계통들 사이의 전수는 아마도 문화 변화의 주된 원천이었을 것이다. (Gould 1987a: 18)

굴드는 문화진화와 생물진화는 근본적으로 차이가 있기 때문에 둘 사이에 유사함을 찾아내려 애쓰는 것은 거짓된 유사성을 추구하는 것으로서 어리석은 짓이라고 본다. 다윈주의적 규칙이나 원칙들을 "거짓되게 적용시키는" 일이 된다는 것이다(Gould 1987a: 18). 굴드는 위 인용문의 글을 쓰고 나서 10년 뒤 다음과 같이 거의 똑같은 말을 되풀이 한다.

> 가장 중요한 것은 인류 문화의 변화는 자연선택이 아무런 역할을 할 수 없는 방식으로 일어난다. … 첫째, 생물진화에서는 종들이 독립된 계통으로 연속적으로 나뉘어 삶이라는 나무의 가지로서 영원히 분리된다. 생물진화와는 반대로 문화변화는 상호 차용과 융합이라는 과정들로 이루어져 있다. … 만약에 생물변화 가운데 문화변화와 비슷한 점을 굳이 찾는다고 한다면, '진화'가 아니라 '전염'이 훨씬 더 어울리지 않을까 생각될 정도이다.
>
> 둘째, 인류 문화변화는 라마르키즘적 획득 형질들의 전수라는 강력한 메커니즘으로 일어난다. 우리 세대에서 그 어떤 유용한 것들을 발명하게 되면 (심지어 불행하게도 파괴적인 것일지라도) 이것은 직접적 교육을 통해서 바로 자손들에게 전해진다. 이렇듯 속도가 빠르고 라마르크주의적 양식으로 일어나는 변화는 이보다 느리게 일어나는 다위니즘적 자연선택의 과정을 쉽게 압도한다. 자연선택은 작은 규모의 방향성 없는 변이들이 멘델의 유전연구와 같은 방식으로 전수되어 존재를 위한 싸움을 통해 골라지는 과정이다. 유전적 변이는 멘델주의적인 것이며, 다위니즘적 규칙들에 따른 생물진화 역시 마찬가지이다. 그러나 문화 변이는 대체로 라마르키즘적이고, 자연선

택이라는 개념으로 인류의 기술사회들의 역사를 파악할 수는 없다. (Gould 1997a: 22)

굴드의 논평은 참으로 이상하다. 예를 들어 굴드는 '다위니즘'을 정의하지 않고 사용하고 있다. 물론 그의 언급에는 자연선택과 유전적 전수의 메커니즘으로 구성되는 것이라는 점이 들어있기는 하지만 말이다. 이런 식의 추론은 그 전에 발표한 글에서도 확인되는데, 1982년 글에서는 다위니즘이라는 용어는 사람에 따라서는 다른 의미를 가지기도 하지만 "다위니즘의 본질적 성격은 자연선택이 진화를 이끄는 주된 힘이라는 주장에 있으며", 진화는 점진적이고 선택을 통해 적응들이 생산된다고 지적하였다(Gould 1982a: 381). 그러나 리처드 르원틴(Richard Lewontin 1983: 67)의 말과도 같이 다윈의 이론은 변이에 초점을 맞추고 있기 때문에 "과거의 역사에 대한 이론들과는 근본적으로 다른 인식론적 전환"이라고 한다면 굴드는 자신이 말에 대해서 어떤 해명을 할 수 있을까?

굴드(Gould 1987a, 1997a)는 생물진화와 문화진화의 전체적 차이로서 세 가지를 제시하면서, 이런 차이들 때문에 자연선택은 문화적 현상에 적용되지도 적용할 수도 없다고 결론을 내린다. 그가 제시한 세 가지 차이들은 이미 오랜 전부터 인류학자들이 지적하였던 것들이다(Lyman and O'Brien 1997의 논의를 참조). 문화진화는 그물모양인데 반해 생물진화는 가지가 나누어지는 모양이라는 것(〈그림 3-8〉)은 알프레드 크로버, 줄리안 스튜어드를 비롯한 인류학자들이 생물진화는 문화적 현상에 적용할 수 없다고 했던 논리와 정확히 일치한다. 여기서 문제는 인간 사회를 '생식적으로 격리되어 있는 생물 집단'을 뜻하는 생물 종과 동일시한다는 점이다. 그러나 크로버와 스튜어드와 마찬가지로 굴드가 재결합을 통해서 아종의 수준에서도 생물진화가 일어날 수 있음을 인정하였음을 생각할 때 그 차이라는 것은 별로 근거 있는 것이 아님을 알 수 있다. 하나의 과정으로서 혼혈은 흔히 종을 포함하여 생물 단위들 안에서도 일어나기도 한다. 수십 년 전 생물학에서는 혼혈이야말로 새로운 변이의 중요한 원천이라는 주장이 제기되었는데(e. g., Lewontin and Birth 1966), 이 관점은 현재 일반적으로 받아들여지고 있는 것이다(Arnold 1997; Endler 1986a, 1998). 생물사학자 엘드리지(Eldredge 1999)는 개체군이야말로 아주 중요한 진화의 단위라는 사례를 설득력 있게 제시하기도 하였다. 이는 종분화 — 하나의 종이 몇 개의 종으로 가지를 치거나 분기하는 것 — 는 하나의 종 내에서 적어도 두 개체군이 필요함을 생각할 때 개념적으로 어렵지 않게 이해할 수 있다. 그리하여 개체군들은 어떠한 과정에서든지 생식적으로 서로 격리되는 것이다. 그런 개체군들은 유전자 흐름이 느려지거나 막히면 (유전적으로, 형태적으로, 적응적으로) 분지하기 시작하는데, 만약 유전자 흐름을 막고 있는 장벽이 없어지면 다시 결합되어 종분화 과정이 멈추게 되고 개체군 내 혼혈의 좋은 사례가 될 수도 있다.

이런 우리의 주장을 확실하게 할 가장 쉬운 방법은 〈그림 4-1〉을 참조하는 것이다. 이것은 로버트 오하라(O'Hara 1993: 240)가 발표한 그림에 바탕을 둔 것인데, 이것을 "진화적 연대기"라고 부르며 설명하고 있다. 그림의 각 동그라미는 진화적 단위가 되고 동그라미들을 이어주는 선은 생식적 관계를 나타낸다. 또한 동그라미들의 줄은 세대를 표현하고, 시간은 아래에서 위로 흐르게 되어 있다. 한 자손 세대에서의 각 진화적 단위는 두 가지 조상이 되는 단위들로부터 온 것임을 주목하자. 그래프에서 마지막 세대, 그러니까 22번째 세대에서는 A, B, C라 이름 붙여진 세 가지 좀더 포괄적인 진화적 단위들이 뚜렷이 구분된다. A와 B 단위들은 13번째 세대에서 분지하였는데 — 생식적으로 더 이상 관계를 맺지 않게 되었다 —, B와 C 단위들은 9번째 세대 이후에 분지하였다. A와 B 단위들은 3번째 세대에서 12번째 세대까지는 서로 관련을 맺지 않았으나, 13번째에 와서 관련을 맺었다. 동그라미로 나타나는 단위들 사이에는 다양한 정도의 혼혈이 있다. 〈그림 4-1〉을 검토할 때 생각되는 가장 중요한 것은 바로 '동그라미들을 개별 유전형질들이라 생각하고, 그리고는 개별 생물체로, 그런 다음 생물체들의 개체군으로 생각하는 것'이다. 그래프는 이 가운데 어떤 척도에서든 잘 들어맞는다. 마찬가지로 각 동그라미를 개별 물건의 속성으로, 유물 형식으로, 도구집합과 같은 특정한 종류의 유물형식들의 군

〈그림 4-1〉 진화적 단위들 사이의 관계들을 표현하여 진화의 역사를 예시한 모델

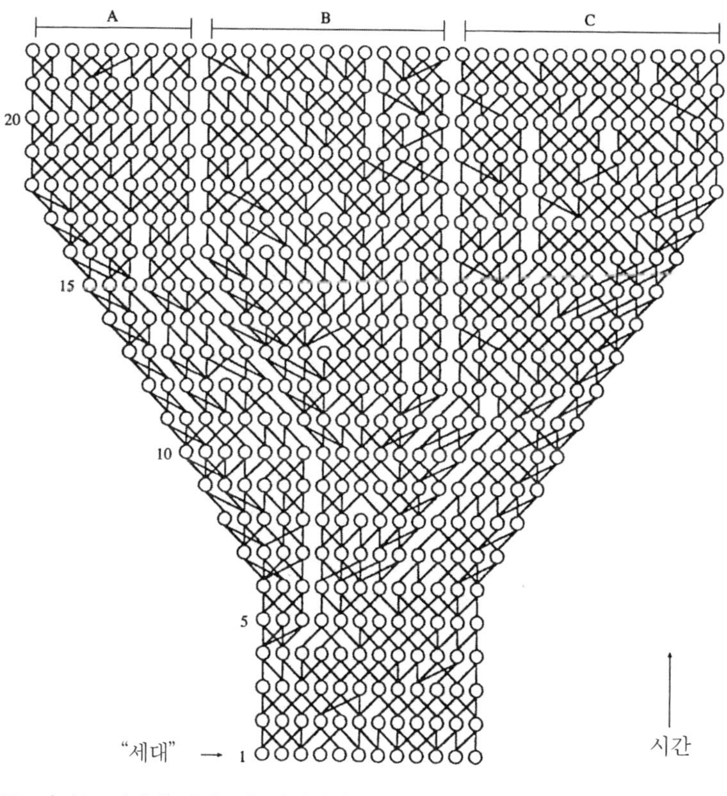

각 동그라미는 진화적 단위들을 나타내며, 동그라미를 연결하는 선은 그 단위들 사이의 전수를 의미하고, 각 열은 세대가 된다. 22번째 세대에서 A, B, C라는 세 가지 좀더 포괄적인 진화적 단위들을 볼 수 있다. 이 세 포괄적 단위들은 계통을 구성하게 되는데, 그 전에는 서로 교배하였다. 동그라미들이 나타내는 진화적 단위들은 유전자나 속성, 개체군이나 형식, 종이나 문화 등 어떤 스케일에서도 어렵지 않게 생각해볼 수 있다. (O'Hara 1993)

집으로 생각할 수도 있다. 마지막으로 동그라미들을 유전자가 아닌 생각들을 전수하는 개별 인간들로 생각하고, 그리고는 인간들이나 사회들의 집단, 그런 다음 문화들이라 생각해 보라. '문화들'이 '혼혈'한다는 것은 결코 다윈이론이 어떤 스케일이든 문화적 단위들에는 적용할 수 없다는 주장으로는 더 이상 실효성이 없을 것이다. 오하라의 그래프는 생물진화와 문화진화 모두에 아주 훌륭한 모델이며, 이 두 가지 진화의 단위들이 생식적으로 어떤 상호 관련을 맺는지에 대한 좋은 모델이 된다.

이제 문화진화는 생물진화보다 훨씬 빨리 일어난다는 굴드(Gould 1997a)의 논평을 다시 검토해 보자. 우리는 제1장에서 이와 똑같은 말을 글래드윈이 했음을 지적하였다. 헤럴드 글래드윈(Harold Gladwin 1936: 158)은 "〔생물〕 진화는 너무도 느리기 때문에 거의 인지할 수도 없으며, 반면 문화의 진화는 믿기 어려울 만큼 빨리 일어난다"고 하였던 것이다. 다만 글래드윈은 왜 이것이 중요한지를 명쾌하게 말하지 못하였는데, 굴드는 명확히 하였다. 문화진화는 너무도 빨라서 문화들은 자연선택이 작용하기 전에 변해버린다는 것이다. 이에 대응하여 우리는 이미 이에 반대하는 주장을 편 바 있다(Lyman and O'Brien 1998). 왜 살충제를 사용하는 것이 법에 어긋나는 것인가? 왜 현재 우리의 자동차는 배출가스 규제를 통과해야 하는가? 왜냐하면 사람들이 그렇게 해야 한다고 판단했기 때문일 것인데, 여기에 반대할 수도 있겠지만, 문제는 왜 하필 이런 것들을 결정했는가? 간단하게 이야기하자면 사람들은 살충제를 계속 사용하고 자동차에서 매연가스가 대기를 오염시키는 것은 궁극적으로 종(種)으로서 사람을 멸하게 만들 것이라고 믿기 때문이다. 우리는 자연선택이 초래할지도 모르는 결과를 예상하고 있고, 그런 결과가 오는 것을 바라지 않기 때문에 우리의 행위와 문화를 바꾸는 것이다. 살충제와 대기오염이 궁극적으로 우리를 죽이게 되는 결과를 예상은 할 수 있지만, 결국 그런 요인을 배제할 때 우리의 생존 확률은 높아질 것이다. 오직 시간만이, 그리고 자연선택만이 우리가 올바른 선택을 하였는지를 알려줄 것이다. 이보다 더 중요한 것은 우리가 옳은 선택을 하였다면 우리는 바로 자연선택에 대한 이해 때문에 그리하였다는 점이다. 그렇다면 자연선택은 마지막, 곧 '궁극적 중재자'가 될 것이다(Mayr 1961). 바로 이 때문에 우리는 자연선택이 문화진화에 아무런 역할도 하지 않았다는 굴드의 주장에 동의할 수 없는 것이다. 비록 많은 생물학자들과 인류학자들은 굴드의 말에 동의하고 있지만 말이다.

최근 인류학자들도 굴드와 비슷한 이유를 들어 다위니즘적으로 문화 변화를 설명하는 모델을 거부하고 있다(e. g., Rosengerg 1994, 1998, Spencer 1997, 1998). 굴드는 최근 다음과 같이 언급하고 있다.

> 인류 문화의 전승 방식(우리가 "교육"이라 부르는 것)은 아주 독특하게 라마르키즘적 양식이기 때문에 기술의 역사는 자연적인 다윈 진화에서는 찾아볼 수 없는 방향성이 있고 누적되는 특성을 가지고 있다. … 문화 변화는 잠재적으로 진보적이거나 스스로 복합성을 추구하는데, 이는 라마르크적 전승은 직접적인 전수를 통해 유리한 혁신들을 축적시키고 전통을 융합하여 어떤 문화라 할지라도 다른 사회들의 유용한 발명들을 선택하여 취할 수 있는 것이다. (Gould 1996: 222)

이런 라마르크식의 전승[4]은 '폭발적 속도'를 가지고 일어나며, 인류의 문화 변화는 이보다 훨씬 느리게 일어나는 다윈 진화에서는 찾을 수 없는 메커니즘을 바탕으로 일어난다는 것이다(Gould 1996: 220, 221). 생물 변화의 속도와 비교하여 문화 변화가 신속하다는 것은 고고학자 헤럴드 글래드윈 역시 지적한 바 있다. 그는 문화진화는 그물 같은 성격이 있어서 — 다시 말하여 문화들은 혼혈(혼합)된다 — 속도가 빨라짐을 주목하였는데, 다음과 같이 말하였다.

---

4) 장밥티스트 드 라마르크(Jean-Baptiste de Lamarck)라는 사람의 이름을 따서 부르는데, 방향성 있는 변이를 바탕으로 하는 진화라는 라마르크의 생각은 다윈의 학설로 뒤집어지게 되었다. (원문)

> 동물학의 종들은 서로 섞이지 못하고 진화는 알아채지 못할 만큼 느리게 일어난다. 문화의 진화는 믿기 어려울 만큼 빠른 속도로 일어나며 서로 융합되고 상호 영향을 주는 증거는 수없이 찾아볼 수 있다. (Gladwin 1936: 158)

문화진화에서는 "문화적 전승이라는 폭발적으로 급속한 메커니즘"을 통해 새로운 변형들이 발생하는데, 한 세대에서 발생한 새로운 변형들은 선택의 압력이 작용하기 전에 전수되어버리기 때문에 자연선택이란 메커니즘이 변이에 작용할 만큼 충분한 시간이 없다는 것이 굴드의 주장이다. 단순하게 말하면, 문화 전수가 자연선택보다 빨리 일어난다는 것이다. 우리는 이런 생각에는 두 가지 연관된 문제점이 있다고 본다. 첫째, 이것은 생물체의 '생식적' 성공에 있어서 세대 간의 차이를 생물학적 시각에서 너무 협소하게 보고 있으며, 이른바 유물의 "복제 성공"(*replicative success*, Leonard and Jones 1987)이라고 하는 개념을 전혀 고려하지 않은 것이다. 만약 유물들이 적응도에서 상이한 가치를 지니고 있다고 한다면 — 다시 말하여 어떤 반복적 상황에서 한 유물의 변이가 다른 것보다 역할을 잘 한다면 —, 첫째 호의적 변이는 그렇지 않는 것보다 더 잘 복제될(재생산될) 것이며, 둘째 도구는 인간이 적응하는 비신체적 수단의 일부이기에 역할을 제대로 하지 못하는 도구를 지닌 사람들은 좋은 도구들을 가진 사람들에 비해 장기간의 맥락에서 재생산에 성공 가능성이 낮을 것이다.

둘째 문제는 선택이란 결코 내재적 속도를 가지고 있지 않다는 점이다. 선택은 진화의 속도를 바꿀 수 있다는 측면에서 그 강도가 다양하다고 할 수 있는데, 수백의 세대를 거치는 동안 조상에서 자손 종으로 향상진화[5]가 일어날 수도 있으며, 그런 변화가 수천 세대에 걸쳐서 일어나기도 한다. 여기서 중요한 열쇠가 되는 것은 선택이 시간 단위

---

5) 옮긴이 주 — 향상진화(*anagenetic evolution*, 또는 *anagenesis*)라는 것은 개체군의 평균적 형질이 어떤 방향성을 가지며 지속적으로 변화하는 것을 말한다.

들에 정렬될 때만이 속도가 의미를 가지게 된다는 점이다. 위에서 세대를 시간 단위로 설정하여 논의한 것은 굴드가 암묵적으로 세대를 언급하였기 때문에 다분히 의도적인 것이다. 세대를 단위로 사용할 때만이 '세대를 넘는 선택'이 '세대 간의 전수'[6] 보다 빨리 일어나지 않는다는 주장을 할 수 있는 것이다. 물론 이 말이 반드시 틀린 것은 아니다. 그러나 결코 잘못 이해해서도 안 된다. 이 말은 세대를 넘어서만이 자연선택이 일어난다는 것을 뜻하지는 않는다. 인간의 세대에서 하나의 도구가 사용되는 시간 — 실제로 거의 모든 도구의 사용 기간은 사람의 세대보다 짧을 것이지만 — 으로 시간 단위를 옮겨보면 굴드가 지적한 두 번째 문제를 배제시킬 수 있게 된다.

문화 현상들의 전수에 대해서 벤 컬런(Ben Cullen 1993, 1996)이 제시한 바이러스 모델은 전염과 관련된 굴드의 제안에서 비추어볼 때 아주 통찰력 있는 것이라 할 수 있다. 하지만, 문제는 현재 인류학자들이 구성하고 있는 바와 같이 사람의 '인위적 선호'나 생물학에서 말하는 '방향성 있는 진화'에 크게 의존하고 있는 것이다. 1990년대 고고학자들이 고고 자료를 이해하는 방식에 대해서 계속적으로 논의하면서 굴드(Gould 1996, 1997a)를 뒤이은 주장들을 흔하게 찾아볼 수 있게 되었다. 이 가운데 몇몇의 논설 방법은 1960년대 이후 과정고고학에 깊은 뿌리를 두고 있는 것도 있다. 그러나 대부분은 1970년대와 1980년대 생물사학적인 문헌에 자극을 받은 것들이다. 신다윈주의적 종합(*neo-Darwinian Synthesis*)에 획기적인 일은 1946년 '진화학회'(Society for the Study of Evolution)의 창립과 학회의 학술지로서 〈진화〉(*Evolution*)의 창간이었다(Antonovics 1987). 마이어(Mayr 1947: i)가 창간호 서문에서도 지적하였듯이, 신다윈주의적 종합(진화적 종합)은 "모든 분야의 진화학자들을 하나로 모으는 역할을 하였으며, 새로운 진화 연구의 시대가 시작되었음을 알렸다." 40여 년 뒤 생물학자들은

---

6) **옮긴이 주** — 세대를 넘는 선택은 생물진화를 말하며, 세대 간의 전수란 문화진화의 메커니즘을 가리키는 것이다.

과연 '진화적 종합'이 좋은 역할만 했는지 크게 의문을 품게 되었다(e. g., Antonovics 1987; Endler 1986b; Elder and McLellan1988). 또한 진화생물학에 관심 있는 생물사학자들 역시 마찬가지로 진화적 종합에 내재하고 있을 약점을 찾고 있었다는 점에서 스스로 놀랐다(e. g., Gould 1983b). 우리는 바로 이런 것들에서 논의를 출발한 다음 고고학에서는 어떤 일들이 있었는지를 살펴볼 것이다.

2. 생물진화의 과학으로서 생물사학

조지 게일로드 심슨은 진화적 종합을 구축한 사람 가운데 한 사람이다. 진화적 종합은 제 2장에서 살펴보았듯이 집단유전학과 현세생물학의 통합으로 이루어졌다. 심슨의 역할은 그런 통합을 고생물학의 영역으로 확장시킨 것인데, 고생물학은 당시까지만 해도 대체로 '생물학이라는 연의 꼬리'[7]에 불과하였다. 심슨은 《진화의 속도와 양태》라는 책에서 어떻게 신다윈주의에 입각하여 생물진화의 맥락에서 화석 자료를 설명할 수 있는지를 보여주었다. 심슨은 박물학자나 실험유전학자들은 진화가 야생의 생물 개체군에서 일어난다고 볼지는 몰라도 큰 규모의 진화적 과정의 속도나 양태는 볼 수 없으며, 고생물학 자료에서 보이는 장기간의 경향을 기록하거나 설명할 수 없다고 주장하였다. 그는 비연속적 진화(양자 진화)라는 개념을 제시, 진화의 양태와 속도를 연구하여 화석 자료에는 세 가지 진화적 변화의 속도가 반영되어 있다고 개괄하였다.

심슨(Simpson 1944: 3)은 "동물들이 자연세계에서 얼마나 빨리 진화하는가?"라는 질문을 던졌다. 그리고는 진화의 속도에 대해서 다음과 같이 몇 가지 '기본 원리들'을 언급하였다.

---

7) 스튜어드가 고고학을 인류학이라는 연의 꼬리라고 한 것을 비유적으로 표현한 것이다. (원문)

> ① 한 형질의 진화의 속도는 다른 형질에 달려 있을 수도 있으며, 속도는 서로 다를지라도 일반적으로 서로 분리할 수 없다. ② 모든 형질이나 형질 조합의 진화의 속도는 계통진화[8] 상 어느 때라도 크게 다를 수 있다. 진화의 방향이 동일하다고 해도 다를 수 있는 것이다. ③ 하나의 문(門, *phylum*, 또는 *clade*) 안에서의 두개 혹은 그 이상의 형질의 진화 속도는 독립적으로 변화할 수 있다. ④ 한 조상을 가진 두 가지 문(門)은, 형질들이 눈에 띄는 질적 차이도 없고 진화의 방향에서도 차이가 없을지라도, 진화의 속도가 다를 경우 차별화할 수도 있다. (Simpson 1944: 12)

심슨은 진화적 변화의 속도가 다양함을 인정하기는 했지만, 당시에는 '비연속진화'라는 개념이 더 큰 논쟁을 일으켰다. 엘드리지(Eldredge 1992)와 굴드(Gould 1980a, 1995b)는 왜 심슨이 나중에 예전의 통찰력 있는 시각을 스스로 버리고 표준적 관점을 채택하게 되었는지(e.g., Simpson 1953)를 설명하고 있다. 비록 심슨의 생각은 1970년대에 들어와 조금 다른 형태로 부활하기는 하였지만(Laporte 1983), 1940년대의 진화적 종합은 다른 것들을 희생하면서 몇 가지 중심 원칙들을 강화시킨 것이다(Gould 1983b). 그 원칙이란 진화는 주로 점진적이며 연속적이고, 변화는 대체로 적응적이며 선택에 의해 주도된다는 것이다(Antonovics 1987; Gould 1983b).

고생물학이, 고고학에 비교하여 말하자면 호고주의적 형태에서 과학으로서 생물진화 연구로 전환한 것은 1944년 심슨의 《진화의 속도와 양태》 출간에서 시작된 것이며, 이 전환은 1976년 〈생물사학〉(*Paleobiology*)[9]이라는 저널의 창간호가 발간되면서 정점에 다다르게

8) 옮긴이 주 — 가지를 치는 분지적 진화가 아니라 하나의 계통 안에서 일어나는 진화를 말한다.

9) 옮긴이 주 — 이 글에서는 'paleobiology'와 'paleontology'의 차이와 학문적 성격이 잘 개괄되어 있다. 저자들은 화석자료를 복원하는 역할을 주로 하는 고생물학(*paleontology*)과 비교하여, 화석자료를 토대로 하는 고생물학을 토대로 생물학적 해석을 추구하는 생물사학을 구분하고 있다. 전자를 생물사학이라

된다. 그로부터 10년이 지난 뒤 편집자는 "생물학적 고생물학 분야의 연구 논문들과 글들을 발간하기 위해 학술지가 창간되었다"고 평하면서, "학술지의 목적은 고생물학을 현대의 생물학과 결합시키는 것이었으며 지금도 그러하다"고 말하였다(Sepkoski and Crane 1985: i). 〈생물사학〉이라는 이름 아래 다양한 범위의 주제들이 포괄되었지만, 학술지의 주안점은 '화석 자료에 대한 생물학적 해석을 시도'하는 것이었다. 10주년 기념호에 실린 글들의 목차를 보면 이런 평가가 사실임을 알 수 있다. 〈생물사학〉이 창간되기 전 고생물학회는 〈고생물학보〉(*Journal of Paleontology*)를 후원하여 발간하는데, 〈생물사학〉 10주년 기념호에서는 〈고생물학보〉를 '주로 분류군에 대한 서술에 매달려 있다'고 평하고 있다(Eldredge and Novacek 1985: 65). 〈생물사학〉은 그 밖에 고생물학자들이 추구할 수 있는 거의 모든 영역을 다루었다. 물론 주안점은 여전히 다위니즘적 시각에서 생물체의 역사를 설명하는 데 있었지만 말이다. 학문적으로는 다른 움직임들도 있었다. 아마도 1970년대와 1980년대에서 가장 논쟁적이었던 이슈는 '생물진화의 흐름은 점진적이거나 연속적이지 않고, 불연속적인데, 비교적 '정체'된 긴 기간이 있고 나서 급속한 변화, 특히 분지가 일어나는 사건들이 단속적으로 이어져 있다'는 주장(단속평형설)일 것이다.

1) 단속평형설

단속평형설은 1970년대 초에 제안된 개념이다(Eldredge 1971; Eldredge and Gould 1972; Gould and Eldredge 1977; Stanley 1975, 1986, 1979). 단속평형설의 몇 가지 내용들은 특히 심슨의 '비연속진화'와 같은 개념 등에서 일찍부터 알려진 것이 사실이다(Simpson 1944, 학사적 개괄은 Harper 1975, Kurtén 1960, 1965 참조). 그러나 단속평형

번역하였지만, 경우에 따라서는 순고생물학이라 번역되기도 한다(M. W. Strickberger 저, 김창배 외 역, 2004, 《진화학》: 127, 월드사이언스).

설을 제안하였던 학자들은 아주 일반적인 측면에서는 심슨의 개념과 유사성이 있을지 몰라도 그런 초기의 학설들은 별로 중요하지 않았다고 한다(Eldredge 1992, 1995a; Gould 1982b, 1995b; Laporte 1983). 특히 심슨의 비연속진화는 린네의 분류체계에서 종보다 상위의 분류군에 해당되는 개념이다. 그런데 단속평형설은 과, 속 등과 함께 명백하게 종을 포함하고 있다(Eldredge 1995a). 새로운 이론들이 늘 그러하듯이 단속평형설 역시 생물진화를 연구하는 사람들에게 즉각적으로 채택되거나 받아들여지지는 않았다. 단속평형설을 높이 평가했던 사람들도 있었지만(e.g., Cracraft 1982; Johnson 1975, 1982; Stanley 1982; Vrba 1980, 1983, 1985), 세부적 문제들에 대해서는 의견을 달리하였다.[10] 단속평형설을 받아들이지 않는 사람들도 있었음은 물론이다.[11]

단속평형설에 대한 찬반 논쟁은 〈사이언스〉(*Science*), 〈네이처〉(*Nature*)와 같은 저널에 실렸다.[12] 초기의 여러 학술회의에서도 논쟁이 있었는데, 예를 들면 1980년 10월의 학회(Levinton and Futuyama 1982; Schopf 1980)와 1981년 12월 학회(Novacek 1982)에서는 진화의 속도와 종류 등에 대한 쟁점들을 철저하게 논의하였지만, 성과는 그리 크지 않았다(Futuymaa et al. 1981; Lewin 1980). 단속평형설 제안자들은 대중들에게 학설을 설명하여 이해시키고자 애쓰기도 하였는데(e.g., Eldredge 1974; Eldredge and Gould 1974; Gould 1982b), 심지

10) 예를 들어 Cracraft(1985)와 Vrba(1984) 사이, 그리고 Gould and Eldredge(1977)와 Stanley(1975) 사이에 논쟁이 있었다. (원문)

11) e.g., Gingerich 1984b; Hoffman 1982; Levinton and Simon 1980; Ridley 1980; Schopf 1981, 1982; Stebbins and Ayala 1981. (원문)

12) Science: Harper(1975, 1976)와 Stanley(1976) 사이, Gingerich(1983, 1984c)와 Gould(1984a) 사이, Schopf and Hoffman(1983)과 Gould(1983a)의 논쟁.
Nature: Boucot 1982; Charlesworth and Lande 1982; Cohen and Schwarts 1983; Ginzburg and Rost 1982; Kat and Davis 1983; Lindsay 1982; Williamson 1981, 1982, 1983
다른 저널: e.g., Charlesworth 1982; Fryer et al. 1983, 1985; Gould 1982c; Williamson 1985a, 1985b. (원문)

어 옳고 그름은 일단 차치하고 단속평형설이라는 개념이 과연 학문 연구에 자극을 주고 있는지에 대해서도 논쟁을 벌이기도 하였다(Gingerich 1984a; Lister 1984; Rhodes 1983, 1984). 이러한 모든 논의들을 생각해 볼 때, "단속평형설은 이제 낡은 직함이 되었다"는 로저 레윈(Roger Lewin 1986)의 글은 누가 언제 어떤 논쟁에서 이겼는지를 표현하는 듯도 하다. 그러나 사실은 그렇지가 않다(Levinton 1986). 단속평형설을 제안한 연구자나 지지하는 사람 모두 1980년대까지 지속적으로 학설을 방어하였다.[13] 물론 연구자들은 단속평형설이 생물진화이론, 특히 생물사학 연구에 필수적 부분임을 자신 있게 주장하기도 하였다.

최근에는 생물학자 중에 이 학설이 개념적으로 일치되지 않는다고 주장하는 사람도 있는데(e.g., Coyne and Charlesworth 1997), 굴드와 엘드리지는 이 주장이 사실이 아니라고 답한다(e.g., Eldredge and Gould 1997; Gould 1989b). 또한 다윈은 결코 진화가 돌연하고도 급속하게 일어날 가능성을 부인하지 않았다고 주장하는 연구자들도 있었다. 이 생각 역시 굴드와 엘드리지는 부인하였다(Gould and Eldredge 1983; Stanley 1982). 사실이 무엇이든지 최근 수년 동안 많은 생물사학자들은 더 이상 '비연속적 점진 진화'의 가능성에 대해서 논의하지 않고 있으며, 다음 두 가지 사항에 중점을 두고 있다. 첫째는 변화의 속도와 진화적 정체상태의 지속시간들을 세밀하게 측정하는 것이고, 둘째는 화석 자료의 형성사—화석형성학—를 설명하고 그것이 진화의 속도와 양태에 대한 우리의 해석에 얼마나 영향을 미치는지를 해명하는 일이다. 이것은 적어도 '급격한 진화적 변화'라는 개념이 일반적으로 받아들여졌다는 신호라 할 수 있다. 다른 한편으로는 오직 적절하고 구체적인 경험 자료를 바탕으로 할 때만이 변화가 점진적인지 아니면 급격한지를 판단할 수 있다고 생각하는데, 이 점은 단속평형설을

---

13) e.g., Eldredge 1989; Gould 1984a, 1989b; Gould and Eldredge 1986, 1988a, 1988b; Stanley 1982, 1989. (원문)

제안하였던 연구자들도 쉽게 인정하는 바이다(Gould and Eldredge 1993). 그러나 앞으로 우리가 살펴보겠지만 변화의 속도는 논의의 절반에도 미치지 않으며, 나머지 반은 변화의 양태에 대한 것이다.

(1) 자료의 질

초기의 비판적 연구자들 가운데는 원래 단속평형설이 제시될 당시 사용된 자료는 사실 제대로 단속의 학설을 뒷받침하고 있지 않다고 주장한 사람도 있었는데(Brown 1987), 물론 학설의 주창자였던 엘드리지는 이에 동의하지 않는다(Eldredge 1999). 진화의 속도와 양태에 관한 질문들에 대답 — 엘드리지와 굴드는 이 질문에 대한 답을 찾으면서 궁극적으로 단속평형설에 다다르게 되었다(Eldredge and Gould 1972) — 하기 위해 이용되었던 자료는 질적으로 진화의 속도와 양태를 확실하게 검증할 수 있어야 한다. 엘드리지와 굴드가 지적하였듯이 다윈은 화석 자료의 불완전함과 결함에 대해 많은 걱정을 하였으며, 이는 다윈 이전의 찰스 라이엘(Charles Lyell)과 20세기의 심슨 역시 마찬가지였다(Eldredge and Gould 1972, 1977). 그러므로 고생물학자들은 한 계통의 연속되고 누적되며 점진적인 진화적 양상을 분석적으로 추적 — 단속평형설의 제안자들은 이를 '계통(적) 점진설'이라 부른다 — 하는데 많은 어려움이 있을 것이다. 엘드리지와 굴드(Eldredge and Gould 1972; Gould and Eldredge 1977)는 계통점진설이라는 '이론'은 1960년대와 1970년대 진화적 생각을 주도하게 되면서 이에 배치되는 자료들은 무시하였다고 주장하였다. 특히 장기간에 걸쳐 형태적(유전적) 정체상태를 가리키는 자료와 환경 변화의 예들은 과소평가되었으며, 조상 종이 자손 종에 의해 급격히 대체되는 양상을 보여주는 자료 역시 과소평가되었다는 것이다. 굴드와 엘드리지(Gould and Eldrege 1977)는 초기의 비판들에 대해서 대응하면서 계통점진설에 현혹된 사람들이 학문에 유해한 영향을 끼치고 있음을 논하였다.

굴드와 엘드리지는 계통점진설을 검증하기 위해서는 "분류군이나 종이 층을 이루며 점진적으로 변하는 증거"를 통한 연구가 필요하다고 말하였다(Gould and Eldredge 1977: 122). 다시 말해 연속적 층위 자료가 필요한 것이다. 또한 공간 변이를 컨트롤하여야 하는 일과 같은 다른 필요 사항들도 있는데, 가장 큰 약점은 아무래도 층서적 연속을 통해 검증되어야 한다는 점일 것이다.

특정한 화석 연쇄가 점진적 변화를 나타내는지 또는 정체상태를 가리키는지에 대한 문제를 규명하기 위해서는 경과된 시간을 세밀하게 측정해야 한다. 굴드와 엘드리지는 퇴적 단위 가운데 화석을 가진 층들을 바탕으로 시간의 흐름을 설정한다. 이들은 계통점진설의 사례들을 검토하면서 각 퇴적 단위를 시간 단위로 파악하였다. 다시 말하여 화석들의 형태적 특징에서 보이는 변화를 퇴적층 단면의 절대적인 수직적 위치(층의 깊이)로 회귀시켜 측정하였던 것이다(Gould and Eldredge 1977). 이런 식으로 굴드와 엘드리지는 전체 층위 단면이 일정한 속도로 퇴적되었으리라 가정하였다. 어떤 경우에는 세 퇴적 속도 추정치 가운데 중간값을 취하여 전체 층위 단면을 파악한 예도 있었다(Gould and Eldredge 1977: 133). 그러므로 굴드와 엘드리지는 상대적 시간(층서적 위치)과 절대적 시간(실제 시간의 흐름), 곧 측정에서 서열 척도와 등간 척도를 혼용하고 말았다. 따라서 점진적 진화의 경향, 진화적 정체상태나 단속의 사례들은 모두 이런 시간 단위를 어떻게 사용하였는지에 따라 크게 차이가 나게 되었다. 이 문제는 단속평형설에 비판적이었던 많은 연구자들이 지적한 바 있다(e.g., Dingus and Sadler 1982; Ginzburg and Rost 1982; Riley1980).

많은 지질 층위 단면에서 절대적 시간을 정하기는 쉽지 않다. 때문에 굴드와 엘드리지가 두 가지 상이한 척도를 혼용한 것을 이해할 수 있을지도 모른다. 그러나 단면내의 층들이 다양한 퇴적 속도를 가졌을 것이며, 이것이 진화의 속도를 추정하는 데 어떠한 영향을 미쳤을지 하는 문제에 대해서는 아무런 논의가 없다. 그 대신 굴드와 엘드리지는 '이소성 종분화'(*allopatric speciation*)가 지질학적 사례들에서 화석 자료로 나타날 것이라고 주장하면서 그 가능성을 경시하고 말았다(Gould and Eldredge 1977: 121). 다시 말하면 새로운 분류군의 출현을 통해 나타난 변화는 생태학적으로는 점진적으로 일어날지라도 지질학적으로는 급격하게 보일 수도 있을 것이다. 그러므로 굴드와 엘드리지는 단속평형설을 확증하는 원천으로서 정체상태의 증거를 찾았던 것이다. 이들은 정체상태를 자신들의 연구에 적합하다고 보았으며, "형태적인 단절이 나타나는 이유는 단속평형 또는 자료의 불완전성의 탓일 수 있다"고 하였다(Gould and Eldredge 1977: 148). 정체상태는 표본 자료의 절대적인 지속시간과 상관없이 추적할 수 있는데, 물론 비교되는 표본들이 상이한 시기의 것임이 명확할 때에만 그렇다(e.g., Kelley 1983). 그러나 만약 정체상태가 아닌 변화의 속도가 관심의 주된 주제라고 한다면, 반드시 절대적 시간을 제대로 확인하여야 한다. 또한 정체상태의 지속기간을 파악할 때도 절대적 시간을 잘 통제해야 한다. 그리고 정체상태와 단속의 사건들을 측정하는 데 있어 아주 중요한 것은 바로 종(種)을 어떻게 인지하느냐 하는 것이다.

(2) 종의 인지

복수의 분류군, 특히 종을 확인하는 절차는 연구자가 진화의 속도를 지각하는 방식과 직결되어 있다. 굴드와 엘드리지는 "진화의 속도는 관찰 및 측정 가능하고, 진화의 양태는 그 속도로부터 추론되어야 한다"고 언급하였다(Gould and Eldredge 1977: 115~116). 하지만 변화의 사건들은 '지질학적 시각에서는 순간적인' 것이기 때문에 연구의 초점은 정체되어 있는 형태들에 맞추어지게 되어 있다(Gould 1982b: 82~85). 생태학적 견지에서 점진적 변화로 관찰되는 것도 지질학적으로는 아주 순간적이거나 단속적인 변화로 나타나게 되어 있다(Gould and Eldredge 1977: 121). 지질학적으로 급작스런 변화는 단속 때문일 수도 있지만, 화석 자료의 불완전성이 원인일 수도 있다. "형태적 단절을 보여주는 자료가 진정한 진화적 단속임을 증명하기 위해서는 층서가 극히 잘 보존되어 있어야 한다. 이에 반해 정체상태는 90% 이상의 자료가 결실된 지질 층위 단면으로도 정체상태를 연구할 수 있는데, 약 10%의 자료가 시간대별로 나뉘어 서로 멀리 떨어져 분포하고 있는 것도 좋은 표본 자료가 되는 것이다"(Gould 1982b: 86). 그러므로 층서적 연속성은 형태학적 정체상태를 추적하는 데 반드시 필요한 것은 아니다"(Gould 1985: 7).

그렇다면 무엇이 단속이고, 무엇이 정체인가? 현실적으로 "한 종이 1% 이하로 존재할" 경우에 단속—'지질학적으로 순간적인 변화'—이라 판단할 수 있다(Gould 1982b: 84, 1982c: 137). 정체상태는 형태적으로는 '방향성이 없는 작은 진동'에 불과한 것이다(Gould and Eldredge 1977: 127). 더 구체적으로 말한다면 "생물 종이란 개체군으로서 가장 번성하였을 때 형태적으로 정체상태에 있게 되며, 이때 방향성 없는 작은 형태상의 변화만이 있고, 또는 아주 작은 방향성을 가진 변화가 있다고 할지라도 자손이 되는 종의 운명에 별다른 영향을 미치지 못하는 것이다"(Gould and Eldredge 1977: 117). 그러나 종을 구성하는 변이들의 빈도 분포를 알아야 종을 파악할 수 있으며, 자손 종에 대한 영향을 논하려면 반드시 자손 종이 먼저 확인되어야 가능하다. 다시 말하면 종이 형태적으로 안정적인지를 판단하기 위해서는 먼저 종을 정의하여야 하는 것이다. 그러므로 진화적 정체의 사례들을 어떻게 인지하느냐 하는 문제는 분류의 문제로 귀결되는 것이다(제 5장 참조). 연구자들 중에는 이 같은 결론에 도달한 사람들도 있다(e.g., Brown 1987; Levinton 1983; Schopf 1981, 1982; Turner 1986).

엘드리지(Eldredge 1995b: 40)는 '종보다 상위의 분류군에서의 불연속'에 대해서 심슨이 제시한 비연속진화라는 개념과 '종들 사이의 불연속'에 대한 도브잔스키(Dobzhansky 1973)와 마이어(Mayr 1942)의 인식 사이에서 보이는 차이를 단속평형설이 해소해준다고 주장한다. 심슨은 진화적으로 계승적인 종들이 시간적 연속을 구성하는 것으로 보았으며, 이는 도브잔스키와 마이어도 마찬가지이다. 그러나 도브잔스키와 마이어는 종의 공간적 차원 상에서 불연속을 보았으며, 반면 심슨은 속 이상의 수준에서 시간적 차원 상에서 불연속을 보았다. 엘드리지는 "가장 알맹이만을 이야기한다면 단속평형이란 종 수준에서 표현형 상의 차이뿐만 아니라 '상위의 분류군'에서 불연속성의 패턴들을 포괄한다"고 하였다(Eldredge 1995b: 41). 그러므로 단속평형설은 심슨의 불연속성의 개념을 채택한 것이지만, 심슨의 비연속진화와는 달리 종의 수준에서 나타나는 불연속성까지를 인정하고 있다. 도브잔스키와 마이어의 입장도 포괄하였지만, 이들과는 달리 단속평형설은 종 내에서의 정체상태를 분명히 인정하고 있다.

그렇다면 종(種)이란 무엇인가? 엘드리지와 굴드는 1972년 단속평형설의 씨앗이 되었던 논문에서 다음 두 가지 기본 사항을 지적하였다(Eldredge and Gould 1972: 92~93). 첫째, 생물 종과 그것이 수반하는 내용은 아주 중요하다는 점이다. 여기서 종이란 이소성적으로 또는 주변지역성적으로 분지하는 경향이 있는, 생식적으로 격리된 생물체들의 모음을 말한다. 둘째, 이렇게 종을 개념 정의하면 특정한 시공간에만 분포하는 실체들을 확정할 수 있다는 점이다. 때문에 이런 종의 정의에는 "진화하는 계통적 연속체에 적용될 객관적 실체는 없게 되며, 종이란 단지 주관적 범주를 사용하여 임의로 나눈 것이 된다. 이런 개념을 통째로 우리의 시간적 분류체계에 이식할 수는 없지만, 진화적 과정이 어떻게 작용하는지에 대해서 많은 의미를 담고 있다"(Eldredge and Gould 1972: 93). 이 정도의 논리는 그런대로 괜찮다.

그런데 굴드와 엘드리지는 단속평형설을 다룬 1970년대 두 논문에서 화석 자료에서 어떻게 종을 인지할 수 있는지에 대해서는 아무런 말도 하지 않고 있다(Eldredge and Gould 1972; Gould and Eldredge 1977). 이 논문 두 편만으로 생각해보건대 굴드와 엘드리지는 당시의 고생물학적 전통을 그대로 따라 형태적으로 충분히 유사한 화석들로 구성된 것을 종이라 지칭하고 있다. 종을 생물학적 의미에서 표현하고자 하면서도 현재 종을 구성하는 살아 있는 생물체들에서 보이는 형태적 변이보다는 적은 변이만을 가지도록 하였던 것이다(e.g., Raup and Stanley 1978; Simpson 1943). 결과적으로 얻어지게 되는 것은 '연대 종'(*chronospecies*)으로서, 진화적 연속체로부터 "주관적이고도 임의적으로 구분할 수밖에 없는 중간단계의 계승적 자료"이다(Stanley 1979: 13). 하나의 연대 종이란 "한 계통의 일부로서 진화상 아주 조그만 부분만을 포괄한다. 실제 전형적 연대 종이라면 현재 하나의 종을 구성하는 살아 있는 개체군들에서 보이는 것보다 적은 변이를 보일 것이다" (Stanley 1981: 14).

연대 종 설정의 주관적이고도 임의적인 성격을 객관화시킬 수 있다고 주장하는 사람도 있다. 조엘 크래크래프트(Joel Cracraft 1981a: 458)는 주관적 작업에 명백하게 반대하면서, "하나의 계통을 종으로 구분하는 것은 임의적이며, 분류 단위의 객관적인 존재론적 지위를 인정하지 않고 있다. 그런 식으로 종에 접근한다면 결코 흥미 있는 생물학적 문제들을 풀 수 없게 될 것이다"라고 하였다. 연구자는 어느 정도 지속 시간을 가진 표본들을 측정하기만 하고 종을 설정하지 않을 수도 있다. 하지만, 그런 절차는 계통점진설을 신봉할 경우 따르게 되는 방법이기 때문에 문제가 있는데, 단속평형설의 주창자들은 다음과 같이 말한다.

> 새로운 아종, 종, 그리고 심지어 속까지도 단순히 진화하는 연속체에서 임의로 나뉜 부분이다. 이런 관점에서 분류군을 정의하기가 어려운 것은 진화적 과정 자체 때문이다. 엄격히 분류군의 경계는 완전히 임의적일 수밖에 없지만, 실제로는 화석 자료에서 보이는 단절에 편의적으로 의존하고 있다. (Eldredge and Gould 1977: 29)

엘드리지는 종을 확인하는 방법에 문제가 있다는 지적을 하는데, 왜냐하면 형태적 변화들을 층서적(시간적) 위치에 표현한 다음 가장 분명하게 연속적으로 연결되어 있는 부분들에 동그라미를 쳐서 그런 집합에 분류군의 이름을 붙이기 때문이다. "이것은 결국 진화가 계통적임을 가정하게 만드는 것이다"(Eldredge 1979: 16).

심슨은 시간의 흐름에 따른 변화를 "시간연속변이"(*chronocline*)라 불렀는데, 여기서 연속변이란 형질 변화도를 가리킨다. 시간연속변이의 한 부분은 '연대 종'을 구성한다. 이 경우 연대 종 확인의 어려움은 형질이나 속성에서 시간연속변이, 곧 시간적 변화도를 먼저 확인하는 데서 비롯된다. 케빈 패디언(Kevin Padian)은 다음과 같이 지적한다.

> 몇몇 형질들은 시간의 흐름에 따라 다소 균질적으로 변화하지만, 전혀 변하지 않는 형질들도 있으며, 확실한 경향 없이 진동하는 것들도 있다. 이것이 바로 '연속변이'(*cline*)라는 개념의 진화적 유용성을 의심하는 한 가지 이유가 되는데, 다시 말하면 하나의 연속변이를 확인하는 데 어떠한 규준도 없다는 점은 유효하다. 하나의 연속변이는 연속선상에서 형질의 변화도를 말하며, 단절되어 있을 수도 있고 시간적으로 역전되어 있을 수도, 단(段)이 지어 있을 수도 있다. 더구나 연속변이의 크기를 정하는 어떠한 규준도 없으며, 그 개연성을 통제할 수도 없다. (Kevin Padian 1989: 75)

앞으로 살펴보겠지만, 이런 설득력 있는 비판은 인정할 수 있으며, 화석 종을 확인하는 데 쓰이는 방법에도 똑같이 적용될 수 있다.

계통적 연속선상에서 종을 확인하는 사례가 〈그림 4-2〉에 제시되어 있는데, 원래 계통점진설의 사례로서 발표된 것이다(Gingerich and Simons 1977; Gingerich 1979a 역시 참조). 굴드와 엘드리지(Gould and Eldredge 1977: 131)는 "깅거리치가 자료에 대해서 그린 점선의 윤곽선은 점진설에 치우친 해석으로서 증거를 있는 그대로 담고 있지 않다"고 지적하였다. 굴드와 엘드리지가 무슨 말을 하고 있는지를 설명하기 위해 고생물학 증거에 입각하여 정의된 연대 종과 생식적 격리를 토대로 정의된 생물학적 종 사이의 관계에 대해서 살펴보자. 후자에서 종은 서로 관련된 상호 교배하는 개체들의 군집을 말한다. 각 개체는 다른 개체들과 조금씩 차이가 나는데, 종을 이루고 있는 개체들은 시간의 흐름에 따라 변화하여 계통을 구성하고, 그 평균적 형태는 〈그림 4-3〉에서 계통 1과 같이 시간이 흘러도 안정적일 수 있으며, 〈그림 4-3〉의 계통 2와 같이 시간이 흐르면서 변화하기도 한다. 주변지역성 종분화란 모 개체군과 자 개체군이 지리적 격리를 통해 생식적 격리가 생기게 되어, 궁극적으로는 두 개체군이 생물학적 의미에서 생식적으로 격리되고, 형태적으로 분지하여 결국 두 계통이 만들어지는

〈그림 4-2〉 미국 와이오밍주 빅혼 베이신의 에오세 초기 퇴적층에서 나타난 영장류 'Pelycodus'와 이와 관련된 'Copelemur' 속(屬)의 층위적 분포

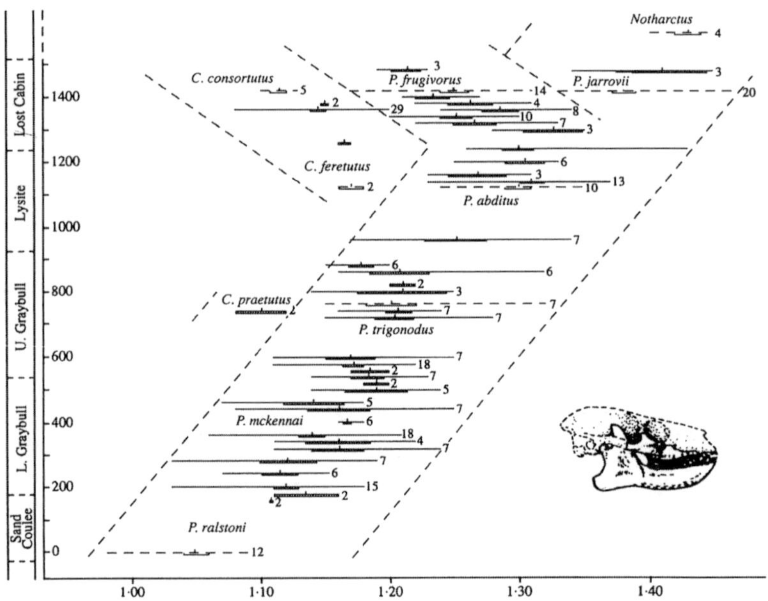

수평 축은 아래 첫째 어금니의 밀리미터 크기를 log〔$\log_{10}$ (크기×너비)〕로 표현한 것이다. 수직 축을 따라 쓰인 것은 포메이션인데, 숫자는 윌우드 포메이션(*Willwood Formation*)의 바닥으로부터 층서적 위치를 피트로 표시한 것이다. 수평으로 그어진 선은 동일한 범위를 말하며, 수직으로 갈라놓은 선은 중간값을 뜻한다. 굵은 선은 중간값의 표준편차이며, 작은 숫자는 표본의 수를 나타낸다. 사선들은 북아메리카 'Pelycodus' 종의 계통발생적 관계에 대한 추론을 표현한 것이다. (Gingerich and Simons 1977)

결과에 이르는 것을 말한다. 다시 말해 두 개체군들이 서로 격리된 다음 충분한 시간이 흘렀다면 각각의 개체들은 두개의 분리된 계통을 구성할 것이며, 분리된 계통은 서로 교배할 수 없고, 형태적 차이가 있어 쉽게 구분할 수 있을 것이라는 것이다.

〈그림 4-3〉의 t_2의 시점에서 종 A와 종 B 사이에는 분명 생식적 단절이 있으며, 마찬가지로 시점 t_3에서도 종 A와 종 C 사이에는 비슷한 단절이 있다. 각 계통의 종들 사이에는 객관성 있는 형태학적 단절이 있으며 이는 생물사학자들이 측정 가능하다. 계통 2의 화석 자료가 충분히 완전하여 한 종에서 다른 종으로의 전이를 잘 보여주는 사례들에서는 계승적 연대 종 B와 C 사이의 구분은 '임의적인' 것이다.

〈그림 4-3〉 세 가지 상이한 시점(t_1, t_2, t_3)의 표본조사를 통해 두 계통(1, 2) 내의 세 종(A, B, C) 사이의 관계를 나타낸 도면

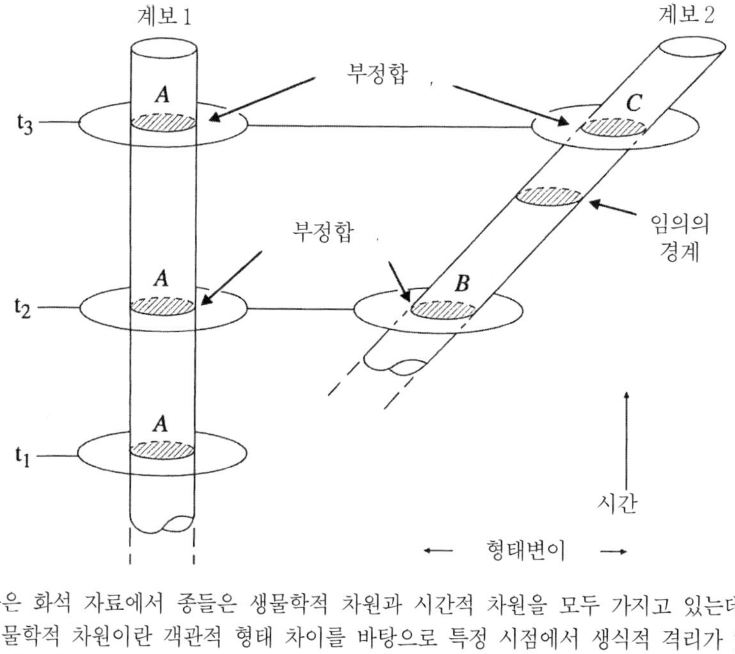

종은 화석 자료에서 종들은 생물학적 차원과 시간적 차원을 모두 가지고 있는데, 생물학적 차원이란 객관적 형태 차이를 바탕으로 특정 시점에서 생식적 격리가 있는지를 추론하는 것이며, 시간적 차원이란 하나의 진화하는 계통에서 형태 변화의 단위들을 임의의 경계를 설정하여 구분시키는 것이다. (Gingerich 1976a)

깅거리치(Gingerich 1979b: 48)는 "이렇게 경계를 임의적으로 지어야 한다고 해서 두 계승적 종들 사이에 아무런 차이도 없다는 뜻은 아니다. 오히려 문제는 시간의 흐름이다. 시간은 일정하게 흐르는데, 우리는 임의로 경계를 지어서 둘이 상이함을 인지하는 것이다"고 하며 문제를 잘 지적하고 있다. 앞서 지적하였듯이, 흔히 지질자료의 층서적 경계를 통해 연대 종들의 경계가 설정되는데, 물론 꼭 그래야 한다는 법은 없지만 말이다. 층서적 경계들이 없어도 점진적으로 변하는 형태에서의 연속성을 추적할 수 있으며, 여기서 분석자의 종 B와 C 사이의 구분은 완전히 임의적인 것이다.

이렇듯 종 B와 C 사이의 경계에서 나타나는 임의성은 크래크래프트, 엘드리지, 굴드 같은 연구자들의 눈에 거슬렸다. 그러나 계통점진설이 필요로 했던 것은 바로 그런 임의적인 경계들이었던 것이다. 문제는 다음과 같은 사항으로 압축된다. 곧, 계통점진설은 진화를 연속적인 것으로, 마치 〈그림 4-4〉의 왼쪽에 표현된 계통진화의 모델을 생각하였는데, 여기서 시간이 흐르는 속도는 수직 축을 따라 일률적이며, 형태변이는 수평축을 따라 일정하게 표현되었다. 또한 시간적-형태적 연속체에서 단위를 설정한다는 것은 연속체를 임의로 떼어낸 부분—연대 종—일 수밖에 없다.

그런데 단속평형설은 종 단위를 실재하는 것으로 지각한다. 이것은 〈그림 4-4〉의 오른쪽에 표현된 계통진화 모델에서와 같이 종이란 시간이 흐름에 따라 시작, 지속, 종말을 가진 정지된 실재물이라 생각되기 때문이다. 단속평형설의 도면에서는 아주 작은 형태변이를 가진 몇몇 가지들이 이전의 줄기에서 급격히 뻗어 나와 비교적 긴 시간대에 걸쳐 형태적으로 안정되어 감을 주목할 필요가 있다. 임의적인 연대 종이 아니라 '실재'하는 종을 구성하는 것은 바로 수직적으로 길고 수평적으로는 가는 가지들인 것이다. 브라이언 찰스워스(Brian Charlesworth 1982: 133)가 지적하였듯이, 그 가지들은, "급속한 형태 변화가 일어나 개체군들이 다른 개체군들과 격리되어 더 이상 생식할 수 없게 되며", 그 뒤에 장기간의 형태적 정체기가 이어지게 된다는 것이다.

이렇듯 계통점진설과 단속평형설은 진화적 변화를 바라보는 시각에서 근본적으로 차이가 있다. 때문에, 둘의 차이를 인지하기 위해서는 종을 설정하는 데 서로 다른 방법을 사용함을 알아야 한다. 점진론자들이 사용하고 있는 종 설정방법은 단속평형설에서 사용하는 방법과 많은 차이가 있다. 엘드리지의 지적과도 같이 문제는 사실 존재론적인 것이다. 다시 말하여 단속평형설에 따르면 종이란 '존재론적인 의미에서 개체들'이다(Eldredge 1982: 339). 단속평형설은 종이란 독자적으로 실재하는 것이며, 결코 진화적 연속체에서 임의로 떼어낸 부분이 아니라고 본다. 굴드와 엘드리지(Gould and Eldredge 1977: 117)는 이

〈그림 4-4〉 계통진화(a)와 단속평형설(b)의 모델들

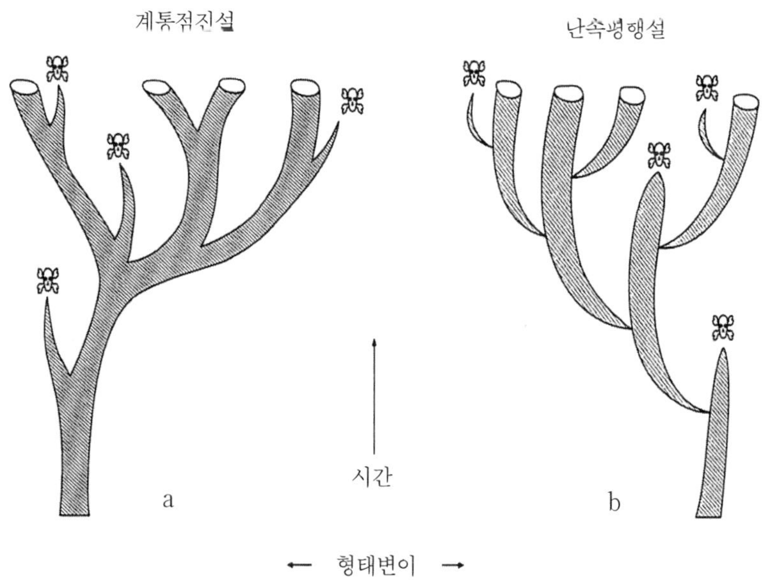

시간은 수직축을 따라 일률적으로 흐르고, 형태는 수평축으로 일정하게 변화한다. 계통짐진설에서 연대 종은 진화적 연속체에서 임의로 떼어낸 부분일 수밖에 없으며, 단속평형설에서 종이란 불연속적 진화에서 수직으로 뻗은 실재하는 가지들이다. (Lewin 1982)

에 대해서 처음 명확한 입장을 취하였는데, "종을 자연 상태에서 '실재하는' 것으로 개체에서 동물계에 이르는 연속체를 임의적으로 나눈 것은 아니다"고 하였다. 그렇다면, 화석 자료에서 종을 어떻게 추적할 수 있는가? 엘드리지는 다음과 같이 주장한다.

> 시간상 한 시점에서 종을 인지하고 진단해낼 수 있으며, 상이한 지역이나 시간뿐만 아니라 동일한 지역(물론 동일한 시간)에 살고 있는 다른 것들과도 구별할 수 있다. 그 종이 어떤 점에서 다른지를 구체적으로 지적할 수도 있으며, 대부분 그렇게 특정 종에만 국한되어 있는 형질들은 다른 지역의 표본들에서도 역시 발견된다. 다시 말하면 종은 지리 및 층위적 분포에서 실재하는 것이다(단 하나의 층에서만 발견되는 종은 거의 없다). 시간적으로 이런 특정 종에만 국한된 형질들(차별적 형질)에서는 커다란 변화가 없는데, 결국 바로 이러한 연속성 때문에 여러 시점에서, 그리고 여러 지역에서 종을 인지할 수 있는 것이다. 다른 종류의 형태적 형질들—이 종에만 국한된 형질이라 생각되지 않은 형질들—은 흔히 그 종의 역사에 있어 계기적 변화를 보이게 된다. 〔단속평형설〕은 종이란 지역적으로 그리고 시간적으로, 구체적으로 인지할 수 있는 많은 속성들을 통해 구별할 수 있는데, 그 속성들은 시간이 흐르면서 그렇게 심하게 변화하지 않는 경향이 있다. (Eldredge 1979: 16)

굴드의 언급은 종을 구분하는 절차와 얽힌 문제들에 대해 많은 시사점을 준다. 굴드는 "특정한 형질들이 아니라 전체 형태가 한꺼번에 종으로서 '인지'된다. … 어떤 전문가일지라도 특정한 형질이 분류군을 특징짓는다고 해서 그것만 관찰하지는 않는다. … 분류군은 전체 생김새를 통해 '인지'되며, 다만 소수의 형질 목록에 의해서 '정의'될 뿐이다"고 하였다(Gould 1976: 177). 분명 굴드가 '인지'라는 말을 사용한 것은 단위(종)를 만들어내는 데 사용되는 속성들, 곧 형질들을 귀납적으로 찾는 절차를 위미하는 것이다. '정의'라는 말은 종의 구성원이 되기 위한 필요충분조건들을 의미한다. 여기에서 '차별적 형질'만을 주목하지는 않는다는 말은 중요하며, 엘리엇 소버(Elliott Sober 1993: 45)의 지적과도 같이 "어떤 사물(생물)의 종류는 그 종류의 내용과는 다르다." 다시 말해 종류가 달라지면 결과도 달라지는 것이다. '차별적 형질'이란 새로이 발견된 표본을 어떤 한 종 단위(다시 말하여 특정한 종류의 생물로)에 설정할 수 있게 해주는 그 종만의 특징적 형질들을 말한다. 그렇다면 연구자는 어떻게 차별적 형질을 찾아내는가? 그 절차가 귀납적 패턴 인지의 방식을 취하고 있음은 엘드리지와 굴드의 다음과 같은 언급을 보면 확실히 알 수 있다.

> 어떤 종의 층서적 범위를 도표화한다는 것은 … 하나 또는 그 이상의 특징적 형질이 존재한다는 사실이 함축되어 있다. 그 형질이란 ① 어느 정도 시간대와 공간 분포를 포괄하는 일련의 개체군들을 묶고, ② 그런 묶음을 다른 것들로부터 구별시켜주는 근거가 되는 것을 말한다. 이로써 나음과 같은 중요한 결론에 이르게 되는데, 그것은 형태적으로 정의된 모든 분류군의 층서적 범위를 단순히 인지한다는 사실만으로도 그 종만이 가진 특수한 (차별적) 형질들의 안정성과 정체가 암시될 수밖에 없다는 점이다. 종분화의 과정에서 변형되어 새로운 종을 인지할 수 있게 만들어주는 모든 (특징적) 형질들은 그 종의 존속 기간 동안 인지할 수 있는 상태로 지속되어야만 한다. 만약 그렇지 않다면 시간이 흐른 뒤 그 종을 더 이상 판별할 수 없게 될 것이다. (Eldredge and Gould 1977: 29)

단속평형설에서는 종의 내적인 안정성과 종들 사이의 단절성을 전제로 화석 자료에서 종을 인지한다. 예를 들면 굴드의 학생이었던 패트리샤 켈리(Patricia Kelley 1983: 595)는 "형태적 정체상태가 보이거나 방향성 없는 진동이 있다면 그것은 종의 확립"을 뜻한다고 하였다. 그리고 엘리자베스 브르바(Elisabeth Vrba 1980: 63)는 단속평형설이 "본질적으로 말하고자 하는 바"는 종의 정체상태라고 지적하였다.

> 종이 실재하기 위해서는 특정 시점에서 형질들이 눈에 띈다는 사실만으로는 부족하다. 종은 계통에서 시간 상 객관적으로 구별할 수 있는 부분들이어야 한다. 다시 말하면, 종은 기원, 역사, 그리고 종말이 있어야 한다. … 정체기가 있는 생각은 하나의 종이란 적어도 시공간상 다른 종과 구분하여 주는 형질들을 가지고 있어야 하며, 그 형질들이 시간이 흘러도 일정하게 유지되어야 함을 의미한다. … 종의 역사와 지속기간은 그 종만이 가진 형질들의 안정성에 의해 눈에 띄게 되는 것이다. (Vrba 1980: 65)

위에 예시한 두 개의 인용문은 만약 종이 시공간상 형태적으로 안정되지 않는다면 화석 자료에서 종을 인지할 수 없을 것임을 가리키고 있다. 토마스 쇼프(Thomas Schopf 1982: 1145)는 넓은 지리적 영역에서 화석 표본들을 수집하여야 한다는 것(Eldredge and Gould 1977; Gould and Eldredge 1977)은 "형태 상 변화를 '단순히' 지역적인 이주의 탓으로 돌릴 수 없음을 시사한다"고 지적하였다. 단속평형설은 하나의 종이 시간이 흘러도 대체로 안정된 상태를 유지하는 것을 가정한다. 그리고 계통점진설이 상정하고 있듯이 시간이 흐르면서 점진적이면서도 누적적이거나 방향성이 있는 형태 변화가 있을 것이라는 점을 부인한다. 다만 형태 상 비누적적이며 방향성이 없는 진동은 있을 수 있다(e. g., Kelley 1983). 형태 상 진동이나 안정성은, 형질들이 측정되는 방식을 고려할 생각할 때, 경험적으로 결정되는 것이다. 다시 말하면 분류군에 대한 정의는 '외연적으로' 끌어온 것인데, 이는 층서적 상응을 위해 그런 단위들을 지속적으로 사용해야 하기 때문임을 두말할 나위 없다(Eldredge and Gould 1977). 생물사학자 폴 피어슨(Paul Pearson 1992: 125)의 지적대로 "화석 자료의 층서적 유용성은 여전히 분류체계를 이끄는 힘이다." 그러나 피어슨은 다음과 같은 지적도 한다.

> 고생물학의 '종'은 형식학적 방법을 통해 화석 자료에서 인지된다. 사실상 종은 형태적으로 유사한 표본들을 모아 놓은 것이라 할 텐데, 이 표본들은 종의 표준에 근접하는 것들이다[곧, 형식학적 종이란 형태 종(*morphospecies*)이다]. 화석 자료상에서 그런 형태 종의 등장과 소멸은 진정한 종분화 사건과 멸종 사건에 근접하는 것이다. 물론 종분화가 급작스럽고 단속적이며, 정체상태가 압도적인 경우에 그렇다. 점진적 진화가 일어난다고 하더라도 분류학자는 가지를 치며 유지되거나 절멸되지 않고 형태 종이 지속되는 계통을 형태 종들이 중첩되어 있다고 파악할 수도 있으며, 때문에 마치 계단 모양의 진화로 지각할 수도 있다. (Pearson 1998b: 317)

이런 피어슨의 언급은 브르바가 말하는 "계통에서 객관적으로 구분되는 부분들"이 무엇을 뜻하는 것인지를 질문하게 만든다. 이론적 문제는 또 어떠한가? 가령 종의 형태적 안정성은 어떻게 이론적 근거를 가질 수 있는가? 굴드는 과거 그러한 이론적 근거를 찾기를 주저했던 것은 '본질론'에 대한 과장된 두려움에서 비롯되었다고 믿고 있다. 굴드의 관점에서 보면 이런 두려움 때문에 진화적 종합을 주창하였던 학자들은 다음과 같이 생각하였다.

> 종이 '본질'을 가지고 있다는 생각을 거부하게 되었다. 여기서 본질이란 유전적이고 발달적인 측면에서 응집(일관)된 것들로서 순간적인 선택압(*selective pressure*)에 저항하고 지역 개체군들 내에서의 변화에 상위의 대진화적인 제약을 가하는 것들이다. 현대(진화적 종합 이후) 진화생물학의 확고한 반본질론적 경향 탓에 내적 디자인과 외적 선택의 상호작용을 무시하거나 과소평가하게 되었다.
>
> 발달 프로그램과 유전적 체계들은 하나의 종에 속하는 구성원으로서 개체들에게 '분포되어 있는 본질적 형질들'이다. (Gould 1983c: 362~363)

진화적 종합을 주창하였던 학자들은 굴드의 언급이 조금 논점을 벗어났다고 느낄지도 모른다. 그 중 한 사람으로 마이어(Mayr 1963, 1980, 1982b)는 오래 전부터 다양한 내적인 제약으로부터 기인하는 '유전자형의 응집'에 대해서 이야기해왔다. 그럼에도 이것에 대해서 지나치게 깊이 다루는 것은 우리가 논의할 영역을 넘어서는 것이다. 현재로서 중요한 것은 어떻게 화석 자료로부터 종이 인지되거나 설정되는지 하는 것이다. 만약 종이, 단속평형설의 모델에서 가정하듯이, 형태적으로 안정적이라면, 특정 종에만 국한된 (차별적) 형질들은 화석 자료에서 어렵지 않게 추적할 수 있을 것이다. 그러나 형태 상 진화적 변화는 그 방향성이 진동할 수 있고, 또는 특정 방향으로 진행되는 변화라 할지라도 속도가 느리거나 빠르게 일어날 수 있기 때문에, 종은 반드시 외연적으로 설정될 수밖에 없다. 다시 말하면 먼저 하나의 종에만 국한되는 '차별적 형질들'을 처음 연구하는 화석 자료로부터 설정하여 놓아야 하는 것이다. 이렇게 '차별적 형질들'을 설정한 다음 다른 알려지지 않은 화석들을 특정 종의 구성원으로서 '동정'할 수 있게 되는 것이다. 여기서 필요하다면 하나 또는 그 이상의 차별적 형질들을 추출하여 종을 설정할 수도 있다.

우리의 논점은 단순하다. 이렇듯 귀납적 절차로 종을 인지하기 때문에 차별적 형질들은 우연적 표본의 산물일 수밖에 없는 것이다. 이것은 고고학자들이 말하는 "형식학적으로 느릿느릿 기어간다" (Phillips et al. 1951)는 표현과 유사한 현상으로서 문제의 소지가 다분하다. 몇몇 고생물학자들도 이 점을 느끼고 있는데(e.g., Maglio 1971), 바로 이런 어려움이 화석 자료 연구에서도 있는 것이다. 다시 말해 특정한 분석 시간대 내에서 정해진 기준이 진동(왔다갔다)할 수도 있고, 분석 시간대 내에서 하나의 종으로 포괄되는 표본들이 진동할 수(어떤 표본은 특정 종으로 판정되는데 반해 다른 것은 그렇지 않는 경우)도 있다. 그러한 진동은 충분히 큰 표본을 다룰 때나(Hughes and Labandeira 1995), 정해진 기준이 안정될 때 멈출 수 있지만, 얼마나 많은 화석 표본들이 필요한지는 여전히 대답하지 않은 문제이다(Schopf 1982).

더욱 중요한 사실은 실질적으로 화석이 가지고 있는 무한정한 수의 형질들 가운데 어떤 것을 '차별적 형질'로 취할 것인지에 대해서는 아무런 지침도 없다는 점이다. 연대 종을 설정할 때 '시간연속변이'라는 개념을 사용하는 것에 대한 비판이 잘못이라고 한다면, 형태적으로 평형기에 있는 종을 설정하는 데 차별적 형질을 사용하는 것은 타당할 것이다. 전자는 연속적이고 점진적이며 방향성 없이 변화하는 형질들을 취하는 것이며, 후자는 긴 시간이 흘러도 변화하지 않는 형질들을 취하는 것이다(Brown 1987). 앞에 인용하였던 엘드리지와 굴드의 언급은 차별적 형질들이란 종의 지속 시간 동안 상태가 변화하지 않는 형질들이어야 한다는 점을 말하고 있다. 그렇다면 우리가 보기에 단속평형설 주창자들이 옹호하고 있는 화석 종을 인지하는 절차는 분석적인 눈속임에 불과한 것이 된다. 종이 분석적으로 인지되는 절차에 이미 종의 안정성이 전제되어 있는 것이다. 굴드와 엘드리지는 계통점진설의 모델에서 종이 인지되는 방식에도 비슷한 문제들이 있음을 옳게 지적하였다. 물론 단속평형설의 모델을 작동하기 위해서는 존재론과 인식론적 변화가 필수적이라고 하면서 문제를 덮어 버렸지만 말이다(e.g., Eldredge 1982). 우리는 라차드 포티(Richard Fortey 1985: 17)가 계통점진설과 단속평형설을 개괄하면서 했던 "이론은 연구자의 관찰 방식에도 영향을 미친다"는 진술에 동의한다.

다음 주제로 옮기기 전에 중요한 두 가지를 살펴보자. 첫째, 포티(Fortey 1985: 17)는 두 모델 모두 "동일한 자료에 적용하여 경쟁하여야 한다"고 보았다(Fortey 1988; Vaupel Klein 1994 역시 참조). 그런 경쟁을 하게 되면 단속평형설이 가지고 있는 귀납적인 패턴 인지 절차의 문제와 계통점진설에서 연대 종 단위들이 가지는 임의성의 문제를 피할 수 있으며, 변화의 다양한 양태와 속도까지도 측정(등간 척도 시간을 사용할 경우)할 수 있을 것이다. 둘째, 두 가지 진화모델(계통점진설과 단속평형설) 주창자들이나 그것을 사용하는 연구자 모두 계통분류학적 문제에 대해서 심각하게 고려하지 않았다. 앞서 논의한 것들은 바로 진화의 속도와 양태에 관한 문제에 계통분류학적 이슈가 얼마나 중대한지를 잘 말해주고 있다. 그러나 계통분류학에 대해서 살펴보기 이전에 속도와 양태의 다른 양상들을 먼저 살펴볼 필요가 있다.

(3) 변화의 양태와 속도

굴드와 엘드리지(Gould and Eldredge 1977: 116)는 단속평형설을 옹호하는 글에서 자신들의 모델은 "점진적 계통진화보다 급속한 분지발생적 종분화를 진화적 변화의 양태로서 더 중요하게 여긴다"고 하였다. 후일 굴드(Gould 1982b: 84)는 단속평형설이란 "종분화와 지질학적인 시간에 종분화를 배치하는 데 아주 특별한 주장으로서, 단순히 급속한 진화적 변화에 대한 다른 종류의 이론과 동일시하지 않아야 한다"고 주장하였다. 굴드에 따르면, 심슨(Simpson 1944)의 '양자 진화'는 정확히 후자의 급속한 진화적 변화에 대한 것인데, "분지발생과는 대조로 급속한 향상진화적 변화는 종분화를 일으키지 않는다"고 본다(Gould 1982b: 84~85). 몇 년 뒤 굴드와 엘드리지(Gould and Eldredge 1986: 114)는 단속평형설은 "언제나 〔비전통적〕 주장에 뿌리박고 있었는데, 계통점진설이 아니라 마이어학파의 이소성 또는 주변지역성 종분화 개념 같은 것이 토대가 되어 지질학적 시간에 적용된다"고 하였다.

단속평형 모델의 분지발생적 양상이 이처럼 재차 강조되어야 했던 이유는 이것이 도약진화, 곧 진화는 조상과 커다란 단절을 보이는 큰 돌연변이의 출현으로 일어난다는 믿음과는 다름을 확인하기 위해서였다. 급속한 향상진화적 변화(도약)는 분지발생과는 대조적인 것인데, 분지발생이란 하나의 계통이나 종이 몇 개로 나뉘는 것을 말하며, 이것을 마이어(e.g., Mayr 982b)는 종의 증식이라고 불렀다. 이러한 두 가지 형태의 지질학적으로 급속한 변화는 화석 자료에서 쉽게 구별될 수 있다고 생각되고 있다.

> 단속평형설의 기대치를 따른다고 해도 정체상태와 단순하고 급작스런 대체의 사례들만으로는 우리의 메커니즘에 대한 직접적 증거가 될 수 없다. 왜냐하면 정체상태란 향상진화의 과정 중 잠시 잠잠한 상태일 수도 있으며, 대체라는 것도 분지하는 것 없이 일어나는 급속한 변환이나, 한 곳에서 일어나는 진화가 아니라 아주 먼(계통적으로 또는 지리적으로) 친연관계 개체군의 이주를 나타낼 수도 있기 때문이다. 단속평형설을 잘 검증하기 위해서는(충분히 짧다고 알려진 시간대에서 급속하게 일어났다는 점을 확인하여야 함과 아울러) 해당 분류군과 자매 집단의 관계를 확증할 계통적 가설이 있어야 하며, 진정한 분지의 사실을 확증해 줄 조상 개체군이 생존하고 있어야 한다. (Gould and Eldredge 1993: 225)

굴드와 엘드리지는 단속평형 모델의 기본 틀은 처음 제기된 뒤 25년 동안 변화하지 않았다고 강변한다(Gould and Eldredge 1986, 1993; Eldredge and Gould 1997). 단속평형설은 "지질학적 기준으로는 순간에 불과한 분지발생을 강조함으로써 장기간에 걸쳐 일어나는 종들의 차별적인 성공에 대한 강력한 설명을 추구한다"는 것이다(Gould and Eldredge 1986: 146). 다시 말하여 새로운 형태, 구체적으로는 종 및 그보다 상위의 분류군이 분지의 방식으로 생긴다는 것〔특정 종의 계통 내에서 새로운 형태의 생물체들이 창조되는 것(진화)이 아니라 대진화에 해당한다〕이야말로 단속평형설의 가장 중요한 논점이다(Stanley 1979). 때문에 이렇게 "종과 같은 상위의 수준에서 선택이 일어난다는 시각은 전통적으로 자연선택은 생물 개체들에 작용한다고 보는 다윈주의적 관점에 배치되는 것은 아니라고 한다(Gould and Eldredge 1986: 146~147). 굴드와 동료들은(e.g., Gould et al. 1977) 일련의 논문들에서 분지나 분지발생이 적어도 부분적으로는 진화적 변화를 이끌고 있다고 논증하였다. 이것을 단계통적으로 공통의 선조에서 진화한 생물군(*clade*)이 분류학적으로 처음에는 갑작스럽게 많아지고 시간이 흐르면서 종의 풍부도가 감소한다는 사실을 보여주는 식으로 논증하였다

(Gould et al. 1987). 우리는 제 7장에서 이러한 관찰이 고고학에서는 어떠한 의미를 가지고 있는지에 대해 논의할 것이다. 다만 여기에서는 단속평형 모델이 가지고 있는 분지발생적 양상에 대한 비판들을 요약하는 것으로 한다.

터너(J. R. G. Turner 1986: 185)의 논문은 굴드 자신의 평가에 따르면 "지금까지 발표된 것 가운데 단속평형설에 대한 가장 설득력 있는 비판이다"(Gould 1989b: 129). 터너는 단속평형설은 다음과 같은 세 가지 양상들로 이루어져 있다고 요약한다. 첫째 형태적 정체기를 뒤이어 아주 짧은 급속한 변화기가 있으며, 둘째 "1940년대 신다윈주의 '진화적 종합'에서 제시된 점진적 과정이나 계통 내에서 일어나는 진화적 변화는 미미하고 (거의) 언제나 대규모의 분지발생적 형태 변화가 있고, 셋째 종 내부의 개체들보다는 종들에 작용하는 자연선택이 주도하는 장기간의 경향과 변화의 패턴이 중심이다. 터너(Turner 1986: 185)는 첫 번째와 세 번째 것은 1940년대 진화적 종합을 확장하면 어렵지 않게 포괄될 수 있다고 주장한다. 터너(Turner 1986: 194)가 취약하다고 생각한 것은 바로 두 번째의 양상인데, 그는 "단속적〔도약〕 변화는 모두 분지발생으로 향하는 과정이라는 가설은 확실히 이상하다"고 비판하였다. 또한 "단속적 변화가 반드시 분지발생과 함께 일어난다고 하는 것은 논리적 모순인데, 우리는 두 개나 그 이상의 나무 가지들을 가지고 있지 않고서는 그것들이 서로 다른지 어떤지 알 수 없다"고 덧붙인다(Turner 1986: 194). 쇼프의 지적과도 같이 진화적 연구의 문제는 "종을 실재물이라 가정하면 관찰되는 형태에 대한 해석을 미리 규정하는 것이 되어버린다"는 점이다(Schopf 1982: 1146). 우리는 바로 이 점을 나중에 살펴볼 것인데, 여기에서는 문제가 있다는 것만 알아 두자.

터너(Turner 1986: 200)는 단속평형설이 생물 종(생식적으로 격리된 개체군)이 아니라 '형태 종'(*mophospecies*)[14]에 초점을 맞추고 있다고 진단한다. 형태 종이라는 개념을 취하면 '자매 종'(*sibling species*) — 형태학적으로는 구분할 수 없지만 자연 상태에서는 생식적으로 격리되어 있는 종—의 존재를 무시하게 되며, 개체군 내 개체들의 생태표현형적(*ecophenotypic*) 반응에서 기인하는 형태변이(고생물학자들은 이것을 별도의 생물 종으로 해석할 수도 있다) 역시 무시하게 된다(e.g., Palmer 1985). 단속평형 모델을 구축하는 계기가 되었던 주변지역성 종분화 개념을 뒤이어 생식적 격리라는 생각은 단속평형설 주창자들로 하여금 그런 격리로 말미암아 분지발생과 이에 부수되는 형태 변화가 동시에 일어났다고 생각하도록 만들었다. 다시 말하면, "형태 변화와 분지발생은 사실상 일대일로 상응한다"는 것이다(Turner 1986: 203). 그러나 터너는 자매 종이 존재한다는 것은 형태 변화가 종분화에 불필요한 것임을 시사한다고 지적한다. 이 점은 이미 계통적 변화가 확인되었다는 점과 함께 "단속평형설이 제시하고 있는 전체 모델은 확실히 문제가 많은 가정들"(Turner 1986: 200~201)임을 보여준다. 신다윈주의적 종합을 상당히 확장시킬 경우 단속평형설의 첫 번째와 세 번째 양상들은 온당하다. 터너의 시각에서 다만 두 번째 양상은 문제가 있는데, 연구자는 이 둘째 양상을 제외하고 첫째와 셋째의 것만 취할 수도 있을 것이다.

"자료는 모두 정체상태의 것이다"는 주문을 고려할 때, 굴드(Gould 1989b: 130)가 자매 종에 대한 터너의 주장이 잘못이라고 말하는 것은 놀라운 일이 아니다. 만약 "정체상태에 복수의 종이 포괄되어 있다면, 변화를 억제하기 때문에 단속평형설의 주장은 강화될 뿐"이라고 주장한다. 더구나, 굴드에 따르면 단속평형설은 종을 구분하는 데 형태뿐만 아니라 "지리적 분포와 종의 동소성 발생까지도" 이용하고 있다(Gould 1989b: 130). 이러한 기준을 토대로 분지발생이나 터너가 말하는 두 번째 양상을 "중요하고도 개념적으로 검증할 수 있다"는 것이다(Gould 1989b: 130). 조상 종과 자손 종이 동시기에 존재한다는 것은 분지발생설의 주된 경험적 가정이다. 이것 없이는 "단속이 분지발생의

---

14) 이 용어는 단속평형설에서 인지되는 종의 성격을 표현한 말이며(Schopf 1982: 1146), 이것은 계통점진설의 '연대 종'과 대비된다. (원문)

원인(단속평형설)으로 일어났는지, 아니면 단속적 템포에 있는 향상진화의 일부였는지를 알 수 없게" 되는 것이다(Gould 1989b: 130).

굴드는 이 부분에서 연구자는 분지발생(*cladogenesis*, 단속평형설의 입장)을 믿을 수도 있고, 또는 "단속적 템포에 있는 향상진화(도약진화의 입장)"를 상정할 수도 있다고 아주 재치 있게 말하고 있다. 사실상, 굴드가 잘 알고 있듯이 향상진화는 느리게 일어날 수도 있으며 빠를 수도 있는데, 때문에 도약진화는 이런 분지발생설 대 향상진화의 논란에서 별다른 역할을 할 수 없게 된다. 하지만 더 중요한 것은 분지발생설 대 향상진화의 이슈는 진화의 속도와 양태를 검토하는 데 별 관계없다는 점을 굴드가 제대로 알지 못했다는 점이다. 제 7장은 바로 이 이슈에 대해 논의한 것인데, 다만 여기에서는 분지발생설이 진화의 속도에 대한 두 가지 대조적인 학설 모두에 잘 어울린다는 점을 지적하고 넘어간다. 분지발생은 확실히 단속평형설에서 커다란 역할을 하는 것이 사실이지만, 계통점진설에도 잘 일치하고 있다. 향상진화 역시 마찬가지인데, 이 향상진화는 단속평형설과는 배치되는 관계인 것이다. 굴드는 진정한 이슈가 무엇인지 결코 논의한 적이 없다: 논점은 바로 (분지발생과 주변지역성종분화라는 양태를 가지고 있는) 단속평형설은 (분지발생과 향상진화라는 양태를 가진) 계통점진설보다 생물사학적 자료를 더 잘 설명해 주느냐 하는 것이다. 둘 중 어느 것이 특정한 시점에 역할을 잘 하는지 하는 문제이다.

제프리 레빈튼(Jeffrey Levinton 1983)은 단속평형설에 대해서 터너와는 다른 양상에 주목한다. 그에 따르면 단속평형설 논쟁은 "확실히 전통적인 진화적 주장들의 흐름 안에 있는 것으로서, 지난 50여 년 동안 진화생물학에서 이루어진 논쟁과 비교하여 혁명적이지도 않고 전혀 상이한 것도 아니다"(Levinton 1983: 112). 이것은 마이어(Mayr 1942, 1963)의 지리적, 곧 주변지역성 종분화 이론은 "모든 실제적인 목적에서 보았을 때 〔단속평형설〕의 이론"이라는 것이다(Levinton 1983: 113). 레빈튼에 따르면 이것은 단속평형설의 두 가지 주된 주장들 때문인데,

그 주장이란 하나의 종의 역사는 정체상태가 압도하고 있으며 변화는 종분화의 시기에 집중되어 있다는 것이다. 정체상태는 유전적 평형상태라는 메커니즘의 결과로 일어나며, 급작스런 분지발생은 주변지역적으로 격리된 작은 개체군들 내에서 유전적 혁신들(지속 시간이 짧고 지리적으로도 좁은 범위에서 일어나기 때문에 화석 자료에서 발견되기는 어렵다)이 일어난 결과라는 것이다. 종 사이의 전이적인 생물체들이 남아 있는 경우는 거의 없다.

터너(Turner 1986)가 단속적 변화와 분지발생을 1 대 1로 상응시키는 것은 모순이라고 했던 것을 상기해 보자. 레빈튼(Levinton 1983)은 두 가지 종류의 정체상태 — 형질적 정체와 종의 정체 — 와 두 가지 종류의 변화 — 형질적 변화와 종의 변화 — 가 있음을 주목하면서 그 모순을 강조하였다. 선사시대의 종이란 화석들이 가지고 있는 형질들의 조합에 의해 설정된다는 점과 상이한 종은 상이한 형질 상태에 의해 정해진다는 점을 생각할 때, 형질 상의 변화만이 종의 변화를 나타낼 수 있다. 그러므로 "형태적 진화는 종분화와 직결될 수 있는데, 이는 전자는 후자를 추론하는 근거이기 때문이다"(Levinton 1983: 115).

굴드(Gould 1985: 5)는 단속이란 "생태학자들의 입장에서는 점진설"이라고 하면서 이 주장에 반대하였다. 굴드는 "이론은 바로 이런 인식에 뿌리를 내리고 있는데, 다시 말하면 우리의 선학들은 생태적 점진설이 계통적 연속성을 나타내며, 주변지역성 종분화를 지질학적으로 확장하면 단속평형설이 된다고 잘못된 주장을 하였다"고 지적했다. 존재론적 척도를 생물체에서 종으로 옮기면 인식론적 (방법론적) 척도로서 "개체군이 가진 최소한의 특성들"에 대한 연구를 진행할 수 있게 된다(Gould 1985: 6). 이 최소한의 특성들은 개체군 집단의 특성으로서 (그 집단을 구성하는 개체들의 특성은 아니다) 등장하는 개체군 집단의 속성을 말한다.[15] 여기에는 "개체군의 구조, 크기, 개체군 구조와 관

15) 생태학에서 창발성(*emergent property*)이라는 용어의 학사적 논의에 대해서는 Edson et al. 1981; Salt 1979를 참조. (원문)

련된 이주"와 같은 것들을 포괄될 수 있다(Gould 1983c: 359). 앞으로 살펴보겠지만, 그러한 척도 상의 변화는 단속평형설이 함축하고 있는 의미와 그것이 어떻게 진화 과정들에 대한 우리의 개념과 지각을 확장시키는지에 아주 중대한 것이다.

단속평형설이 척도상의 변동을 수반하고 있음을 고려하여(e.g., Vaupel Kein 1994), 이 학설을 가장 크게 주창하고 있는 굴드 역시 자연 세계에서는 계통점진설이 통용될 수 있음을 부인하지 않는다(Gould 1985, 1989b). 특정 계통이나 분지의 진화 속도와 양태를 적절하게 검증하기 위해서는 "지리적 범위를 잘 포괄하여야 하며, 긴 연쇄를 가진 세밀한 표본들을 확보하여야 하고, 분류군을 명확히 정의하여야 하며, 충분히 많은 표본들을 토대로 적절한 생물수학적 검증을 하여야 한다"(Gould and Eldredge 1977: 125). 우리는 여기에 시간에 대한 측정(등간 척도를 선호한다)이 필요함을 추가하고 싶다. 굴드(Gould 1997c)는 최근 그런 시간의 측정 척도를 이용하여 계통점진설을 확인하기도 하였다. 이렇게 세밀한 시간적 척도를 통해 종의 항상진화적 변화의 사례를 결부시키는 것은 단속평형설에 배치되는 것이 아니라, "진화적 시간의 유구함을 생각할 때 지질학적으로 일순간"에 해당하는 것으로 여겨진다(Gould 1997c: 18; Goodfriend and Gould 1996). 이는 나아가 단속평형설을 강하게 확인해주는 것이 되는데, 왜냐하면 "화석들은 하나의 기반 층에서 발견되어 지질학적으로 한 순간을 나타내고, 이것은 점진적 연쇄가 아니라 단속을 시사하는 것"이기 때문이다(Gould 1997c: 18, 64). 간단히 말해, 화석 자료에서 종들이 전형적으로 인지되는 시간적(지질학적) 척도 상에서 변화는 갑자기 일어난 것처럼 보인다. 아주 예외적으로 좋은 세밀한 자료를 가질 때만이 변화가 점진적이었음을 보여줄 수 있게 되는 것이다. 이런 세밀한 시간적 해상도를 보여주는 사례는, 굴드(Gould 1997c: 12)의 말에 따르면, "눈에 보이는 것이지만 별로 중요하지 않다는 역설"이 되어버리고 만다. 포티(Fortey 1985)가 예견했듯이 단속평형설을 반증하기란 이렇듯 어려운 것이다.

2) 단속평형설의 함의

굴드는 다음과 같은 말을 한 적이 있다.

> 흔히 오해를 받고는 있지만, 단속평형설은 변화가 갑자기 일어난다고 과격하게 주장하는 것이 아니다. 오히려 정상적 종분화 과정은 우리의 수명을 기준으로 말하면 아주 느린 것이지만, 지질학적인 시간으로 옮기면 아주 분간하기 어려울 정도로 세밀한 변화를 가진 긴 연쇄(전통적 점진설의 관점)라기보다는 오히려 지질학적으로 '갑자기' 어떤 한 층에서 기원한다고 볼 수 있음을 말하는 것이다. … [때문에] 화석 자료는 불완전하여 거기에 점진설의 내용이 나타나 있지는 않을 것이며, 단속평형설은 본질적으로 대부분의 실체로서의 종이 지질학적으로 급작스런 출현과 뒤이은 정체상태를 겪음을 받아들이는 것이다. (Gould and Eldredge 1993: 225)

화석 자료는 진화적 변화에 대한 불완전한 자료일 뿐이라는 점은 물론 다윈(Darwin 1859)도 인정하는 것이며, 20세기 고생물학자들의 관점 역시 마찬가지였다(e.g., Durham 1967; Newell 1959; Benton and Storrs 1994도 참조). 단속평형설은 불완전한 화석 자료를 그대로 받아들이면서 다윈 진화의 개념에 중요한 함의를 시사하고 있다. 단지 그것은 "불완전할 뿐이지 잘못된 것은 아니다"라고 보는 것이다(Gould 1982a: 382).

신다윈주의적 종합은 새로운 유전적 특성들의 출현—돌연변이의 결과이든 재결합 때문이든지—은 선택적 환경과 관련하여 방향성이 없다고 본다. 이러한 견지에서 단속평형설 역시 새로운 종—곧 형태적 변형들—은 비교적 급작스런 분지발생 과정에서 출현한다고 주장한다. 새로운 형질의 출현은 자연선택과 진화적 변화에 원료를 주는 것과 같고, 때문에 종분화는 "진화적 변화에서 중심적 역할을 하며 변화의 원료를 제공하는 것이다"(Gould 1985: 6). 단속평형 모델은 진화적 종합과 척도에서는 다르지만 유사함도 많음을 고려할 때, 진화적 과정과 효과는 위계적일 것임을 시사하고 있다.[16] 따라서 ① 존재론적 이동—진화는 개체군을 구성하는 생물체들에 작용한다고 보는 시각에서 종을 구성하는 개체군 및 속 이상의 분류체계에 작용하는 것으로 파악하게 된 것—과, ② 이에 뒤따르는 인식론적 이동—개별 생물체들의 속성들을 추적하였던 것에서 개체군과 종 같은 생물체군의 특성을 검토하게 된 것—은 진화 이론의 영역을 확장시켰다. 그래서 종 선택(*species selection*)이라는 개념도 나오게 되었으나(e.g., Barnosky 1987; Cracraft 1985; Gould and Eldredge 1988b; Vrba 1984), 아마도 더 중요한 기여는 단속평형 모델이 진화 자체의 과정에 대해서 중요한 통찰을 주고 있다는 점일 것이다.

(1) 선택, 솎아짐, 삼각소간, 파생적합[17]

굴드(e.g., Gould 1980a, 1982a, 1985, 1990; Eldredge 1979 역시 참조)는 신다윈주의적 종합으로 생물사학자들이 간과하게 된 두 양상들을 지적하는데, 첫째는 생물사학자들이 화석 자료에서 나타나는 명백한 결함들[18]이 가지는 해석적 중요성을 깨닫지 못하였다는 것이며, 둘째는 종이 한번 출현한 뒤 장기간에 걸쳐 형태적 정체상태에 이른다는 사실이 가지는 해석적 중요성에 눈을 감게 되었다는 것이다. 신다윈주의적 종합으로 진화가 ① 연속적이며 점진적이고, ② 향상진화적인 것이라는 관점을 채택함으로써 그러한 결함은 단순히 자료의 결함이라 여겨졌으며, 진화적 변화는 전적으로 적응적인 것으로 인식될

---

16) e.g., Arnold and Fristrup 1982; Eldredge 1990, 1996; Gould 1980a, 1982a, 1985, 1995a; Vrba and Eldredge 1984; Vrba and Gould 1986. (원문)

17) 옮긴이 주—원어 'exaptation'에 대한 우리말 번역어는 아직 정착되지 못하고 있다. 외적응, 굴절적응이라는 말이 쓰이기도 하지만 일단 적응이라는 말을 쓰는 것이 부담스러워 '파생적합'이라는 용어를 사용한다.

18) 옮긴이 주—결함이란 과도기적 표본이 없는 잃어버린 고리를 말한다. 이 때문에 단속평형설은 새로운 종이 급작스럽게 출현한다고 보는 것이다.

수밖에 없었다. 자연선택의 역할은 적합하지 못한 것들을 솎아내는 것이었을 뿐만 아니라 훌륭히 적응하는 형태를 만들어내기도 하는 것이다. 선택이 창조적인 메커니즘으로서 이 같은 역할을 하였음을 확실하게 하기 위해서는 새로운 변형들은 방향성이 없을 수밖에 없고(주어진 선택적 환경 속에서의 유용성과 무관하게 변형들이 등장한다) 새로운 변형들은 선행 변이와 닮아서 아주 조금만 다를 것이다. 이로써 진화의 속도는 점진적이며, 적합한 생물체들이 장기간에 걸쳐 축적되며 일어난다는 생각이 더 강해지게 된다. 굴드(Gould 1980a, 1982a, 1983b, 1985)에 따르면 진화적 종합은 1950년대와 1960년대에 바로 이런 중심원칙을 토대로 더욱 굳건해지게 되었다(그러나 Mayr 1991b를 참조).

단속평형설이 가져온 존재론적이고 인식론적인 척도에서의 변화를 통해 연구자들은 언제나 점진적이라는 생각보다는 정체상태와 함께 비교적 급속한 변화까지 다양한 진화의 속도를 생각하게 되었다. 진화의 속도가 이렇게 다양하다는 것은 아주 오래 전부터, 적어도 심슨의 《진화의 속도와 양태》 이후부터 어느 정도 인식되기는 하였지만, 속도가 0의 상태 — 곧 정체상태 — 가 있다는 점은 인정되지 않았던 것이다(Gould 1982a, 1983b). 또한 이런 시각의 변화를 통해 그동안 진화적 종합을 토대로 너무도 수월하게 적응주의적 설명들을 했음을 알게 되었다(Gould and Lewontin 1979; 그러나 Mayr 1983도 참조). 진화적 종합과는 대조로 단속평형설은 신속하게 생물체의 모든 형질들, 곧 속성들이 적응적 기능을 가지고 있는 것은 아니고, 이 가운데는 단지 "삼각소간"(三角小間, *spandrel*) 같은 것들도 있다는 생각을 불러일으켰던 것이다(Gould 1997b).

삼각소간[19]이란 건축용어로서 생물학적 특질들을 언급할 때 비유적

---

19) 옮긴이 주 — 건축용어로서 돔형 성당의 내부에서 기둥과 기둥이 만나 형성된 공간을 말하며, 성화같은 것을 그려 넣어 장식을 한다. 때문에 삼각소간(스팬드럴)은 돔형 건축구조가 낳은 부산물인데, 여기에 성화가 그려져 있다고 해서 애초부터 그림을 그리기 위해 조성된 공간이라고 볼 수는 없는 것이다. 굴드와

으로 쓰이고 있는데(Gould and Lewontin 1979), 다른 것들의 디자인에 의해 부산물로 생기게 되는 형태와 공간이며, 그것 자체로 직접적 유용성을 가지는 '적응적 양상'이 아닌 것을 말한다(Gould 1997b: 10750). 다시 말해 삼각소간은 "다른 건축적 디자인에 따라 자동적으로 얻어지는 부산물이며 때문에 적응과는 관련 없이 기원한 것이다. 따라서 적응이 아니며, 그럼에도 발생한 다음 용도를 가질 수도 있다"(Gould 1997b: 10752). 삼각소간은 특정한 특질이나 위치, 구성, 또는 빈도 등에서 특수하게 형성될 수 있다. 따라서 삼각소간은 단순히 "비적응적 히치하이킹에 의해 클레이드(*clades*)[20]에 확산될 수 있는 것이다"(Gould 1985: 7).

소버(Sober 1984a: 98~100)의 말에 따르면, 적응도를 향상시키는 어떤 한 특질이 자연선택되는 경우 삼각소간에 불과한 다른 특질들도 함께 선택하게 되는 결과를 초래할 수 있다(Sober 1982: 82 역시 참조). 굴드와 브르바(Gould and Vrba 1982: 6)는 삼각소간과 같은 특질들의 진화적 역사를 설명하고자 '파생적합'(*exaptation*)이라는 용어를 고안했는데, "의도하지 않게 진화된 형질들로서 나중에서야 현재의 역할(또는 기능)을 하게 된 것들"을 말한다. 따라서 현대의 진화적 사상은 적응적 형질은 반드시 선택에 의해 형성된 것들이며,[21] 그렇지 않은 것들은 파생적합—자연선택에 의해 형성되지는 않았지만 결국은 적응도에 영향을 미치게 된 형질들(Gould 1991a; Gould and Vrba 1982)—으로 파악하고 있다. 이것은 진화적 연구에서 '역사성'이 아주 중대하며 변형 형질들 중에서 상사와 상동적 유사를 구분해내는 것도 중요함을 말해준다(Gould 1986; O'Brien and Holland 1992).

리원틴은 삼각소간의 예를 들어 적응주의적 경향의 문제점을 통박했다(고인석, 2003, "적응주의 대 반적응주의: 공시적 통약불가능성의 한 사례", 〈철학〉 75).

20) 옮긴이 주—공통의 조상에서 진화하여 온 생물군을 말한다.

21) Baum and Larson 1991; Brandon 1990; Burian 1992; Gould 1986; Leroi et al. 1994; O'Hara 1988; Sober 1984a; Taylor 1987 참조. (원문)

생물체에서 관찰되는 형태적 특성으로서 삼각소간과 파생적합을 인지한다면 동등한 기능을 가진 유전자들도 있고, 또 기능적으로 전혀 중요하지 않는 유전자들도 있다는 유전학자들의 관찰을 설명할 수 있게 된다(Kimura 1979, 1983, 1991; King and Jukes 1969). 따라서 진화적 변화의 상당한 부분은 적응적 변화가 아니라고 볼 수 있는 것이다. 어떤 이들은 분자진화에 대한 '선택적'(*selectionist*) 관점과 '중립적'(*neutralist*) 관점들[22]은 진화에 대한 종합적 이론의 틀 안에서 서로 경쟁하는 가설들이라고 주장하기도 하는데(Stebbins and Ayala 1981: 967), 둘을 이분법적으로 구분하는 것은 인위적 방식이다. 중립설은 유전적 부동(*genetic drift*, Kimura 1983)과 같은 것들을 설명해주며, 굴드(Gould 1982a)에 따르면 공고화된 진화적 종합은 그것을 해석하지 못한다. 마이어(Mayr 1963: 586)는 진화적 종합이 성장하면서 "진화적 종합을 주창했던 사람들은 모든 진화는 조그만 유전적 변화들이 자연선택에 따라 축적된 때문이며, 종들 사이에서 일어나는 진화라는 것은 개체군과 종 안에서 일어나는 사건들이 끼어들어 규모가 커지는 것에 불과하다고 주장한다"고 말한 바 있다. 굴드(Gould 1980a: 122)는 세밀한 유전학적 분석에서는 "대립유전자들은 부동하기 때문에 보통의 많은 변형들은 중립적일 수도, 또는 경우에 따라서 조금 해로운 수도 있음이 나타난다"고 지적하고 있다. "이런 점 때문에 진화적 변화를 설명하는 데 새로운 문제가 생기게 되는데, 이것이야말로 무작위적 요인들은 원료가 될 뿐이며 선택이라는 결정적 과정이 변화와 방향성을 만들어낸다고 보는 다위니즘의 기본 원칙에 근본적 도전인 것이다"(Gould 1980a: 122). 종분화와 클레이드 풍부도에 대한 시뮬레이션을 해보면 그러한 무작위적 과정들이 중요한 역할을 하고 있음을 알

---

22) 옮긴이 주 — 굴드가 대조시킨 입장으로서, 선택주의적이라는 것은 굴드가 말하는 신다윈주의 진화적 종합으로 적응적 측면을 강조하는 입장을 말하는 것이고, 중립주의적이라는 것은 선택에 중립적, 곧 적응적 양상이 아닌 형질이 상당수 포함되어 있다는 입장을 말한다.

수 있다(e. g., Gould et al. 1977, 1987). 이 주제에 대해서는 제 7장에서 다시 다룰 것이다.

단속평형설은 "진화적 경향이란 개체군 안에서 일어나는 단순한 대립유전자의 대체일 수는 없음을 주장"함으로써 "진화는 〔성공적〕 종분화 사건들에서 집중되어 있다"고 본다(Gould 1980a: 125). "시간이 흐르면서 종들이 '솎아지는 것'은 변화의 방향(경향)을 결정하기" 때문에 진화적 경향들은 종분화의 결과이다(Gould 1985: 6). 그렇다면 '솎아짐'이란 무엇을 뜻하는가? "솎아짐이란 차별적 출현을 단순히 표현한 것으로서 그 자체로서는 원인에 대해서 어떠한 진술도 담고 있지 않다"(Vrba and Gould 1986: 217). 솎아짐의 메커니즘 가운데 하나는 바로 '자연선택'이며, 다른 한편으로는 '부동'이 있다. 둘 중 어느 것 하나라도 시간의 흐름에 따라 생물체의 변형들이 차별적으로 출현하고 그것에 방향성이 있도록 만들 수 있다. 따라서 생물사학자들의 작업이라는 것은 화석 자료에서 관찰되는 특정한 해부학적 특질 또는 형질이 어떤 메커니즘에 의해 형성되었는지를 파악하는 일이다. 중요한 것은 어떤 한 스케일이나 수준에서 작용하는 자연선택은 이보다 하위 또는 상위의 스케일이나 수준에서의 솎아짐을 일으킬 수도 있음을 잘 유념해야 한다. 솎아짐은 "다른 수준에서 기인하여 일어날 수도 있는 것이다"(Vrba and Gould 1986: 219). 특정한 대립유전자에 대한 선택은 그러한 대립유전자를 가지고 있는 생물체 변이들의 솎아짐에 영향을 미칠 수 있다. 그러므로 종 수준의 특질들에 대한 선택, 그러니까 종선택(*species selection*, Cracraft 1985; Vrba 1984)이 있을 수 있는데, 이것은 종 단위보다 상위 또는 하위에서 작용한 선택의 결과 종들이 솎아질 수도 있다는 것이다.

형질들 중에는 적응과 무관한 것도 있다는 사실은 중립적이고 비적응적인 특성들도 큰 구조적 혁신들이 발생하는 데 역할을 할 수도 있음을 시사한다(Gould 1990: 9). 적응이란 측면에서 중립적(곧 적응과는 무관한) 속성들을 지니고 있다는 것은 생물체가 예기치 않은 확률적 상황에 전적응(*preadaptation*)한다는 점에서 궁극적으로는 이로운 것이다(Gans 1979, 1988, 1993). 따라서 연구자는 파생적합적 속성과 자연선택에 의해 기능을 유지하고 있는, 곧 적응적 속성을 구분하여야 한다. 마이어(Mayr 1991a: 3)는 "선택의 과정은 원칙적으로 최적화의 과정이지만, 확률적 성격과 제약, 확률적 과정들의 빈도 〔그리고 역사적 우연성〕 때문에 최적성을 성취하지는 못한다"고 지적한다. 따라서 굴드(Gould 1982a: 383)는 "유전이라는 제약과 발달의 노선상의 차이야말로 진화적 방향을 크게 결정한다"고 시사한다(Gould 1989a, Mayr 1988: 108). 그러므로 "코끼리가 아무리 진화해도 결코 날아다닐 수는 없는 것이다"(Gould 1980c: 40).

신다윈주의적 종합의 적응주의적 학문적 풍토는 단속평형설이 제시하는 두 가지 중요한 진화적 변화를 과소평가하였던 경향이 있었다(Gould and Lewontin 1979).

> 첫째, 선택이 갈 수 있는 길은 유전되는 형태, 변이 자체의 양과 성격에 따라 그 노선을 정한다. 비록 선택이 생물체들이 어떤 노선을 취하도록 만들지만, 그 노선 자체는 변화의 방향에 주된 제약이 된다. 〔둘째〕, 한 구조에서 한쪽에 선택이 작용하면 몸의 다른 쪽에서는 이와 상응하여 비적응적 변형이 일어날 수 있다. 많은 형질들은, 기본적인 것일지라도, 다른 적응적 과정에서 부수된 것일 수도 있고, 주 형질들이 적응하는 과정에서 발생한 '예기치 못한' 구조적인 결과물일 수도 있다. (Gould 1980c: 44)

짧게 이야기하면, 진화는 해결책을 찾기 위해 유용한 변이들을 찾아 땜질하는 식이다(Jacob 1977). 어떤 변이들에 작용하는지는 다양한 요인들에 의해 제약을 받는데, 그러한 제약 요인들은 진화의 방향을 이끌게 된다. "발달과정 상 구조적으로 예기치 못하게 발생한 결과들은 자연선택의 직접적 작용을 받은 경향만큼이나 많고 또 중요하다"(Gould 1990: 8).

(2) 종의 지속기간과 시간의 평균

기본적으로 거의 모든 '자료는 정체상태에 대한 것'일 수밖에 없다. 때문에 생물사학자들은 특정 종이 존재했던 지속기간을 파악하는 데로 관심을 돌리게 되었다. 연구자는 시간적 등간척도 상에서 하나의 종이 언제 처음 출현하였으며 언제 사라지게 되었는지를 알아야만 한다. 시간적 자료에서의 결함들은 종의 지속기간과 변화의 속도를 파악하는 데 어려움을 초래할 수 있다. 결함 있는 화석 자료를 다루고자 하는 시도는 단속평형 모델이 도입되면서부터 빠르게 시작되었으며(e.g., Dingus and Sadler 1982; Sadler 1981; Sepkoski 1975), 오늘날 그러한 연구들(e.g., Foote 1997a; Foote and Raup 1996; Solow and Smith 1997)은 분류군의 지속기간을 파악하는 데 있어 층위적 불완전성의 효과를 모델화하면서 현저하게 정교해졌다. 화석 자료에서 분류군을 확인하는 데 인식론적 문제는, 비록 학사적으로 단속평형설이 제기되고 얼마 지나지 않아 인식되기는 했지만, 이후 별다른 관심을 끌지 못하는 것 같다[Hughes and Labandeira(1995)는 예외이다].

쇼프(Schopf 1982)는 종의 지속기간을 파악하는 데 분류(*classification*, 종 동정)의 영향을 개괄한 바 있다. 만약 분류군의 '차별적 형질'이 분석되는 시간 동안 변화한다면, 그 분류군의 지속기간은 분석되는 시간 동안 마찬가지로 변화할 것임은 두말할 나위 없다. 이것은 주어진 분류군 안에 포함된 특정한 화석들은 변화할 것이고, 가장 오래된 화석, 또는 분류군의 가장 어린 화석을 포함하고 있는 층 역시 변화하게 될 것이다. 쇼프(Schopf 1982: 1148)는 분류군을 잘 특징지을수록, 그 시간 범위는 짧아질 것임을 지적한다. 만약 특정 클레이드의 화석들이 형태적으로 복잡하다면, 상대적으로 짧은 지속기간을 갖게 되는 경향이 있을 것이다. 마지막으로, 쇼프는 층위적 해상도가 높지 않은 상황에서 화석 분류군은 비교적 시간적 연속체 중에서 상대적으로 큰 덩어리에 해당하는 특정한 층에 설정될 수도 있음을 지적한다.

화석형성학 연구자들은 층위적 완전성에 중점을 두고 분류군의 지속기간을 추적하면서 진화 이론을 논의하게 되었다(Behrensmeyer and Kidwell 1985). 어떻게 화석 자료의 형성, 특히 보존상의 차이가 하나의 종의 출현, 절멸, 지속기간의 파악에 부정적 영향을 미치는가? 진화 이론과 밀접해지면서 연관된 문제들도 나타났다. 만약 연구자가 변화의 속도에 관심이 있다면, 비교적 공시성이 있는 화석 표본들을 필요로 할 것이다(e.g., Behrensmeyer and Schindel 1983; Schindel 1980, 1982). 문제는 특정한 표본이 연구대상 시간대에서 상대적으로 큰 부분을 차지하는 경우에 나타난다. 이런 표본들이 고생태학적 추론에 얼마나 영향을 미치는가(e.g., Peterson 1977)? 진화의 역사를 쓰는 시각에서 더 중요한 것은 이런 종류의 표본들이 형태적 정체와 변화에 대한 분석에 얼마나 영향을 미치는가 하는 점이다. 단속평형설이라는 기본적 존재론이 생물사학자들에게 받아들여지면서 이 같은 인식론적 문제는 별다른 관심을 모으지 못한 것 같다. 결국 이런 상황에서 '종이란 비교적 긴 시간대 동안 형태적으로 정지된 실재물'이라는 시각을 취하게 되는 것이다.

단속평형설에 대한 논쟁에서 제기된 문제들 가운데는 아직 대답되지 않은 것도 있다. 다시 말해 종의 절멸이나 출현을 야기하는 이주(들어오는 것과 나가는 것 모두)라는 변수를 맞아 얼마나 넓은 지리적 공간에서 표본추출을 해야 하는가 하는 문제이다(Schopf 1982). 적절한 대답을 찾을 없었다는 점은 종의 지속기간을 파악하는 데 의문을 품게 만들 수 있다. 그러나 그 같은 문제에도 불구하고 1980년대 말 높았던 회의와 비판은 1990년대 초가 되어 연구자들이 화석 자료에서 의미를 찾아내려는 실제적 작업을 하게 되면서 누그러졌다(Novacek 1996). 그러나 진화가 역사적으로 우연적 성격을 갖고 있다는 사실을 고려하면(제 8장 참조), 연구자는 단속평형설을 받아들일 수도 있고, 계통점진설을 선호할 수도 있으며, 심슨의 《진화의 속도와 양태》를 조금 수정할 수도 있고, 위 세 가지 모두를 취할 수도 있다. 어찌되었든지 지금까지의 주된 논점은 1970년대 생물사학이 등장함으로써 생물진화이론을 수정하여 화석 자료를 설명하려는 노력이 있게 되었다는 것이다. 이것은 나아가 진화이론에 포괄되어야 했던 변수들에 대해서 의미 있는 통찰을 주었다. 이미 몇 번에 걸쳐서 지적하였듯이, 남아 있는 문제는 변이에 대한 측정과 그 측정 단위로서 종을 사용한다는 것이다. 이렇듯 생물사학에서 중요한 시기에 고고학에서는 무슨 일들이 있었는가? 구체적으로 말한다면, 어떤 시각에서 변이들을 보았으며, 그것을 측정하는 데 어떤 종류의 단위들이 사용되었는가? 심지어 역사가 분석적인 관심이기는 하였는가?

3. 과정주의고고학

《미국 고고학의 이론과 방법》(*Method and Theory in American Archaeology*)의 도입부에서 고든 윌리(Gordon Willey)와 필립 필립스(Philip Phillips)는 "문화사적 통합이란 민족지에 시간의 차원이 더해진 것으로 볼 수 있다"고 하였다(Willey and Phillips 1958: 5). 하지만 윌리와 필립스는 계속하여 "미국 고고학에서는 설명의 수준에서 별다른 작업이 이루어지지 않아서 설명이론이라는 이름을 붙이기도 어렵다"고 개탄하였다. 이들은 "과정적 해석"이라는 용어를 적용하였는데, 다음과 같이 말하였다.

> 설명적 원칙으로서 … 과정적 해석(*processual interpretation*)이란 문화사적 과정이라고 모호하게 언급되고 있는 것의 성격에 대한 연구를 말한다. 실제적으로 이야기하면, 과정적 해석은 문화사적 통합이라는 방법들을 통해 얻어진 관계들에서 나타나는 규칙들을 찾기 위한 시도를 가리킨다. (Willey and Phillips 1958: 5~6)

문화사고고학자들의 통합적 방법은 '단계'(*phase*) 들의 연쇄를 구축하고, '평면'(*horizon*) 과 '전통'(*tradition*) 을 설정한 다음 형식학적 유사성을 바탕으로 역사적 관련을 파악하는 것이다. 사용된 고고학적 단위들은 사회문화적 함의를 가지고 있는데, 이 때문에 분석자는 인류학자들이나 민족지학자들이 현재의 문화에서 관찰하는 사회문화적 과정들을 변화의 메커니즘으로 사용하게 된다(e. g., Meggers 1955). 사회문화적 함의를 가지고 있는 고고학적 단위들은 "연구 주제인 사회문화적 인간 행위의 양상들을 수월하게 이해할 수 있게 해주기" 때문에 필요하다는 것이다(Willey and Phillips 1958: 49).

이렇게 문화사고고학에서는 유물형식의 시간적 연쇄를 확립하는 것에서 유물로 대표되는 문화들의 연쇄를 인류학적 맥락에서 설명하는 것으로 연구의 주안점이 바뀌게 되었다. 콜드웰이라는 한 선구적 연구자는 1950년대에 "선사 문화들의 기술적 내용이 아니라 문화 과정에 더 관심을 가지게 됨으로써 '새로운 미국 고고학'"이 등장하고 있다고 평가한 바 있다(Caldwell 1959: 304). 문화 과정들이란 전파, 이주 등과 같이 인류학자들이 관찰하는 것들이다. 고고 자료에서 그러한 과정들을 추적하려면 유물의 상동적 유사를 중점적으로 연구하는 것이 당연하지만, 문화사고고학자자들은 상동적 유사와 상사적 유사를 분석적으로 구분하지 못했기 때문에 문제가 생겼던 것이다(Rouse 1955). 루이스 빈포드(Lewis Binford 1962, 1964, 1965, 1967, 1968a, 1968c) 는 1962년부터 수년 동안 미국 고고학에서 이러한 문제들을 극복하기 위한 연구 방법들을 개괄하였다. 빈포드는 자신의 주장을 관철하기 위해서 문화사고고학자들의 잘못을 강조하였다.

1) 규범적 이론에 대한 대안들과 문화를 보는 관점

빈포드(Binford 1965: 203) 에 따르면 문화사고고학자들은 규범적 이론을 채택했으며, 인간 생활의 다양한 방식들에 이념적 기초—곧 문화 — 를 연구 분야로 생각했다. "고고학자의 작업은 문화적 생산물(유물) 로부터 과거 사람들의 마음속에 있던 규범적 개념들〔공유된 생각〕을 추출하는 것이었다." 빈포드는 규범 이론은 문화를 전수 기제 — 생각들을 전승하는 수단 — 으로 본다. "학습은 세대 간의 문화전수의 기초이며, 정규적인 행위적 교환으로 연결되지 않은 사회적 단위들 사이의 전수는 전파로 일어난다"(Binford 1965: 204). 문화 '초점'이나 '단계'와 같은 고고학적 단위들은, 생물사학의 점진론자들에게 종이 그러하듯이, 분석자가 임의적으로 구성한 것이다. 혁신, 부동, 전파와 같은 변화의 기제들은 일정하고 점진적 변화를 일으키며, 문화 초점과 단계들 사이의 차이와 유사들은 "문화적 관계"를 의미하는 것으로 생각되는데, 이는 나아가 "일반적 해석 모델 속으로 귀착된다" (Binford 1965: 204).

빈포드는 이런 해석 모델을 문화를 흐르는 물에 비유하는 관점이라고 하였다. 다음과 같은 빈포드의 논의를 읽어보자.

> 문화는 커다랗게 흐르는 시내로 생각되는데, 여기에는 토기를 만들거나 결혼을 하고, 장모를 대하며, 집과 사원을 짓고(물론 아예 짓지 않은 경우도 있지만), 또 심지어 죽는 방식에도 관념적 규범이란 측면에서 조그만 변이들이 있다. 이러한 관념적 변이들은 시간과 공간 상 주기적으로 결정화하여 독특하면서도 때때로 현저한 문화적 정점들이 생기게 되는데, 이를 바탕으로 문화적 연속체를 문화 단계들로 쪼갤 수 있게 된다. … 시간의 흐름에 따른 변화의 속도나 형태적 연속체에서 나타나는 불연속은 역사적 사건들의 결과로서 생각되는데, 이것은 교역의 확대, 이주, 핵심 아이디어의 전파와 같은 기제들을 통해 사회적 단위의 형성을 변화시키는 경향이 있다. (Binford 1965: 204)

빈포드에 따르면 문화사고고학자들은 규범적 이론에 의지하였기 때문에 이런 '흐르는 물'에 비유한 관점을 채택하지 않을 수 없었다. 이런 관점을 토대로 문화사 연구는 할 수 있었지만, 고고학 이론을 설명의 수준으로 발달시키는 데는 실패하고 말았다는 것이다(Binford 1965: 204~205). 가령 인류학적이고 민족학적인 맥락에서 역사적 연속체를 임의로 나누는 것을 어떻게 설명할 수 있겠는가(e.g., Spaulding 1957)? 그 부분들을 설명하기 위해서는 실재하는 것—본질론적 맥락에서—이어야 하는데, 이것은 단속평형설에서 종이 실재해야 하는 것과 마찬가지이다. 그러나 이것 말고도 많은 문제들이 있다.

빈포드는 1950년대 문화사고고학이 가졌던 문제들을 해결하는 방안으로 시공간을 가로지르면서 변화하는 시냇물에 비유하는 관점을 버려야 하며, 대신 문화란 인류의 신체외적(*extrasomatic*)—비생물학적—인 적응 수단이라는 화이트(White 1959b)의 생각을 채택할 것을 제안한다. 이렇듯 문화를 상이한 시각에서 보는 것은 새로운 계통분류체계를 요하는데, 마치 계통점진설 대신 단속평형설을 채택할 경우 새로운 계통분류체계가 필요했던 것과 마찬가지이다. 이 새로운 시각에서 문화는 상호작용하는 부분들의 체계로 인식된다.

> 문화에는 다양한 변수가 작용하며, 문화의 작용은 '독자적으로 기능하지만 인과적으로는 서로 영향을 주는 많은 변수들의 작용'이라고 이해할 수 있다. 이런 인과적 요인들을 가려내어 그것들 사이의 규칙적이고, 진술할 수 있으며, 예측 가능한 관계들을 찾는 것이 우리의 일이다. (Binford 1965: 205)

그러나 이런 새로운 시각의 과정고고학은 여전히 문화사고고학자들과 똑같은 방식으로 과거의 고고 문화를 인식하였는데(Meltzer 1979, 1981b), 이에 대해서는 나중에 다룰 것이다. 이렇듯 인식론적 변화를 동반하지 못했기 때문에 앞에서 지적한 바와 같이 과정고고학에서 많은 문제들이 생기게 되었는데(e.g., Plog 1974), 이에 대해서는 충분히 언급된 적이 없다(Meltzer 1981b). 빈포드의 제안을 통해 과정고고학은 이른바 두 단계의 분석적 명제를 바탕으로 하는 학문이 되었는데, 첫 번째 단계는 두 번째 단계로 가는 데 필수적인 것이다.

(1) 첫 번째 단계: 문화 복원

'인류학으로서 고고학'이라는 빈포드(Binford 1962)의 선구적 논문은 과정고고학의 경향을 제시한 것이다. 논문 제목에 들어 있는 두 학문은 "인류의 시공간적 점유 전체를 특징짓는 물리적 및 문화적 유사성과 차이의 전 범위를 해명하고 설명한다"는 공통의 목적을 가지고 있다(Binford 1962: 217). 여기에서 고고학이 기여하는 점은 명백하다: "고고학자는 문화체계에 대한 다양하고도 많은 표본들을 가지고 있으나, 민족지학자는 현존하는 문화체계만을 한정적으로 다룰 수 있는 것이다. 고고학이야말로 진화적 변화의 과정에 관한 가설들을 직접적으로 검증하고 연구하는 데 가장 좋은 학문이다"는 것이다(Binford 1962: 224).

빈포드는 후일 굴드와 엘드리지(Gould and Eldredge 1977)의 논평과 아주 비슷하게, "순수하게 고고 자료만을 연구해도 문화 현상들에 대한 설명을 제시할 수 있다"고 하였다(Binford 1968b: 268). 그러나 빈포드는 "만약 고고학자들과 민족학자들이 동일한 문제를 연구한다면, 두 학문 분야의 차이에도 불구하고 동일한 변수들에 해당하는 자료를 수집하여야 할 것이라고 덧붙였다. 때문에 고고학자와 민족학자는 같은 종류의 사회문화 단위를 사용하여야 한다"고 지적하기도 하였다(Binford 1968b: 271). 빈포드에 따르면 당시까지 고고학은 "이론적 공백 상태에 있었으며, 인류학의 목적을 심화시키는 데 아무런 기여도 하지 못했을 뿐만 아니라 이런 목적들에 대한 성취를 더디게 하였다"(Binford 1962: 217, 224). 빈포드는 이에 대한 해결책으로서 문화를, 인간이 적응하는 수단의 역할을 하는 연절된 부분들의 체계 — 한 부분에서 일어난 변화는 다른 부분들에서의 과정적 변화를 유발시키게 된다 — 로 볼 것을 제안한다. 그렇다면 문화 과정에 대한 연구는 문화 변수들 사이의 인과관계를 연구하는 것이 된다(Binford 1968a, 1968c). 고고학자들은 "이미 사라진 사회문화 체계들을 다루는 방법론적 작업들을 하고 있는데, 과거 사회문화 체계는 문화의 진화 과정에 대한 연구에 가장 적합하기" 때문에 고고학은 인류학에 기여할 수 있는 것이다(Binford 1964: 440).

과정고고학의 성공은 바로 시공간적 연속체에서 하나의 위치를 차지하고 있는 선사시대 문화의 역동성을 복원하는 첫 번째 단계에 달려 있게 된다. 그 결과 고고학의 주된 연구대상은 유물의 양식(*style*, 상동적 유사)을 토대로 시간과 문화적 관련성을 파악하는 경향에서, 적응이라는 관점에서 유물의 기능(*function*, 상사적 유사)적 측면을 추적하는 것으로 옮겨가게 되었다. 빈포드(Binford 1962: 220)는 양식을 집단의 정체나 종족성(*ethnicity*)을 나타낸다고 보았는데, 이는 상이한 양식은 상이한 시간대를 나타내며, 때문에 상이한 문화와 종족적 집단을 표현한다는 문화사고고학적 생각을 따르는 것이다. 유물의 기능은 상당히 다른 방식으로 다루어진다. 유물의 기능을 기술적인 것(기술과 관련된 기능), 사회기술적인 것(사회적 상황에서 하는 기능), 이념기술적인 것(이념적 상황에서의 기능)으로 나누어서 살폈다(Binford 1965: 206). 유물의 기능적 특성과 의미에 중점을 두는 것은 문화를 인류의 비신체적 적응 수단이라 정의하는 것과 잘 어울린다.

1960년대 초에는 문화 복원에 중요한 진전들이 별로 없었는데, 물론 로버트 애셔(Robert Acher 1961a, 1961b)와 레이몬드 톰슨(Raymond Thompson 1958a, 1958b)의 노력은 예외라고 할만하다. 이와 유사하게 유물의 기능을 판단할 수 있는 분석 절차를 개발하는 데도 별다른 노력이 없었다. 기껏해야 양 측면이 균형적으로 양면 박리되었고 기본적으로 몇 센티미터 크기의 삼각형의 뗀석기는 '찌르개'(첨두기)라는 식의 단순 형태적인 유추뿐이었다. 따라서 빈포드(Binford 1962: 219)는 "앞으로 발전시켜야 할 인류학의 영역으로서 사회 구조의 형식들 사이의 상관관계를 확립하고 연구하는 것"을 제시하였다. 짧게 이야기해서 민족지학자들이 기록한, 인간 행위와 사회문화적 현상들에 대한 물질적 상응은 아직 문화사고고학자들에게 밝혀지지 않았다. 다만 상식적 수준에서 별다른 열의 없이 민족지적 유추를 이용했던 것이다.

빈포드의 주장을 발판 삼아 연구자들은 인간 행위와 문화 현상들이 물질적으로 어떻게 투영되는지에 관심을 가졌다. 유물과 행위 사이에 상관관계가 세워진 뒤 연구자는 정지된 고고 자료로부터 문화체계의 역동적 움직임을 직접적으로 읽을 수 있다고 생각되었다. 때문에 문화사고고학자들 중에는 '문화 복원'이 매력 있는 일이라고 여기는 사람도 있었다(e. g., Martin 1971). 때문에, 1960년대 초 로버트 에리치(Robert Ehrich 1965: 6)의 제안이 빠르게 확산되었는데, 에리치는 "전파란 토기 자체의 확산이 아니라 토기제작자들의 확산에 의해 일어나는데, 부거사회에서 여성이 토기제작자였는지, 아니면 모거사회에서 남성이 토기제작자였는지 하는 것을 파악하여야 한다"고 하였다(e. g., Deetz 1965; Hill 1966, 1970; Longacre 1964, 1966, 1970).

문화 복원이라는 과정고고학의 첫 단계 분석 절차는 "유물군의 형태적 구조는 … 전체 사라진 문화체계의 체계적이고도 이해할 수 있는 그림을 주고 또 주어야 한다"(Binford 1962: 219)는 생각을 토대로 가능한 것이다. 다시 말하여 "다양한 구조를 가진 인간 집단들이 다양한 작업을 수행했던 지점에서 깨지고 폐기된 도구와 시설물 자료는 사라진 과거 사회가 실제 움직였던 것을 보여주는 '화석' 자료이다"라고 생각되었던 것이다(Binford 1964: 425). 고고학자들은 이제 고고 자료에서 문화 과정들에 관한 의미를 추려내는 적절한 방법이 필요한 상황이다. "우리가 과거에 대해 제한적 지식만을 가지고 있다는 것은 고고 자료의 성격 그 자체 때문은 아니다. 그 한계는 우리의 방법론적 순진함 때문이며, 과거의 과정들과 사건들을 이해하는 데 고고학적 유물들이 갖는 의미를 개발하지 못했기 때문이다"(Binford 1968a: 23). 그러한 방법을 개발하는 일은 과정고고학의 분석적 원리에서 두 번째 단계에 속하는 것이다.

(2) 두 번째 단계: 연역과 가설검증

1950년대의 새로운 고고학[23]은 문화 과정을 연구할 수 있다는 데 절망하기 시작하였다. 빈포드의 세 번째 과정고고학은 이러한 문제들에 해결책을 제공한다. 빈포드 또한 문화 과정에 관심이 있었는데, 문화 과정을 "사회문화체계들 사이에 작용하는 역동적(살아있는) 관계들(원인과 결과), 체계들의 조직과 내용에서 관찰되는 변화들을 일으키는 과정들, 또는 체계 안에 새로운 형태적 성분의 포괄"로 정의된다(Binford 1968a: 14). 이런 정의를 고려할 때 해결책은 명백한 것이다. 과정주의자들에게 "과학적 틀 안에서 설명이란 단순히 하나의 체계 안에서 기능적 변수들의 일정한 '연절'을 논증하고, 문화체계 내의 변수들 사이에서 이에 부수하는 다양성들을 파악하는 것이다. 한 변수에서 일어나는 과정적 변화는 다른 변수들에서의 변화들과 연관되어 있고, 그리하여 체계 전체의 구조에서의 변화에 연결되어 있을 수도 있음을 보여줄 수도 있다"(Binford 1962: 217).

과정적 변화를 일으킬 수 있는 잠재적 자극제는 "격리되어 있던 지역들 사이에서 생긴 '접촉' 같은 역사적 사건들과 같은 체계이론적 맥락에서" 찾을 수 있다(Binford 1962: 218). 때문에 문화 변화의 역사적 과정들은 문화사고고학자들이 생각한 과정들과 똑같은 것이다(e.g., Willey and Phillips 1958). 문화사고고학자들이 그러한 과정들의 사례들을 확인하는 데 어느 정도 성공을 거두었지만, 과정주의자들의 과제는 바로 "왜"라는 문제에 대답하는 것이었다. 가령, 왜 고전시대 저지대 마야문명이 몰락했는가? 아마도 밖으로 이주했다는 것이 특수한 역사적 기제였을 것이지만, 문제는 왜 이주가 있었고, 왜 몰락이 일어났는지 하는 것이다(Binford 1968c)? 이러한 질문들에 대답하기 위해서

23) 첫 번째 것은 이른바 층위학적 혁명을 말하며(e.g., Wissler 1917b), 두 번째는 1950년대의 고고학을 가리킨다(e.g., Caldwell 1959; Meggers 1955; Phillips 1955; Willey and Phillips 1958).

는 "'이전에 일어났던 사건들을 이해한다면 우리가 설명하고자 하는 사건 역시 예측할 수 있게 된다'는 점에서 '원인'을 '결과'와 연결시키는 일련의 일반법칙들이" 필요하게 된다(Binford 1968c: 268).

정지한 고고 자료를 인류학적이고 살아 있는 과정적 맥락에서 설명하려면 복원이라는 첫 단계를 거쳐야 한다. 하지만, 이것은 계속해서 민족지 유추를 미숙하게나마 사용해야 함을 의미하지는 않는다. 오히려 다른 것이 필요하다. 과정고고학자들은 다음과 같이 말한다.

> 인간행위에 상응하는 물질문화의 양상을 파악하는 확실한 기반을 마련하기를 〔선호한다〕. 그리고 고고 자료의 수집 방법의 정교화와 민족지적 지식의 증가 그 자체로는 과거에 대한 우리의 지식을 증가시킬 수 없다.… 고고 유물들을 민족지적으로 알려진 삶의 유형들에 대입시키는 일은 과거에 대한 지식에 별다른 기여를 하지 못한다. 사실상, 그러한 절차는 고고학이 민족지적으로 알려진 변이의 범위를 넘어서는 문화 적응의 형태들을 다룰 수 없게 만든다. 전혀 민족지적 사례를 찾을 수 없는 과거 문화적 형태들이 있을 가능성이 높은 상황에서 그런 사회문화 체계의 생활양식을 복원하려면 고고학만의 독자적 자료조합에 근거하여 연역적으로 끌어온 가설들을 필요하다. (Binford 1968a: 13)

> 고고학적으로 관찰된 현상들과 행위적 맥락에서 알려진 현상들 사이의 유추를 바탕으로 한 고고 자료 '해석'은 두 사례 모두에서 행위적 맥락이 똑같다는 가정을 하게 된다. 확률을 높이기 위해서는 가정이 정확해야 하며, 가설들이 많이 만들어지고 검증되어야 한다. (Binford 1968b: 269)

> 민족지 자료는 고고학 조사연구에서 다음과 같은 두 가지 기본적 역할을 할 수 있다. 첫째 물질문화 현상과 행위적 문화현상을 관련시키는 가설들을 검증하는 자원으로서의 역할을 하며, 둘째 관찰되는 고고자료가 생산된 과거 사회의 구조적 맥락, 곧 사회관계들에 대한

기본모델이 될 수도 있다(물론 언제나 그런 것은 아니다). (Binford 1968b: 270)

이런 진술들에는 두 가지 사항이 담겨 있다. 첫째, 문화 복원은 유물과 행위들 사이에 확립된 상관관계들에 달려 있다. 다만 단순한 민족지 유추는 문화사고고학자 등 이전의 고고학자들에 의해 사용되었다는 점에서 과정고고학자들에게는 받아들일 수 없는 것이었다. 오히려 연구자는 다수의 상호관련된 변수들이 시공간을 넘어 상응하고 있는 사례들을 찾아내야 한다(e.g., Binford 1967). 모든 연구자들이 이런 중요한 사항을 주목하였던 것은 아니며(e.g., Anderson 969; Klejn 1973), 설사 주목하였다고 해도 실행할 수 있는 프로그램을 만들어낼 수 있다는 데 확신을 품지 못한 사람도 있었다(e.g., Munson 1969; Sabloff et al. 973; Wobst 1978). 둘째, 상관관계를 세우기 위해서는 검증이 필요하다. "고고학자들에게 과학적 실증은 다른 과학에서와 같이 이루어지는데, 바로 가설을 체계적으로 검증하여야 하는 것이다" (Binford 1968b: 269). 이런 가설 검증이라는 두 번째 단계를 통해 과정주의자들은 "제시된 가설들에 대한 검증이라는 직접적 방법으로 비물질적 문화 양상들에 접근할 수 있다"고 생각하게 되었다(Binford 1968a: 22).

당시 조지 심슨(Simpson 1963, 1970)이 논의하고 있었던 형상적 특성과 내재적 특성 사이의 차이는 과정주의자들에게는 잘 알려지지 않았음이 명백하다. 만약 알고 있었다고 하더라도 과정주의자들은 새로운 고고학적 추론 절차를 옹호하며 별로 중요하지 않다고 하여 무시하였을 것이다(e.g., Watson 1966, 1976). 심슨이 제시한 차이가 아주 중요하다는 사실은 석기 사용흔 연구의 절차들(e.g., Frison 1968; Wilmsen 1968a, 1968b)을 생각해 보아도 분명하다. 문화사고고학자들은 사용흔 같은 속성에는 거의 관심을 기울이지 않았지만, 과정주의자들은 돌(석기의 재료)의 물리적 특성들과 석기가 도구로서 사용되면서 일어나는 반응을 연구하기 시작하였다(e.g., Haydon 1979). 고고 자료와 민족지 자료에서 관찰되는 석기들이 전체적 생김새에서 유사하다는 사실은 더 이상 기능상 유사함을 추정하는 데 충분한 근거가 되지 못한다. 이런 내재적 특성들에 초점을 맞춤으로써 상이한 원인으로도 동일한 결과가 나타나는 다양한 문제들이 드러났지만(e.g., Knudson 1979; Miller 1982), 석기의 날에 가해진 파손흔들이 사용의 결과인지, 아니면 다른 요인에 의한 것인지를 검증할 수 있게 되었던 것이다(Dunnell 1978b).

이와 비슷한 일이 똑같은 시기에 고생물학에서도 일어났는데, 생물사학자들은 화석의 '기능적 속성들'을 검토하기 시작하였다(e.g., Rudwick 1964). 이것은 "적응을 연구하는 진화이론 안에서 형태에 대한 새로운 과학"을 세우는 첫 걸음이었다(Gould 1970: 77). "상사의 원칙"에 의해 화석 생물체의 부분들의 기능을 설정하게 된 것이다(Kitts 1974: 461). 중요한 것은 생물사학자들은 '상동'과 '상사'의 차이를 인지하여 늘 둘을 구분하였다는 점이다. "현재의 것을 토대로 화석의 기능을 주장하는 것은 상동이 아니라 바로 상사에 근거한 것이다"(Gould 1970: 80). 그러나 계통적 역사를 쓰는 데 필요한 것은 상사가 아니라 상동이라는 생각을 여전히 유지하고 있었다. 이보다 더 중요한 것은 생물사학자들은 내재적 특성과 형상적 특성 사이의 중대한 차이를 인식하고 있었다는 점이다. 마틴 러드윅(Martin Rudwick 1964: 33)의 언급과도 같이 "화석에 대한 우리의 기능적 추론의 범위는 현재 살아 있는 생물체들이 우연히 보유하게 된 적응들의 범위가 아니라 공학적 문제들에 대한 우리 이해의 범위에 따라 한정된다." 과정고고학자들은 이런 중대한 차이를 깨닫지 못하였으며, 문화사고고학의 '양식' 개념에 담겨 있던 상동적 유사에 대한 관념을 무시하였고 궁극적으로는 양식 개념을 버리고 새로운 개념(이에 대해서는 제 6장에서 다룬다)을 채택하게 되었다(e.g., Wobst 1977).

궁극적으로 과정고고학자들은 가설 검증과 연역적 논법, 그리고 문화를 '비신체적 적응 수단의 역할을 하는 상호관련된 부분들의 체계'로 보는 관점을 취하였다. 연역적 논법을 주장하는 빈포드(e.g., Binford 1968a, 1968b)의 논문들을 뒤이어 과정주의의 원리에 대한 첫 번째 공식적 진술은 존 프리츠(John Fritz)와 프레드 플록(Fred Plog)이 〈아메리칸 앤티퀴티〉(*American Antiquity*)에 썼던 짧은 글에서 찾아볼 수 있다(Fritz and Plog 1970). 프리츠와 플록은 '설명'(*explanation*)이란 유물들을 도끼나 화살촉 등으로 분류하는 데서 이미 시작된 것이며, 그런 분류는 법칙으로서 기능을 하는 아이디어나 신념들을 토대로 이루어진 것이기 때문에 헴펠-오펜하임(Hempel-Oppenheim)의 과학 모델을 충실히 따르고 있다고 하였다(Fritz and Plog 1970: 408). 인간행위와 고고 자료의 특성들 사이의 관계는 고고학 이론을 구성한다고 말할 수 있다(Fritz and Plog 1970: 408). 더구나 가설에 대한 경험적 검증과 확증은 그런 관계들을 법칙의 상태로 올려놓아 명확하게 사용할 수 있도록 해준다는 것이다(Fritz and Plog 1970: 409).

1970년대에 발표된 많은 글들은 과정고고학의 원리에 중점을 두고 있다.[24] 귀납적 논법은 전혀 받아들일 수 없는 것이고 오직 연역적 논법만이 받아들일 수 있는 것인가(Hill 1972; Smith 1977)? 문화를 상호작용하고 상호관련된 부분들의 체계로서 지각하는 것은 과정주의자들이 찾는 설명을 주는가(Lowe and Barth 1980; Plog 1975; Salmon 1978, 1980)? 심지어 과학철학자들도 이에 대해 논평하기도 했다.[25] 문화를 진화하는 적응체계라고 보는 일반 모델이 등장하게 되었으며(e.g., Flannery 1972, 1973), 개별 연구들뿐만 아니라(e.g., Hill 1970; Longacre 1970) 사례연구들을 모은 책도 출간되었다(e.g.,

---

24) e.g., Flannery 1967; Hill 1972; Klejn 1977; LeBlanc 973; Morgan 1973, 1974; Read and LeBlanc 1978; Redman 1973; Renfrew 1973; Renfrew et al. 1982; Smith 1977; Tuggle et al. 1972; Watson et al. 1971, 1974. (원문)

25) e.g., Levin 1973, 1976; Nickles 1977; Salmon 1975, 1981, 1982; Salmon and Salmon 1979; Watson 1976. (원문)

Binford and Binford 1968). 이런 연구는 좋은 평을 받을 때도 있었고(e. g, Butler 1973; Martin 1971), 혹평을 받은 경우도 있었으며(e. g., Courbin 1982; Stanislawski 1973), 일단 기다려 보자는 식의 희망이 섞이면서도 회의적 평을 받기도 하였다(e. g., Leone 1971; Muller 1973).

과정고고학은 일반적으로 민족지고고학적 연구와 실험고고학을 지향했다. 첫째, 민족지고고학적 연구는 민족지학자가 기록한 단순 민족지는 고고 자료에 대해서는 거의 아무 것도 말해주지 않기 때문에 민족지고고학적 연구가 필요하다. 둘째, 실험고고학을 통해서 중요한 변수들을 조절하고 혼란스러운 변수들은 통제할 수 있게 된다(e. g., R. A. Gould 1978a, 1978b, 1980a, 1980b; Kramer 1979). 민족지고고학과 실험고고학은 모두 '특정 인간행위의 양상'과 '특정한 유물 형태, 조합, 분포'를 가설적으로 연결시켜준다. 그 다음 추가적 민족지고고학 연구와 실험 연구를 통해서 이런 가설들을 검증하는 것이다. 이 가설들을 확증함으로써 법칙 같은 일반화들 — 사실상 법칙은 아니며, 특정한 유물과 특정한 행위 사이에 시공간을 넘어서는 상관관계를 말한다 — 을 찾아 인간행위와 사회문화적 측면에서 고고 자료를 '설명'하게 된다. 이런 작업을 좋아하였던 고고학자들도 있었으며, 그런 조사의 원리원칙은 한계가 많다고 생각했던 사람도 있었고(e. g., Dumond 1977; Johnson 1972b; Kushner 1970; Leone1971; Muller 1973), 여전히 전혀 호감을 가지지 못했던 사람들도 있었다(e. g., Bayard 1969). 어쨌든 정확히 자료에서 무엇을 추론할 수 있을 것인지에 대한 논의들이 정기적으로 나오게 되었다(e. g., Allen and Richardson 1971).

이런 비판과 논란들을 통해 몇 가지 주목할 만한 결과가 얻어졌다. 그 가운데 하나는, 고고학에서 유추 논법이 가지는 적절한 역할을 논의한 것이다(e. g., R. A. Gould and Watson 1982; Murrary and Walker1988; Stahl 1993; Wylie 1982, 1985). 또 하나 지적할 수 있는 것은 특수한 형태의 과정고고학으로서 행위고고학(*behavioral archaeology*)의 출현이다. 행위고고학의 주창자인 마이클 쉬퍼(Michael Schiffer 1972, 1976, 1987)는 빈포드의 지적대로 고고 자료가 인간행위들을 반영시켜 주기는 하지만, 그것은 왜곡된 반영임을 지적하였다. 빈포드와 쉬퍼 사이에는 각자가 추구하는 고고학의 비전과 성격에 대해 논쟁이 이어졌다(Binford 1981; Schiffer 1985).

행위고고학은 다른 것보다도 과정고고학의 첫 단계 원리원칙, 곧 고고 자료를 만들었던 인간행위를 복원하는 것을 목적으로 삼았다. 행위고고학의 원칙에 대해서는 "고고학적 추론 방법에 관한 것이지 고고학이 아니다"는 비판이 제기되었다. "전혀 이론적 방향을 논의하지 않고 있으며, 다만 기계적 형태의 고고학으로 가는 경향을 보여주고 있다"(Goodyear 1977: 670)는 것이다. 알버트 구디어(Albert Goodyear 1977: 671)는 행위고고학은 "인간행위에 대한 고고학적 주기율표 같은 것을 만들고자 하는 것 같다"고 지적하였는데, 이것은 내재적 특성·과정과 형상적 특성·과정을 구분하지 않고 하는 말이다. 구디어는 "이론과 동떨어진 방법들을 고려한다고 해서 얼마나 오래 갈 수 있겠는가 하는 의문이 남아 있다"고 평가한다.

이와 비슷한 시점에 빈포드(Binford 1977: 9)는 《고고학에서 이론의 확립을 위하여》(*For Theory Building in Archaeology*)라 이름 붙인 책의 도입부에서 "유용한 이론을 개발하는 데 아무런 진전도 없는 상황에서 새로운 고고학(신고고학)은 없으며 기껏 반전통고고학만이 있을 뿐이다"고 하였다. 빈포드(Binford 1977: 1)는 "과학적 성취를 위해서는 의도적으로 연역적 방법을 사용하는 것이 필수적"이라는 말로 시작하고 있다. 그런 다음 "아무런 참신한 이론도 없는 상태에서 '과학적' 방법들과 수사를 성급하게 사용함으로써 논리적 방법들만 잘 적용하면 이론을 만들어낼 수 있을 것이라고 섣부르게 믿게 되었다"고 지적한다. 따라서 현재 고고학자가 직면한 "도전은 이론을 확립하는 것인데"(Binford 1977: 6), 이것은 두 단계의 과정으로 이루어진다. 빈포드의 중범위이론(*middle-range theory*)은 정지된 고고학적으로 관찰 가능한 자료를 만들어내는 특정한 종류의 행위적으로 살아 있는 조건을 파악하는 것을 말한다. 빈포드가 말하는 일반이론(*general theory*) 이란 "살아 있는 체계들의 구조적 특성에서 나타나는 변화와 분지를 일으키는 '과정'을 이해하는 일"에 관한 것이다(Binford 1977: 7).

빈포드(Binford 1977: 5)는 어떻게 일반 이론을 수립할 수 있는지에 대해서는 그리 분명하게 이야기하지 않았다. 다만 "보편적 사실이나 경험일반화를 축적한다고 해서 이론이 수립되는 것은 아니다"는 언급을 하였다. 또한 "과학자라면 반드시 어떻게 아이디어(이론)를 사실과 관찰로 투영시키는지를 이해하여야 한다"고 말하기도 하였다(Binford 1977: 2). 다시 말하여 연구자는 관찰 언어(계통분류체계에 관한 형식 이론)와 설명 언어(설명 이론)가 필요한데, 둘 모두 동일한 맥락에서 쓰여야 하는 것이다. 바로 이 점은 생물학과 생물철학에서도 거의 동시에 지적되었는데, 다음 인용문을 살펴보자.

> 분류를 하고 과학적 법칙들을 발견하여 과학적 이론을 공식화시키는 두 가지 과정은 한꺼번에 이루어져야 한다. 그 어느 것도 다른 것을, 서로에게 해를 입히지 않고서는, 멀리 앞질러 갈 수 없다. 과학적 이론을 쓰지 않고 광범위하고도 정교한 분류를 할 수 있고, 이론적으로 의미 있는 분류를 만들어낼 수 있다는 생각은 완전한 착각이다. (Hull 1970: 32)

> 이론 수립이라는 문제는 법칙을 세우고 적당한 기술(記述)적 변수들을 찾아 법칙을 구성하는 것 사이의 부단한 상호작용이다. 〔아무런 문제의식 없이〕 예전에 했던 방식대로 세계를 기술한 다음, 가만히 앉아서 그 기술 위에 설명 및 예측 이론이 저절로 솟아나기를 기대할 수는 없는 일이다. … 시행착오와 종합의 과정이 있을 것이며, 이것을 통해 기술들과 법칙들이 하나로 통합될 것이다. (Lewontin 1974a: 8)

1970년대 말과 1980년대 동안 대부분의 과정고고학자들은 일반이론의 필요성을 무시하는 경향이 있었으며, 그 대신 어떻게 고고학에 가장 이로운 방식으로 연역적 방법을 사용할 것인지를 파악하는 일에 힘을 쏟았다. 그 하나의 이유는 많은 과정고고학자들이 설명 이론이 이미 존재하고 있다고 믿었다는 사실 때문이다.

(3) 불필요한 세 번째 단계: 설명 이론

문화사고고학을 떠받쳤던 설명 이론(e. g., Willey and Phillips 1955)은 역시 1960년대의 신고고학을 떠받치기도 했는데, 이 이론은 고고학이 아니라 인류학에서 온 것이다. 빈포드(Binford 1977: 7)의 관심이 '살아 있는 체계의 구조적 특성들'에 있음을 유념해 보자. 문화 발달에 대한 고고학만의 이론(이것은 문화사고고학자들이 추구하였으나 이루지 못한 소망이다)이 없다는 점과 상동적 유사성을 고려하지 못했다는 사실 때문에 과정고고학자들은 문화'역사'에 대한 검증 가능한 설명을 갖지 못하게 되었다〔물론 반대의 주장도 있다(Spencer 1992)〕.

이 점은 당시에는 별로 인식되지 못하였는데, 왜냐하면 고고학은 인류학적 맥락에서 생각되었으며, 인류학의 연구주제는 '문화' 진화였기 때문이다. 따라서 1970년대와 1980년대에 고고학자들은 고고학을 어떻게 화이트의 문화진화론에 연결시킬 것인지를 고민하였다(e. g., Binford 1969, 1972; Braun and Plog 1982; Carneiro 1970, 1972, 1973). 레슬리 화이트(Leslie White)는 '문화 역학'이 지구상에 인류가 살았을 때부터 존재했었다고 말하였다. 고고학자는 빈포드의 두 단계 절차를 따름으로써 그런 문화 역학을 찾으려 하고, 따라서 문화가 어떻게 작용하고 변화하는지에 대한 법칙들을 발견함으로써 넓게 보아 인류학에 기여하리라 생각하였다. 그러나 과정고고학자들은 고고 자료에 대한 설명 이론을 세우려 시도하지 않았다. 오히려 민족학에서 끌어온 기존의 경험일반화들을 사용하여 특수한 방식의 과학 흉내를 내려고 하였던 것이다. 선사시대 문화들의 역학을 복원하는 데 있어 어떻게 하면 고고학을 과학적 연구에 전심전력하게 만들 수 있는지를 알아야 했다. 나중에 우리가 주장하겠지만, 과정고고학자들이 채택하였던 과학의 방식이라는 것은 본질론적 존재론을 더욱 강화시키는 것이었는데, 이것은 이미 지성적 선행자들을 위험에 빠뜨리고 말았던 것이다.

이 시기에 쓰였던 아주 영향력 컸던 책은《고고학 설명에 대한 과학적 접근》(*Explanation in Archaeology: An Explicitly Scientific Approach*, Watson et al. 1971)이었다. 이 책은 아주 인기가 많아서 10여년 뒤《고고학 설명: 고고학에 있어 과학적 방법》(*Archaeological Explanation: The Scientific Method in Archaeology*)이라는 제목으로 개정판을 내기도 하였다(Watson et al. 1984). 이 책에서 패티 조 왓슨(Patty Jo Watson)과 찰스 레드맨(Charles Redman), 스티븐 르블랑(Steven LeBlanc)은 고고학이 과학적일 수 있으며 고고학자가 그러한 목적을 달성했는지를 파악하는 기준은 설명이라고 주장하였다. 그런 경지에 이르기 위해서는 엄격하게 과학적 방법에 천착해야 한다. 이들은 다음과 같이 주장한다.

> 고고학자들은 명백하게 진술된 문제들로부터 시작해서, 그 다음 검증 가능한 가설적 해결책들을 제시해야 한다. 야외 및 실험실 자료를 완벽하게 기술하고 결론을 지지하는 논리를 개발하면 결론에 대한 확증을 얻을 수 있다. 이것이야말로 우리가 명확하게 과학적인 고고학적 방법이라고 말하는 것이다. (Watson et al. 1984: 129)

고고학자들은 문제를 분명하게 진술하고 자료를 가능하면 완벽하게 기술하여야 한다는 말에 반대하기는 어렵다. 가설들의 함의를 검증하여야 한다는 주장에 반대하기 어려운 것도 이와 마찬가지이다. 그러나 왓슨, 레드맨, 르블랑은 과학이 무엇이며, 어떻게 하는 것인지에 대해 다음과 같이 다른 관점을 가지고 있다.

> 과학이란 과거와 현재의 규칙성들 때문에, 과거에 한 것처럼 그리고 현재에도 그런 것처럼 미래에도 비슷한 상황에서 비슷한 현상들은 비슷하게 반응할 것이라는 믿음을 바탕으로 한다. 이런 규칙성에 대한 실질적 가정이나 일치되는 성격은 모든 과학적 작업의 필수적 토대가 된다. 과학적 기술, 설명, 예측은 모두 자연 현상들은 질서정연하다는 추정을 근거로 가설화한 법칙적 일반화들을 사용한다. (Watson et al. 1984: 5~6)

> 어떤 과학이라도 궁극적 목적은 공리적 이론을 만드는 것인데, 몇몇 기본 법칙들로부터 관찰된 규칙성을 끌어낼 수 있다. 그런 이론은 과거 사건들을 설명하고 미래의 사건들을 예측하는 데 쓰인다. 좋은 이론은 이전에는 있을 성싶지 않은 규칙성들을 예측하도록 할 것이다. 논리적이고 수학적인 공리적 체계들은 과학적인 이론들의 모델로서 본질적인 것이지만, 어떤 경험 과학도 아직 완전히 공리화하지 못하였다. 헴펠이 지적하였듯이 궁극적으로 그 어떤 식의 과학이라 할지라도 모두 그 목적을 실질적으로 달성하는 것은 불가능하게 되어 있는 것이다. (Watson et al. 1984: 14)

왓슨, 레드맨, 르블랑의 주장에서 가장 중심이 되는 것은 어떻게 설명에 이르게 되는지에 대한 철학자 칼 헴펠(Carl Hempel)의 주장인데, 이것을 '연역-법칙론적' 접근이라 부른다. 헴펠의 기본 주장은 단순하다. 그 무엇이든지 설명되어야 하는 것이라면 모두 하나 또는 그 이상의 보편적 진술들, 곧 법칙들로부터 논리적으로 끌어와야 한다는 것이다. 여기서 (과학과 비과학을 나누는) 경계를 설정할 수 있음을 유념해야 하는데, 이로부터 위에 인용한 왓슨 등(Watson et al. 1984: 5)의 과학에 대한 정의—"과거와 현재의 규칙성들은 미래의 사건들과 관련되어 있으며 미래에도 비슷한 상황에서 비슷한 현상들은 과거에 한 것처럼 그리고 현재에도 그런 것처럼 반응할 것이라는 믿음"—가 나온다. 이것은 '내재적 특성'—본질론적 과학의 중심적 특성이다—에 해당하는 사실이지만, 이것들은 주어진 시공간에 따라 상이한 성격을 가지는 '형상적 특성'에는 적용되지 않는다. 따라서 헴펠의 과학적 원칙을 채택하면 본질론적 존재론이 공고해질 수밖에 없다. 과거 문화들을 복원하는 데 유추 논법을 사용하는 것은 그러한 (본질론적) 존재론에 수월하게 포섭되기 마련이지만(e.g., Binford and Sabloff 1982), 과정주의자들이 일반적으로 내재적인 특성·과정들과 형상적인 특성·과정들—내재적인 것들은 연역-법칙론적 모델에 합당하지만 형상적인 것들은 부적합하다—을 구분하지 못한 것은 결국 과거는 형상적으로 현재와 다르지 않다고 생각하게 되는 결과를 초래하였다. 이런 식으로 부족사회, 족장사회와 같이 현재 관찰 가능한 문화인류학자들의 사회문화적 단위들은 과거에도 찾을 수 있다고 여겨지는 것이다(e.g., Rosenberg 1994; Spencer 1997).

1970년대 중반이 되면 과학철학에서 '연역-법칙론적 접근'은 분명 사라지고 있었다(Gibbon 1989의 논의 참조). 이런 접근을 살려내려는 시도도 있었는데, 예를 들어 이것을 네이글(Ernst Nagel)의 '연결법칙'의 개념과 결부시키기도 하였다. 하지만, 이것 역시 고고학자들을 제외하고는 거의 사용되지 않고 있었다. 그래도 고고학자들은 민족지 유추와 민족지고고학과 같은 것을 통해서 고고학적 현재와 고고학적 과거를 연결시키고자 하였던 것이다(e.g., Binford and Sabloff 1982; Fritz 1972). 고고학자들은 현재의 일반화들을 찾아 과거에 근접하는 대리물로 사용하였다. 이 방법 말고 어떻게 법칙들—헴펠이 주장하였듯이 한 번 발견되면 '공리화된 이론'이 되며, 따라서 결국은 설명으로 이끄는 법칙—을 찾겠는가? 이것이 왓슨, 레드맨, 르블랑이 말하는 '과거와 현재의 규칙성들'의 토대를 이루는 것이다. 하지만, 그러한 법칙들은 오로지 내재적 특성·과정들만을 다루는 것이며, 과정주의자들이 추구하였던 형상적 특성·과정들에는 해당되지 않는다는 사실은 별다른 주목을 받지 못했다. 이 장에서 이미 지적하였듯이 생물사학자들은 이러한 결함을 피하였다. 단속평형설과 이와 지성적으로 관련된 것들에 대한 광범위한 논의에서도 알 수 있듯이, 생물사학자들이 아주 잘 개발된 이론을 가지고서 화석 자료에 접근하였기 때문일 것이다. 과정고고학자들은 그러한 이론을 갖지 못하였으며, 그들이 가졌다고 주장하였던 화이트학파의 문화진화론은 사실 진정한 이론이 아니었다. 문화진화론은 변화의 메커니즘으로 인간의 자극과 의도 같은 것을 생각하였지만, 이것은 엄밀히 말하여 설명이 아니라 설명되어야 할 현상이었다. 고고학적 맥락에서 이론을 세우려는 시도는 전혀 하지 않았으며, 이러한 결함은 인식되지 못하고 말았다.

과정고고학자들은 현재를 통해서 과거에 접근할 수 있다고 믿었다. 고고 자료의 조합에서 패턴을 인지할 수도 있으며, 그 패턴과 인간행위를 상응시켜 해석할 수도 있을 것이다(e.g., Schiffer 1976). 또는 반대로 현재의 인간행위를 사용하여 선사시대 고고 자료에서 관찰되는 현상을 파악할 수도 있을 것이다. 과거와 현재 사이에 충분한 상응들을 찾는다면, 확실히 법칙들을 만들어서 유형들의 유사성들을 설명할 수 있을 것이다. 이 가운데 조금 벗어나는 것들은 경계적 양상들이라고 회피할 수도 있을 것이다. 이런 식으로 '과학적 설명'을 얻게 된다는 것이다. 다시 말해 민족지적 배경에서 법칙으로 공식화된 것을 특정한 고고학적 사례에 적용시키는 방식으로 설명을 도출하는 것이다.[26] 따라서 왓슨(Watson 1986: 452)은 고고학적 해석을 "진정한 과거를 기술하고 설명하는 것"이라고 하였다. 1970년대의 과정고고학을 회고하면서 찰스 레드맨(Redman 1991: 301, 303)은 다음과 같이 말한다.

> 과학자라면 세계는 인지할 수 있고, 세계가 움직이는 데는 질서가 있는데, 이 질서는 광범위하게 받아들여지는 규칙이나 법칙들을 통

26) 옮긴이 주 — 중범위이론(*middle-range theory*)을 말한다. 빈포드에 따르면 중범위이론이란 정지한 고고자료와 과거 살아 있는 행위적 맥락 사이를 연결시켜 주는 것으로서, 이것은 민족지고고학적 연구로 특정한 인간 행위의 양상과 특정 물질자료 사이의 상응을 일반화시킴으로써 달성될 수 있다고 한다.

> 해서 이해할 수 있다고 가정할 것이다. 인문 현상이 세계의 물리적 특성들을 설명하는 법칙과 마찬가지로 일반 법칙에 순응하는지는 아직 논증되지 않았지만, 보편적 일반 원칙뿐만 아니라 통계적 원칙들도 여전히 사회-과학적 접근의 주춧돌 역할을 하고 있다. 고고학자들에게 이것은 다른 무엇보다도 동일과정의 일반 원칙들을 인정하는 것을 의미하게 된다.
>
> 과거에는 패턴들이 있었으며, 이런 패턴들은 현재 우리가 관찰할 수 있는 것들의 (과거의) 회상 같은 것이 된다—동일과정설은 이렇게 통용되는 것이다.

최근 과정고고학을 개괄한 글을 보면 레드맨의 말은 상당히 받아들일 수 있는 방법이라 할 것인데, 물론 실제적 측면에서는 어느 정도 차이가 있기는 하지만 말이다(Spencer 1997). 이런 학풍의 전반적 토대는 바로 화이트학파의 문화진화론—인류학적 맥락에서 기술되어 있다—으로서, 이것을 설명 이론으로서 암묵적으로 받아들인 것이다. 예를 들면 많은 사람들이 부족사회라고 부르는 것은 궁극적으로, 그리고 충분한 시간이 흐른 뒤에는 어쩔 수 없이, 족장사회라 불리는 것으로 진화할 것이라고 믿어졌다(Spencer 1997). 그러한 문화와 사회의 분류체계는 많은 어려움에 봉착해 있음에도(Leonard and Jones 1987), 사려 깊은 반성을 불러일으키지 못하고 있다. 이와 비슷하게 행위생태학(*behavioral ecology*)이나 진화생태학(*evolutionary ecology*)적 접근이 과정고고학에 포괄된 것[27]은, 문화를 인간의 비신체적 적응 수단이라는 시각에 중요한 통찰을 제공한다고 하겠다. 하지만, 문화가 시간이 흐르면서 어떻게 발달하고 진화하였는지에 대한 역사적 양상들보다는 문화의 기능적 측면에 협소하게 매달리는 경향이 있다(Lyman and O'Brien 1998). 문화의 발달과 진화가 논의되는 경우에는 레슬리 화이트나 줄리안 스튜어드로 거슬러 올라갈 수 있는 틀에서 이

27) 전반적 개괄은 Bettinger 1991 참조; 일반적 진술로는 Smith and Winterhalder 1992 참조.

루어지는 것이 일반적이었다. 그러한 연구 원칙을 고려할 때 우리는 이 장을 시작하면서 인용한 굴드와 엘드리지의 탄식으로 다시 돌아가게 되며 (현존하는 사람들과 문화들을 연구하는 데서는 얻을 수 없는) 고고 자료로부터 무엇을 얻어낼 수 있을지 회의하게 되는 것이다.

굴드와 엘드리지의 탄식을 되풀이하게 만드는 가장 중요한 요인은 빈포드(Binford 1962)의 "인류학으로서 고고학"이란 선구적 논문의 제목에서 찾을 수 있다. 이 논문이 출간되고 20년이 흐른 뒤 〈인류학적 고고학보〉 (*Journal of Anthropological Archaeology*) 라는 새로운 학술지가 발간되기 시작한다. 로버트 웰런(Robert Whallon 1982: 1)은 창간호의 '편집자의 말' 첫 줄에서 "인류학적 고고학은 인류문화체계의 구성, 운용, 진화를 설명하는 일을 주된 목적으로 한다"고 적고 있다. 창간호의 첫 번째 논문은 학술지의 취지에 맞게 빈포드(Binford 1982)가 쓴 것이다. 2년 뒤에는 비슷한 제목을 한 책《인류학적 고고학》(*Anthropological Archaeology*)이 출간되기도 한다(Gibbon 1984). 앞서 우리는 생물사학, 곧 '생물학적 고생물학'의 출현과 인류학적 고고학의 출현 사이에는 유사함이 있다고 지적한 바 있었다. 하지만, 둘은 이론의 영역에서는 상당히 다르다. 생물사학은 역사와 유물론적 존재론에 토대를 두고 고생물학적 맥락에서 쓰인 다위니즘을 이론으로 사용하고 있고, 인류학적 고고학은 본질론에 뿌리를 두고 인류학 및 민족학적 맥락에서 쓰인 경험일반화를 사용하고 있는 것이다. 후자는 또한 문화적 단계라 불리는 현대적 현상들에 기반을 두고 있는데, 문화적 단계들이란 복합성의 증가라는 가설을 바탕으로 하여, 문화의 한 단계는 다른 단계 놓인다는 식의 개념이다(Dunnell 1989). 이로써 많은 개념적 비약을 하고(e. g, Carneiro 1972), 연쇄들과 계보들을 혼용하게 된다(e. g., Schaeffer et al. 1972). 또한 문화진화에 대한 화이트학파의 관점과 문화를 신체외적 적응수단이라고 정의한 것을 생각할 때 요피(Yoffee 1979) 등이 주목하였던 극단적으로 낙관적 기능주의에 빠지게 되는 것이다(O'Brien and Holland 1992).

과정고고학이 인류학에 지나치게 의존한다는 비판은 1970년대에는 찾아보기 힘들었다. 예외적으로 제임스 디츠(James Deetz 1970: 122~123)는 "아마도 우리는 더 이상 우리의 자료에서 혼인 후 주거유형, 출계, 혼인 유형을 찾으려 하지 않아야 할 것이다. 왜냐하면 이것들은 사실상 분류적 주석으로서 그 자체로 민족지학자들이 해야 할 세 번째 또는 네 번째 단계의 추상이기 때문이다"라고 언급하였다. 몇 년 뒤 조지 구머맨(George Gumerman)과 데이비드 필립스(David Phillips)는 다음과 같이 개탄하기도 하였다.

> 대부분 기계적 측면에서 컴퓨터 패키지와 과학철학들이 '사용'되었다. 일반화를 시켜야하는 상황에서 체계이론, 생태학, 다른 학문분야들의 그저 단편적 개념들을 찾아 도용하였다. 이렇듯 정직하지 못한 방법으로 그런 모델들을 적용시킨 것은 지난 10여 년 동안 이루어진 고고학적 작업 가운데 가장 혼란스러운 양상이었다. (Gumerman and Phillips 1978: 185)

하지만, 이들이 이 딜레마를 풀기 위해 제시한 해결책은 우리의 시각에서 볼 때 단지 일부만이 옳은 것이다. 이들은 비인류학적 학문 분야들에서 빌려 온 개념들을 고고학적 틀에 억지로 밀어 넣지 않아야지 더 성공적일 것이라고 보았다. 그러나 고고학은 단순히 다른 학문분야에서 온 개념들을 검증하는 기법에 머물렀던 것이다(Gumerman and Phillips 1978: 186~187).

여기에서 빠진 점은 구머맨과 필립스가 비인류학적 학문들에서 빌려 오는 분석 도구나 개념들을 선택할 아무런 지침도 주지 않았다는 사실이다. 그런 지침은 설명 이론에서만 얻어올 수 있다. 전반적으로 분명하게 고고학적 맥락에서 진술된 고고학만의 설명 이론이 없다는 점은 이미 20여 년 전에 지적되었지만(Dunnell 1978c), 그 이후에도 상황은 나아지지 않았다. 이것은 1960년대와 1970년대 빈포드가 옹호하였던 연구 원칙은 여전히 1980년대에도 옹호되고 있다는 사실 때문임이 확실하다(e.g., Binford and Sabloff 1982; Sabloff et al. 1987). 하지만 1980년대가 되면 빈포드는 자신의 음색을 조금 바꾸어서 고고학자들은 "시간의 흐름에 따른 문화의 안정성과 변화의 성격에 대한 〔상위〕이론을 세울 수 있는" 방법들을 개발하여야 한다고 주장하게 된다(Sabloff et al. 1987: 203). 그럼에도 빈포드는 중범위이론을 강화시키는 데 중점을 두고 설명 이론의 필요성에 대해서는 아무런 언급을 하지 않고 있다(Binford and Sabloff 1982). 아마도 이것은 왜 몇몇 과정고고학자들(e.g., Spencer 1997)과 행위고고학자들(e.g., Schiffer 1996)이 현재 우리가 이 책에서 옹호하고 있는 다윈고고학을 검토하여 설명 이론의 역할을 할 수 있는지를 파악하고 있는 이유일 것이다.

4. 다윈고고학: 재무장한 문화사고고학

1970년대 말과 1980년대 초부터 고고학자 로버트 더넬(Robert Dunnell 1978a, 1978c, 1980; Dunnell and Wenke 1980a, 1980b)과 인류학자 데이비드 린도스(David Rindos 1980)는 다윈 진화이론이야말로 고고학을 스스로 판 수렁으로부터 건져 올리는 데 필요한 설명 이론이 될 것이라고 제안한다. 예견된 일이었겠지만, 이런 제안에 대한 반응은 별로 좋지 않았다(e.g., Watson 1986; Yoffee 1980). 그 이유 가운데 하나는 대부분의 고고학자들이 본질론과 유물론의 차이를 제대로 파악하지 못했기 때문이다. 다른 이유로는 다윈 진화고고학에서는 인간의 의도가 별로 중요한 역할을 하지 않는 듯하다는 점도 들 수 있다(Rindos 1980에 대한 논평들 참조). 그렇다 해도 이런 더넬의 제안에 값어치를 찾는 고고학자들도 있었는데, 그 사람은 다름 아닌 빈포드이다. 빈포드는 다음과 같은 언급을 하였는데, 물론 이 생각을 더욱 발전시키지는 않았지만 말이다.

> 내 생각에는 우리는 다윈주의적 주장에 진지한 관심을 가져야 한다. 다위니즘에서 중심적 변화의 추동력은 환경과 적응 체계 사이의 상호작용에 있다. 이런 관점을 고려할 때 적응 체계는 비교적 안정적 시기(다양한 지속시간을 갖지만)를 가질 것이며, 이 시기는 환경의 동요에 대해 성공적으로 대처한 때를 나타낸다. 변화에 대한 선택(*selection*)은 체계가 환경 상 변화된 조건을 맞아 이전까지 성공적이었던 전술들을 더 이상 계속할 수 없을 때 일어난다. (Binford 1983: 203)

그렇다면 다윈고고학이란 무엇인가? 다윈고고학에서 연역적 논법의 역할은 무엇인가? 그리고 이 다윈고고학의 원칙 안에서 인간의 의도는 어떤 역할을 하는가?

1) 다윈 진화고고학이란 무엇인가?

인류학자들은 오랫동안 진화를 문화현상에 적용할 수 있도록 정의하고자 애써왔는데(Carneiro 1973), 비록 그 결과는 문제가 많았지만 말이다. 첫째, 돌(Gertrude Dole 1973: 254, 258)의 지적과도 같이, "모든 종류의 적응적 변화를 진화적 양상으로 파악하는 것은 결국 진화라는 용어를 무력화시키게 된다. 만약 진화라는 용어가 문화인류학에서 유용하려면 반드시 무언가 특징적인 것에 대해 언급하는 데 쓰여야 한다." 둘째, 복합성의 증가와 적응의 과정은 모두 주로 진화에 대한 인류학적 정의에 입각하여 파악된다(e.g., Bargatzky 1984; Bennett 1976; Dole 1973). 여기서 진화를 일으키는 메커니즘에 대한 언급은, 화이트(White 1943: 339)식의 인간의 내적 '충동'을 제외하고는, 되어 있지 않다. 앞서 이미 지적하였지만, 미국 고고학자들은 진화적 접근을 따랐다고 주장하지만, 흔히들 모건, 타일러, 화이트, 스튜어드를 추종했지 다윈을 따르지는 않았다.

이제 명확해졌겠지만, 우리의 관점에서 다윈고고학은 현대 생물사학과 많은 공통점을 가지고 있다. 이미 지적하였듯이 다윈고고학은 다위니즘에 입각하여 고고 자료를 설명하고자 한다. 이 접근은 첫째 문화 계보(*lineages*) — 오하라(O'Hara 1988)가 말하는 역사적 연대기 — 를 구축하며, 둘째 그 계보들에 대한 설명 — 오하라의 진화적 서술 — 을 추구한다는 두 가지 양상으로 전개된다(Szalay and Bock 1991 참조). 이 두 단계 모두 계통, 선택, 전수기제, 혁신, 유전성 등과 같은 다윈 진화이론에 근간하는 개념들을 사용하게 된다. 이 가운데 마지막 것은 우리가 시간적 연쇄나 수렴이 아니라 한 계보 안에서 일어나는 변화를 연구한다는 점을 확인해주는데, 이에 대해서는 나중에 자세히 다룰 것이다.

우리는 "여러 세대를 거치면서 생물체나 개체군의 형질에서 나타나는 모든 종류의 종합적인 방향성 있는, 또는 누적적인 변화 — 다시 말해 변이가 따르는 계통"이라는 진화의 정의를 선호한다. "거기에는 대립유전자, 변형, 특질가치 또는 형질들의 확산뿐만 아니라 기원까지도 포괄된다. 진화는 자연선택, 유전적 부동, 또는 둘 모두의 결과로 일어날 수 있다"(Endler 1986a: 5). 이런 정의를 채용한다고 해서, 진화를 유전자의 빈도 변화와 동일시한다는 뜻은 아니다. 마이어(Mayr 1991a: 2)는 진화를 단지 '유전자의 빈도 상에서의 변화'라고 정의하는 것은 환원론적이며, 진화의 개념은 '적응과 생물학적 다양성에서의 변화'라고 할 때 훨씬 잘 기술된다고 주장한다.

문화의 진화는 부분적으로 문화 특질이라 불리는 것의 빈도에서 나타나는 변화로 구성될 수 있을 것이지만, 그것이 전부는 아니다. 마이어(Mayr 1991a: 2)는 "적응에 중립적(적응과 무관한) 유전자나 형질의 빈도에서 어느 정도의 변화가 일어나야 진화에 해당하는 것인지는 의문이다"고 한다. 다음 장들에서 살펴보겠지만, 다윈 진화고고학에서는 중립적 속성(형질)이 아주 중요한 역할을 하는데, 이런 형질은 생물진화에서도 중요한 역할을 한다(e. g., Gould and Lewontin 1979; Gould and Vrba 1982). 따라서 적응도 상의 차이가 아니라 형질 변이와 전승이야말로 진화적 변화가 일어나는 데 반드시 필요한 것이다. 적응도에서의 차이는 자연선택에 의한 진화에서만 필요하다. 다위니즘의 맥락에서 진화는 '변이가 따르는 계통'이며, 변화를 수반하는 연속성이다. 다윈 진화이론의 역사적 양상은 특정한 형태의 현상이 어떻게 그리고 왜 지금의 모습을 띠게 되었는지에 대해서 진술하는 것을 의미하는데, 이것이 바로 연구의 목적이다(e. g., Mayr 1961). 이 점을 인지한 연구자들도 있었지만(e. g., Tschauner 1994), 진화고고학을 검토하였던 모든 인류학자들이 동의한 것은 아니다(e. g, Boone and Smith 1998; Schiffer 1996; Spencer 1997).

진화는 시간의 흐름에 따라 하나의 개체군의 구성에서 변화가 일어나는 것이다. 다윈고고학에서 개체군은 표현형적 특성이라고 파악되는 유물들로 구성되며, "다윈 진화고고학이 추구하는 설명이란 유물들에서 관찰할 수 있는 모든 종류의 차별적 변이에 대한 설명이다"(Jones et al. 1995: 28). 시간은 연속적 변수로 취급되며, "변화란 한 변형이 다른 것으로 형태를 변신하는 것이 아니라, 분석적으로 '개별 변형들의 빈도 변화'라는 측면에서 이해된다"(Teltser 1995c: 53). 그런 변화는 자연선택의 결과일 수도 있고, 따라서 적응적 상태, 곧 적응성에서의 변화일 수도 있으며, 부동의 결과일 수도 있다(O'Brien and Holland 1992). 분석적으로는 계보들을 구축하고 설명하는 일이 과제로 남는다. 한편, 이것은 또한 한 계보(계통)의 화석 자료를 파악하고 기술하기 위한 단위들을 구축하는 (제5장 참조) 것뿐만 아니라 '내재적 특성·과정들'과 법칙들에 대한 연구를 요한다(Gould 1986; Simpson 1963, 1970). 다른 한편으로 한 계보가 왜 현재와 같은 모습을 띠게 되었는지를 설명하는 일은 역사적 우연성과 형상들의 독특함 역시 고려할 것을 요구한다.

2) 연역의 역할

다윈고고학에 찬성하는 사람들은 과정고고학에서는 해석과 설명이 뒤섞였음을 잘 알고 있다(e.g., Abbott et al. 1996). 이것은 고고 자료를 인류학적 모델의 측면에서 '설명'하고자 애썼기 때문에 일어난 결과였다. 과정고고학자들이 마음속에 가졌던 과학은 예측적 법칙에 의존하는 과학이었다. 그러나 역사과학으로서 고고학에서 그런 예측적 과학은 유물들의 기능을 파악하는 영역을 제외하고 제대로 역할을 하지 못할 것이다(e.g., Jaksic 1981; O'Hara 1988; Simpson 1963, 1970; Szalayand Bock 1991). 많은 과정고고학자들이 옹호하였던 헴펠학파의 연역적 과학은 인간, 또는 다른 생물체를 연구하는 데 그리 유용하지는 않다. 왜냐하면 그것은 '내재적 특성 및 과정'의 법칙들과 '형상적 특성 및 과정'의 법칙들을 구분하지 못하였기 때문이다. 이 차이들을 인지하여야지만 유물론적 영역에서는 일반 형상적 법칙이란 있을 수 없음을 알게 된다. 한편으로 내재적 법칙은 기계적이고 공학적인 것 또는 유물의 화학적이고 물리학적인 특성을 논의할 수 있게 해주는데, 이것들은 시간과 공간의 제약을 받지 않는 것들이다. 그러나 형상적인 것은 그렇지 않다.

생물체, 또는 다른 말로 사람은 비생물적이고 본질론적인 실재물을 움직이는 예측적인 법칙들에 따르지 않는다. 사실 만약 어떤 법칙을 굳이 찾고자 한다면, 그것은 '우연성의 법칙'일 것이다(Beatty 1995; Brandon 1990). 예를 들어 시점 E에서 일어나는 것은 순서대로 앞서는 시점 D, C, B, A에 일어났었던 것에 의해 어느 정도 제약을 받는다. 따라서 우리는 시점 E에 실제로 일어나는 것은 ① 그것이 일어나는 역사적 맥락과, ② 그 시점까지의 특정한 역사적 연쇄를 조건으로 하여 일어나는 것이다.

아마도 이런 우연성을 가장 쉽게 생각하는 방법은 사람의 아이가 태어나는 것을 생각하는 일일 것이다. 초음파 같은 다른 직접적 수단이 없는 이상 그 아이가 정확히 어떤 모습일지는 알 수 없다. 아이가 어떤 머리 색깔을 하고 나올지, 그리고 얼마만큼의 몸무게로 태어날지, 그리고 피부 색깔의 톤이 어떨지는 정확히 알 수 없는 것이다. 하지만, 경험에 따르면 현재 태어나는 사람의 아이는 보라색 머리를 하고 있지는 않을 것이며, 몸무게가 15kg이 넘는다든가 초록색 피부를 가질 수는 없다. 그러한 형질들은 사람의 계통의 역사를 고려할 때 불가능한 것이다. 따라서 특정한 시공간에서 한 생물체가 갈 수 있는 길은 주어진 변이만큼만 다양할 수 있다. 우리가 유물론적 법칙을 찾는다면, 이것은 우리에게 어떤 예측을 할 수 있게 해주는 것이 아니라 '한계'를 주는 법칙이며, 때문에 오직 가능한 법칙이란 우연성의 법칙뿐이다.

하지만, 고고학자들이 인간 현상에 적용하고자 했던 법칙은 바로 불변의 법칙이었다.[28] 프리츠와 플록(Fritz and Plog 1970: 405)은 법칙의 정의에 대해서 "둘 이상의 변수들 사이의 관계에 대해서 모든 시공간에서 참으로 인정되는 진술"이라고 명확하게 말하고 있다. "보편적 사실"과 "법칙"의 차이를 주장하며 이 문제를 회피하고자 하는 사람도 있을지 모른다. 인간행위를 관할하는 불변의 법칙이 존재하는가? 만약 있다면, 헴펠식의 과학에 대한 관념이 역사과학으로서 고고학의 목적에 상당히 적합할 것이다. 그러나 그렇지 않다면, 어디에서 설명을 찾아야 하는가? 우리는 다윈 진화이론을 추구하는 것이야말로 아주 확실한 길이라고 본다. 그것을 찾는 시작점은 변이를 확인하고 추적하는 데 쓰이는 단위들을 설정하는 것이다. 우리는 이 문제를 다음 장에서 살펴보는데, 다음으로 넘어가기 전에 이 장을 시작할 때 인용하였던 스티븐 제이 굴드의 주장을 다시 살펴볼 필요가 있다.

28) e.g., R.A. Gould 1978a, 1978b, 1980a, 1980b, 1985; Reid et al. 1974, 1975; Schiffer 1975, 1996.

3) 다시 라마르키즘에 대해서

굴드(Gould 1987a, 1996, 1997a)가 문화적 전수와 계승은 라마르키즘[29]적이어서, 유전보다 훨씬 빠른 속도로 일어나기 때문에, 자연선택은 기껏 문화 계통의 진화에서 아주 작은 역할만을 할 수 있다고 주장하였음을 다시 살펴보자. 이와 비슷하게 마이클 로젠버그(Michael Rosenberg 1990, 1994)는 문화진화는 라마르키즘적이라고 하면서, 사람의 '동기' 또는 '의도'가 진화의 메커니즘이라고 주장하였다. 라마르키즘적 진화론에서 "변이는 무작위적으로 생산되지 않으며, 문화는 사람이 더 잘 적응하고자 하는 의지에 의해 움직인다"고 주장된다. 인간의 행위적 혁신은 정의에 따라서 그 자체로 적응적인 것인데, 그런 혁신들이 적응을 위해 고안된 것이기 때문이라는 것이다(Rosenberg 1990: 400). 라마르키즘적 진화는 따라서 진보적이다. 로젠버그는 다음과 같이 주장한다.

> 문화진화는 상당한 라마르키즘적 요소들을 현시하고 있기 때문에, 직관적으로 ① 인간의 지성이 크면 클수록 의도적 혁신의 능력과 가능성은 더욱 커지고, ② 경쟁적 압력이 더욱 치열하면 할수록 스트레스를 피하고 중화시키기 위한 노력에서 혁신들이 일어날 자극이 더욱 강해지며, ③ 지성과 혁신의 속도가 크면 클수록 선택적 가치를 가진 하나 또는 그 이상의 혁신적 행위들의 가능성은 더 커지게 됨을 짐작할 수 있다. (Rosenberg 1991: 696~697)

로젠버그가 옳은 말을 하였음은 의심의 여지가 없다. 의도적 혁신은 선택이 작용하는 변형의 원천이 되는 것이 사실이며(O'Brien and

---

29) 옮긴이 주 — 본문에 언급되어 있지만, 장밥티스트 드 라마르크가 주장하였던 다위니즘 이전의 관점으로서 생물학적 변이의 생산에는 방향성이 있다는 주장이다. 다위니즘의 영역인 생물진화에서는 더 이상 통용되지 않는다. 다만 생물진화와는 달리 문화진화를 보는 관점들은 전통적으로 라마르키즘과 일맥상통한다.

Holland 1992; Rindos 1989), 이 점에 대해서는 다시 논의할 것이다. 로젠버그가 지적한 세 가지는 많은 문제를 제기하게 만든다. 예를 들면, 문화진화를 라마르키즘적이라고 하는 것은 다윈고고학에 치명적 타격이 되는 것인가? 이 문제에 대한 대답으로 우리의 논의를 시작할 텐데, 이것은 또 다른 문제들로 빠져들게 한다.

라마르키즘적 진화에는 두 가지 중요한 요소가 있다. 첫째 진화의 방향이 완전성의 증가를 향하고 있다는 점에서 목적을 찾아가는 진화이고, 따라서 진보적이라 할 수 있으며, 둘째 조상 세대에서 획득된 형질들은 자손 세대에 전수될 수 있다고 보는 것이다(Mayr 1982a: 343~362). 다윈은 이 두 번째 라마르키즘의 내용이 다위니즘에서도 역할을 할 수 있음을 인정하기는 하였다. 한편으로 로젠버그의 관점에서 생물학적 '계승' 곧 '진화'는 오직 일정하게만 일어난다. 이것은 생물학적 전수란 멘델리즘적인 것이라는 굴드(Gould 1996, 1997a)의 언급과 상통하는 것이다. 다른 한편으로 문화진화는 "부드러운 것"(*soft*)이며 따라서 라마르키즘적인 것이다. "살아 있는 동안 확립된 문화 곧 행위적 혁신들은 미래의 세대들에게 전수될 수 있다"(Rosenberg 1994: 309). 이것 역시 굴드의 언급과 통한다. 이렇듯 진화가 인간의 동기나 의도에 의해 목적을 가지고 방향을 설정한다는 이유로 문화진화를 라마르키즘적으로 보는 것이 합당한가?

로젠버그(Rosenberg 1990: 401, 399)는 린도스(Rindos 1984, 1985)의 연구를 인용하면서 "생물학적 변화는 자연선택의 산물일 뿐만 아니라 선택이 작용하는 변이들은 무작위로 생기고 각각의 새로운 변형들은 대체로 무작위로 출현한다고 주장한다"고 하며 다윈 진화고고학을 요약한다. 찰스 스펜서(Charles Spencer 1997: 210, 212)는 다윈 진화고고학의 시각을 "문화특질에서의 변이는 방향성이 없이 생기기 때문에 새로운 변형의 출현은 우연적인 것"이라고 이해하고 있다. 다윈 진화고고학적 접근에서 "변이의 발생은 무작위적"임이 필수적인 것이라는 로젠버그의 말은 옳다. 다만 로젠버그는 변이의 '무작위적 출현'이라는 말이 무엇을 뜻하는지 정의하지 않았으며, 스펜서는 '방향성이 없다'(*undirected*)는 말이 무엇을 뜻하는지 분명하게 하지 않았다. 따라서 이들은 이 문제에 대해서 다위니즘의 중요한 내용을 완전히 놓치고 말았던 것이다. 특히 로젠버그는 린도스가 인간의 의도를 배제한 것을 잘못 이해함으로써 논점을 놓치고 있다. 린도스(Rindos 1985: 84)는 의도라는 것은 성격상 고고 자료에서는 논증할 수 없는 것이기 때문에 과학을 추구하는 고고학에서는 배제되어야 한다고 하였던 것이다. 로젠버그(Rosenberg 1990: 403)는 이 생각에 반대하며 "선택적 환경과 문화적 곧 행위적 반응 사이에 관련이 있음을 자주 볼 수 있다"고 주장한다(Rosenberg 1990: 403).

우리는 경험일반화를 과학적으로 연구할 수 있다는 데 동의하면서도, 다만 이런 연구는 과학에서 아주 좁은 입지만을 차지할 뿐이라고 믿는다. 이것은 과학을 비법이나, 종교, 신비 같은 것과 구별하지 않기 때문이다. '과학'은 이론들이 경험적 내용을 가질 것을 요구한다. 다시 말하여 이론을 바탕으로 제시된 가설은 반드시 검증할 수 있어야 하는 것이다. 린도스의 지적은 인간의 의도란 고고학적으로 관찰할 수 있는 자취를 남기지 않기 때문에 선사시대 인간의 의도에 대한 가설은 결코 경험적으로 검증될 수 없다는 것이었다. 이 점은 과정고고학의 초기 학사에서도 주목된 바 있는데, 과정고고학의 주요 인물 가운데 하나인 켄트 플래너리(Kent V. Flannery 1967: 122)는 "개별 인간들이 결정을 내린다는 점은 확실하지만, 이런 개인들의 결정은 결코 고고학자가 복원할 수 없는 것이다"고 하였다(Kushner 1970 참조). 린도스(Rindos 1989)는 이 문제를 길게 논의하면서 무작위와 방향성이 없는 변이들이 무엇인지 정의한다. 린도스는 "생물체의 '필요'와 관련하여 아무 것도 미리 정해진 사항이 없다는 점에서 '무작위'"라는 말을 쓰고 있다(Rindos 1989: 8). 그런 변이는 "새로운 형태를 만듦으로서 진화적 변화의 추동력이 되고, 새로운 형태들은 다시 선택의 작용을 받는 것이며, 그렇기 때문에 선택의 중요한 역할이 있다"고 한다(Rindos 1989: 9).

새로운 변형의 '무작위적' 출현에 대해서, 생물학적 변형들은 공시적 시각에서는 무작위적으로 출현하지만, 통시적 시각에서 보면 확률적으로 생긴다. 다시 말하여 나중에 생기는 것은 적어도 부분적으로는 앞서 발생한 것에 의존하게 된다. 비유적으로 말하면 토기가 결코 우주왕복선의 조상이 될 수는 없다. 토기든 생물체든 자손은 우연, 그리고 전수상 실수 탓에 조상과 완전히 동일하지는 않다(Bell 1997). 이와 비슷하게, 토기는 복제자(토기제작자)의 의도 때문에 이전의 토기와 생김새가 다를 수도 있다. 더넬(Dunnell 1982: 22)이 주목하였듯이 "진화생물학이 생물체의 상호작용 형질들을 무시할 수 없듯이 과학적인 진화고고학 이론은 문화현상들의 상호작용 속성들을 무시할 수 없다." 그래서 변이는 장기간의 시각에서는 무작위적이지 않게 되고, 조상의 생김새를 바탕으로 변이가 발생하게 되는 것이다. 로젠버그, 스펜서, 그리고 분명 굴드는 사람은 똑똑하기 때문에 변이가 즉각적 필요의 측면에서도 무작위적이지 않다는 입장을 가지고 있다. 사람은 어떻게 머리가 좋아졌는가? 사람이 그렇게 원했기 때문인가, 아니면 인류의 조상이 처음으로 도구를 만들었던 선사시대 때부터 가졌던 의도 때문인가?

오브라이언과 홀랜드(O'Brien and Holland 1992: 45)는 인간의 의도가 "문화체계에서의 변이 생산에 중요한 역할을 하는 것은 사실이지만, 더 중요한 것은 의도가 아니라 변이 그 자체"임을 분명하게 말하고 있다. 이는 진화이론가들이 인간의 의도와 동기를 문화의 진화에 대한 연구에서 '상관없는 것'으로 치부하고 있다는 로젠버그의 인식과는 상당히 다른 것이다. 다시 말하여 "개인의 의도라는 것은 통계적으로 다윈진화 안에서 거의 의미가 없는데, 진화는 개체군의 현상이고 이것은 시간의 흐름에 따라 개인의 행동이나 형질이 변화하는 것으로 나타난다. 더구나 개인이 가지고 있는 목적은 다양하며, 우리가 잘 인지하고 있듯이 의도와 결과는 많이 다르다"(Leonard and Reed 1993: 650). 더넬(Dunnell 1982: 21)이 주목하였듯이 인간은 "어떻게 문화가 변화하는지에 대해서 전혀 알지도 못하면서도 엄청난 성공을 거두었다"고 할 수 있다.

철학자 에드워드 스타인과 피터 립튼은 '의도된 혁신의 역할'이란 문제와 관련하여 아주 재미있는 주장을 한다(Edward and Lipton 1989). 이들은 학문에서 이론의 개발과 진화의 과정 중에 과학자가 어떻게 '새로운 가설'을 만들고 검증하는지를 고찰하였다. 가설의 생산은 무계획적인 것인가 아니면 유도된 것인가? 과학자는 과거 어떤 가설들이 실패했고 어떤 것들이 검증을 통과하였는지에 대한 선험적 지식을 가지고 있기는 하다. 하지만 이것은 단순히 유용한 변이 생산의 역사적인 노선을 마련하는 것일 뿐—진화의 역사적 우연성의 일부분—이다.

새로운 유전적 돌연변이가 혼란을 야기하는 것은 아니다. 돌연변이는 이미 존재하고 있는 유전장 내에서 발생할 뿐이다. 만약 과학자가 대기 순환과 한 지역의 날씨의 관계에 대해서 가설을 만들어 낼 경우 가설을 검증하는 컴퓨터의 작동방식에 대해서는 아무런 언급도 하지 않았을 것이다. 이것은 둘 사이에 별로 관련이 없음을 이미 잘 알고 있기 때문이다. 더구나 어떤 한(또는 몇 개) 가설이 선택되어 검증되기 전에 이미 많은 것들이 고려되었을 것이다. 머릿속에서 폐기된 가설들은 과학자의 실험실 노트나 장비에서 전혀 자취를 남기지 않을 것이다. 다만 검증되는 가설만이 그런 자취를 남길 것이며, 이 가운데도 검증에 실패한 것들은 아무런 자취도 남기지 않을 수도 있다. 그러나 다시 논점을 돌아가서 생각의 진화와 유전장의 진화는 모두 당시의 즉각적 필요와 관련하여 무작위적이지만, 그럼에도 이미 존재하고 있는 것에서 기인한다는 점에서 확률적 변이에 의존하는 것이다. 인간의 의도나 동기, 또는 기호가 아니라 어떤 것이 실행되고 어떤 것이 그렇지 않은지에 대해서는 자연선택이 바로 마지막 조정자가 된다. 따라서 자연선택은 무엇이 전수되고 장시간이 흐른 뒤 무엇이 복제되어 남는지에 큰 영향을 미치는 것이다.

제 5 장

고고학 분석의 단위

> 되돌아보면 과정(주의)고고학의 가장 큰 잘못 가운데 하나는 고고 자료를 분류하는 용어들, 곧 계통분류체계를 검토하지 못한 것이다. 진화이론의 유용성을 인식하지 못하는 인류학자들과 고고학자들은 이런 잘못된 선례를 따르고 있다. 분석 단위에 관한 이슈는 별로 논의되지 못하였으며, 분석자 자신의 문화적 배경과 학문적 배경에서 기인하는 관습적 단위들이 계속 쓰이고 있다. 분석 단위의 중요성을 인식하고 있다고 해도, 현대 생물학 이론을 진지하게 공부하려 하지는 않는다. 때문에 흔히 생물학에서는 모든 개념과 이슈들에 대해서 이미 합의에 도달하여 더 이상 이견이 없다고 생각되고 있지만, 이는 잘못이다. (Dunnell 1995: 33)

더넬의 지적은 지금까지 우리가 몇 번이나 강조했던 것이다. 진화이론은 생물체 연구에서든 고고 자료의 연구에서든 반드시 일련의 분석 단위들을 필요로 한다. 위에서 논의하였듯이 본질론과 유물론은 근본적으로 다른 시각으로 실체에 접근하기 때문에 각각 상이한 단위를 필요로 한다는 점을 분명히 기억해야 할 것이다. 만약 실체가 일련의 '자연적 종류들'이라 생각(본질론)된다면, 분석의 초점은 그런 종류들의 차이를 이해하는 일에 맞추어지기 마련이다. 반면 실체를 '무한한 변화 체계'라는 시각(유물론)으로 접근하면, 분석 초점은 왜, 어떻게 변화가 일어나는지를 이해하는 일에 맞추어진다. 유사성과 차이를 측정하기 위해 고안된 단위는 변화를 측정하는 단위로는 쓰일 수 없을 것이다. 물론 더넬의 지적과도 같이 다윈 진화이론을 적용하는 데 관심을 가진 고고학자들도 단위의 문제에는 별다른 관심을 기울이지 못하고 주로 다른 이슈들에만 치중하여 왔다. 이는 다윈 진화고고학자들이 단위에 관한 이슈에 무관심하였을 수도 있고, 아니면 단위에 관한 문제가 해결되었다고 생각하였는지도 모르겠다.

진화생물학 문헌을 주의 깊게 읽어보면 누구라도 단위를 구성하는 것이 중요하며 아직도 해결된 문제가 아님을 알게 된다. 생물학자들이 기본 단위라 할 수 있는 '종'이란 개념에 대해서 아직도 논쟁을 계속하는 것이 사실이라면, 고고학을 하는 사람들이 이런 생물학적 논쟁을 가볍게 여기는 것은 분명 잘못이다. 적응, 선택, 부동, 상동, 상사와 같은 이슈들 역시 다윈고고학의 발달에 중요하다. 다만 지금까지 '단위'에 관한 이슈를 정면으로 다루지 못했기 때문에 다윈고고학의 기반이 약할 수밖에 없었던 것이다.

문화사고고학 패러다임에서는 단위에 대해서 공통된 논의가 있었다. 물론 이론적 근거가 없이 상식적 수준에서 누가 더 설득력 있는지 하는 문제가 우선시되고 말았다(Lyman et al. 1997b; O'Brien and Lyman 1998). 문화사고고학자들은 대부분 단위를 만들고 사용하는 방식에 내재하고 있는 문제들을 간과하였다. 진화이론에 적용 가능한 단위를 구성하는 방법을 분명하게 논하지 않는다면, 다윈 진화고고학자 역시 이전 문화사고고학자들이 처했던 곤경에 빠지고 말 것이다.

유물론적 사고를 하는 것은 쉽지 않은 일이다. 본질론과 유물론 모두 확실히 관찰된 변이에 관한 설명을 제시한다. 그러나 본질론과 유물론의 유사성은 이것뿐이다. 유물론에서 '종류'라는 것은 지속적으로 변화하는 것으로서 관찰 결과에 불과한 비경험적 구성일 뿐이다(Dunnell 1988a). 변화의 성격에 대한 추론은 변이가 확인되고 정확하게 측정된 다음의 일이다. 따라서 유물론적 사고의 어려움은 다음 두 가지로 살펴볼 수 있다. '변이'를 확인하고 측정하는 단위들을 마련하여야 하며, 뿐만 아니라, '변화'를 측정할 수 있는 단위들을 고안해내야 하는 것이다. 유물론의 시각에서 변이는 변화의 결과이다.

반면 본질론적 시각에서 변이는 단순히 실체들 사이에 존재하는 본질적 차이에서 기인한다. 본질론적 입장에서 단위들은 발견되어야 하는 실재하는 것이며, 연구자는 단위들 사이에 존재하는 차이를 측정하면 된다. 본질론에서 단위들은 변하지 않기 때문에 변화에 대해서는 염려하지는 않아도 된다. 단위들을 확인한 뒤 다양성을 떠받치는 실체들을 고찰하면, 이 다양성은 다시 단위들의 불연속에 대한 설명의 역할을 하게 된다. 반대로 유물론에서 실체란 다양성에 의해 유지된다고 생각된다. "다위니즘의 시각에서 진화란 개체들의 형질에서 인과관계를 부여하는 것이다. 개체의 차이는 원형(原形)의 표현에서 혼란이 발생한 결과가 아니라, 진화의 역사에서 아주 중요한 의미를 가지는 사건들의 원인이다"(Sober 1980: 371). 유물론에서는 원형이란 있을 수 없으며, 리차드 르원틴(Richard Lewontin 1974a: 5)의 말대로 표본들 사이의 변이를 기록하는 것이야말로 다윈 진화이론의 핵심이다.

문제는 어떻게 변화를 일으키는 변이를 연구하는지 하는 것이다(Dunnell 1988a: 16). 곧, 어떻게 역사성을 담보한 설명을 만들어낼 수 있는가? 만약 유물론의 입장처럼 모든 것들이 그 어떤 것이 되고 있는 상태(변화하고 있는 상태)에 있다고 한다면 어떻게 진화이론을 단순한 형이상학과 차별화시킬 수 있을 것인가? 이것은 진화생물학과 마찬가지로 진화고고학의 중심 문제인데, 지금까지 이에 대한 대답에는 사실 명확하지 않은 측면이 많이 있었다. 이 대답은 현상을 측정하는 일련의 단위들을 만들어내는 일에서 찾을 수 있다. 분석자는 색, 길이, 무게와 같이 상호 배타적 변수들을 의미하는 '차원'을 문제의식에 맞게 선택하여야 하며, 바로 이런 차원과 속성들을 토대로 대상 자료를 내적으로 동질적이면서도 외부적으로는 이질적인 클래스(집합)들로 나누어야 한다. 따라서 유물론의 시각에서 시간의 흐름에 따른 역사적 변화는 '자연적 종류'가 아닌 '분석적 클래스의 빈도'에 따라 설정된다. 종류라는 것은 발견되는 것이 아니라 분석자가 분석 목적에 맞게 적절한 절차에 입각하여 설정해야 한다는 것은 아무리 강조해도 지나치지 않는다.

이제 이런 복잡한 절차가 지금까지 이루어진 전통적인 고고학 방법과 어떻게 다른지 하는 문제를 집중적으로 논의해 보자. 우리 논의의 일부는 더넬(Dunnell 1971a)이 《선사학의 계통분류체계》(*Systematics in Prehistory*)에서 밝힌 입장에 바탕을 두고 있다. 이 책은 비록 30여 년이 흘렀지만 아직도 고고학 계통분류체계를 체계적으로 다룬 보기 드문 예이다. 이 책의 출간 이후에도 계통분류체계에 큰 관심이 없었던 이유로는 다음 세 가지를 들 수 있다. 첫째, 이 주제는 이슈 자체가 존재론적이며 인식론적이기 때문에 어렵다. 둘째, 정확한 용어 선택이 필수적이다. 따라서 일련의 용어들을 사용할 때 정확한 정의에 입각해야 한다. 사실 수많은 용어들이 이미 일상생활에 쓰이고 있기 때문에 다시 정확히 재정의하여 일관되게 사용하는 것은 그만큼 어렵다. 셋째, 계통분류체계는 문화 과정이나 인간행위와 같은 영역보다는 흥미를 끄는 주제가 아니어서 가르치기 쉽지 않다. 사실 클래스와 그룹의 인식론적 차이를 배우는 일보다는 문화 과정을 인식하는 방식을 설명하는 것이 훨씬 많은 흥미를 끄는 것이다.

계통분류체계는 과거와는 달리 대학원 과목에서도 다루어지지 않고 있는 것이 현실이다. 그러나 고고학을 진화생물학과 동등한 선상에서 논의하고 유물론적 과학을 하면서 마주치는 문제들을 풀기 위해서는 적용 가능한 단위들을 설정하는 이슈에 더욱 많은 관심을 기울여야 한다. 이것이야말로 더넬(Dunnell 1995)이 지적하였듯이, 고고학이 생물학에 기여할 수 있는 영역이기도 한 것이다. 근본적으로 상이한 종류의 단위들, 곧 관념 단위(*ideational unit*)와 경험 단위(*empirical unit*)를 구분함으로써 '종'의 문제에 대한 논란으로부터 해답을 얻는 길을 찾을 수 있다. 지금까지 이런 근본적으로 다른 두 종류의 단위들을 혼란스럽게 사용하였기 때문에 고고학뿐만 아니라 생물학에서 많은 문제가 야기되었다.

1. 관념 단위와 경험 단위

차원 및 이와 관련된 구체적 속성들은 관념 단위[1]라 불린다. 관념 단위란 경험 단위와는 달리 실재하는 것이 아니라 분석자가 고안해내는 것이다. 볼펜은 우리가 볼 수 있고 만질 수 있다는 점에서 경험 단위 또는 현상단위인데, 관념 단위를 사용하여 여러 속성을 측정할 수 있다. 관념 단위를 정의하는 가장 손쉬운 방법은 이것이 실재하는 물체를 측정하는 도구라고 생각하는 것이다. 예를 들어 석기의 날 각도(打角)는 각도기를 사용하여 도(°)라는 관념 단위를 통해서 측정될 수 있는 것이다. 인치, 센티미터, 그램, 온스, 도 등은 우리가 보고 만질 수 없다는 점에서 실재하는 것은 아니며, 우리의 생각 속에서나 존재한다. 그렇기에 이런 단위는 실재하는 사물을 측정하는 데 유용하다. 날의 각도 자체는 관념 단위이지만 그 표현은 경험적이다. 가령 60도의 타각을 가진 석기는 경험 단위라 할 수 있다. 센티미터는 길이를 재는 것이지 무게의 단위는 아니라는 점에서 관념 단위들은 배타적이며, 이것을 혼동하지는 말아야 한다. 이 사실을 명확히 해야 함에도 지금까지 경험 단위들은 흔히 관념 단위들과 혼동되어 사용되고 말았다. 필립스 등(Phillips 1951: 66) 역시 토기 형식과 실재하는 존재를 혼동하지 말 것을 경고하였지만, 실제 이들도 혼동하고 말았다.

1) 관념 단위의 두 가지 종류

관념 단위는 기술(*descriptional*) 단위로서 물체의 성격을 기술하는 데 쓰일 수 있으며, 특정한 분석 목적에 따라 만들어지는 이론 단위라고도 할 수 있다. 우리는 어떤 물체를 색이라는 차원에서 몇 개의 색깔(구체적 속성 상태)로 나누어 기술할 수도 있다. 비록 색깔은 분석 목

1) 옮긴이 주 — 관념 단위와 비슷하게 쓰이는 용어로는 이론 단위가 있다. 이와 대비되는 개념으로는 경험 단위 및 현상 단위가 있다.

적과 부합되지 않을지 몰라도, 색은 경험 단위, 곧 실재하는 것들을 기술해 준다. 이와 반대로 다양한 석기 날의 각도와 기능의 관계를 지을 때 1~30, 31~60, 61~90라는 척도를 사용하는 것은 관념 단위에 해당한다. 요약하면, 이론 단위들은 관념 단위로서 단지 '인과적 관련에 대한 가정' 때문에 설명적 의의를 갖는다.

그동안 미국 고고학에서 사용된 수많은 유물 형식들은 기술단위였다. 기술단위는 기술(記述)을 위해서 순수하게 임시적으로 만들어진 것이다. 예를 들면 형식 A는 색, 무게, 길이와 같은 차원이 포함되고, 형식 B는 무게나 길이와는 상관없이 색, 너비만으로 정의되기도 한다. 이와 대조로 문화사고고학자들이 만들고 사용했던 토기 형식들은 분석자가 구체적 목적(주로 시간의 흐름을 인지하기 위해)을 가지고 만들어낸 관념 단위이다. 제임스 포드는 시간을 연속체로서 개념화시킴으로서 미국 동남부지방의 토기 형식들을 고안해 냈다. 포드는 연구 초기에 지시화석(표지유물)이라는 표지적 형식을 설정하여 편년이라는 목적을 달성하려 하였지만 (Ford 1935a, 1935b, 1935c, 1936a, 1936b) 나중에는 '유행의 원칙'에 따라 형식을 설정하였다(O'Brien and Lyman 1998, 1999b). '역사적 유의성'이라는 검증을 거친 형식들, 곧 시간의 흐름에 따라 정규 빈도분포를 보인 형식들은 유용하지만, 그렇지 않는 것들은 서술 단위에 머물거나 폐기되었다.

2) 내포적 정의와 외연적 정의

관념 단위들은 내포 또는 외연의 정의 방법을 통해서 논의될 수 있다. 내포적(*intensional*) 정의란 단위내의 집합을 필요충분한 조건, 그러니까 반드시 가지고 있어야 할 특성들을 명확히 제시함으로써 정의하는 것을 말한다. 많은 속성들은 그것들의 작동 방식을 바탕으로 설정되는 것이 보통이다. 따라서 이미 논의한 날의 각도, 곧 1~30, 31~60, 61~90는 '어떤 일을 하려면 어느 정도의 날의 각도가 필요하다'는 식의 석기의 기능에 대한 우리의 가정을 바탕으로 설정된 것이다. 그렇다고 우리 생각이 옳다는 것은 아니다. 어떤 분석자는 1~25, 26~65, 66~90와 같은 척도를 사용해 기능과 날의 각도의 관련을 설명할 수도 있을 것이다. 그리고 어떤 단위의 현상들은 존재하지 않은 것도 알게 될 것인데, 가령 1~10의 날의 각도는 설정할 필요가 없다는 것 등이다.

단위들은 외연(나열)적 정의를 사용해서도 정의할 수 있다. 외연적(*extensional*) 정의에서 단위내의 집합은 집합의 구성 원소들이 공통적으로 가지고 있는 속성들을 열거함으로써 정의된다. 다시 말하면, 외연적 정의는 단위 내의 구성 원소들에서 관찰되는 속성들을 바탕으로 이루어진다. 그러므로 외연 정의에 따라 만들어진 단위들은 이론적으로는 명확한 정보를 전수하지 않는다. 고고학에서 전통적으로 사용되어 온 대부분의 단위들은 나열식으로 정의된 것들이다. 곧, 분석자가 수집된 유물들을 잘 관찰하여 차이와 유사를 바탕으로 더 작은 단위들로 구분해내는 방식이었던 것이다. 단위의 정의는 전적으로 당시 분석된 표본에 달려 있었던 것이다.

나중에 살펴볼 것처럼 변화를 연구하려면 내포적 정의에 따른 단위들이 필요하다. 내포적 정의를 통해 설정된 단위의 빈도 변화를 바탕으로 시간의 흐름을 고찰하여 이론에 합당한 설명을 제시할 수 있다. 비이론적이고 외연적으로 정의된 단위들로는 빈도 변화를 설명할 수 없다. 외연적 정의를 통해 설정된 단위는 새로운 표본들이 추가될 때마다 변화할 수밖에 없기 때문에, 변화를 측정하려 할 경우 수많은 문제들이 발생하게 되는 것이다.

3) 관찰의 척도와 분야

우리는 통계학에서 이용되는 명목, 서열, 등간, 비율 등 측정 척도를 잘 알고 있다. 그러나 여기에서 언급하는 '척도'란 다른 뜻으로 사용되어, 특정한 정도의 포괄성이나 위계를 의미한다(Dunnell 1971a: 146).

가장 분명한 척도 가운데 하나는 바로 독립적으로 존재하는 사물이다. 고고학자들이 '유물'을 이야기할 때는 일반적으로 이런 분리되어 존재하는 사물을 가리킨다. 그러나 별도로 존재하는 사물보다 크거나 작은 척도도 있다. 화덕과 같은 고고학 '유구'는 독립적으로 존재하는 유물은 아니다. 유구란 유물과 같이 구조적 속성을 파괴하지 않고서는 이동될 수 없다. 그래서 '유물군'이나 '도구군'은 유물들로 구성되는 것들이다. 이런 사물(개별 유물)보다 큰 척도들이 고고학에서 흔히 쓰인다.

개별 사물보다 작은 척도들 역시 자주 쓰인다. 석기에서 홈의 위치나 슴베의 존재 유무를 통해 찌르개(첨두기)의 속성을 표현할 수 있다. 마찬가지로 토기편의 속성에는 두께, 비짐의 종류, 색깔 등이 있을 수 있다. 유물 '속성'의 수는 헤아릴 수 없이 많음은 두말할 나위가 없다. 사물로서 사과의 속성으로는 생김새, 줄기, 씨, 껍질 등 수 없이 많다. 여기에 껍질과 같은 속성에도 두께, 색깔, 구조와 같은 속성들이 또 있다. 사과가 빨갛다는 말은 사실 엄밀히 사과의 껍질이 빨간 것을 말한다. 빨간 것은 껍질의 속성이라기보다는 사과 자체의 속성이라고 생각하는 사람도 있을지 모른다. 여기서 중요한 것은 사물은 속성에 따라 분류되어야 한다는 점이다. 사물들의 클래스를 분류할 경우 속성들은 물체의 척도에 따른 것이다.

두 번째 이슈는 더넬(Dunnell 1971)이 말한 '관찰의 분야'로서, 물질 또는 분류되어야 할 물질들을 의미한다. 다시 말해 관찰 분야를 구체적으로 적시하여야 한다. 예를 들면 찌르개를 분류하면서 토기 분류에 쓰이는 비짐과 같은 변수를 고려하지 않아도 되는 것이다. 물론 어떤 분류[2] 로부터 분류의 대상이 무엇이었는지를 아는 것은 별로 어려운

---

2) 옮긴이 주 — 고고학에서는 주로 형식을 바탕으로 유물들을 분류하기 때문에, 'classification'이라는 말을 흔히 '형식분류'라고 부른다. 이 밖에 'typology'라는 말도 쓰이는데, '형식학' 또는 '형식체계'라고 번역된다. 생물학에서는 그냥 '분류'라고 옮기는 것이 일반적이며, 'taxonomy'는 분류학, 'systematics'는 계통분류학이라 불린다. 내용상 차이는 있지만, 모두 '분류'라는 의미에서는 같다.

일이 아니지만, 처음부터 분류대상을 확실히 해두는 것이 좋다.

2. 그룹과 클래스

더넬은 경험 단위와 관념 단위의 차이를 논하면서 "이것은 과거 내가 그룹과 클래스를 서툴게 대조 시킨 것과 일맥상통하는데, 그룹은 경험 단위에, 클래스는 관념 단위에 상응한다"고 한 바 있다(Dunnell 1971a, 1986: 151). 우리는 더넬이 과거 이 둘을 '서툴게' 구분했다고 생각하지 않는다. 오히려 더넬은 일상생활에서 쓰이고 있는 그룹과 클래스라는 용어에 아주 엄격한 의미를 부여하였다. 우리의 생각에 더넬이 나중에 경험 단위와 관념 단위를 구분한 것은 이전 자신의 구분을 오히려 더욱 돋보이게 한다. 여기서 새겨야 할 것은 클래스는 관념(이론) 단위일 뿐이라는 사실이다. 클래스는 이론 및 서술 단위로 쓰일 수 있으며, 여기서는 주로 이론적 측면에 초점을 맞춘다. 관념 단위로서 클래스는 내연 및 외연 정의의 방식으로 정의될 수 있다. 반면 그룹은 단지 경험 단위일 뿐이며, 역시 내연 또는 외연적 방식으로 정의될 수 있다.

1) 경험 단위로서 그룹

실재하는 개별 사물은 독립적으로 존재하며, 몇 가지 사물들이 공통으로 특정 속성들을 공유할 수도 있다. 경험적으로 실재하는 사물들을 모아 놓은 것을 '그룹'이라 하며, '사물들의 모둠'이라 정의한다. 사물들이 공통으로 가지고 있는 속성들은 분석적 관심을 끌 수도 있을 것이다. 실재하는 표본들이라는 점에서 그룹은 경험 단위이자 현상단위이다.

그룹을 만들어내는 데는 보통 두 가지 절차가 있다. 첫 번째는 단순한 시각적 검사로부터 복잡한 도식들을 사용하는 것까지를 포함하여 그룹핑(*grouping*, 모둠 짓기) 방법을 통해 그룹을 만들어내는 것이다. 이런 그룹들은 외연적으로 정의되기 마련인데, 말하자면 분석자가 검토하는 유물들을 그룹지어 만들어내는 것이다. 따라서 각 그룹은 특수하다. 그룹들이 정의된 뒤에는 유물 전체에 적용하여 몇 개의 묶음으로 나누게 된다. 이때 새로운 정의를 세울 수도 있으며, 새로운 유물들이 추가될 수도 있다. 이렇게 해서 원래 정의는 새로 고쳐질 수도 있게 된다. 두 번째 절차는 일련의 클래스에 바탕을 둔 그룹들을 만들어내는 것인데, 이것은 클래스를 논의한 뒤에 살펴보기로 하자.

그룹핑 방법은 여러 가지 방식이 있을 수 있으나, 일반적으로 군집을 찾는 방법이다. 주목적은 그룹을 만들어내는 것인데, 그룹 안에 속하는 사물(유물)들은 서로 유사해야 한다. 유사도에 따라 스코어가 매겨지게 되는 것이다. 유사도는 일반적으로 공유되는 속성이나 특성들의 숫자를 토대로 측정된다. 이렇게 유사도를 통해 모든 유물들의 군집 도표를 만들어내고, 그런 다음 각 군집은 시각적 검토와 가치 평가를 통해 확인된다. 이런 접근법은 계량분류학(Sokal and Sneath 1963), 또는 표현론(*phenetics*, Mayr 1981)이라 불린다. 현대 생물학에서는 많은 형태계측적 특질들을 바탕으로 그룹을 만들어내는 도구로서 개발되었다.

그룹핑 현상에 이용할 수 있는 다양한 방법들은 아주 훌륭한 패턴 인지의 도구로 쓰일 수 있다 하지만, 그룹핑을 통해 패턴을 설명할 수는 없다. "그룹핑은 일단 한 번 분류해보고 어떻게 되어 가는지 지켜보자"는 식의 귀납적 접근법으로서 여기에서 만들어지는 단위는 외연적인 것이다. 그렇다고 해서 귀납적으로 끌어낸 관찰들이 아무런 실효성도 없다는 뜻은 아니다. 다만, 관찰이 가지는 연역적 측면을 부인하는 것은 환상에 지나지 않는다(Dunnell 1986: 189). 중요한 것은 관찰들을 이론에 연결시켜주는 것은 바로 이 연역적 부분이라는 것이다. 우리는 검증될 수 있는 일련의 논리적 함의들을 생산하지 못하는 이론이란 과학에서는 쓸모없다고 본다. 나중에 논의하겠지만, 외연적으로 끌어낸 그룹들은 논리적 함의를 낼 수도 있고 그렇지 못할 수도 있다. 문제는 특정 사례에서 그런지 그렇지 않은지를 판단하는 데 있다.

군집분석(*cluster analysis*)은 고고학에서 데이비드 클라크(David Clarke 1968)의 《분석고고학》(*Analytical Archaeology*) 출간 이후 대중화되었다(e. g., Gowgill 1982; Doran and Hodson 1975). 물론 그 이전에도 다양한 형태로 고고학의 주변에 있기는 했지만 말이다. 클라크의 책보다 2년 앞서 나온 '고고 자료의 산술적 분석에 대한 몇 가지 실험'(Hodson et al. 1966)이라는 중요한 논문의 공저자인 피터 스니쓰(Peter H. A. Sneath)는 로버트 소컬(Robert Sokal)과 같이 생물학에서 계량분류학을 창안하였던 사람이었다. 이런 접근법을 고고학에서 최초로 사용한 사람은 헤럴드 드라이버와 크로버라고 볼 수 있는데(Driver and Kroeber 1932), 이 접근은 몇 년 뒤 중서부분류체계(*Midwestern Taxonomic Method*)를 통해 광범위하게 적용된다. 비록 중서부분류체계의 주창자인 맥컨은 본래 산술적 체계로 의도하지는 않았지만(McKern 1939, 1940, 1943, 1944), 나중에는 현대의 표현론 같은 산술적 방법들과 유사한 방식으로 운용되었으며, 계량분석의 토대 역할을 해야 한다고 주장하는 사람도 있었다(e. g., Kroeber 1940, 1942).

중서부분류체계는 미국 고고학자들이 유물군을 기술하고 논의하면서 개발되었다는 제 3장의 내용을 되새겨 보자. 중서부분류체계에서는 '성분'(*component*)이라는 개념을 통해 공반된 유물들을 배열하고, 공유된 속성과 가장 결정적 속성의 존재 여부에 따라 계기적으로 단위의 크기를 증가시키는 방식을 썼다(〈그림 3-10〉). 분명 맥컨은 중서부분류체계라는 분류학적 또는 위계적 구조[3]는 궁극적으로 문화특질들 사이의 계통발생적 관계를 보여줄 것이라 믿었다(Fisher 1997). 중서부

3) 몇 개의 비슷한 성분들은 '초점'(*focus*)을 이루고, 몇 개의 비슷한 초점들은 '양상'(*aspect*)을 구성하는 식이다

분류체계는 이러한 가지를 치는 구조를 가졌음에도 불구하고 그런 관련을 보여주는 어떠한 분류체계와도 달랐다. 중서부분류체계에서 위계적 단위들은 오직 형태적 유사성이나 닮음을 보여주는데(Dunnell 1971: 179), 이는 대체로 기록된 유사성이 상동에서 비롯된 것인지 상사에서 말미암은 것인지를 고려하지 못했기 때문이다.

2) 관념 단위로서 클래스

그룹과 대조되는 단위는 비현상적인 것으로, '클래스'라 불리는데, 특징적 속성들을 바탕으로 명백하게 정의된 관념 단위이다. 더 정확히 말한다면 하나의 클래스란 필요충분조건들〔기표(*significata*)라 불린다〕을 구체적으로 제시하는 정의에 의해 만들어진 집합으로서, 클래스의 구성원이 되기 위해서는 구체적 표본을 가지고 있어야 한다. 클래스는 정의되는 것이기에 필요충분한 범주를 설정하여 현상들을 측정한다는 점에서 측정 단위(*measurement unit*)이기도 한다. 가령 하나의 현상이 기준에 부합된다면, 이것은 클래스의 구성원이 되며, 클래스가 지정하는 집합에 속하게 된다. 만약 기준에 부합하지 않는다면 집합에서 제외된다.

한 클래스의 구성원이 되기 위한 필요충분조건을 구체적으로 적시한다는 것은 반드시 조건을 충족하는 실제 표본이 있음을 의미하지는 않는다. 다시 말하여 필요충분조건을 구성하는 속성을 가지고 있는 표본들은 사실 연구대상 유물군에 존재하지 않을 수도 있는 것이다. 또는 그 어디에도 존재하지 않을 수도 있다. 조건을 충족하는 표본들, 한 클래스의 구성원으로 설정된 표본들은 그 클래스의 내용〔기의(*denotata*)〕[4]이 된다. 우리는 한 클래스 및 한 그룹의 내용들—한 클

4) 옮긴이 주—원문에서 쓰이는 'significata'와 'denotata'라는 개념은 우리말로 번역하기가 쉽지 않다. 전자는 'significatum'의 복수형으로서 "의미하는 것"이라는 뜻을 가지고 있으며, 후자는 'denotatum'의 복수형으로 "의미되는 것"이

래스의 구성원으로 설정되는 실제 표본들—의 차이가 무엇인지에 대해서 질문을 던질 수도 있다. 더넬(Dunnell 1970: 307)의 지적과도 같이, "한 클래스의 지시물은 분명한 의미를 가지는 특정한 종류의 그룹이 된다." 따라서 그룹을 만드는 두 번째 절차는 표본들을 개별 표본이 클래스의 정의에 해당하는지 그렇지 않은지를 하나씩 확인하면서 묶음으로 나누는 것이다.

클래스는 경험 단위가 아니라 관념 단위이기 때문에 시공간상 '분포'(*distribution*)를 가지며, 그룹은 실재하는 것들로 이루어졌기 때문에 시공간상 '지점'(*location*)을 가진다. 곧 그룹은 단순히 형태공간(*morphospace*)상 한 지점을 점유한다(Conway Morris 1998: 4~5). 그룹의 지점적 양상은 군집분석의 방법으로 생산되는 그룹이나 클래스의 조합을 토대로 이루어진 그룹에도 똑같이 적용된다. 하지만, 그룹과 클래스에 의해 만들어지는 지점적 정보의 종류를 해석하는 방법에는 큰 차이가 있다. 군집의 방법으로 형성된 그룹의 지점은 완전히 그룹을 만들 때 사용된 표본들에 종속되며, 따라서 비슷한 표본들이 다른 지점들에서 발생하는지를 알 수 있는 방법이 없다. 클래스를 통해 생산된 그룹들은, 분류 대상 표본들로부터 자유롭다. 클래스는 시공간적 존재물이 아니기 때문에 이론적으로 표본들은 어디에서든지 발생할 수 있다.

우리는 앞서 관념 단위와 경험 단위를 구분하려는 과거 자신의 시도에 대해서 더넬(Dunnell 1986)이 클래스와 그룹이라는 용어를 사용하여 비판한 것은 논점을 조금 벗어난 것이라고 지적하였다. 우리는 각도나 센티미터 같은 것—이 둘 모두 아주 일반적으로 인지되는 측정

라는 뜻한다. 여기에서는 문맥에 따라 전자를 "의미" 후자를 "지시물"이라 번역하였는데, 경우에 따라서는 전자를 "표지(標識)" 후자를 "외연(外延)"이라는 용어로 번역하기도 한다(바너드 지음, 김우영 옮김, 《인류학의 역사와 이론》, 2003, 한길사). 언어학에서는 'signifier'가 '기표'로, 'signified'는 '기의'라고 번역되어 쓰이고 있다.

단위들이다 — 과 예를 들어 찌르개라는 클래스 — 그리 분명한 측정단위는 아니다 — 사이에는 동등한 점이 있음을 주목하였다. 클래스라는 말은 일상생활에서 광범위하게 쓰이는 용어이기 때문에 내용이 없을 수도 있다는 말은 선 듯 이해하기 힘들 수도 있지만, 클래스가 반드시 무엇인가를 가지고 있어야 하는 것은 아니다. 클래스가 변이를 측정하기 위해 사용되는 관념 단위임은 아무리 강조해도 지나치지 않을 것이다. 한 클래스의 구성원이 되기 위한 필요충분조건은 클래스를 정의할 뿐만 아니라 그 자체로 클래스이기도 하다. 클래스는 내용을 가질 수 있으나, 그렇지 않을 수도 있다. 내용 — 실제 표본들 — 을 가지지 못하는 클래스가 존재할 수 있다는 사실은 클래스는 측정단위로서 본질을 가질 수 없는 것임을 확인시켜 준다. 이 점에 대해서 결코 잘못 이해해서는 안 된다.

3) 분류의 종류

분류 — 곧, 클래스를 만들어내는 방법 — 에는 수많은 종류가 있으나, 여기에서는 두 가지만을 다룬다. 하나는 탁사노미식 분류(*taxonomic classification*)[5] 이고 다른 것은 패러다임식 분류(*paradigmatic classification*)이다. 전자는 "질서를 갖춘 대립 또는 대조들로 이루어지는 위계적 구조로서 이를 통해 클래스, 아클래스(*sub-classes*), 등으로 분류하는 것"을 말한다(Dunnell 1971a: 76). 위계적 분류는 "상위의 모둠 안에 하위 모둠들"이 있는 것을 말한다. 따라서 각 위계의 단위들은 하위의 단위들을 포괄하거나 일부분으로 포함하고 있게 된다. 이런 구조를 통해 위계 안에서 단위들 사이의 상호관련을 이해하는 데

5) **옮긴이 주** — 생물학에서는 탁사노미(*taxonomy*)라는 용어를 분류학이라 번역한다. 여기에서는 분류의 종류를 말하는 것이어서 'classification'이라는 말과 중복되기 때문에, 그냥 '탁사노미식 분류'라는 용어를 사용한다. 덧붙여 패러다임식 분류(*paradigmatic classification*) 역시 원어 패러다임이라는 말을 그대로 쓴다.

〈그림 5-1〉 클래스 8개를 생산하는 대칭적 탁사노미의 예

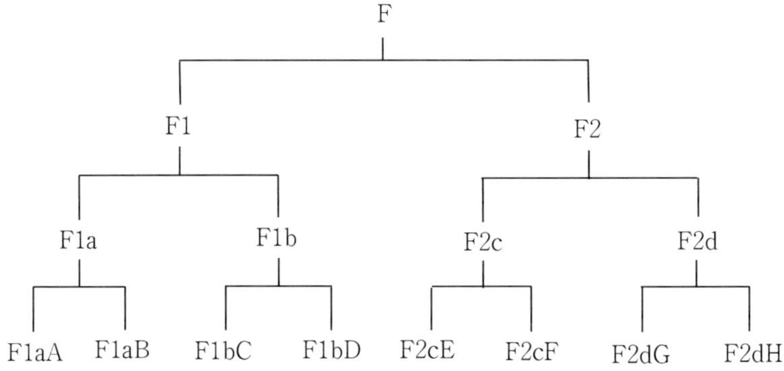

＊자료: Dunnell 1971a.

유용한 특성들을 찾아내게 된다(Valentine and May 1996: 23). 〈그림 5-1〉은 단순한 탁사노미를 예로 들어 상이한 수준들 사이의 관계들을 보여주는 것이다. 중요한 것은 모든 수준에서 각 단위들을 클래스라고 부를 수 있다는 점이다. 예를 들어, 〈그림 5-1〉에서 클래스 F를 생각할 수 있지만, 더 작은 수준을 사용하면 클래스는 F1이나 F2가 된다. 이보다 작은 수준으로 내려오면 F1a, F1b, F2c, F2d가 클래스가 되고, 더 내려오면 F1aA, F1aB, … F2dH 등이 있게 되는 것이다. 따라서 탁사노미식 클래스에 대한 정의는 다음과 같이 구성된다.

> 분류의 장에서 일련의 대립들로 클래스를 만들어낸다. 클래스의 관점에서 보면 이런 정의는 갈수록 더 상위의 클래스의 일원이 된다는 것에서 찾아진다. 개별 분류군의 정의를 이루는 속성들은 필드에서 클래스까지 순서대로 일련의 대립을 비추어주는 것이다. … 이렇게 탁사노미에서는 순서대로 정렬하기 때문에 분류에서 대립되는 속성의 범위가 제한적일 수밖에 없다. (Dunnell 1971a: 76~77)

탁사노미식 분류에서 한 클래스의 정의 — 클래스를 정의하는 특성, 곧 속성 — 는 연쇄적 순서를 보여준다. 이것은 어떠한 내재하는 본질

적 순서로부터 구성되는 것이 아니라 분석자에 의해 채택되는 것이다. 예를 들면 〈그림 5-1〉에서 속성 a와 b(모두 클래스들이다)는 상클래스(*superclasse*) F1이라는 클래스를 구별할 때만 유의한 것이다. 이것은 가령 클래스 F2cE에 있는 것들은 속성 a 또는 b를 전혀 가지고 있지 않음을 의미하는 것은 아니다. 단지 상클래스 F2에 해당하는 속성을 가지고 있기 때문에 속성 a와 b는 고려되지 않았으며, 대신 속성 c와 d가 고려되었다는 뜻이다. 짧게 말해서 어떤 물건을 상클래스 F1 또는 F2로 분류하게 해주는 속성을 판단하는 것은 분석자의 몫인 것이다. F1과 F2 사이에 구분을 지은 다음 분석자는 F1에는 속성 a와 b만이 유의하며, F2에서는 속성 c와 d만이 유의하다는 판단을 내린다.

그런데 탁사노미는 반드시 대칭적이어야 한다고 생각하면 안 된다. 〈그림 5-2〉는 클래스 7개(가장 작은 단위에서)에 대한 비대칭적 배열을 예증하고 있다. 클래스 F1의 경우에 속성 1이라고 하는 단 하나의 특성으로 다른 모든 클래스들과 구별되어 버린다. 하지만 다른 클래스들은 그렇지 않은데, 다양한 특성들로 정의되고 있다. 클래스 F2는 2a라고 하는 두 속성들이 결합하여 정의된 것이며, 클래스 F2bA에서 F2cE까지는 각각 세 가지 속성을 통해서 정의된 것들이다.

생물학에서 적용되고 있는 사례를 통해서도 탁사노미식 분류를 이해할 수 있는데, 우리는 린네식 분류체계(*taxonomic system*)에 익숙하다. 린네식 분류체계의 많은 수준들은 경험적 대상물—곧 생물체—들을 가지고 있지만, 보통 가장 낮은 수준인 종만이 그런 구체적 내용을 가지고 있다고 생각되고 있다. 개별 식물과 동물들을 과의 단위가 아니라 종의 단위로 분류하는 것이 보통이다. 하지만 종이란 속의 구성원이고, 속은 다시 과의 구성원이다. 분류군 사이의 "구조적 유사성의 정도"를 비추어주기 위해서 이렇게 순서를 짓는 방법을 쓰는 것이다(Dunnell 1971: 79).

린네식 분류체계는 유사성을 보여주지만, 흔히 공통 조상 관계를 보여준다고도 생각된다. 곧, 같은 속의 종들은 공통의 조상을 가지고 있

〈그림 5-2〉 클래스 7개를 생산하는 비대칭적 탁사노미의 예

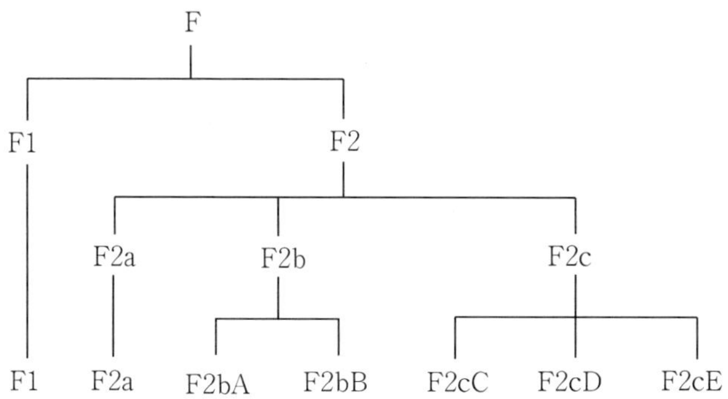

* 자료: Dunnell 1971a.

다는 것이다. 하지만, 이것은 경우에 따라 참일 수도 있고 그렇지 않을 수도 있다. “린네식 위계는 계통발생적 나무를 추적하지 않기 때문에 체계적 분류틀이라고 볼 수 없다”는 비판을 받기도 한다(Valentine and May 1996: 31). 이것이 바로 문제이다.

> 린네의 위계는 본래 신이 정한 본질론적 구조를 나타내기 위해 고안된 것이다. … 린네가 활동하던 시절부터 극적으로 달라진 것은 린네는 본질적 형질상 유사의 정도를 추구했던 데 반해, 지금의 탁사노미적 포괄성은 계보적 진실성을 가리키고 있다는 점이다. (Eresherfsky 1994: 188~189, Padian 1994; Renner 1994)

마이어(Mayr 1981, 1994, 1995b)의 언급과도 같이 다윈의 《종의 기원》 출간 이후에서야 린네식 분류체계가 공통의 진화적 계통 관계를 반영할 수 있다는 생각을 하게 되었다. 그런 새로운 생각을 하면서도 “당시 존재하고 있던 생물학적 분류체계에서는 어떠한 커다란 변동도 없었다”(Mayr 1995b: 424). 이것은 당시 생물학자들이 ‘상동적 유사’를 보여주는 형질들을 선택하여 분류체계를 만든 결과였는데, 이 주제에 대해서는 나중에 다시 살펴볼 것이다. 그럼에도 생물학자들은 계통발

생을 좀더 잘 반영해주도록 다양한 방법들을 써서 자신들의 탁사노미 분류체계를 완성시키고자 하였다(Mayr 1981, 1994, 1995b). 한 가지 방법은 계통발생적 종개념을 개발하는 것이었다. 이 단위는 다른 〔생물학적〕 군집과는 구분되는 더 이상 나눌 수 없는 생물체의 군집이며, 그 안에 조상과 자손 유형이 있게 된다(Cracraft 1989b; Mayden 1997). 이 탁사노미 분류체계가 가지는 가장 큰 어려움은 다계통, 또는 혼혈 — 짧게 말하여 제 3장에서 논의하였듯이 진화는 망상구조일 수 있다는 것 — 을 인정하지 않는다는 점이다. 때문에 사용에 한계가 있었으며(Endler 1998) 생물학자들이나(Ereshefsky 1989) 고고학자들이 당면한 문제를 푸는 데 별 도움을 주지 못한다.

탁사노미식 분류와는 대조적으로 패러다임식 분류는 순서를 부여하지 않은 속성들을 사용하여 클래스들을 만들어낸다. 단일한 차원에 속하는 속성은 어떤 것이라도 다른 차원에 속하는 속성들과 결합될 수 있다. 실제로 속성들이 하나 이상의 다른 표본들과 결합하는지는 별도의 문제이다. 12인치 길이의 빨간색 연필을 생각할 수 있을 것이지만, 이런 길이와 색깔이란 속성이 결합되는 실제 표본들이 반드시 있어야 하는 것은 아닌데, 현재로서는 실제 표본이 없을지라도 존재할 수는 있는 것이다.

패러다임식 클래스들은 몇 가지 중요한 특징을 가지고 있다. 첫째, 모든 차원들은 중요성의 측면에서 동등하며, 각 차원 안에 있는 속성들도 마찬가지다. 탁사노미 분류와는 대조로 클래스를 이루는 데 그 어떤 것도 더 중요하지도 덜 중요하지도 않다. 둘째, 패러다임식 클래스들은 내적 구조와 그룹을 만들어내는 유용성이란 측면에서 아주 명확하다. 한 차원의 모든 속성들은 상호 배타적이기 때문에 내적 모순이란 있을 수 없다. 예를 들면 빨갛기도 하고 파랗기도 한 사물은 존재할 수 없는 것이다. 물론 색깔의 차원에서 빨간색과 파란색이 별도 항목으로 존재하고, "파랗고 빨간 색"이란 항목이 없을 경우에 그렇다.[6] 이 경우 만약 어떤 것이 빨갛다면, 이것은 하나의 클래스에 놓이게 되고, 만약 파랗다면 별도의 클래스에 놓이게 된다. 셋째, 패러다임식 클래스들은 동일한 분류에서라면 다른 모든 클래스들과 동등한 비교의 대상이 된다.

패러다임식 분류는 차원과 각 차원의 속성들이 잘 정의되기만 한다면 고고 유물군에 비교적 단순하게 적용될 수 있다. 제 5장 후반부에서 고고학에 적용된 사례를 자세하게 살펴보고, 또 제 8장에서도 논의할 것이다. 패러다임식 분류에서는 만약 두 고고학자가 이론적으로 동일한 차원과 속성을 사용할 경우 각각의 표본들을 똑같은 그룹으로 분류할 것이며, 각 그룹 역시 동일한 표본을 가질 것이다. 다시 말하여 관찰자의 편견이 개입되지 않는다(Beck and Jones 1989). 물론 두 사람이 동일한 표본들을 맞아 동일한 분류를 한다고 해도 구성은 어느 정도 상이할 수 있다. 고고학에서 특정한 표본의 형식학적 정체성에 대한 많은 논쟁들은 제대로 단위들이 정의되지 않았기 때문에 일어나는 것인데, 관찰자의 편견은 문제를 심화시킬 뿐이다. 클래스, 특히 패러다임식 분류에서 클래스들은 그런 문제를 경감시켜 주는데, 물론 관찰자의 편견이라는 문제는 여전히 남아 있다. 이 문제에 대해서는 더 이상 논의하지 않을 것이다. 다만 최근에 들어서야 그러한 편견이 고고학에 얼마나 해로운지에 대해서 알려졌음을 지적해 둔다(Whittaker et al. 1998).

3. 클래스로서의 생물 종

분류라는 용어를 범주화(*categorization*)의 의미로 사용할 경우 어떠한 사건이나 사물일지라도 분류의 대상이 될 수 있다. 생물체들은 흔

6) 옮긴이 주 — 만약 채색이 되어 있는 토기의 경우 빨간색과 파란색이 같이 있다면, 색깔이라는 차원에서 '파랗고 빨간색'이라는 별도의 항목을 설정하여야 할 것이다.

히 '종'이라 불리는 종류로 분류된다. 그러나 생물학에서는 '종'이 과연 클래스의 한 종류인지 하는 문제는 논의의 핵심에 있지 않다. 대부분의 진화생물학자들과 생물철학자들은 유물론적 시각에서는 종이 '본질'을 가질 수 없다는 데 동의한다. 또한 생물학자들과 생물철학자들은 종은 클래스가 아니고 또 그럴 수도 없다는 데에도 대체로 동의하고 있다. 가령 마이어(Mayr 1995b: 421)는 "'종'이라는 것은 아주 특별한 분류군으로서, 클래스는 아니다"고 말한다. 이런 관점을 갖게 된 데는 여러 이유가 있을 것인데, 논의는 결국 종은 생물체들로 구성되고 생물체들(실제로는 개체군들)이 진화한다는 점에 귀결된다. 만약 어떤 것이 진화한다면 그것은 본질을 가질 수 없다. 그런데 마이어는 클래스가 본질을 가지고 있다고 말하고 있다. 한 클래스는 "자연적 종류로서 시공간상 한정된 분포를 가지며 '본질'에 의해 정의된다"(Mayr 1995b: 421)고 말하는 것이다(Ghiselin 1981). 따라서 종은 클래스가 아니라는 것이다(그러나 Gould 1983c 참조).

이런 관점은 사실 많은 문제가 있다. 그런데 클래스는 본질을 가진 종류가 아니라 측정단위일 뿐이라는 입장을 취하면 문제를 벗어날 수 있다. 석기에서의 변이를 측정할 수 있듯이 생물체에서의 변이를 측정할 수 있다는 것이다. 자연세계를 연구하는 많은 사람들이 종을 '클래스'로서 인지하지 않으려 하기 때문에 문제를 좀더 세밀하게 검토해보자. '클래스로서 종'은 광범위한 인식론적 함의를 담고 있다. 논의의 시작점으로서 마이어가 이 클래스에 대한 문제를 어떻게 다루고 있는지를 보자.

> 클래스의 구성원은 엄격히 유사성에 근거하여 결정되어야 한다. 곧, 클래스 일원들이 모두 공유하고 있는 속성들을 근거로 하여야 하는 것이다. 각 항목들이 주어진 클래스에 포함되기 위해서는 구성원의 기준이 되는 특성들을 공유하여야 하는데, 이것을 보통 '결정적 특성'이라 부른다. 한 클래스의 구성원들은 결정적 특성들 말고도 다른

> 것을 공유할 수 있지만, 반드시 그럴 필요는 없다. 이런 다른 특성들은 다양할 수 있는데, 이것은 클래스가 역사를 가지고 있는지 그렇지 않은지 하는 문제와 결부되어 아주 중요한 점이다.
>
> 클래스 개념은 무생물의 세계에서 광범위하게 적용된다. 예를 들어 '의자'라는 클래스를 '사람이 앉을 수 있게 만들어진 가구'라고 인식할 수 있다. 한 클래스를 결정하는 가장 중요한 특성은 일관성인데, 본질적 내용을 가지고 있어야 한다. 동시에 클래스의 구성 요건은 시공간적 제약을 받지 않는다. 화성에 만약 다리가 두 개인 사람과 동물이 '의자'로서의 결정적 특성(앉을 수 있는 가구)을 가진 가구를 만들 경우에도 이것을 '의자'라는 클래스에 분류할 수 있을 것이다. 한 클래스의 구성원들 사이에는 어떤 특수한 관계가 있으리라 기대할 수는 없다. '의자'라는 클래스의 구성원들 사이에는 개체의 일부분과 같은 어떠한 관계도 없는 것이다. 물론 관계를 보여주는 사례들도 있지만, 그 관계가 클래스에 대한 정의의 일부는 아니다. (Mayr 1988: 337)

우리는 마이어의 진술 가운데 다음과 같은 한 가지 논점에 대해서는 동의한다. 곧, 클래스의 구성원이 될 조건이란 구성원이 공통으로 가지고 있는 "결정적 특성"에 근거한다는 점이다. 다시 말해 한 클래스의 구성원들은 특성을 공유하게 되어 있다. 그러나 마이어의 '결정적 특성'이 본질적 내용이 된다는 말에는 전혀 동의하지 않는다(Mayr 1995b). 만약 클래스가 관념 단위이고, 또 그렇게 지각되고 있다면, 본질을 가지고 있지도 않고 가질 수도 없는 것이다. 관념 단위에는 기술단위와 이론 단위라는 두 종류가 있다는 점을 되새겨 보자. 어느 것도 본질을 가지고 있지는 않다. 물론 정의 자체에 본질을 내포하는 속성을 가지고 있을 수는 있지만 말이다. 가령 색깔이라는 차원 아래 파랑이라는 속성을 예로 들어보자. 파랑이라는 것은 빛의 반사도를 측정하는 데 쓰인다면 본질론적 종류이다. 이와 유사하게 물리적이고 화학적인 차원들과 속성들을 통해서 의자라는 분류를 만들어낼 수도 있다. 논점은 클래스들은 본질을 정의하는 속성들을 사용하여 만들어질 수는 있지만, 그렇다고 해서 클래스들이 그 자체로 본질론적 단위가 되는 것은 아니라는 사실이다.

마이어는 "클래스 개념은 무생물에 광범위하게 적용할 수 있다"고 하였다. 분명하게 말하지는 않았지만, 살아 있는 생명체에게는 적용할 수 없음을 함축하는 듯하다(Mayr 1996: 266 역시 참조). 인용문의 마지막 부분에서는 '개체의 일부분'과 한 클래스의 구성원을 분명하게 구분하기도 했다. 개체의 일부분이라는 말은 종을 구성하는 실제 생물들을 가리키는데, 이 말은 마이클 기셀린(Michael Ghiselin 1966, 1974a, 1974b, 1981)이 도입한 것이다. 기셀린은 50개의 개별 주들이 미국이라는 하나의 개별 존재물의 일부로서 기능하듯이 한 종의 구성원들은 한 개체의 일부로서 기능한다고 주장하였다. 마이어(Mayr 1987: 153)가 주목하였듯이, 생물학자들은 종이 클래스라는 생각을 버린 지가 이미 오래되었다. 비록 기셀린(Ghiselin 1966)이 이것을 지적한 뒤에서야 철학자들(e.g., Hull 1976, 1978, 1980, 1981a, 1984; Sober 1984a)이 주목하기 시작하였지만 말이다. 우리는 기셀린의 '개체로서의 종'이라는 주장에 아무런 문제도 느끼지 않으며, 이 주장을 지지한다(e.g., O'Brien and Holland 1990, 1992; O'Brien et al. 1994). 다만 우리는 종이 클래스—우리가 정의한 바대로—가 될 수 없다는 주장은 지지할 수 없다.

이와 관련하여 마이어는 다음과 같은 두 가지 문제를 맴돌고 있다. 첫 번째는 단위의 불연속성에 대한 문제이다.

> 개체들은 시공간상 알맞게 구별되어 있는 것인데, 이는 클래스와 마찬가지로 잠재적으로 무제한적인 것이 아니라 어떤 경계를 가진 것들임을 의미한다. 하지만, 종들은 종분화를 하고 어떤 때는 결합되기도 하면서, 그 경계가 때로 모호한 경우도 있다. 또한 한 종이 끝나고 다른 종이 시작하는 지점은 흔히 임의적인 것인데, 이것은 마치 산과 산이 접하여 있는 경우와 같으며, 자연 세계의 다른 많은 것

> 들도 마찬가지이다. 종들은 이 불연속성 덕분에 적절한 이름들을 얻는 아주 특수한 것이 된다. (Mayr 1988: 344)

산과 산, 그리고 자연 세계의 다른 많은 것들의 경계와 비교하여 종들의 경계가 모호하다고 하는 것은 단위들 사이의 경계가 어떻게 만들어지는지, 곧 단위들의 불연속성이 어떻게 확립되는지 하는 중요한 문제에 대해서 아무런 진술도 하지 않는 것이다. 후일 마이어(Mayr 1996: 267)가 이야기하였듯이, 어떤 생물체들(그리고 그것들의 개체군)을 하나의 종으로 설정하는 문제에 직면한 생물학자는 다음 두 사항을 고려하여야 한다. 첫째 린네 분류체계에 일치되도록 그 종이 무엇인지에 대한 개념을 세워야 하며, 둘째 "생물체들과 개체군들을 결합시켜 종이라는 분류군을 설정할 때 그 개념을 적용시켜야" 한다. 마이어는 첫 번째 목적은 생물학적 종개념을 사용함으로써 충족시킬 수 있다고 했는데, 간단히 말해서 "종들이란 상호 교배 가능한 자연적 개체군으로서 다른 개체군들과는 생식적으로 격리된 집단"이라는 것이다(Mayr 1996: 264). 이런 정의는 생식을 근거로 경계를 설정한 것이며, 때문에 살아 있는 생물체들과 현존하는 개체군들이 종이라는 분류군으로 결합되도록—두 번째 필요사항이다—해야 한다. 마이어(Mayr 1970: 13)는 그런 단위들이 시간의 제약을 받고 있다고 말하였지만, "연속적 변화에 대한 진화적 잠재성"을 가지고 있음도 강조하였다. 그렇지 않다면 심슨이 분명하게 하였듯이 시간이란 차원을 적시하지 않고 넘어갈 것이다(Hull 1992 역시 참조).

마이어의 클래스에 대한 논의에서 두 번째 문제는 한 단위의 구성원이 어떠한 관련을 가지고 있는지 하는 것이다. 위에 길게 인용한 글을 읽어보면 마이어는 클래스의 구성원들은 서로가 별다른 관계를 가지고 있지 않다고 하였다. 마이어의 관점에서 의자들은 서로 아무런 관계도 없기 때문에 하나의 클래스를 이룰 수 있다. 이 점을 마이어는 분명하게 말하지는 않았다. 하지만, 하나의 종을 이루는 개별 생물체들은 서로 잠재적 교배 상대로서 유전자와 생식체계를 공유한다는 매우 특별한 관계를 가지고 있기 때문에 하나의 클래스의 구성원이 될 수도 없다. 마이어는 단지 정의를 바탕으로 종 단위에서 클래스의 속성들을 찾아서는 안 된다고 하였다. 우리는 하나의 클래스의 구성원들 사이의 특수한 관계 — 특히 유전적 관계 — 라는 속성이야말로 진화고고학에 아주 중요하다고 생각하는데, 이 점에 대해서는 나중에 다시 논의한다.

우리는 마이어의 사례를 제시할 때 조심할 필요가 있는데, 마이어는 종이 어떤 때는 클래스이고, 또 다른 때는 클래스가 아니라고 갈팡질팡했기 때문이다. 클래스 개념을 정의하는 방식과 그 내용에서 일관성이 없다. 마이어는 다음과 같은 말로 자신의 근거를 제시하고 있다.

> 이상하게도 분류학자의 개념화와 용어에서 이루어진 커다란 진전은 많은 철학자들에게 제대로 알려져 있지 않다. 나는 '범주로서 종'(종의 정의)과 '분류군으로서 종'의 차이를 말하고 있다. 종이라는 분류군은 분류학자가 인지하고 한계를 정하는 자연 세계의 것이다. 범주로서의 종은 분류군으로서 종에게 주어진 위계를 말한다. 범주로서 종이 클래스임은 논란의 여지가 없다. 여기에는 분류군으로서 종의 존재론적 지위가 수반된다. (Mayr 1987: 146)

이보다 앞서 마이어(Mayr 1980: 34)는 "분류군으로서 종에서 각 구성원(개체)들은 종의 일부가 되며, 이에 반해 범주로서 종은 클래스이고 구성원들이 분류군으로서 종을 이룬다"고 했다. 마이어가 말하는 것은 바로 분류학적 단위로서 종을 구성하는 개체군들은 지금까지 존재했던, 그리고 앞으로 존재할 모든 개별 종들 — 이것을 마이어(Mayr 1996: 263)는 "자연의 공고한 현상"이라고 말하는데, 우리는 '그룹'이라는 용어로 부른다 — 을 구성한다는 것이다. 각 종은 본질적 내용을 가지지 못하며, 단지 각 종의 구성원들이 공통의 형질들을 가지는데, 중요한 것은 성공적으로 생식할 수 있다는 것이다. 이런 성격과 아울러 "종분화할 수도 있고 혼혈할 수도 있으며, 절멸될 수도 있다는 점을 근거로 마이어는 종이 클래스가 아니다"고 보았던 것이다(Mayr 1987: 151, 157).

다른 한편으로 범주로서의 종은 우리가 이론 단위—곧 클래스—라고 부르는 것이 된다. 종은 린네의 분류체계에서 속 아래에 있는 단위이고 생식적 격리라는 생물학적 종개념에 의미를 부여받은 어떤 것이다. 물론 이것이 단위의 정의가 되며 단위의 '본질'이라고 생각될 수도 있다(e.g., Gould 1983c). 그러나 마이어는 그렇게 믿지 않는다. 마이어는 본질을 추구하는 것을 '유형론적 사고'라고 부른다(e.g., Mayr 1959a). 정의에서 생식적 격리라는 부분은 "클래스에 대한 정의는 반드시 그 클래스의 모든 구성원들에 적용할 수 있어야 하며 그 클래스의 특징이 아닌 속성은 배제되어야 하기" 때문에 아주 중요하다(Mayr 1996: 263). 생식적으로 격리된 개체군들이라는 종의 정의는 유형론적 종개념을 사용할 때 생기는 문제를 극복할 수 있게 해주는데, 마이어는 다음과 같이 명확하게 이야기하고 있다.

> 한 개체군이나 분류군이 종의 위치에 있는지를 판단하기 위해서 연구자는 종의 정의(생식적으로 격리된 개체군)에 적용시켜 과연 상황이 일관되는지를 알아보아야 한다. 여기에 뒤따르는 문제에 대해서는 심슨(Simpson 1961)이 쌍둥이의 사례를 들어 훌륭하게 예증한 바 있다. 어떤 두 사람은 아주 닮았기 때문에 쌍둥이가 아니라, 쌍둥이이기 때문에 그렇게 닮은 것이다. 상이한 종에 속하는 두 개체군은 서로 교배하지 않고 상존할 수 있기 때문이 아니라 그것들이 상이한 종이기 때문에 그러한 동소성(*sympatry*)을 견딜 수 있는 것이다. 계통분류학에서 한 개체군이 종으로서 지위를 가지고 있는지를 판단하는 데는 확률적 추론이 가장 주된 방법이다. 시공간이 개입되지 않는 비차원적 상황에서만 직접적으로 관찰할 수 있으며, 위도와 경도, 시간이 추가되는 모든 차원적 상황에서 종으로서 지위는 추론에 의해서만이 판단될 수 있는 것이다. 어떠한 자연학자라 할지라도 이렇듯 단순한 자연의 사실을 회피해갈 수 없다. (Mayr 1987: 146~147)

마이어가 심슨(Simpsion 1961)의 쌍둥이 예증을 인용한 것은 아주 잘한 것이다. 쌍둥이는 쌍둥이이기 때문에 똑같이 생긴 것이다. 다시 말해 쌍둥이는 진화적 출계 — 하나의 종 — 에서 동일한 단위이다. 그러나 지금까지 마이어는 이런 생물학적 종개념과 심슨의 연대 종개념의 간격을 제대로 메우지 못하고 있다. 만약 마이어가 자신의 주장의 논리적 결과를 충실히 따랐다면, 이미 그 간격은 메워졌는지도 모른다. 간격을 메우려면 다음 두 가지 사항이 필요하다. 첫째, 한 종의 구성원들은 표현형에서 비슷한 경향이 있기 때문에, 심슨이 그랬듯이 비슷한 형태의 화석들은 하나의 종을 구성한다고 추론하는 것이다. 생물학적 종개념은 관찰의 척도 — 개별 생물체들이 하나의 종을 이룬다는 것 — 과 관찰의 대상 — 상호 교배하거나 하지 않는 생물체들 — 을 구체화시키는 역할을 한다. 둘째, '종'이라는 분류군을 하나의 범주로 보고 개별 종(마이어의 분류군)들을 그 범주의 실질적 구성원으로 보는 대신, 각 종들을 클래스로 다루고 그 안의 개체들을 내용으로 다루는 것이다. 이렇게 하면 많은 문제를 해결할 수 있다. 가령 의자를 하나의 클래스라고 말하는 대신 '의자'를 관찰 대상으로서 구체화하게 된다. '의자'라는 클래스를 '사람이 앉을 수 있게 만들어진 가구'라고 하는 마이어의 정의는 사실 정의로서는 확실히 불충분한 것이다. 왜냐하면 그 클래스에 특징적이지 않는 속성들을 배제하는 마이어 자신이 제시한 규칙에 따를 경우 커피 테이블이나 침대 같은 것을 '의자'의 영역에서 배제할 수 없기 때문이다. 일단 정의를 분명하게 한 다음에 특정 클래스의 의자를 정의할 수 있게 되는데, 각 클래스 안에 개별 의자들은 클래스의 내용이 되고, 내용은 다시 시공간적 위치를 가지게 되는 것이다.

클래스를 측정단위로 사용할 때 측정되는 것은 변이이다. 클래스로서 종 — 이론 단위 — 도 이와 똑같다. 클래스로서 종은 정확한 정의 — 더 정확히 말하면 정의 자체가 클래스가 된다 — 를 가지며, 그렇기에 이론적으로 시간과 공간으로부터 자유롭다. 만약 우리가 화성에서 호모 사피엔스라는 클래스가 될 필요충분조건을 만족시키는 어떤 것을 발견하였다면, 우리는 그것을 호모 사피엔스라는 클래스의 내용으로 분류하여야 할 것이다. 우리는 확실히 어떻게 해서 그것이 화성에 있게 되었는지를 알고자 할 것인데, 왜냐하면 호모 사피엔스라는 '그룹'의 알려진 분포 밖에서 발견되었기 때문이다. 그러나 이것은 경험적이고 역사적인 문제이지 이론적인 것은 아니다.

이와 비슷하게 우리는 '의자'라는 관찰장의 필요충분조건을 만족시키는 어떤 것을 화성에서 찾았다고 한다면, 그것은 어떤 한 종류의 의자가 될 것이다. 그러나 마이어는 "화성에 만약 다리 가 두개인 사람과 동물이 '의자'로서 결정적 특성(앉을 수 있는 가구)을 가진 가구를 만든다면, 이것들은 '의자'라는 클래스에 속하게 될 것이다"고 하였음을 주의하자. 어떤 것이 필요충분조건을 만족시키는 한 누가 무엇을 만들었는지 하는 문제는 전혀 상관없는 것이다. 마이어는 "다리가 두개인 호미니드"라는 말을 함으로써 '의자'를 호미니드와 유인원을 포함하는 상과—모두 클래스들이다—의 어떤 구성원들과 연결시키고 있다. 마이어는 우리 계보의 어떤 구성원, 또는 이와 밀접히 연결된 어떤 계보의 구성원이 화성의 의자를 만들었다고 추론하고 있는 것이다. 이는 마이어의 용어를 쓰면 "관계에 대한 지침"이 된다. 그러나 우리의 논점은 '의자'라는 관찰장의 구성원이 되는 데 결코 다리 두 개인 호미니드가 만들어야 한다는 조건은 필요하지 않다. 물론 마이어 역시 린네 분류체계에 표현된 것과 같은 생물학적 단위들은 표현형적으로 유사한 것들을 낼 뿐만 아니라 계통발생적으로 연결된 것들을 생기게 한다고 일관되게 주장하였다(e. g., Mayr 1981, 1995b, 1996).

마이어가 자신의 클래스 개념을 예증하기 위해 '의자'를 선택한 것은 바람직하지 않았다. 그가 성급하게 무생물체들을 본질론적 단위들로서 클래스들에 배치하고 생물체들을 제외하였기 때문에 종이 관념 단위이기도 하고 경험 단위이기도 하다—관념 단위는 클래스이고 경험 단위는 그룹이다—는 사실을 간과하고 말았다. 일단 그런 복합성을 인지한 뒤에라야 죽은 생물체군들을 현세생물학적인 종의 정의에 끼워 넣는 고생물학적 문제를 비껴갈 수 있는 것이다. 이 문제는 한 클래스의 경계를 정하는 데 — 마이어는 종의 경계는 추론된다는 점을 인정한다 —, 그리고 그 클래스의 내용 — 이것들이 함께 하나의 그룹을 만든다 — 을 설정하는 데로 환원된다. 그 구성원들 — 개별 생물체들 — 은 경험 단위이며, 따라서 시공간상 '지점'을 가진다. 클래스는 시공간에 자유롭다는 점에서 '분포'를 가지며 그 분포는 실질적 구성원으로 표현된다. 고생물학적 문제는 그런 실제 '지점'이 어떻게 그리고 왜 한 클래스의 내용으로 나타나게 되었는지를 이해하려 하는 것이다. 고생물학 문제는 하나의 종을 구성하는 표본들이 실제 종을 구성하는지 아니면 그렇지 않은지에 대해서는 개의치 않는데, 바로 이점 때문에 마이어는 심슨의 개념을 좋아하지 않는다(e.g., Mayr 1997: 132). 심슨은 대부분 현대의 고생물학자들처럼 둘의 차이를 이해하였던 것이다.

어떻게 클래스를 진화적 변화에 연결시키는가? 마이어(Mayr 1988)는 이 문제에 대해서 말하였지만, 범주로서 종을 비본질론적 클래스 곧 '개체들'로 보면서 종을 클래스로 보지 않았기 때문에 아주 중요한 점을 놓치고 말았다.

> 종이란 하나의 개체라는 주장을 지지하는 증거에 진화할 수 있는 능력을 포함시키는 것은 자주 비판을 받았다. 과연 진화적 변화는 클래스와 개체 사이의 차이를 파악하게 해주는가? 지난 수백 년 동안 의자라는 클래스에 아무런 역사적 변화도 없었는가? 만약 1780년대의 의자, 1880년대에 쓰였던 의자, 1980년대의 의자 등 세 가지 의자들을 비교한다면, 상당한 변화를 발견할 수 있을 것이다. 만약 1780년대 의자의 결정적 기준은 나무로 지탱하는 구조였다면, 이런 정의는 플라스틱 시대에는 더 이상 적절하지 않게 될 것이다. 그런데 '나무로 만들어졌다는 점'은 결코 의자를 정의하는 결정적 기준이 되지 못한다. 수 세기 동안 변화한 것은 의자의 본질이 아니라 결정적 본질과는 관련 없는 의자에 관한 우연적 특성들이었

다. 일관된 본질을 가지는 클래스는 진화할 수 없게 되는 것이다. (Mayr 1988: 347)

마이어는 옳다. 클래스는 진화할 수 없는데, 이것이 진화할 수 없는 이유는 본질을 가졌기 때문이 아니라(우리의 시각에 본질은 없다), 바로 '관념 단위'이기 때문이다. 그런 단위들은 변이를 추적하는 데—사실 변이를 측정하는 데—쓰인다. 마이어는 '의자'를 본질론적 클래스로 인식함으로써 의자의 클래스가 있다는 사실—무한한 수의 의자 클래스가 있다—을 간과하였다. 이와 약간 다른 (하지만 여전히 지금까지 우리의 논의 선상에 있는) 식으로 말하자면, 종 단위는 하나의 클래스를 이룰 수 있다. 마이어는 설치류라는 분류군의 종, 새라는 분류군의 종이 있을 것임을 인정할 것이다. 정확하게 똑같이 의자라는 분류군이 있을 수 있는 것이다. 우리는 '가구' 과, '의자' 속, '나무', '금속', '플라스틱' 종, 또는 여러 생김새의 의자 종들을 말할 수 있을 것이다. 논점은 분석자는 분류체계의 각 수준에서 결정적 속성들을 취한다는 점이다. 마이어는 분석자가 기준을 취한다는 사실을 좋아하지 않았으며, 그 대신 어떤 생물학적으로, 특히 진화적으로, 의미 있는 기준이 있기를 바랐는데, 때문에 상호교배라는 기준을 좋아했다.

'종'은 집단내의 상호교배와 집단 간 생식적 격리를 동반하는가? 우리는 생물체가 아니라 마이어가 종의 기준—누가 누구와 교배하는지—을 정하며, 이 기준은 관찰된 표본들에서 끌어온 생물학적 기준임을 강조한다. 마이어의 표본들은 시간적 한계가 있기 때문에 진화적 출계를 이야기할 때 하나의 종은 진화할 수 있고, 종분화할 수 있으며, 절멸할 수도 있다는 등의 문구를 덧붙여야 하였다. 이와 유사하게 우리는 무엇이 의자가 되는지를 정한다. 마이어와는 달리 우리는 의자라는 클래스를 내포적 정의를 통해서 분석적으로 정의한다. 우리는 그다음 개별 클래스들에서의 내용물을 정하여 그룹을 만들 것이고, 마지막으로 그것들의 시공간적 위치를 도표로 나타낼 것이다. 만약 진화적 계통발생에 관심이 있다면, 우리의 단위를 만들 때 전수이라는 개념을 포함시킬 수도 있다. 우리의 용법에 따르면 그 단위들은 여전히 클래스이다.

클래스의 진화 여부—우리는 마이어의 생각대로 불가능하다고 본다—에 관한 문제는 의자와 같은 경험적 현상들이 진화하는지 하는 재미있는 문제를 간과하게 만든다. 오직 살아 있는 것만이 실제로 진화할 수 있다고 할 때, 우리가 의자들이나 찌르개가 진화한다고 하는 것은 단순히 비유적 표현에 불과한 것인가? 우리는 그것이 비유인지 아닌지는 전혀 중요한 문제가 아니라고 주장한다. 만약 마치 새집이 새의 표현형이듯이 찌르개들도 사람의 표현형의 일부임을 받아들인다면, 찌르개를 만들었던 사람들이 진화하였음도 확실하다. 우리가 여기서 할 일이란 찌르개 진화에 대해서 이야기할 때 우리가 진정으로 하고 있는 것은 찌르개를 만들고 사용했던 사람들의 진화에 대해 축약된 주해(註解)를 사용하고 있는 것이다. 이와 마찬가지로, 생물학자들이 새의 부리의 진화에 대해서 이야기할 때는 부리를 가지고 있는 새들의 진화를 논한다. 표현형적 특성으로서 부리의 형태적 형질의 변화를 추적하는 것은 새의 진화적 역사에 다가서는 길이 된다.

4. 단위로서 고고학적 형식

관념(이론) 단위와 경험 단위의 구분은 이해하기에 그리 어렵지 않지만, 생물학자들과 마찬가지로 고고학자들도 이 둘을 혼동해왔다. 필립스, 포드, 그리핀(Phillips et al. 1951: 66) 등이 경고하였지만 고고학자들은 이런 구분을 명확히 하지 못하고 말았다. 필립스나 그리핀, 특히 포드 등은 고고학 형식이란 분석자가 독단적으로 구성한 것이라고 보았지만, 다른 학자들은 형식은 '실재'하는 것이어서 발견되어야 할 것이라 생각하였다. 형식이란 실제 존재하는 것들을 담고 있으며, 문화적 규범을 반영하는 실재물로서 다루어진 것이다. 문화사고고학 패러다임이 번성하던 시절 이렇듯 관념 단위와 경험 단위를 구분하지 못했기 때문에 고고학 형식들을 구성하는 방법에 대해서 아주 흥미진진한 논쟁이 발생하였다. 이 논쟁은 1953년 시작하여 열띠게 진행되어, 포드-스폴딩 논쟁이라 불리고 있다. 이 논쟁을 잘 들여다보면 토대를 받치고 있는 이론을 가지지 못한 문화사고고학에 내재하고 있던 문제들을 잘 알 수 있다. 이 문제들은 오늘날 아직도 해결되지 않은 채로 남아 있으며, 다윈 진화이론을 고고학에 적용하기 위해서는 많은 노력이 있어야 할 것이다.

1) 포드-스폴딩 논쟁

1950년대 초반까지만 하더라도 고고학자들 대부분은 형식의 편년적 위치에만 주로 관심을 가졌다. 형식들이 유물을 만들었던 사람들의 문화적 규범을 반영할지도 모른다는 생각, 다시 말하면 형식이 '실재한다'는 생각이 있었지만(e. g., Rouse 1939), 대부분 상식적 수준으로 개진된 것에 불과하였다. 이것은 조지 브레이너드(George Brainerd 1951a)가 말했듯이, 형식들은 문화적 규범으로서 시간상 정규적 빈도 분포를 그리는데, 다시 빈도분포를 바탕으로 문화적 규범이나 관습을 추론한다면 이것은 순환론적 모순이 된다. 이론이 없는 상황에서는 상식적 내용이 주도하기 마련이어서 어떻게든 형식은 실재한다는 생각이 커지게 되었다. 이런 생각은 월터 테일러(Walter Tayler 1948)가 고고학은 인류학적이어야 한다는 주장에 힘을 얻는다. 이 문제는 1953년 알버트 스폴딩(Albert Spaulding 1953b)이 그런 실재하는 형식들을 발견하는 기법들을 소개하는 논문을 발표하면서 공개적 논란에 휩싸인다. 제임스 포드(James Ford 1954a)가 이에 대응하고, 다시 스폴딩(1954b)이 반응하고, 포드(1954c)는 다시 자신의 형식과 형식을 구성하는 방법에 관해 좀더 구체적 진술을 하기에 이른 것이다.

포드는 언제나 '형식'(*type*)에 대해서 명확한 입장을 취했다. "토기군을 단순히 기술하기 위한 목적으로 '형식'을 구분하는 것은 부적절하다. 이것은 단지 자료를 정리하여 제시하는 수단일 뿐이다. 형식이란 문화사를 해석하는 데 유용한 도구로 생각되는 유물들의 클래스여야 한다"고 주장한 바 있다(Ford and Griffin 1938: 3). 여기서 포드는 자신의 입장을 명확히 세워 일관하게 된다.[7] 포드 역시 어빙 라우즈(Irving Rouse 1939)와 같은 연구자처럼 형식이 문화적 생각을 반영할 수도 있다고 보았는데, 이것은 편년이라는 당면한 더 큰 문제와는 관련 없는 것이었다. 포드는 역사성을 띠는 형식이 클래스의 성격을 지니고 있다고 옳게 지적하였으나, 엄격한 의미에서 클래스라는 용어를 사용한 것은 아니었다. 포드의 형식은 시행착오라는 과정을 거쳐 만들어지고 시간의 흐름을 측정하는 데 적합한지를 검증 받은 관념(이론) 단위들—불행히도 포드는 외연적 방식으로 정의를 내리고 말았지만—이다. 따라서 형식들이 가지는 문화적 의의는 분석자의 독단이나 경험과 결부되어 있다고도 볼 수 있다.

한편 스폴딩은 "편년적 위치를 반영함과 아울러 유물군의 문화적 관련성을 보여주는 분류 방법"을 찾고자 하였다(Spaulding 1949: 5). 이런 원대한 목적을 이루기 위해서 분석 단위는 시간뿐만 아니라 종족성까지를 나타내야 하는데, 1949년까지만 하더라도 이런 단위를 어떻게 만들어내야 할지에 대해서는 스폴딩 자신도 확실한 방법을 찾지 못하고 있었다. 이런 상황에서 1951년 브레이너드의 논문 출판은 다음 두 가지 점에서 스폴딩에게 확실한 영향을 미쳤다(Lyman and O'Brien 1997; Lyman et al. 1997b; O'Brien and Lyman 1998). 첫째, 브레이너드(Brainerd 1951b: 117)는 "고고학 분류체계(형식학)는 고고학자가 과거 문화적 행위들을 얼마나 성공적으로 간추려내었는지를 보여주는 절차이다"고 주장하였다. 두 번째는 다음과 같은 지적이다.

---

7) e.g., Ford 1935a, 1935b, 1935c, 1936a, 1936b, 1938, 1951, 1952, 1954b; Ford and Quimby 1945; Ford and Webb 1956; Ford et al. 1955. (원문)

> 유물 분석의 첫 걸음은 보통 유사한 속성이나 특질들을 결합시켜 형식을 설정함으로써 유물들의 그룹을 만드는 일이다. … 이 생각이 맞다면 유물 제작자는 문화적 요구를 반영한다는 점에서 계통분류체계는 문화적 타당성을 가져야 한다. 이렇듯 유물들의 그룹을 찾기 위해 편견과 선입견을 배제하여 객관적으로 작업하는 것이 과학자로서 고고학자들의 의무이다. 유물들을 분류하여 형식으로 나눌 때 쓰이는 속성들은 가장 잘 결합되는 것으로서 객관적으로 선택되어야 한다. 만약 연속적으로 분포하는 속성들을 나누어야 할 경우에는 고고학 표본들의 분포에서 두 개의 최빈치 중간을 정확히 나누어야 한다. 이런 조건들을 바탕으로 형식 속성들을 사용한다면 유물제작자가 구현한 문화적 규범을 객관적으로 기술할 수 있게 될 것이다. 통계적 절차는 표본을 형식들로 분류할 때 이런 조건을 충족시킬 수 있다. 수학적으로 속성들의 결합을 연구한다면 형식이라는 매개 개념 없이도 문화적 차별을 구분해낼 수도 있다. 왜냐하면 형식은 결국 유물들을 질적 기준에서 작은 범주들로 나눌 수 있게 해주어 분석 대상 유물군을 점검하는 기법을 가능하게 해주는 하나의 단순화이기 때문이다. (Brainderd 1951b: 118~119)

브레이너드(1951: 124)는 이런 분석의 규칙을 지킴으로써 "분류자의 객관성과 인간의 문화적 민감성을 연결시킬 수도 있을 것이며, 무형의 문화 역시 존재한다면 느낄 수 있게 된다"고 주장하였다.

스폴딩(1953b)은 통계학을 사용하여 연구자가 독단적으로 만들어낸 유물 형식들에 대해 공격하면서, 군집분석을 통해 사회행위적 의미를 지니는 형식을 찾아낼 수 있다고 주장하였다. 또한 형식을 "특징적 유형의 속성군을 일관되게 보유하고 있는 일군의 유물들"(Spaulding 1953b: 305)이라고 정의하였는데, 이는 속성들의 결합을 강조한다는 점에서 라우즈(Rouse 1939)나 포드(Ford 1936b)의 정의와 비슷하다. 다만 스폴딩이 말하는 속성들의 결합이란 경험적인 것으로 외연적으로 정의되는 것이라는 점에서 차이가 있다. 속성들의 결합을 강조했다는 점에서 클래스와 유사한 듯하지만, 이것이 경험적으로 검증되어야 한다는 점에서는 그룹의 성격을 지니고 있다고 하겠다. 스폴딩은 한 유적에서 출토된 토기편들을 속성 결합의 측면에서 통계적 방법으로 그룹들을 설정하였다. 그렇다면 이 유적 출토 유물이 아닌 다른 유적에서 나온 유물군에도 똑같은 형식들을 찾을 수 있을까? 형식들은 유물군마다 특수하기 때문에 대답은 불가능하다. 덧붙여 새로운 토기편이 표본에 추가될 경우 형식 설정의 절차는 다시 처음부터 시작하여야 한다. 결국 스폴딩의 형식은 클래스적 성격이 가지고 있기는 하지만, 시공간의 제약에 아주 민감한 외연적 그룹들에 불과한 것이다.

포드의 형식 역시 속성들의 결합을 통해서 만들어진다. 그러나 포드의 형식은 시공간상 훨씬 넓은 분포를 가지고 있다(O'Brien and Lyman 1998). 포드의 형식들은, 비록 외연적으로 정의되었다고 할지라도, 주어진 시공간에서 명백하게 분포하도록 정의된다. 또한 형식을 정의한 뒤에는 형식들이 시간의 흐름을 반영하고 있는지를 검증한다. 알렉스 크리거(Alex Krieger 1944)의 표현에 따르면 형식들의 '역사적 유의성'을 검증하는 것이다. 검증을 통과하지 못하는 형식들은 폐기되거나 재설정 과정을 밟는다(O'Brien and Lyman 1998). 포드는 형식이란 유물군의 편년적 질서를 세우기 위해 고고학자가 고안해내는 분석도구라는 생각을 가졌다. 다만 포드는 문화사고고학 패러다임에 의지하여 형식들을 설명하려 하였는데, 불행히도 "형식의 정의와 해석적 의미들이 혼란스럽게 합성되어 있었고, 문화사고고학에 적절한 이론이 결여되어 있었기 때문에 직관적 논리에 의존할 수밖에 없었던 것이다"(Dunnell 1986: 172).

반면 스폴딩의 형식은 표본들 안에 실재하는 것이다. 다시 말하여 형식들은 본질론적이었으며 경험 단위였다. 따라서 스폴딩은 "분류라는 것은 분석자의 독단에 의한 것이 아니라 유물을 제작한 사람들이 선호하였던 속성들을 발견하는 과정이다"고 하였다(Spaulding 1953b: 305). 브레이너드(Brainerd 1951b)의 지적과도 같이 자료에 내재하고 있는 형식은 귀납적 방법으로 발견될 수밖에 없었으며, 통계 기법이야말로 어떤 속성들이 규칙적으로 나타나는지를 판별할 수 있게 해 준다는 것이다. 유물들은 인간의 행위의 산물이며, 속성들의 결합을 통해 형식을 '발견'하는 것은 그러한 인간의 행위를 발견하는 일이었던 것이다.

포드는 스폴딩의 논문에 대해서 문화사 편년을 등한히 한 체 문화 규범에만 치중했다는 점에서 "놀랍도록 순진하다"고 비판하였다(Ford 1954a). 이에 대하여 스폴딩은 다시 포드가 "군집을 발견하는 통계 기법 자체의 유효성에 대해서는 비판하지 않았다"고 되받으면서, 속성 결합을 구성하는 포드의 방법이 애매모호하다고 지적하였다. 물론 논쟁은 방법에 관한 것이었지만, 스폴딩은 포드의 형식이 관념 단위 곧, 클래스였으며 자신의 형식은 개별특수적 그룹들이었다는 사실을 제대로 이해하지 못하였다. 개별특수적 그룹들은 관념 단위들과는 아주 다른 것이다. 스폴딩은 "속성 군집에는 유물을 만든 사람들의 행위에 관한 추론"이 담겨 있다고 주장하였다. 논쟁은 형식의 의미에 관한 것이었다. 포드는 이런 단위들의 문화적 유용성이나 의미 해석에 있어 순환론적 모순의 문제를 제기하였으며, 이에 대해서 스폴딩은 통계적으로 모드를 찾는 방법이 정당함을 논하였다. 스폴딩은 속성들의 결합에는 인간 행위가 반영되어 있다는 자신의 생각에 정당성을 찾기 위해서 방법의 개발에 치중할 수밖에 없었던 것이다. 여기에 함축되어 있는 논리는 인간이 그러한 결합들을 만들고 또 인지할 수 있는 경험적 조합으로 분류할 수 있다는 것, 곧 그것들이 실재하는 것이라는 점이다.

포드는 다시 스폴딩을 공격한다. 논문을 잘 읽어보면 포드의 유물론적 관점과 스폴딩의 본질론적 관념의 차이 — 물론 경우에 따라서는 포드 역시 이 두 시각의 요소들을 혼용하기도 하였지만 — 를 분명하게 알 수 있다. 포드는 문화 형식이 언젠가는 존재하였음을 인정하였지만, 이것을 발견하는 데는 관심이 없었다. 오히려 포드는 "시공간상 문화사를 복원하기 위해 고고학자가 의도적으로 형식들을 선택한다"고 하였다(Ford 1954c: 52). 하지만 그 같은 형식들을 복잡하고도 끊임없이 흐르는 문화진화 속에서 추출할 수 있는 방법은 구체적으로 밝히지 못하였다. 관념 단위들은 변화를 측정하기 위한 것이다. 하지만, 포드는 이런 단위들을 이론에 바탕을 두고 만들지 않고 시행착오를 통해 구성하였으며, 때문에 그 절차가 독단적이라는 인상을 주게 되었던 것이다. 포드는 다음과 같이 말하였다.

> 시공간상 충분히 많은 형태적 변이가 존재하는 경우도 있는데, 물론 변이들은 평균을 중심으로 집합을 이루며 분포하는 경향이 있고 이를 통해 분석자가 형식의 주요 테마를 그려볼 수 있지만 말이다. 그렇다고 해서 원래 문화 담당자들의 인식 속으로 환원시킬 수는 없다. 문화 담당자들은 그런 형식의 테마들을 인식할 수 있었을 수도 있지만 경우에 따라서는 인식하지 못하였을 수도 있는 것이다. 따라서 형식이란 분석자가 추상적으로 문화적 행위로 만들어 낸 것일 뿐이다. (Ford 1954c: 45)

포드가 유물 변이를 시간적으로 연속적인 것으로 본 것은 〈그림 5-3〉에 잘 드러나 있다. 포드는 고고학자들이 고고 자료의 시간과 공간적 차원에서 보이는 불연속을 근거로 자연적 경계를 확인함으로써, 시공간상 연속체를 부분으로 나눌 수 있다고 보았다. 포드의 시각은 언뜻 본질론적인 것으로 보이기는 하지만 전형적으로 본질론적인 것은 아니다. 포드는 단순히 시공간상 변이의 연속을 나누는 편의적 방법으로서 불연속을 인지하였을 뿐이며, 만약 그런 불연속이 보이지 않을 경우 분석자가 임의로 경계를 설정할 수 있음을 밝혔다(e.g., Ford 1935a, b, c). 필립스(Phillips 1970: 908~909)를 비롯한 사람들은 이런 자연적 불연속(층위상 차이나 새로운 문화적 특질의 출현 등)이 보이지 않을 경우 포드가 어떻게 시간적 경계를 설정하였는지를 이해하지 못하고서 포드를 비판하였다. 포드는 시간의 흐름, 또는 문화의 흐름이 불연속적이 아니라는 시각을 가졌기 때문에 임의적 경계들을 설정할 수 있다고 보았던 것이다(O'Brien and Lyman 1998). 분석의 목적에 따라 경계를 따라서 부분들을 나눌 수 있지만, 그렇다고 해서 그런

〈그림 5-3〉 제임스 포드가 토기를 예로 문화변화를 개념적으로 표현한 그림

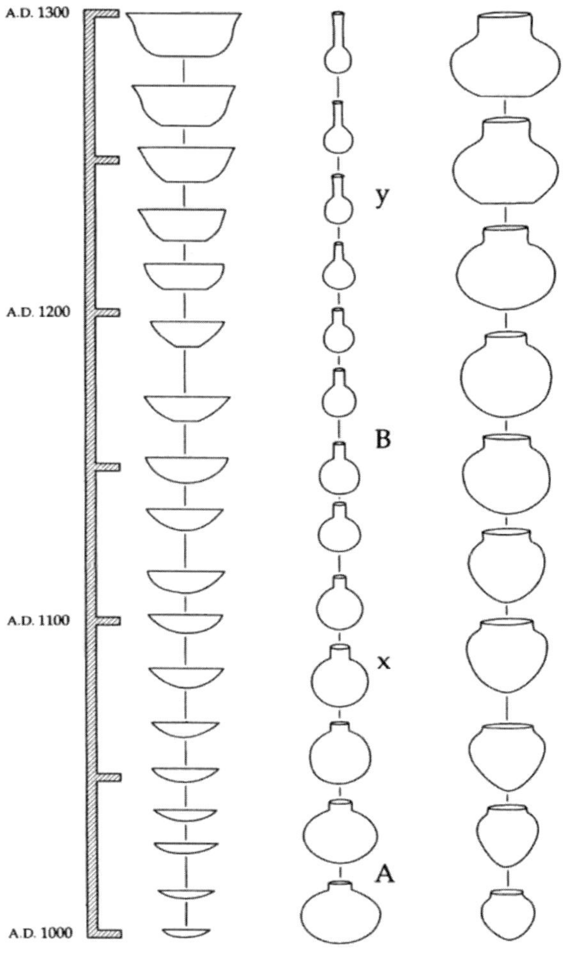

세 가지 형태가 시간의 흐름에 따라 일정하게 점진적으로 변화함을 주목하라. 포드는 형식들은 분석자가 임의로 구성한 것이라는 생각을 표현한 도표를 사용하기도 하였다. 만약 형식 A가 그림의 가운데에 있는 물병의 전통에서 세워졌다면, 분류자는 이 전통에서 형식들 간에 차별화를 위해서 그 다음 형식을 적어도 형식 B 정도로 멀리 선택하게 된다. 이 전형적인 A와 B 형식의 중간에 있는 것들은 경계에 있어 어려운 사례가 된다. 대안적으로 만약 첫 번째 형식이 x까지를 포괄하여 설정된다면, 두 번째 형식은 y 정도까지를 포괄하게 될 것이다. 이런 식의 배열에 있어 처음 분류체계에서 B 형식에 전형적 형태들은 나중의 분류체계에서는 전형적인 것이 아니게 되는 것이다. (Ford 1962)

경계들이 실재한다고 주장한 것은 아니다. 포드의 입장은 심슨이 가졌던 고생물학적 입장과 똑같다고 할 수 있다. 포드에게 형식이란 분석에 이용 가능했던 표본에서 우연적으로 추출한 것일 뿐인데, "특정한 고고 자료가 수집된 지점이야말로 분석 대상 문화에서 나타나는 변이의 범위와 평균적 양상이 판단되는 요인이 된다"고 하였다(Ford 1954c: 49). 전체 문화는 연속적이지만 우연하게 연구대상에 포함된 표본들은 마치 불연속적 스냅사진과도 같은 것이다. 따라서 형식은 "쉽게 나눌 수 있고 자연적인 (따라서 실재하는) 것처럼 보이게 된다"(Ford 1954c: 52). 이것 역시 심슨의 언급과 비슷하다.

그러나 포드는 관습이나 표준과 같은 것들을 언급함으로서 형식에 실재성을 부여하였기 때문에 스폴딩을 비판하였던 포드의 전략은 끝내 실패하고 말았다. 물론 당시 포드가 이론에 근거하여 세련되게 논리를 전개시키지 못하였던 것은 사실이다. 하지만, 포드의 입장은 스폴딩의 본질론적 관점과는 명백히 달랐다. "본질론적 시각에서는 대부분의 변이가 불연속적인 것이라고 생각되며, 그렇지 않는 변이들은 설명할 가치가 없다고 인식된다"(Dunnell 1986: 181). 스폴딩의 '실재하는' 형식들을 비교하기 위해서는 질적 접근으로 형식들간의 차이에 초점을 맞추어야 한다. 반면 포드의 형식은 유물론적 토대 위에서 만들어지는데, 곧 형태변이는 시공간상 연속적인 것으로 생각되었다. 다만 이런 연속체를 부분들로 나누는 일은 시행착오라는 절차를 통한 것이며, 그것의 성공여부는 역사적 유의성에 대한 검증을 통해 결정된다(Krieger 1944).

포드-스폴딩 논쟁은 형식의 성격에 대한 혼란을 해소하지 못하고 말았다. 나아가 코길(Cowgill 1963) 같은 학자는 두 입장에 별로 상충되는 점이 없다고까지 말하기도 하였다. 당시 형식은 문화적 의미를 갖는 것이라는 믿음이 광범위하였음을 생각할 때(e.g., Brainderd 1951a, b; Krieger 1944), 고고학자들이 형식학을 통해 사회학적 현상을 보려 했다는 점은 별로 놀랄 일이 아니다. 한편 제임스 기포드

(James Gifford 1960)는 고고학적 변이들은 사회 내의 개인이나 소규모의 사회적 변이를 나타낸다고 보았다. 이런 입장은 필립스(Phillips 1970)의 미시시피 하류 토기 연구에서 더욱 극적으로 표현된다(O'Brien and Lyman 1998). 기포드는 "형식이란 의식적이든 무의식적이든 토기 제작의 아이디어나 '미학적 이상'의 역할을 하는 기본 속성들이 조합된 것으로서, 사회 내 개인들의 상호작용을 통해 작용된 가치 체계가 투영되어 형식 간에 경계가 생기게 된다. 이런 토기 아이디어는 도공의 머릿속에서 나온 것이지 분석자가 임의로 만들어낸 수단은 결코 아니다"라고 주장한다(Gifford 1960: 343). 토기 제작자는 "특정한 역사적 시점에서 문화적 규범이 요구하는 토기의 형태를 제작"하는 경향이 있으며, 문화 현상이란 시공간상 무작위적으로 분포하지는 않는다는 것이다. 따라서 기포드(Gifford 1960: 342)는 이전의 스폴딩과 같이 자료에 내재하는 질서를 찾아낼 수 있으며, "분류의 틀은 이런 목적에 부합된다"고 하였다. 그러나 이런 식의 분류는 진화이론적 연구에는 별로 쓸모가 없다.

2) 그룹과 클래스로서 형식들

내포적으로 정의된 클래스들 — 곧 사물이나 사건들로부터 정의를 끌어온 것이 아니라 필요충분조건을 제시하여 정의한 것 — 은 미국 고고학에서 제대로 역할을 하지 못하고 말았다. 이보다 훨씬 중요한 역할을 하였던 것은 외연적으로 정의된 단위들이었는데, 그 정의는 분류되는 사물이나 사건들에서 끌어온 것이었다. 더 정확하게 말하자면 그런 관념 단위들은 그저 서술되었을 뿐인데, 정의와 서술이 거의 일치하는 경우도 있었지만, 대부분은 그렇지 못하였다. 1910년대 중반이 되면 미국 서남부에서 연구한 고고학자들은 토기의 디자인과 표면 처리방식은 시간이 흐르면서 변화하였음을 깨닫게 된다. 때문에 그런 디자인과 표면 처리의 흔적을 보여주는 토기편은 시간을 나타내는 지침으로 사용할 수 있다고 생각된다. 당시 서남부의 고고학자들은 연구자마다 사용하는 형식들이 각기 달라서 형식 설정과 명명방식에 아무런 표준적 기준도 없었음을 깨닫게 되었다. '페코스 학술회의'와 '글로브 학술회의'는 부분적으로 바로 이 문제를 덜기 위해서 조직되었으며 형식들을 설정하고 명명하는 방법에서 표준적 기준을 낳게 되었다. 미국 서남부에서 등장한 생태학적 명명체계는 포드와 그리핀(Ford and Griffin 1937, 1938; O'Brien and Lyman 1998 역시 참조)의 노력으로 동남부에서도 사용되었는데, 그런 식으로 형식 설정의 방법을 표준화하고자 하였다. 이런 노력에도 불구하고 분류들은 여전히 지역에 따라서, 연구자에 따라서 일관성이 없었다.

더넬(Dunnell 1986: 165~166)은 흔히 작은 토기편 표본들을 바탕으로 외연 정의를 사용하여 임의적으로 설정한 토기 형식들의 문제점을 다음과 같이 지적하고 있다.

> 형식 설정에서 사용된 차원들은 지역적 고고학 유물과 유적들에 따라서 어느 정도 다르지만, 이런 식의 접근법(외연적 정의를 바탕으로 임의로 형식을 설정하는 방식)은 관찰하고 측정한 차원들에 대한 표준적 조합으로서 형식이 가치를 지니고 있다고 보았다. 중요한 사실은 이런 접근은 사용될 수 있는 차원들을 제한하고 있으며, 이와 함께 결정적 속성들을 선택하는 데 어떠한 지침도 주지 않는다. 그런 속성들은 문자 그대로 '특정한 형식에 배열된 토기에 대한 서술'이지 그 형식에 대한 정의가 아니다. 각 차원(토기를 예로 들면 바탕흙, 비짐, 또는 어느 특정한 표면 처리 식)의 가치에 대한 평가가 필요한 반면, 어떤 차원들이 결정적인 것인지는 형식에 따라 다르며 서술 그 자체에서는 드러나지 않는다. 따라서 형식 서술은 상당한 정도의 모호함을 일으키게 된다. 연구자는 각 사례별로 그리고 선험적으로 어떤 속성들이 형식을 설정하는 근거가 되는지, 그리고 어떤 속성들이 결정적 요소들과 공반하고 있는지를 알아야 한다. 형식 서술은 사실 특정 토기군에 대한 서술이기 때문에(그렇지 않고서 어떻게 가

> 령 '두께'의 범위에 대한 것을 얻을 수 있겠는가), 더 크고 훨씬 광범위한 구조적 모호함이 생기게 된다. 형식들은 공반되는 속성들의 조합이라고 정의하여 고고학자들이 만들어낸 것인가(곧, 고고 자료를 해부하는 분석적 도구인가), 아니면 실존하고 있어 '발견되는' 공반 속성조합인가? 둘 중 어떤 해석도 가능했으며, 두 가지 방식 모두 추구되었던 것이다. (Dunnell 1986: 165~166)

우리가 지금까지 보았듯이 두 가지 해석들이 정말로 모두 추구되었다. 포드-스폴딩 논쟁 이후 대부분 고고학자들은 임시방편적 방식으로 형식을 만드는 포드의 전통을 따라 형식들은 시공간을 연구하는 데 유용하다고 생각하였다. 그러나 이들은 형식들이란 어느 특정한 공동체가 가졌던 혼인 유형과 같은 사회문화적 이슈를 추구하는 데도 유용하다고 생각하기도 했던 것이다(e.g., Deetz 1968; Hill 1970; Longacre 1968). 이렇듯 형식을 통해서 초기 과정고고학자들이 발견하였던 사회문화적 과거에 접근하는 것은 문화사고고학이 전성기를 맞고 있던 시절 상이한 단위들(관념 단위와 경험 단위)을 혼합시킨 결과였다(Tschauner 1994 역시 참조).

고고학에서 만들어진 수많은 유물의 형식들로 무엇을 할 수 있겠는가? 우리는 그 형식들을 '그룹'이라 부를 것인가, 아니면 '클래스'라 부를 텐가? 더넬(Dunnell 1971a: 157)은 '형식', 특히 '서술형식'(*descriptive type*)은 흔히 "어떤 점에서도 클래스의 기준에는 미치지 못하며 영어의 '종류'(*kind*)라는 말과 동의어로서 '직관적 그룹들'을 지칭할 때 쓰인다"고 지적한다. 이것은 바로 제 2장에서 우리가 말한 것과 똑같은데, 다만 우리는 '종류'라는 말 대신에 '형식'이라는 말을 썼을 뿐이다. 더넬(Dunnell 1971a: 158)은 "형식"이라는 말에 "모드(*mode*)를 바탕으로 설정된 사물들의 패러다임적 클래스"라는 정의를 제시하며, 포드와 스폴딩의 형식들은 모두 이런 종류였다고 한다. 다만 스폴딩의 형식은 통계적으로 중요한 속성들의 군집이 설정된 다음에는 클래스적 성격을 잃고 만다. 스폴딩의 분류는 분석 대상 유물군에 따라 상이한 결과가 나오기 때문에 다른 유물군을 분류하는 데는 쓰일 수 없게 된다. 포드의 체계에서 분석자는 시간의 흐름을 추적하는 데 유용한 모드들만을 선택하는데, 그런 모드를 바탕으로 형식을 정의하였다. 여기에서 얻어지는 정의는 아무런 수정 없이 새로운 물체들을 확인하는 데 — 또는 새로운 유물군을 "형식"분류하는 데 — 도 쓰일 수 있는 것이다.

3) 찌르개의 사례로 들어가기

추가적 사례로서 고고학자들은 오랫동안 찌르개라 불리는 것들을 범주화하는 방법을 찾았음을 주목해 보자. 고고학자들은 찌르개라 이름 붙여진 많은 표본들은 창이나 다트, 화살 등의 끝에 장착되어 쓰였음을 인지하고 있었다. 찌르개를 범주화하는 가장 일반적 방법은 형태와 관련된 특징들을 사용하는 것이었다. 여기서 만들어진 몇몇 형식들은 평균에서 얼마 벗어나지 않은 좁은 범위에 분포하는(정의가 아주 정확한) 형식들도 있으며, 큰 변이를 가지고 있는 것들도 있다. 덧붙여 어떤 형식들은 몇 개 유적에서 출토된 많은 표본들을 대상으로 설정되기도 하였지만, 보통 한 지점의 작은 표본을 통해 설정된 것들도 있다.

큰 지역적 범위에서 찌르개의 범주화를 시도한 초기의 예로는 먼저 디 앤 숨(Dee An Suhm), 알렉스 크리거(Alex Krieger), 에드워드 젤크스(Edward Jelks)가 쓴 《텍사스고고학 개설》(*An Introductory Handbook of Texas Archaeology*, Suhm et al. 1954)을 들 수 있는데, 이 책은 토기나 찌르개 형식들에 대한 기술뿐만 아니라 알려진 텍사스 지역의 문화복합체들의 특질목록을 요약하였다. 이 책은 이후 《텍사스고고학 입문서: 형식들에 대한 서술》이라는 제목으로 다시 나왔다(Suhm and Jelks 1962). 1960년이 되면 찌르개 형식들에 대해서 적어도 두 개의 안내서가 있게 되는데, 위 책의 형식들에 새로운 것들(Bell 1958, 1960)이 포괄되었다. 이런 초기의 책들에 뒤이어 그레고리 페리노(Gregory Perino 1968, 1971, 1985, 1991)의 안내 글과 책자, 그리고 노엘 저스티스(Noel Justice 1987)의 종합 단행본이 나오게 된다.

이렇게 이름이 붙여진 형식들이 고고학 연구를 하는 데 얼마나 도움이 되는가? 이 가운데 몇몇 형식들은 그 서술이 정의와 일치하는 정도로 아주 세밀하게 묘사되어 있기도 하다. 어떤 서술들은 상당히 큰 지리적 범위에서 수집된 많은 표본들을 바탕으로 이루어지기도 하였다. 사실 이 경우 장점과 단점이 모두 있는데, 왜냐하면 비록 개별특수성은 최소화되는 경향이 있으나 그 형식의 전체적 변이는 증가하기 때문이다. 이 가운데 많은 형식들은 시간의 흐름을 나타내는 역할을 잘 하고 있지만, 이에 반해 너무 많은 변이를 담고 있어 시간을 측정하는 데 거의 쓸모가 없는 형식들도 있다. 매리 워밍튼(Marie Wormington 1957: 105)은 후일 고인디언(*Paleoindian*)시대 찌르개라 알려지게 된 것들에 대한 초기의 용어들에 대해 논평하면서 외연적으로 정의된 형식들(특히 기술단위에 불과한 것들)을 사용하는 것은 많은 문제가 있음을 강조하였다.

> 광범위하게 상이한 수많은 형식들이 단일한 범주에 놓이기 때문에 어려움이 생긴다. 가령 "유마"(*Yuma*)라는 용어를 정의하여 (유마족이 사용하는) 모든 것(찌르개)을 포괄하려 하였다. 이런 노력의 예로는 1937년 필라델피아에서 열린 '초기 인류'에 대한 국제 심포지엄에서 폴섬(*Folsom*) 찌르개와 유마(*Yuma*) 찌르개를 논하는 원탁회의의 의장이 위촉한 지명한 위원회가 제시한 정의에서 잘 나타난다. "유마 찌르개는 삼각형이다. 삼각형의 뾰족한 것에서 양변이 평행하여 나뭇잎 모양을 띠고 있다. 기부(基部)는 반듯하기도 하고 오목하게 되어 있거나 또는 볼록하게 되어 있기도 하다. 자주 슴베를 가지고 있지만, 슴베가 있는 경우 양변은 평행하다. … 슴베의 양변은 평행하다. 플루트되어(*fluted*)[8] 있지 않다. 양변에서는 눌러떼기로 다듬었

> 는데, 평행하게 박리하여 잔손질하였다."
>
> 이 정의는 실질적으로 아무런 의미도 없다. 이 정의에는 하나의 용어 안에서도 이질적 형식들이 아무런 차이도 없이 포함될 수 있게 되어 있다. (Wormington 1957: 105)

기술적으로는 워밍튼의 비판이 옳은 것은 아니다. '유마'라는 찌르개에는 "그렇게 광범위하게 많은 형식들"이 포함되는 것은 아닌데, 왜냐하면 하나의 형식 — 관념 단위 — 에는 다른 형식들이 들어 갈 수 없기 때문이다. 워밍튼이 말했던 것은 지속적으로 유마라는 용어로 분류되고 있는 찌르개들의 변이 폭이 크기 때문에 형식 서술은 너무 광범위하여 고고학적으로는 별다른 가치가 없음이 확실시된다는 점이다. 형식이 외연적으로 정의되었기 때문에 유마라고 분류되는 표본들은 점점 더 늘어날 것이고, 조건을 맞추기 위해서는 정의는 더 확장될 수밖에 없다. 마지막으로 형식이 "의미 없는" — 워밍튼이 사용한 말을 그대로 쓴다면 — 지경에 이르렀을 때, 그 형식은 복수의 형식들로 분할될 것이다.

미국에서 20세기 동안 쓰인 거의 모든 고고학적 형식들은 외연적으로 정의된 범주들이다. 이것들은 한편으로는 클래스의 영역에 걸치면서도, 다른 한편으로는 그룹핑을 통해 만들어진 그룹의 영역에도 속하면서, 아마도 클래스와 그룹의 중간 정도에 해당하는 것이다. 형식들은 모두 어느 정도는 그룹의 성격을 가지고 있으며, 필요충분조건들이 자세하게 서술된 몇몇 형식들은 클래스의 성격도 가지고 있다. 이런 고고학적 형식들의 성격을 이해하는 데 열쇠가 되는 것은 이것들이 클래스인지 그룹인지를 확인하는 것이 아니라 외연적으로 정의되었음을 인지하는 것이다. 경우에 따라서는 이런 성격을 지니고

---

8) 옮긴이 주 — 북아메리카의 초기 찌르개들(클로비스와 폴섬 형식)에서 보이는 특징으로서 제작과정상 마지막 단계에 비교적 크고 긴 박리를 통해 기부를 얇게 만드는 것을 말한다. 제8장의 논의 참조.

있다고 해서 그 형식이 편년적 문제들을 고찰하는 데 전혀 쓸모없는 것은 아니다.

4) 전통적 형식들과 클래스를 바탕으로 한 그룹들: 하나의 사례

(1) 전통적 찌르개 형식들

일반적으로 쓰이고 있는 다른 찌르개 형식들은 얼마나 유용한가? 형식들은 유용하게 변이를 나누고 있는가—다시 말하여 형식들은 분석자로 하여금 시간의 흐름에 따른 작은 변화들을 기록할 수 있게 해주는가? 우리는 이것에 대답하기 위해서 빅샌디(*Big Sandy*) 찌르개 형식을 논의하고자 한다. 찌르개의 측면 홈손질은 오랫동안 장착의 기본적 기법으로 여겨져 왔다. 그런 기법으로는 중서부와 남부의 달튼(*Dalton*) 찌르개, 그리고 동부에서는 시간적으로 조금 후행하는 하더웨이(*Hardaway*) 찌르개의 장착 부분에 조금 홈이 파인 것으로 관찰되며, 기원전 7000년 이후 몇천 년 동안 크게 유행하게 된다. 측면 홈손질된 찌르개는 미국 동남부의 대부분과 동부의 일부 지역들에서 우위를 점하고 있음이 분명하며, 표본들에서 보이는 변이를 기록하기 위해 수많은 형식들이 고안되었다. 예컨대 오터크릭(Otter Creek)이라는 말은 동북부에서 일반적으로 사용되는 형식이며, 빅샌디라는 용어는 동남부와 중서부에서 가장 보편적 형식 이름이다. 몇몇 깊이가 깊은 유적들에 층위적 위치와 절대연대값들을 살펴보면 빅샌디 찌르개는 아케익시대 전기(*Early Archaic*, ca. 7000~5000 B.C.)[9]에 해당되지만, 이 형식이 설정된 뒤 40여 년이 흐르는 동안 빅샌디 찌르개의 시기적 범위는 상당히 확장되었다. 이는 대개 원래 니버그(Madeline Kneberg 1956)가 테네시 주 헨리카운티의 빅샌디 유적에서 출토된 유물들을 바탕으로 형

---

9) 옮긴이 주—이 부분의 연대들은 모두 보정되지 않은 방사성탄소연대값이다. 북아메리카 선사시대에서 고인디언시대를 뒤이은 것이 아케익시대이다. 미국 동부에서는 그 뒤에 우드랜드시대와 미시시피시대가 이어진다.

식을 제창하면서 제시한 결정적 속성들을 가지지 못하는 찌르개들도 그 형식 안에 포함시켰기 때문이다. 형식이 제창된 이후 수십 년 동안 빅샌디 찌르개는 초기설정범주에 불과하였던 것이다.

니버그(Kneberg 1956: 25)는 본래 빅샌디 찌르개를 다음과 같이 서술하였다.

> 기본적 모양은 삼각형인데, 양변은 밖으로 만곡되며 기부는 오목하게 만곡되거나 직선적이다. 날은 보통 얇고 편평하며, 눌러떼기를 통해 잘 잔손질되어 있다. 홈은 날의 장축과 직각을 이루고 있는데 보통 좁고 짧다. 기부는 보통 안으로 만곡되어 있는데, 깊을 수도 얕을 수도 있다. 홈과 기부 사이 날 부분은 홈손질이 이루어지지 이전 돌날의 원래 모양을 간직하고 있다.

약 30년 뒤 노엘 저스티스(Noel Justice 1987: 60)는 다음과 같이 빅샌디 찌르개의 정의를 확장시킨다.

> 전형적 돌날의 생김새는 좁고 긴 삼각형이다. 단면은 볼록렌즈모양이거나 한쪽은 편평하고 한쪽은 볼록한 모양, 또는 마름모꼴(이때 중간 능선은 돌날의 재가공의 정도에 의해 좌우된다)이다. 빗각떼기나 톱날떼기는 재가공에서 흔하게 나타나는 특성이며, 눌러떼기 방법을 사용하여 손질한 것이다. 이 형태에서 어깨는 평행할 수도 있는데, 기부에 조금의 가장자리는 잔손질되지 않은 원래의 주변 날을 가질 수도 있고 재가공에 의해 이 부분이 거의 남아 있지 않을 수도 있다.
>
> 빅샌디 유물에서 장착에 관한 요소에는 측면 홈손질이 있으며, 홈의 폭이 깊이보다 크다. 보통 홈은 얕다고 할 수 있다. 홈손질 기법에는 양면박리에 의해 안쪽으로 들어간 모습에서 Y자 형태로 홈의 내부에서 홈손질 방향이 양쪽으로 나타나는 것〔이는 테베(*Thebes*) 찌르개와 유사하다〕까지 다양하다.
>
> 기부의 날은 거의 직선적인 것에서부터 깊이 오목하게 팬 것까지 다양한데, 때로는 생김새에서 거의 두 갈래 모양을 띠기도 한다.

> 기부를 얇게 만드는 것은 눈에 띄는 속성이다. … 기부의 가장자리 부분은 보통 사각형이지만 조금 둥그런 모양을 띠는 경우도 있다. 완전한 장착을 위한 마연기법이 흔하게 보이는데, 비록 마연되지 않은 유물들도 예외적이라고 볼 수는 없지만 말이다. (Justice 1987: 60)

저스티스의 서술에는 빅샌디 찌르개의 단면은 상당히 다양하며, 기부는 직선적인 것에서 오목하여 깊이 팬 것까지 변화가 크고, 장착과 관련되는 부분도 마연될 수도 있고 마연이 되지 않을 수도 있다는 말이 있음을 주목하자. 만약 분석자가 빅샌디 찌르개로 분류되는 그룹에 상당한 변이가 있어도 된다고 생각한다면 그러한 서술에는 아무런 문제도 없을 것이다. 그러나 연구자가 작은 형태적 변화—(시간적 변화뿐만 아니라) 기능적 변화까지도 담고 있을 수 있다—까지를 고찰하고자 한다면 이 형식은 제대로 역할을 하지 못할 것이다.

저스티스는 빅샌디 찌르개를 서술하면서 개체발생적(*ontogenic*, 발달적 또는 유물사적) 요인들을 고려하지 않았다. 물론 단면의 생김새는 날의 재가공의 정도에 달려 있음을 주목했지만 말이다. 이는 아주 중요한 정보인데, 만약 분석자가 이런 생각을 하지 않는다면 재가공된 찌르개를 다른 형식으로 잘못 설정할 수도 있게 된다. 이는 초기 생물학의 분류학에서 그리 드문 일이 아니었다. 찌르개들이 생김새가 다르기 때문에 후행 형태들은 모형(母型)과는 다른 종류로 배열되는 것이다. 생물체가 그러하듯이 어떤 것이 작은 것에서 출발하여 시간이 지나면서 커지는지, 아니면 찌르개처럼 큰 것에서 출발하여 시간이 지나며 작아지는지 하는 것은 개체발생적 발달이다. 우리는 이것을 마음속에 새기면서 형태적 차원들에 바탕을 둔 클래스들을 만들고자 한다.

우리는 〈그림 5-4〉에서와 같이 빅샌디 유적에서 출토된 찌르개들을 사례로 살펴볼 것인데, 이 유물들은 루이스(T. M. N. Lewis)가 로버트 벨(Robert Bell)에게 보내어 찌르개 안내서 두 번째 권에 게재를 요청했던 것이다(Bell 1960). 빅샌디 찌르개들에 대해서 당시에 발표된

〈그림 5-4〉 테네시 헨리카운티의 빅샌디 유적에서 나온 빅샌디 찌르개들

이것들을 루이스(T. M. N. Lewis)가 로버트 벨(Robert Bell)에게 보내면서 찌르개 안내서 두 번째 권에 포함시켜 달라고 하였다. 왼쪽 것의 길이가 5.9cm이고, 모두 같은 축척이다. (Bell 1960; 그림은 오클라호마인류학회 제공)

서술들과 같이 게재된 사진들을 좀더 최근에 발행된 빅샌디 찌르개들에 대한 사진들과 비교해 보면 예전의 자료와 연구에 대해서 잘 알고 있었던 고고학자는 별로 없었음을 알 수 있다. 예를 들어 칼 채프맨(Carl Chapman)은 다음과 같이 말한다.

> 이 형식의 예상 연대는 기원전 5000년에서 기원전 500년까지이다. 미주리주의 중부와 서남부에서 나온 표본들은 주로 기원전 5000~3000년의 시기에 해당하며, 동부 미주리와 일리노이의 유물들은 기원전 500년 정도로 아주 늦다. 이 형식은 미주리의 그래함동굴(Graham Cave) 유적에서는 중기 아케익시대에 그래함동굴 홈손질 찌르개(*Graham Cave Notched*) 유형보다 크기가 작고 좀 덜 전형적 형태로 제작되었는데, 그래함동굴 찌르개 유형이 선행 형식으로 보인다. 이 형식은 중기 아케익시대 전 기간 동안 지속되며 이 시기 미주리 지방에서 아주 독특한 형식이었다. 이 형식은 다시 초기 우드랜드시대(1000~600 B.C.)에 등장하는데, 일리노이에서는 블랙샌드단계(*Black Sand phase*)와 공반한다. (Chapman 1975: 242)

〈그림 5-5〉 미주리 주에서 출토된 그래함 동굴 측면 홈손질된 찌르개들

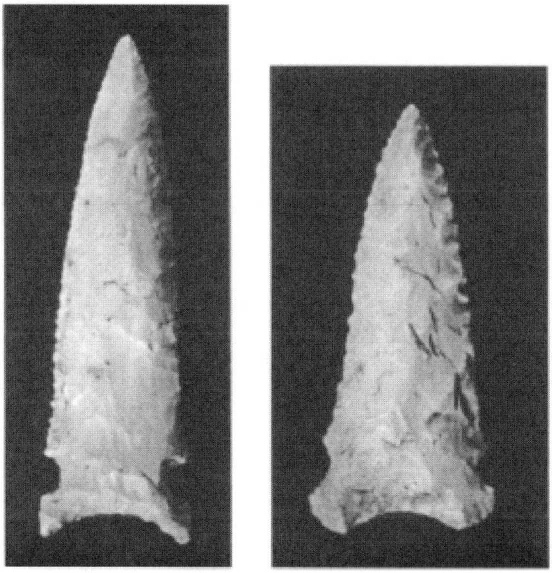

* 동일 축척으로 왼쪽 것의 길이가 10.5cm임.

채프맨은 틀렸다. 빅샌디 찌르개들이 "사라졌다"가 몇천 년 뒤에 다시 나타난 것은 아니다. 기원전후 몇백 년 전에 측면 홈손질 기법이 어느 정도 다시 유행한 것은 사실인데(확실한 진화적 수렴의 사례이다), 그렇다고 해서 우리가 측면 홈손질되어 있는 모든 찌르개들을 '빅샌디'라는 관념 단위에 속한다고 판단하지 않는 이상 이런 찌르개들은 빅샌디 형식에 해당하지 않는다. 채프맨의 잘못은 유물들을 외연적으로 정의된 형식에 배치하는 데서 올 수 있는 혼란의 전형적 예이다. 만약 초기의 형식 서술들(e.g., Cambron and Hulse 1960, 1964; Kneberg 1956)과 그 이후 측면 홈손질된 찌르개들의 변이를 연구한 것(e.g., Cambron and Hulse 1975; DeJarnette and Knight 1976)을 따른다면, 빅샌디 찌르개는 아마도 기원전 7000~6000년 초기 아케익시대에 등장한 것으로 보인다.

그래함동굴 측면 홈손질 찌르개들(Schully 1951, 〈그림 5-5〉)은 형

태적으로 빅샌디 찌르개들과 비슷하다. 이 두 형식들의 형태적 관계는 간과하기 어렵다. 빅샌디 찌르개의 길이를 늘이고 홈을 장축에 직각 방향을 유지하면서 양쪽 끝 부분을 조금 밑으로 내리면 그래함동굴 측면 홈손질 찌르개가 되는 것이다. 이런 형태적 유사함은 빅샌디 찌르개와 그래함동굴 찌르개들이 계통발생적 관계를 가지고 있다는 증거로도 생각될 수 있다. 물론 그런 유사성은 '상사'적인 것일 수도 있지만 말이다. 윌프레드 로건(Wilfred Logan 1952: 30)은 그래함동굴 유적의 제5층과 제6층에서 나온 측면 홈손질된 찌르개들에는 상당한 형태적 변이가 있음을 주목하였다. 특히 기부의 생김새에서 세 가지 형식으로 나누고 있는데, 이 가운데 A형식에는 그래함동굴 측면 홈손질 찌르개의 원형이라고 할 만한 특징들을 보여주는 것들이 있다.

> 이것은 길고 측면이 홈손질되어 있으며 기부는 오목한 찌르개이다. 측면에 만들어진 홈은 작고 정교하다. 기부는 날카롭게 오목한 모양으로 들어가 있어 마치 양 끝 부분이 미늘처럼 보이게 된다. 길이는 4~6인치 정도이다. 찌르개는 길이나 너비에 비해 세 배에서 네 배에 이른다. 아주 작고 얇은 떼기가 정교하게 베풀어져 있다. 날 부분은 조금 톱니 모양을 띨 수도 있으며 어깨 부분[10]에서 선단부까지 'S'자 모양의 곡선 형태를 보일 수도 있다. 하나를 제외하고 모든 찌르개들의 단면은 두터워 볼록렌즈모양인데, 거의 다이아몬드 같은 생김새를 띠고 있다. (Logan 1952: 30)

그래함동굴 찌르개들은 미주리 주의 대부분 지역에서 흔하게 보이며, 일리노이 주 서부와 아칸소주 북부에서도 출토되는데 그리 많지는 않다. 저스티스(Justice 1987: 62)는 이러한 지리적 분포에 대해서 다음과 같이 이야기한다.

10) 옮긴이 주 — 홈손질된 부분 바로 위쪽에 조금 옆으로 튀어나온 부분을 말한다.

> 빅샌디 찌르개들은 미주리주와 서쪽의 다른 지역에서도 발견될 수 있다. 하지만 지금까지 발간된 정보에 따르면 빅샌디 찌르개들은 미시시피 강 중류 지역을 넘어서 발견된 예는 없다. 미주리 주(Chapman 1975: 242)에서는 측면 홈손질된 유물들이 빅샌디 찌르개들이 아니라 주로 그래함동굴 측면 홈손질 및 라다츠(*Raddatz*) 형식들이다. (Justice 1987: 62)

이것은 옳은 지적으로서 미국 중서부의 고고학자들은 새겨들어야할 것이다. 페리노(Perino 1985: 36)는 이와 비슷한 지적을 하는데, "여러 다양한 시기를 가지고 있으며 여러 다른 지역들에서 출토된 측면 홈손질된 찌르개들이 빅샌디 찌르개라 불리고 있지만, 사실 빅샌디형식이 아니다"고 하였다. 페리노는 빅샌디형식의 분포를 테네시 주 서부와 중부, 그리고 인접하는 켄터키 주와 앨라배마 지역에 한정시켰다.

이용할 수 있는 모든 증거에 따르면 그래함동굴 찌르개들은 초기 아케익시대에 해당하고 아마도 기원전 5500년(조금 이를 수도 있지만)이 되면 더 이상 제작되지 않은 것으로 보인다(O'Brien and Wood 1998). 이것을 이은 것이 라다츠 찌르개(〈그림 5-6〉)인데, 많은 문헌에서 빅샌디 찌르개들과 혼동되거나 동일시되고 있다. 예를 들면 채프맨은 다음과 같이 말한다.

> 중기 아케익시대의 수렵채집전통(*Forager Tradition*)은 측면 홈손질된 찌르개나 칼이라는 특징적 형태의 유물을 만드는 뗀석기 기법을 가지고 있었는데, 이보다 이른 전기 아케익시대의 그래함동굴 측면 홈손질 유물군과 비교하면 조금 달라졌다. 이런 측면 홈손질된 유물들에는 라다츠(*Raddatz*), 블랙샌드(*Black Sand*), 빅샌디(*Big Sand*), 화이트리버아케익(*White River Archaic*)과 같은 다양한 이름을 붙였는데, 예전에는 그래함동굴 측면 홈손질 찌르개의 한 변이로 생각되기도 하였다(Chapman and Chapman 1964). 이 나중의 찌르개들은 독특한 형식으로서, 기본적 형태는 그래함동굴 찌르개 형식과 유사하여 그로부터 발달된 것일 수도 있다. 크기에서는 조금 작고 불을 이

〈그림 5-6〉 미주리 주에서 나온 라다츠(Hemphill / Godar)형식의 찌르개들

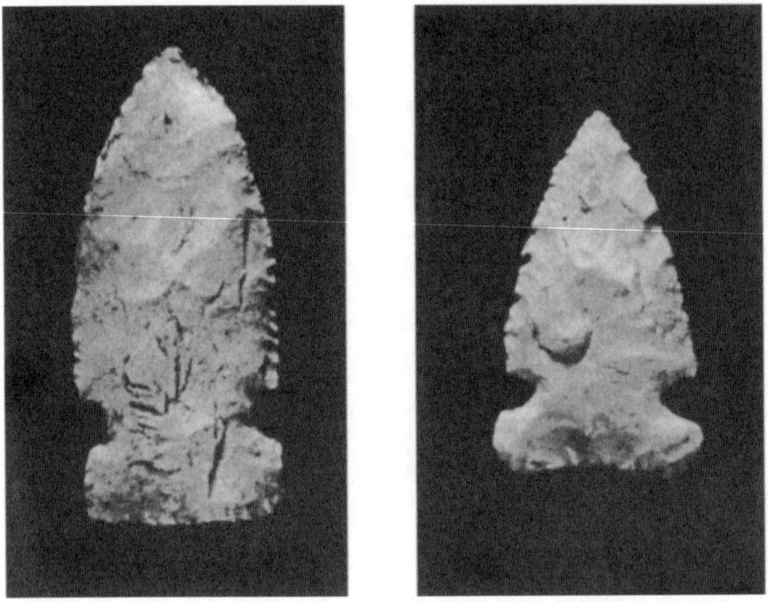

* 동일 축척으로 왼쪽 것이 길이가 6.8cm임.

> 용한 제작을 하였는데, 이는 중기 아케익시대의 독특한 특징이라 볼 수도 있을 것이다. … 몇 가지 변형된 형태들은 크기나 불을 이용한 기법[11]으로 제작한 것에 별도의 형식학적 이름을 부여할 수도 있겠다. 나는 중기 아케익시대(*Middle Archaic*) 유적들에서 출토되는 측면 홈손질된 찌르개들을 '빅샌디 홈손질'(*Big Sandy Notched*)이라는 용어를 사용하여 부름으로써 이 특정한 형식의 유물들에 붙여진 여러 이름들을 하나로 통합하고자 한다.

채프맨은 분명 그래함동굴 측면 홈손질 찌르개들은 시기적으로는 전기 아케익시대임을 알고 있었으며, 다른 사람들과 같이 그래함동굴 찌르개들과 다른 것들 사이의 형태적 차이도 잘 알고 있었다. 그의

11) 옮긴이 주 — 석재를 불에 달굼으로써 좀더 수월하게 박리할 수 있게 하는 것으로, 발달된 석기 제작에서 광범위하게 사용된 기법이다.

잘못은 빅샌디라는 형식명을 사용하여 나중의 중기 아케익시대 찌르개들을 부른 것이다. 채프맨만이 이런 잘못을 한 것이 아님은 분명하며, 이 책의 저자 중 하나(오브라이언)도 미주리주 솔트강 중류에서 출토된 측면 홈손질된 찌르개들의 클래스들과 동일한 범주로 취급하여 같은 잘못을 하기도 하였다(Curry et al. 1985). 이런 잘못의 이유는 다른 사람들이 사용한 형식명을 무심코 채용한 것과 원래의 형식에 대한 서술과 원형이 되는 유물들의 맥락을 잘 알지 못한 것을 들 수 있다.

라다츠 찌르개의 가장 독특한 특징은 작고 U-자형 홈과 사각형의 기부 양쪽 끝이라고 할 수 있는데, 물론 라다츠 찌르개라고 서술된 문헌에 보면 커다란 변이들이 있음을 알 수 있지만 말이다. 기부는 보통 반듯하지만 유물의 도면을 보면 기부의 생김새에서도 변이가 있음을 알 수 있다. 저스티스(Justice 1987: 68)는 채프맨과 같이 라다츠 찌르개의 일반적 특징을 가진 수많은 다른 형식들—흔히 고다(*Godar*) 형식이라 분류되는 아주 깊게 측면이 홈손질된 찌르개들을 포함하여—이 있으며, 이것들이 라다츠라는 하나의 형식 안에 한꺼번에 포괄되고 있음을 알았다. 그러나 채프맨과 달리 저스티스는 빅샌디형식을 그 안에 포함시키지는 않았으며, 그 대신 "전형적 라다츠 찌르개와는 장착되는 부분이 다르고 재가공된 특징들을 가지고 있는 측면 홈손질된 큰 찌르개 형태"라는 별도의 형식을 나중의 것으로 남겨 두었다(Justice 1987: 68). 간행된 사진들과 도면들을 살펴보면 라다츠 찌르개들은 미주리주 서부와 아이오와에서 북으로는 오대호지방, 동으로는 펜실베이니아, 남으로는 켄터키 남부까지 분포하고 있는 듯한데, 저스티스가 말했던 것과 유사하다(Justice 1987: 69). 라다츠(*Godar / Hemphill*) 형식의 찌르개들의 연대는 초기 아케익시대 끝부분에서 중기 아케익시대까지로 추정된다.

우리가 이렇게 찌르개의 형식학을 고찰하여 보면 외연적으로 정의된 형식들을 사용하면서 발생하는 문제들이 잘 나타난다. 때때로 그

〈그림 5-7〉 미주리주 먼로카운티의 피전루스트크릭 유적의 층위 단면을 일반화시킨 그림

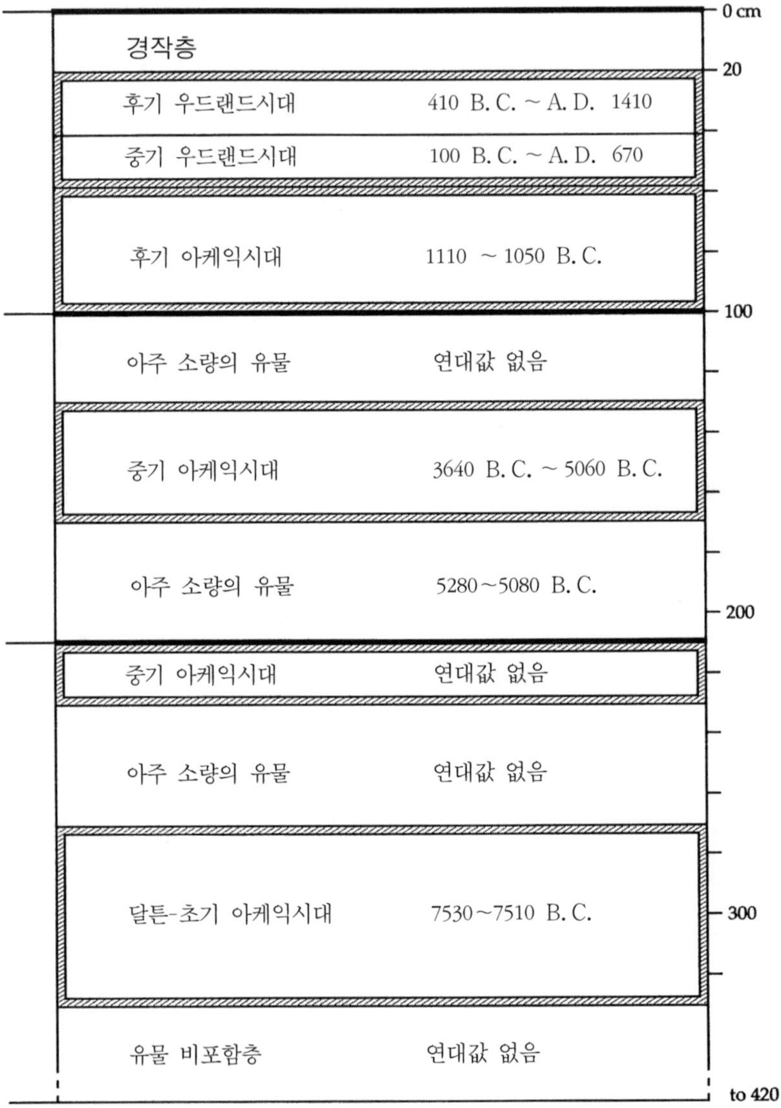

* 분석적 측면에서 층위들의 배치와 방사성탄소연대값을 보여준다.
(O'Brien and Warren 1985)

형식에 배열되는 실제 표본들이 분지계(分枝系)를 구성할 정도로 정의들이 정확한 경우도 있지만, 대부분의 경우 정의들은 상당한 변이를 내포하고 있는 일반적 서술일 뿐이다. 하지만 패러다임식 분류는 사물들에서 나타나는 변이를, 객관적이고도 반복되는 방식으로 관찰할 수 있도록 해주는데, 그럼으로써 관찰자의 편견을 억누르게 해주며, 그 다음 변형들의 편년적 질서가 완성되면 시간의 흐름에 따라 변이들의 흐름을 추적할 수 있게 되는 것이다. 짧게 말하여 패러다임식 분류는 '객관적'인 수단으로 변이를 고찰할 수 있게 해준다. 우리는 어느 한 특정한 클래스가 무엇인지를 단지 그 정의만을 읽음으로써 알 수 있고 가령 우리가 라다츠찌르개라고 부르는 것을 다른 사람들도 라다츠(*Gordar / Hemphill*)라 부르는지를 염려하지 않아도 된다. 클래스에 근거한다면 동일한 (패러다임식) 분류틀을 사용하는 누구나 동일한 결과를 내게 되는데, 이것은 대부분 다른 형식학적 틀에서는 나타나지 않는 특징이다. 그런 특성이 있었다고 한다면, 대체로 동일한 표본들에 상이한 형식명들을 붙이는 일은 없었을 것이며, (클래스로서) 형식에 해당하는 형태학적 특성들이 그렇게 광범위하지도 않았을 것이고, (그룹으로서) 형식들 안에 그렇게 많은 변이를 내포하지도 않았을 것이다.

(2) 찌르개의 패러다임식 분류 사례

패러다임식 분류에서는 분류하기 전 분석자가 분석에 필요하다고 생각하는 차원들과 일어날 속성들을 선택한다는 사실을 명심하자. 표본에서 나중에 나타나는 부가적 속성들은 분류 도중에 명백한 양상임이 확인되면 추가될 수도 있다. 일반적으로 행해지는 범주화와 패러다임식 분류가 아주 다른 결과를 내는 사례로서 피전루스트크릭(Pigeon Roost Creek) 유적의 초기 아케익에서 중기 아케익까지의 측면 홈손질된 찌르개 사례를 제시하고자 한다. 이 유적은 미주리주 동북부에 있는데(O'Brien and Warren 1982, 1983, 1985), 선사시대 동안 간헐적으로 점유되었다(〈그림 5-7〉). 이 유적에서 나온 찌르개들은 원래 매리앤 커리 등(Marrianne Curry et al. 1985)이 분류했는데, 솔트 강(Salt River) 중류에서 나온 2000여 점의 찌르개들에 대한 분류의 연장선상에서 이루어진 것이다. 〈표 5-1〉은 이러한 작업에서 사용된 11개 차원들과 각 차원의 속성들을 목록으로 제시한 것이다. 각 개별 클래스는 (각각 하나의 차원에 속하는) 구체적 속성들의 결합으로 정의되며, 이로부터 생기는 11개 속성 클래스들을 숫자로 이름 붙였다. 각 숫자는 특정한 차원의 구체적 속성과 일치되는데, 각 차원은 숫자가 나오는 순서로 알 수 있다. 예를 들면 53562(03)43(12)3이라는 클래스에서 첫 번째 숫자 5는 차원 1의 속성 5를 나타내며, 두 번째 숫자 3은 차원 2의 속성 3을 나타내는 식이다. 차원 7과 차원 10은 각각 두 자리 이상의 속성들을 가지고 있기 때문에 괄호 안에 표시하였다. 따라서 〈표 5-1〉을 보면 538562(03)43(12)3이라는 클래스는 "측면 홈손질된, 아주 조금 오목한 기부를 가진, 밖으로 휜 슴베를 가진, 선단부에서 가장 큰 폭을 가진, 어깨는 둔각인, 조금 어깨 단이 진, 직각의 둥근 어깨 단이 진, 홈손질은 넓고 얕은 호를 이루는, 홈손질이 수직 방향으로 이루어진, 크고 평행한 미늘을 가진, 중간 크기인" 것으로 정의된다.

이론적으로 분류에서는 무한정한 수의 클래스를 설정할 수 있다. 여기서 〈표 5-1〉에서도 11개 차원을 서로 교차하여 배열함으로써 10억 개가 넘는 클래스가 가능하다. 그러나 실제 분류되는 찌르개의 숫자는 그보다 훨씬 적기 때문에 10억 개 가운데 실제 내용(유물)을 가지고 있는 클래스는 드문 것이 된다. 가령 538562(03)43(12)3이라는 클래스에서 추출되는 찌르개들은 그룹 25.12라고 명명된다. 〈그림 5-8〉은 피전루스트크릭 유적의 전기 아케익에서 중기 아케익시대 층에서 나온 측면 홈손질 찌르개들의 대표적 사례를 보여준다. 현재 중서부 지방에서 통용되는 찌르개 형식학을 사용할 경우 그룹 25.1, 24.0, 23.0, 18.1, 18.2, 14.0, 25.10은 라다츠형식에 포함될 것이다(〈표 5-2〉).

〈표 5-1〉 미주리주 피전루스트크릭 유적에서 출토된 찌르개들을 분류하기 위한 패러다임식 분류체계

차원 (I, II, III, …)
　속성 (1, 2, 3, …)

I. 장착 부분의 잔손질
　1. 특별한 손질 없음
　2. 마연
　3. 마연과 박리
　4. 측면날 박리
　5. 측면 홈손질
　6. 구석 홈손질
　7. 기부 홈손질
　8. 슴베

II. 슴베 생김새
　1. 볼록
　2. 직선
　3. 조금 오목
　4. 조금 오목-각짐
　5. 깊이 오목
　6. 깊이 오목-각짐
　7. 뾰족

III. 슴베의 생김새
　1. 슴베 없음
　2. 수축된 직선형
　3. 수축된 오목
　4. 수축된 호선형
　5. 평행
　6. 확장된 직선형
　7. 크게 부풀은 직선형
　8. 부풀은 호선형
　9. 크게 부풀은 호선형

IV. 최대폭의 위치
　1. 기부(하부)
　2. 기부 3/4
　3. 중간부
　4. 선단부 3/4
　5. 선단부

V. 어깨 각
　1. 없음 (수축된 돌날)
　2. 없음 (평행 돌날)
　3. 없음 (부풀은 돌날)
　4. 예각
　5. 수직 돌날
　6. 둔각

VI. 어깨 손질의 정도
　1. 어깨 없음
　2. 조금
　3. 보통
　4. 명백함

VII. 어깨의 생김새
　1. 어깨 없음
　2. 직각 정사각형
　3. 직각 원형
　4. 직각 변형된 원형
　5. 예각으로 뾰족
　6. 예각으로 원형
　7. 예각으로 변형된 원형
　8. 둔각으로 뾰족
　9. 둔각으로 원형
　10. 둔각으로 변형된 원형

〈표 5-1〉 계속

차원 (I, II, III, …) 속성 (1, 2, 3, …)	차원 (I, II, III, …) 속성 (1, 2, 3, …)
VIII. 홈손질의 정도 1. 홈손질 없음 2. 깊고 좁은 호선 3. 동등한 호선 4. 넓고 얕은 호선 5. 짧고 얕은 호선 6. 넓고 얕은 직사각형 7. 각진 형태 IX. 홈손질의 방향 1. 홈손질 없음 2. 예각으로 각진 3. 수직 4. 평행 5. 비대칭 X. 미늘의 생김새 1. 미늘 없음	2. 원형 3. 평행 4. 직선으로 부풀은 모양 5. 수축된 모양 6. 뾰족 7. 발이 달린 모양 8. 부풀은 원형 9. 변형된 원형 10. 부풀은 변형된 원형 11. 크고 직선으로 부풀은 모양 12. 크고 평행 XI. 전체적 크기(길이) 1. 아주 작음(3cm 이하) 2. 작음(3~4.5cm) 3. 중간(4.45~8cm) 4. 큼(8cm 이상)

* 자료: O'Brien and Warren 1985.

패러다임식 분류가 가지는 이점은 보통 라다츠형식에 위치되는 찌르개들 안에서도 어깨의 생김새(차원 7)나 슴베의 생김새(차원 10) 등에서 상당한 변이가 있음을 알게 해준다는 점이다. 기부의 생김새(차원 2)는 아주 일관되는데, 보통 조금 오목한 것(18.1과 25.1의 두 그룹이 있지만)에서 직선 기부까지 변화가 있다. 그룹 26.1, 26.2, 25.14, 25.16, 25.11, 25.12의 一 표본들은 기부가 깊이 오목하게 들어가 있고 밑으로 처진 말단부 끝 부분을 가지고 있기 때문에 그래함동굴유적 측면 홈손질 형식으로 분류될 것이다. 그러나 다시 한 번 패러다임식 클래스들은 우리가 흔히 사용하는 형식 안에는 상당한 형태적 변이가 있다는 사실을 인식하게 한다.

〈그림 5-8〉 미주리주 피전루스트크릭 유적의 전기에서
중기 아케익시대 층에서 출토된 측면 홈손질된 찌르개들의 대표적인 예

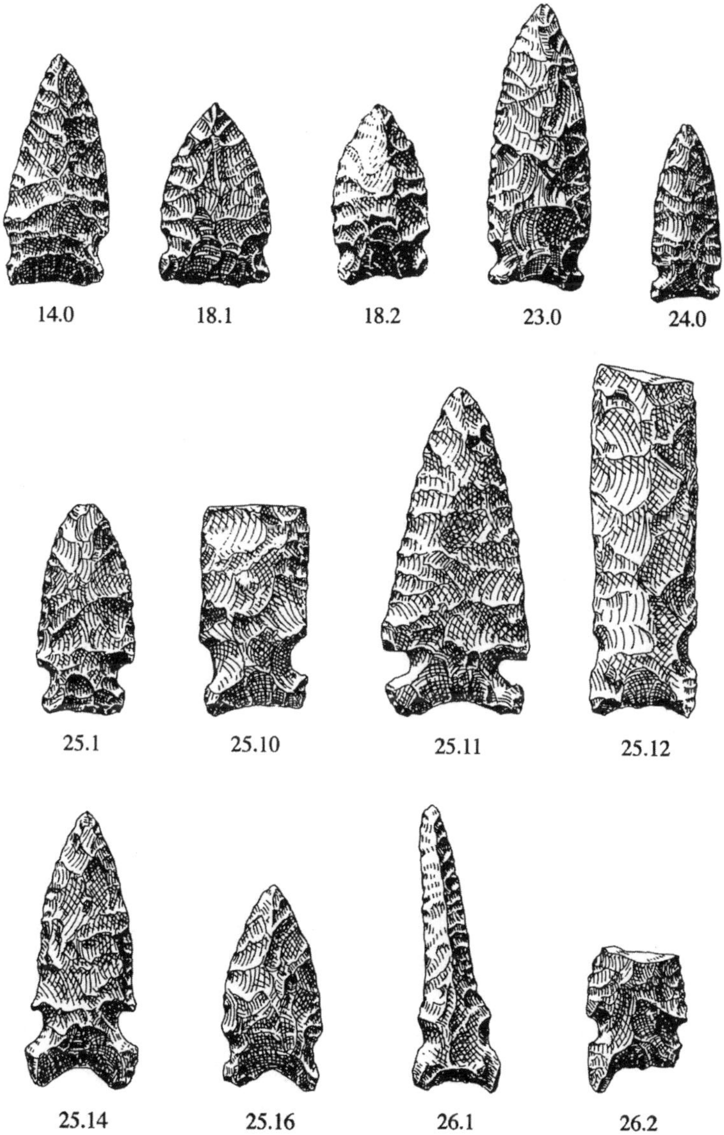

* 유물 아래 숫자는 그룹을 나타낸다. (O'Brien and Warren 1985)

〈표 5-2〉 미주리주 피전루스트크릭 유적의 초기 아케익에서 중기 아케익시대층에서 출토된 측면 홈손질된 찌르개들의 클래스, 클래스 정의, 빈도

클래스	클래스 정의	표본의 수	사용되고 있는 형식명
25.12	538562(03)43(12)3	1	그래함동굴
25.11	539154(03)33(04)0	2	그래함동굴
25.10	538563(03)33(04)3	1	라다츠
25.16	538162(09)33(02)3	3	그래함동굴
14.0	538162(10)45(09)3	6	라다츠
19.2	538162(10)53(09)3	4	라다츠
18.1	528162(10)53(09)3	5	라다츠
23.0	538262(10)33(02)3	2	라다츠
24.0	538153(04)33(09)2	2	라다츠
25.1	528163(03)33(09)3	1	라다츠
26.1	548163(10)33(03)3	2	그래함동굴
26.2	568153(03)33(12)3	1	그래함동굴
25.14	559153(03)33(04)3	1	그래함동굴

그룹들은 특정한 시공간적 위치를 가지고 있는데, 우리는 다양한 그룹들이 말해주는 찌르개 클래스들의 시간적 위치를 고찰할 수 있다. 〈표 5-2〉는 각 그룹의 표본들의 빈도를 목록으로 제시한 것인데, 대체적으로 가장 깊은 곳(오래된 것)에서 나온 것을 아래에 놓아 층위에 따라 배열한 것이다. 〈그림 5-9〉는 그룹과 층에 따라 표본들의 수직적 분포를 그린 것이다. 방사성탄소연대값에 따르면(O'Brien 1985; O'Brien and Warren 1983; O'Brien and Wood1998), 깊이 270~300cm의 레벨은 초기 아케익시대로 추정되며 깊이 100~230cm 층들은 중기 아케익시대에 해당한다. 깊이 230~270cm 레벨에서는 찌르개가 출토되지 않았다.

표본 수가 적지만 몇 가지 경향이 눈에 띤다. 그룹 18-1과 18-2의 9개 표본들은 동일한 분포를 보이는데, 모두 130~160cm 레벨에 한정된다. 이 두 그룹을 만들었던 클래스들의 정의에서 그룹 18-1은 기부가 직선이고, 그룹 18-2는 기부가 조금 오목한 차이밖에 없음을 주목하자.

〈그림 5-9〉 미주리주 피전루스트크릭 유적에서 나온 측면 홈손질된 찌르개들의 상대적 빈도

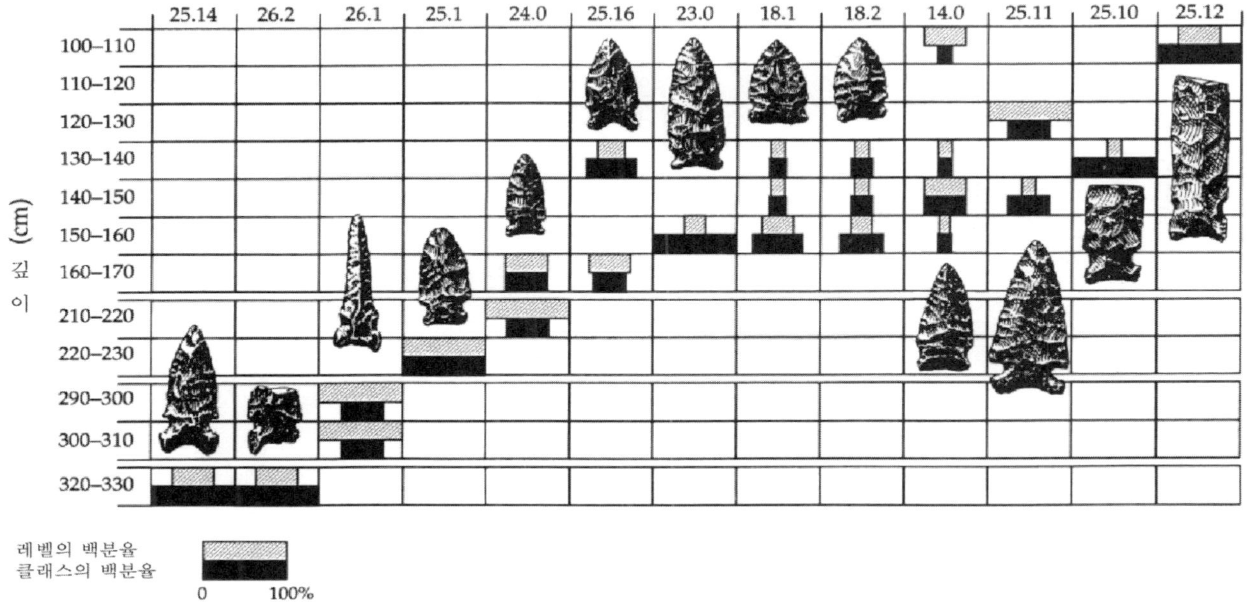

빗금으로 표시된 위의 막대는 각 층의 전체 찌르개 유물군에서 각 그룹이 차지하는 비율을 표현한 것이고, 검은색 아래 막대는 전체 찌르개들에서 각 층의 찌르개들이 차지하는 비율을 나타낸 것이다. 예를 들면 그룹 18.1의 찌르개는 10cm 단위로 끊어진 수직 레벨에서 세 번 출토되는데, 이 가운데 150 ~ 160cm 레벨에서 가장 큰 빈도를 보인다. (O' Brien and Warren 1985에서 수정)

그룹 24-0의 두 표본들은 찌르개가 포함되지 않는 40cm 두께의 층(170~210cm 깊이) — 기원전 4500년에서 4000년까지 유적 점유가 극적으로 줄어든 것을 나타낸다 — 의 위와 아래에서 나온 것임을 유의할 필요가 있다. 이 그룹의 한 표본과 그룹 25-1의 한 표본만이 중기 아케익시대 전반부로 추정되는 것이다(〈그림 5-7〉). 또한 이 두 그룹은 속성의 측면에서 아주 유사함도 그리 놀라운 일이 아니다.

우리가 만약 중서부 찌르개 형식들을 사용하여 표본들의 수직 분포를 그린다면 다양한 표본들이 배치되는 양상이 폭넓게 나타날 것이다. 그래함동굴 형식의 찌르개들은 120cm 레벨에서 330cm 레벨까지 길게 분포할 것인데, 120cm에서 130cm 레벨은 무려 3000년 정도의 시간대를 가지고 있다(〈그림 5-7〉). 라다츠 형식의 찌르개들은 100cm에서 230cm 레벨에 분포할 것인데, 이 레벨의 시간폭은 2천 년이나 된다. 어떤 이는 이 관습적 형식체계를 옹호하기 위하여 일반적으로 대부분 라다츠형식의 찌르개들은 층위적으로 그래함동굴 형식의 찌르개들보다 위에 놓인다고 주장할지도 모른다. 심지어 층위적으로 위에 있는 그래함동굴 형식의 찌르개들 — 그룹 25-11, 25-12, 25-16의 유물들 — 은 '잘못 설정된' 것, 다시 말하면 분명히 그래함동굴 형식의 시간대 밖에 위치하기 때문에 다른 형식의 것들이라고 주장할 수도 있을 것이다. 하지만 이런 식의 주장은 위험하다. 만약 특정한 유물을 예상되는 연대값을 바탕으로 형식을 설정한다면, 객관적 범주화의 가능성마저 배제하는 것이다. 그런 식으로 표본들을 골라 이른바 '역사적 유의성' 검증을 통과하도록 형식을 설정할 수도 있을 것이다. 덧붙여 필요하다면 어떠한 방사성연대값들일지라도, 예상하는 결과에서 벗어난 값이라면, 표본이 오염되었다고 하면서 배제해버릴 수도 있는 것이다.

이런 논의에서 우리는 무엇을 얻었는가? 한 가지는 외연적으로 정의된 형식들은 적절하게만 설정되었다면 훌륭한 편년적 지침으로서 역할을 할 수 있다는 점이다. 클로비스(*Clovis*)형식으로 설정된 찌르개들은 기원전 9250년에서 8950년까지 비교적 짧은 시간대를 가지는 것으로 보인다. 다른 형식들은 클로비스만큼 분명하게 정의되지 않았으며, 때문에 다른 형식들은 시간의 지침으로서 아주 일반적 의미를 제외하고는 그렇게 유용하지 않다. 하지만, 우리가 찌르개에서 작은 변화를 추적하는데 관심을 가지고 있다면, 아무리 분명히 정의되었다 할지라도 현재 쓰이고 있는 대부분의 형식들은 그런 연구를 하기에 적합하지 않을 것이다. 이는 주로 하나의 규범적 범주 안에 너무도 큰 변이를 포괄하고 있어 연구자들에 따라 각기 상이한 분류를 하기 때문이다. 어떤 이는 여전히 사용하는 데 합당한 형식들도 있다고 주장할 수도 있을 것이다. 또한 찌르개 꼬리 부분의 마연 같은 한 속성의 진화를 살피기 위해 연구자는 찌르개들을 형식들에 따라 편년 순서로 배열하고, 그 속성에 입각하여 각 그룹의 찌르개들을 고찰할 수 있다. 만약 연구자의 목적이 그것뿐이라면 받아들일 수도 있을 것이지만, 그런 경우는 별로 없는 일이다. 흔히 우리는 '마연'이 다른 특징들과 어떻게 결부되어 있는지, 정말로 연관되어 있는지를 알고 싶어 한다. 우리 생각에 객관적 방식으로 그 같은 특성이 다른 것과 결부되어 있는지를 고찰하는 방법이란 패러다임식 분류뿐이다.

5. 그룹과 클래스로서 화석 종

계통을 고찰하는 문제를 진화이론적 시각에서 논의(제 6장에서 제 8장까지의 주제)하기 전에 고고학과 고생물학의 계통분류체계의 유사성들을 지적해 보자. 조지 게일로드 심슨과 필립 깅거리치(Phillip Gingerich)를 비롯한 전통적 학풍의 고생물학자들—계통적 점진론자들—이 어떻게 연대 종을 설정하고, 엘드리지, 굴드를 비롯한 단속평형설을 신봉하는 연구자들이 어떻게 종을 설정하는지에 대한 논의를 다시 생각해보자. 점진론자들은 '연대 종'이란 진화적, 곧 형태학적 연속체를 임의로 나눈 부분이라고 생각하였다(〈그림 4-2〉를 〈그림 5-3〉

과 비교하라). 단위들 사이의 경계는 편의적으로 층위적 경계를 통해 설정될 수 있는데, 반드시 그래야할 필요는 없다. 중요한 것은 연대종을 설정하는 것은 가능한 화석 자료로부터 추출하는 방식이었으며, 따라서 외연적 정의들이라는 점이다(e.g., Maglio 1971; Rose and Brown 1986). 단속평형설은 차별적 형질들을 사용한다. 하지만, 두 학파의 고생물학자들 모두가 인지하지 못하고 넘어간 것은 차별적 형질이라는 것은 이용 가능한 화석들에서 추출된다는 점이다. 때문에 굴드, 엘드리지, 브르바 등의 연구자들에게 종이란 외연적으로 정의된 단위였는데, 이는 그래함동굴 형식의 측면 홈손질된 찌르개나 라다츠 형식의 찌르개와 마찬가지였다. 찌르개의 사례와 같이 종개념을 외연적으로 끌어왔기 때문에 결과적으로 종은 실재하는 경험 단위라는 생각이 굳어지게 되었다.

계통적 점진론자들의 계통분류와 단속평형설 주창자들의 계통분류 사이의 기본적 차이는 인식론적인 것인데, 이점은 몇몇 고생물학자들이 이미 인지한 바 있다(e.g., Eldredge 1982). 점진설에서는 진화적 변화가 점진적이고 연속적인 것이라는 관점을 바탕으로 '임의적'으로 연대 종을 설정한다고 생각하며, 이에 반해 단속평형설에서는 종을 진화적 및 형태적으로 정체된 것으로 보아야 한다고 주장하는 것이다(e.g., Eldredge and Gould 1977). 종 내의 변이 역시 진화적 변화로 이해하는 시각도 있지만, 단속평형설 주창자들에게는 종 자체가 변화의 기본 단위가 된다. 때문에 단속평형설을 신봉하는 연구자들은 종에서 종으로의 변화에 초점을 맞추며, 그 변화는 보통 분류학적 전환이라 일컬어진다. 그러나 "이런 식의 분류학적 속도라는 개념이 편리하다는 이유에서 쓰이고 있지만, 형태적 변화의 속도를 어떻게 측정하느냐 하는 실질적 문제가 있다"(Eldredge 1982: 340). 이것은 고고학적 형식의 변화에서와 똑같은 문제이다. 그렇다고 해서 분류학적 속도—고고학에서는 형식 대체 또는 형식학적 전환의 속도—사용의 유용성을 부인하는 것은 아니다. 왜냐하면 심슨(Simpson 1944: 16)은 스스로

"전체적 형태 변화의 양을 기준으로 계(界)를 속과 종 단계로 나누는 이상 분류학적 체계는 풍부한 자료의 원천이 된다"고 하였다. 충실한 점진론자였던 깅거리치(Gingerich 1985: 38)조차도 "현생 종을 설정하는 기준보다 더 큰 기준으로 크기와 형태가 다른 생물체들을 동일한 종에 포함시키는 것은 그런 화석 종의 기능적인 비교 가능성을 낮추는 일이다"라고 인정한다. 그러나 심슨의 언급에서 가장 중요한 것은 각 분류군은 "대체로 전체적 형태 변화의 양"에 따른다는 점을 주목하여야 한다. 이것은 외연적으로 정의된 단위들을 전제로 하는 생각이다.

> 그러나 두 개의 계기적 또는 연관된 속(*genera*)은 동등한 양의 진화〔형태적 변이〕를 포괄하여야 한다는 가정은 분명 어떤 사례를 보더라도 불확실하다. 이것은 해당 분류학자가 그만큼 훌륭한 기술을 가졌을 때나, 광범위한 일차적 지식을 가진 연구자가 모든 속을 검토할 경우, 그리고 특히 비교 가능한 기준에 바탕을 두고 엄청난 수의 속들의 평균을 낼 때만이 신뢰할 만하고 유용하게 되는 것이다. (Simpson 1944: 16)

흥미롭게도 위 인용문은 다른 사람의 연구를 평가하는 단 한 가지 방법이란 그 사람의 전문지식을 고려하는 것뿐이라는 생각을 보여주고 있다. 예를 들면 고고학자 레이몬드 톰슨(Raymond Thompson 1956: 332)은 "어떤 고고학자의 문화 복원에 대한 마지막 판단은… 그 사람의 전문가로서 적격성을 토대로 해야 한다"고 하였다. 더 정확하게 말하면 심슨의 언급은 고생물학적 분류 단위들은 외연적으로 정의된 것임을 가리킨다. 그 단위와 내용들은 더 많고 상이한 표본들을 살피게 되면 달라질 수 있는 것이다. 생물사학자 토마스 쇼프(Thomas Schopf 1982: 1148~1149)가 단속평형설에 대한 비판에서 지적하였듯이 "새로운 형질 자료를 사용하여 분류군을 나눌 경우 분류군에 대한 새로운 평가를 할 것이며 고생물자료에서 이용 가능한 특질들의 수가 많으면 많을수록 더 수월하게 종들을 구분할 수 있게 되는 것이다"(Maglio

1971; Rose and Bown 1986도 참조). 여기서 우리의 논점은 (각 분류학적 단위마다 비슷한 정도의 형태적 변이가 담겨 있다는) 심슨의 가정은 동일한 크기를 갖도록 내포적으로 정의된 단위를 사용할 때 검증할 수 있는 것이다. 이론에 바탕을 두고 관념 단위들을 만드는 것은 다른 이점도 있는데, 이것에 대해서는 나중에 살펴볼 것이다.

1) 종 정체란 계통분류체계에서 인위적인 것인가?

로버트 쇼크(Robert Schoch 1983: 360)는 단속평형설과 계통점진설 사이의 논쟁을 고려해 반드시 생각하여야 할 세 가지 문제들 — 이에 대한 대답은 시간, 공간, 계통임을 주목해야 한다 — 을 제시한 바 있다.

① 무엇이 진화적 변화의 속도인가?
② 급격한 변화의 사례들이란 우리가 가장 많은 분지(분지발생의 사건들)를 확인하는 경우를 말하는가?
③ 만약 두 번째 질문의 대답이 '예'라고 한다면, 분지발생(향상진화가 아니라)은 진화적 변화를 압도하고 있는 양식인가?

여기에서 두 번째와 세 번째 질문은 종 또는 속과 같은 분류군과 동등한 단위를 요구한다. 첫 번째 질문이 그런 단위를 필요로 하지 않는다는 사실은 "종의 기원과 지속기간의 문제는 '몸에서 단단한 부분들'의 형태적 안정성과 같은 것은 아니다"는 관찰에서도 명백하다(Schopf and Hoffman 1983: 439). 이것은 형태적 안정성이나 변화를 분류학적 단위 안에서 연구할 때, "연구자는 더 이상 생물학적 종에 관한 이론 — 이것이 단속평형설의 주된 논점이다 — 에 의지하지 않기" 때문이다(Schopf and Hoffman 1983: 439). 단속평형설이 던지는 질문은 쇼프의 지적과도 같이 "동일한 생물 종이 장기간에 걸쳐 존속하는가?" 또는 "종의 진화에서 정체란 일반적 요인인가?"하는 것들이다(Schopf 1981: 158).

이런 질문들을 살펴보면 단속평형설의 중심 논점은 화석에서 '종'이라는 단위를 인지하는 것임을 알 수 있다. 이 점에 관하여 쇼프의 가장 중요한 언급은 "변이가 있어도 동일한 생물 종으로 동정하게 만드는 계통분류학의 철학은… 화석 종에서 정체가 일어났는지 그렇지 않은지를 평가하는 데 아주 큰 제약이 있다"는 말이다(Schopf 1981: 161).

리차드 포티(Richard Fortey 1985)는 계통분류학이 정체와 변화의 속도를 지각하는 데 어떠한 영향을 미치는지에 대해서 설득력 있는 논의를 하고 있다. 포티는 급격한 변화의 사례를 경험적으로 보여주려면 다음과 같은 네 표본들만이 필요하다고 주장한다(〈그림 5-10〉). 상이한 시간대에 해당하는 동일한 종의 표본 두 개 — 이 표본들은 형태적 및 분류학적으로 동일하지만 존속한 시점이 다르다 — 는 정체기를 나타낼 것이며, 다른 두 표본들 역시 서로 형태적 및 분류학적으로 동일

〈그림 5-10〉 단속평형설의 사례를 지지하는 데 4가지 표본만이 필요함을 보여주는 그림

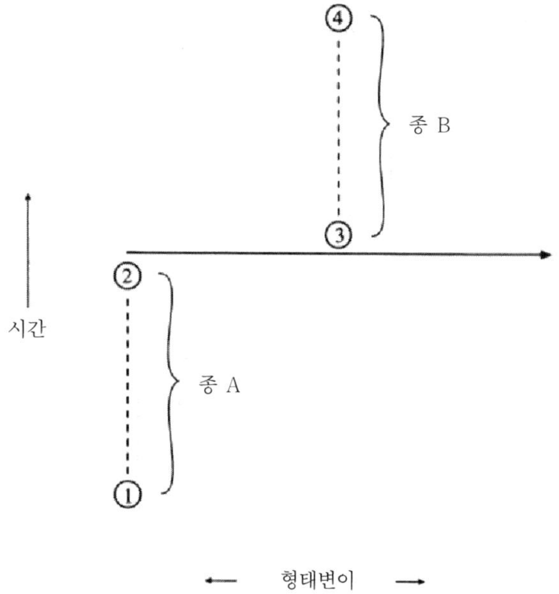

두 표본들(1과 2)이 종 A를 대표하는데, 층위적으로 떨어져 있어 정체를 보여준다. 똑같은 원칙이 종 B에도 적용되는데, 표본 3과 4가 이에 해당한다. 종 B를 낳은 종분화 '사건'은 표본 2와 3을 연결시키는 선으로 나타나게 된다. (Fortey 1985)

하지만 위와는 형태적으로 구분되는 종을 나타내는 것을 말한다. 이 모델은 "중간적 형태를 발견했다고 해서 '급격한 변화의 가설'이 무효가 되지 않음을 보여준다(Fortey 1985: 18). 포티의 지적대로 "편년적으로 그리고 형태적으로 A와 B라는 두 종 사이의 중간적 형태 AB의 발견은 '두' 가지 〔급격한〕 변화의 사건들이 있었음을 가리킬 뿐"이기 때문이다(Fortey 1985: 18, 1988). 이 점은 〈그림 5-11〉의 a~d에서 잘 나타난다. 여기에서는 〈그림 5-10〉의 모델에서 출발하여 첫 번째, 그리고 다음에는 두 번째, 마지막으로 세 번째 형태가 추가되는데, 모두 편년 및 형태적으로 다양하게 처음 두 개의 중간 형태를 나타내고 있다. 문제의 뿌리는 그러한 어려움이 단지 단위 A, AAB, AB, ABB, B의 차별적 형질이 외연적으로 정의된다는 점에서 기인한다.

굴드와 엘드리지가 조상 종이 자손 종과 동시대여야 한다고 주장했을 상기하자. 이 동시대성 때문에 〈그림 5-11d〉의 그래프처럼 비대칭형 모양이 나타나는데, 굴드는 이것을 그리 합당한 모델이 아니라고 평가한다(〈그림 4-3〉 참조). 포티(Fortey 1985: 19)가 명백히 한 것처럼 그런 결과는 종들이 어떻게 추출되는지 — 외연적으로 정의된다 — 를 생각하면 고생물 자료에서 쉽게 끌어낼 수 있는 것이다. 형태는 시간의 흐름에 따라 다소 연속적으로 변화할 수 있는데, 〈그림 5-12a〉에 나타난 바와 같다. 만약 종들이 (시간과는 상관없이) 형태만을 근거로 외연적으로 정의된다면, 〈그림 5-12b〉에서 보듯이 수직선들이 생기게 될 것인데, 이는 하나의 종이란 형태적으로 동질적 단위로 파악되기 때문이다. 형태적 동질성에 토대를 두고 각 줄을 하나의 종으로 생각한다면 〈그림 5-12c〉와 같은 비대칭적인 나뭇가지촛대 모양이 생기게 된다. 이런 모델은 종 단위 내의 중요한 형태변이를 모호하게 만들 뿐만 아니라 조상 종과 자손 종의 분지발생과 동시기성 — 이 두 가지 모두 단속평형 모델의 중요한 특징이다 — 을 암시하게 되는 것이다. 포티(Fortey 1985: 26)는 그래프를 다른 식으로 그리면 이 문제들을 피할 수 있다고 했다. 나중에 더 논의하겠지만 우리는 이 제안에 동의한다.

〈그림 5-11〉 동일한 자료에 대해서 상호 경쟁하는 모델로서 계통점진설과 단속평형설의 도표

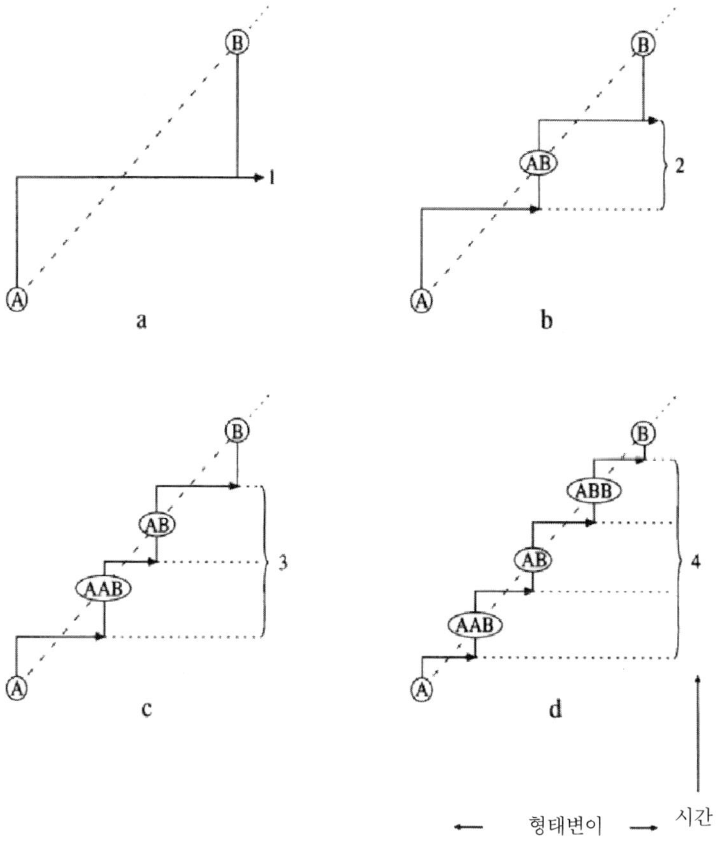

첫 번째 그림 a에서는 A와 B라는 두 '종'이 층위적 시간의 흐름과 형태적 거리를 통해서 독립적으로 발견되며, 각각은 가설적으로 점진적이거나 (점선) 단속적 (직선) 메커니즘을 통해서 서로 연결될 수 있는데 그 확률은 동등하다. 그림 b에서는 중간적 형태 AB가 중간층에서 발견된다. 점진설의 설명은 여전히 적용될 수 있지만, 단속적 관점을 방어하기 위해서는 두 가지 보이지 않는 종분화 사건이 필요하게 된다. 세 번째 그림 c에서는 또 다른 중간 형태 AAB가 보이는데, 세 가지 종분화 사건이 필요함을 나타낸다. 그림 d에서는 세 번째 중간형태 ABB가 추가되는 것을 보여주는데, 이로써 4 대 1로 점진설의 관점에 높은 확률이 있게 되는 것이다. (Fortey 1985)

〈그림 5-12〉 단속평형설은 관찰로부터 인위적으로 만들어진 것일 수 있음을 보여주는 그림

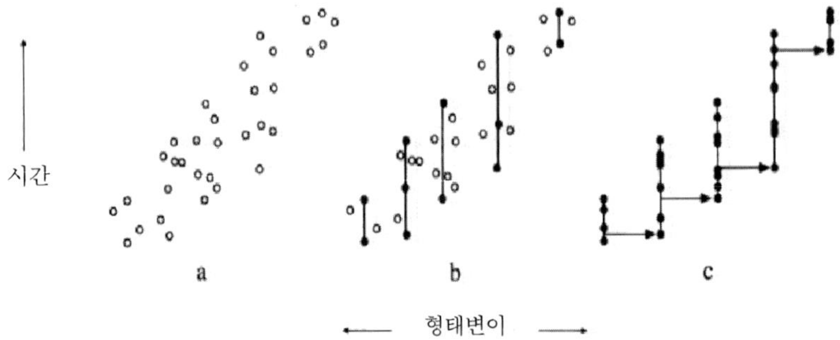

그림 a에서 시간의 흐름에 따른 형태적 변이들의 점차적 연쇄가 나타나 있다. 그림 b에서는 관찰자가 이런 점차적 변화를 일련의 막대로 보고 그 분포를 단속평형설의 결과로 해석하는 것을 보여준다. 그림 c에서 점들은 전체 형태적 거리의 5% 이하로만 움직여진 것으로서, 이로부터 생겨난 분포는 관찰자가 실제로 단속평형설의 명백한 사례(그림 b에서 나타난 표본 오차를 감수하고)라고 믿는 것이다. (Fortey 1985)

2) 정체와 변화를 측정하기

굴드(Gould 1983a)는 적어도 처음에는 이런 계통분류학의 근본적 이슈에 대해서 분명 무관심하였다. 물론 나중에 자신의 말을 조금 바꾸어 "우리는 모든 생물체들이 적응하는 추상적 (그리고 아주 다양한) 형태공간(*morphospace*)을 광범위하게 정의하여야 한다. 그리고는 개별 생물체들을 특징짓고 포괄적 공간 안에 위치지어야 한다. 갖가지 종류의 생물체들에게 이 형태공간은 각기 특수한 것으로 보인다"(Gould 1991b: 420)라고 주장하지만 말이다. 우리는 이것이 흥미로운 주장이라고 생각하지만, 화석 자료는 언제나 외연적으로 정의되었기 때문에 애당초 굴드(Gould 1991b: 420)가 측정의 문제에 대해서 해결책을 가지고 있지 않다고 한 것은 충분히 예상할 수 있는 일이다. 예를 들어 굴드는 다음과 같이 쓰고 있다.

> 만약 우리가 형태공간을 경험적으로(외연적으로라는 뜻으로 이해된다) 생물체의 범위를 통해 정의한다면 어떻게 원래 있던 공간에 있지 않고 경계 바깥에 있는 다른 생물체들을 생각할 수 있겠는가? 어떻게 이론적으로 잠재적 측정법은 무한정할 수 있다는 문제를 다룰 것인가? 어떻게 상응, 공변이, 생김새, 그리고 계량적 변수들을 다룰 것인가? 상대적 중요성 또는 '발달적 깊이'라는 개념 — 한편으론 모호하지만 필수불가결한 — 을 어떻게 표현할 것인가? 종들 사이의 표면적 형질들이 엄청난 수의 계량적 차이를 나타내면서도 깊은 형질들에서의 작은 변화가 훨씬 근본적 차별을 촉발하는 경우에 말이다.

우리는 이 질문들에 대한 대답이 1971년(바로 Dunnell 1971a 책을 말한다) 이후 고고학 문헌에서 찾을 수 있음을 말하고자 한다. 굴드가 "원래 있던 공간"이나 "경계 바깥"이라는 말을 사용한 것은 자신의 분류학적 단위들이 외연적으로 정의된 것임을 가리킨다. 그러나 관념 단위들을 사용하면 본래의 것이 아닌 표본들을 설정할 수 있게 된다. 측정되어야 하는 변수들과 각각의 측정값들은 잠재적으로 무한정한 수일 것이라는 사실은 패러다임식 분류에서는 쉽게 인정되는 것이지만, 어떤 변수와 측정값으로부터 분석을 시작하여야 할 것인지는 이론으로부터 얻을 수 있다. 이점에 대해서는 몇몇 생물학자들과 생물철학자들도 개진하였던 바이다(e. g., Hull 1970; Lewontin 1974a).

또한 패러다임식 분류는 차원적 구조를 가지고 있기 때문에 어렵지 않게 '상태' 곧 명목척도적 변수들, 생김새와 관련된 변수들, 그리고 '계량적' 곧 크기에 대한 등간척도적 변수들을 포괄할 수 있게 해준다. 속성들의 '상대적 중요성'은 변수들이나 속성들을 파악함으로써 포괄할 수 있으며, 필요하다면 혼합식 분류(*hybrid classification*)를 만들어 패러다임적이고 위계적인, 곧 분류학적인 분류의 요소들을 포괄할 수도 있다. 마지막으로 우리는 이와 연관된 "발달적 깊이", "표면 형질", "내면 형질"이라는 개념들을 해석하여 척도에 관한 이슈를 구성하기도 한다. 고고학자 브루(Brew 1946)가 오래 전에 지적한 바와 같이, 복수의 문제들을 해결하기 위해서는 복수의 분류를 만들어야 한다. 여기에 "발달적 깊이"와 이와 연관된 개념들을 고찰하기 위해서는 분류가 다양한 척도로 만들어질 수 있음을 덧붙이고 싶다.

우리는 〈그림 5-11〉이 주는 의미를 다시 생각함으로써 어떻게 형태공간을 측정할 것인지 — 다시 말해 어떻게 형태적으로 전환적인, 곧 이미 확립된 단위들 사이의 중간적인 표본들을 다룰 것인지 — 에 대해 굴드가 제기한 문제를 풀 길을 예증할 수 있다(e. g., Maglio 1971). 이를 위해 우리는 하자드(Evan Hazard 1998)라는 생물학자가 서술한 사례를 조금 수정하여 사용하고자 한다. 하자드의 사례는 섬에 사는 (가상의) 현생 새들인데, 이것도 포유류 화석, 찌르개나 토기편 같은 유물 연구에도 상당 부분 적용할 수 있다. 우리는 단지 물질적 표본들이라 부르기만 하면 되고 '형식'과 '종'을 동의어로, 그리고 ① '속'과 '그릇'을 동의어로 사용할 수 있으며, ② 단 하나 필요사항은 새, 포유류 이빨화석, 또는 토기편 같은 모든 표본들이 하나의 종류라는 사실이다. 우선 관심 대상 표본들을 연구하는 첫 번째 연구자는 1950년에 표본을 수집하고 1953년에 출간된 글에서 형식을 1에서 5까지 나누고 서술하였다. 〈그림 5-13a〉에서 표현된 것과 같이, 형식 1에서 3은 동일한 속의 구성원이라고 여길 정도로 충분히 서로 비슷하며, 형식 4와 5는 두 번째 속을 나타낸다고 생각된다. 여기에서 형식들은 서술을 위하여 숫자로 표현되었고 이것들이 속한 속이나 그릇은 X와 Y자로 나타나 있다.

또 다른 연구자는 1960년에 두 번째 표본을 수집하였고 몇몇 표본들이 형식 1, 2, 5에 속함을 알게 되었지만, 형식 3과 4에 속하는 것은 없는 것 같다고 생각하였다. 원래의 형식 서술들이 유지되었고 (외연적) 정의들이 그대로 사용되었다는 조건에서 그러하다는 말이다. 덧붙여 어떤 표본들은 이전에 설정된 어떤 형식들에도 속하지 않는 것들도 있었는데, 때문에 6에서 11까지 새로운 형식들을 만들어 1964년 발표된 글에서 서술하였다. 이 글에서는 형식 8이 형식 1에서 3과 비슷한 점이 많고 형식 6은 형식 3과 닮았으며, 형식 11은 형식 2와 3과 유사함도 주목하였다(〈그림 5-13b〉). 덧붙여 형식 7은 형식 4, 5와 비슷하고, 형식 9는 형식 4와 유사하며, 형식 10은 형식 5와 닮았음도 지적하였다. 비록 이렇게 새로운 형식들은 다양한 방식으로 이전에 설정된 두 가지 속들에 속하는 것 같지만, 이 새로운 형식들은 원래 속들이 포괄하였던 형태변이의 범위를 크게 확장시켰다. 마지막으로 새로운 형식들은 두 가지 더 포괄적 단위들, 곧 속들 사이의 형태적 간격에 부분적으로 다리를 놓아주는 것으로 보이는데, 〈그림 5-13b〉에 나타난 바와 같다. 1970년 야외조사를 통해서 형식 12가 설정되는 표본을 발견함으로써 이 다리는 완전히 놓아지게 된다(〈그림 5-13c〉).

〈그림 5-13〉 클래스에 대한 외연적 정의의 결과를 보여주는 그림

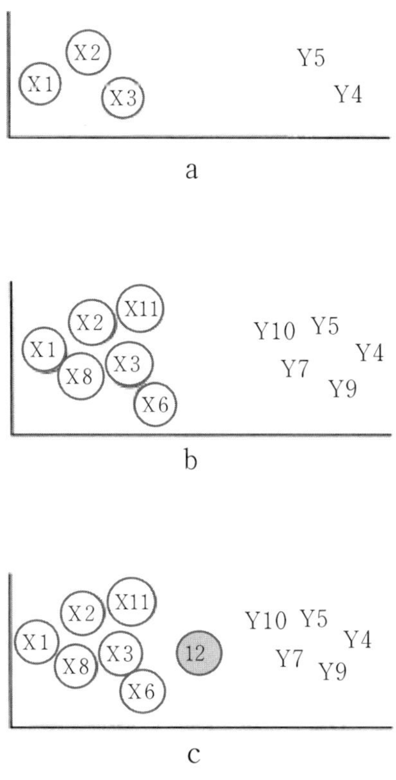

그림 a의 형식 1에서 5는 당시 이용 가능한 표본들을 통해 설정되었으며 X와 Y라는 두 속(또는 그룻)에 위치 지었다. 그림 b에서는 새로운 표본들을 통해 6에서 11까지 형식들이 설정되었으며 현존하는 속(이나 그룻)에 위치 짓게 된다. 그림 c에서 형식 12—중간 곧 전환적 형식—는 새로운 표본들을 통해 설정되었다. 이 형식이 X라는 속에 위치되어야 하는가, 또는 Y에 속하는 것인가, 아니면 새로운 속 Z가 만들어져야 하는가? X와 Y는 하나의 속 안에 한꺼번에 설정되어야 하는가? (Hazard 1998)

하자드(Hazard 1998)가 강조하고 있듯이 연구자는 형식 12의 '발견'에 대해서 몇 가지 다른 선택을 할 수 있다. 이것은 X라는 속에 들어가야 하는가, 또는 Y에 속하는가, 아니면 새로운 속 Z가 필요한가? 형식 12는 X와 Y라는 속이 실제로 하나의 속임을 암시하고 있는 것인가? 만약 그렇다면 어떤 속인가? 하자드의 논점은 단순하다. 이것 가운데 어떤 것을 선택하든지 분석자는 "X와 Y를 다시 정의하고, 새로운 표본을 설정할 때마다(여기서는 12라는 종) 암시적으로 다른 범주들은 모두 12가 아니라고 재정의하게 된다(Hazard 1998: 359). 만약 원래의 속 X와 Y가 외연적으로 정의된다면 하자드의 말은 옳으며, 위의 경우가 그렇다. 만약 모든 형식 / 종들과 그룹 / 속들이 처음부터 내포적으로 정의되었다면, 연구자는 형식 12가 추가된다고 해서 새로 재정의할 필요가 전혀 없다. 오히려 연구자는 단순히 이전에 공란으로 남아 있던 클래스, 다시 말해 이전에는 실제 구성원을 가지지 못하였던 클래스의 구성원(내용물)을 찾게 되는 것이다.

〈그림 5-13〉에서와 같이 시간을 왼쪽에서 오른쪽으로 수평 축을 따라 흐르는 것으로 도표화하면서 굴드가 지적하였던 형태공간을 파악하는 문제를 확실히 하고, 빈센트 매글리오(Vincent Maglio 1971: 371)의 언급을 살펴보자. 그는 "계통이 잘 알려져 있고 형태적 중복이 클 경우 아마도 많은 부분들에 종이나 아종 명칭을 부여하기보다는 형태들의 연쇄 선상을 따라 비정규적 단계들을 만드는 것이 나을 것이다"고 하였다. 매글리오의 논점은 합당한 것인데, 고생물학의 궁극적 목적은 "화석 분류군을 인지하고 계통적 연속체의 아주 작은 부분들에까지 형태적 용어들을 부여하는 것은 아니다"고 하였다. "이와 대조로 긴 시간의 흐름 속에서 추적될 수 있는 것은 바로 진화적 단위들의 확립이며, 이를 통해서 폭넓은 진화적 현상들을 연구할 수 있는 것이다"(Maglio 1971: 372). 우리는 매글리오의 말에 동의한다.

굴드(Gould 1995a)는 형태공간 측정의 문제를 풀 수 있는 길이 있음을 주목하고 있다. 그것은 바로 이론 단위(클래스)를 사용하는 기법을 필요로 하는데, 마이크 푸트(Mike Foote 1993a, 1993b, 1994, 1997b 및 이 글의 참고문헌)라는 생물사학자가 쓴 일련의 논문에 서술되어 있다. 이런 식의 형태공간을 측정하는 방법은 표본들에 대한 분류학적 명칭을 그대로 유지하면서도 다차원적 형태공간에서의 분류학적인 "다양성"(풍부도)을 비교할 수 있게 해준다. 이것은 분류학적 단위들 안에서 그리고 그것들 사이에서 일어나는 변이를 한꺼번에 추적하게 해줌으로써 진화적 과정에 대한 통찰 또한 주고 있다(Foote 1993a, 1993b; Gould 1993).[12] 따라서 연구자는 ① 분류학적 다양성의 감소(이것은 형태학적 안정성과 일치된다), ② 형태학적 불균등성의 감소로 표현되는 적응 방산(*adaptive radiation*) 및 (반드시 그런 것은 아니지만) 분류학적 다양성의 증가, 그리고 ③ 그와 같은 다른 현상들을 추적하고 파악할 수 있게 해준다. 예를 들면, 분류학적 다양성이 낮은 것이 형태적 불균등성이 높은 것과 일치되고, 분류군 내에서의 형태학적 불균등성이 감소하면서 분류학적 다양성은 증가한다는 것은 제약이 증가하였고 발달에 융통성이 낮아졌음을 암시하게 된다(e.g., Foote 1994). 우리는 바로 이 문제에 대해서 나중에 다시 논의하겠다.

3) 클래스와 척도

이론 단위로서 구성된 클래스를 사용하면 다양한 척도에서 변화를 파악할 수 있다. 연구자는 특정 속성들의 클래스(한 클래스에만 해당된 속성인지 아니면 여러 클래스들이 공유하는지 하는 문제와는 상관없이)의 빈도에서 나타나는 변화를 추적할 수 있다. 이와 비슷하게 연구자는 개별 유물 클래스들의 군집이라는 클래스의 빈도 상의 변화도 추적할 수 있다. 고고학자들은 전자에 대해서는 상당히 잘 인식하고 있지만, 아마도 후자에 대해서는 별로 그렇지 못한 것 같다. 우리는 그 이유를

12) 이런 통찰로 이끈 주장들에 대한 개괄적 논의는 McShea 1993을 참조. (원문)

고고학자들이 부족사회, 족장사회와 같은 인류학적으로 지각된 큰 규모의 단위들을 사용했기 때문이라고 생각한다.

많은 고고학자들이 문화진화를 설명하려고 함을 고려할 때 기본설계(*Bauplan*)[13]라는 종보다는 큰 단위를 의미하는 생물학적 개념을 사용한 고고학자도 있었다는 사실은 그리 놀랄 일이 아니다(e.g., Rosenberg 1994, 1998; Spencer 1997). 생물학에서 '기본설계'라는 개념은 기본적 구조를 말하는데, 이것을 "비교 해부학자들은 형태형식(*morphotype*)이라 부른다"(Mayr 1988: 109). 이 개념은 벌써 19세기에 등장하였는데, "동물들을 가장 단순한 것에서 가장 완벽한 것에 이르기까지 부드럽게 이어지는 연속적 연쇄를 사용하여 배열할 수 없고, 그 대신 척추동물, 곤충, 조개류와 같은 제한된 수의 개별 형식들이 인지될 수 있다"고 생각하였다(Mayr 1988: 405~406; Hall 1996도 참조). "포유류 '기본설계'를 예로 들면, 포유류라는 기본적 구조에는 아무런 본질적 변화도 없이 고래, 박쥐, 두더지, 기본(긴팔원숭이), 말과 같은 놀랄 만큼 기능적으로 상이한 형식들이 진화하였다"는 것이다(Mayr 1982a: 468).

로젠버그(Rosenberg 1994: 320)는 하나의 문화적 기본설계를 본질적 생물체의 디자인, 관념 체계, 그리고 중심 상부구조적 요소로서 정의한다. 이 생각을 토대로 "하나의 문화는 그 '기본설계'가 체계론적 통일성을 유지하기만 한다면 문화로서 존속한다"고 주장하는 것이다(Rosenberg 1994: 320). 스펜서(Spencer 1997: 235)는 족장사회나 국가사회라는 범주들은 사회정치적 기본설계의 예이며, 많은 인류학자들은 "족장사회의 형태가 존재한다는 것은 발달 궤도 상 초기 또는 시원국가가 등장하기 위한 선결조건"이라는 데 동의할 것이라고 말한다.

우리는 이런 인류학적 생각을 차용하는 것에는 크게 두 가지 문제가 있다고 생각한다. 첫째 문제는 다시 두 부분으로 이루어져 있는데, 다

---

13) 옮긴이 주 — 'Bauplan'을 '기본설계'라 번역한 《진화학》(M. W. Strickberger 저, 김창배 외 역, 2004, 월드사이언스)을 따랐다.

음과 같은 질문에 달려 있다: 사회정치적 기본설계의 고고학적 내용이란 무엇인가? 분명하고도 이론에 근거한 대답이 없이는 우리는 고고학자들이 스스로 족장사회와 국가사회와 같은 단위들에 겨누어진 비판들(Leonard and Jones 1987)에 노출되어 있음을 알게 될 것이라고 본다. 레오나드와 존스의 논점은 사회문화적 '기본설계'라는 것은 현존 문화들을 바탕으로 외연적으로 정의된 단위들인데, 아주 많은 다양성을 포괄하고 있어 분석적으로는 별로 쓸모가 없다는 것이다. 이것은 한편으로 고고 자료를 민족지와 비슷한 것으로 복원하기 위해서는 형상적 유추를 사용할 수밖에 없음을 말하고 있으며, 다른 한편으론 변이를 파악하는 데 쓰이는 족장사회나 국가사회와 같은 민족지적 단위들이 가지는 비이론적 성격을 강조하는 것이다.

기본설계라는 개념을 차용하는 데 두 번째 문제는 다윈의 공통 자손에 관한 "이론은 엄격하게 위계적 이론이다"(Mayr 1989: 153)는 사실에 근거한 것이다. 기본설계라는 것은 대규모의 위계적 단위로서, 다양한 수준의 포괄성을 가질 수도 있다. 다시 말하면 기본설계의 분류학적 수준은 변할 수 있다. 인류학적 연구들은 '기본설계'가 가지는 척도나 수준에 대해서 적절한 고려를 하지 않고 사용하였던 것이다. 따라서 우리는 족장사회나 국가사회 같은 민족지적 단위는 본질론적 종류에 불과함을 우려한다. 이런 본질론적 존재론에 갇혀 있는 고고학자들은 이론을 바탕으로 하지 않고, 자료로부터 외연적으로(귀납적으로) 끌어온 분석적 단위들을 만들어내고자 하였던 것이다(Lyman and O'Brien 1997, 1998; Lyman et al. 1997b).

유물론적 존재론 아래 관념 단위를 사용하면 기본설계와 같은 단위들이 문화적 분류체계에 있어 포괄적인 위계적 단위로서 유용할 수도 있다. 이것이야말로 그 개념이 생물학에서 고안된 목적에 부합되며, 따라서 연구자는 척추동물 기본설계, 이보다 덜 포괄적인 포유류 기본설계, 그리고 심지어 더 낮은 단계의 설치류 기본설계와 같은 것들을 논의할 수 있는 것이다(Hall 1996). 그러나 반드시 유념하여야 할 중요한 논점은 기본설계가 그 어떠한 수준의 포괄성에서도 인치나 센티미터와 마찬가지로 관념 단위라는 사실이다. 그것은 바로 측정의 단위이지 그 이상의 것은 아니며, 현상으로부터 외연적으로 끌어오는 것이 아니라 이론을 바탕으로 구성되어야만 한다. 생물사학자들은 특히 그런 단위들을 유용하다고 보는데(Foote 1996과 이 글의 참고문헌 참조), 고고학자들도 그것이 관념 단위임을 유념하기만 한다면 마찬가지로 유용하다고 판단하지 않을 이유가 없다. 관념 단위임을 유념하지 않는다면, 그 문화적 기본설계라는 것은 중서부분류체계를 지금에 와서 다시 표현하는 것 이상은 되지 못할 것이다.

4) 다른 종류의 단위들

많은 비판자들은 우리가 논의하는 진화고고학이 문화진화의 중요한 추동력인 문화전수를 제대로 고려하지 못하였다고 말한다.[14] 그런 비판들은 데이비드 헐(David Hull 1980, 1981b, 1982, 1988)이 개발한 일련의 논리를 따르면 쉽게 벗어날 수 있다. 헐은 생물학에서는 아주 논란이 되는 이슈인 선택의 단위 또는 진화의 단위라고 일컬어지는 문제에 관해서 논의하였다(e. g., Sober and Wilson 1994와 이 글의 참고문헌 참조). 라차드 리원틴(Richard Lewontin 1970)은 대체로 속, 생물체, 군체(群體, *colonies*), 집단, 종, 군집(群集) 같은 그 어떤 척도의 생물학적 단위들일지라도 선택과 진화의 단위가 될 수 있다고 주장한 바 있다. 헐(Hull 1980: 311, 1981b: 41)은 집단 선택에 대한 논쟁들 때문에 이런 "전통적인 구조적 위계"를 사용하는 데는 문제가 있음을 지적하였다(e. g., Williams 1966). "현재의 주된 관점은 유전자는 돌연변이하며, 선택은 개별 생물체에 작용하고, 종(種)이 진화한다는 것이다" (Hull 1981b: 23). 유전자가 하나의 전수 단위 — 염색체나 염색

14) e. g., Boone and Smith 1998; Schiffer 1996; Spencer 1997; 특히 Lyman and O'Brien 1998에 있는 논쟁 참조. (원문)

체의 많은 부분들—임은 명백하며, 전형적으로 선택이 작용하는 단위인 표현형이 하나의 생물체 또는 생물체의 집단인 사례도 있다(e. g., Mayr 1963: 184). 그렇다면 이슈를 다시 고려하여 이런 종류의 문제들을 해결할 수 있을까?

진화는 유전과 복제를 요하기 때문에 "차별적 복제"(*differential replication*)라는 개념으로 자연선택에 접근할 수 있다. 선택은 실재물들이 주변 환경을 성공적으로 맞아 생존하고 생식하는 경우에 작용한다. "전자와 후자 두 가지 과정은 모두 자연선택에 의한 진화가 일어나는 데 필수적인 것들이다. 대부분의 경우 상이한 수준의 조직을 가지는 실체들은 이런 두 가지 기능을 모두 수행한다" (Hull 1981b: 26). 선택과 진화의 단위들에 관한 문제는 이제 헐(Hull 1980, 1981b)이 논의한 바와 같이 척도의 문제가 되는 것이다. 헐은 그 문제를 해결하기 위해서 두 가지 기본적 종류의 단위들을 척도를 적시하지 않고 구분하였다. 또한 복제자(*replicator*)를 "복제를 통해 그 구조가 직접적으로 전수되는 존재물"이라 정의하였으며, 상호작용자(*interactor*)를 "응집된 전체로서 환경과 직접적으로 상호작용함으로써 차별적 복제를 낳는 실체"라고 정의하였다(Hull 1980: 318; Hull 1981b: 33 역시 참조). 그렇다면 이 두 단위는 "두 가지 서로 상이한 기능"을 가지고 있는 것이 된다(Hull 1981b: 30). 진화적 변화의 시각에서 보았을 때 "상호작용자의 상대적인 성공 때문에 복제자의 구조는 차별적으로 존속하게 된다"(Hull 1981b: 41).

헐은 계속하여 ① "복제자들은 스스로를 직접 복제하지만 환경(계속하여 더욱 포괄적이 된다)과는 간접적으로만 상호작용한다. 상호작용자는 효과적 환경에 직접적으로 상호작용하지만 흔히 스스로를 간접적으로만 복제할 뿐"(Hull 1980: 319)이며, ② 오직 복제자의 구조만이 존속하는데, 복제자로서 기능하는 데 필요한 것은 이것뿐"이라고 지적한다(Hull 1980: 320). 여기서 헐은 복제의 정확성은 '구조'에만 해당하는데, "물질적 정체성이나 광범위한 물질적 중복은 모두 복제의 정확성에 전혀 필요 없는 것이다"고 한다. 또한 ③ '선택'이라는 것은 "차별적 절멸 및 상호작용자들의 증식으로 복제자들의 차별적 존속을 일으키는 과정"이라 정의할 수 있게 되며(Hull 1980: 318), ④ 하나의 '계통'(*lineage*)이란 "복제와 상호작용의 결과 시간의 흐름에 따라 무한정하게 변화하는 실체"이다(Hull 1980: 327). 여기에서 "선택이 일어나기 위해서는, 비슷한 존재물들만이 있는 것으로는 부족하고, 시공간적 존재물들의 연쇄만으로도 할 수 없으며, 반드시 시공간적 복제의 연속이 필요하다"(Hull 1981b: 31~32). 마지막으로 ⑤ 복제자들과 상호작용자들은 각각 많은 척도에서 구체적으로 적시될 수 있는데(사례 목록으로는 Brandon 1990: 97 참조), "한 복제자는 수많은 복제를 통해서 구조를 유지하기 위해 충분히 작아야만 하며, 그럼에도 유지할 만한 구조적 유형들을 가질 만큼 충분히 커야 한다"(Hull 1981b: 32). 나중에 헐은 다음과 같이 주장하였다.

> 유용한 단위로 진화를 연구하는 데 "적절한 수준(척도를 말한다)들은 관습적으로 생각되듯이 유전자, 생물체, 종이 아니라, 복제자, 상호작용자, 계통이다. 진화를 위계적 과정으로 볼 필요가 있다. 이슈는 바로 이런 위계의 특징이다. 나의 주장은 자연현상들을 복제자, 상호작용자, 계통들로 서로 다르게 구분할 경우, 유전자, 생물체, 종으로는 알 수 없었던 규칙성들을 찾을 수 있다. (Hull 1988: 26)

헐의 생각(Hull 1980, 1988)은 많은 사람들에게 인정을 받았다(e.g., Brandon 1990; Mitchell 1987). 하지만, 당시 생물학, 생물철학에서 얼마나 인정되었는지를 막론하고 확실히 진화고고학에서는 유용한 측면이 있다. 복제자와 상호작용자들은 모두 하나의 문화특질이라는 개념에 드러난다. 이 개념은 우리 생각에 생물사학과 고고학에 모두 중요하다. 생물사학자들은 유전자(복제자)에서 나타나는 변화가 가령 'Bison antiquus'라는 학명으로 분류되는 플라이스토세 들소 화석(상호작용자)과 'Bison bison'이라는 학명으로 분류되는 중기 홀로세 화석에 나타난다고 생각한다. 하지만 정말 그런지를 알지 못하는데, 물론 그렇게 주장하지도 않고, (화석의 종을 동정할 때 쓰이는) 하나 또는 그 이상의 복제자와 상호작용자의 형태적 속성이 서로 정확하게 일치하는지에 대해서 별다른 걱정도 하지 않지만 말이다. 이들은 다면발현(*pleiotropy*) ― 하나의 유전자가 복수의 표현형적 특질을 나타내는 것 ― 과 다원발생(*polygeny*) ― 복수의 유전자들이 하나의 표현형적 특질을 나타내는 것 ― 같은 개념을 사용하고 있기 때문에 그런 걱정을 하지 않는다. 따라서 우리는 한 '형식'의 찌르개나 토기에서 다른 형식으로 변화하는 것은 복제자 ― 어떤 이는 밈(*meme*)[15]이라 부르기도 한다(e.g., Dawkins 1976; Hull 1982) ― 에서의 변화가 상호작용자(찌르개나 토기)를 통해 나타난다고 본다(Lyman and O'Brien 1998). 그런 변화들은 찌르개 제작자의 유전장에서의 변화와 일치할 수도 그렇지 않을 수도 있는데(Neff 1998), 이는 찌르개와 토기를 만든 복제자의 단위는 생물체들을 낳은 복제자 단위들과는 다르기 때문이다. 그렇다고 해서 찌르개나 그릇을 만든 개인들의 적응도에 전혀 영향을 미치지 않았다는 뜻은 아닌데, 이 문제에 대해서는 제 8장에서 다룰 것이다. 다면발현이나 다원발생과 유사한 문화적 과정들이 있다는 데는 아무런 의심도 없지만(e.g., Heyes and Plotkin 1989), 우리는 어떤 특수한 문화적 속성이 특정한 복제자를 정확하게 반영할 것이라 기대할 수는 없다. 우리가 알아야할 것은 복제자와 상호작용자는 서로 다른 종류의 단위이며 진화에서 상이한 목적을 가지고 있다는 점이다.

복제자와 상호작용자라는 개념이 유용하다는 점은 두 개념이 척도(*scale*)를 명시하지 않으면서도 '전수의 단위'와 '선택이 직접적으로 작용하는 단위'를 구분해준다는 사실에서도 찾을 수 있다. 선택은 시간의 흐름에 따라 하나의 개체군 내의 상호작용자 클래스들의 상대적 빈

15) 옮긴이 주 ― 영국의 진화생물학자 도킨스가 제시한 용어로서 다른 생물체에 전수될 수 있는 비유전적 문화요소를 가리킨다. 생물체의 유전자와 대응하는 것이다.

도에 영향을 미칠 것이며, 다양한 형태의 전수는 시간의 흐름에 따라 하나의 개체군 내 복제자들의 상대적 빈도에도 영향을 미칠 것이다. 물론 때로 이 두 가지 것들은 동일한 실체를 구성하기도 할 것이지만 (Brandon 1990; Hull 1980, 1981b), 이에 대해서도 걱정할 필요는 없다. 그러면 어떤 이는 유전이 완벽한 정확성을 낼 필요는 없지만 적어도 유사성을 말하는 것이라고 주장할 수도 있을 것이다. 다시 말하여 "여전히 복제의 상태를 유지하면서 어느 정도나 정확성에 융통성을 발휘할 수 있는가?"(Heys and Plotkin 1989: 150). 복제와 그 정확성의 정도를 확인하는 것은 다음 장에서 다룰 주제인데, 여기에서는 고고학이 이 문제에 대한 분석적 도구를 80년 전에 이미 가지고 있었음을 말해 둔다. 비록 대부분 고고학자들은 그런 도구를 제대로 인식하지 못하고 말았지만 말이다. 상호작용자 단위와 복제자 단위는 개념적으로 중요하며, 그런 특정 분석 도구를 사용하는 데도 아주 중요하다. 가령 특정한 유물 클래스들을 상호작용자로서 설정하면 자연선택의 원인들에 대한 가설을 수립할 수 있게 해준다(Wade and Kalisz 1990). 또 다른 클래스들을 복제자들에 해당하는 것으로 설정하는 것 역시 전수의 경로를 확인하게 해주는 것이다.

6. 단위 구성을 넘어서

패러다임식 클래스들을 구성하고 거기에 다시 그룹을 만들어내면 변이—굴드가 이야기하는 '형태적 불균등성'과 '분류학적 다양성'—를 객관적으로 측정하고, 그 변이를 시공간상에서 그릴 수 있게 된다. 그러나 단지 변이를 측정하기 위해서만 분류를 구성하는 것은 아니다. 궁극적 목적은 그 측정된 변이를 시간의 축에 배열함으로써 변화가 어떻게 일어났는지 뿐만이 아니라 왜 그런 변화가 언제 일어났는지를 이해할 수 있게 되는 것이다. 우리 생각에 고고학에서 진화적 연구의 결실은 바로 '설명'인데, 어떤 것을 진화적 측면에서 설명한다는 것은 먼저 생물체에 대한 자세한 역사와 표현형적 특성을 알아야 하는 문제이다. 고고학에서 그 표현형적 특성이란 바로 석기, 토기와 같은 유물이다. 따라서 유물들의 계보를 구성한다는 것은 진화적 과정들 — 가령 선택과 부동 — 이 그 물건들을 보유하였던 사람들에게 미친 효과들을 추적하는 것을 말한다.

다시 말하여 우리는 이런 접근이 고생물학자들이 하는 접근 방식과 별다른 차이도 없다고 본다. 비록 고생물학자들은 자신들은 대체로 완전한 생물체들을 연구하지 한 생물체가 가지는 단일한 특징만을 연구하는 것은 아니라고 주장할지도 모르지만, 우리 역시 똑같은 주장을 할 수 있다. 진화적 접근에 관심을 가지고 있는 고고학자들은 단일한 특징들만을 고찰하지는 않는다. 물론 특정 연구는 어떤 한 특징에만 초점을 맞출 수는 있을 것인데, 이는 고생물학적 연구 역시 예컨대 '말과의 치아' 진화에만 초점을 맞추어 연구할 수도 있는 것이다(e.g., MacFadden 1992). 그러나 고생물 자료와 마찬가지로 고고 자료는 흔히 표현형 가운데 단단하여 오래 살아남는 것으로만 이루어져 있는데, 때문에 두 학문 모두 완벽한 자료를 확보할 수는 없다. 만약 고생물학과 고고학의 중심 목적이 같다면 — 표현형적 특징을 분석하여 생물체의 역사를 쓰는 것 —, 이 목적을 이루기 위한 수단이 서로 상당히 유사하다고 믿지 않을 이유는 없는 것이다.

제6장

역사 계보의 확립과 검증

> 분류는 임의적 절차이다. 현상들을 분류하고 범주를 구분하는 것은 자료 자체에 내재하는 어떤 "진실"을 확인하는 것이라기보다는 자료에 대한 분류자의 태도를 반영하는 것이라고 할 수 있다.
>
> 우리는 주된 분류체계적 도구로서 문화 "분기"를 설정하면서 문화는 시간의 흐름에 따라 변화한다는 기본 가정을 토대로 작업을 하고 있다. 문화 분기란 연속적 시간의 흐름 속에 존재하던 물질 및 비물질적인 것으로서 문화 형태들을 파악하고 기술하는 수단이다. … 우리는 분기들이 각기 나름대로의 내용을 가진 것으로 정의하였다. (Willey 1949: 3)

시간의 흐름이 연속적이라는 사실을 이해하기 위해서는 반드시 유물론적 인식론에 귀의해야만 하는 것은 아니다. 고고학자들은 언제나 이 사실을 잘 알고 있었는데, 이는 대부분의 고고학자가 정도는 다를지라도 분류란 모두 임의적 구성물임을 인식하고 있는 것과 마찬가지이다. 때로, 가령 알버트 스폴딩이 지적하였던 토기형식의 사례와도 같이, 몇몇 단위는 임의적인 것이 아니라고 주장하였던 고고학자도 있었지만, 사실 대체로 소수의 의견이었을 뿐이다. 물론 그렇다고 해서 모든 고고학자들이, 가령 단위의 임의성이란 문제에 대해, 제임스 포드와 같은 의견을 가졌다는 말은 아니다. 다만, 대부분의 연구자는 위에 인용되어 있는, 고든 윌리가 1942년에서 1948년 사이에 쓴 '플로리다 걸프해안의 고고학'이라는 글에서 언급한 논평에 별다른 이의 제기를 하지 않을 것이다(Willey 1949). 윌리의 지적과도 같이 시간의 흐름은 연속적인데, 고고학이 단순한 지적 훈련을 넘어서 그 이상의 무엇인가를 하고자 한다면 대상을 단위들로 쪼개어 연구할 필요가 있다. 그런데 이 시간의 연속체 자체에는 자연스럽게 분절되는 입구가 없다는 단순한 이유 때문에 멀리 떨어져 연구할 수밖에 없다. 다만, 어떤 지점에서 은유적으로 그 흐름을 막아 인위적 조각들을 만들어낼 수 있을 뿐이다. 그러나 이런 작업에는 다음과 같은 성가신 문제가 있다. 고고학적 사례들에서 그런 조각들은 마치 실재하는 양 보인다는 것이다. 비록 우리들 대부분이 임의적 사물과 실재하는 사물 사이의 차이를 이해하여 잘 알고 있다할지라도, 실제로 고고학적 연구를 수행할 때 그 둘은 뒤죽박죽이 되고 마는 것이다.

켄트 플래너리(Kent Flannery 1986: 506~507)가 이 문제에 대해서 멕시코 와하카 밸리 힐라나키츠(Guilá Naquitz)라는 선토기 시기 유적에 대한 조사를 인용하면서 했던 다음과 같은 말을 살펴보자. 여기에서 플래너리가 말하는 곡선들이란 고고 자료에서 재배 곡물의 출현 전후에 수렵채집 집단의 효율성에 대한 시뮬레이션 그래프들이다.

> 인류학자로서 우리는 정말 알고 싶어 하는 것은 이러한 곡선들이 만들어진 과정들이라고 주장한다. 우리는 프로젝트 계획서에서 "선농경 적응"이라든지, "전환점에 다다른" 농경, 그리고 "새로운 적응 안정기를 이룬" 고대 문화와 같은 주제들에 대해서 이야기하고 있다. 때문에 어떤 이는 이러한 항목들이 우리의 토기 편년에서 크게 굴곡하는 지점들로 나타날 것이라고 기대할지도 모른다. 우리는 "힐라나키츠 E는 곡선에서 가장 높이 올라가는 지점 근처, 곧 정상의 평탄한 곳 바로 전에 해당하는데 반해, 힐라나키츠 D는 그런 상승 곡선들이 이루어놓은 안정된 평면 위에 위치한다"는 식의 진술을 기대할지도 모른다. …
>
> 정말로 그런 것들을 의미할까? 그렇지는 않다. 그 대신 우리는 사실 찌르개의 양식에 바탕을 둔 고고학적 단계들만을 가지고 있을 뿐이다. …
>
> 따라서 와하카 밸리와 테우아칸 밸리에서의 식물 채집, 시원적 재

> 배, 그리고 선토기 시기 농경의 점진적 발달에 대한 전반적 편년은 사슴을 사냥하는 도구의 양식적 변화에 근거하여 시간대를 쪼갠 것에 불과하다. … 때문에 우리는 다음과 같은 역설에 부딪히게 된다. 곧, 우리가 기록하고 싶어 하는 과정들은 일련의 기호논리학적 곡선들로서 나타나는데 반해, 우리의 편년들은 그러한 과정들과 거의 또는 전혀 관련이 없어 보이는 유물들의 양식적 변화에 바탕을 둔 선형의 단계들로 구성되어 있는 것이다. … 이렇듯 진화적 연쇄가 양식적 단계들과 연결되어 있는 한, 우리는 이 딜레마를 해결할 수 없을 것이다. (Flannery 1986: 506~507)

플래너리의 언급은 "유물론적 역설" — 그가 이 용어를 실제 사용하지는 않았지만 — 을 잘 요약해주고 있다. 곧, 고고학자들은 (문화)진화에 관한 이슈들을 연구하고 싶어 하지만, 대부분 부적절한 단위들에 의존한다. "선농경 적응"이나 "전환점에 다다른" 농경, "새로운 적응 수준을 이룬" 고대 문화와 같은 용어들을 접하면, 적응 수준과 같은 용어가 진화이론의 영역에 속하는 것이기 때문에 선택이나 부동(표이)과 같은 진화적 메커니즘에 관한 논의가 있을 것이라는 기대를 할 수도 있을 것이다. 심지어 고고학자들이 생물학자들만큼 진화이론의 용어에 익숙하지 않다고 해도, 적어도 글 어딘가에는 라이트(Sewall Wright 1931, 1932)가 말했고 심슨(George Gaylord Simpson 1944)이 유행시킨 적응 정점(*adaptive peak*)이라는 개념[1]이 등장할 것이라는 기대도 할 수 있다. 만약 어떤 고고학자가 그런 개념을 채택하였다고 한다면, 라이트와 심슨의 연구를 떠받치고 있는 이론 체계로서 "적응적 안정기"란 개념을 고고학에 적용한 사례 연구가 되었을지도 모른다. 그러나 인간을 단순히 어떤 목적을 추구하는 생물체로 본다면, 농경과 같은 것은 필요의 산물이라고 인식될 것이다. 이런 생각은 사람

1) 옮긴이 주 — 개체군들의 자연환경적 서식지대를 의미하는 개념으로 적응정점이란 적응도(*fitness*)가 가장 높은 상태에 있는 경관을 나타내는 말이다. (제 2 장 참조)

들의 머릿속에 무의식적으로 자리하고 있다고 하겠다. 이러한 인식에서 농경의 기원을 찾는 일은 어떤 특정한 곡물이 궁극적으로 사람에 의해 재배되는 쪽(또는 그 반대의 방향)으로 가는 노정이라는 정향진화적인 과정을 해명하는 작업이 된다(O'Brien 1987; O'Brien and Wilson 1988; Rindos 1984).

우리는 플래너리의 입장을 훼손할 생각은 없지만, 유물의 양식적 변화와 기호논리학적 곡선을 연결시키는 데 아무런 문제가 없음을 지적하고자 한다. 사실 역사적 연쇄들을 구축하고자 할 때는 이 점을 확실히 할 필요가 있다. 우리는 플래너리가 이 점에 대해서 동의할지 의문이 든다. 오히려 플래너리는 그 시점에서 고고학적 작업을 멈추어야 함을 시사하고 있는 것이다. 대부분 편년들은 유물군 사이의 유사성과 차이들(측정된 것이 아니라 대부분 지각된 것) 에 바탕을 둔 일련의 수직적(시간의 흐름에 따른) 단위들—단계, 문화, 기 등—에 불과하다. 이러한 단위들은 경우에 따라서는 유용한 요약 장치가 되기도 하지만, 변화를 파악하기에는 부적절한 단위들이기 때문에 진화이론적 연구에는 거의 쓸모가 없다.

그렇다면 어떻게 하면 더 잘 연구할 수 있을까? 한 가지 방법은 변화를 파악할 수 있도록 고안된 단위들—패러다임적 클래스들이나 이런 틀을 바탕으로 만들어낸 그룹들과 같은 단위들—을 사용하는 것이다. 이쯤 되면 우리는 클래스의 틀에서 만들어지는 그룹들은 기표(*significata*)에서 동일한 표본들을 포함한다는 점을 확실히 해야 할 필요가 있다.[2] 그리하여 우리는 한 그룹의 어떤 하나의 표본이 가지는 시공간적 위치를 통해서 그룹의 어떤 한 기의(*denotatum*)가 다른 것과는 다른 모습을 띠고 있음을 확인하게 되는 것이다. 우리가 지금까지 살펴보았듯이 이것은 실제로 '외연적으로 정의된 형식'을 사용해서는 불가능한 일이다. 만약 시공간적 변이를 추적하는 데 탁월한 방법이

---

2) 옮긴이 주—클래스와 그룹과 같은 고고학에서 분류 및 분석 단위를 만들어내는 방법에 대한 자세한 논의는 5장을 참조.

있다고 한다면, 고고학자들 대부분은 그런 방법을 채택할 것이다. 하지만, 문제는 변이를 조사할 때마다 새로운 장치를 고안하지 않아도 되도록 모든 연구자들이 동일한 체계를 사용하게 만드는 것이다. 측정에서 일관되지 않으면 결과도 상호 비교할 수 없다. 형식들이 먼저 구축되어야 하는 이유 중 하나는 연구자들 사이의 의사소통을 수월하게 함이지만, 외연적으로 정의된 형식들은 아주 일반적 수준을 제외하고는 비교성이 결여된 것들일 뿐이다. 분류가 얼마나 광범위하든 아니면 국지적이든 상관없이 변화를 객관적으로 그리고 반복할 수 있게 측정하는 방법이야말로 변화에 대한 모델들을 만들어내는 첫걸음이라 할 것이다. 우리는 단지 '차이'가 아니라 '변화'에 관한 개념은 전승(계통)의 연속이라는 개념을 필요로 하기 때문에 이런 변화에 관한 모델들을 '역사 계보'라 부른다. 이 개념들에 대해서는 우리가 논의를 시작하면서부터 아주 분명하게 해두었던 것이다.

1. 전승의 연속으로서 생물학적 계보

우리는 '계보'[3]를 전승의 존재 때문에 일어난 '변화의 선'이라고 정의한다. 다윈(Darwin 1959)의 유명한 문구를 빌리면, 그러한 진화의 선은 "변이가 따르는 계통"을 띠게 된다. 자손격인 현상이 조상격인 것과 유사한 것은 둘 사이의 유전적 연결 — 전수 — 의 결과이다. 복제의 충실성이 있으며, 결과적으로 새끼는 어미를 닮는다. 따라서 두 사물이 유사하면 유사할수록, 그리고 더 많은 특질들을 공통으로 가지고 있을수록, 둘은 더 가깝게 연결되어 있다고 생각되는 것이다. 반대로

3) 옮긴이 주 — 생물학에서 'lineage'라는 용어가 '혈통', '가계' 등으로 번역된다. 그러나 생물학뿐만 아니라 고고학적 논의까지 포괄하기 위해서는 계통이나 계보라는 말이 적절할 것 같다. 여기에서는 계통(*phyletic*, *phylogeny*)에 해당하는 다른 원어가 있기 때문에 '계보'라는 말로 번역하였다.

둘이 서로 다를수록 멀리 떨어져 있다고 생각된다. 그러나 이미 살펴보았듯이, 심슨(Simpson 1961)을 비롯한 연구자들(e. g., Mayr 1981)은 여기에서 주의할 필요가 있다고 하였으며, 우리는 두 사물이 비슷하기 때문에 서로 관련되어 있다는 식의 해석이 가지는 함정에 빠지지 말아야 한다. 다만 그 같은 생각의 근저에는 두 사물은 계통발생적으로 연관되어 있기 때문에 유사하다는 관념이 있음을 명심해야 한다. 때문에 굴드(Gould 1991b: 414)는 "시간의 흐름에 따른 분지와 형태학적 차이는 서로 다른 이슈〔분지론(*cladistics*)[4]과 표현론(*phenetics*)의 차이〕"라고 하였는데, 옳은 말이다. "시간의 흐름에 따른 분지라는 것은 분류군 사이의 '관계'에 대한 분지학적 요소를 말하며, 형태학적 차이라는 것은 표현론적 요소이다"(Gould 1991b: 414).

요컨대, 우리는 '전승의 연속과 유사성'으로 다루어져야 할 두 가지 이슈들을 이야기하고 있다. 그러나 그 전에 논의의 전개를 위해 두 가지 개념을 먼저 소개할 필요가 있다. 계통발생적 역사를 쓰고자 하는 생물학자들은 전승의 연속을 두 가지 척도로 생각한다. 첫째, 종을 구성하는 개체들 사이의 유전적 전수를 고려할 때 어떤 특정 종에 속한다고 판단되는 각 화석 표본들은 유전적으로 연속적이어야 한다. 우리는 이것을 '형식 / 종의 척도에서 전승의 연속'(유전과 전승에서 기인한 연속성)이라 부른다. 둘째, 동속(同屬)의 종들 — 다시 말해, 동일한 속에 속하는 별개의 종들 — 은 전승의 연속을 나타내는데, 이는 유전적 전수와 함께 이 경우 공통의 선조로부터 진화적으로 분지했기 때문이다〔동일한 원칙이 동과(同科)의 속 등에도 계속 적용된다〕. 우리는 이것을 '전통/계보의 척도'에서 전승의 연속이라고 부른다.

---

4) 옮긴이 주 — 원어 'cladistics'는 경우에 따라 '분지론', 또는 '분기론'으로 번역된다. 이 글에서는 《이것이 생물학이다》(마이어 지음, 최재천 외 옮김, 몸과 마음, 2002)의 사례를 따라 모두 분지라는 말을 사용하였다.

1) 생물세계에서의 전승의 연속

계통발생적으로 관련된 생물체들의 유사성은 유전적 전수를 통한 복제의 결과이다. 생물체들은 생식 중에 유전적 인자를 전수하면서 어미와 정확히 일치하는 복제본으로서 자손을 만들어내기도 하고(무성생식), 또는 부모의 특질을 가진 자손을 낳기도 한다(유성생식). 생식은 어느 정도 충실하게 이루어지기에 자손은 유전적으로 그리고 표현형적으로 부모와 아주 유사하거나 또는 동일하다. 시간이 흐르면서 전수상의 실수, 돌연변이, 재조합 등으로 말미암아 하나의 개체군(또 종)을 구성하는 생물체들은 변화하게 된다. 이러한 변화들은 한 세대에서 다음 세대에 이르는 시간 단위로는 추적할 수 없겠지만, 충분한 시간이 흐른 뒤 계보의 양끝에는 서로 생김새가 다른 개체들이 있음을 알게 된다. 물론 계보에서도 서로 가까운 세대는 실제로 거의 동일하지만 말이다. 제 4장에서 살펴보았듯이, 만약 연속된 계보상의 두 지점에 있는 개체들이 충분히 다르다면, 이것들을 두 개의 다른 '연대종'으로 설정할 수도 있을 것이다.

고생물학자들은 연구대상 화석 유기체들이 바로 몇 센티미터 위 또는 아래의 층에서 나타나는 분류학적으로 유사한 화석 유기체와 상호 생식하였는지를 판단할 길이 없다(Pearson 1998b; Rose and Bown 1986). 다시 말하여, 고생물학자들은 얼마나 많은 생물학적 종들이 들어 있는지를 확실하게 가려낼 수는 없다. 심슨(Simpson 1943: 174)은 이런 문제에 대해서 그리 대단한 걱정을 하지는 않았으며, 대신 유전적으로 연관된 형태들의 시간적 연쇄—하나의 계보—가 하나의 '시간 연속변이'(*chronocline*)를 구성한다고 보았다. 몇몇 고생물학자들은 이런 임의적인 시간 연속변이의 조각들을 "연대 종"이라 부르기도 한다. 만약 연속변이(*cline*)가 넓은 지리적 공간에서 확인된다고 하면, 이것은 심슨의 용어로는 '공간 연속변이'(*chorocline*)가 된다. 그렇다면 어떻게 몇 개의 종을 구성한다고 생각되는 일련의 화석 조합들에서 계보를 추적할 수 있을까?

개체군을 구성하는 개체들의 이동으로 말미암아 지속적으로 변화하는 종의 구성은 종의 진화를 이끌 뿐만 아니라 우리에게 진화적 경로를 복원하게 해주는 흔적 — 형태변이 — 을 남긴다. 계보를 맞추고, 진화적 변화의 속도를 측정하며, 변화를 일으키는 과정을 이해하는 것이야말로 생물사학의 본질적 주제인 것이다. 역사 계보를 추적하기 위해 고안된 구체적 방법과 기법들의 핵심적 내용은 생물체의 형질 상태에서 보이는 유사성과 차이들을 확인하는 데 집중되어 있다. 형질 상태(우리는 속성 상태라는 말도 쓸 것이다)라는 것은 하나의 형질 또는 차원의 상태를 의미한다. 어떤 특정 시점에서 한 종의 모든 생물체들이 예를 들어 다섯 발가락을 가지고 있는 것이 있다고 할 때, 이어지는 세대에서는 여섯 개를 가진 것이 있을 수도 있다. 그러한 변이의 출현은 바로 "발가락 숫자"라는 형질 상태에서 나타나는 변화가 된다. 이 단순한 형질변화도의 사례는 형질들에서 나타나는 측정 가능한 변화 — 한 상태에서 다른 상태로 변동하는 것 — 가 시간의 흐름을 기록하고 화석 자료를 이용하여 층들을 시간적으로 상응시키는 데 유용함을 보여준다(e.g., Eldredge and Gould 1977).

그러나 전반적으로 생물사학자들은 한 계보 안에서의 시간 변화를 측정하게 해주는 표본들의 순서를 만들어내는 데 관심이 있다. 곧, 생물사학자들은 단순히 형태들의 역사적 연쇄를 만들어내고자 하지는 않는데, 이런 작업은 층위를 이룬 퇴적층에서 표본들의 상호 누중된 연쇄를 통해서 얻어질 수 있는 것이다. 오히려 생물사학자들은 그 같은 시간적 '연쇄'뿐만 아니라 '전승의 연속의 선'을 얻고자 한다. 다시 말해, 그런 '선'은 유전적 전수의 결과 서로 관련을 맺은 표본들을 바탕으로 하여야 하는 것이다. 생물사학자들은 유전자에서의 변화를 추적할 수 없기 때문에, '연관성'을 평가할 때 상사적 형질과 상동적 형질을 구분한다. 상사적 형질은 두 개나 그 이상의 생물체들이 가지고 있는 형질들이 비슷한 목적을 수행하는 것이지만, 공통의 선조로부터 진화된 것은 아니다. 새와 박쥐는 날개를 가지고 있으며 날개를 가졌다는 형질은 공통된 성격이지만, 새와 박쥐의 관계는 아주 멀 뿐만 아니라 날개가 발달하기 훨씬 이전에 공통의 척추동물 선조로부터 이미 분지하였기 때문에 새와 박쥐를 두 개의 상이한 분류학적 집단으로 구분한다. 따라서 새의 날개와 박쥐의 날개는 상사적 구조이며, 짧게 말해 상사라고도 한다. 이것은 서로 진화상 분지한 뒤 두 계보 안에서 '독자적으로' 진화하였기 때문에 계보들을 복원하는 데 전혀 유용하지 않다. 새와 박쥐는 형질상 날개를 공통으로 가지고 있지만, 그 형질의 '상태'—자세한 골격 구성이나 해부학적 구조—는 두 집단 간에 차이가 있다.

상동적 형질, 또는 간단히 상동은 두 생물체가 역사적으로 하나의 계보를 가지면서 시간적으로 '이월'된 것이라면 전승의 연속을 추적하는 데에 유용하다. 예를 들면, 다른 범주에 위치하는 동물들과 마찬가지로 포유동물은 척추를 가지고 있다. 척추의 존재는 생물체들을 '척추동물 문'에 위치하게 하는 한 가지 기준이 된다. 척추는 포유류, 조류, 파충류, 몇몇 어류들에서 상동적 형질이며, 아주 오래 전에 이런 생물체들이 공통의 선조를 가졌음을 의미한다. 그러나 생물학자들은 상동을 언제나 이런 식으로 보지는 않는데, 앞으로 더 많은 논의를 하기 전에 학사에 대해서 짧게 살펴보고 넘어 간다. 학사를 아는 것은 심슨이 왜 두 사물은 서로 관련되어 있기 때문에 비슷한 것이라는 생각에 주의를 환기시켰는지를 이해하는 데 도움이 된다.

오늘날 흔히 인용되는 상동적 구조에 관한 정의는 다윈의 《종의 기원》 출판보다 16년 전에 나온 것이다. 1843년 리차드 오웬(Sir Richard Owen)은 상동을 "모든 형태와 기능상의 변이에서 상이한 동물들에 보이는 동일한 기관"이라 정의하였다고 한다(Panchen 1994: 40). 19세기 초의 문헌들을 자세히 분석해 보면 오웬의 상동에 관한 개념은 훨씬 이전의 논의에서 기인하였으며, 지금처럼 역사적 또는 계통발생적 유사성을 나타내기보다는 공통 또는 '원형(原型) 설계'를 대표해주는 것을 의미하는 것으로 쓰였다(Boyden 1943; Brady 1985; Hubbs 1944; Padian 1997; Panchen 1994; Rieppel 1994). 오웬은 원형적 설계, 또는 줄여서 '원형'이란 말을 이상적이고 일반적으로 원시적 형태를 의미하는 것으로 썼다(자세한 학사는 'Desmond 1984' 참조). 오웬은 후일 다양한 생물체에서 보이는 "동일한" 기관을 의미하는 동형(*homotype*)과 "일반상동"—어떤 생물체가 원형에 유사함을 가리킴—을 구분함으로써, 분명히 척도에서의 변이를 포괄하고자 하였다.

여기에서 주의할 중요한 점은 19세기 전반의 상동에 관한 생물학적 개념은 "순수한 형태적 관련 이상을 의미하지는 않았다"는 점이다(Szarski 1949: 124). 짧게 말하여 형태상 닮았다는 점—어느 정도나 닮았는지 구체적으로 적시하지 않고—은 척도를 불문하고 상동적 구조라고 생각되었다. 이때 다윈의 통찰은 왜 기관과 생물체 사이에 형태적 유사가 생기는지, 그리고 왜 린네의 분류체계가 위계적인지에 대해서 새롭고 논리적으로 인과적 설명을 제공하였다. 다윈(Darwin 1859: 206)은 "형식의 동일성이란 구조상의 기본적 유사성을 의미하는데, 우리는 이것을 동류의 유기체들에서 관찰할 수 있으며 삶의 환경과는 상당히 독립적인 것이다. 내 이론에 따르면 형식의 통일성은 계보의 통일성으로 설명할 수 있다"고 주장하였다. 이런 두 가지 짧은 문장 속에서 다윈은 상사 및 상동적 형질들을 분명하게 구분하였으며, 처음으로 상동적 형질의 존재에 대한 확실하게 과학적이고 이론적인 설명을 해주었던 것이다. 상동적 유사성은 전승의 연속에서 말미암은 것이라는 이유만으로도 역사적이라 할 수 있다. 이 점에서 상동은 다윈 이후 진화적 계통에 관심을 가졌던 생물학자들이 "특수한" 또는 "계통적"인 상동이라고 하였던 것이며, 유사성들은 공통의 선조와 함께 전승의 연속의 결과가 되는 것이다(e. g., Haas and Simpson 1946; Moment 1945; Patterson 1982; Sluy 1996). 이러한 정의를 바탕으로 1859년 이후 생물학자는 가령 '붉은가슴울새와 까마귀는 상이한 종인데도 왜 날개는 비슷한가?', '새의 날개와 박쥐의 날개는 비슷하게 보이지만 구조적으로 상이함에도 작은갈색박쥐와 큰박쥐의 날개는 왜 비슷한가?'와 같은 문제들에 대답을 할 수 있게 되었다.

2) 생물체의 유사성

다윈 진화이론은 개념적 정의를 바탕으로 특수 상동에 대한 설명을 제공하고 있다. 그러나 그 정의 자체로는 특수 상동의 사례들을 확인하는 방법이 없다. 때문에 생물학 안에서도 그 절차에 대해서 의견 불일치가 있음은 그리 놀랄 일이 아니다. 물론 결과는 반드시 검증 가능해야 한다는 데는 대체로 의견이 일치되지만 말이다(e. g., Brady 1985; McKitrick 1994). 심슨의 주의로부터 짐작할 수도 있겠지만, 생물학에서 형태적 유사성에만 의존하여서 개념을 실행할 수 있는 것은 아니다. "상동적 구조는 광범위하게 유사할 수도 또는 아주 다를 수도 있다. 그러므로 유사성은 상동에 대한 고려와는 사뭇 다른 것으로 인식되어야 한다. … 유사성 자체는 상동을 시사하기는 하지만, 상동 안에서도 상당히 많은 상위(相違)가 분명하게 나타난다. 상동이라는 개념은 유사성이나 상위의 정의 그 어떤 것과도 논리적으로 연관되어 있을 수는 없다"(Smith 1967: 101). 또는 에른스트 마이어(Ernst Mayr 1981: 511)가 말하듯이 "이른바 유사성이라는 것은 반드시 공통의 계통과 상응하여야 할 필요가 없는 복잡한 현상인데, 이는 유사성이 흔히 수렴에서 기인하여 일어나기도 하기 때문이다." 그렇다고 해서 형태적 유사성이 중요하지 않다는 것은 아니다. 반대로 그러한 "유사성은 우리가 상동을 상정하는 요인이 되는 것이다"(Cracraft 1981b: 25). 콜린 패터슨(Colin Patterson 1988: 604)의 지적대로, "형태학자들은 유사성이 부분적인 경우가 많으며, 상동을 상정하는 것은 흔히 가설에 머물러 있다." 물론 만약 가설이라면 검증 가능해야 한다.

화석 종을 인지하는 절차에 상관없이 모두 형식 / 종의 척도에서 전승의 연속을 가정하고 있다. 린네 분류체계에서 하나의 종을 명명한다는 것은 결국 (속 이상의) 모든 척도에서도 분류를 하게 되는 것임을 고려할 때, 그런 (분류체계의) 수준들 안에서도 전승의 연속이 있음을 가정하는 것이며, 따라서 전통/계보의 척도에서 전승의 연속을 시사하게 된다. 그렇다면 왜 이 두 가지 척도들을 굳이 나누느냐고 의아해할 사람도 있을지 모른다. 그것은 어떤 수준에서든지 전승의 연속에 대한 가정의 유효성은 그것을 떠받치는 계통분류체계에 달려 있다는 단순한 이유 때문이다.

크래크래프트(Joel Cracraft 1981a: 461)는 "집단들의 분류체계를 떠받치는 분류 방법론은 실제 층서적 수준에서 인지되는 많은 분류군이나 집단들의 수에도 영향을 미칠 수 있다"고 옳게 지적하였다. 가령 분류체계에서 일련의 '속'들이 실제로는 복수의 '목'에 속하여야 함에도, 불합리하게 하나의 목에 속하는 사례가 있다면, 이는 목의 풍부도를 측정하는 그 어떤 작업에도 영향을 미치게 될 것이다. 더구나 만약 어떤 한 분류군이 잘못된 위계로 설정될 경우 다른 위계들에서의 분류체계적 풍부도 역시 잘못된 결과가 나올 것이다. 마이어(Mayr 1981: 514)의 지적과도 같이 "분류에서 위계를 판단하는 것이야말로 가장 어렵고도 주관적인 결정에 따른 것이다." 생물사학자 마크 노렐(Mark Norrell 1993: 414)은 화석들을 다양한 상위의 분류체계적 위계에 설정하는 것은 "대부분의 경우 … 주관적이며 계통발생에 대한 세부적 지식과는 별 관계가 없다"고 말하기도 한다. 마이크 푸트(Mike Foote 1996: 5)는 "분류체계의 위계를 설정하는 데 작용하는 요인들은 형태학적 분지에서 분류체계적 수렴까지 아주 다양하다"고 덧붙인다. 짧게 말하여 어떤 한 계통분류체계는 반드시 계통적 역사와 분류체계적 위계 내의 위치를 다루어야 하는 것이다. 우리는 이런 문제를 연구자의 관찰장을 주의 깊게 정의한다면 어느 정도나마 경감시킬 수 있다고 본다.

이전의 논의에서 이미 분명해졌겠지만, '차별적 형질'이 존재하면 상이한 표본 집단을 정의할 수 있을 것이며, 결국 분류체계 안에서 상이한 단위의 위계에도 배열하는 효과를 낼 것이다. 계통의 역사와 분류체계적 위계 내의 위치를 다루기 위해서 잠재적으로 '차별적 형질'들 가운데 어떤 것을 골라야 하는가? 만약 우리가 계통적 관계들, 그래서 전승의 연속에 관심이 있다면, 반드시 상동적 형질에서부터 시작하여야 함은 명확하다. 그러나 그것 말고도 논의할 것이 많다.

1960년대 말 이전 생물사학자들은 선조(시원) 형질과 파생형질들에 대해 논의하였다. 진화적 혁신들은 파생적 형질들로 이루어지는데, 이것들은 정의에 따르면 선조가 되는 형질들보다 시간적으로 늦게 발생한 것들이다. 여기에서 중요한 파생된 형질들은 특수한 종류의 상동으로서, 공통 파생형질(*synapomorphy*)이라 불린다. 공통 시원형질(*symplesiomorphy*)은 또 다른 종류의 상동이지만, 계통발생을 수립하는 데 이용되는 것은 아니다. 후자는, 위에 예시한 척추와 같은 것은 상동적이며, 모든 척추동물들이 연관되어 있음을 시사하는 것이 사실이지만, 실제 척추동물의 많은 집단들 사이의 계통적 관계를 판단하는데는 도움이 되지 못한다. 물론 이것은 집단들이 모두 그 특질을 공유하고 있기 때문이다. 다만 그러한 형질 상태는 관찰장과 '기본설계'를 정의하는 데 사용될 수는 있을 것이다. 전자의 형질, 즉 공통 파생형질들은 "계통수의 많은 가지들을 인지하는 수단"이기 때문에 아주 중요하다. 이 형질들은 우리가 "단계통인지, 곧 공통의 선조를 가지고 있는지 하는 가설을 평가하는 분명한 방법론"을 제공해준다 (Eldredge and Novacek 1985: 67~68).

공통 파생형질들을 사용하여 계통의 관계들을 판단하는 일은 진화적인 "변이가 따르는 계통"이라는 관념에 바탕을 둔 것이다. 짧게 말하여 파생형질은 상동적 형질들이며 "그런 식으로 둥지를 튼다. 한 특질(형질 상태)이 계통의 역사에서 처음으로 출현한 다음 어떤 형식으로든 (즉, 같거나 변환된 형식으로) 다음 분류군으로 전수될 것이다. 그런 속성들의 분포를 파악함으로써 단계통적 분류군—생명이라는 나무에서 가지들에 해당한다—을 확인하고 정의하며 인지하게 되는 것이다"(Eldredge and Novacek 1985: 67). 그러한 분류군들은 "실제 역사적 단위들"(Eldredge and Novacek 1985: 66)을 구성하게 된다. 그렇다면 어떻게 고생물 자료에서 파생형질들을 인지하는가?

3) 분지학과 파생형질

생물학에는 특수 상동의 사례들을 확인하는 두 가지 기본적 접근법(분지학과 비분지학적인 것)이 있는데, 각각 독자적인 인식론적 기초를 가지고 있다. 분지학적 접근을 따르는 사람들이 사용하는 범주들은 흔히 지점적 또는 위상(位相)적 정체라 불리기도 하고, 또는 반드시 기능적인 것은 아니지만 유형론적 정체, 거의 사용되지 않는 범주인 것 같지만 개체발생론적 정체, 그리고 일치(*congruence*)라고 불린다. 이 방법에서 복수의 특질들, 특히 상호 독립적 특질들(e.g., Mayr 1981, 1995b)은 생물체들 사이에 반드시 동일한 선조-자손의 관계를 가짐을 보여주어야 한다. 비록 이러한 범주들에 잠재적으로 잘못들이 있겠지만(e.g., Striedter and Northcutt 1991), 그리 치명적이지는 않는 것 같다. 이것은 적어도 그런 범주들을 통해 상동을 추론할 수 있음을 의미한다. 분지학자들은 각각의 범주를 사용하여 다른 범주들을 검증하는 것과 같이 여러 방식으로 그 추론의 유효성을 검증할 수 있을 것이라는 데 동의한다(Brower and Schawaroch 1996; Forey 1990).

비분지적 방법을 선호하는 생물학자들—흔히 진화분류학자라 일컬어진다—은 어떤 형질이 "과거 공통의 선조에서 동일한 상태로 찾아지는 사례"를 통해서 상동을 확인하고자 한다(Mayr 1969a: 85; Bock 1977; Mayr 1981, 1995b; Simpson 1975 역시 참조). 진화분류학자들은 분지학자들이 사용하는 지역적(*positional*) 및 유형론적 범주들이 필요하기는 하지만, 포유류의 귀 소골이나 하등 척추동물의 턱뼈의 경우에서와 같이 "상동적 구조들은 그런 속성상에서 결코 유사하리란 법은 없기"(Mayr 1969a: 85) 때문에 불충분할 수밖에 없다고 본다. 연구자는 반드시 "전이적"인 표본들을 통해서 지점과 형태상의 변동, 가령 씹는 기관의 일부로서 역할을 하였던 뼈에서 듣는 기관의 일부로서 역할을 하는 것으로 변동 같은 것(상동 구조에 대한 명쾌한 설명은 Crompton and Parker 1978을 보라)을 추적할 수 있어야 한다고 주장하는 것이다. 이것은 우리가 앞으로 제 8장에서 주의를 기울여 살필 논점이다.

분지학자들 가운데는 두 개의 확실하게 연관된 특질들의 시간적 양극성 — 가령 층위 단면에서 출현의 순서로 나타나는 것 — 은 화석 자료의 형성 또는 표본추출의 결과로 생긴 잘못된 현상일 수 있다고 주장하는 사람들도 있다(e. g., Stevens 1980과 이 글의 참고문헌들을 보라). 이들은 따라서 특질들이 존재했던 명확한 시간대를 완전 무시하고 그 대신 상이한 분류군들을 통관하여 연구대상 특질들의 분포에만 초점을 맞출 것을 주장하는 것이다. 어떠한 분규군을 비교대상으로 하는지에 따라서 특정 특질은 선조가 될 수도 파생의 것이 될 수도 있다. 마크 리들리(Mark Ridley 1985: 83)는 다음과 같이 훌륭한 사례를 제시한다. “만약 우리가 양서류를 어류와 비교한다면, 오지상(五指狀)이라는 것은 파생적 상태이고 지느러미는 이 특질의 시원적 상태가 되지만, 양서류를 말과 비교한다면, 오지상의 상태는 시원적인 것, 그리고 말의 일족상의 상태는 파생적인 것이 된다. 이와 유사하게 사람의 손을 말의 앞발과 비교하면 오지상의 사람 손은 말의 일족상과 비교하여 시원적 상태가 되는 것이다.”

여기에서 인식하여야 할 중요한 사항은 계통적 관계들을 판단하려 할 때, “파생형질들은 공통의 선조를 의미하는 데 반해 공통 시원형질들은 그렇지 않기 때문에 파생형질들이 선택된다”는 사실이다(Ridley 1985: 83). 리들리의 사례를 더 인용해 보자.

> 발가락이 다섯인 도마뱀, 말, 유인원을 서로의 관계를 따라 분류한다고 생각해 보자. 유인원과 도마뱀은 “다섯 발가락”이라는 특질을 공유하고 있지만, 그렇다고 해서 말보다 훨씬 최근의 공통의 선조를 가졌음을 가리키지는 않는다. 그 특질은 시원적이고 말, 유인원, 도

> 마뱀이라는 집단 안에서 공통의 선조 관계를 나타내지는 않는다. 진화적 혁신이 있는 때에는 언제라도 (다음 진화적 변화가 있기까지는) 혁신을 일으켰던 종에서 내려온 종들은 그 혁신적 특질을 가지고 있을 것이고, 공통 파생형질들은 공통의 선조를 가지고 있음을 가리킨다. 이것이야말로 그런 특질들이 계통적 관계들을 찾는 데 이용되는 이유가 된다.

물론 리들리도 알고 있지만 이 사례는 이미 특정한 진화적 과정을 가정하고 있다. 진화의 과정을 알지 못하고 있을 때(이것이야말로 우리가 알고 싶어 하는 것이지만), 어떻게 공통의 선조에서 내려온 형질들을 인지하여 사용할 것인가? 많은 분지학자들이 사용하는 해결책은 '외집단(外集團) 비교'라는 것이다. "외집단은 두 종 가운데 어느 하나와도 그리 밀접하게 관련되어 있지 않는 종이어야 하며, 그 때문에 '외'집단이라 불리는데, 연구대상 종으로부터 분지된 것이다"(Ridley 1985: 85, 강조는 원문 그대로). 예를 들어, 만약 포유류와 양서류 사이에서 젖 분비가 선조로부터 전해진 것인지 아니면 파생된 특질인지를 판단하고자 한다면, 우리는 이것을 어류라는 외집단과 비교할 수 있다. "외집단 비교라는 방법으로 그 특질이 외집단에서도 발견된다면 시원적인 것이라고 볼 수 있는 것이다"(Ridely 1985: 84). 따라서 젖 분비가 없다는 것은 선조로부터 기원한 특질임에 반해, 그것이 있다는 것은 파생적 특질이 된다.

그런데 외집단 비교는 수렴이라는 문제가 있다. 외집단을 구성하는 분류군이 두 가지 비교되는 분류군에서의 특질과 유사하게 파생적 특질이 생겨나는 식으로 진화하였다고 한다면 어찌할 것인가? 돌고래와 개의 몸 생김새를 비교하고 물고기를 외집단으로 삼는 것은 연구자로 하여금 개는 파생된 몸 생김새를 가지고 있다고 결론을 내리게 할 수도 있다. 사실 역사적 증거에 따르면 개의 생김새는 선조에서 기원한 것이며, 돌고래의 몸 생김새는 물고기의 몸과 똑같은 몸 생김새로 단지 수렴된 결과—기능적 이유에서—임을 알고 있는데도 말이다.

외집단 비교라는 분지학적 기법에는 우리가 고른 외집단은 연구대상인 집단이 다른 어떤 특정 집단과 친연성이 강하지 않음을 미리 알고 있음을 가정하기 때문에 어느 정도 순환논리가 있다. 다시 말하여 우리가 찾고자 하는 것에 대해 무엇인가를 미리 가정하는 것이다. 때문에 엘드리지와 노바첵(Eldredge and Novacek 1985: 68)과 같은 사람들이 "분지학은 만병통치약이 아니다. 분지학을 사용하여 계통분류학을 연구하는 것은 어렵다—사실 그 어느 때보다 어렵다. 이 체계는 논리적으로 엄격하여 증거로부터 얻을 수 있는 모든 항목들을 필요로 한다"고 하였던 것이다. 굴드(Gould 1986: 66)의 말과도 같이 "분지학은 계보적 연결을 통해 순서를 짓는 과학에 '다름이 아니다'"(강조는 원문). 굴드는 분지학이 흔히 "부적절한 자료"에 적용될 수 있다는 데 그 어려움이 기인한다고 하였는데, 우리는 여기에서 굴드가 비상동적 속성들을 지적하고 있다고 믿는다. 이제 순환논리를 덜기 위해 '일치성의 범주'(MacClade™)와 같이 다변량을 다루는 컴퓨터프로그램의 발달을 촉진시킨다)나 간결성에 대한 가정—특정 혁신들은 최소한의 빈도로 출현할 것이라는 것(Sober 1988)—, 독립적 시간 자료들—분지학적 분석의 경우 특질의 양극성을 검증하기 위해 지층누중으로부터 독립적 시간 자료를 끌어오기도 한다—과 같은 것들이 상시적으로 이용되고 있다(e.g., Donoghue 1989).

분지학자들과 진화분류학자들은 상동적 유사성을 나타내는 형질들에 관심을 가지고 있는데, 수가 많으면 많을수록 좋다고 믿으며〔일치의 검증(Rieppel 1994)〕, "유사성의 종류나 범위 및 양은 역사 과학의 주된 연구 자료"라는 데 동의한다(Gould 1986: 66). 시공간이 중요하다고 믿는 분지학자들이 늘어나면서 층위분지학(*stratocladistics*)이라 불리는 분야가 나타나게 되었는데(e.g., Fisher 1994; Smith 1994), 내재적 형태 속성만으로 분지도를 그리는 것이 아니라 지층누중과 같은 시간 자료를 이용하여 진화적 분지도를 구축하고자 한다(e.g., Benton and Hitchin 1997). 단지 형태 형질의 시공간적 분포를 연구하는 것이 아니라 진화분류학자들은 분지학자들이 발달시킨 개념들의 측면에서 형질 상태를 더욱 면밀하게 연구한다(e. g., Jernvall et al. 1996; Szalay 1994).

여기에서 굴드(Gould 1991b)가 표현론과 분지론의 차이라고 지적할 수 있는 사례는 큰 문제가 된다. 〈그림 6-1〉은 네 가지(A~D) 분류군과 다섯 형질들(1~5)의 가능한 세 가지 역사적 패턴을 보여주는데, 둘은 표현도(*phenogram*)이고 다른 하나는 분지도(*cladogram*)라 불린다. 두 가지는 유사성만을 측정하며, 마지막 것은 계통을 측정하고자 한다. 왼쪽 아래에 제시된 행렬에 제시되어 있듯이, 각각의 분류군에게 다섯 형질들은 두 가지 상태 가운데 하나로 나타나 있는데, 소문자로 표현되어 있다. 중간의 행렬은 분류군들 사이에 공유된 형질 상태

〈그림 6-1〉 4가지 분류군(왼쪽 아래 행렬)에서 다섯 형질들의 가설적 상태에 바탕을 두고 2가지 표현도와 분지도를 비교한 그림

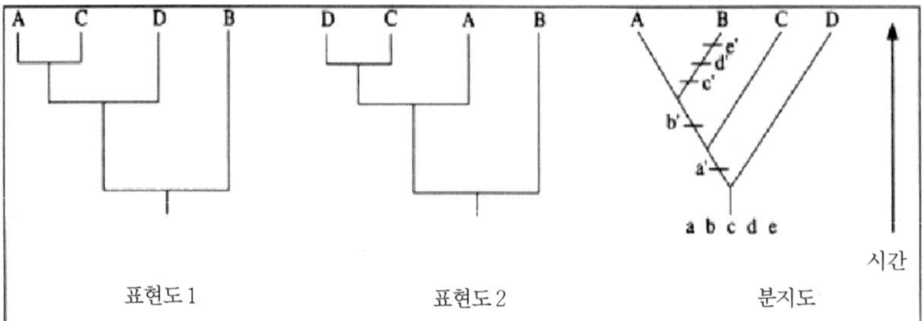

분류군	1	2	3	4	5
A	a'	b'	c	d	e
B	a'	b'	c'	d'	e'
C	a'	b	c	d	e
D	a	b	c	d	e

	A	B	C	D
A	–	2	4	3
B		–	1	0
C			–	4
D				–

	A	B	C	D
A	–	2	1	0
B		–	1	0
C			–	0
D				–

표현도는 분류군(가운데 아래 행렬)들 사이에 공유된 전체 형질 상태의 수를 바탕으로 구성되며, 이에 반해 분지도는 분류군들(오른쪽 아래 행렬) 사이에 공통 파생 형질 상태(프라임으로 표시되어 있다)를 통해 구성된다. 형질 상태의 전이는 분지도에 표시되어 있다. 공통 파생형질들을 사용함으로써 시사되는 진화 계통수는 공유된 형질들을 사용하는 경우와는 다름을 주목하라. (Futuyma 1986)

들의 수를 보여준다. 어떤 패턴이 역사적으로, 곧 계통적으로 올바른 것인가? 아마도 표현도 1은 옳을 것인데, 왜냐하면 이 도표는 네 가지 형질 상태들을 공유하는 분류군 A와 C 사이의 밀접한 표현론적 관계를 나타내고, 분류군 D는 분류군 A와는 세 형질 상태를, 분류군 C와는 네 형질 상태를 공유하고 있음을 나타내고 있기 때문이다.

아마도 표현도 2는 분류군 D와 C 사이의 표현론적 거리를 최소화하고 분류군 A가 표현론적으로 B보다는 D와 C에 가깝다는 점을 보여준다는 점에서 더 나을 수도 있다. 분류군 B는 분류군 D와 아무런 형질 상태도 공유하고 있지 않아 우리는 분류군들 사이의 거리를 최소화하고, 분류군 C와는 하나의 형질 상태만을 공유하여 C를 B에 가깝게 위치시키며, 분류군 A와는 두 가지 형질 상태를 공유하여 D와 A 사이의 거리를 최소화한다. 이 때문에 표현도 2는 표현도 1보다 우월할 것인데, 이는 우리가 아마도 자료를 대부분의 군집분석 프로그램에 대입하면 얻을 수 있는 결과이다. 그러한 공식들은 모든 자료를 뒤져 짝들 사이의 최소-최대의 거리(공유된 속성들로 표현되는 유사성)라는 측면에서 가장 합리적 해결책을 찾는다. 그러나 표현도 2는 네 가지 분류군 사이의 역사적인 진화적 관계를 올바로 구성하고 있는가? 우리는 계통발생적 관계를 예증하도록 만들어진 그 어떠한 표현도일지라도 정당성을 크게 의심하고 있다. 우리가 이렇게 회의적인 이유는 대부분의 표현도가 그러하지만, 〈그림 6-1〉의 사례에서 공통 파생형질과 공통 시원형질을 구분하지 않았기 때문이다.

〈그림 6-1〉에서 오른쪽 위의 패턴, 곧 분지도는 오른쪽 아래의 행렬에 나타나 있듯이 공통 파생형질들에 대한 분석에만 바탕을 두고 네 가지 분류군의 진화사를 예증한 것이다. 곧, 여기에서 우리는 다섯 가지 형질들 각각의 시원적 상태 — 프라임 없는 소문자 — 를 확인하였으며, 이것들보다는 파생형질 상태 — 프라임이 표시된 소문자 — 를 취한다. 분류군 A와 C는 공통으로 가진 것이 거의 없는데도, 공통으로 가지는 형질 상태의 전체 숫자 때문에 가까이 위치하게 된다. 그러

나 이 중 세 개가 파생된 것이 아니라 시원형질 상태이다. 공통 파생형질 상태에 대한 분석만으로 분류군 B가 존재하기 이전 어느 때 분류군 C는 A와 C로 나뉘었음을 알 수 있다. 분지학적 분석은 단계통집단들 또는 어떤 특정한 선조와 그 선조의 모든 자손들을 포함하는 집단들을 생산하게 된다. 〈그림 6-1〉의 분지도에서는 세 개의 단계통집단 곧, 클레이드(*clade*)가 있는데, AB, ABC, ABCD가 그것이다(각각은 여기에서 확인되지 않은 선조를 포함할 수도 있다). 다른 집단, 가령 ACD 같은 것은 다계통적이며, 따라서 허용되지 않는다.

2. 시간의 연속, 전승의 연속, 그리고 유물 연구

고고학자들은 오랫동안 유물 형태의 변화를 토대로 시간의 흐름을 추적하여 왔다. 예를 들어 석기나 토기는 형태적 측면에서 진화한다고 생각하였다. 포드(Ford 1962)가 제시한 문화변화의 그림(〈그림 5-3〉)은 토기 형태에서 보이는 전승의 연속을 명백하고도 축약시켜 잘 보여주었다는 점에서 아주 훌륭한 사례라 할 것이다. 유물 형태가 시간의 흐름에 따라 진화하는 양상을 이렇게 간결하면서도 질서정연하게 표현하기 위해서는 세밀한 연구가 필요하다. 가령 존 에반스(John Evans 1850)는 영국의 금화에 대한 순서배열을, 페트리(William Matthew Flinders Petrie 1899, 1901)는 이집트 선왕조시기 토기들을 계통적으로 배열한 "계기연대"를 만들어내기도 하였던 것이다. 이와 비슷하게 클라크 위슬러(Clark Wissler 1916c)는 북아메리카 인디언의 모카신이라는 가죽신에 보이는 장식 모티프의 "유전적 관련"을 논하기도 하였고, 키더(A. V. Kidder 1917)는 미국 서남부의 토기를 계통적으로 연속 배열하기도 하였다(〈그림 3-5〉). 이런 연구들은 모두 형태적인 유사가 전승의 연속을 나타내며, 따라서 계보적 관련을 보인다는 관점에 바탕을 둔 것이다.

1) 문화계보에서 전승의 연속

문화 현상들의 형태적 유사가 전승의 연속을 나타낸다는 생각은 18세기 말과 19세기 초 언어학의 비교 연구에서 사용된 사례에서 비롯되었다고 볼 수 있다(Leaf 1979; Platnick and Cameron 1977). 프란츠 보아스는 "언어는 빠르게 변화하기 때문에 역사적 양상들을 자연과학적 측면에서 연구하기 훨씬 전부터 언어학적 문제들이 언어사적으로 다루어지기 시작하였다. 언어들의 계보적 관계는 확실히 '종'의 계보적 관계보다도 더 일찍 인식되었다. … 인간의 정신생활에서 언어만큼 끊임없이 변화하고 계보적 관련이 명백한 것은 없을 것이다"고 말한 바 있다. 물론 보아스는 언어의 계보적 관계에 대해서 은유적으로 이야기하고 있지만, 언어의 유사는 문화적 전수와 전승의 연속의 결과라는 생각은 새겨둘 만하다.

보아스는 "전수 이론"에 대해 언급하면서 문화적 유사성을 설명함으로써 당대 유행하였던 인류의 심적 동일성(*psychological unity*) 이론과 대비시켰는데, 문화적 전수와 유전적 전수의 차이점과 유사점을 명백하게 진술하지는 않았다. 그의 제자였던 크로버는 문화 및 유전적 전수 사이의 차이를 강조하여, 전승(유전)이라는 용어를 부모와 자손 사이에만 벌어진 것으로 유전적 전수와 동일시하였으며, 문화적 전수를 "비생물적인 전통의 원칙"이라고 생각하였다(Kroeber 1923a: 3). 크로버는 이런 구분을 바탕으로 "순수한 다윈인류학은 대체로 잘못된 생물학을 그대로 적용하는 것이 될 것"이라고 언급하였다. 결국 이런 언급으로 생물학적 진화와 전수 모델을 바탕으로 문화진화를 모델화하는 일은 사장되고 말았던 것이다(Lyman and O'Brien 1997).

우리는 크로버가 문화 특질들은 '종'과 유사하며, 일련의 특질들로 이루어진 문화는 동물상이나 식물상과 대비된다고 주장하였음을 지적한 바 있다(Kroeber 1931a). 아마도 크로버가 종을 문화 특질과 동일시한 이유는 둘 다 단계통적으로 진화하여 더 이상 진화적으로 유의한 작은 단위로 나눌 수 없다고 생각하였기 때문이 아닌가 한다(반면 문화는 수많은 특질들로 이루어지기에 다계통적이다). 그러나 크로버는 당시 거의 모든 인류학자와 고고학자와 마찬가지로 '문화 특질'이라는 중요한 용어를 정의하지 않고 넘어가고 말았다. 그가 말하는 문화 특질이란 아마도 경험적 실체를 지닌 모든 종류의 문화 단위로서 문화적으로 전수되는 것들을 의미했던 것으로 보인다. 텔처는 크로버나 당대의 학자들에게 특질은 아이디어를 뜻하였다고 보았는데(Teltser 1995c), 아마도 옳은 지적일 것이다.

비록 문화사고고학자들과 인류학자들은 흔히들 문화접변이나 전파와 같은 일반적 문화 전수 과정을 언급하였지만, 실제로 정확하게 무엇이 전수되는지, 그리고 왜 그것이 중요한지에 대해서는 명백히 밝히지 못하였다. 고든 윌리(Gordon Willey 1953: 368)는 "문화의 변화와 연속에 관한 이론들이야말로 미국 고고학 연구에 아주 근본적인 것"이며 "고고학 유물군에 대한 어떤 형태의 역사계보적 논의도 연속과 변화 이론들에 근거하여야 한다"고 말한 바 있다. 그러나 윌리는 "이론들"이 무엇을 지칭하는지, 연속이라는 것이 전승과 전수를 의미하는 것인지 명확히 논의하지 못했다. 알버트 스폴딩은 "이론들"에 대하여 다음과 같은 짧지만 의미 있는 말을 하였다.

> 고고학의 궁극적 작업이 두 개의 고고학적 현상 사이의 유사 또는 유사성의 결여(차이)를 설명하는 능력을 발전시키는 일이라고 할 때, 고고학적 현상을 시공간상의 위치와 유사도에 따라 분류하는 일이 중요하다는 점은 두말할 필요도 없다. 시간, 공간, 형태라는 세 변수는 문화 변화가 변덕스럽게 일어나는 것이 아니라 체계적인 것이라는 주장, 그리고 체계적 문화 행위의 중요한 기반은 개인 대 개인 접촉을 통한 연속적 전수가라는 주장과 연결시킬 수 있다. 두 고고학적 현상 사이에 관찰된 유사도는 해결하여야 할 문제가 무엇인지를 말해주며, 시간 및 지리적 위치는 두 가지 독자적인 체계로서 각각 독립적으로 유사도를 파악해 준다. (Spaulding 1954c: 14; 강조 추가됨)

스폴딩은 이 글에서 단지 20세기 전반 미국 고고학자들의 논리에 있어 불명확한 것을 명확하게 하였을 뿐이다. 가령 어빙 라우즈(Irving Rouse 1939: 14)는 전파, 지속, 기원, 소멸, 대체와 같은 역사적 과정들에 대해서 언급하였지만, 명확한 정의를 내리지는 못하였다. 알렉스 크리거(Alex Krieger 1944: 272)는 고고학 형식들을 단순히 "한 사람이 다른 사람으로부터 얻을 수 있는 독특한 유형의 행위나 기술로서 문화 발달과 상호작용을 추적할 수 있는 도구가 된다"고 하였을 뿐이다. 20세기 전반과 중반의 미국 문화사고고학자들은, 형태적 유사는 문화적 항목들 사이의 역사적 관계를 의미한다고 생각하기는 하였지만, 사회과학자들과 마찬가지로 다원이론에 대해서는 거의 언급하지 않았다. 문화사고고학자들의 믿음은 전파나 문화접변과 같은 민족지적으로 기록된 기제들을 사용하여 고고 자료에서 보이는 형식학적 유사성을 설명한 것에서 기인한 것이다. 그러나 명백하고도 잘 확립된 이론을 가지지 못하였기 때문에 많은 경우 논리의 선후가 뒤바뀌었다. 따라서 윌리가 "형식학적 유사는 문화적 관련을 지칭하는 것이며 그런 관련은 바로 공통 또는 유사한 역사를 가졌음을 의미하는 것"이라고 하였지만 고고학에서 별다른 관심을 불러 모으지 못하였던 것이다. 윌리의 이 말은 심슨이 "두 개는 서로 관계가 있기 때문에 유사한 것"이라는 말과 대비된다는 점에서 많은 고고학자들의 관심을 끌었어야 옳았다.

2) 문화특질들 사이의 유사성

크로버는 상사와 상동의 차이를 잘 이해하였다. 크로버는 "진정한 상동"은 "유전적 동질성"을 나타낸다고 하면서 다음과 같이 주장하였다.

> 특질들 전체가 진정한 유전적 상동 관계를 나타내는 것인지, 아니면 2차적(상사, 기능적) 수렴을 의미하는 것인지를 판단하기 쉽지 않은 경우들이 있다. … 그럼에도 생물학자들은 구조를 충분하고도 집중적

> 으로 분석하면 결국 계통의 문제를 풀 수 있을 것이라는 점을 거의 의심하지 않는다. … 이런 조심스런 낙관론이 문화 연구에도 적용되지 말라는 법은 없는 것 같다. 다시 말하면 연구대상 현상 전체를 정말로 집중적으로 분석한다면 상사로부터 상동을 구분해낼 수 있을 것이다. 이런 분석연구는 아직 대하기 힘들지만, 그렇다고 해서 이런 방법을 신뢰할 수 있다는 점이 과소평가되어서는 안 된다. (Kroeber 1931a: 151～153)

크로버는 상동과 상사라는 두 가지 종류의 '비슷함'이 있음을 말하고 있다. 상동은 유전적으로 공통의 선조를 가짐을 의미하며, 상사는 유전적으로 전혀 상관이 없는 유기체 집단이 비슷한 적응을 보이는 것으로 수렴진화의 결과이다. 그렇다면 이 둘을 어떻게 구분할 것인가? 크로버는 "구체적이고 구조적이며 표피적이 아닌 유사는 … 오랫동안 진화 및 분류 생물학에서 받아들여진 방법이다"고 하였다(1931a: 151). 또한 크로버는 독자적 발명의 문제, 곧 상사에 따른 유사를 인식하고 인류학자들은 자신들이 유사하다고 하는 것이 공통 선조로부터 전승된 유사인지 아니면 수렴진화의 결과인지 분명히 하지 않는 경향이 있다고 지적하였다. 비록 이에 대해서는 에드워드 사피어(Edward Sapir 1916)가 분석절차와 기준에 대한 일반적 진술을 주기도 하였지만, 1920년 줄리안 스튜어드(Julian Steward)가 더 상세히 요약하였다.

스튜어드에 따르면 어떤 문화 특질이 두 곳 이상에서 관찰되었을 때, 이것을 판단하는 기준은 특질의 "독특함", 동일 지역에 시원이라 생각할 수 있는 특질의 존재 여부, 공통으로 가지고 있는 특질들의 수, 지점들의 지리적 원근 등이다. 이런 기준들을 면밀히 검토할 때만 그 문화특질이 발견된 지역에서 독자적으로 기원한 것인지 아니면 다른 곳에서 들어온 것인지를 판단할 수 있다. 독특함이라는 기준은 흔히 특질의 복합성으로 인식되어 특질이 복잡할수록 몇 번에 걸쳐 독자적으로 발명되었다고 보기 힘들기 때문에 상동의 결과일 가능성이 높다고 여겨졌다. 여기에서 토기 디자인의 생김새나 요소, 색, 기면에서의 위치와 같은 척도에 관한 이슈는 전혀 언급되지 않았다. 공유되는 특질들의 수나 지점들의 지리적 근접성은 문화적 접촉과 직접적으로 연관된다고 생각되었다. 예를 들어 두 문화가 공유하는 특질들이 많고 지리적으로 가까울수록 상동, 곧 공통의 선조에서 유래하였을 가능성이 높다는 것이다. 그럴듯한 선조의 존재라는 기준은 적어도 간접적으로 추론의 바탕이 되는 것이다. 여기에서 스튜어드는 어떻게 선조격이 되는 특질들을 확인할 수 있는지 하는 것보다는 시원특질들의 존부를 판단하는 세 기준을 제시하는데, 이는 그리 놀랄 일이 아니다. 아마도 이 때문에 2년 뒤 크로버는 인류학자들이 상동과 상사를 구분함에 생물학적 절차들을 제대로 빌려오지 못하고 말았다고 탄식하게 되는 것이다(Kroeber 1931a).

스폴딩은 '유사성'이 의미하는 것이 무엇인지에 대해서 이전 연구자들보다는 좀더 명확한 입장을 밝혔다. 스폴딩의 '닮았다'는 표현은 '도구, 용구, 집자리 등에서 보이는 실제 물리적 유사성'을 의미한다. 나아가 유물의 형태나 다른 물리적 특성뿐만 아니라 비교 대상 유물 형식들의 상대적 유행성까지 포함하는 계량적인 유사성까지 포함하였다(Spaulding 1954c: 12). 라우즈는 고고학적인 분석 단위의 역사적 연관성을 판단하기 위해 다음 세 단계를 제시한 바 있다(Rouse 1955). 첫째는 단위들의 유사 또는 닮은 정도나 범위를 판단하는 일이다(유감스럽게도 이에 대해서 구체적 설명이 없다). 둘째는 시공간상 근접성의 정도를 파악하는 일로서, 시공간상 연속이 보인다는 것은 접촉이나 상호작용의 가능성을 말해주는 것으로 계보적 연속성, 곧 계통발생적 관련을 나타내준다. 접촉이 일어났었는지를 판단하기 위해서는 세 번째 단계인 상동과 상사를 구분하는 과정을 밟아야 한다. 이 세 번째 단계로부터 단위들의 계통발생적 역사를 파악할 수 있게 된다. 그러나 라우즈는 이전의 스튜어드와 같이 세 번째 단계를 구체적으로 어떻게 할 수 있는지에 대해서 명확하게 설명하지 못하고 있으며, 유사성을 파악할 특질들을 확인하는 방법도 확실히 제시하지 못하였다. 이미 살펴본 바와 같이 스폴딩은 라우즈의 첫 번째와 두 번째 단계들을 이야기하고 있지만 세 번째 단계는 언급하지 않았다. 당시 고고학계에서는 "형식학적 유사성은 문화적 연관성에 대한 지표이다"(Willey 1953: 363)는 식으로 라우즈가 제시한 첫 번째와 세 번째 단계의 연구가 이루어졌던 것이다. 하지만 이런 말은 문제를 푸는 데 별다른 기여를 하지 못하고 말았다. 왜냐하면 단순한 형태 또는 형식학적 유사성으로서만 이용되었을 뿐만 아니라 앞서 논의하였듯이 심슨이 주의를 요한다고 말했던 문제에도 취약하였기 때문이다.

3) 유물에서 보이는 유사성과 전승의 연속

1968년 루이스 빈포드(Binford 1968a: 8)는 당시 고고학의 "근본적이고도 해결되지 않은 문제"로서 문화사고고학자들이 "문화적 유사성의 상동과 상사를 구분하는 방법을 갖지 못했"음을 지적한다. 우리는 "목적을 성공적으로 성취하는 데 전통적 방법론과 분석 절차들은 부적당하기 때문에 이론과 방법을 철저하게 검토할 필요가 있다"는 빈포드(Binford 1968a: 11)의 생각에 동의한다. 그러나 위에 살펴본 바와 같이 과정고고학자들의 검토와 주장은 적절하지 않았으며, 빈포드와 그를 따랐던 많은 연구자들은 자신들이 지적한 문제들을 해결할 대안을 제시하지 못하였다. 다만 빈포드는 문화의 상동적 유사성을 추구하여 전파, 이주 등의 문화 과정(Willey and Phillips 1958)보다는 상사적 유사, 곧 기능적 측면에 연구의 초점을 맞추었다. 이렇게 빈포드가 문제를 인식하고 있는 사이 영국에서는 한 고고학자가 해결책을 제시하는 데 한걸음 다가서게 된다.

우리의 생각으로 데이비드 클라크(David Clarke)는 몇몇 부적절한 용어들을 사용하였으며, 진화라는 말을 《분석고고학》(*Analytical Archaeology*)의 색인에도 올리지 않았고, 다만 계량분류학을 논의하면서 잠깐 다윈을 언급하는 정도에 머물고 말았다는 문제를 가지고 있다. 그렇다 하더라도, 유사성을 측정하고 전승의 연속을 파악하는 문제에 아주 탁월한 통찰력을 보여준 것은 사실이다. 클라크는 '전승의 연속'을 유지하는 전수의 중요성을 잘 이해하고 있다. 또한 "이전 유물 집단들로부터 수정된 특질들을 다음 세대의 유물들의 표현형적 구성과 피드백하는 것은 유물 제작자이며, 바로 이런 방식으로 유물 집단은 연속적 궤도를 유지하면서도 속성의 구성과 분산을 끊임없이 변화시킨다"(Clarke 1968: 181, 1978: 198)라 하여 마치 10여 년 뒤 다윈 진화고고학의 주장을 예견한 듯한 말을 남기기도 하였다. 그리고 이미 굴드(Gould 1991b)가 말하는 표현론과 분지론의 차이를 이해하였는데, 표현론적 관계를 "공통의 선조를 가진 관계로서 하나의 다선적인(*multilineal*) 시간 궤도 또는 전통에서 변환되는 것"(Clarke 1968: 229, 1978: 493)이라고 하였다. 여기에서 전통(*tradition*)이란 용어는 진화적 계보라는 고고학적 의미를 가지며, 궤도(*trajectory*)라는 용어는 기본적으로 전통과 동의어이지만 그 척도에서 다르다고 할 수 있다. 클라크에 따르면 '궤도'란 "속성, 실재물의 계기적 연쇄, 또는 계기적 변환으로 야기되는 벡터의 계기적 연쇄"(Clarke 1968: 82, 1978: 495)이다. 그리고 '변환(변형) 형식'(*transform type*)이란 용어는 "하나의 복수의 상태에 있는 유물 형식의 궤도에서 기인한 계기적이고 병립하는 형식들"(Clarke 1968: 229, 1978: 495)을 말한다. 다시 말하여 '변환'이라는 것은 전이나 변화를 말하며 '변환 형식'은 하나의 계보 내에서 어느 특정한 시간에 있어 현상들의 상태를 의미한다. 변환 형식은 "출계와 관련된 것이고 진정으로 계기적이거나 다계통적인 형식들"인 것이다(Clarke 1968: 211, 1978: 228).

다음과 같은 언급을 보면 클라크가 그물처럼 얽혀 있는 문화진화의 성격을 얼마나 잘 이해하고 있었는지 짐작할 수 있다.

> 사물들 사이의 유사성을 분류체계적으로 연구하면 제한된 수의 가능한 변환의 궤도들을 확인할 수 있을 것이며, 이를 바탕으로 시간의

> 흐름에 따른 특정 사물들의 네트워크를 연결시킬 수 있다. 그러나 단순히 유사하다고 해서 계보적 관련이 있다고 해석할 위험이 있기 때문에 주의하여야 할 것이다. 문화적 계통발생에서는 분지와 수렴의 성격이 복잡하기 때문에 더욱 조건이 까다롭다(여기에서 클라크는 〈그림 3-8〉을 예시한다). 이런 문제를 조절하기 위해서는 반드시 적절한 편년틀을 세우고 사물들 사이의 유사성의 정도를 판단할 대안 가설들을 제시해야 한다. (Clarke 1968: 148, 1978: 165)

클라크는 체계이론(*systems theory*)에 바탕을 두고 변화의 모델을 발전시켰다. 그러나 클라크의 모델은 포드의 모델 〈그림 5-3〉과 아주 흡사하다는 점을 주의할 필요가 있다. 포드는 물의 흐름, 나뭇가지 모양으로 흐르는 실개천(제3장 참조) 같은 은유를 사용하여 설명하였으며, 클라크는 케이블에 비유하며 모델을 설명한다.

> 지금 우리가 가지고 있는 모델은 정적인 것인데, 우선 복잡하게 얽힌 군집복합체 안에 정돈되어 있는 속성들의 응집체로서, 그리고 공간상 속성들의 상호관련성이란 측면에서 2차적 응집체로서 표현된다. 우리는 이제 계기적으로 이어지는 세대나 단계들에서 유물들의 운동학적 흔적 또는 시간 궤도상의 "행위"에 대한 모델 — 한 단계의 표현론적 출력은 이어지는 단계의 입력이 되는 식의 모델 — 을 개발하고자 하는 것이다. … 임의적으로 표현되는 유물형식 체계의 발달 궤적은 아체계와 계보들이 전반적으로 통합되어 하나의 다선적이고 모자이크와도 같은 발달을 보인다고 표현된다. 고고 자료는 이런 연속적 발전의 케이블 안에 있는 산발적이고도 계기적인 매듭 같은 부분들이 되며, 고고학자들이 가장 많은 노력을 기울여야 할 것은 바로 주 연구대상이 되는 '전통이라는 케이블'의 방향과 관련하여 이런 표본 단계의 부분들의 상대적 순서를 짓는 것이다. (Clarke 1968: 210, 1978: 225~226)

클라크는 다음과 같은 주제에도 관심을 돌린다.

> 고고학자들이 끊임없이 마주치는 가장 근본적 문제 가운데 하나는 바로 고고학적 실재물들이 직접적인 문화적 관련으로 연결되어 있는 것인지, 아니면 유사성들이 더 일반적인 데서 기원하는지를 판단하는 일이다. 이 문제에 접근하기 위해서는 보통 실재물들 사이 유사의 정도를 평가하고 실재물들이 유전(전승) 적이거나 계통적인 계보를 보이는 것인지, 아니면 단순히 표현론적이고 비계통적인 유사성만을 나타내는 것인지를 파악하여야 한다. (Clarke 1968: 211, 1978: 226)

그런 다음 클라크는 기본적으로 스튜어드나 라우즈 등이 논의하였던 전통적 기준들을 반복한다. 두 현상들이 유사할수록 더 많은 특성들을 함께 가지고 있을 가능성이 높으며, "특이한 속성"들 사이에 더 많은 상응이 나타날수록 둘은 "계보적으로 관련"될 가능성이 높다는 것이다(Clarke 1968: 211, 1978: 228). 우리 생각에 클라크가 이런 이슈에 진정으로 기여한 것은 바로 자신의 문화변화에 대한 생각을 도식화한 그림이다(〈그림 6-2〉).

흥미롭게도 클라크는 빈도순서배열에 대한 논의를 통해 자신의 모델을 제시한다. 〈그림 6-2〉에 나와 있듯이 우선 시간은 밑에서 위로, 또는 역으로도 흐를 수 있다고 지적한다. 그림에서 점들이 포함된 칼럼들(형식 상태라 표현된 것)이 관념 단위를 구성하고 각각의 빈도는 단일빈도봉을 가지는 곡선을 그리고 있음은 그리 어렵지 않게 인지할 수 있다. 그림에서 클라크가 '형식 상태'라 부른 것은 어떤 구체적으로 지정되지 않은 척도에서 클래스들의 유형을 나타내는데, 곧 유물의 속성이나 형식들 또는 특정한 형식들의 유형을 의미한다. 각 유형들은 X로 표현되는데, 우리가 쓰는 용어로는 어깨점의 숫자는 특정한 계보를 나타내는데, 밑에 있는 것은 X′이고, 위의 두 가지는 X″와 X‴로 표현된다. 1부터 4까지 아라비아 숫자는 두 가지(계보) 안에서 유형을 나타낸다. 따라서 각 형식 상태는 계보 안에서 특정한 문화 단위를 구성하게 되는 것이다.

〈그림 6-2〉 데이비드 클라크의 문화변화 모델

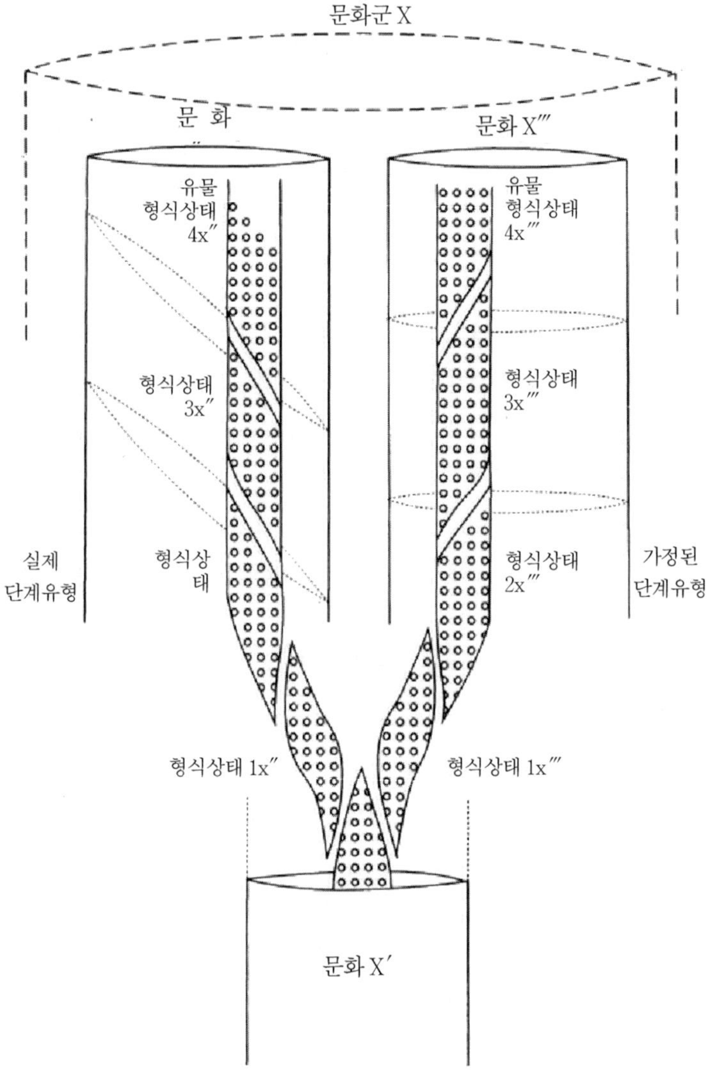

시간은 아래에서 위로 흐르거나 또는 위에서 아래로 흐를 수도 있다. 각 가지들은 하나의 계보로서 "형식상태"는 하나의 계보 내의 문화적 단위이며 척도가 제시되지 않은 클래스들의 유형을 나타낸다. "실제 단계 유형"은 지속 시간 동안 분포하며, 이에 반해 "가정된 단계 유형"은 시간상 한 점에 분포하여 외연적으로 끌어온 것이다. (Clarke 1968: 211, 1978: 226)

우리는 클라크가 "가정된 단계 유형"과 "실제 단계 유형"이란 표현으로 관념적 성격과 경험적 실체를 구분했다고 생각한다.[5] 클라크는 유물에서 보이는 변이는 다차원적이며 지속적으로 변화하는 것이라고 기술하고 있기 때문에 이런 생각은 타당하다. 〈그림 6-2〉에서 보듯이 "실제 단계 유형"은 기울어진 원통형 단면을 가지는 시간대를 포괄하지만, "가정된 단계 유형"은 수평의 원통형 단면으로 표현되어 시간상 단일한 점을 나타내고 있다. 클라크는 "문화체계란 역동적이고 연속적이어서 속성이나 실체들은 나름대로 구체적 가치나 상태를 가지며 이런 가치와 상태는 계기적 변환을 통해 변화한다"고 보았다(Clarke 1968: 46, 1978: 45). 다시 말하면, 계통발생적 순서배열과 빈도 순서배열을 결합시킴으로써 시공간상 및 전통/계보상 계통발생, 곧 계보를 알려주는 결과물을 생산해낼 수 있다는 말이다. 물론 이에 대해서 클라크는 명확히 설명하지는 않았는데, 바로 이점 때문에 고고학자들은 문화적 전수 및 전승(계통)의 연속과 관련하여 클라크 모델이 가지는 잠재성을 깨닫지 못했으리라 보인다.

4) 전수의 역할

크로버는 유물 양식(*style*)이란 어떤 목적을 가지고 변화하는 것은 아니라고 하였으며(Kroeber 1919: 239), 양식의 변화는 단순히 "유행의 변화"를 의미한다고 하였다(Kroeber 1909: 5). 옷단의 길이에 관한 크로버의 유명한 연구에 대한 연구자들의 비판은 이런 중요한 점을 제대로 인식하지 못하고 말았다. 크로버는, 지금 쓰이는 용어들을 사용하지 않았고 그리 명확하게 설명하지도 않았지만, 양식을 자연선택이란 기제와는 무관한(선택에 중립적인) 것으로 정의하였던 것이다. 다시 말하면 양식이란 기능적이고 적응적인 요인과는 무관하게 (문화적)

---

5) 옮긴이 주 — 관념 단위(이론 단위)와 경험 단위(현상 단위) 사이의 구분에 관한 논의는 제 5장 참조.

전수의 결과 나타나게 된 것을 말한다. 따라서 양식들은 복제자의 대리인 셈이다. 하지만 크로버는 이런 생각을 더 명확하게 발전시키지는 못했으며, 유감스럽게도 주니(Zuñi) 토기를 빈도 순서배열하면서도(Kroeber 1916a, 1916b), 그리고 인류학자들이 진화생물학을 본받아 상동과 상사를 구분하는 데 더 많은 노력을 기울일 것을 주문하면서도(1931a, 1943), 양식에 대해 더 구체적 이야기를 하지 못하고 말았다.

빈포드는 1963년에 출간한 글(자주 인용되지는 않지만)에서 크로버의 양식과 기능의 암시적 구분을 반복하여 이야기한다. 빈포드는 "모 공동체와 자 공동체에서 양식적 규범을 표현하는 데 있어 개별적 변이의 범위나 안정성의 정도는 집단 사이의 학습과 문화화가 세대를 거쳐 얼마나 연속적인지에 달려 있다"고 하였다(Binford 1963: 91~92). 이것은 전수와 전승의 연속이라는 이슈, 그리고 복제자라는 개념을 논의한 것이다. 빈포드는 유전적 부동(표이) 현상을 논의한 뒤, 문화적 부동은 "문화적 내용, 특히 기능적 의미가 있는 것들에서, 또는 양식적 속성들의 상대적 빈도에 있어서의 형태적 변화의 과정을 의미한다. 이런 과정은 연구대상이 어떠한 표본인지 하는 확률적 요인에 달려 있다" (Binford 1963: 93)고 하였다. 이것은 바로 양식(유행)의 시공적 분포란 전적으로 전수 과정에서 나타나는 변수들에 달려 있음을 말하는 것이다. 빈포드는 자신을 비롯한 고고학자들이 "기능적으로 동형이질(*isomorphic*)이라 생각하였던 어떤 한 찌르개의 형식에서 보이는 변이를 검토한다. 그는 분석적으로 유적 내 및 유적 간 변이뿐만 아니라 찌르개의 어떤 속성들이 같이 변화하는지를 분석적으로 판단한다. 그리고는 이런 연구로 "한 지방 안에서 보이는 상호작용과 변화의 과정은 상호작용역과 지역적 양식 지대를 정의하는 토대가 될 것이다"라고 하였다(Binford 1963: 106). 하지만 빈포드는 이후 연구에서 이런 유물 양식에 대한 분석적 유용성에 대한 통찰을 발전시키지 못하고 대신 유물의 기능적 변이에 초점을 맞추어 버린다(Binford 1965; Shennan 1989, 1991). 어찌되었든지 크로버(Kroeber 1919)의 연구와 마찬가지로 빈포드의 분석은 유물의 변이에는 양식과 기능이라는 두 가지 다른 차원이 있음을 보여주고 있는 것이다.

5) 양식과 기능: 반드시 필요한 구분

빈포드가 이야기했던 유물 양식의 분석적 잠재력은 최근에 들어와서야 인식되기 시작하였다. 이는 아마도 최근까지도 문화적 전수와 변화에 대해서 이론적 모델이 명백한 토대를 구축하지 못했던 데 원인이 있는 것 같다(Lipo et al. 1997; Neiman 1995). 1978년 로버트 더넬(Robert Dunnell)은 "양식과 기능의 이분법"이라 이름 붙인 논문을 출간함으로써 이런 모델에 기초를 닦게 된다. 더넬은 시작부터 명백하게 다윈주의적 시각을 채택한다. 양식적 유사를 "아주 가능성이 낮은 우연적 요인을 제외하고는 직접적 문화 전수의 결과인 상동"이라 정의한 것이다. 이로써 더넬은 고고 자료에서 양식, 곧 다양한 유물 양식들의 시공간상 분포는 자연선택과는 무관하며 오로지 '전수'의 결과로만 일어난다고 하였다. 따라서 양식은 편년을 세우는 데 이용될 수도 있으며, 공간적으로 분리되어 있는 집단 간의 상호작용을 측정하거나 유물 계보의 계통적 역사를 파악하는 데 쓰일 수 있다. 다시 말하여 양식이란 복제의 단위에 근접하는 것이다. 우리 생각에 더넬이 제시한 양식의 정의는 "고고학, 특히 문화사고고학자들이 사용하고 있는 개념과 유사"하다(Dunnell 1978c: 199).

1960년대에는 문화사고고학과 관련되는 모든 것들이 비판 받았음을 생각할 때 (Binford 1968a; Flannery 1967), 더넬의 주장은 미국 고고학에 큰 영향을 미치지 못한 듯하다. 따라서 현재 고고학자들이 동의하는 '양식'에 대한 기준은 없다(e.g., Braun 1995; Carr and Neitzel 1995; Conkey and Hastorf 1990; Hegmon 1992; Hill 1985). 오히려 현대 고고학보다는 1915년부터 1960년대까지의 고고학에서 '양식'에 대해서 공통된 생각이 더 많았다고 할 수 있다. 물론 1960년대 이전에는 유물 양식이 왜 그리고 어떻게 시공간상에 분포하게 되는지에 대해서는 이론적 논의보다는 상식적 수준에서 이해되기는 하였다. 그럼에도 일반적으로, (암시적이긴 하지만) 양식이란 문화화나 전파와 같은 (문화) 전수로 생기기 때문에 역사적(곧, 진화적) 관련을 보여주는 유물 형식들이라는 데 동의하였던 것이다.

여기서 중요한 것은 더넬이 양식과 기능을 구분하였다는 점이다. 다위니즘의 견지에서 양식이란 "선택적 가치(*selective value*)를 찾을 수 없는 형태를 말하는 것이며, 기능이란 집단의 적응도에 직접적인 영향을 미치는 형태들을 말한다. 고고학적으로 형태(*form*)란 유물 속성에 국한되어 이해되어야 한다. 충분한 시간이 경과한 뒤 선택적 가치가 있는 형태들이 존속되는 것은 자연선택과 선택적 환경이라는 외부 조건으로 설명되어야 한다. 반면 적응과는 무관한 형태들은 그 빈도의 변화가 선택이나 외부 조건들과 직접 연관되어 있지 않기 때문에 아주 상이한 방식으로 나타나며, 확률적(*stochastic*) 과정으로 설명될 수 있다"(Dunnell 1978c: 199). 더넬은 이렇듯 양식과 기능을 정의함으로써 상이한 시공간적 분포를 바탕으로 둘을 분석적으로 구별할 수 있음을 말하였다. 예를 들면, 기능적 형태들은 시공간상 특정 선택적 환경의 변화에 직접 영향을 받아 함께 변화할 것이다(Braun 1987; Dunnell 1978b). 그러나 양식은 선택적 환경의 변화에 관계없이 시공간상 확률적 분포를 그리며 변화하게 된다.

그런데 '확률적'이라는 말은 결코 아무렇게나 변화한다든지 통계적으로 무작위적이라는 말은 아님을 강조하고 싶다. 확률적이라는 용어는 단순히 (문화) 전수와 전승의 연속의 결과 나중 형태는 부분적으로 이전의 형태에 의존함을 말하는 것일 뿐이다. 양식의 움직임이 확률적이라는 말은 전승의 연속의 선상에서 이전 형태를 본받는 것인데, 그 본받음(자기복제)의 신뢰성의 정도를 의미하는 것이다. "자기복제란 완벽할 수는 없기 때문에 새로운 창작이 생기는 것이며, 변이는 자기복제 체계의 본래 성격으로서 어떤 설명을 요하지 않는 것이다"(Bell

1997: 6). 벨이 말하는 "자기복제의 부정확성"은 다원 진화이론에서 반드시 필요한 개념으로서, 이런 과정으로 충분한 변이들이 생산되며 자연선택의 대상이 된다. 인류학의 견지에서 토기, 화살촉, 집 같은 유물들을 본받아 만들(복제할) 때 발생하는 의도하지 않은 전수상 실수(Boyd and Richerson 1985)들이야말로 진화사에서 변이가 발생하는 가장 중요한 원천이 된다. 우리들은 인류학자나 고고학자가 자주 사용하고 있는 '발명'이나 '혁신'과 같은 용어들은 지나치게 의식적이며 미래를 예상하는 사려 깊은 의도를 강조한다고 생각한다. 이런 용어 대신 우리는 '새로운 것'과 '파생된 것'이라는 가치중립적인 말을 사용하고자 한다(Lyman and O'Brien 1998).

양식과 기능의 이분법적 구분을 오해해서는 안 된다. 기능적으로 유사한 속성들도 전수의 결과 발생할 수 있음은 물론이다. "선택이란 전승을 가정하고 있기 때문에 선택을 연구하는 것은 계보를 연구하는 것과 분리되어서 진행될 수는 없다(Neff 1993: 36). 여기에서 기억해야 할 중요한 것은 기능적으로 유사한 속성들은 유사한 적응적 문제에 대해서 유사한 해결책을 찾는 '적응적 수렴'에 의해서도 발생할 수 있다는 사실이다. 여러 지역에서 독자적으로 농경이 기원한 것을 예로 들 수 있다. 분석상 어려운 점은 이미 지적한 바와 같이 두 가지 현상이 한 선조에서 연원하여 비슷한 것인지(상동), 아니면 적응적 수렴에 의한 것인지(상사)를 판단하는 일이다.

다윈 진화이론을 고고학적 문제에 적용하는 데 각별한 관심을 가지는 연구자들은 그동안 전수의 '분기'를 규명하는 노력을 기울이기도 했다. 특히 헥터 네프(Hector Neff 1992, 1993)는 토기 제작법의 전수에 대해 논의했으며, 이는 석기나 집을 만드는 데도, 밭을 갈고 배우자를 만나는 방법에도 적용될 수 있다. 여기 네프의 말을 인용해 보자.

> 토기 제작 지식은 개인을 넘어 전수되고 이를 통해 "토기 전통"이라 부를 수 있는 역사적 현상이 만들어진다. (집단이) 공유하는 정보에

> 는 태토를 어디에서 얻어 어떻게 준비할 것인지, 토기 형태를 어떻게 만들고 장식할 것인지, 그리고 어떻게 구워낼 것인지와 같은 토기 제작과 관련된 많은 양상들이 포함되어 있다. 한 사람이 토기를 어떻게 만드는지는 개인이 가진 토기 제작에 관한 정보에 따라 결정되기 때문에 특정한 지방에서 특정 시간대에 인지되는 토기 제작에 관한 집합적 표현(표현형적인)은 하나의 전통 안에서 개인들이 어떠한 정보를 공유하고 있는지에 따라 결정된다. 토기 전통이 토기 진화에 갖는 중요성은 전통이란 개인과도 같이 어떻게 토기제작자가 토기라는 표현형을 생산하는지에 관한 정보의 구획선이다. 진화는 시간의 흐름에 따른 정보의 단절로부터 말미암은 것이기 때문에 토기 진화는 토기 제작 지식에 대한 개인 간 전수의 단절 및 하나의 토기 전통 안에서 일하는 모든 개인들의 토기 제작 지식을 전수하는 능력에 동시에 영향을 미치는 단절로부터 생긴다. (Neff 1992: 152~153)

네프는 "'형식'이나 '토기(질그릇)'라 인지되는 고고학적 현상은 '전통' 안에서 토기 제작에 관한 정보의 흐름에 따른 표현형 전승의 연속을 나타낸다"고 본다(Neff 1992: 153). 물론 네프는 "토기제작자 개인들이 이런 토기 전통의 표현형을 구성하고, 고고학적인 '형식'이란 고고학자가 표현형들을 그룹 짓는 하나의 분석도구"임을 인정한다. 그럼에도 형식들은 "제작자들이 공유하고 있는 정보를 인지하고 있는지 여부와 전혀 무관한 상태"에서도 구성될 수 있음을 지적하고 있다(Neff 1992: 153~54). 형식은 양식을 포괄하고 있으며, 고고학자는 특정 유적이나 지역의 토기를 연구대상으로 하기 때문에 여기에서 제시되는 유물의 그룹은 문화 전수의 결과일 가능성이 크다. 반면 고고학자들이 실용기와 엘리트를 위한 토기를 구분한 다음 실용기가 사회 내부나 외부의 소비를 위해 만들어진 것이라는 식의 판단을 내릴 때와 같은 경우는 '기능'이 포함되어 있다. 네프는 "선택의 작용에 얼마나 강한 영향을 받는지는 속성마다 다르다"고 말한다(Neff 1992: 28). 함께 변화하는 속성들도 있지만, 경우에 따라서 선택은 이 가운데 몇몇 속성에만 작용하기도 한다. 속성의 전체적 구성은 선택에 강하게 영향을 받을 수도 있지만, 특정한 속성들은 선택에 전혀 영향을 받지 않을 수도 있으며 다른 맥락에서는 확률성에 따라 움직이기도 할 것이다(Neff 1993: 28). 네프는 속성들 가운데는 특정한 시간에만 선택에 영향을 받기도 함을 지적하였으며, 따라서 양식과 기능을 구분하는 데는 시간의 흐름(역사)이 중요한 것이다. 우리는 이런 네프의 주장에 동의한다(e.g., O'Brien and Holland 1990).

네프는 나아가 더넬이 말한 양식과 기능의 구별은 "전혀 상반되는 이분법"이라기보다는 "연속선상에 있는 것들을 정의하기 위한 것"이라고 본다. 유물은 생물체와 같이 공학적 제한—기능적 속성과 양식적 속성을 구분하는 우리의 능력에도 영향을 미친다—이 있음을 감안할 때, 우리는 양식과 기능의 이분법은 진화이론을 고고학에 적용하기 위해서 반드시 필요하다고 생각한다. 양식은 상동으로서 계통의 역사를 쓰는 데 중요하다. 기능 또한 상동으로 발생할 수도 있지만 꼭 그렇지는 않다. 네프가 말하는 두 개념이 연속선상에 있다는 말은 척도의 문제를 지적하는 것에 불과하며, 이미 논의하였듯이 솎아짐이라는 개념과 상호작용자와 복제자라는 개념을 도입하면 쉽게 해결될 문제이다. 또한 네프가 한때 양식이었던 속성들도 기능적 역할을 할 수 있다는 말 역시 삼각소간, 파생적합, 상호작용자, 복제자[6]와 같은 개념을 사용하면 쉽게 설명할 수 있다. 그렇다면 문제는 어떻게 양식과 기능을 고고학적으로 구분할 수 있느냐 하는 것이다.

6) 양식과 기능을 구분하기

존 테렐(John Terrell 1986: 188)에 따르면 인류학자와 고고학자들은 전형적으로 ① 무작위 변이(우연), ② 적응, ③ 역사적 전승, ④ 기술

6) 옮긴이 주—삼각소간, 파생적합에 대해서는 제 4장의 논의를, 상호작용자, 복제자의 개념에 대해서는 제 5장 말미의 논의를 참조할 것.

디자인(또는 취지)이라는 네 가지 "유형"의 현상을 구분한다고 한다. 그러나 테렐은 마지막 기술디자인은 고고학자들이 흔히 적응의 범주로 취급한다고 하였으며, 우리도 이에 동의한다(O'Brien and Holland 1992). 이렇게 되면 세 가지만이 남는데, 이것들이야말로 "세 기본 형식 또는 이상적 변수의 유형"이라 할 만하다(Terrell 1986: 189). 테렐은 이 셋을 다음과 같이 정의한다.

> ① 무작위 변이(*random variation*)
> T_n 시점의 체계 및 환경에 대한 지식으로부터 이후 T_{n+1}이라는 시점의 체계의 상태를 추측(예측)할 수 없을 때를 가리킴.
> ② 역사적 전승(*historical inheritance*)
> T_{n+1} 시점의 체계의 상태를 T_n이라는 이전 시점의 체계에 관한 지식으로부터 충분히 추측(예측)할 수 있을 때를 가리킴.
> ③ 적응(*adaptation*)
> T_{n+1} 시점에서의 체계의 상태가 전적으로 환경에 따른 것으로, T_n이라는 이전 시점에서의 체계와는 전혀 무관할 때를 가리킴.
>
> 아주 기본적으로 말하면, 언어나 관습, 생물에서 그 어떤 변이의 사례(곧, 유형)도 100% 우연이나 100% 역사, 100% 적응의 결과가 아닌 것은 확실한 듯하다. 지역에 분포하고 있는 인간의 변이를 설명한다는 것은 사실 우연이나 역사적 전승, 적응의 결과인지를 판단하는 문제인 것이다.

우리는 테렐이 이렇듯 유형을 제시한 것이 참으로 사려 깊다고 생각한다. 하지만, 다음 두 가지 사항을 주의할 필요가 있다. 첫째, 테렐은 유전학적 모델에 바탕을 두고 논의하였으며, 인간 집단에서는 특정 유전자(복제자)와 표현형(상호작용자) 사이에 긴밀한 연관이 없기 때문에 세 가지 "유형"들을 구분할 수 없다고 생각하였다. 둘째, "무작위 변이"는 유전적 돌연변이와 유사하고, 따라서 유형뿐 아니라 과정을 나타내기도 한다. 이와 비슷하게 고고학자들은 흔히 "적응"을 과정이 아니라 유형이라 여기기도 하며, 두 가지 양상 모두를 나타내는 것으로 사용하기도 한다(O'Brien and Holland 1992). "역사적 전승"은 확실히 과정일 뿐이고 선택에 중립적이거나 선택의 영향을 받는 (모두 무작위적으로 발생할 수 있다) 돌연변이라는 전수 방식을 동반하기도 한다. 우리는 테렐의 논의가 양식적이고 기능적인 속성들을 가려낼 때 개념 및 분석적으로 구분되는 유형과 과정이 필요함을 강조한다는 측면에서 아주 좋다고 생각한다.

데이비드 멜처는 다음과 같이 명쾌하게 양식과 기능을 논의하고 있다.

> 한편으로 양식은 선택적 가치를 찾을 수 없는, 그러니까 선택적으로 "중립적" 형태들이라 정의할 수 있다. 그러나 다른 한편으로 양식은 다른 모든 문화요소들과 마찬가지로 에너지, 공간, 물질 등에서 비용이 들기 때문에 문화체계 전반의 선택적 그림의 일부가 된다. 때문에 일반적으로 양식은 환경과 무관하다는 점에서 공산석 상호작용을 그리고 문화적 경계를 짓는 데 있어 나름의 '기능'을 가지고 있다고 할 수 있다. 다시 말해 양식들은 그 자체로 자연선택의 직접 영향을 받진 않지만, 일반적 의미에서 문화체계에서 역할을 하고 있는 것이다.
>
> 차이는 주로 척도의 문제이며, 다음과 같이 예증할 수 있다. 많은 경우 토기에서 어느 특정한 디자인 요소를 고르는 일은 기능적 고려를 하는 것이 아니라 역사적으로 결정되며 선택적으로 "중립적"이다. 왜냐하면 어느 특정 요소가 다른 요소에 비해 이점을 가지고 있지는 않다는 점에서 그러하다. 그러나 특정 디자인의 존재 그 자체는 선택적 가치를 가질 수 있다. 왜냐하면 그 특정 디자인은 개인들 또는 집단의 경계 (또는 다른 기능들)를 나타낼 수 있기 때문이다.
>
> 고고학자들은 역사적 관련을 말해주는 양식적 행위에 관심이 많다. 왜냐하면 이를 통해 "전함형 곡선"을 그리는 (빈도) 순서배열이 가능하기 때문이다. 양식적 유사성은 우연적 상황을 제외하고는 문화 접촉이나 공통의 선조에서 기원한 상동적 유사성일 수밖에 없다. 양식들은 외부의 〔선택적〕 조건들과는 무관하기에 이를 통해 연구자

> 는 시간의 흐름을 말해주는 순수하게 시간적이고 비반복적인 클래스들을 얻어낼 수 있다.
>
> 한편 기능은 다윈주의적 집단의 적응도에 직접적으로 영향을 받는 요소이다. 이 요소들은 선택적 요인의 측면에서 설명될 수 있는 특질이다. 때문에 기능적 유사성은 상동, 곧 전수의 결과일 수도 있으며, 상사, 곧 비슷한 환경에서 비슷한 행위나 적응의 결과일 수도 있다. 기능적 특질들의 복제는 직접적인 형질 전수에 따른 것이 아니다. (Meltzer 1981a: 314)

멜처는 양식적 형태와 기능적 형태를 분석적으로 구별할 때 얻어지는 효과를 논의하고 있다. 더넬(Dunnell 1978b)과 데이비드 브론(David Braun 1987)과 마찬가지로 멜처는 시공간상 멀리 유리되어 있는 맥락에서 나온 형태들을 비교분석할 경우, 만약 표본들이 기능적으로 유사하다면 집단 간 변이를 제대로 밝혀줄 수 없을 것이라고 말한다. 시공간상 유리되어 있다는 것은 표본들 사이에 전승의 연속을 찾을 수 없음을 말해주는 것이다(Meltzer 1981a). 오브라이언과 홀랜드(O'Brien and Holland 1990: 47~48)는 생물학자들(e. g., Mayr 1983)을 따라 일단 클래스들이 기능적이며 따라서 선택의 영향을 받는다는 가설을 세우고 시작하기를 제안한다. 이 가설이 검증되어 공학적이고 물리적인 분석을 통해 선택적 가치를 지니는 맥락을 찾지 못한다면, 클래스는 양식적이라고 결론을 내릴 수 있는 것이다. 네프(Neff 1993: 28) 역시 여기에 동의한다. 둘을 분석적으로 구분할 수 있는 또 다른 방법은 빈도 순서배열을 하는 것이다. 우리는 아래에서 왜 순서배열을 통해 양식 및 기능적 클래스들을 구분할 수 있는지를 논의한다. 우리는 양식과 기능을 구분하는 이 모든 방법들을 옹호하며, 각각이 다른 방법들을 검증해줄 뿐만 아니라 각각은 진화이론가들이 관심을 가지는 다른 문제들을 푸는 데도 자세한 자료를 제공하여 준다.

3. 순서배열

네프의 논의와 유사하게 초너(Hartmut Tschauner 1994: 84)는 "문화적인 것은, 문화 학습(네프의 토기제작법)의 물적 현시로서 고고학자들이 연구하는 유물 그 자체가 아니라 관념적 요소들이다. 유물은 환경이라는 물적 토대 위에 작용하고 문화적으로 전수되는 정보(복제자)의 산물로서 그 정보의 전수에는 계통발생이 있으며, 정보와 산물에는 선택이 작용하고 있다"고 말한다. 초너는 마이어(e.g., Mayr 1981, 1995b)의 주장을 받아들여 "전수와 선택이라는 두 가지 진화 과정 중 우리의 분류는 전수를 측정하는 것, 다시 말하면 문화 계보나 계통을 확립하는 일에 중점을 두어야 한다"고 주장한다(Tschauner 1994: 86). 그러므로 "다원주의에 입각한 고고학 계통분류체계의 기본 임무는 한 유적(세대 간 전수), 그리고 지역〔사각(斜角) 전수〕에서 시간의 경과에 따른 문화적 학습의 흐름을 추적하는 일이며, 이는 유적 내의 변이로부터 시작하여 상사적 변이와 상동적 변이를 구별해내는 일을 말한다"(Tschauner 1994: 87)고 주장한다. 물론 마지막에 언급한 것은 우리가 제 6장을 시작하며 제기했던 논점, 곧 어떻게 상사와 상동을 구별할 수 있는지 하는 문제로 다시 돌아가게 한다.

더넬(Dunnell 1980: 38)은 다윈 진화고고학의 씨를 뿌렸다고 생각되는 글(e.g., Schiffer 1996)에서 다음과 같이 말한다.

> 진화라는 것은 '변이의 (시간의 흐름에 따른) 차별적 지속'이라는 개념으로 변화를 설명하는 틀이다. … 이는 굉장히 중요한 논점인데, 왜냐하면 고고학적 논의의 행로를 돌이켜 보면 주된 주제는 "변화"였지 단순히 유사성이나 차이가 아니었기 때문이다. 변화와 지속의 측면에서 연속성이 보인다는 것은 다루고 있는 현상이 역사 및 경험적으로 〔계통(유전)적 연속에 의해〕 서로 관련되어 있음을 가정하는 것이다. … 변이는 불연속적인 것이라 생각된다. 변화는 하나의 변이가

다른 특정 변이로 형태가 변환되어 발생하는 것이 아니라 개별 변이들의 빈도가 변화하여 생기는 것이다.

이러한 더넬의 언급은 상동과 상사를 구별하고, 양식 및 기능적 변이들을 구분하며, 계통의 역사를 쓰고 설명하는 데 중요한 열쇠를 제공하고 있다. 첫째, 변이는 반드시 불연속적 단위로 측정되어야 하는데, 이는 관념 단위, 곧 클래스들이 필요함을 뜻한다. 둘째, 지속이란 클래스로부터 끌어온 그룹들이 시간의 경과에도 안정적으로 유지되는 것을 뜻하며, 변화는 클래스를 구성하는 요소들의 빈도가 바뀌거나, 또는 그렇게 해서 대표적 클래스가 대체되는 것을 말한다. 셋째, 우리는 클래스를 사용하고 있기 때문에 형식이나 종의 수준에서 전승의 연속이 가능하다. 넷째, 순서배열법과 그 필요조건들을 충족시킴으로써 전통이나 계보의 수준에서 전승의 연속 역시 가능하다. 사실상, 순서배열법은 이런 모든 양상들에 바탕을 둔다. 따라서 순서배열을 더 상세하게 살펴보는 것이 중요한데, 이는 순서배열만이 가설화한 '전승의 연속'을 검증하는 유일한 고고학적 수단이기 때문이다. 순서배열법의 이론적 기반을 논의하기 전에 그 방법 자체에 대해 먼저 관심을 가져보자.

순서배열법은 유물이나 유물군을 형태적 유사도에 따라 순서대로 배열한다. 더 많은 속성들을 공유할수록 서로 더 가까이 배열되며, 공유하는 속성이 적을수록 더 멀리 배치된다. 이런 절차에서 암시적이면서도 중요한 가정은 바로 형태적 근접은 시간적 근접을 나타낸다는 것이다. 우리는 이런 가정을 '시간(역사)의 연속'의 가정이라 부른다. 왜 형태적 유사성이 시간적 근접을 나타내느냐고 묻는 사람도 있을지 모른다. 짧게 말해서 시간의 연속의 가정은 형태적 유사가 전승의 연속의 결과라는 가정에 바탕을 둔 것이다. 곧, 편년 도구로서 순서배열법은 특정한 순간에 생산된 물건들은 바로 이전 순간에 생산된 것들과, 그리고 바로 이후 순간에 만들어진 것들과 상당히 많은 점에서 닮았을 것이라는 가정을 한다. 바로 전승과도 비슷한 연관관계 때문이다. 시점 1에서 5까지를 예로 들면, 시점 3에 생산된 A라는 종류의 물건은 같은 종류의 물건 가운데 시점 1이나 5에 생산된 물건들보다 시점 2와 4에 생산된 것들과 더 닮았을 것이다.

왜 시간의 연속과 전승의 연속을 구분하느냐고 묻는 사람도 있을지 모른다. 우리는 다음 두 이유에서 둘을 구분하였다. 첫째, 대부분의 고고학자들은 암묵적으로 시간의 연속을 "공유된 전통"이나 "어떤 정해진 시공간상에서 정보를 공유한 결과"라고 정의 내리고 있는데, 이는 "고고학자들이 인간 사회를 연구하는 가장 기본적 가정"이라 할 수 있다(Neff 1993: 25). 이런 정의는 처음부터 암묵적으로 형태적 유사는 "전통 또는 정보 공유"의 결과임을 가정하는 것이다. 둘째, 우리는 시간의 연속과 전승의 연속을 구분함으로써 위와 같은 시간의 연속에 대한 암묵적 정의를 명확히 하고자 하였다. 시간의 연속이라는 용어는 두 현상이 단지 형태 및 시간적으로 비슷함을 의미할 때 쓰일 수 있다. 따라서 복수의 문화 계보에서 복수의 문화 특질들이 계통상 독립적인 출현(가령 수렵채집과 원시농경을 거쳐 농경으로의 변화, 그리고 무리, 부족, 족장, 국가라는 거의 보편적으로 받아들여지고 있는 변화 등)한 것은 '시간(역사)적 유사'를 나타내는 것이지 '전승의 연속'이 아니다. 계보의 분석적 구성에서 가장 중요한 것은 시간의 연속이 아니라 바로 전승의 연속이다.

시간의 연속과 전승의 연속이라는 가정은, 물론 많은 면에서 서로 연관되어 있기는 하지만, 분리되고 구별되어야 한다. 시간의 연속은 시간의 경과를 측정하는 유사한 형태들의 연쇄를 나타낼 뿐이며, 반면 전승의 연속은 형태적 유사를 토대로 현상들의 시간적 연쇄를 추론하는 근거를 제공한다. 이것이 추론이라는 점은 예전의 저작들에서 이미 명백히 드러나 있다. 크로버(Kroeber 1916a, 1916b)가 자신의 순서배열이 시간적 배열임을 층위 자료가 증명해줄 것이라고 한 것이 그 단적인 예이다(Rowe 1961도 참조하라). 이미 살펴보았듯이 고고학자들은 이런 문제를 오래 전부터 잘 알고 있었으나, 고생물학자들과는 다른 식으로 분석하고자 하였다. 상동과 상사를 구분하는 몇몇 고고학적 접근들은 합리적이지만, 시간의 연속과 전승의 연속을 개념적으로 구분하지 못하고 혼합하고 말았다. 우리는 이런 혼합을 방지하고자 한다. 그렇다면 어떻게 순서배열법을 통해서 이 목적을 이룰 수 있는가?

한 지점에서 어떤 시점에 생산된 특정한 종류의 유물들이 있다고 해 보자. 덧붙여 각각 계기적 유물들이 직전 및 직후의 유물들과 많은 점에서 닮았다고 가정해 보자. 문제는 이 유물들이 뒤섞여 있어서 형태적 유사를 바탕으로 유물들을 배열해야 하는 일이다. 여기에서 가장 닮은 유물들은 가까이 배열되며, 유사성이 낮을수록 배열되는 간격은 멀어지게 된다. 이런 순서가 편년적이라는 "추론"은 명백히 시간의 연속이라는 원칙에 근거하고 있으며, 암묵적으로 전승의 연속이라는 원칙에도 근거를 두고 있다. 이렇게 배열된 형태들이 편년적인지, 그러니까 시간적 연쇄를 나타내는 것인지는 층위와 같은 추가적 자료를 통해 검증되어야 한다. 순서가 편년적이어서 시간의 연속을 나타낸다면, 다음 문제는 그 "연쇄"가 "계보"를 의미하는지, 곧 전승의 연속인지를 판단하는 일이다. 이미 살펴보았듯이, 전승의 연속과 시간의 연속은 반드시 같아야 한다는 법은 없다. 만약 전승의 연속으로 판단된다면 (아래에서 어떻게 할 것인지를 논의할 것이다) 당연히 시간의 연속은 따라오기 마련이다. 그러나 시간의 연속이 보인다면, 그러니까 우선 형태들의 시간적 연쇄만을 관찰할 수 있다면, 여기에는 전승의 연속이 있을 수도 있지만, 반드시 그러해야만 하는 것은 아니다. 다시 말하면, 시간의 연속은 배열된 현상들의 유사성에 의한 것이지만, 왜 유사성이 존재하였는지는 전승의 연속의 결과일 수도 있고 다른 이유 (예를 들면 시간적으로 우연한 수렴) 때문일 수도 있는 것이다.

순서배열법을 떠받치고 있는 '시간의 연속'과 '전승의 연속'의 가정은 생물학이나 고생물학을 공부하였던 사람들에게는 친숙한 개념이다. 이 개념들이 두 학문의 근간을 이루는 것이기 때문이다. 생물학자들과 고생물학자들은 시간의 연속과 전승의 연속이라는 개념이 생물체 진화를

〈그림 6-3〉 순서배열의 기법

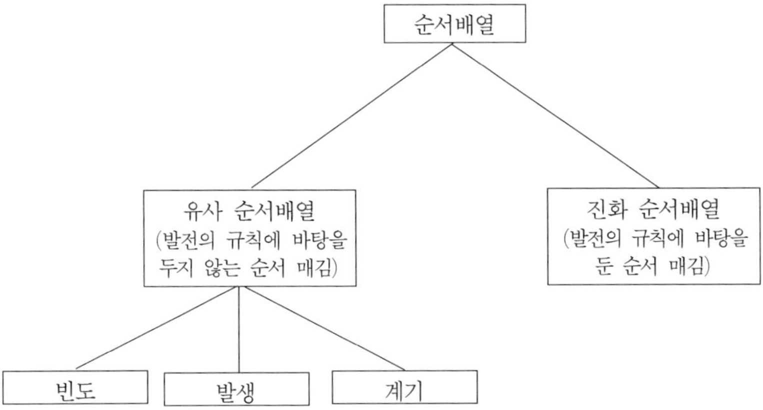

＊순서배열은 형태적 유사성을 바탕으로 배열하는 기법이다. (Lyman et al. 1998b)

이해하는 데 필수적이기 때문에 아주 중요하게 생각한다. 그러나 유물의 편년과 세동을 세우는 도구로서 이 개념들이 갖는 가치를 이해하기 위해 진화를 별도로 다시 공부할 필요는 없다. 자동차를 예로 들어보자. 우리는 대부분 자동차를 생김새에 따라 배열하는 데 별다른 어려움을 느끼지 않을 것이다. 아마도 열이면 열 모두 자동차에 대한 지식이 많든 적든 1978년부터 1998년까지 생산된 자동차 20대를 편년적으로 올바르게 배열할 것이다. 성공적 배열의 열쇠는 자동차들 가운데 똑같거나 거의 같은 특징을 찾아내 그것을 가지고 있는 자동차를 가까이 배열하는 것이다. 이것이 바로 단순한 시간의 연속의 원칙인데, 그 근저에 있는 전승의 연속이라는 원칙 덕분에 들어맞게 되는 것이다.

순서배열법은 고고학에서 흥미로운 역사를 가진다(Lyman and O'Brien n.d.a, n.d.b; Lyman et al. 1998b; O'Brien and Lyman 1998, 199a). 우리의 관점으로는 계기(계통) 순서배열, 발생 순서배열, 빈도 순서배열이라는 세 기법이 있다. 이들은 유사, 진화 또는 발전 순서배열이라는 이름으로도 포괄할 수 있다(Rowe 1961; Rose 1967, 〈그림 6-3〉). 진화 순서배열이란 계보상의 현상들이 단순에서 복잡으로 변화하는 것과 같이 어떤 한 규칙에 따라 진화할 것이라는 가정에 근거한다. 때문에 다위니즘의 진화와 혼동하여서는 안 된다. 우리가 생각하는 진화는 변화의 방향성에 대해서 전혀 아무런 가정도 하지 않기 때문에 진화 순서배열과는 다르며, 이에 대해서는 더 이상 논의하지 않을 것이다. 로우가 유사 순서배열이라고 부른 것은 세 가지 기법을 포함하고 있는데, 이에 대해서는 이 장의 나머지 부분에서 살펴볼 것이다.

1) 계통(계기) 순서배열

우리 생각으로 계통 순서배열은 가장 상식적 수준에서 유물들을 유사도에 따라 배열하는 것이다. 이것이 바로 알프레드 키더가 페코스의 토기디자인을 순서배열했던 방법이다(〈그림 3-5〉). 이론적 근거에서 계보를 구성한다고 생각되는 형태들을 선으로 나열함으로써 전승의 연속, 그리고 시간의 연속을 나타내게 된다. 선으로 배열된 각 형태는 하나 또는 몇 개의 속성에서 미세하게 다른 형태들로 이어지는데, 이로써 변화는 시간의 흐름에 따라 연속적이고 점진적으로 표현되는 것이다. 우리가 알고 있는 최초의 계통 순서배열(계기연대법)은 전술한 바와 같이 영국 고고학자 윌리엄 매튜스 플린더스 페트리가 하였다. 페트리는 이집트 나일 강 유역의 4백여 기의 선왕조시기 무덤들의 편년을 세우는 일에 부딪치게 된다. 그는 유물들이 "형태의 발달 및 퇴보가 연이어지기" 때문에 편년적으로 배열할 수 있다고 믿었다. 이렇게 수립된 계통의 연쇄를 통해 "대략의 순서로 배열하여 형식들의 등장과 쇠퇴를 알 수 있게 된다"고 하였다(Petrie 1899: 297).

페트리의 그림은 계통 순서배열 기법을 사용하는 방법을 명확히 보여준다고 할 수 있다. 〈그림 6-4〉에서 연쇄는 가장 오래된 것에서부터 최근 것까지 위에서 아래로 배열되어 있다. 이 연쇄의 위, 아래를 바꾸는 것도 가능하다. 그림에서 페트리는 무덤 약 9백 기에서 나온 토기 표본을 제시한다(연쇄가 갖추어진 다음에 약 1천 기를 추가시켰다).

〈그림 6-4〉 페트리의 이집트 선왕조시대 토기에 대한 편년 배열

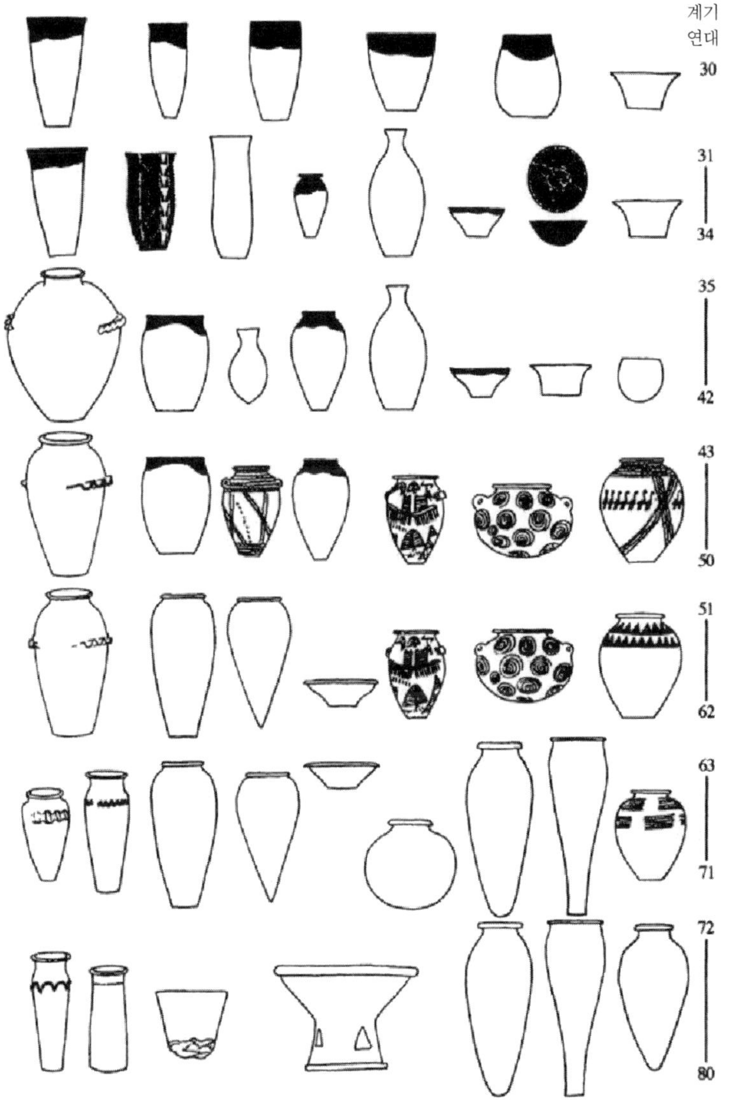

30에서 80까지 계기 연대는 오른쪽에 제시되어 있으며, 각 시기의 토기가 열로 배열되어 있다. 파상파수를 가진 토기는 왼쪽 아래 다섯 열에 나타나며, 파수의 생김새의 변화는 페트리가 무덤을 계기연대로 배열하는 열쇠가 되었다. (Petrie 1901)

토기 형태는 페트리가 "계기연대"(*sequence date*) 라고 부른 것에 30에서 80까지 시간 순서로 배열되었다. 이것은 단순화한 그림이기 때문에 페트리는 많은 '기'를 더 큰 단위로 묶기도 하였다. 시간의 흐름에 따라 토기 형태는 몇 기 동안 연속되기도 하고 그렇지 않기도 하다. 예를 들면 〈그림 6-4〉 왼쪽 위에 있는 외반구연화분형토기는 계기연대 30에서 34까지 연속된다. 오른쪽 맨 위의 발형토기 역시 같은 지속 시간대를 갖는다. 페트리는 이렇게 서로 중복되는 형태를 바탕으로 계기연대의 위와 아래를 찾아 연쇄를 만들어낼 수 있었던 것이다.

페트리의 분석에서 열쇠가 되었던 것은 그가 시간의 경과에 따라 상태가 변화하는 속성을 사용하였으며, 때문에 토기 형태에 관해 시간적 연쇄를 구성할 수 있었다는 점이다. 이 속성은 바로 손잡이(파수)이다. "왼쪽 아래의 다섯줄은 파상파수를 가진 형식이고 이 형식이 퇴화하는 것이야말로 전체 시기를 배열하는 데 가장 중요한 열쇠가 된다" (Petrie 1899: 300). 페트리는 파수가 초기 항아리(호)에서는 크고 기능적이었지만, 시간이 흐르면서 기능성이 줄어들면서 장식적이 되어 계기연대 63에 이르러서는 단순한 장식 역할만을 하게 되었다고 하였다(〈그림 6-4〉). "가장 확실하게 이어지는 형태 변화는 파상의 파수를 가진 화분형토기에서 보인다. … 둥그런 모양에 튀어나온 파상의 파수를 가진 것에서(계기연대 35에서 42까지), 더 곧추서게 되고 다음에는 더욱 좁고 길게 되며 이어서 파수는 퇴화한다. 이후 파수는 단순한 파상의 선으로만 남게 되고, 마지막으로 곧추선 원통모양에 반원형의 선을 무늬로 갖게 되는 것이다"(Petrie 1901: 5). 이것이 계통 순서배열(계기연대법)이다.

페트리(Petrie 1899: 300)는 자신이 제시한 토기 형태의 시간적 연쇄를 '계보'라 부르기도 했다. 그러나 불행히도 이 생각을 발전시키지는 못했다. 예를 들어 〈그림 6-5〉에서와 같이 낮은 숫자를 이른 시기에 높은 숫자를 늦은 시기에 놓을 때, 계기연대 38의 항아리는 (계기연대 70의 항아리와 마찬가지로) 두 가지 다른 형태가 "혼합"된 것으로 보인다.

만약 이런 해석이 옳다면 토기 형태라는 문화 특질의 진화는 다계통적이다. 그러나 토기 형태가 상동인지 상사인지를 모르기 때문에 이런 해석이 올바른 것인지도 알 수 없다.

페트리가 편년적 배열의 기초 작업으로서 계통 순서배열을 이용하기 전에도 피트리버스(Pitt-Rivers 1870), 존 에반스(John Evans 1850)와 같은 영국의 몇몇 고고학자들이 비슷한 기법을 사용한 바 있다. 피

〈그림 6-5〉 페트리가 제시한 이집트 선왕조시대 토기 형태의 계통

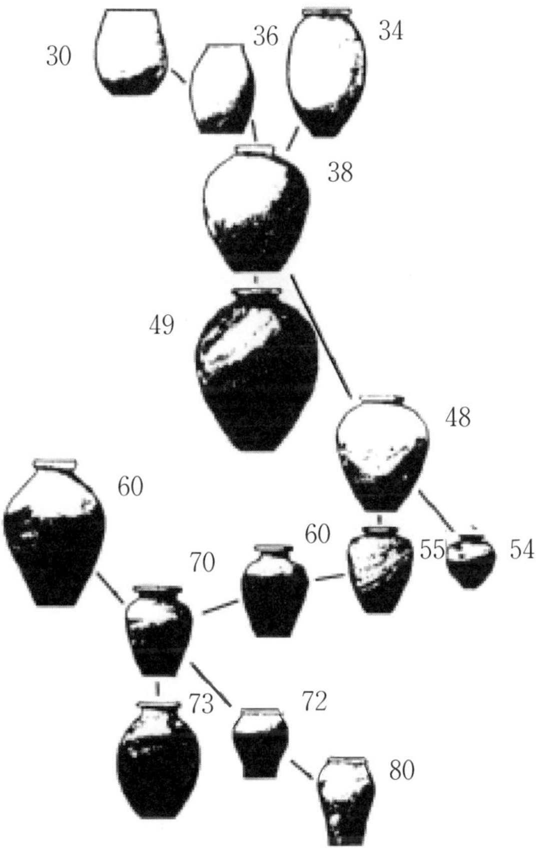

* 숫자는 계기연대를 말한다. (Petrie 1899)

트리버스는 구리와 청동부를 순서배열하였으며, 에반스는 영국에 로마가 침입한 기원전 54년 전후에 만들어진 금화를 순서배열하였다. 이 가운데 피트리버스만이 왜 전승의 연속이 계통 순서배열을 설명하여 줄 수 있는지 명확한 입장을 밝혔는데, “유물들을 골라 연쇄적으로 배열함으로써 생각들이 이어지는 것을 추적하고자 하였다”고 말했다(Pitt-Rivers 1875a). 따라서 그의 배열은 “특정한 생각들이 발달하여 한 사람에서 다른 사람으로, 또는 한 곳에서 다른 곳으로 전수되는 양상을 보여준다”(Pitt-Rivers 1875a: 294~295).

에반스는 무게와 디자인이라는 두 가지 차원의 변수를 사용하여 영국 동전을 순서배열했다. 다만 세 번째 차원으로서 크기는 편년에 별다른 유용성이 없었다. 에반스의 순서배열(〈그림 6-6〉)에서는 동전의 무게가 시간의 흐름에 따라 감소하는 현상이 뚜렷하지 않다. 예를 들면 형식 2는 평균 103.5 그레인(1그레인 = 0.064g)인데, 형식 3은 91.5 그레인, 형식 4는 87.25 그레인이다. 시간적 변화가 잘 드러나는 것은 동전 양면의 디자인의 변화이다. 우선 앞면에 마케도니아 필립 2세가 월계관을 쓰고 있는 얼굴이, 뒷면에는 마차가 그려져 있는 것으로부터 연쇄가 시작된다. 시간이 흐르면서 양면의 디자인은 더욱 양식화하고 정점에 이르러서는 다시 자연스럽게 바뀐다. 다음과 같이 에반스는 분석적 원형을 만들어낸 “중심”에서 조금씩 멀어질 때 발생하는 형식학적 “서행”—이 문제는 한 세기가 지나 필립스, 포드, 그리핀(Phillips, Ford, and Griffin 1951)이 지적하게 된다—이라는 문제를 제기했다.

> 나는 지금까지 일반적으로 남부지방에서 멀어질수록 동전의 원형에서 조금씩 일탈함을 알 수 있었다. 예를 들어 형식 24와 16의 경우, 요크셔나 노포크의 서남부 시골에서는 동전 주조가 계속해서 질적으로 저하된 반면 동남부나 동부에서는 조금 나빠지는 시기를 지나 아마도 외국에서 예술가들이 들어온 이유 때문에 다시 좋아졌으며, 큐노벨린 왕 치하에서 정점에 다다르게 된다. (Evans 1850: 137)

〈그림 6-6〉 존 에반스가 제안한 로마시대 영국 동전의 양식적 변화

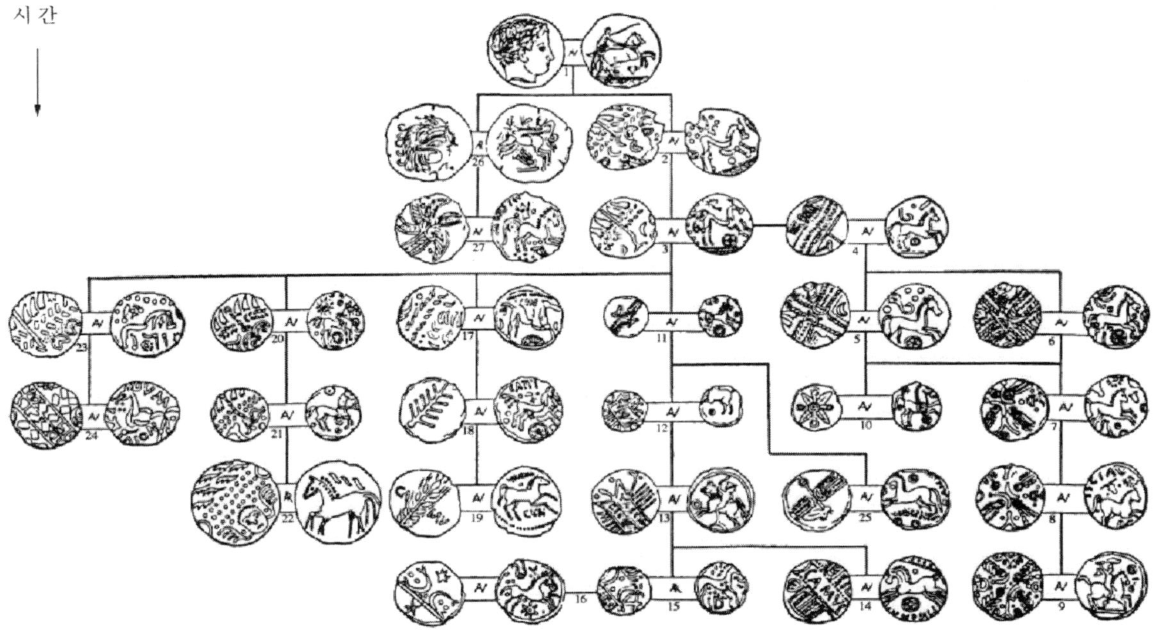

연쇄는 마케도니아 필립 2세의 얼굴과 말이 끄는 전차 무늬에서 시작되어, 시간의 흐름에 따라 양면 디자인이 더욱 양식화하고, 어떤 시점에 다다르면 다시 자연 디자인으로 변화한다. (Evans 1850)

페트리, 에반스, 피트리버스 등의 연구는 형태상 유사는 시간의 연속을 나타낸다는 상식적 생각에 바탕을 둔 것이다. 이 가운데 피트리버스(1875a)만이 왜 이런 생각이 고고학적 현상에 적용될 수 있는지 하는 이유를 명백히 밝혔다. 다시 말하면 전승의 연속과 시간의 연속은 계통 순서배열에서 보듯이 아이디어의 전수를 경험적으로 반영한다. 암묵적이지만 모두 시공간상 근접이라는 생각을 사용한 것은 페트리, 에반스, 피트리버스가 했던 계통 순서배열이 상동적 유사에 근거하였을 가능성을 높여준다. 물론 세 학자가 이 점을 확실히 하였던 것은 아니다. 사실, 어떤 종류의 유사성이냐 하는 문제에는 큰 관심이 없었으며, 다만 편년적이라 생각되는 유물 형태들을 배열하는 것이 당면한 문제였다.

알프레드 키더는 아마도 조지 라이스너(George Reisner)로부터 계통 순서배열법을 배웠던 것 같다. 라이스너는 이집트에서 일한 적이 있었기 때문에 페트리의 연구를 잘 알고 있었음에 틀림없다. 〈그림 3-5〉에는 일련의 토기 연쇄가 제시되어 있는데, 키더(1915)는 다양한 디자인 및 기술 속성들의 진화에 대한 의구심에서 출발하였다. 1917년에 간행된 짧은 글에서 키더는 어떻게 그런 진화적이고 시간적인 연쇄들이 표현될 수 있는지를 보여주었다. 속성이나 특성 상태들의 편년적 연쇄는 1917년 다시 확인되었으며, 페코스 푸에블로에서 수습한 유물에 대한 연구에서 확인되었다(Kidder 1924). 개략적 순서는 이미 2년 전에 토기의 장식 속성에 대한 계통 순서배열을 통해 구성되었다(Kidder 1915). 키더는 시간의 흐름에 따라 토기 디자인은 덜 복잡해지고 계단상 모티프가 하나였던 것이 나중에는 쌍을 이루게 되며, 마지막으로 일련의 커다란 흰 공간들로 변화하였다고 보았다. 키더는 여기서 형식이란 관념을 짚고 넘어가지 않았으며 (물론 후일의 페코스 연구에서는 언급하지만) 시간의 흐름을 말해주는 특성에만 집중하였다.

키더는 자신의 계기 순서배열 결과를 "시리즈"라 이름하였으며, 이 시리즈는 (시간의 연속을 의미하는) 편년 연쇄일 뿐만 아니라 (전승의 연속을 의미하는) 진화적이며 (또는 계통적) 연쇄이기도 하다고 하였다(Kidder 1917; Kidder and Kidder 1917). 전자는 지층누중(층위)에 의해 검증되어야 할 추론이며, 키더는 그런 검증을 시도하였다(Kidder 1916, 1924, 1936a). 후자는 편년 연쇄가 세워진 다음에 끌어올 수도, 또는 키더가 했듯이 편년 연쇄를 구성하기 위해 사용될 수도 있다. 키더는 이에 대해서 명백하게 밝히지 않았으며, 이것은 그를 따랐던 동료들이나 후세 연구자들도 마찬가지였다. 그 결과는 참담했는데, 편년법과 해석법이 혼동되고 말았던 것이다. 때로 확인된 편년(시간의 연속)이 계통적 추론을 구체화하는 데 쓰이기도 하였으며, 계통에 대한 의문스러운 가정을 토대로 편년을 추론하기도 하였다.

계통 순서배열의 과정은 순서가 매겨지는 현상들의 '유사성'을 측정하고 평가하는 데 달려 있다. 서로 공유하고 있는 속성(척도)을 토대로 유물의 유사성을 판단하며 그것을 근거로 계통 순서배열을 구성하는 것이 전형적 방법이다(e.g., Deetz and Dethlefsen 1971; Rowe 1959). 이미 지적하였듯이, 두 사물이 더 많은 속성들을 공유할수록 순서 매김에서 더 가까이 위치하게 될 것이며 시간상 가까운 것으로 인식될 것이다. 우리는 계통 순서배열법은 좋은 편년 도구일 뿐만 아니라 계보(계통)를 구축하고 계통의 역사를 구축하는 데 (가장 좋다고 할 수는 없다고 할지라도) 좋은 도구라고 믿는다. 우리가 지각하고 있는 한 가지 큰 문제는 에반스(Evans 1850)가 인지한 형식학적 '서행'이다. 연구자는 표본들의 순서를 매기는 것으로 시작하기 때문에 여기에서 생산되는 형식이나 클래스의 정의들은 외연적으로 끌어온 것이다. 때문에 형식학적 서행은 예기된 결과인 것이다. 두 번째로 큰 문제는 첫 번째 문제와 밀접하게 연관되어 있다. 형식들이 외연적으로 끌어온 것이기 때문에 검증을 통해 형식/종의 측면에서 전승의 연속을 확증할 노력이 뒤따르지 않는다는 것이다. 각 클래스는 다른 클래스들과는 어느 정도 독특하기도 하고, 다른 것 위에 단지 추가될 수도 있다. 시간의 연속은 독자적 연대측정법을 통해 확증될 수 있을 것이고, 공간적 근접을 기준으로 전승의 연속의 가능성은 높일 수 있을 것이지만, 사실 전승의 연속은 이런 식으로는 확증할 수 없는 것이다.

고전고고학자 윌리엄 바이어스(William Biers 1992: 25)는 계통 순서배열의 단위에 관한 이슈를 잘 지적하고 있다. 바이어스는 "한 사물의 특징적이고 독특한 외관은 그 사물의 양식이라고 말할 수 있다. 외관, 또는 그 외관의 세밀한 사항들, 또는 속성의 변화는 양식적 변화 또는 발달이라고 볼 수 있다. 양식적 변화는 시간과 관련되어 있을 수도 있지만, 언제나 시간의 흐름 때문이라는 법은 없으며, 아주 느릴 수도 또는 거의 존재하지 않을 수도 있다"고 하였다. 비록 양식적 변이를 시공간상에서 발생한다고 올바르게 지적하기는 하였지만, 바이어스의 논의는 계통 순서배열에서 쓰이는 단위들이 경험적이거나 관념적인 것으로 명백히 구별되지는 않음을 보여준다. 또한 그의 논의는 계통 순서배열에서의 단위는 적어도 처음에는 경험적으로 다루어졌음을 시사한다(e.g., Deetz and Dethelfsen 1971). 이런 단위들은 결국에는 이론 단위가 될 수도 있겠지만, 어쨌든 경험 단위로부터 출발한 것이다. 형식/종의 측면에서 전승의 연속은 확증되지 않으며, 검증할 수도 없다. 단위가 경험적인 것이고 전승의 연속은 검증되어 있지 않은 듯이 보이는데, 연쇄상 중첩(아래 논의 참조)이 인정되지 않기 때문에 변화는 한 형태에서 다른 형태로의 변형[7]적인 것으로 보이게 된다. 이것이야말로 우리가 피하고자 하는 문제들이다. 이제부터 논의하여야 할 순서배열의 기법—발생 및 빈도 순서배열—은 바로 이런 문제를 피하는 방법이다. 그러나 이런 기법들을 살피기 전에 순서배열 모델의 이론적 근거들을 논의하고, 왜 성공적인—곧 검증되고 확증된

7) 옮긴이 주—변형(변환, *transformation*)이라는 용어는 한 현상(형식, 종)에서 다른 현상으로 모습을 바꾸는 것으로 라마르키즘적 시각에서 변화를 보는 관점이라 할 수 있다. 이미 논의하였듯이 다위니즘의 시각에서는 변이들이 '중첩'되면서 차별적 지속(*differential persistence*)을 통해 시간의 흐름에 따른 변화가 생긴다고 인지된다. 변형으로서 변화와 차별적 지속으로서 변화는 이같이 큰 시각의 차이가 있는 것이다.

— 발생 및 빈도 순서배열은 실제로 계통(계보)을 나타내게 되는지를 개괄할 필요가 있다.

2) 계보로서 순서배열

20세기 초반 미국 고고학자들은 다양한 방법들을 찾아내어 유물들의 '유사'를 측정하고자 하였다. 키더의 계기 순서배열(〈그림 3-5〉)은 그 하나에 불과하다. 기본적으로 이것은 단위에 대한 관점의 변화, 그리고 유물의 속성으로부터 유물군의 속성으로 척도의 변화를 수반하는 일이다. 발생 순서배열과 빈도 순서배열 및 동반하는 척도의 변화를 통해, 물론 의무적인 것은 아니지만, 유물조합, 또는 유물군이라 불리는 유물들의 모음들을 배열하게 된다. 유사도는 먼저 유물 형식의 유무나 각 유물 모음에서 유물 형식들의 빈도를 인지함으로써 측정되며, 그 다음 수관적(시각적), 또는 객관적(통계적)으로 다양한 유물 모음들이 공유하는 형식이나 그 빈도의 측면에서 얼마나 서로 유사한지를 확인하는 과정으로 진행된다. 두 유물조합이 더 많은 형식들을 공유하면 할수록 서로 더 유사하기 때문에 시간적으로 더욱 가깝다고 생각된다. 마찬가지로 두 유물조합이 공유하고 있는 형식들의 상대적 빈도가 높을수록 둘은 순서배열에서 가까이 놓이게 되며 시간적으로 가깝다고 생각된다. 이것이 바로 각각 발생 순서배열과 빈도 순서배열이 된다. 중요한 것은 유물조합의 유사도는 공유된 형식들이나 유사한 형식 빈도들이란 측면에서 측정되기 때문에 형식들은 반드시 이론 단위여야 한다는 점이다. 그래야지만 유물조합은 시공간상에 지점(경험 단위)이 아닌 분포를 가질 수 있게 된다.[8] 표본들, 곧 경험 단위들은 지점을 갖고, 클래스들은 분포를 가지는데, 분포는 표본들의 시공간상 지점

---

8) 옮긴이 주 — 경험 단위(현상 단위) 아래에서 유물이나 유물의 형식은 지점을 갖는 데 반해, 이론 단위(관념 단위) 아래에서는 분포를 갖는다. 자세한 논의는 제 5장 참조.

들로 요약된다. 경험적 표본들은 시공간상의 위치가 주어지지 않고, 두 지역 이상에서 발생하는 특정 이론 단위들의 위치가 지도에 그려지게 된다(Dunnell 1970).

아주 중요한 논점을 오해하지 않기 위해 부연하자면, 패러다임식 분류에 근거한 클래스로부터 유추한 그룹들(제5장 참조)만이 순서배열에 쓰일 수 있는 이론 단위라는 것은 아니다. 만약 그렇다면, 연대 추정을 위해 개발된 형식들은 모두 그 작업, 곧 시간의 흐름을 추적하는 일을 제대로 수행하지 못해야 한다. 시간 형식들은 정확하게 시간의 흐름을 추적하기 위하여 만들어졌는데, 고고학자들은 형식들을 확립하면서 경험적으로 시간의 변화에 민감한 속성들을 선택하기 마련이다. 그런 특질들이 형식을 규정하는 범주가 되고, 때문에 형식은 원래 만들어진 의도대로 작업을 수행하게 되는 것이다. 이렇듯 이 형식들은 시행착오를 거쳐 외연적으로 끌어온 것이다.

발생 및 빈도 순서배열은 시간의 연속과 전승의 연속이라는 관념에 바탕을 두고 있지만, 특히 후자는 계통 순서배열과는 약간 다른 측면을 찾아볼 수 있다. 이는 발생 및 빈도 순서배열은 변화가 어떻게 일어날 것(변화의 방향은 아니라)이라는 기대와, 따라서 어떻게 시간의 흐름과 전승의 연속이 검증되고 측정될 것인지에 대한 기대를 어느 정도 필요로 하기 때문이다. 따라서 어떻게 발생 및 빈도 순서배열을 할 수 있는지를 논의하기 이전에 여러 가정들을 먼저 개괄하기로 한다. 이와 함께 이 가정들은 우리가 순서배열 모델이라 부르는 것이 되는데, 이것은 실제로 시간 형식으로서 분류된 표본들의 기대되는 시공간상 분포에 다름이 아니다.

계통, 발생, 빈도 등 어느 순서배열법이든지 제대로 작용을 하려면 한 계보 안에서 변화의 비율은 반드시 점진적이어야 한다. 가정은 비슷한 것을 이웃에 두고 그렇지 않은 것을 멀리 떨어지게 놓는다는 것이다. 전승의 연속이 있다면 '복제의 충실도'는 좋을 것인데, 만약 그렇지 않다면 사물들을 순서배열할 수 없게 된다. 그러나 점진적이라는 말을 곡해하지 말기 바란다. 변화의 속도를 "점진적"이라고 했다고 해서 급격한 변화나 불안한 오르내림과 같은 것, 또는 평형상태가 없다는 것은 아니다(제 7장). 다만 대규모로 불연속적이고 갑작스런 변화를 상정하는 것만이 배제된다고 할 수 있다. 변화가 "점진적"이라고 가정하는 것은 유물들의 변이에서 나타나는 시간의 흐름은 불연속적이 아니라 연속적이라는 점을 말하고 있는 것이다. 조지 코길(George Cowgill 1972: 384)은 "순서배열이 편년에 유용한 근거가 되기 위해서 필요한 것은 단지 순서배열되는 단위들 가운데에는 급작스럽고 격변적인 단절이 없어야 하는 것"이라고 했다. 코길은 제임스 포드(Ford 1962)의 연구에 비판적 입장이다. 포드는 초기 변화가 점진적이어야 할 필요성을 아주 잘 인식하여, 순서배열은 반드시 "중첩된" 배열을 포함하여야 한다고 하였다(Cowgill 1938: 11). 포드는 중첩이라는 용어를 사용함으로써 (가령 A, B, C라는 시간적으로 연이은 형식에서) A 형식은 1~3기에 해당하고, B 형식은 2~5기에, 그리고 C 형식은 4~6기에 해당한다는 식으로 중첩된다는 생각을 말했다. 형식들이 시간적으로 다양하게 중첩된다는 것을 통해 순서배열되는 유물들의 조합들을 연결시키고, 유물군들 사이의 전승의 연속을 확인하며 그 순서를 끌어낼 수 있게 되는 것이다. 이것은 사실 코길이 선후 단위들 사이에 "급작스럽고 격변적 단절"을 가정할 수 없다고 했던 말과 똑같다. 만약 중첩이 없다면, 순서배열의 하나 또는 더 많은 조건들이 충족되지 않는 것이며, 순서배열 모델은 편년에 근접한 결과를 얻을 수 없을 것이다.

3) 순서배열 모델

시간 형식은 흔히, 언제나 그런 것은 아니지만, 양식(*style*)이다. 또한 정의에 따라 시공간의 연속상에 한 부분만을 차지하고, 따라서 "연속 분포"를 보이게 된다. 각 형식들은 존속 기간 동안 시간의 흐름에 따라 다른 시간 형식들과의 상대적인 빈도에서 단일 빈도봉을 갖는 분포를 나타내게 된다. 시간 형식의 상대적 빈도는 처음에는 아주 드물다가 결국에는 단일한 빈도상 정점을 갖게 되며 (물론 시간적으로 꼭 중간 시점일 필요는 없다) 그리고 감소하여 마침내는 더 이상 나타나지 않게 된다. 어빙 라우즈(Irving Rouse 1939: 15)는 "형식〔클래스〕은 유물이 출토된 유적에서 기원하였을 수도 있고 이웃 지역에서 전파되었을 수도 있다. 형식은 어떤 지속시간을 가지게 되는데, 처음에는 점점 유행을 타다가 나중에는 유행이 떨어지게 된다. 마지막으로 형식은 절멸하든지 다른 형식에 대체되든지 사라지게 된다"고 하였다.

조지 브레이너드(George Brainerd 1951a: 304)는 다음과 같이 말한다.

> 만약 어떤 유물들이 시간의 흐름에 따라 변화하는 문화('전통'을 의미한다)로부터 기원한 것이라면, 그것들을 시간 축에 위치시키는 것은 유사성의 함수 관계가 된다. 질적이거나 양적인 형식 목록에서 가장 유사한 것들은 시간적 연쇄에서 서로 가까이 놓인다. 이것은 "순서배열" 또는 유물군의 순서 매김을 가능하게 한다. 만약 시간의 흐름만이 그 원인이라면 참으로 유물군들의 시간상 위치를 잘 반영할 것이다. 비록 늦고 빠른 것의 방향에 대한 판단은 다른 수단을 통해서 얻어져야 하지만 말이다. (Brainerd 1951a: 304, 강조가 첨가됨)

브레이너드의 "질적"이라는 용어는 아마도 유물군들에서 형식의 존재나 결여를 말하는 것 같은데, 물론 분명하게 언급된 것은 아니다. 그리고 "양적"이라는 용어는 아마도 수집품에서 그 형식들의 상대적 빈도를 의미하였던 것으로 보인다. 전자는 발생 순서배열을 뜻하고 후자는 빈도 순서배열을 가리킨다. 브레이너드가 "늦고 빠른 것의 방향에 대한 판단은 다른 수단을 통해서 얻어져야" 한다고 한 말은 옳다. 코길(Cowgill 1972: 382)은 이것을 "어떤 한 실재물의 구체적인 연쇄가 있다고 할 때 이와는 정반대의 연쇄 역시 똑같이 좋은 순서배열이다"라고 말하고 있다.

발생 및 빈도 순서배열은 모두 전수와 전승을 전제로 하는데, 두 가지 수준에서 그러하다(Rouse 1939). 첫째, 특정 클래스에 속한다고 판단되는 각 유물은 그 클래스에 속하는 다른 표본들과 계보적으로 연관되어 있다고 생각되는데, 이는 공통으로 가지는 속성들, 그리고 전형적으로는(반드시 그런 것은 아니지만) 시공간적 근접성 때문이다(e.g., Phillips et al. 1951; Rouse 1955). 따라서 브레이너드(Brainerd 1951a: 304)는 "어떤 유물이 한 〔시간 형식〕에 속한다는 것은 그것을 만든 제작자가 이 분류군〔시간 형식〕에 속하는 다른 유물의 제작자와 함께 같은 문화적 배경에 살았음을 시사할 만큼 … 충분한 복합성을 지녀야 한다"고 말했다. 이는 바로 우리가 형식 / 종의 측면에서 전승의 연속이라 지칭하는 것을 의미한다. 둘째, 순서배열된 — 발생 또는 빈도 그 어떤 것을 통해서든지 — 모든 유물군들은 단일한 문화 전통 —브레이너드의 용어로는 '문화적 배경' — 으로부터 온 것이라는 순서배열의 필요조건을 생각할 때 순서배열되는 클래스들은 계통적으로 관련되어 있다는 점이다. 윌리와 필립스(Willey and Phillips 1958: 37)는 '전통'을 "단일한 기술이나 이와 연관된 형태 체계들이 시간의 연속에도 그 형상에서 지속되는 양상"이라 정의한다. 때문에 전통은 전수, 지속, 전승의 연속을 반영하는데(Phillips and Willey 1953; Willey and Phillips 1958), 레이몬드 톰슨(Raymond Thompson 1956a: 39)이 문화전통(*cultural tradition*)을 "시간상 지속되는 사회적으로 전수된 형태"라고 정의하면서 똑같은 논점을 제기하였다.

넬스 넬슨(Nels Nelson 1916: 163)은 한 층에서 복수의 형식들이 혼재되어 나타날 것이라고 하였는데, 이를 통해 "층서적으로 누중되어 있는 형식들을 연결시켜 한 형식이 다른 형식을 점차 대체함을 보여준다"고 한 말을 되새겨 보자. 그 연결이라는 것은 전승의 연속의 증거가 된다. 우리는 넬슨이 지도 교수였던 알프레드 크로버로부터 이 같은 놀랄만한 생각을 가지게 된 것이 아닌가 하고 생각한다. 형식들이 시간적으로 '중첩'(e.g., Ford 1938; Meighan 1959)되어 발생한다는 것은 순서배열되는 사물들의 조합들을 연결시키고 유물군 사이에 전승의 연속이 있음을 가리킨다(Dunnell 1970; Lipo et al. 1997). 전통은 개별 사물의 속성, 개별 사물의 형식이나 속성결합, 또는 개별 사물들의 복수의 형식들의 결합 등 다양한 척도에서 생각하고 구성될 수 있다(e.g., Neff 1992). 우리는 이것을 전승의 연속의 전통/계보적인 측면이라고 부르며 전통이나 계보 안에서 단위들의 다양성을 의미한다고 본다. 앞으로 살펴보겠지만, 이 모델을 충족시키는 발생 및 빈도 순서배열 모두 형식/종 및 전통/계보의 측면에서 전승의 연속을 시사하고 있다(Lyman and O'Brien n.d.a.).

4) 순서배열에 필요한 조건들

고고학적 순서배열이 시간의 흐름과 전승의 연속을 반영하는 방식으로 주어진 현상들을 배열하는 방법이라고 한다면, 비교되고 배열되는 현상들은 일단 비슷하여야 한다〔Willey and Phillips는 이것을 "지속형상"(*persistentconfigurations*)이라 부른다〕. 이것은 부분적으로 현상들은 시간 형식이나 클래스들이라는 이론 단위들로 측정되어야 함을 의미한다. 또한 순서배열이 현상들을 하나의 계보를 구성하는 편년 배열을 생산하기 위해서는 현상들 자체가 특정 조건을 충족시켜야 함을 의미한다. 현상들이 실제로 조건들을 충족시키는지를 판단하기 위해서는 일단 순서대로 배열해 보아야 한다. 아주 엄격한 조건들이 필요하지만(e.g., Ford 1938), 이에 대해 처음, 그리고 가장 자세히 언급한 것은 필립스 등(Phillips et al. 1951: 219~236)의 글이다. 그 이후 조건은 다양해지고, 수정되고, 명확해졌다(e.g., Cowgill 1972; Ford 1962; Rouse 1967; Rowe 1961). 더넬은 아래와 같이 간단명료하게 조건들을 제시하였으며, 우리도 그의 논의를 따른다.

첫째, 순서배열되는 유물군들은 반드시 비슷한 지속시간을 가져야 한다. 이 조건을 충족시킨다는 것은 특정 유물군의 위치가 지속시간 때문이 아니라 그 연대(年代)의 결과임을 확인해 준다. 그렇다면 유물군의 지속시간은 어떻게 표현되는가? 포드(Ford 1962a: 41)는 "각 유물군은 짧은(짧을수록 좋다) 시간대를 대표해야" 함을 주목하였다. "한 순간만을 대표하는 유물군이 이상적이겠지만 실제로는 그럴 수는 없다"고도 하였다. 다시 말하면 지속시간이 짧을수록 최종 순서배열에서 그 시간성이 더 세밀하게 드러날 수 있는 것이다. 각 유물조합들이 비슷한 지속시간을 가졌는지를 판단하는 일은 쉽지 않지만, 라우즈(Rouse 1967: 162)는 "연구자는 단위들이 대체로 동등한 시간대를 반영하도록 만들어낼 수 있을 것이다"고 평하였다. 포드(Ford 1935c, 1962)는 유물군별로 표본의 크기에서 최종적 순서에 영향을 미치는 변수를 배제하고 충분할 만큼의 유물만을 대상으로 하였다. 이 경우 대상 유물군들은 지속 시간대가 비슷할 수도 있고 그렇지 않을 수도 있다. 이 조건을 충족시킬만한 방법이 있을까? 더넬(Dunnell 1970: 312)은 완전히 편년을 통제할 수 없는 상태에서(만약 편년을 통제할 수 있다면 순서배열이 별로 필요하지 않을 것이다) 가장 좋은 절차는 순서배열을 시도하고 순서배열을 통해 정해진 모델과 크게 차이를 보이는 유물조합이 있는지를 파악해보는 일이 중요하다고 제안한다. 만약 그런 사례가 있다면 그것들은 다른 것들과 상이한 지속시간을 가졌을 가능성이 크다. 나중에 이에 대한 예를 살펴볼 것이다.

두 번째 조건은 모든 유물조합은 동일한 지역에서 나온 것들이어야 한다는 것이다. 이 조건은 줄리안 스튜어드(Steward 1929)가 지리적 근접성이라 했던 것으로, 측정되는 변이는 지리적 공간에 따른 차이가 아니라 시간적인 것이어야 함을 재확인하는 것이다(Quimby 1943을 보라). 이는 거꾸로 지리적 전파는 순서배열 결과에 영향을 미칠 수 있다는 사실을 뒷받침하고 있다(e.g., Phillips et al. 1951: 223). 데이브 데이비스(Dave Davis 1981: 57)의 지적과 같이 순서배열을 써서 시간의 흐름을 파악하는 일은 한 지리 영역 내에서 물질문화의 전반적 동질성을 가정한 것으로서, 공동체간 접촉의 성격과 정도에 따라 순서배열 모델의 유물군 유형이 달라질 수 있다(Deetz and Dthlefsen 1965;

Dethlefsen and Deetz 1966; Dunnell 1981). 따라서 라우즈(Rouse 1967: 178)는 "지역"(*local area*)을 지리적 공간의 핵심으로 정의하고 그 안에서는 문화 내용상에 거의 변화가 없다고 생각해도 무방하다고 하였다. "지역"이 정확히 무엇을 의미하는지는 시공의 변화에 따라 다르다(Dunnell 1981). 다시 말하면 역사적 변수에 달려 있는 것이다. 최근에 들어와서야 시공의 연속상에서 "지역"을 분석적으로 판단하는 기법들이 개발되고 있다(Lipo et al. 1997). 아래에서 이런 기법들을 살펴볼 것이다.

우리 시각으로는 두 번째 조건을 충족시키면 세 번째 조건을 만족시킬 (물론 보증하는 것은 아니지만) 가능성이 커진다(Rouse 1955). 세 번째 조건이란 바로 순서배열되는 유물군들은 모두 동일한 전통에 속해야 한다는 것이다. 이전에 인용된 문화전통에 대한 정의를 생각할 때, 이 조건을 충족시키면 자동적으로 전승의 연속이 확인되며 순서배열되는 유물조합들 사이의 계통적 유사가 있음이 보증된다. 더넬(Dunnell 1970: 311)은 발생 및 빈도 순서배열이 요하는 이론 단위들을 사용하면 이 조건을 충족시킬 수 있음을 지적했다. 곧, 이론 단위들의 사용은 형식/종의 수준에서 전승의 연속이 있음을 확인하는 것이며, 더넬은 전통/계보의 수준에서도 마찬가지라고 주장한다. 전통/계보의 수준과 관련하여 생물학에서 린네식 분류체계의 위계적 구조는 유물들의 위계적 정렬과 비교할 만하다. 따라서 "토기"는 생물학에서 "과"에, "형식"은 생물학의 "속"에, 토기의 "변이"는 생물학에서의 "종"과 일치시킬 수 있다. 토기 단위들은 순서배열되어 토기 전통이나 단계통집단을 형성할 수도 있고, 석기로는 토기와 다른 전통을 구성할 수 있다. 두 "과"는 서로 독자적으로 진화하며, 따라서 각각은 다른 것을 토대로 만들어진 '배열'의 옳음을 검증하는 수단이 될 수도 있다.

미국 고고학에서 발생 및 빈도 순서배열과 연관된 순서배열 모델의 뿌리는 사실 왜 이런 순서배열법으로 전승의 연속을 재구성할 수 있는 것이며, 왜 고고학자들은 시간의 연속과 전승의 연속을 구별하지 못하는지에 관한 생각들에 있다고 할 수 있다. 예를 들어, 라우즈(Rouse 1939: 14)는 "대체"라 불리는 변화의 과정은 "'진화'라는 개념과 동등하게 생각되어서는 안 된다"고 하였다. 라우즈에 따르면 '진화'란 마치 식물이 성장하는 것처럼 유물형식들이 발달한 것을 의미하는데, '대체'는 〔클래스〕상의 변화를 표현할 뿐이다. 각 클래스는 정의에 따라 (관념 단위로서) 불변의 유형이라고 가정된다. 따라서 클래스 그 자체는 어떤 식물체처럼 성장하거나 진화할 수 없으며, 단지 생겨나서, 지속되고, 사라질 뿐이다. 이것을 라우즈는 문화 특질의 전파와 유사하다고 보았으며, 반면 유물형식은 진화하는 것이라고 했다. 이 점에서 라우즈는 사실 생물진화와 개체발생을 혼동하고 말았는데, 이는 라우즈만이 그런 것은 아니다. 예를 들어 바이어스(Biers 1992: 26)는 "양식적 발달을 진화적 관점에서 생각하는 것은 고대 미술품에서 보편적으로 행해지고 있으며, 아마도 출생, 성장, 죽음에 대한 생물적 원칙들이 관찰되는 자연세계로부터 영향을 반영하는 것이다"라고 했다. 그러나 바이어스의 말은 존재에 대한 것이지 진화에 대한 것은 아니다.

라우즈의 가장 중요한 지적은 바로 변화란 클래스 빈도의 상대적 변화로 추적할 수 있다는 것이다. 이것을 라우즈는 '대체'라 표현하였던 것이며, 개별 식물의 존재보다는 더 큰 척도에서 이루어지는 것이다. 어떤 한 식물의 종은 종을 구성하는 구성요소들이 변화함으로써 진화하며, 따라서 종의 구성은 시간의 흐름에 따라 변화하며, 이것이야말로 '대체'가 된다는 것이다. 존재와 생명의 시간을 가진 것은 개별 식물들이고 고고학에서는 유물들이 되며, 식물과 유물의 클래스는 존재가 아닌 분포를 가지며 다른 형태나 변이에 의해 대체되는 것이다. 하지만 라우즈는 이것을 명확히 하지 않았으며, 클래스를 의미하는 형식/종의 수준에서의 전승의 연속에 대한 언급도 명확하지 않다.

알렉스 크리거(Alex Krieger 1944: 258)는 라우즈의 글을 언급할 때 역시 명확한 생각을 갖지 못했던 듯하며, 다음과 같이 말한다.

> 형식들 사이의 연속성은 문화들이 서로 연관되어 있음을 보여주기 때문에 형식들 역시 서로 연관되어 있음을 알 수 있다. 이는 인간 행동의 결과물이 유전과 유사하다는 문제를 제기하는 것이다. 서로 연관된 문화들에서 보이는 일반적으로 비슷한 생김새를 갖는 유물들은 원래 어떤 조상 격인 형태가 시간이 흘러 기호나 가치가 변화하여 생산된 것이라는 원칙을 바탕으로 하고 있다. 하지만 유물 형식에 있어 유전적 유사성이나 진화를 주장하는 일은 아주 주의를 요하는 일이다….
>
> 〔라우즈(Rouse 1939)의 주장대로〕, 엄격한 역사적 연구를 수단으로 문화적 산물의 변화에서 진화의 증거를 찾는 일과 가시적 인상에 근거하여 유사성을 가정하는 것은 반드시 구분되어야 한다. 따라서 아무리 표피적으로 닮았다 할지라도 표본들 사이의 기본적 관계를 미리 가정할 수는 없는 일이다. (Krieger 1944: 258)

여기서 크리거는 정확한 용어를 사용하지는 않았지만 시간의 연속과 전승의 연속을 구분했다. 문화적 전수와 변화에 대한 이론이 결여된 상황에서 이 두 가지 종류의 연속성이 어떻게, 또는 왜 서로 관련되어 나타나는지를 인지하지는 못하였으며, 자신의 이러한 통찰을 발전시키지도 못하고 말았다. 상황은 포드에 들어와 조금 발전된다. 포드는 이론 단위로서 시간 형식은 "지속적으로 변화하는 문화적 아이디어를 측정하는 단위"(Phillips et al. 1951: 220)라고 하였다. 그렇지만 포드 역시 이에 대한 이론을 발전시킨 것은 아니다. 여기에서 우리가 바라고 있는 이론은 다윈주의 진화이론에서 찾을 수 있으며, 다윈이론에 바탕을 둔 컴퓨터 모델링을 통해 라우즈의 "대체"와 라우즈와 포드의 "측정단위"들은 바로 전수와 전승의 연속 때문에 발생 순서배열이나 빈도 순서배열에서 시공간상 분포를 그리고 있음이 확인되었다(Lipo et al. 1997; Neiman 1995). 위에 논의한 발생 및 빈도 순서배열의 조건들은 바로 이러한 순서배열 모델을 뒷받침하고 있다. 이 조건들을 충족시켜야지만 순서배열은 편년과 전승의 연속을 나타냄을 확인할 수 있게 되는 것이다(Dunnell 1970). 그렇기 때문에 조건이 충족되는지를 확실히 알 필요가 있다. 다행히도 조건을 충족시키지 못하면 이론적으로 기대되는 결과를 내지 못할 것이다. 이제 좀더 단순한 발생 순서배열과 기본적 분석 원칙을 살펴보자.

5) 발생 순서배열

빈도 순서배열은 1920년대에 개발되었지만, 1950년대 말에서 1960년대 초에 빈도 순서배열의 대안으로 발생 순서배열이 제시되었다(Lyman et al. 1997b). 우리가 알고 있는 한 가장 처음으로 발생 순서배열에 대해서 논의한 사람은 폴 뎀프시와 마틴 봄호프(Paul Dempsey and Martin Baumhoff 1963)이며, 이보다 몇 년 앞서 존 로위(John Rowe 1959)가 언급을 하기도 하였다. 윌리엄 라이프(William Lipe 1964: 103)는 이전 크로버(1916a, b)나 포드(1949), 브레이너드(1951a)와 로위, 뎀프시, 봄호프가 가장 크게 다른 점은 "발생 순서배열에서 유물군은 형식들의 존부에 따라서 비교되는 데 반해, 빈도 순서배열에서는 형식들의 상대적 빈도에 따라서 비교되는" 점이라고 하였다. 로위(Rowe 1959: 321)는 "편년적 구분을 하는 데 형식의 빈도에 의존하는 일은 가급적 피해야 하며 형식의 존부에 대한 관찰에 치중하여야 한다"고 주장하기도 하였다. 빈도에 관한 자료는 표본추출의 문제가 있었기 때문이었다. 또한 뎀프시와 봄호프는 "낮은 빈도로 나타나는 형식들이야말로 시간을 가장 잘 말해주고 특정 형식의 존부는 편년 수립에 중요하기 때문에 형식의 존부에 관한 자료가 편년 이슈에 더 민감하다"고 믿었다(Dempsey and Baumhoff 1963: 498). 이들은 "상대적 빈도를 근거로 형식의 중요도를 매기는 것은 일견 객관적일지는 몰라도 결국 여러 형식들이 최종적 순서배열에 다양하게 영향을 미치게 되는 결과를 초래할 것이며, 아주 소수에 불과한 형식들을 포함시킬 경우 부수되는 작업이 늘어나는 단점이 있다"고 하였다(Dempsey and

Baumhoff 1963: 498).

뎀프시와 봄호프는 이런 문제들을 피하기 위해서 각 유물군에서 특정 형식의 존부에 따라 자료화하였다. 〈표 6-1〉은 발생 순서배열 절차에 대한 단순 사례이다. 모두 여섯 유물조합들로 구성되어 있는데, 유물은 다섯 형식들로 분류되었다. 표의 상반부는 유물조합들이 아직 순서배열되지 않은 상황을 나타낸다. 순서배열 모델은 "역사적 또는 시간적 클래스는 모두 시간의 흐름에 따라 연속적"임을 가정한다(Dunnell 1970: 308). 이것은 간단히 말해 발생 순서배열법의 근간이 되는 원칙이다. 이론적으로 각 시간 형식은 시간상 한 번만 나타난다. 곧, 형식의 분포는 시공의 연속상 단지 한 부분만을 차지하게 되어 있는 것이다. 만약 그렇지 못하다면 순서배열의 조건이 제대로 충족되지 못했음을 반증한다. 발생 순서배열의 절차는 유물군(열)을 각 형식(행)이 연속적 발생을 가지도록 배열하는 것이다('+'로 표시되어 있다).

〈표 6-1〉 발생-순서배열 절차의 사례

	역사적 형식				
유물군	1	2	3	4	5
배열되기 전					
A	+		+	+	+
B			+	+	+
C	+		+		+
D			+	+	
E	+	+			+
F			+	+	
배열됨					
E	+	+			+
C	+		+		+
A	+		+	+	+
B			+	+	+
D/F			+	+	

순서배열 모델의 기대를 충족시키는 배열은 표의 하반부에 나타난다. 먼저 "E, C, A, B, D/F"로 배열하는 것이나 "D/F, B, A, C, E"의 순서로 배열하는 것이나 시간 흐름의 방향을 모르는 상황에서는 마찬가지임을 주의할 필요가 있다. 방향은 순서배열과는 상관없는 지식, 곧 방사성탄소연대나 층위발굴에 따라 1, 2 형식이 3, 4 형식보다 시간상 이르다는 식의 지식을 통해 정해진다. 유물조합 D와 F는 형식의 존부란 측면에서 서로 동질적이다. 이 둘의 순서는 정해질 수 없으며, 이 경우 동시대라 생각된다. 이 말은 사용된 단위들을 통해 두 유물조합의 시간적 선후를 구분할 수 없음을 의미한다(Patterson 1963 참조). 다른 단위들을 사용하면 두 유물조합을 구분할 가능성을 남겨 두는 것이다.

6) 빈도 순서배열

제 3장에서 논의한 바와 같이 크로버는 고고학적으로 빈도 순서배열을 고안하였지만, 계통 순서배열에 대해서는 전혀 신경을 쓰지 않았는데(Lyman et al. 1997b, 1998b), 그렇지 않다고 보는 사람들도 있다(Browman and Givens 1996; Praetzellis 1993; Willey and Sabloff 1993을 참조). 이렇듯 의견 차이가 명백히 드러나는 이유는 크로버는 유물들의 클래스(관념 단위이다)를 사용하여 자신의 자료를 순서배열하였기 때문이다. 클래스는 광범위하게 설정되었지만, 계통 순서배열에서 쓰이는 경험 단위들을 사용하지도, 유물 속성의 변이를 사용하지도 않았다. 그리고 마지막으로 크로버는 특정 속성의 존부가 아닌 빈도를 사용하여 순서배열을 끌어내었다. 크로버가 했던 일은 바로 빈도 순서배열을 고안하는 일이었던 것이다.

"모든 역사적 및 시간적 클래스의 분포는 시간의 흐름에 따라 연속적"(Dunnell 1970: 308)이라는 조항과 함께 빈도 순서배열 모델은 다른 원칙 하나를 필요로 한다. 이것을 필립스-포드-그리핀(Phillips et al. 1951: 220)은 토기 형식과 관련하여 다음과 같이 잘 지적하고 있다.

> 만약 우리의 토기 형식들이 문화적 아이디어의 연속적 변화의 흐름을 파악하는 단위로서 성공적이라면, 이 형식들의 상대적 유행도는 시간의 흐름에 따라 단일한 빈도봉을 가지는 곡선으로 도식화시킬 수 있을 것이다. 다시 말하면 형식은 처음 아주 낮은 빈도로 출현하고 점점 증가하여 유행의 정점에 도달한 다음, 이어지는 형식들에게 대체되어 점차 사라지게 될 것이다.

이것은 유행성의 원칙이다. 필립스 등(Phillips et al. 1951: 221)은 "문화사의 시공간상 연속을 보여주는 문화 유물들의 복합체는 일관된 방식으로 분류되고 여러 형식들의 유행성을 보여주는 곡선은 패턴을 드러낼 것이며, 이 패턴의 각 부분은 특정 시공간적인 부분에 한정된다"고 하였다. 필립스 등은 라우즈가 말하는 '대체'와 같은 개념을 사용하였다. 클래스들은 시간상 중첩되어 발생할 것이기 때문에 유물조합들을 연관시킬 수 있다. 중요한 것은 빈도 순서배열로 각 역사적 클래스들은 시공간상 연속적으로 분포되어야 할 뿐만 아니라 상대적 빈도에서도 단일한 빈도봉을 그려야 한다는 점이다. 빈도 순서배열에서 클래스들이 이런 특성을 제대로 보여주지 못한다면 순서배열 모델의 조건을 제대로 충족시키지 못한 것이다.

필립스 등(1951)은 〈그림 6-7〉과 같이 오하이오 주에서 운송수단의 역사를 빈도 순서배열로 예증한다. 이 그림은 실제 자료를 바탕으로 한 것은 아니지만, 그렇다고 해서 그 효용성이 없는 것은 아니다. 운송수단의 종류는 수직, 곧 시간의 흐름 방향으로 정렬되어 있다. 수평의 것은 10년 단위로 운송수단의 백분율을 나타내며, 이 백분율을 합하면 물론 100%가 된다. 1940년 자동차는 51%의 운송수단을 차지하였으며, 이는 1930년의 42%보다 성장한 것이다. 마차는 1940년에는 2%였지만, 1930년에는 6%였다. 이렇듯 운송수단의 상대적 빈도는 10년 단위로 변화한다. 따라서 이를 토대로 어떤 특정한 표본의 편년적 위치를 판단할 수 있게 되는 것이다. 또 하나 중요한 것은 필립스 등은 오하이오 주에서 관찰된 패턴은 다른 지역의 것과 다름을 지적

〈그림 6-7〉 오하이오 주에서 1800부터 1940년까지
운송수단의 빈도에 대한 가정적인 그래프

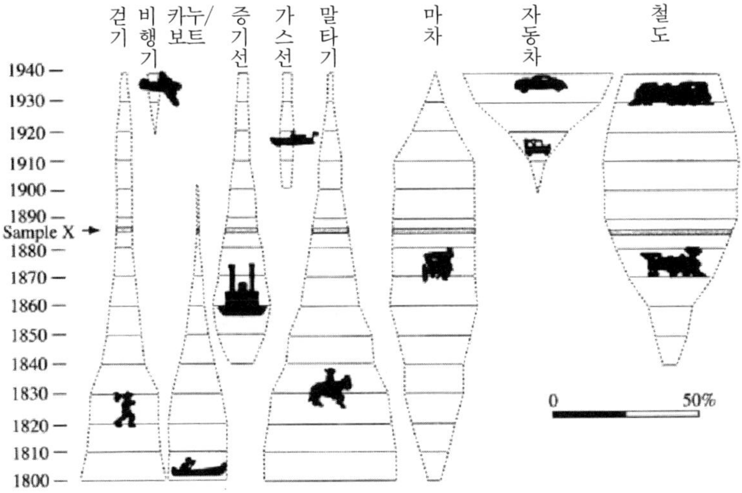

* 자료: Phillips et al. 1951.

하였다는 사실이다. 이 사실은 나중에 뉴잉글랜드의 묘비 연구에서도 확인된다(Deetz and Dethlefsen 1965).

단일 빈도봉을 가진 빈도 분포의 모델은 고고학 표본을 포함한 모든 유물 양식들에 적용된다. 〈표 6-2〉에서 시간 형식들은 수직으로 정렬되어있다. 각 열은 단일한 표본자료를 나타내며 각각 상이한 공간적 위치(한 유적 안에서든 다른 유적에서든)에서 나온 것으로 생각된다. 운송수단의 변화와 마찬가지로 숫자는 백분율을 나타낸다. 먼저 표의 상반부는 편년 배열이 되지 않은 상태이다. 순서배열의 절차는 두 단계로 이루어진다. 먼저, 〈표 6-1〉에서와 마찬가지로 각 열은 형식들이 연속적 분포를 가지도록 정렬된다. 다음으로 표의 하반부와 같이 자료를 각 칼럼의 빈도에 따라 볼록렌즈 모양의 빈도분포를 그리도록 배열한다. 발생 순서배열과 마찬가지로 변화의 방향을 모르는 상황에서 위, 아래 순서(곧, E, C, A, B, E, F, 또는 F, D, B, A, C, E)는 아직 정해지지 않았다. 순서는 순서배열이 아닌 다른 지식을 바탕으로 결정되어야 한다.

〈표 6-2〉에서는 발생 순서배열과는 달리 유물조합 F와 D는 동시대가 아니다. 상대 빈도 자료를 토대로 두 유물조합은 분리되어 다른 유물조합들과 함께 시간 순서를 찾게 되었다. 물론 이렇게 빈도 자료가 언제나 형식의 존부에 관한 자료의 미진한 점을 보충해주는 것은 아니지만, 많은 정보를 가지고 있다면 그 가능성은 높다고 하겠다. 스티븐 르블랑(Steven LeBlanc 1975: 23)은 "형식과 속성의 존부를 바탕으로 한 편년은 상대 빈도를 토대로 한 것보다 정확할 수는 없는데, 이는 기술 및 양식적 변화는 시간상 순간적인 것은 거의 없기 때문이다"고 지적하였다. 이 말은 변화는 특정한 변이 조합 또는 변이의 빈도가 달라짐으로써 발생하는 것이지, A라는 변이가 B라는 변이보다 꼭 일찍 발생하고, B는 A보다 늦게 일어나라는 법은 없다는 말이다. 짧게 말해서 변화는 점진적이며 형식들은 서로 중첩된다.

〈표 6-2〉 빈도 순서배열 절차의 사례

	역사적 형식				
유물군	1	2	3	4	5
배열되기 전					
A	10		30	10	50
B			50	30	20
C	20		15		65
D			40	60	
E	30	25			45
F			20	80	
배열됨					
E	30	25			45
C	20		15		65
A	10		30	10	50
B			50	30	20
D			40	60	
F			20	80	

다른 글에서도 언급했지만(Lyman et al. 1998b; O'Brien and Lyman 1999a), 고고학자들은 20세기 전반 순서배열 자료와 결과를 얻는 최선의 방법을 찾아 많은 노력을 기울였다. 최선의 방법으로 찾아진 것이 바로 막대그래프인데, 형식들의 상대적 빈도뿐만 아니라 그 빈도가 시간의 흐름에 따라 어떻게 변화했는지를 보여준다. 비공식적이지만 "포드 기법"(O'Brien and Lyman 1998)이라고 알려진 이 방법은 자료와 결과를 동시에 전수함으로써 현재의 것까지 포함하여 다른 어떤 통계기법보다도 많은 정보를 준다. 이 그래프를 통해 단위들 사이의 유사도가 드러날 뿐만 아니라 실제 유사의 형태와 그 연원까지 나타난다.

〈그림 6-8〉 제임스 포드가 했던 순서배열 방법

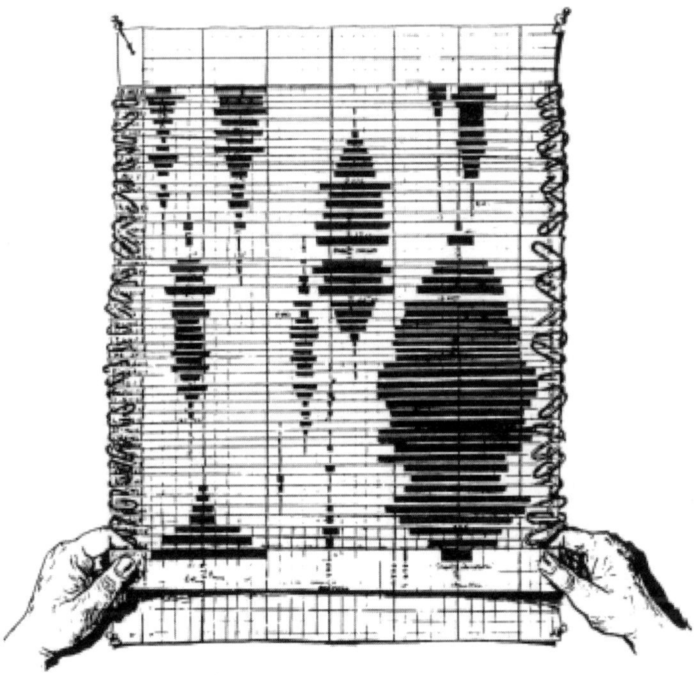

각 종이 조각들은 지표 수습 및 층위발굴된 유물군을 나타내며, 각 종이에서 검은색 막대그래프의 길이는 각 토기 형식의 백분율을 나타낸다. 막대 종이를 위와 아래로 움직이면서 가장 잘 들어맞는 곳을 찾는 방식이다.

통계를 통한 순서배열은 포드의 순서배열에 담겨 있는 정보로 언제나 만들어질 수 있지만, 유사계수의 매트릭스라는 통계기법으로 그래픽 순서배열을 만들 수 있는 것은 아니다(Dunnell 1970: 306).

컴퓨터가 보급되기 이전에 고고학자들은 빈도 순서배열을 손으로 할 수밖에 없었다. 포드(1962)는 어떤 유물군에서 특정 토기 형식의 빈도를 수평 막대의 길이로 표현하는 방법을 이용할 것을 제안하였다. 〈그림 6-8〉에 나와 있는 각 종이 조각들은 별개 유물군을 의미한다. 토기 형식은 11개가 나와 있는데, 어떤 유물군도 11개 모두를 가지지는 못한 것으로 되어 있다. 각 유물군에서 형식들이 차지하는 백분율이 그래프로 표현된 다음, 각 종이 조각들은 위와 아래로 오르내리면서 연속 및 유행을 원칙을 깨지 않도록 가장 잘 어울리는 자리를 찾게 된다. 결과적으로 볼록렌즈 모양의 곡선을 그리게 되는데—포드(Ford 1952: 344)는 전함형 빈도곡선이라 불렀다—, 대체로 단일 빈도봉을 갖는 분포를 보이게 된다.

7) 순서배열 모델의 조건과 계보 만들기

〈표 6-1〉과 〈표 6-2〉에 제시된 사례는 아주 단순하다. 실제로 고고학자들이 다루는 시간 형식은 5개가 넘고 유물군도 6개 이상인 것이 보통이다. 유물군을 순서배열하는 컴퓨터 프로그램은 다양하지만, 여기에서는 깊이 논의하지 않겠다(Johnson 1972a; Marquardt 1978; Lipo et al. 1997을 참조). 이보다 우리의 주 관심은 순서배열의 원칙을 이해하는 데 있다. 왜 순서배열을 통해 계보가 만들어지는가? 특히 순서배열이라는 분석적 절차를 통해 시간의 연속뿐만 아니라 전승의 연속까지 찾게 되는가? 이 문제는 순서배열 모델의 조건들을 충족시킬 경우 계보를 만들어낼 수 있다는 식으로 대답을 할 수도 있을 것이다. 그러나 어떻게 하면 조건이 충족되는지를 알아야 하는 또 다른 문제가 있다. 우리는 이미 클래스들이 ① 시공의 연속에서 한 부분을 차지하지

못하거나, ② 단일 빈도봉을 그리며 분포하지 않을 경우 조건이 충족되지 않은 것이라고 지적하였다.

고고학자들은 오래 전부터 모든 유물군이 순서배열의 조건을 충족시키는 것은 아님을 알고 있었다. 코길(Cowgill 1968: 518)은 "유물군에서 어떤 형식이 보이지 않았을 때 그 형식이 진실로 존재하지 않았음을 확신"하고 표본추출의 오류가 없음을 확신할 때만 발생 순서배열이라는 방법을 사용할 수 있다고 지적하였다. 이상적 전함형곡선을 그리지 못할 경우(〈그림 6-8〉에서도 몇 개를 볼 수 있다) 표본추출의 오류에서 원인을 찾을 수도 있을 것이다. 포드(1962: 41)는 빈도 순서배열에 대해서 글을 쓰면서 "각 유물군들을 취사선택해서는 안 되며, 신뢰할 만한 백분율을 줄 만큼 충분한 양의 유물을 가져야 하는데, 가령 100개 이상의 토기자료가 바람직하지만 50개 정도로 작은 경우도 있다"고 하였다. 포드가 50~100개 정도의 토기 표본을 언급한 것은 미시시피 유역에서 자신의 경험을 토대로 한 것이다. 하지만 적절한 표본의 크기는 아마도 지역마다 다양할 것이다. 포드가 표본을 취사선택하여서는 안 된다고 한 말은 무작위에 가까운 표본추출이 아닌 이상 연구자의 선입견이 분석에 가미될 수 있기 때문에 옳다고 하겠다. 고고학자들이 표본의 적절성을 판단할 수 있는 길이 이제는 많이 있다(Leonard and Jones 1989의 참고문헌 참조). 발생 또는 빈도 순서배열을 시행할 때 분석자는 표본의 크기가 적당한지를 체크해보아야 하며, 그런 노력은 지금까지 고고학적 순서배열에 별로 많지 않았다(예외적으로 Lipo et al. 1997). 그렇다면 그밖에 더 정형적 순서배열의 방법은 어떠한가?

코길(Cowgill 1968: 17)은 순서배열에는 다음 두 가지 주된 일이 있음을 주목했다. 첫째, 고고학적 단위들의 올바른 편년 연쇄를 판단하는 일과, 둘째 유사성을 토대로 단위들을 배열하는 일이다. 중요한 것은 코길이 단위의 유사성이란 측면에서 최선의 배열은 편년 배열일 수도 그렇지 않을 수도 있음을 강조하였다는 점이다. 다시 말하면 시간의 연속과 전승의 연속은 모두 순서배열에 필연적으로 부수되는 것이

〈그림 6-9〉 16개 유물조합과 4가지 유물 형식의 순서배열의 사례

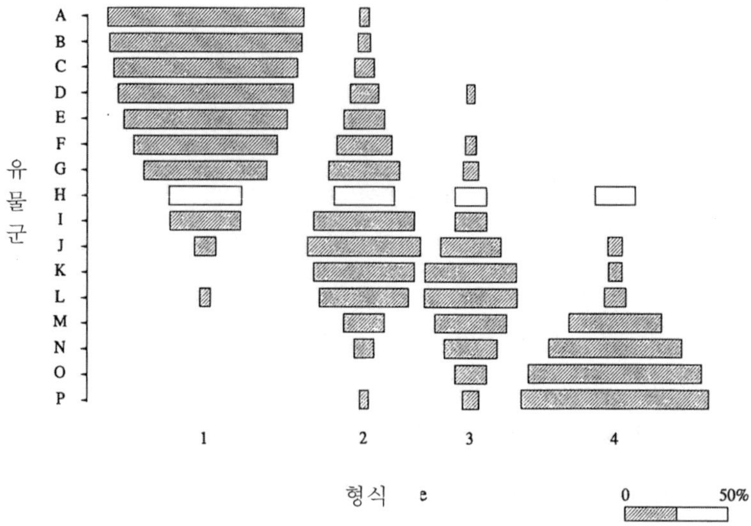

순서배열 상 다른 유물조합들과는 상이한 가정의 유물조합(빈 공간으로 표현된 H)을 배치한 효과를 잘 보여준다. (Dunnell 1970)

아니라는 말이다. 따라서 코길이 말한 두 번째 일을 하는 것은 동시에 첫 번째 일을 하는 것이다. 왜냐하면 순서배열은 단순히 배열하는 기법일 뿐이고 발생 또는 빈도 순서배열을 통해 만들어지는 배열은 순서배열 모델이 요구하는 조건을 충족시킬 때에만 편년적인 것이라 추론할 수 있기 때문이다. 그렇다면 어떻게 이런 조건들을 만족시킬 수 있을까? 첫 번째 조건은 모든 유물군(자료)은 유사한(비교할만한) 지속시간을 가져야한다는 것이다. 더넬(Dunnell 1970: 312)은 빈도 순서배열에서 모든 형식들에서 일률적으로 단일 빈도봉을 가진 분포를 찾을 수 없다면 유물군의 지속시간이 다를 수도 있다고 말한다. 덧붙여, 아주 긴 지속시간을 가지는 유물군(경우에 따라서 몇 개 유물조합들이 혼합된 것)은 순서배열상 형식들을 상이한 수직적 위치에서 포함하고 있을 수도 있다. 이 예가 〈그림 6-9〉에 나와 있는데, H라는 유물조합의 경우 '연속 발생'과 '단일 빈도봉 분포'라는 원칙에 어긋나 있다. 순서

배열에서 이런 문제는 허용될 수 없는데, 특히 형식의 지속시간의 중간 부분에서 이런 일이 일어날 경우 그러하다. "순서배열 모델에서 변수는 미리 예측할 수 있는 경우에만 허용될 수 있으며, 예를 들면 아주 저밀도로 분포하는 클래스들 가운데 시작과 끝 부분 같은 경우에만 해당한다"(Dunnell 1970: 313).

순서배열 모델의 또 하나 필요조건은 순서배열되는 자료는 모두 동일한 지역에서 수집된 것이어야 한다는 점이다. 이 조건이야말로 충족시키기 가장 어렵다(Dunnell 1981). 유물의 형태는 공간상 연속적으로 변화할 수 있어 특정한 지점을 설정하여 경계를 긋는 일이 쉽지 않다. 다른 말로 표현하자면 형태적 공간 단위 안에서의 동질성과 공간단위들 사이의 차별성이 최대화하여야 한다. 지금으로서는 이 조건을 만족시키려면 두 가지 방법이 있다. 코길(Cowgill 1972: 384)은 "연구대상인 어떤 특정한 단위에서 비시간적 원인으로 발생한 변이는 연구자가 가려내고자 하는 시간대와 비교하면 아주 작은 오차를 보인다"고 하였다. 따라서 연구자는 시간적 차원에 아주 민감하고 공간적 차원에서는 최소한의 변이만을 보이는 역사적 클래스, 다시 말하여 "공간상 거의 변이가 없으며 시간상 큰 변이를 갖는"(Dunnell 1970: 315) 속성들로 이루어진 클래스들을 찾고자 한다.

"동일 지역"이라는 조건을 충족시키는 또 다른 방법은 경험적인 것으로 전통이나 계보의 측면에서 전승의 연속이라는 개념에 천착하는 것이다. 이는 명확하게 다윈주의적 전승성의 관념에 근거한 것으로서, 이 경우 유물 양식에 나타난 아이디어(복제자)의 전수를 뜻한다. 이런 개념 아래, 하나의 "지역은 다른 공동체와는 쉽게 구분되는 나름의 토기 양식을 생산하는 공동체 또는 지역화한 공동체들"(Neff 1992: 151)이라고 주장할 수도 있다. 이 생각과 빈도 순서배열 원칙, 그리고 프레이저 나이맨(Fraser Neiman 1995)이 제시한 전수 모델을 이용하여, 칼 리포 등(Lipo et al. 1997)은 시공간상 특질 전수에 대한 시뮬레이션을 제시하고 있다. 리포 등은 시간의 흐름을 잘 통제하고 제한된 영역 안에서 나온 자료를 사용할 경우 완벽하게 볼록렌즈 모양의 곡선을 만들어낼 수 있다고 하며, 이를 미시시피 하류의 고고 자료에 적용하여 선사시대 공동체의 구조와 상호작용을 확인하고 있다. 곧, 자료들 사이 형식의 상대적 빈도를 토대로 유사성을 측정하여 "지역"을 확인한다. 물론 문화전수의 방법은 시간의 흐름에 따라 방향이 달라질 수 있기 때문에(다시 말하면 문화전수와 진화는 시간뿐만 아니라 공간까지 개입하여 그물 모양으로 복잡하게 얽힐 수 있다) 분석자는 어느 한 시점에 "지역"이라 정의된 것도 시간이 지나면서 달라질 수 있음을 판단할 수 있어야 한다. 따라서 연구자는 순서배열하는 유물군 전체에서 공간의 차원을 주의하고 잘 통제하여야 한다.

순서배열 모델의 마지막 조건은 모든 유물군(자료)이 동일한 전통에 속할 것을 요구한다. 이 조건을 충족시키지 못한다고 가장 쉽게 판단할 수 있는 경우는 자료들 사이에 눈에 띄는 불연속이 있거나 서로 중첩이 안 되는 경우이다. 예가 〈그림 6-10〉에 나와 있으며, 아마도 하나 이상의 "지역"에서 수집된 유물들일 수 있을 것이다. 얼른 보아서도 A-D 유물조합과 E-G 유물조합은 서로 중첩되지 않기 때문에 다른 지역에 속할 가능성을 체크해 볼 필요가 있다. 유물조합으로 정의된 두 지역이 공간 상 중첩되지 않는다면, 두 유물조합들 그룹은 전승의 연속에서 단절을 나타내고, 따라서 두 서로 다른 전통을 나타낼 가능성이 있다. 〈그림 6-10〉에 나온 예는 전승의 연속, 시간의 연속의 원칙, 그리고 "단위들 사이에 급격한 단절이 없어야 한다"는 코길의 조건을 어긴 경우이다. 다시 말하면 두 유물조합들을 연결시킬 아무런 중첩(시간적이든 계통으로 연관되어 있든)도 없다는 말이다.

8) 전승의 연속에 대한 마지막 언급

순서배열법은 유물들 사이의 역사적 특히 계통적 관계에 대한 가설을 검증하는 방법이기 때문에 계통의 역사를 세우게 해준다(Dunnell

1970; Teltser 1995c). 빈도 순서배열을 뒷받침하는 생각은 어떤 하나의 시간 형식은 ① 시간의 연속상에 단 한 부분만을 차지하여야 하며, ② 지속시간 동안 빈도 분포는 단일 빈도봉을 그려야 한다는 것이다. 이런 시간 형식에 대한 생각은 전승의 연속이라는 이론적 원리를 근간으로 한다(e. g., Lipo et al. 1997; Neiman 1995; Teltser 1995c). 성공적인 빈도 순서배열이 상동적 유사를 잘 보여주는 데는 두 가지 이유가 있다. 첫째는 형식의 성격에 대한 것이다. 형식은 실재하는 것인지 아니면 연구자가 임의로 구성한 것인지 하는 문제이다. 빈도 순서배열은 형식이 관념 단위로서 클래스이기 때문에 그 '분포'(존부를 나타내는 '지점'이 아니라)를 파악할 것을 요한다(Dunnell 1970). 덧붙여, 빈도 순서배열은 보통 '양식'이라 불리는 클래스들을 사용하기 때문에 형식학적 정체성이 유물로부터 유추되는 것(외연적 단위)이 아니라 유물에 부여(내포적 정의)된다. 특정 클래스를 구성하는 유물들은 공통의 속성들을 가지기 때문에 서로 계보적으로 관련되어 있으며, 시공간상 근접한 위치에 있다. 이것을 우리는 전승의 연속에서 형식/종의 측면에서 논의하였다(Lyman and O'Brien n. d. a; O'Brien and Lyman 1999a, 2000b).

두 번째 이유는 성공적 빈도 순서배열은 전수, 전승의 연속, 상동적 유사를 나타낸다는 것으로 개념적으로 쉽게 이해할 수 있다. 성공적 빈도 순서배열에서는 토기나 석기와 같은 특정한 유물범주에서 복수의 시간 형식들이 단일 빈도봉을 갖는 분포를 그리게 된다. 이것은 계통발생학자나 분류학자들이 말하는 일치성의 검증이고, 줄리안 스튜어드가 말하는 복수의 특질'이라는 범주를 말한다. 일치성 검증에 대해서 순서배열되는 모든 유물군은 단일한 문화 전통에 속하며, 이것은 정의에 따라 전수, 지속, 전승의 연속을 반영하기 때문에, 계통적으로 연관되어 있다고 가정된다(Dunnell 1970; Lipo et al. 1997). 우리는 이를 전승의 연속에서 전통/계보의 측면에서 논의하여(Lyman and O'Brien 2000; O'Brien and Lyman 1999a, 2000b) 그 어떤 척도에서 일지라도(e. g., Neff 1992) 다양한 단위가 하나의 전통이나 계보에 존재할 가능성을 보여주고자 하였다. 이미 지적하였듯이 생물학에서 린네식 분류체계의 위계 구조가 가지는 계통발생적 의미는 유물의 위계 배열에도 적용될 수 있다.

발생 순서배열, 빈도 순서배열, 또 정도는 덜 하지만 계통 순서배열은 모두 전승의 연속을 반영하는 것은 그리 놀라운 일이 아니다. 바로 19세기 말에서 20세기 초의 순서배열 기법들이 그런 생각을 바탕으로 고안되었기 때문이다〔물론 이론적으로 정교하지 못했으며 명확한 진술이 결여되어 있었다고 하더라도 말이다(Lyman and O'Brien n. d. a; O'Brien and Lyman 1999a)〕. 그러나 대체로 고고학은 지금까지 이 사실을 잊어버렸던 듯하다. 가령 전승의 연속의 중요성에 대한 논의가 가장 극에 이를 때, 클레멘트 메이헌(Clement Meighan 1959: 203)은 "비슷한 특질들〔클래스〕이 여러 유물군에서 중첩되어 발견되는 것은 빈도 순서배열에 아주 중요한 점"이라고 하면서도, 왜 그러한지에 대해서는 더 이상 논의하지 못하였다. 순서배열을 편년의 목적으로 사용하면서도 시간의 연속만을 추구하였지 전승의 연속을 간과하고 말았던 것이다. 여기에는 두 가지 이유가 있다. 첫째, 층위발굴과 이어지는 나이테연대법과 방사성탄소측정법이 개발됨에 따라 순서배열법의 이론적 원칙을 명백히 해야 할 필요가 사라지고 말았다. 층위발굴을 통해 유물군들의 상대적 연대를 쉽게 알 수 있었으며, 나이테연대측정법, 특히 방사성연대측정법으로 절대연대를 얻을 수 있게 되었다. 순서배열은 불필요해지고 말았던 것이다. 둘째, 1940년대 고고학자들은 다윈주의적 진화계통발생의 모델이 문화 현상에 적용될 수 있다는 생각을 버렸다(Lyman and O'Brien 1997). 이로써 고고학은 적절한 순서배열법을 발달시킬 기회를 잃게 되었다. 많은 고고학자들은 상사와 상동을 어떻게 구별할 것인지를 논하였지만, 불완전하였으며 검증된 결과를 제시하지 못하였다. 그런데 순서배열법은 다윈의 "변이가 따르는 계통"이라는 상식적 생각으로부터 출발하여 상사와 상동을 구분하는 방법과 결과를 검증하는 분석 수단을 제공하였던 것이다.

다윈주의 진화이론의 독특한 점은 바로 계통을 필요로 하고, "상이한 세대들이 재생산 관계로 묶이며 이런 유대는 세대를 시공간상 연결되도록 한다"는 점이다(Ereshefsky 1992: 90). 형태, 공간, 시간의 차원을 통제하는 일은 문화 계통을 구성하고 역사적 편년을 만들어내는 데 필요하다. 여기에서 생산된 편년이 단순한 시간 연쇄가 아니라 계보사임을 확증하기 위해서는 상동적 유사를 사용하여 전승의 연속을 논증하여야 한다. 더넬은 고고학에서 '양식'을 상동적 유사를 가리키는 것이라고 명백히 정의하였으며, 이는 다윈주의 고고학 이론을 세우는 데 반드시 필요한 작업이다. 다음 장에서 우리는 순서배열법이 어떻게 계보를 구성하고 그것을 설명할 수 있는지를 논의한다.

제 7 장

진화의 속도와 양태

> 특히 두 가지 점에서 고생물학자들은 이점을 지니고 있다. … 연구의 첫째 주제는 진화의 속도, 그 속도의 측정과 해석, 진화의 가속이나 지체, 아주 점진적으로 진행되는 진화 및 급하게 이루어지는 진화의 조건들, 정체된 시점과 변화의 시점에 있는 현상들을 자연적 조건에서 논의한다. … 이런 문제들은 "속도"(*tempo*)라는 말로 표현될 수 있을 것이다. 둘째는 "양태"(*mode*)라는 말로 나타낼 수 있는 문제들은 진화의 방식이나 유형으로, 속도가 기본 요인이기는 하지만 그보다 훨씬 많은 것들을 포괄한다. … 이 같은 연구의 목적은 생명의 흐름을 개괄적으로 조사하고 그 유형에서 각각의 특징적 요소를 둘러싸고 있는 상황들을 검토하는 일이다. (Simpson 1944: xxix~xxx)

심슨이 고생물학에 크게 기여한 점 하나는 진화의 두 가지 변수를 구분한 점인데, 두 변수란 생물체 집단이 변화하는 속도와 그 변화의 수단을 말한다. 이전의 생물학자들과 고생물학자들도 둘의 구분을 인지하고는 있었으나, 심슨에 들어와서야 그것이 확연해졌다. 비록 시간이라는 문제가 두 변수 모두와 연관되어 있다고 하지만 '양태'(시간의 흐름에 따라 형성되어 경향성이라는 패턴을 남기는 과정) 및 '속도'(시간에 따른 변화의 비율)라는 진화의 두 차원은 반드시 별도로 검토되어야 한다. 그런데 이 둘을 개념적으로 구분하는 일은 쉽지 않을 수도 있다. 예를 들면, 단속평형설(*punctuated equilibrium*)은 일견 속도에 관한 모델처럼 보이고 (제 4장 참조), 실제로 단속평형설이 논의되었던 초창기에는 속도에 대한 것이었지만(Gould and Eldredge 1977), 이제는 그렇지 않다.

> 단속평형설은 진화의 속도와 양태에 모두에 관한 이론이 되었다. 이것은 상당한 진화적 변화가 종의 분화와 더불어 일어난다고 주장함으로써 양태에 대해서도 논의하고 있다. … 종의 분화를 지질학적으로 적절한 척도로 조사연구하면 종이란 급격하게 기원하여 지질학적으로 한 순간에 일어난 것으로 이해되며, 대부분의 종들은 보통 수백만 년 동안 지속되는 정체(평형상태) 기간에는 형질 상 별다른 변화를 보이지 않는 것이다. (Gould 1982b: 83)

속도와 관련하여 단속평형설은 변화의 속도는 유동적이라고 주장한다. 하나의 계보 안에서 장기간의 형태 및 분류학적 정체 뒤에 종의 분화가 급작스럽게 일어나 형태적으로 분지하며, 이후 다시 장기간의 정체상태에 머무르게 된다는 것이다. 변화의 양태는 종의 분화를 통해 일어나는 분지발생(*cladogenesis*)이다. 단속평형설을 제시한 연구자들에 따르면, 이런 식으로 진화의 속도와 양태를 바라보면 화석 자료로부터 생물 종을 확인해야 하는 큰 짐을 덜 수 있고, 대신 종을 단위로 하여 진화의 함축적 의미를 추구할 수 있게 된다고 한다(Eldredge and Gould 1972: 93).

척도를 개별 화석들에서 어느 정도의 변이를 지닌 화석 집단으로 옮겨, 이것을 '마치 생물학적 종인 듯이' 다루면, 현존하는 생물체만을 연구할 때는 관찰하거나 지각할 수 없는 모든 종류의 진화적 의미들을 화석 자료를 통해 논할 수 있게 된다. 따라서 "종 분화는 대진화가 다루는 주된 자료"인데, 이는 "결코 다윈주의적 메커니즘에서 일탈한 것이 아니며 다만 지역집단보다는 위계적으로 높은 수준에서의 자연선택의 양태를 인지하는 것"으로, "동일한 과정이 상이한 수준의 복합성과 구조에서 작용하였을 뿐"이라는 것이다(Gould and Eldredge 1977: 139). 이렇게 척도를 옮김으로써 종 선택(Stanley 1975; Vrba 1984)이나 "효과 가설"(Vrba 1983), 솎아짐(Vrba and Gould 1986; Grantham 1995) 등과 같은 진화적 개념들을 논의할 수 있게 된다. 단속평형설을 주장하는 학자들은 진화란 다양한 척도에서 연구하여야 하지 단순히 유전적 변화의 척도에서만 다루어져서는 안 된다고 생각하는 듯하다. 유전적 변화의 척도는 소진화이며, 종(種) 이상의 더 크고 광범위한 척도가 대진화이다.

계통점진설(*phyletic gradualism*)은 진화적 종합에서 채택된 (소)진화의 정의를 유전적 변화로 받아들인 데서 기인했다. 속도는 말 그대로 점진적이라고 생각되지만, 그럼에도 진화의 속도는 거의 정지 상태에 있는 것에서 비교적 급격한 것까지 다양함을 부인하는 사람은 아무도 없다(Simpson 1944, 1953). 물론 이런 변화의 속도는 특히 고생물학자들만이 인지하고 연구할 수 있다 하더라도 말이다(e.g., Kurtén 1960, 1965). 따라서 심슨은 '표준'(*horotely*), '표준보다 느린'(*bradytely*), '표준보다 빠른'(*tachytely*)이라는 세 가지 진화의 속도를 분명하게 구분한다. 다윈이나 진화적 종합을 확립했던 학자 어느 누구도 진화의 속도가 단일하다는 주장을 하지는 않았지만, '표준적 속도'를 추구하는 것이 당시의 추세였다(Gould 1983b). 이 때문에 진화의 양태들을 더 완전하게 설명하기 위해서 단속평형설이 제기되었다고도 할 수도 있다(Eldredge and Gould 1972). 계통적 점진설은 세대별 변화에 치중하여 분류군의 변화에는 관심을 두지 않는다. 이 또한 단속평형설이 제기된 이유 중 하나라고 할 수 있다. 화석 자료에서 보이는 변화는 현존 생물로 볼 수 있는 소진화적 변화로는 추구할 수 없는 자료가 담겨 있다는 것이다. 사실 화석 자료를 통해 소진화적 과정과 유형을 분석하고 해석한다는 것은 거의 힘든 일이다(Eldredge 1985, 1995a, 1999).

우리는 지금까지 시간의 흐름을 측정할 뿐만 아니라 계보를 구성하는 방법과 기법을 살펴보았지만, 사실 변화의 속도나 양태를 파악하는 일에 대해서는 자세히 논의하지 못했다. 지금부터는 진화의 속도와 양태를 연구하는 데 쓰일 수 있는 다양한 척도로 변화를 도식화하는 방법을 중심으로 살펴볼 것이다. 우리는 먼저 왜 빈도 순서배열이 생물학적 단위들에는 그리 잘 들어맞지 않았는지를 생각해보고, 다음으로 고생물학 기법들을 어떻게 고고학에 적용시킬지를 논한다.

1. 생물 변화를 그래프화하기

1980년대 생물사학의 많은 논쟁은 생물체의 계보들 안에서 변화의 속도와 양태를 판단하는 일을 둘러싼 것이었다(제 4장 참조). 이러한 논쟁은 1990년대에 들어와서 연구자들이 다양한 속도와 양태들을 확인하면서 잦아들었지만(Novacek 1996), 논쟁이 제기하였던 문제들은 십여 년 전이나 지금이나 중요하다. 변화는 점진적이고 계통적인 것인가, 도약진화적인 것인가, 분지발생적인 것인가?

논의를 단순화하기 위하여 속도와 양태라는 두 가지 차원으로 패러다임적 분류를 만들어 볼 수 있을 것이다. 속도 또는 비율이라는 차원은 빠른 것과 점진적인 것이라는 두 가지 속성 상태를 가진다. 이와 유사하게 양태의 차원 역시 향상진화적인 것과 분지발생적인 것이라는 두 속성 상태를 가지고 있다. 이로부터 점진적이며 향상진화적인 것, 빠르며 향상진화적인 것, 점진적이며 분지발생적인 것, 빠르며 분지발생적인 것이라는 네 가지 변화의 클래스들을 만들어낼 수 있다. 처음 것을 엘드리지와 굴드(Eldredge and Gould 1972)는 '계통점진설'이라 부르며, 이것은 하나의 계보 안에서 분지발생, 곧 가지치기 없이 점진적이며 '연속적인' 변화를 말한다. 두 번째의 빠르고 향상적인 것은 '도약진화'(e.g., Eldredge 1985, 1999)나 '단속평형'(Malmgren et al. 1983, 1984), '단속향상진화'(MacLeod 1991), 또는 '단속정체'(Springer and Murphy 1994)라 불리며 하나의 계보 안에서 분지발생이 없이 짧은 시간대에 빠른 변화가 일어난 뒤 점진적 변화나 정체(또는 이 둘이 결합된 것)가 비교적 긴 시간에 걸쳐 이어지는 것을 가리킨다.

점진적 분지발생은 아마도 다윈(Darwin 1959)이 《종의 기원》에 나오는 단 하나의 그림에서 의도하였던 것으로 생각되는데, 그가 점진설에 애착을 가졌으며 생명의 다양성을 설명하고자 하였음을 고려할 때 그러하다(이 도표에 대한 짧지만 간명한 논의는 Eldredge 1999: 80~89 참조). 다윈의 시각에 변화는 점진적인데, 그럼에도 계보는 가지치고 분지한다. 이렇게 린네의 분류체계에 반영되어 있는 생명의 계보적 위계는 수월하게 이론적으로 설명되고 있다.

마지막 변화의 클래스, 곧 빠른 분지발생 역시 단속평형설이라 부를 수 있을 것인데, 물론 여기에 분지발생의 사건들 사이에는 장기간의 정체기가 추가되어야 한다. 그렇다면 얼마나 장기간인가? 굴드(Gould 1982b)는 갈라지는 분화의 시기는 계보의 지속시간 중 1%도 안 될 것이라고 했는데, 이는 전체 지속시간에서 정체기가 99% 이상을 차지함을 뜻한다. 굴드의 말을 받아들이기 위해서는 정체기를 인정해야 하며, 이는 우리의 가설적 속도와 양태에 대한 분류에 또 다른 문제들을 제기한다. 곧, 얼마나 빠른 것이 빠른 것이며, 얼마나 느린 것인 점진적인 것인가? 속도는 비율—심슨은 세 가지 비율 클래스를 구분하였음을 상기하자—을 의미한다. 때문에 우리는 먼저 특정 시간 단위에서 변화의 단위를 설정해야 하며, 그 다음 시간 단위와 결부지어 얼마나 많은 변화의 단위들이 점진적으로 혹은 단속적으로 나타나는지 파악해야 함을 의미한다. 변화는 하나의 계보 안에서 —연대 종 1에서 연대 종 2로—일어날 수도, 또는 종분화를 동반하기도—종 A는 후손인 종 B와 C를 낳는 식으로—하기 때문에 양태라는 말이 생물학적으로는 덜 골치 아플 수 있다. 그러나 양태를 확인하는 것은 먼저 자매 종—공통의 선조를 갖는 것들—과 후손 종을 구분할 것을 요한다. 형태적 계측값에서의 유사성과 차이를 바탕으로 화석 종을 설정하며, 상호생식의 여부는 화석 자료에 드러나 있을 수 없다는 사실을 생각할 때 계통분류학이 특정한 변화의 양태를 확인하는 데 갖는 중요성은 명백하다. 그렇다면 어떻게 생물사학자들은 화석 자료에서 변화를 연구해 왔을까?

1) 전통적인 변화의 그래프

속도와 양태에 대한 논의의 어려움은 변화란 역사적 변수에 달려 있다는 사실, 그리고 심슨(e.g., Simpson 1963)이 '형상적'(*configurational*)이라는 용어로 지적하였던 것에서 기인한다. 단속평형이라는 진화의 모델이 발표된 지 약 20년이 지나면서 경험 증거를 바탕으로 위에 논의한 가설적 변화의 종류들을 논의할 만큼 충분한 자료가 쌓이게 되었다(이는 지난 20여 년 동안 저널 〈생물사학〉(*Paleobiology*) 어떤 호를 보더라도 잘 알 수 있을 것이다). 그렇다면 어떻게 속도와 양태를 연구할 수 있을까? 필립 깅거리치(Philip Gingerich 1980: 419)의 지적과도 같이, "진화적 공간에는 형태, 시간, 지리라는 세 가지 주요소가 있"으며 속도와 양태의 종류를 성공적으로 파악하기 위해서는 이 세 변수 모두를 잘 통제하여야 함이 분명해지고 있다. 이용 가능한 자료를 통해서 모든 종류의 변화를 동등하게 검증하여야 한다는 리차드 포티(Richard Fortey 1985, 1988)의 의견을 고려한다면(Vaupel Klein 1994), 생물사학자들은 주어진 사례에서 어떻게 변화의 종류를 판단할 수 있을 것인가? 문제의 일부는 어떻게 생물사학적 단위—종—를 구성하고 그것을 그래프화시킬 것인지에 달려 있다.

〈그림 4-2〉를 살펴보자. 이 그림은 에오세 초 몇몇 영장류들의 이빨 형태에서 보이는 변화를 나타낸 것이다. 이 그래프는 고고학자의 계통순서배열(〈그림 3-5〉와 〈그림 6-4〉~〈그림 6-6〉을 보라)과 닮기도 했는데, 가장 큰 차이는 생물사학자는 관념 단위, 주로 길이나 너비와 같은 수치단위를 사용함에 반해 고고학자는 경험 단위를 사용하여 단위 내의 변이를 거의 무시한다는 것이다. 만약 고고학자가 생물사학자처럼 이론 단위를 사용한다면 〈그림 7-1〉과 같은 그래프가 나오게 될 것이다. 이 그래프들은 포티가 말하는 자료 예증의 기준을 충족시키고 있으며, 생물사학자 마틴과 바노스키(Martin and Barnosky 1993: 7)가 제시한 것에서 조금 수정된 형태이다. 마틴과 바노스키는 각 그래프를 "형태변이의 패턴"을 예증해주는 것이라고 말했는데, 여기에서 패턴이란 시간의 흐름에 따라 형태적 특질들이 통계적 요약으로 정리된 것을 말한다. 표준적 그래프에서 수평 막대는 서로 시간적으로 독립적인 각 표본들에서 측정된 변이의 범위를 나타낸 것이며, 수직 막대는 그것의

중간값을 가리킨다. 이 그래프에서는 관념 단위들이 표본들을 측정하는 데 쓰이기는 하였지만, 이 표본들은 형태를 토대로 정의된 클래스가 아니라 시간적 공반을 토대로 모둠 지어진 그룹이다. 〈그림 4-2〉가 보여주듯이, 연구자는 표준편차를 포괄할 수 있도록 그래프를 수정할 수도 있다. 사실 연구자는 개별 표본들을 도표화할 수도 있는데(e.g., Schankler 1981), 우리가 알고 있는 한 그러한 문헌은 별로 없다.

〈그림 7-1〉에 제시된 변화의 패턴은 시간의 흐름에 따라 중간값들이 어떠한 변화를 보이는지를 보여준 것으로, 기술적 용어를 사용해 이름을 붙인 것이다. 이것을 "기술(記述)적"이라고 부르는 데에는 두 가지 이유가 있다. 첫째, 비록 시간축이 정해져 있다고는 하나 그 축이 서수척도인지 아니면 등간척도인지가 제시되어 있지 않다. 등간척도라고 가정할 경우에만 그래프 D를 "속도가 다양"하며 그래프 C를 "도약"적이라고 부를 수 있을 것이다. 우리는 이 문제를 나중에 다시 살펴볼 것이다. 둘째, 각 변화의 패턴마다 열 개의 표본을 그래프화했지만, 이것이 과연 충분한 수인가? 다시 말해 어느 정도의 중간값의 등락을 정체의 사례로 생각할 수 있는가? 이와 비슷하게 두 자료를 가로질러 잘 들어맞는 단순 회귀선을 그릴 수도 있음을 생각할 때, 정체 또는 변화를 나타내는 데 어느 정도의 표본이 필요한가? 물론 최소한 세 개는 필요할 것인데, 이것이 충분하다고 할 수 있는가? 이런 어려움에도 불구하고, 〈그림 7-1〉의 그래프들은 몇몇 가능한 변화의 속도와 양태들을 예증하는 데 유용한 해석적 장치들이기는 하다. 여기에서 "모자이크 변화"라는 개념은 아주 중요한 것으로, 가령 길이는 나름대로 변화할 수 있으며, 이에 반해 너비 역시 상이한 방식으로 변화할 수 있음을 의미한다. 마틴과 바노스키(Martin and Barnosky 1993: 7)의 지적과 같이 "한 특질에서 정체가 나타나고 다른 특질에서는 변화가 보인다고 해서 무조건 모자이크 패턴이라고는 할 수 없으며, 2개 이상의 특질들이 상이한 방식으로 변화할 때만 모자이크 패턴을 보여준다고 할 것이다."

〈그림 7-1〉에 예증된 그래프 기법은 계통(전승)의 연속이라는 조건

을 충족하였다고 가정할 경우 계보를 확립하는 데 불가결한 자료들을 수월하게 요약할 수 있는 방법이다. 그러나 정말 그러한가? 아마도 이 조건의 중요성을 예증하는 가장 좋은 방법은 다른 그래프를 고려해보는 것일 텐데, 이 사례는 원래 생물사학자 케네스 로즈와 토마스 보운 (Kenneth Rose and Thomas Bown 1986: 120)이 제시한 것이다.

〈그림 7-1〉 형태 변화의 패턴들

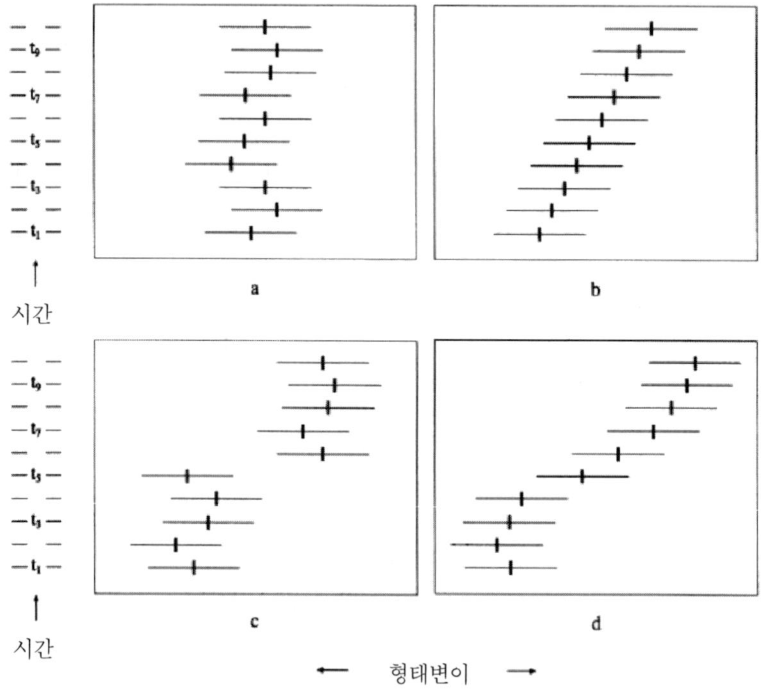

각 수평 막대는 한 표본에서 하나 이상의 형태적 특질들을 나타내며, 수직 막대는 표본의 중간값이다. 시간(수직축)은 서수척도일 수도, 등간척도일 수도 있으나, 등간척도로 가정하고 패턴 a에서 d의 이름을 붙인 것이다. 패턴 a에서는 중간값이 시간상 한 방향으로 움직이지 않을 때 정체가 일어나며, 변화는 없다. 패턴 b에서는 중간값이 시간상 한 방향으로 이동하고 점진 변화가 발생한다. 패턴 c에서는 중간값이 한 정체상태에서 다른 정체상태로 급격히 이동하면서 도약진화가 일어난다. 패턴 d는 어떤 방향을 갖는 경향을 보이면서 다양한 속도의 변화가 일어나는 것을 그래프로 표현하였다. 모자이크 변화는 한 특질이 b, c, 또는 d 패턴이고 또 다른 특질 역시 b, c, 또는 d 패턴이지만 첫 번째 특질과는 다를 경우 발생한다. (Martin and Barnosky 1993)

이 연구자들의 자료는 조금 수정되어 〈그림 7-2〉에 제시되어 있다. 마틴과 바노스키의 그래프가 계보 내, 그리고 아마도 심지어 분류군 내의 변화 패턴에 초점을 맞춘 것에 반해, 로즈와 보운의 그래프는 계보의 분지(분지발생), 곧 분류군 간의 변이를 확인하는 문제를 예증한다. 몇몇 중요한 점에서 〈그림 7-2〉의 그래프는 〈그림 7-1〉의 그래프를 본뜬 것이라 할 수 있다. 형태변이는 수평축에 표시되어 있다.

〈그림 7-2〉 종의 차이로 나타나는 변화를 표현한 그림

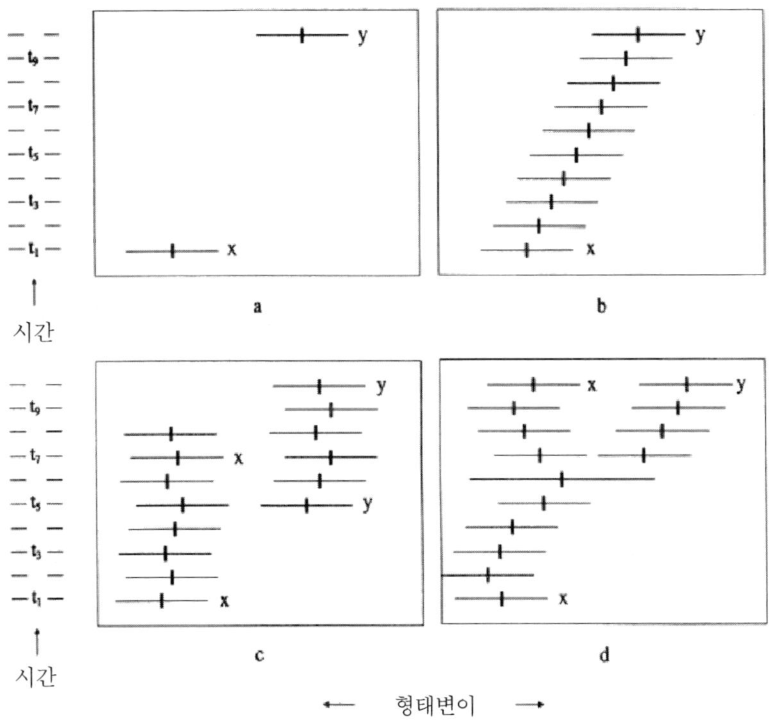

표현 방식은 〈그림 7-1〉의 그래프와 동일하지만, 이 그림에서 x와 y는 각각 다른 종을 나타내고 있다. 그림 a에서 두 종 x와 y는 형태와 시간에서 서로 분리되어 있다. 그림 b에서 두 종은 중간적 표본들로 연결되어 있다. 그림 c에서는 시간상 서로 중복되지만, 종 y는 종 x의 후손일 수도 또는 이주해 들어온 것일 수도 있다. 그림 d에서 두 종은 시간상 중복되면서 중간 표본들을 가지고 있어 분지발생을 가리키고 있다. (Rose and Bown 1986)

시간은 수직축에 나타나 있지만, 서수척도와 등간척도 사이에 구별이 이루어지지 않고 있고, 각 수평 막대는 몇몇 형태적 특질 상에서 변이의 범위를, 그리고 수평 막대는 측정된 표본 안에서 그 특질의 중간값을 나타내고 있으며, 측정된 표본들은 형태적 닮음이 아닌 시간적 유사성에 근거하여 그룹지어진 것들이다. 두 그래프에서 중요한 차이라고 한다면 〈그림 7-1〉에서는 분류군에 대한 언급이 없지만 〈그림 7-2〉에서는 있다는 점이다. 이것이야말로 왜 전승의 연속이 중대한 이슈임을 보여준다.

〈그림 7-2〉의 a를 보면 두 개의 화석 종 — x와 y — 이 있음을 상정하고 있다. 두 종은 형태와 시간상 잘 분리되어 있는데, 후자에 대한 분류체계적 유의성은 현생 분류군과 화석 종 사이의 형태적 거리 — 가령 동일한 과에 속하는 것인지 아니면 다른 과에 속하는지 — 에 달려 있게 된다. 종 x와 종 y가 시간이 흐르면서 분리되는 것은 표본이 출토된 면에 있어서 불연속의 여부나 화석형성학적 요인, 또는 단순히 표본 추출 문제일 수도 있다. 하지만 시간이 충분히 흐르면 종 x와 종 y 사이에 형태적으로 중간에 해당하는 표본들이 시간적 간격을 메우게 된다(〈그림 5-13〉을 다시 보자). 이 결과를 시간적 위치에 정돈할 경우 〈그림 7-2〉의 b, 또는 c, d에 표현된 결과가 될 수 있는 것이다. 먼저 그림 b를 보면 변화는 점진적이고 계보적이다. 따라서 분지적 시각에서 종 x와 y는 "〈그림 7-2a〉와 같이 서로 구별되는 것이지만, 화석 자료가 축적되어 이에 대한 우리의 지식이 진전되었다는 이유 하나로 단일한 종"으로 생각되어야 한다(Rose and Bown 1985: 120). 여기에서 첫 번째 문제가 생기는데, 표본들이 형태적으로는 유사하지 않은데도 시간 변화상에서 유사하다는 이유로 하나의 종으로 묶였다는 데 문제가 소지가 있다.

문제는 〈그림 7-2c〉에서와 같이 새로운 형태가 갑자기 등장하는 것처럼 보일 때도 일어난다. "그렇게 보인다"는 표현을 쓴 것은 종 x와 종 y 사이에 명백한 형태적 연결이나 연속이 없기 때문인데, 물론 둘은 어느 정도 비슷하지만 말이다. 그렇다면 종 y는 새로 이주해 들어온 것인가, 아니면 분지발생으로 생긴 후손 종으로 생각되어야 하는가? 여기에 바로 광범위한 지역에 대한 자세한 지식이 필요한 이유가 있는데, 그런 자료를 통해서만이 종 y가 다른 지역에서 들어왔는지 여부를 판단할 수 있기 때문이다. 이런 식으로 공간적 차원이 논점의 중심에 놓이게 된다. 덧붙여 이와 유사하게 이용 가능한 표본의 수가 늘어날 경우 〈그림 7-2d〉에서와 같이 결국은 형태적으로 종 x와 종 y의 중간적 표본들이 나타날 수도 있다. 그럼에도 다시 〈그림 7-2b〉에서와 똑같은 문제가 생긴다. 조상을 공유하고 형태적 연속성을 가지고 있는 변화선상 어디에서 선을 그어 x와 y를 나눌 것인가(〈그림 2-6〉을 다시 보자)? 이 문제는 그래프를 그릴 때 쓰인 단위와 관련된 것 같은데, 그 단위는 바로 종이 된다고 생각된다. 우리는 이전 장에서 빈도순서배열이 단위들 사이의 전승의 연속을 검증하기 위해서는 이론 단위가 필요하다고 주장하였다. 이 주장이 유물이나 화석 모두에 적용되는 것은 어렵지 않게 논증할 수 있다.

2) 종을 순서배열하기

생물학적 단위를 순서배열하여 전승의 연속을 확인하지 못할 이유는 없다. 하지만 이런 작업으로는 성공적인 순서배열이 잘 나오기 힘든데, 여기에는 인식론적 이유가 있다. 그 예증 사례로서 와이오밍 주의 에오세 초 포유동물 화석들을 논의해 보자. 데이비드 쉔클러(David Schankler 1981)는 (두 속에 속하는) 다섯 종의 빈도를 층서에 따라 임의로 10m 단위로 나누어 도식화하였다. 이 10m 단위는 표본의 수가 작기 때문에(18개 단위는 화석이 없었으며, 네 단위는 10개 이하의 화석밖에 없었다), 각 단위가 적어도 20개의 화석표본을 가질 때까지 개별 표본들을 서로 모둠지어 보자. 이런 식으로 쉔클러의 원래 69개 표본을 11개로 만들었는데, 그 층위적 폭은 10m에서 100m에 이른다. 그 다음 우리는 표본 당 각 분류군의 상대적 빈도를 셈하고 그 빈도를 시간축에 그래프로 나타내었다(〈그림 7-3〉). 비록 그래프는 빈도 순서배열처럼 보이지만, 우리가 다른 문헌에서 사용한 용어(Lyman et al. 1997b, 1998b; O'Brien and Lyman 1998)로 더 정확히 표현하면 비율층서(*percentage-stratigraphy*) 그래프가 된다.

〈그림 7-3〉의 종별(種別) 빈도분포 곡선들은 빈도 순서배열에 사용되는 시간 클래스들은 빈도분포에서 렌즈 모양을 그린다는 원칙에 부합하지 않는다. 이것은 빈도 순서배열의 요건을 충족시키지 못했기 때문이다. 여기에서 그래프로 표현된 유물조합 11개의 시간 단위들이 비슷한 지속시간을 나타내는지는 의문이다. 더구나 그래프에 나타난 표본들은 650km^2(평방킬로미터)에 퍼져 있는 "240개가 넘는 화석 지점들"에서 수습된 것들로(Schankler 1981: 135), 공간 변이가 빈도에서의 등락에도 영향을 미쳤을 가능성이 크다. 쉔클러는 환경변화가 분류체계적인 빈도에서 변화를 일으키는 요인이었을 것이며, 다양한 방식으로 종들 간 경쟁을 가중시키거나 경감시키기도 하고, 한편으로 이주나 이탈을 조장하였을 것이라고 보았다(Schankler 1981: 137).

비록 그래프에 나타난 종들은 형식/종 및 전통/계보란 측면에서 전승의 연속을 구성하는 듯이 보이지만, 우리는 고생물학자의 전형적 분석 단위인 '종'이란 '기능적' 단위라고 주장한다. 예를 들어 〈그림 7-3〉에 나와 있는 종의 내용은 이빨의 형태와 크기로 구성되는데, 모두 의심의 여지없이 기능적인 속성들이다. 종은 그런 개별 속성들에서만 다른 것이 아니라 환경 변화에 반응하는 지리적 범위에서도 차이가 있다. 그런 단위들은 빈도 순서배열이 요구하는 시간 형식—흔히 선택에 중립적 '양식'(*style*)이다—이 되지 못한다(Dunnell 1978c; Lipo et al. 1997; Teltser 1995c). 때문에 전형적으로 고생물학적인 종이 시간상 정규빈도분포를 보일 것이라는 기대를 하기 힘든 것이며, 분석단위로서 종은 정규분포를 가지도록 구성된 것이 아니다.

〈그림 7-3〉 5종의 에오세 포유류 화석에 대한 비율층위그래프 빈도

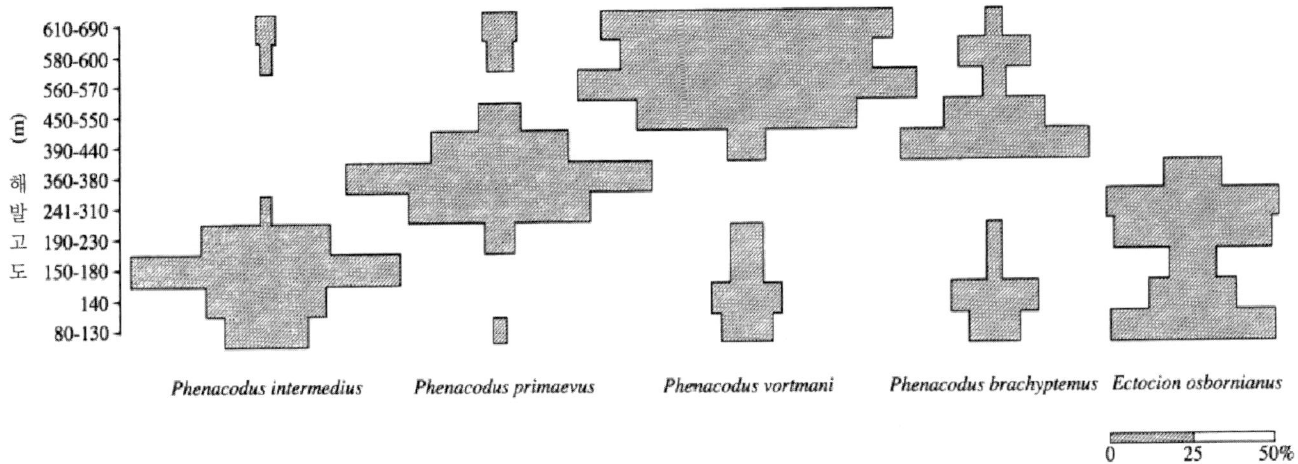

분포곡선은 전함(볼록렌즈)형이 아님을 주목하라.
* 자료: Schankler 1981.

우리는 생물 유기체들에 대한 빈도 순서배열이 불가능하다고는 하지 않았음을 다시 강조하고자 한다. 다만 빈도 순서배열을 하고자 한다면 단위들에서 변이가 어떻게 측정되는지를 분명하게 고려하여야 하여야 한다. 생물사학자들은 특정 형태수치적인 클래스내에서 표본들의 빈도 변화가 아닌 한 분류군에서 하나 또는 그 이상의 형태수치적 차원의 중간값의 변화에 초점을 맞추는 경향이 있다(e.g., Koch 1986). 만약 이런 자료들이 시간상 형태수치적인 클래스들의 빈도 분포로 그려진다면, 특히 자료가 선택에 중립적인 특성들로 이루어졌을 경우, 빈도 순서배열의 볼록렌즈 모양에 가까운 곡선을 내게 될 것이다. 사실상 이런 것이 마이크 푸트(e.g., Foote 1993a, 1993b, 1996)의 분류체계적 다양성에 대한 측정과 도표화의 많은 부분을 차지하고 있는데, 굴드(e.g., Gould 1991b, 1995a)의 흥미를 끌었다.

3) 단위로서 종

쉔클러의 자료로는 각 종별 단일 빈도봉을 가지는 빈도 분포가 나오지 않는 근본적 이유는 쉽게 이해할 수 있다. 그것은 대부분 고고학자들이 이해하고 있는 방식으로는 종이란 시간 형식이 아니라는 단순한 이유 때문이다. 한 종의 시공간적 분포는 〈그림 7-4〉에서와 같이 모델화할 수 있다(Pearson 1998a). 만약 한 종의 전체 시공간적 범위가 이용 가능한 화석 표본들에서는 잘 드러나지 않는다면 (가령 〈그림 7-4〉에서 왼쪽 부분만 알려져 있는 사례라고 할 때), 현존하는 분류군의 출현과 절멸의 시간들은 그 자료를 이용하여 만드는 빈도 순서배열 곡선의 생김새에도 영향을 미칠 것이다. 문화사고고학자들은 이런 문제를 염려하였는데, 재빨리 순서배열하고자 하는 단위(형식)를 만들어내면서 공간적 차원까지 설명하고자 하였다. 크로버, 넬슨, 스파이어, 키더는 토기 형식을 "실재"하는 것이 아닌 분석 도구라고 생각하였다(Lyman et al. 1997b, 1998b, n.d.b; O'Brien and Lyman 1998, 1999a).

토기 형식들은 시간의 흐름을 측정하기 위해 만들어낸 관념 단위와 이론 단위였던 것이다. 생물학적 종개념과는 대조로 고고학자들이 빈도 순서배열과 비율층위그래프에서 그린 단위들은 "시간 형식"이었다 (e.g., Krieger 1944; Rouse 1939).

다윈은 종이 불변한다는 생각은 잘못임을 보여주었다. 물론 경험적 실체로서 종은 현대의 생물학적 종개념에 아직도 실존하고 있는데, 이는 종개념이 생물학적 의미를 가지고 있고, 때문에 생물진화에 특수한 함축의미를 수반하고 있기 때문이다. 물론 현재 생명이 없는 화석 개체군들 간의 상호교배를 어떻게 알아내야 하는 문제가 있기는 하지만 말이다(e.g., Fox 1986; Trueman 1979). 그런 단위들을 그래프 순서배열이나 비율층위그래프에 그리면 화석 종의 실제 시공간 분포(〈그림 7-4〉)는 하나의 사각형으로 치환될 수 있다. 이런 치환은

〈그림 7-4〉 한 생물학적 분류군의 시공간적 분포 모델

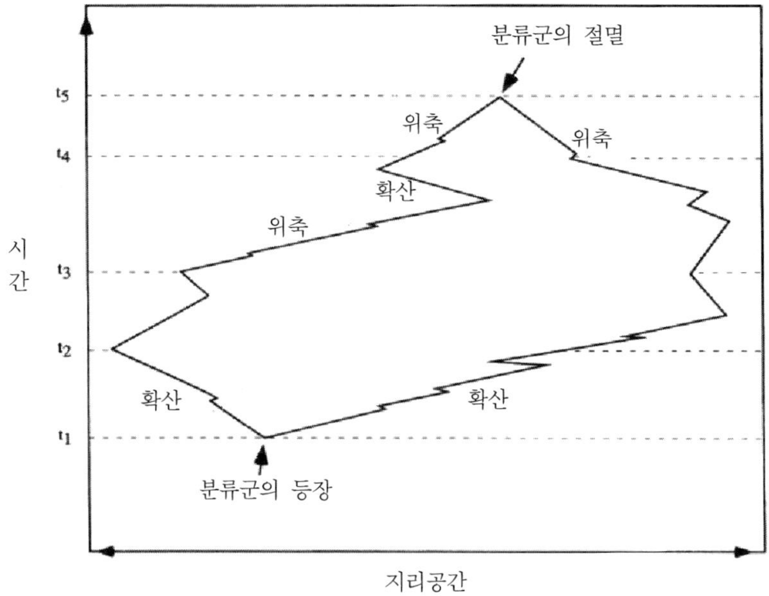

이 분류군의 시공간 분포에서 하나의 화석 표본이 한 부분만을 차지한다면, 그 분류군의 시공간적 분포는 불완전하게밖에 알 수 없을 것이다. (Pearson 1998a)

〈그림 7-5〉에서 묘사되어 있듯이 두 가지 문제를 초래하게 된다. 첫째, 실제 분포는 〈그림 7-5〉에 표현된 단순한 사례보다는 훨씬 더 복잡할 것이다. 실제 분포가 더 복잡할수록 더 많은 표본이 필요하게 된다. 심지어 〈그림 7-5〉에서 표현된 것처럼 실제 분포가 비교적 단순한 경우에도 만약 표본 A, C와 E만을 손에 가지고 있다면 실제 분포를 그리는 것은 어려운 일이 될 것이다. 둘째, 실제 분포가 복잡하면 할수록 지각된 분포와 실제 분포 사이의 차이는 더욱 커질 것이다.

고고학으로 돌아와 크로버, 넬슨, 키더, 스파이어는 관념 단위를 사용함으로써 이런 문제를 피할 수 있었다. 그것은 공간이란 차원을 통제하면서도 시간을 측정하게 해주는 분석단위였다. 시공간상 유물의 형태는 연속적으로 변화한다는 관점을 고려할 때, 분석도구는 〈그림 7-6〉의 B칸에서와 같이 제한된 시공간적 분포를 가져 직사각형에

〈그림 7-5〉 화석 표본을 토대로 어떤 생물학적 분류군의
실제 시공간 분포를 평가하는 것을 모델화한 그림

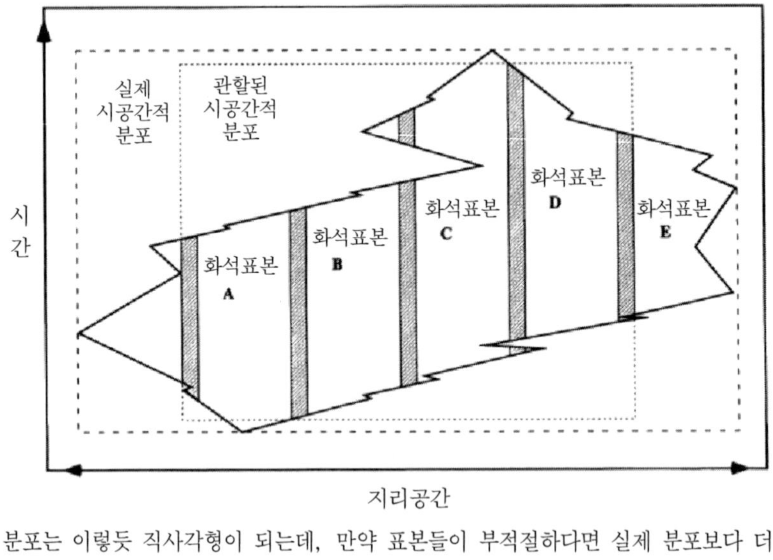

분포는 이렇듯 직사각형이 되는데, 만약 표본들이 부적절하다면 실제 분포보다 더 작은 사각형을 보일 것이다. 표본 A, C, E만이 이용 가능한 경우 다섯 개 표본들을 모두 가지고 있을 때보다 작은 직사각형이 나올 수밖에 없다.

가깝게 된다. 다시 말하여 지역 차이보다는 시간의 경과를 측정하고 있다. 이것이 바로 시행착오의 과정을 통해 얻어지는 시간 형식이라는 분석 도구인데(Rouse 1939), 사실 이점이 분명하게 인식된 적은 거의 없다. 이런 식으로 분석도구를 구성하고 난 위에는 시간의 흐름을 파악하는 데 형식들의 유용성을 검증해야 한다—이 점은 크리거(Krieger 1944)가 고고학적으로 유용한 형식들은 '시간(역사)적 유의성'의 검증

〈그림 7-6〉 고고학자들이 시간 측정을 위해 사용했던 관념 단위를 단순화시킨 모델

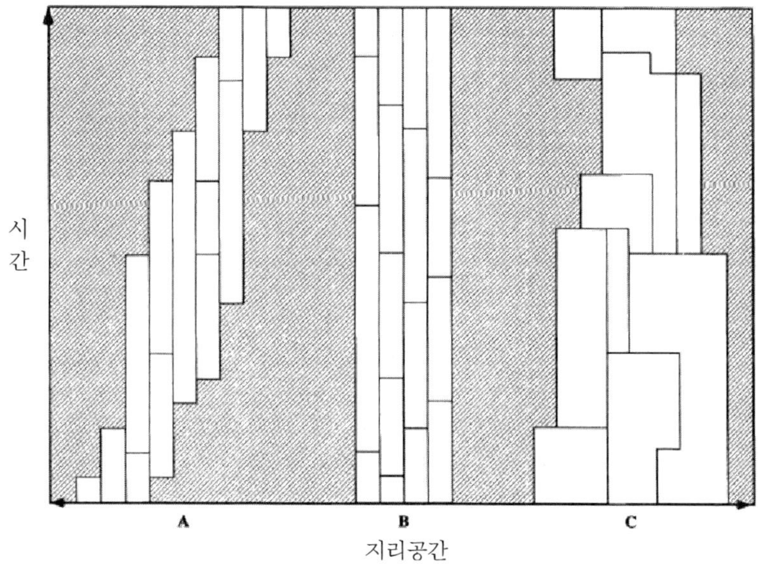

유물의 형태는 수평·수직의 두 축에서 연속적으로 변화하지만, 어느 축에서도 절대적인 척도가 제시되어 있지 않다. 각 다각형은 변이를 측정하기 위한 분석에 사용된 관념 단위를 나타내는데, 빗금이 그어진 구역은 그런 단위들로는 측정되지 않는 형태변이를 가리킨다. 다각형들의 각 칸은 하나의 형식체계를 구성하는 분석단위들의 조합이 된다. A에서는 분석단위가 시간의 흐름에 따라 중첩되어 있으면서도 공간 변이까지 포괄하고 있는데, 이것은 공간상 변화뿐만 아니라 시간상 변화까지도 내재되어 있음을 의미한다. B에서는 분석단위가 시간상 중첩되어 있으면서 공간적 변화는 포괄되어 있지 않는데, 시간만이 측정됨을 나타낸다. C에서는 시공간상 변이가 단위마다 달라지는데, 단위들은 시간과 변화를 측정하면서도 공간 변이까지도 측정하고 있음을 의미한다.

을 통과하여야 한다고 주장하면서 분명하게 지적된 중요한 논점이다. 유용한 시간 형식이라면 〈그림 7-6〉의 B칸에서와 같은 분포를 가질 것이라는 점을 근거로 검증을 하는 것이다. 〈그림 7-6〉의 A칸이나 C칸에서와 같은 분포를 가진 형식들 역시 사용될 수는 있지만, 이것들은 시간상의 변이만이 아니라 공간상의 변이마저 포괄하고 있기 때문에 그렇게 만족스럽지 못한 것이다. 만약 형식들이 시간적 유의성의 검증을 통과하지 못하면, 폐기되고 새로운 형식을 세워야 한다. 이런 시행착오의 과정, 곧 '분류-검증-재분류'의 과정은 고고학자들이 오늘날까지도 시간의 흐름을 신뢰할 만하고도 유효하게 파악하는 분석단위를 찾으려는 노력을 계속하면서 되풀이되고 있다(e. g., O'Connell and Inoway 1994; Thomas 1981).

생물학적 종 및 유물 형식은 〈그림 7-6b〉의 직사각형과 비슷한 분포를 보일 수도 있다. 그러나 막상 이런 단위들이 만들어질 때는 어떠한 분포를 가지는지를 잘 알 수 없다. 구성된 단위가 어떠한 분포를 가지는지는 시간(역사)적 유의성의 검증을 거쳐야지만 판단할 수 있는 것이다. 종이라는 단위는 흔히 〈그림 7-4〉~〈그림 7-6〉의 C에서와 같은 시공간적 분포를 보이며, 때문에 시간을 측정하는 데 신뢰도와 유효성이 덜하다고 할 수 있다. 특정 분류군의 분포를 전 세계적으로 확실하게 알아야지만 그 분류군의 출현과 절멸의 시간을 정확하게 판단할 수 있게 된다. 이것은 시간의 경과를 측정하기 위하여 제한된 시공간적 분포를 가지는 단위를 만들어내었던 문화사고고학자들이 사용한 분석단위와는 경우가 다른 것이다.

〈그림 7-4〉와 〈그림 7-5〉에 제시된 모델은 '생물 종'이라고 불리는 경험 단위의 시공간적 분포를 그린 것이다(Pearson 1998a). 분명히 이 단위는 상당한 분석적 제약이 있는데, 그것은 유용한 시간 측정의 장치가 되기 위해서는 그 단위의 전체 시공간적 분포를 미리 알고 있어야 한다는 점이다. 이는 빈도 순서배열이 요구하는 단위의 종류는 〈그림 7-6〉의 B와 같은 식의 시공간 분포를 가지는 이론 단위들이라는

사실을 강조해 준다. 생물사학자들은 원한다면 그런 이론 단위들의 유용성을 인지함으로써 그 단위를 빈도 순서배열에 이용하여 해상도 높은 동물상 편년방법을 개발할 수도 있을 것이다(초기의 사례는 Lyman and O'Brien n. d. a 참조). 그런데 생물사학자들이 빈도 순서배열을 별로 사용하지 않고 있지 않는데(e. g., Brower and Burroughs 1982; McKee et al. 1995), 이는 종이 순서배열되는 단위이고 〈그림 7-4〉와 〈그림 7-5〉가 예증하고 있듯이 생물사학자들은 그런 단위를 순서배열할 때 생기는 문제를 잘 알고 있기 때문이다. 더구나 생물사학자들 가운데(e. g, Gould et al. 1987)는 순서배열이 기초하고 있는 이론 단위와 종 사이의 존재론적 차이를 이해하지 못하고 있기 때문에 빈도 순서배열을 폄하하는 사람들도 있다(Lyman and O'Brien n. d. a). 그러나 여기에 바로 각 학문이 다른 학문에 보탬이 되는 사항들이 있는 것이다.

굴드(Gould 1997c)는 단속평형설의 시각에서 〈그림 7-2d〉에서 예증된 것과 같은 것은 시간 및 형태적으로는 세밀한 해상도를 보여주지만 "유의하지는 않은" 역설에 해당한다고 생각할 수도 있을 것이다. 물론 이런 그의 입장은 척도를 바꾸어보면 인정할 수 있는 부분이 있지만, 우리는 불만족스럽게 생각한다. 그렇게 치부해버리면 변이를 외연적으로 끌어낸 '종'이라 불리는 우리 안에 가두어 버리게 된다. 결국 〈그림 5-12〉에 다시 그려진 포티(Fortey 1985)의 그래프와 같이 변이를 보이지 않게 만들고 마는 것이다. 그러나 오해하지는 말기 바란다. 우리가 말하고자 하는 것은 그런 "종"과 같이 큰 척도로 분석을 시작하고 끝내는 것은 잠재적으로 중요한 변이를 흐릴 수 있고 결국 선택 및 여타 메커니즘의 작용을 모호하게 만들 수 있다는 것이다. 곧, 단위 내의 변이—덜 포괄적 척도로 측정된다—는 단위 간의 변이—종, 속, 과와 같이 더 포괄적 척도에서 측정된다—를 관찰하는 것과 똑같이 중요한 것이다.

스티븐 스탠리(Steven Stanley 1979: 64)가 주목하듯이 "우리는 연대 종(*chronospecies*)을 연구함으로써 계보들 '안에서' 일어나는 진화의 속도를 사정할 수 있다"(강조 추가). 그러나 우리는 '연대 종'이라는 용어를 빼고 이용 가능한 표본—우리는 이 표본이 세밀한 시간적 해상도를 가지고 있길 바란다—에만 초점을 맞춘다. 우리는 이것이 분할하는 것보다는 묶는 것이 쉽다는 단순한 이유에서 그렇게 할 것이며, 연구자는 언제나 지나치게 세밀한 척도로 측정된 자료를 묶을 수 있다. 이에 반해 종-형식 단위로 대표되는 척도와 같이 포괄적으로 측정된 자료는 더 세밀한 척도로는 분할될 수 없다. 물론 큰 척도의 포괄적 단위들도 유용하다. 우리는 개별 변형이 아닌 큰 척도에서의 변화, 곧 분류체계적 위계에서 높은 포괄적 단위의 수준에서의 변화—'기본설계(Baupläne)'라 부를 수도 있다—라고 생각하는 것들 그래프화하는 것을 살펴볼 것이다. 앞으로 살펴보겠지만, 이것 역시 단위 구성이라는 문제에 달려 있다. 우리가 기술할 방법은 생물사학적 문제들을 이야기하기 위해 개발된 것이지만 고고 자료에도 쉽게 적용할 수 있다.

4) 클레이드다양도 도표 (*clade-diversity diagram*)

'종'이 변화의 속도와 양태를 연구하는 데 귀중한 단위임을 인정할 때 어떻게 그 단위를 도표화할 수 있을까? 엘리엇 소버(Elliott Sober 1992: 18)는 진화를 "개체군의 몇몇 속성의 빈도에서" 나타나는 변화라고 정의하였는데, 이것은 논의의 출발점이 될 것이다. 우리는 척도를 확장시켜 시간의 흐름에 따른 분류군의 빈도가 어떻게 변화하는지 하는 질문을 던질 수도 있다. 생물사학자들은 오랫동안 생명체의 역사를 보여주기 위하여 상위의 분류군 내 하위 분류군의 빈도를 표현한 그래프를 만들었다(학사와 참고문헌은 Signor 1990 참조). 존 필립스는 1860년에 그런 그래프 하나를 발표한 바 있는데, 시간이 흐름에 따라 등락하면서도 대체로 생명체의 다양도가 증가함을 보여준다(Rudwick 1976: 240에 재인용). 화석 자료에 대한 지식이 쌓이면서 다른 연구자들도 비슷한 도표들을 제시하였다(e. g., Simpson 1949). 이 나중의 그래프들 — 지금은 일반적으로 '클레이드다양도 도표'(*clade-diversity diagram*) 라 불리는데(e. g., Raup et al. 1973), 여기서 "다양도"는 풍부도, 곧 린네 분류체계 상 어떤 구체적 수준에서 분류군의 수를 말한다 — 은 특정 단일 계보, 곧 클레이드(*clade*)[1] 내 분류군의 빈도를 표현한 것이다. 분지도 가운데는 〈그림 7-7〉과 같은 형태(가운데로 정렬된 막대그래프) 도 있는데, 그 형태는 다양하여 수직축과 수평축을 여러 형태로 배치한 막대

〈그림 7-7〉 클레이드다양도 도표를 만들어내는 하나의 모델

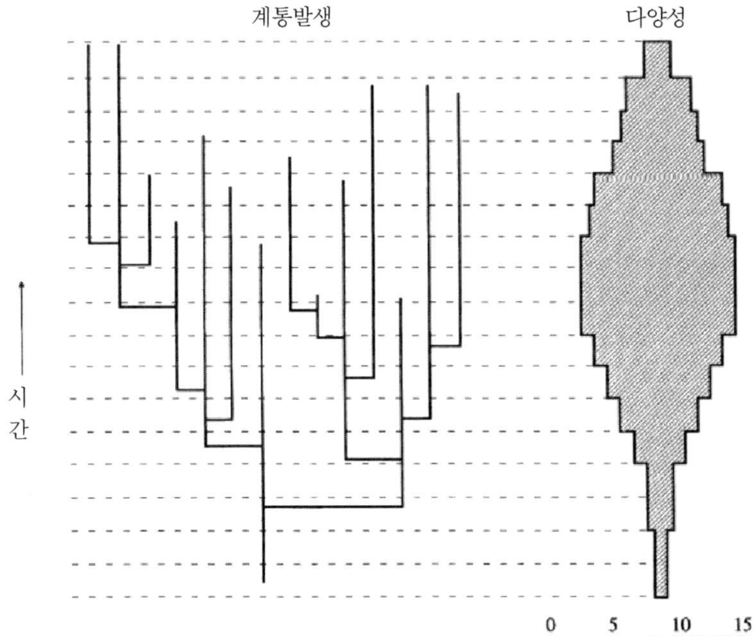

분류군의 계통발생의 역사는 왼쪽에 표현되어 있고 이로부터 산출되는 클레이드다양도 도표는 오른쪽에 그려져 있다. 연관된 분류군의 계통발생의 역사(시작점과 끝나는 점을 포함하여)가 구성되면, 오른쪽에서와 같이 자료를 요약할 수 있을 것이다. 이 도표는 분류군의 수가 늘어나고 줄어드는 것을 보여준다. (Raup et al. 1973)

1) 옮긴이 주 — 공통의 조상에서 진화한 생물군을 이르는 용어이다.

그래프나 시간의 흐름과 대비하여 다양도를 수직 또는 수평축에 일련의 점들로 연결시킨 선 그래프(가령 〈그림 3-4〉의 형태인데, 물론 이것은 클레이드다양도 도표가 아니다)까지 다양하다. 어떤 한 클레이드다양도 도표는 시간이 흐르면서 현존하는 계보(분류군)의 수에서 나타나는 변화를 보여주기 때문에, 한 클레이드 안에서 분류군의 기원과 절멸의 역사가 된다. "만약 가지 치는 속도가 절멸의 속도를 넘어선다면, 공존하는 계보의 수는 증가할 것이다. 만약 절멸이 가지 치는 속도를 앞선다면 다양도는 감소한다. 만약 두 속도가 시간의 경과에도 같다면 다양도는 일정하게 유지될 것이다"(Raup et al. 1973: 528).

생명의 역사의 과정과 이유를 더 잘 이해하려는 노력에서 형태계통적 계보, 곧 클레이드의 분류체계적 다양도를 비교하는 방법도 개발되었다(e.g., Gould et al. 1977; Raup and Gould 1974; Raup et al. 1973; Uhen 1996). 단계통의 계보는 가지 치는 것(분지발생)을 통해서만이 일어날 수 있으며 모든 분류군이 공통의 조상에서 기원한 것으로 제한된다. 그것의 비교에는 막대가 가운데로 정렬된 그래프로 나타나는 클레이드다양도 도표가 필요하다. 각 막대기들은 하나의 클레이드를 나타내며 각 막대의 너비는 어떤 특정 시점에 한 클레이드의 분류체계적 풍부도가 된다. 그래프는 〈그림 7-7〉에서 예증된 모델을 따라 만들어지며, 거기에는 흔히 클레이드 사이의 계통발생적 연결 역시 드러나 있다(〈그림 7-8〉). 이런 노력의 결과 한 클레이드의 풍부도와 지속시간은 그 다양도를 계량할 때 사용된 분류체계적 수준—과, 목, 강 등—의 영향을 받는다는 점을 인식하게 되었다(Stanley et al. 1981).

클레이드다양도 도표는 수많은 분류군과 그 지속시간을 집성하여 왔으며 생명의 역사에서 일어났던 다양한 진화적 사건들과(e.g., Prothero 1985; Raup 1972, 1976a; Sepkoski 1981; Sepkoski et al. 1981) 그것들이 일어나게 된 가능한 원인을 밝혀 왔다(e.g., Miller and Sepkoski 1988). 덧붙여 무작위 클레이드도표를 산출하는 데 많은 컴퓨터 프로그램이 사용되어 진화 과정에 대한 통찰이 가능하게 되었다(e. g., Benton 1995; Gilinsky and Bambach 1986; Uhen 1996). 생물사학자들은 다양한 컴퓨터 프로그램을 개발하여 클레이드다양도의 역사를 시뮬레이션하였다. 이 연구의 배경에는 "계통발생이 무작위적 과정에 의해 결정되는 경우 어떠한 양상을 띨 것인지를 예측하고, 이것을 실제 생물 세계의 사례와 비교함으로써 무작위적 요인들을 추출할 수 있다는 생각"이 깔려 있다(Raup et al. 1973: 527). 로프(Raup 1977: 53)는 더 분명한 말로 "생물사학자가 진화적 경향에서 마주친 첫 번째 문제는 바로 '진화적 경향은 우연한 기대라고 볼 수 없을 만큼 통계적으로 유의한 것인가?' 하는 것"이라고 말한다. 만약 그 경향을 설명하고자 한다면 반드시 이 문제에 대답하여야 한다. 굴드 등(Gould et al. 1977: 24)이 주목하였듯이 "무작위 체계 내에 어느 정도로 명백한 질서가 있는지를 파악하기 전까지 우리는 생명의 역사에서 그 어떤 패턴도 관습적인 〔흔히 기능적이거나 적응적인〕 원인이라고 주장할 수는 없는 것"이다.

길린스티와 밤바크(Gilinsky and Bambach 1986: 251~252)는 만약 위에 제기한 질문에 대한 대답이 부정일 경우 가능한 결론들을 다음과 같이 요약한다.

> 체계에 따른 불가피한 질서를 제외하고 다양도의 역사의 주된 특징은 진정으로 (존재론적으로) 무작위적이다. 또는 그 주된 특징은 복잡하게 얽힌 많은 인과 요인들(그 어느 것도 압도적인 것이 없는)로부터 비롯되는데, 때문에 클레이드의 역사는 흔히 무작위적으로 '보인다'.

여기에서 "체계에 따른 불가피한 질서"란 다음과 같이 요약된다.

> 맨 처음 다양도는 언제나 0이며(분류군이 시작되기 전), 마지막 다양도는 언제나 0이다(절멸된 뒤). 다양도는 결코 0 밑으로 떨어지지

> 않고, 마르코프연쇄(t + dt이라는 시점에서의 다양도는 부분적으로 이전 시점 t에서의 다양도에 달려 있는 것)를 보인다. 이런 특징들은 가능한 다양도의 역사를 제한하고 이 때문에 시간상 다양도 변화의 패턴이 개별 사건의 과정에서보다는 질서 있는 듯이 보이게 된다. 개별 사건들의 과정은 마르코프연쇄를 보이지 않고 시작과 끝에서 전혀 아무런 제약도 없다. (Gilinsky and Bambach 1986: 251)

굴드 등(Gould et al. 1987: 1437)은 다음과 같은 문제를 던진다. "클레이드도표의 수직축(시간)에 있어 계보들에서 통계적으로 확인되는 불균형은 없는가?" 만약 그러하다면 연구자는 도표로 시간을 측정하고 생명의 다양성의 변화 역사에 되풀이 나타나는 패턴을 추적할 수 있을지도 모른다. 굴드 등은 그런 불균형 패턴을 "안정된 형태의 클레이드"의 형태에서 찾았으며, 여기에 생물진화의 시간이 어떤 특정한 방향을 가지며 흘렀다고 제안하였다(그러나 Uhen 1996도 참조). 굴드 등이 조사하였던 실제 클레이드들은 분류체계적으로 초기에 가장 풍부하였으며 시간이 지나면서 점차로 적어진 것으로 나타났다(그러나 Kitchell and MacLeod 1988, 1989를 보라). 이런 분석 및 연관된 관찰들을 토대로 절멸에 대해서 더 높은 관심이 일었으며(e.g., Ktchell and Pena 1984; Raup 1986; Raup and Sepkoski 1982, 1984), 대규모 절멸의 사건에서 가능한 패턴을 추적하는 데 관심이 커지게 되었다(Jablonski 1986; Raup 1976b; Raup and Boyajian 1988; Raupand Sepkoski 1986). 경우에 따라서는 적응 지대—또는 생태적소(*niches*)—에서의 대규모 이탈이라고도 부를 이것 때문에 아마도 급격한 분지화가 초래되고 결국 안정된 형태의 클레이드라는 패턴이 나왔을지도 모른다(Benton 1995).

클레이드도표는 한 클레이드 안에서 종 및 상위 분류체계 단위의 증식과 절멸을 보여주기 위해 그려지며, 분류군들 사이의 계통발생적 연속성, 곧 유전성(상속성)에 대한 가정이 그래프에 뒤따르기 마련이다.

클레이드도표는 다음 두 가지 방식으로 전승의 연속을 가정하고 있다. 첫째, 어느 특정 종에 속하는 화석 표본은 유전(상속)적 전수(전수) 때문에 그 종에 속한다고 동정된 다른 화석 표본들과 계통상 연속적이어야 한다. 이것은 형식 / 종의 측면에서 전승의 연속성이다. 둘째, 동속의 종들 — 다시 말해 동일한 속에 속하는 별개의 종들 — 은 전승의 연속을 띠어야 하는데, 이는 하나의 단계통 집단 안에서 유전적 전수와 진화적 분지(이런 원칙이 동과의 속들, 또 그 이상의 수준에서

〈그림 7-8〉 무작위적으로 만들어진 클레이드(위), 그리고 실제(아래) 클레이드의 클레이드도표

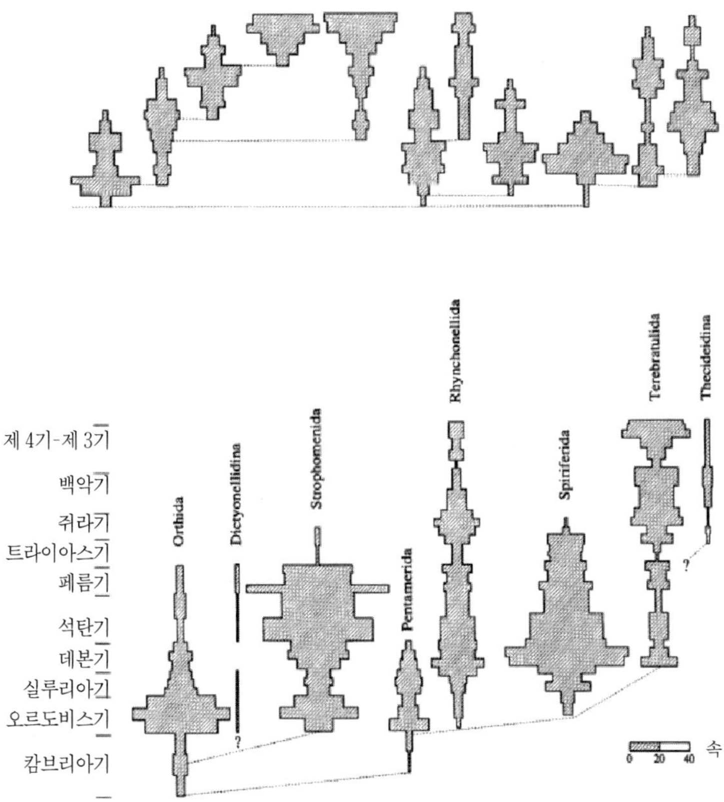

이런 그래프들이 마르코프연쇄를 가지는 구조는 계통(상속)적 연속에 달려있다. (Gould et al. 1977)

도 적용된다) 때문이다. 이것은 전통 / 계보의 측면에서 계통 연속성이 된다. 물론 측정되는 것은 화석의 형태수치, 곧 형태적 변이이지 유전적 유사성은 아니다(Pearson 1992, 1998b). 유전적인 것은 형태적인 변이로부터 추론되어야 하며, 이는 상동과 상사를 분리하여야 하고 특정 종에 속하는 화석들이 공통 조상으로부터 내려왔음을 확증해주는 공유된 파생형질들을 인지할 것을 요한다. 그렇지 않으면 심슨이 쌍둥이의 사례에 대해서 주의하라고 했던 경고(제 5장)를 무시하는 것이고, 굴드(Gould 1991b)가 표현론과 계통분지를 구별한 것(제 6장)을 위반하는 것이며, 고든 윌리의 문화사고고학의 공리, 곧 시간의 연속성은 자연스럽게 전승의 연속성이 된다는 식의 사고방식을 취하게 되는 것이다.

그러나 이런 진술이 정말 옳은 것일까? 아마도 그렇지는 않을 텐데, 이는 "〔클레이드도표의〕 마르코프연쇄구조[2]는 상속을 통해 확인된다"는 단순한 이유 때문이다(Dunnell 1980: 58). 다시 말하면 나중에 출현하는 것은 부분적으로 이전의 것에 달려 있다는 것이다. 하지만 연구자는 화석 자료에서 종을 인지하며, 이 절차는 자동적으로 형식 / 종의 측면에서 전승의 연속을 가정하는 것이다. 종을 명명하는 것은 자동적으로 린네 분류체계의 상위의 수준들에서 어디에 속하는지를 정하는 것이기 때문에, 바로 그런 모든 수준들에서도 — 전통 / 계보의 측면을 말한다 — 연속성을 가정하는 것이다. 그러나 이 가정의 유효성은 계통분류학에 달려 있다. 이미 인용한 바 있는 조엘 크래크래프트(Joel Cracraft 1981a: 461)의 말을 되새겨 보자. 그는 "분류체계를 떠받치고 있는 분류의 방법론은 여러 층위에서 인지할 수 있는 집단의 수에도 영향을 미칠 수 있고, 이것은 그 정도는 알려지지 않았지만, 시간의 흐름에 따른 다양도의 변화를 수학적으로 유형화하는 데도 선입견으로 작용할 수 있다"고 하였다. 만약 분류체계적 위계에서 낮은

2) 옮긴이 주 — 러시아의 수학자 마르코프(A. Markov)가 제기한 개념으로서 후행하는 변이들은 기본적으로 선행하는 변이들의 풀에서 나온다는 원칙.

단위, 가령 속은 분류체계상 단일한 상위의 단위, 잘못된 목에 속할 수도 있다. 그런 다음에 이루어지는 목에 대한 그 어떠한 풍부도 측정도 그런 잘못에 영향을 받기 마련이다. 연구자의 계통분류학은 반드시 계통발생의 역사와 함께 분류체계적 위계 내에서의 위치라는 문제와도 싸워야 한다. 이렇듯 클레이드도표를 분석하는 기법은 유물에서의 무작위적인 변이의 생산에서 잘못된 것들을 확인하는 데도 도움을 주며 진화적 양태들에 대한 통찰을 할 수 있게 해준다.

2. 선사시대 변화의 속도와 양태를 측정하기

이제 유물군의 순서를 잘 정한다고 해서〔Cowgill (1968) 이 말한 두 번째 작업 (*task* 2)〕 좋은 편년을 세울 수 있는 것〔첫 번째 작업 (*task* 1)〕은 아님이 명확해졌을 것이다. 그 이유 하나는 순서배열법에서 쓰이는 단위들은 시간의 흐름에 민감하지 않을 수도 있다는 점 때문이다 (Cowgill 1968: 519). 그러나 좋은 편년을 세우기 위해서는 순서를 정하는 일이 중요하고, 순서배열에는 시간의 연속뿐만 아니라 전승의 연속까지 드러나 있음을 생각할 때, 그 다음에 해야 할 일은 순서에 나타나는 계보를 통해 변화의 속도와 양태를 확인하는 것이다. 이 문제에 대해서는 지금까지 고고학에서 별로 중요하게 논의되지 못하였다. 필립스나 포드, 그리핀 등이 변화의 속도에서 나타나는 변이들을 언급한 적은 있지만 속도를 정확하게 평가하지는 못하였다(O'Brien and Lyman 1999a). 변화의 속도를 판단하기 위해서는 실제 연대를 알 수 있게 해주는 시간대별 연대측정법을 필요하다. 그런데 그동안 변화의 양태를 확인하기 위해서는 흔히 혁신이나 이주, 교역, 전파와 같은 민족지적으로 기록된 문화변화 과정들을 참조하였다.

속도와 양태를 추론하려면 올바른 자료(시간적 유사가 아닌 형태적 유사를 토대로 표본들을 그룹 지은 론 단위들)를 가져야 한다. 때문에 우리는 포드의 그래프 기법을 선호하는데, 유사도 행렬과는 달리 변화의 속도와 양태를 볼 수 있게 해주기 때문이다. 물론 유사도 역시 〈그림 6-8〉에 그려져 있는 변화의 순서를 만들어내는 데 이용될 수 있기는 하다. 그러나 이미 지적한 바와 같이 속도와 양태를 알고자 한다면, 등간척도를 사용할 때 시간을 가장 잘 측정할 수 있다. 순서배열법은 그 자체로 서수척도이고 절대적 연대가 아니라 상대적 편년 연쇄만을 알려준다. 우리는 순서배열로 생산된 배열을 통해 어떻게 절대연대들이 정렬될 수 있을 것인지를 알아야 한다. 이에 대한 글은 너무도 많아(e.g., Braun 1985a; O'Brien and Lyman 1999a; Read 1979) 여기서 일일이 살펴볼 수 없다. 하지만 빈도 순서배열 그래프는 변화의 속도에 대해서 말해주기 때문에 이에 대해서 살펴보자.

1) 변화의 속도

순서배열이 어느 정도나 세부적으로 시간을 말해주는지는 계보나 전통 내에서 변화의 속도 및 연구자가 그 변화를 측정하는 방식 사이의 관계에 달려 있다. 메이헌(Clement Meighan 1977: 628)은 "만약 급격한 문화변화가 있었다면 순서배열을 통해 짧은 시간대에 일어난 변화를 인지하게 될 것이며, 장기간에 걸쳐 별다른 변화를 보이지 않는 자료라면 그런 짧은 시간대를 확인하지는 못할 것이다"고 하였다. 유물군 자료가 얼마나 쉽게 서로 구별될 수 있느냐 하는 것은 형태변이를 측정하는 데 사용되는 차원이나 속성에 달려 있다는 점이 중요하다. 빈도 순서배열과 발생 순서배열에서 분류와 배열의 토대가 되는 변수는 클래스의 빈도나 존부이다. 따라서 문제는 클래스의 구성, 곧 어떤 변수나 속성들을 사용할 것인지 하는 문제이다. 메이헌(Meighan 1977: 629)은 "토기 형식들을 세심하게 정의하여 편년 변화를 잘 반영하도록 하면 경우에 따라서는 순서배열에 사용된 자료를 질적으로 향상시킬 수 있다"고 지적하였다. 스티븐 르블랑(Steven LeBlanc 1975:

24) 은 "형식들이 너무 적을 경우 짧은 시간대를 구분해내지 못할 것"이라고 하여 연구자들이 많은 형식들을 고려할 것을 주문한다. 그러나 조지 코길(George Cowgill 1968)의 지적과도 같이 순서배열에 더 많은 형식들이 포함될수록 연속성과 단일빈도봉이라는 순서배열 모델의 원칙에 위배되지 않는 배열을 만들어내기는 더 어려워진다.

르블랑(LeBlanc 1975)은 특정 속성(보통 형식이라 불리는 것은 속성들이 결합된 것이다)에 대한 빈도 순서배열 모델은 몇몇 사례에서 순서배열 모델에 더욱 가깝고 시간적으로도 더 세밀한 배열을 만들어낼 수 있다고 하면서, 이것을 "세밀 순서배열"(*micro-seriation*)이라 부른다. 사실 시간적 해상도가 더 세밀하다는 점에서 우리는 이 개념에 동의한다. 그런데 "많은 속성들을 결합시킨 것은 적은 수의 속성만을 결합시킨 것보다 더 짧은 시간대에 일어나는 변화까지도 포괄할 수 있을 것"이다(Rowe 1959: 322). 곧, 클래스로서 각 속성은 지속시간을 가지며, 각각이 다른 것들과 지속시간이 겹칠 것이라고 선험적으로 가정할 이유는 없다. 따라서 형식이라 불리는 속성결합체는, 개별 속성의 지속시간과는 상관없이 만들어진 것이라면, 개별 속성보다 짧은 지속시간을 갖게 될 것이다. 처음에는 형식에 바탕을 두고 자료를 순서배열하고 그 다음 속성으로 순서배열하여 둘을 비교하면 더 쉽게 판단할 수 있다. 개별 속성은 개별 형식보다 더 긴 지속시간을 가질 수도 있다. 이런 비교 순서배열을 통해 변화의 모자이크 패턴을 확인할 수 있다(〈그림 7-1〉)

이와 유사하게 프랭크 홀(Frank Hole)과 매리 쇼(Mary Shaw)는 "동일한 편년 연쇄에 놓여 있는 유적들에서 출토된 자료를 비교검토하면 자료들 간의 상대적 변화 속도에 관한 아주 극적인 증거를 얻을 수 있다"(Hole and Shaw 1967: 96)고 말한다. 자료는 변화의 성격을 더 이해하기 쉽도록 그래프로 표현되기도 한다. 찌르개와 토기를 예로 들면, 둘이 동일한 '문화' 계보에 속한다고 할지라도 변화의 역사는 서로 상이할 것이다. 이것은 홀과 쇼(Hole and Shaw 1967: 86)의 지적과 같이 순서배열에 민감한 형식들은 "비교적 중립적인 적응적 가치를 지닐 가능성이 높기 때문이며,3) 그 변화는 필요에 의해서라기보다는 유행이나 무작위적 부동(*drift*)에 의한 것이다"(Dunnell 1978c; Lipo et al. 1997; Neiman 1995 참조). 가령 찌르개의 변화는 토기의 변화보다 느릴 수도, 빠를 수도 있기 때문에 서로 독립적으로 변화할 수 있다. 이런 가정적인 사례가 〈그림 7-9〉에 나와 있다. 우선 토기에서는 몇몇 형식들의 빈도가 안정적이지 않고 그래프 아래에서 위까지 형식들에 큰 변화가 있는 것으로 보아 토기 전통에 급격한 변화가 있었음을 알 수 있다. 이와 대조로, 찌르개에서는 형식들이 자료상에 모두 나타나

〈그림 7-9〉 토기 형식과 찌르개 형식에 대한 빈도 순서배열

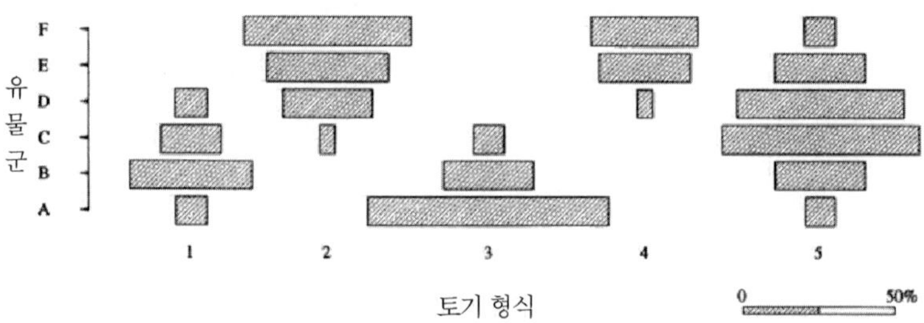

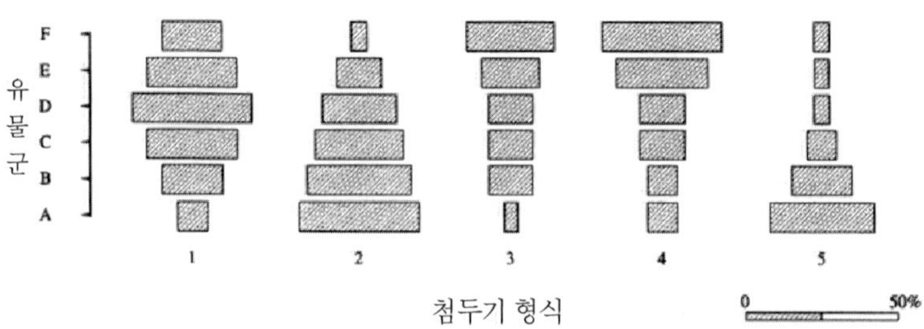

＊이 사례에서 토기는 급격한 변화를 보이는 반면 찌르개는 점진적 변화를 보여준다.

---

3) 옮긴이 주 — 다시 말해 기능적 속성이나 형식이 아니라 양식(*style*)을 말한다. 논의하였듯이 정의상 양식은 선택(*selection*)에 영향을 받지 않으며, 때문에 적응이나 선택에 중립적(*selective neutral*)인 것으로 인식된다.

고 있어 점진적 변화를 보임을 알 수 있다. 따라서 순서배열은 변화의 속도를 말해주며 변화의 양태를 밝히는 데도 귀중한 정보를 주는 것이다(e. g., 〈그림 7-1〉과 〈그림 7-2〉).

2) 변화의 양태

문화사고고학자들은 유물 계보에서 보이는 진화적 변화를 흔히 민족지 자료에 근거하여 혁신, 전파, 이주 등의 기제로 설명하였다. 또한 보통 지속시간이 상이한 유물군의 차이를 바탕으로 어떤 특정한 설명(해석이라는 말이 더 정확하겠지만)을 추구하였다. 형식군의 차이 등 큰 변화는 이주와 같은 사건으로 말미암은 것이라 여겨졌으며, 완전한 불연속이 보일 경우에는 침략 또는 전체적이고 급격한 인구 대체의 결과라고 설명되었다. 소수의 속성에서만 변화가 보일 경우와 같이 작은 차이는, 흔히 시공간상 근접하는 선조가 되는 문화가 알려져 있을 경우 전파의 결과로 돌려지곤 하였으며, 그런 선조 문화가 알려져 있지 않을 경우 계보 내의 혁신으로 생각되었다(e. g., Lathrap 1956; Thompson 1958a). 그러나 비교검토 대상 계보사에 대한 명확한 예증은 거의 이루어지지 못했다. 포드(Ford 1952)의 "미국 동남부지역 선사시대 토기 디자인의 검토"라는 글은 아주 예외적 사례라 할 수 있다. 그렇지만 포드의 연구 역시 이론적으로 지나치게 순진하며 분석적으로도 단순한 측면을 가지고 있어, 비판의 대상이 되었다(e. g., Spaulding 1953a; 이와 대조의 경우는 Rouse 1954 참조).

전파와 이주로 대표되는 "문화접촉"에 대한 관심은 사실 문화진화가 "다계통적"이라는 사실을 인정하는 것이다. 알프레드 크로버, 줄리안 스튜어드 등의 생각과도 같이 문화진화는 단순히 가지를 치는 것이 아니라 그물처럼 복잡하게 얽힌 것으로 생각되었다(〈그림 3-8〉). 다만 두 문화가 얼마나 비슷해야 문화접촉을 상정할 수 있는지는 어려운 문제로 남아 있었다. 따라서 변화의 양태에 대한 논의는 애매모호함과 논쟁거리를 내포하고 있었다. 상동과 상사, 그리고 관념 단위 및 경험 단위를 확실히 구별하지 못한 것은 문제만 키웠다. 변화의 양태는 귀납을 통해서 검증 없이 추론되었다. 시간이 흘러 평가해 보면 그렇게 논쟁이 많았던 것은 불가피하였다. 어떻게 변화의 양태를 파악할 수 있을까? 바로 변화를 여러 척도에서 추적할 수 있는 이론 단위를 사용해야 한다. 어떻게 변화를 범주화시킬 수 있을까? 변화의 종류를 확실하게 판단할 수 있게 해주는 이론 단위를 사용하여야 하는 것이다.

앞에서 우리는 순서배열을 사용하여 자료를 시간상 연속되게 배열하고, 이 배열을 근간으로 다른 여러 변수들에서 나타나는 변화를 연구하였던 고고학자는 별로 없었음을 말하였다. 미시시피 주 북부에서 정착 취락유형의 발달에 대한 재닛 래퍼티(Janet Rafferty 1994)의 연구는 눈에 띄는 예외라 할 것이다. 래퍼티는 발생 순서배열을 통해 찌르개형식을 약 40개 자료로 배열한 다음 토기 형식들의 빈도 순서배열을 하였다. 여기에서 지나치게 긴 지속시간을 보이는 자료들은 배제되었다. 래퍼티는 토기와 석기 형식에서 "정착의 지표"라 생각되는 7개 변수에 대한 자료를 모았다(Rafferty 1994: 410). 이 자료는 약 5천 5백 년의 시간을 포괄하며 순서배열에 따라 시간적으로 배열되었다. 전반부의 4천 년은 상대적으로 평형, 또는 점진, 단선적 변화를 반영하며, 그 뒤 1천 5백 년은 급격한 변화를 보여준다. 래퍼티의 연구에서 중요한 것은 이론 단위를 사용하여 시간적 배열을 만들어내었고 이론 단위들을 사용하여 적응, 또는 기능적 연속성을 파악하였다는 사실이다. 이를 통해 경험 자료에서 보이는 문제에 대답을 찾았으며, 변화의 속도를 논할 수 있었던 것이다. 그렇다면 변화의 양태는 어떠한가?

3) 유물의 클레이드다양도

고생물학자들은 일반적으로 진화의 속도와 양태에 대한 새로운 통찰을 얻기 위해서 클레이드다양도 도표를 형태적 불균등 그래프와 비교한다(e. g., Foote 1996). 이와 똑같은 종류의 분석을 유물 연구에도 적용시킬 수 있다. 다만 반드시 기억해야 할 중요한 것은 관습적인 클레이드 도표의 도식화와 빈도 순서배열은 생김새가 일견 비슷한 그래프를 만들어내지만 실제로는 아주 다른 자료를 제공해 준다는 점이다(Lyman and O'Brien 1999b). 클레이드 도표와 빈도 순서배열 그래프는 다음 세 가지 점에서 비슷하다. 첫째, 시간은 아래에서 위로 흐르는데, 보통 층서나 방사성 연대측정값을 바탕으로 한다. 둘째, 대상 사물의 빈도는 수직으로 쌓이면서 가운데로 정렬되는 막대그래프로 그려진다. 셋째, 대상 유물들은 계통발생적으로 연관되어 있다고 생각된다. 그러나 클레이드다양도 도표는 시간에 따라 클래스(공통의 조상에서 기원했다고 믿어진다)의 풍부도를 표현하며, 이에 반해 빈도 순서배열은 시간에 따라 복수의 클래스에 속하는 개별 실체들의 상대적 빈도를 그리지만, 반드시 공통 조상에서 기원했음을 나타내지는 않는다. 클레이드다양도 도표는 빈도 순서배열 그래프로부터 쉽게 만들어진다. 연구자는 각 시간대에서 몇 개 형식들이 있는지를 셈하고 적절한 막대그래프를 만들어내면 되는 것이다.

유물의 클레이드다양도 도표가 빈도 순서배열과 어떻게 다른지에 대한 사례로서 역사시대 자료를 이용해 보자. 마이클 쉬퍼(Michael Schiffer 1996)는 1920년에서 1955년까지 미국에서 가정용 진공관 라디오를 생산한 회사들에 대한 빈도 변화를 그래프로 제시한 바 있다. 우리는 쉬퍼의 말대로 당대 라디오 클래스의 숫자는 직접적으로 회사의 수와 상응한다고 생각한다. 쉬퍼의 자료는 〈표 7-1〉에 요약되어 있으며 〈그림 7-10〉에 나와 있는 클레이드다양도 도표와 유사한 형태로 도식적으로 표현되어 있다. 또한 쉬퍼는 미국에서 생산되고 판매된 휴대용 라디오 모델들에 대한 빈도를 제시하기도 한다. 휴대용 라디오 모델의 빈도와 관련된 자료는 〈표 7-1〉과 〈그림 7-11〉에 나와 있으며, 마치 클레이드다양도처럼 묘사되어 있다. 〈그림 7-10〉과 〈그림 7-11〉은 역사 — 굴드(Gould 1991b, 1995a)가 분류체계적 다양도라 불

〈표 7-1〉 1920년부터 1955년까지 미국의 진공관 라디오 제작 회사와 휴대용 라디오 모델의 빈도 자료

연도	진공관 라디오를 제작한 회사의 수	휴대용 라디오 모델의 수
1955	39	55
1954	44	55
1953	43	54
1952	45	47
1951	47	22
1950	49	69
1949	57	41
1948	86	98
1947	111	75
1946	99	34
1945	0〔89.8〕	0〔27.25〕
1944	0〔80.6〕	0〔19.5〕
1943	0〔71.4〕	0〔11.75〕
1942	0〔62.2〕	4
1941	53	55
1940	58	49
1939	60	103
1938	58	4
1937	61	3
1936	67	8
1935	75	2
1934	87	2
1933	87	7
1932	88	3
1931	105	0〔4.5〕
1930	99	6
1929	97	4
1928	81	0〔4〕[a]
1927	101	4
1926	105	5
1925	156	18
1924	141	22
1923	99	24
1922	36	4
1921	8	1
1920	4	0

[a] 괄호 안의 수는 외삽을 통해 계산된 것이다(본문의 논의 참조).

＊자료: Schiffer 1996.

린다—에 대해서 무엇인가 말해주는 듯하다. 정말로 그러한가?

클레이드다양도 도표는 어떤 한 클레이드의 분류체계적 풍부도를 보여주는 것이다. 우리는 쉬퍼의 자료가 늦은 시기 라디오는 초기의 라디오에서 전승되어 왔다는 식으로 전승의 연속을 반영한다고 가정한다. 라디오 생산자들은 기술 정보를 공유하였을 것임은 자명하다. 따라서 그래프로 표현된 두 그룹(진공관 라디오와 휴대용 라디오)은 아마도 각각 클레이드를 이루게 될 것이다. 그러나 이 두 도표가 실제로 클레이드다양도 도표일 것을 주문하는 이유는 분류와 관련된 몇 가지 문제 때문이다. 예컨대, 클래스는 정확히 무엇이며 어떠한 분류학적

〈그림 7-10〉 1920년에서 1955년까지 미국에서 진공관 라디오를 생산한 회사의 클레이드다양도 도표

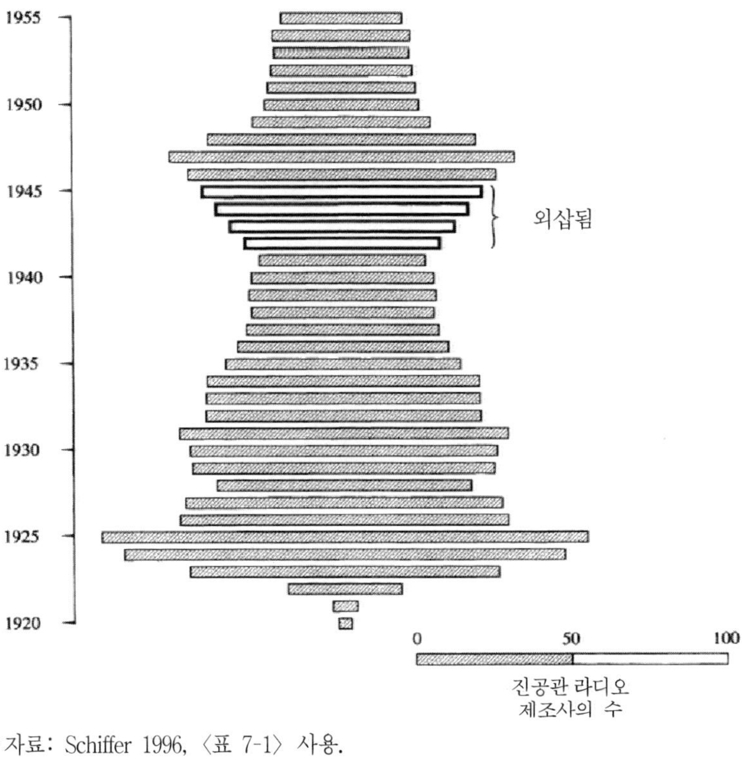

* 자료: Schiffer 1996, 〈표 7-1〉 사용.

수준에 있는 것인가? 일단 이 문제는 나중에 논의하기로 하고, 다른 문제들부터 짚고 넘어 가자.

튜브 라디오를 제작한 회사들에 대한 그래프(〈그림 7-10〉)는 피라미드 모양〔*bottom heavy*(Gould et al. 1987)〕, 곧 초기에 더 많은 회사들이 있었으며 시간이 지날수록 그 수가 줄어드는 양상을 보여준다. 이는 많은 회사들의 숫자가 급격하게 늘다가 천천히 사라져 갔음(아마도 진공관 라디오의 형식과 마찬가지일 것)을 의미한다. 휴대용 라디오(〈그림 7-11〉)는 가분수 모양(*top heavy*), 곧 늦은 시기에 더 많은 모델들이 만들어졌음을 보여준다. 이런 관찰이 갖는 중요한 점은 무엇일까?

〈그림 7-11〉 1920년에서 1955년까지 미국에서 휴대용 라디오 모델의 클레이드다양도 도표

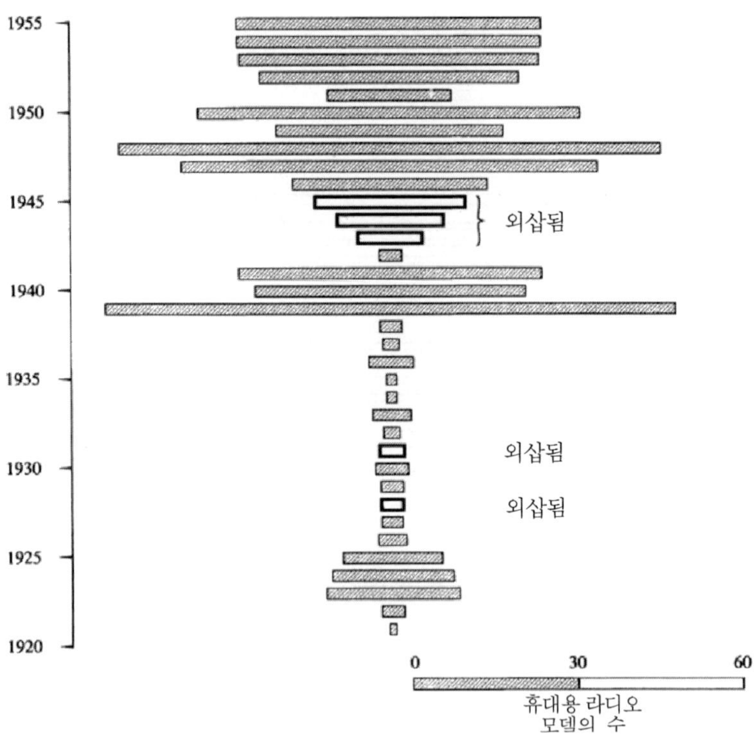

＊자료: Schiffer 1996, 〈표 7-1〉 사용.

생물사학에서 굴드 등(Gould et al. 1987)은 클레이드다양도 도표가 시간의 흐름에 따라 균형적인지 불균형적인지를 판단함으로써 생명의 역사에서 각각이 어떠한 의미를 지니는지를 파악하고자 했다. 유물의 클레이드다양도 도표는 문화변화의 양태에 대해 시사하는 점이 있을 수 있다. 결국 그런 도표는 어떤 사물(생물체든 유물이든)의 증식과 절멸의 속도를 파악하는 좋은 방법이 된다(Leonard and Jones 1989). 그러나 어떻게 그런 도표가 균형적 또는 불균형적인지를 판단할 수 있는가? 굴드 등(Gould et al. 1987)은 클레이드다양도의 균형, 불균형, 또는 하부가 큰 안정된 것인지, 상부가 큰 불안정된 것인지를 판단하는 쉬운 방법을 개발했다. 굴드 등은 이를 위해서 먼저 "무게 중심" 곧 한 클레이드의 "다양도 중간값의 시간상 상대적인 위치"라고 불리는 것을 먼저 결정하였다(Gould et al. 1977: 26; 1987: 1438). 한 클레이드의 지속시간은 0(분지가 처음 나타나기 바로 전)에서 1(절멸한 시점)까지의 척도로 측정된다. 양쪽의 길이가 똑같은 다이아몬드 생김새를 가진 클레이드다양도 도표는 균형적이며, '중심'값은 0.5가 된다. 안정된 형태의 도표는 불균형이며 중심값은 0.5 미만이 되며, 불안정한 형태의 도표의 중심값은 0.5를 넘는다. 중심값(CG)은 다음 공식으로 산출된다.

$$CG = (\Sigma N_i t_i) / (\Sigma N_i)$$

여기서 N은 시간대당 풍부도를, *t*는 측정되는 시간적 위치를 나타낸다. 예를 들어, 중심값은 〈표 7-2〉와 같이 계산된다. 우리는 예증을 위해서 1840년 이후에 시작하여 1960년에 끝나는 클레이드를 가정하고, 〈표 7-2〉에 있는 자료를 사용하여 중심값을 계산하는 방법만을 사례로 들기로 한다.

"균형"이나 "피라미드 모양" 또는 "가분수 모양" 등과 같은 범주들은 명목척도이다(Kitchell and MacLeod 1988, 1989). 0.5라는 중심값만이 균형적이라고 생각되며, 그보다 작은 값은 "하부가 큰 안정된 형태",

그보다 큰 값은 "상부가 큰 불안정한" 그래프가 된다. 키첼과 맥리엇(1988: 1192)은 무작위 시뮬레이션을 사용한 결과 하부가 큰 안정된 형태의 불균형은 중심값이 0.428 미만일 때이며, 마찬가지로 상부가 큰 불균형은 중심값이 0.578을 넘을 때만 통계적으로 유의($p < .05$)하다고 하였다. 통계적으로 유의한 값은 1천 개의 클레이드를 63개 시간대로 나누어 시뮬레이션한 것이다. 다른 연구에서도 비슷한 평균 중심값과 통계적으로 유의한 최소값과 최대값을 제공한다(상세한 것은 Kitchell and MacLeod 1988 참조). 이와 대조적으로 길린스키 등(Gilinsky et al. 1989)은 *t*-검증으로 중심값 및 키첼·맥리엇의 시뮬레이션에서 나오는 평균 중심값(0.500)의 차이가 통계적으로 유의한지를 판단할 수 있다고 주장한다. 이와 더불어 다른 시뮬레이션 결과(e.g.,

〈표 7-2〉 가정적인 클레이드 다양도 도표에서 CG값을 산정하는 사례

시간대	풍부도	척도화한 시간	풍부도 × 척도화한 시간
1960	0	1.000	
1950	2	0.916	1.832
1940	1	0.833	0.833
1930	2	0.750	1.500
1920	3	0.666	1.998
1910	3	0.584	1.752
1900	4	0.500	2.000
1890	4	0.417	1.668
1880	3	0.333	0.999
1870	3	0.250	0.750
1860	3	0.167	0.501
1850	2	0.083	0.166
1840[a]	0	0.0	0.0
Σ	30	-	13.999
CG = 13.999 ÷ 30 = 0.466			

* CG = 중심값

[a] 각 시간대는 10년 단위로 커지며, 표에는 그 중심 연도가 제시되어 있다.

Uhen 1996)를 보면 한 시뮬레이션에 포괄된 시간대의 수가 각 시뮬레이션의 특정한 계수들(특히 어떤 한 시간대에서 새로운 변형의 출현 가능성과 현존하는 변형이 사라질 가능성)과 결합되어 중심값 CG의 신뢰구간에 영향을 미침을 알 수 있다. 이런 유물다양도의 역사를 시뮬레이션하는 데는 많은 방법이 있겠지만, 여기에서 모두 논의하기보다는 몇몇 유물군에서 관찰된 CG값들을 키첼과 맥리엇(Kitchell and MacLeod 1988)이 시뮬레이션한 0.5라는 표본 중간값 CG와 0.032라는 표준편차(n = 1000)와 비교하고자 한다. 여기서 *p*값은 단일검증이다. 따라서 〈표 7-2〉에서 0.466이라는 CG값에서 $t = 1.062$이다($p > 1$). 이 클레이드는 효과적으로 균형적이다.

쉬퍼의 진공관 라디오에 대한 클레이드다양도 도표는 하부가 큰 안정된 생김새이다. 0.443이라는 중심값($t = 1.78$, $p < .05$)은 이런 관찰을 확인해 준다. 진공관 라디오를 생산한 회사들의 수(아마도 모델의 수일지로 모른다)는 중심보다는 이전 시기가 더 많았다. 휴대용 라디오 모델 도표(〈그림 7-11〉)는 상부가 큰 불안정한 생김새인데, 중심값은 0.686($t = 5.81$, $p < .01$)로서 이를 확인해 준다. 그러나 CG값을 셈할 때 실제적 논점을 여기에서 지적하여야 할 것이다. 〈그림 7-10〉과 7.11에 있는 클레이드다양도 도표는 제 2차 세계대전 때의 공백이 포함되어 있다. 쉬퍼(Schiffer 1996: 656)는 전쟁이 "가정용 라디오의 제작에 휴지기를 유발했다"고 하였다. 우리는 이 휴지기가 왜 생겼는지 원인을 알고 있는데, 그것은 우리가 그 당시 라디오 생산에 영향을 미쳤던 역사적 변수들을 정확하게 파악하고 있기 때문이다. 그렇다면 그런 공백이 역사적 변수들을 전혀 알 수 없는 선사시대 유물들에서 나타난다면 어떻게 해야 할 것인가? 공백을 대하는 방법으로는 우선 — 생물사학자와 고고학자를 불문하고 — 표본의 부족 탓으로 돌리는 것을 생각할 수 있다. 예를 들면, 엘드리지와 굴드(Eldredge and Gould 1977: 27)는 "우리는 불행히도 한 화석 표본군이 진정 하나의 생물학적 개체군을 대표하는지 알 수 없다"고 하였다. 이렇듯 클레이드다양도에

대한 생물사학적 연구 가운데는 부적절한 표본에 관한 이슈를 인정하고 있으며, 그 영향을 파악하려는 시도도 있다(e. g., Signor 1982).

굴드 등(Gould et al. 1987)은 시간대에 비추어 화석 표본의 분포가 불균등하다는 점을 고려할 때 자신들의 표본이 충분하지 않다는 사실을 인정한다. 이들은 만약 클레이드다양도 도표를 만들 때 사용되는 지속시간들이 변화한다면 — 가령 첫 번째 화석 표본은 백만 년 전이나 아니면 그보다 어린 연대이고 다음 표본의 연대는 7백만~8백만 년 전이라고 할 때 —, 각 표본의 중간 연대를 사용할 경우 CG값은 한쪽으로 기울기 마련이다. 굴드 등이 이렇듯 부족하다고 생각되는 표본들을 보완할 때 선호하였던 방법은 바람직한 지속시간을 먼저 정한 다음 각 시기가 비슷한 지속시간을 갖도록 풍부도 사이에 삽입하여 각 시간대의 풍부도를 끌어내는 방식이다.

이런 사례로서 굴드 등(Gould 1987: 1438)은 7개 표본이 2천 6백만 년이라는 시기 동안 불균등하게 분포하고 있음을 제시하고 있다. 이들은 CG값의 계산에 다양한 지속시간이 미치는 효과를 보완하기 위해 가능하면 지속시간을 동등하게 만들기 위해 해석을 통해 2천 6백만 년이라는 시기 양쪽에 0과 18개 풍부도 값들을 끼워 넣음으로써(7개는 관찰된 값이고 18개는 외삽되었으며, 양쪽 끝에 0을 추가였다) 0년에서 시작하여 2천 6백만 년까지 백만 년 단위의 값을 갖도록 하였다. 그 다음 관찰된 것과 외삽된 것을 포함한 모든 풍부도 값들이 CG값을 계산하는 데 포함된다. 굴드 등(Gould et al. 1987: 1439)은 자신들이 생각하였던 세 가지 방법 가운데 "가장 편견 개입이 적은" 것이기 때문에 이 방법을 선호하였다고 한다. 이 표본의 CG값은 외삽된 것을 제외하면 0.516(t = 0.5, $p > .5$)인데, 외삽된 것을 포함할 경우 0.448 (t = 1.624, $p > .05$)이 된다. 외삽된 값을 추가한다고 해도 CG값이 통계적으로 유의하게 변화되지는 않는데, 다만 굴드 등은 그 차이가 중요하고 그래프가 균형적인 것에서 하부가 큰 안정된 형태로 해석할 수 있게 되는 변화가 생겼다고 보았다.

어떤 이는 몇몇 고고학자들의 제안과도 같이(e.g., Kintigh 1984; McCartney and Glass 1990) 왜 가장 잘 들어맞는 다항식을 사용하여 각 시점들에서 기대치를 판단하는 방법을 쓰지 않는지 의문을 제기할지도 모른다. 그러나 이런 질문을 하는 연구자가 있다면, 우리는 굴드 등(Gould et al. 1987)이 선호하였던 외삽의 절차 역시 적어도 부분적으로는 클레이드다양도 분석이 판단하고자 하는 바—곧, 시간상 형식들의 풍부도에서 나타나는 등락—를 정확히 가정하지 않는지 반문하고자 한다. 데이비드 로드(David Rhode 1988: 711)는 이 같은 분석적 단계에서는 "이미 고고 자료의 성격에 대해서 많은 부분이 알려진 상태"라고 보았다. 다시 말하여 연구자는 외삽이란 과정을 통해서 스스로 무엇을 판단하고자 하는지—시간상 다양도의 '변화'—를 가정하는 것이다. 정확히 이 점이 최근 생물사학자들에게도 지적되었다(Kirchner and Weil 1998).

우리는 〈표 7-1〉의 라디오 자료에 0으로 나온 값들을 외삽된 풍부도로 대체함으로써 CG값을 계산하였다. 우리는 이것들을 CG$_{int}$라 불러 외삽된 풍부도가 계산에 포함되었음을 알 수 있다. 외삽된 값들은 〈표 7-1〉에 제시되어 있으며 〈그림 7-10〉과 〈그림 7-11〉에 나타나 있다. 〈그림 7-10〉 자료의 CG$_{int}$값은 0.468(t = 0.9995, $p > .1$)이고 CG값은 0.443(t = 1.78, $p < .05$)이다. 〈그림 7-11〉 자료의 CG$_{int}$값은 0.682(t = 5.685, $p > .01$)이며, CG값은 0.686 (t = 5.81, $p > .01$)이다. 외삽에 의해 끌어온 풍부도는 휴대용 라디오의 모델들에 대한 CG값에 통계적으로 유의한 변화를 일으키지는 못하였지만, 진공관 라디오 제작에 대해서는 유의한 변화를 가져왔다. 우리는 CG값과 CG$_{int}$값 모두를 계산하는 것이 바람직하다고 생각한다.

진공관 라디오의 다양도의 역사와 한 클레이드 안에서 무작위로 생산된 배경 변수(CG$_{int}$값은 $p > .1$, CG값은 $p > .05$) 사이에는 통계적으로 유의한 차이가 없는 것으로 보인다. 비록 쉬퍼의 연구는 〈그림 7-10〉의 그래프가 균형적인 것이라 생각되어서는 안 된다는 것을 보여주지만, CG_{int}에 대한 통계적 검증만으로는 그래프가 어떠한 생김새인지 알 수 없다. 한편 〈그림 7-11〉에서 클레이드다양도 도표에 대한 통계적 검증은 이 그래프가 균형적인 모양이 아님(CG와 CG_{int}값 모두 $p > .05$)을 보여준다. 그러나 길린스키와 밤바크(Gilinsky and Bambach 1986)가 다양하고 어느 정도 상충되는 "인과적 요인들"이 포함되어 있기 때문에 그 어떠한 통계적 결과로도 불균형적인 것이 제대로 파악되지 않는다는 말을 되새겨 보자. 우리는 〈그림 7-10〉과 〈그림 7-11〉에서의 도표는 끝 부분이 결여되어 있어서 클레이드다양도의 완전한 역사에 대해서는 알려주지 않는다는 점을 주목한다. 불완전한 클레이드다양도 도표에 대해서는 CG값을 계산하면 안 되는데, 이는 어느 한 쪽 끝이 결여되어 있을 경우 CG값은 한쪽으로 기울어 있을 것이기 때문이다. 라디오 자료에 대해서 CG값을 계산하려는 그 어떤 노력도, 그 값은 자동적으로 상부가 큰 불안정한 그래프가 될 것이기에, 의심스러운 것이다(Gould et al. 1977, 1987). 우리는 쉬퍼의 라디오 자료를 단지 예증을 위해서 사용했을 뿐이다. 그렇다면 고고 자료에 대해서는 어떠한가?

4) 찌르개와 클레이드다양도

네바다주 게이트클리프(Gatecliff) 바위그늘 유적에서 나온 찌르개 형식들의 역사(Thomas and Bierwirth 1983)는 〈그림 7-12〉에 제시되어 있으며, 풍부도와 편년표(Thomas 1983a: 174)는 〈표 7-3〉에 요약되어 있다. 또한 이 유물들에 대한 클레이드다양도 도표는 〈그림 7-13〉에 나와 있다. 여기서는 평면 11과 평면 13 등 두 풍부도 값만이 외삽을 필요로 한다. CG_{int}값은 각 찌르개 유물조합을 지속시간대의 중간지점에 정돈함으로써 계산되는데, 이것을 굴드 등(Gould et al. 1987: 1439)은 "시간적으로 가깝게 위치한 표본들에 너무 큰 비중"을 둔다고 하였던 절차이다. 하지만, 만약 평면 2의 지속시간이 50년이고, 평면 4, 5, 6의 지속시간이 각각 650년이라고 한다면, 평면들의 지속시간은 평면의 연쇄와 상응하지 않게 된다(Spearman's *rho* = 0.11, p > .6). 더구나 평면 4에서 6을 묶어 1950년의 지속시간을 갖는 하나의 단위로 만들고 평면 2의 지속시간을 〈표 7-3〉이 암시하듯이 1년으로 한다면, 평면의 지속시간과 평면의 연쇄 사이의 상응은 거의 0에 가깝다(*rho* = 0.01, *p*>.9). 굴드 등(Gould et al. 1987: 1439)은 이런 결과는 각 시기의 지속시간은 CG값에 영향을 주지 않음을 보여주는 것이라고 하였다. 〈그림 7-13〉에서 클레이드다양도 CG_{int}값은 0.5995 (*t* = 3.108, *p*< .001)이며 찌르개 형식들의 다양도는 시간이 흐름에 따라 증가함을 보여준다.

〈그림 7-12〉 네바다주 게이트클리프 유적에서 나온 찌르개 형식의 층위별 빈도

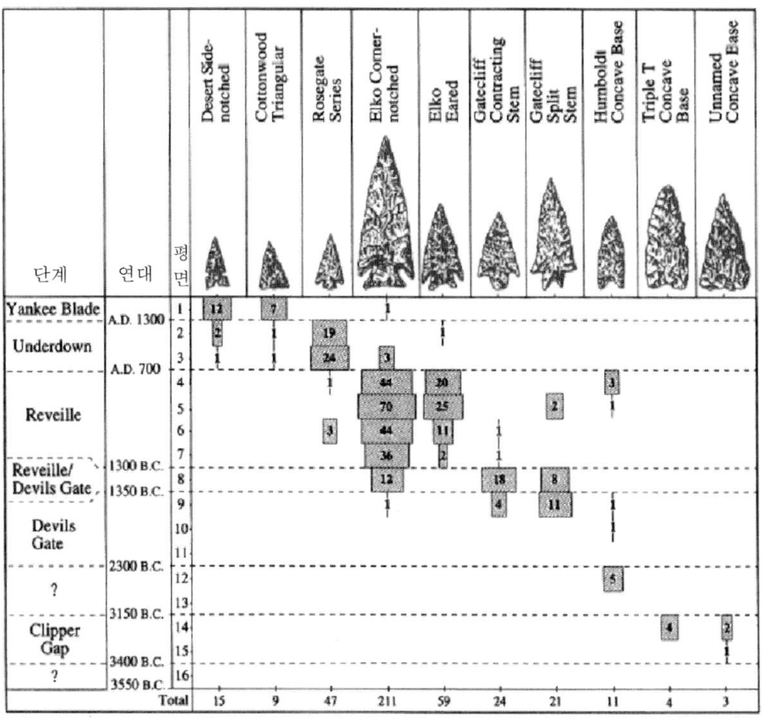

* 자료: Thomas and Bierwirth 1983.

푸트(Foote 1991: 116)는 "시간 척도에 내재한" 클레이드 도표의 CG 값은 지속시간의 변이라는 이유에서도 0.5가 아닐 수 있음을 지적한다. 게이트클리프 찌르개에 대한 시간 척도—시간 단위들과 문화 평면이 가리키는 단위의 지속시간—를 고려할 때 시간 척도에 내재하는 CG 값은 0.436이다. 이 값은 평면(또는 시기)들이 클레이드가 시작된 이후 척도화한 시간의 비율로 계산되는데, 평면(시기) 간의 시간적 경계의 중간값을 통해서 나타난다. 여기서 중간 경계는 평면 8과 평면 9 사이의 것인데, 기원전 1350년이다. 이것은 클레이드의 시작이 기원전 3550년(그리고 나서 클레이드는 기원후 1500년에 끝난다)이기에 전체 시

〈표 7-3〉 네바다 주 게이트클리프유적 출토 찌르개 풍부도의 시간에 따른 분포

평면(*horizon*)	연대	관찰된 풍부도(외삽)	척도화한 시간
-	post~1500	0	1.0
1	1300~1500	3	0.9375
2	1300	4	0.875
3	700~1300	4	0.8125
4	AD 50[a]	4	0.750
5	-	4	0.6875
6	BC 1250	4	0.625
7	1300~1250	3	0.5625
8	1350~1300	3	0.5
9	1450~1350	4	0.4375
10	2100~1450	1	0.375
11	2300~2150	0(1)	0.3125
12	3050~2300	1	0.25
13	3150~3050	0(1.5)	0.1875
14	3300~3150	2	0.125
15	3400~3300	1	0.0625
16	3550~3400	0	0.0

[a] 평면 4, 5, 6은 BC 1250년에서 AD 50년까지에 해당.

간에서 0.436에 해당하는 것이다. 우리는 여기에서 이 문제를 무시하고 0.5가 아니라 통계적 비교를 위해 사용된 이 내재된 CG값 때문에 게이트클리프 유적의 찌르개들에 대한 클레이드다양도 도표는 상당히 상부가 큰 불안정한 형태임을 주목한다.

이제 〈그림 7-13〉의 클레이드다양도 도표와 거기에 딸린 CG_{int}값을 생각해 보자. 굴드 등(Gould et al. 1987)의 지적대로 동일한 지속시간을 갖게 만드는 절차를 밟는 일은 중요하다. 이 시기들은 1백 년의 지속시간을 가질 수 있을 것인데, 이 1백 년은 〈표 7-3〉에서 끌어낼 수 있는 가장 작은 시간 증분(增分)이다. 이 절차를 통해 많은 수의 외삽된 값들이 생기고, 때문에 여기에서 상부가 큰 불안정한 클레이드가 생산될 것임을 지적하고 넘어가기로 한다. 이런 방식과는 달리, 여러

〈그림 7-13〉 게이트클리프 유적 출토 찌르개의 클레이드다양도 도표

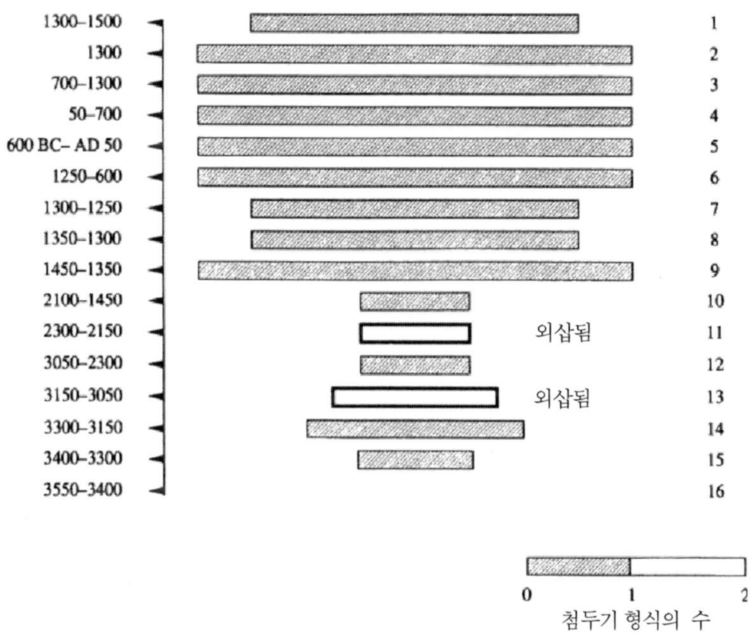

평면들을 묶어 대체로 동등한 지속시간을 갖는 유물군을 만들어낼 수도 있다. 가령 평면 16-13(500년, 두 형식), 평면 12(750년, 한 형식), 평면 11-10(850년, 한 형식), 평면 9-6(850년, 여섯 형식), 평면 5(650년, 네 형식), 평면 4(650년, 네 형식), 평면 3-1(800년, 다섯 형식)처럼 묶는 같은 것도 가능할 것이다. 또한 이런 절차로 상부가 큰 불안정한 클레이드가 나오게 되며, 따라서 우리는 논의의 목적에 잘 부합하는 〈그림 7-13〉에 예증된 클레이드를 찾을 수 있게 된다. 이로부터 무엇을 얻어낼 수 있을까?

첫째, 토마스(Thomas 1983: 425~31)는 게이트클리프 유적에서 문화층별 석기 형식의 풍부도는 표본의 크기에 크게 좌우된다고 한다. 표본이 클수록 더 많은 형식이 포함되어 있는 것이다. 표본의 크기와 〈그림 7-12〉에 요약되어 있는 찌르개의 풍부도 자료는 서로 상응하는데 (r = 0.744, p < .001), 때문에 자료로부터 끌어낸 CG값을 해석할 때는 주의하여야 한다. 다만 여기에서는 논의를 위해 표본의 크기가 CG_{int}값에 미치는 영향은 유의하지 않는 것으로 가정한다. 또한 클레이드다양도 도표(〈그림 7-13〉)는 양 끝에서 모두 삭평되지 않았다고 가정한다. 이 두 가정으로 미국 그레이트 베이신(Great Basin)에서 찌르개의 역사에 대해 가설적인 가정을 세우고 추가 자료를 이용하여 검증해 보자.

각 찌르개 형식은 대체로 단일빈도봉을 갖는 분포를 보이지만, 완전하지는 않다(〈그림 7-12〉). 이런 분포를 보이는 데는 층위 교란(e.g., Burch 1959)이나 재사용(e.g., Flenniken and Wilke 1989)과 같은 여러 요인의 결과일 수 있다. 최근에는 몇몇 형식들의 분포에서 보이는 변이에는 기능적 이유가 있을 것이라는 주장도 있다(Beck 1995, 1998). 그렇다고 찌르개 형식들의 시간적 순서배열이 변하는 것은 아니어서 상당히 일관되어 있다(e.g., Bettinger et al. 1991; O'Connell and Inaway 1994). 어쨌든 일단 찌르개 형식들은 속성상 시간 변화를 담고 있어 대체로 양식적이며, 기능적 변화를 보여주는 속성도 있다고 해두자(Hughes 1998). 이 두 종류의 속성은 사실 상호 배타적이지 않으며, 그럴 필요도 없다. 게이트클리프 유적에서 찌르개 "형식"은 이 두 종류 속성들이 결합된 것이며, 따라서 완전히 단일 빈도봉을 갖는 빈도 변화를 보이지는 않는다. 벡(Beck 1995)은 (큰 찌르개에서) 측면 홈손질가 이른 시기에는 흔하지만, 이후 줄어들고, 나중에 들어서면 다시 (작은 찌르개에) 많아진다고 보았다. 이런 변화는 기능적 특질들에서는 드문 일이 아니다. 또한 벡은 모든 찌르개에서 기부의 어깨 각도야말로 시간의 흐름과 잘 상응하는 속성이라고 지적한다. 그렇다고 해서 기부 어깨 각도가 양식이라는 것이 아니라, 기능적 특질들도 전수되고 상속되며 따라서 시간의 흐름을 나타낼 수 있음을 말해준다.

그레이트베이신의 찌르개에서 보이는 변화는 도구 사용상 변화, 곧 창에서 아틀라틀(*atlatl*)과 화살로 변화하는 선택력(*selective force*)에 따른 것이라고 주장하는 연구자도 있다(e. g., Beck 1995; Musil 1988). 중간값 CG_{int}이 유의함을 생각할 때 게이트클리프 찌르개의 변화는 시뮬레이션을 통한 변이의 사례가 될 수도 있다. 우리가 "될 수도 있다"라고 하는 이유는 찌르개 형식들로 측정되는 변이의 종류, 곧 어떤 것은 기능적인 반면, 다른 것들은 양식적일 수 있기 때문이다. 덧붙여 게이트클리프 찌르개 형식 가운데 몇몇 확실한 속성들은 선택에 종속된 것이라기보다는 단지 분류의 기준이었을 가능성도 있다. 형식설정에 사용된 몇몇 속성들은 효율적으로 자루에 장착하기 위한 디자인 변화의 결과일 수 있다(Hughes 1998). 우리는 찌르개 형식들이 시간이 지날수록 다양해지는 것은 도구 사용법(던지거나 쏘는)이 다양해지면서 생기는 디자인상의 제약(*design constraints*)이 증가한 사례일 것이라고 가설적으로 생각하고 있다.

그렇다면 디자인 제약이란 무엇인가? "제약이란 설명적 정설의 영역을 벗어난 원칙이나 힘에 의해 일어나는 변화의 원인이나 진화적 방향을 일컫는 이론에 입각한 용어"이다(Gould 1989c: 519; Carroll 1986;

Stearns 1986). 찌르개 투사 방식의 변화가 찌르개의 형식을 바꾸게 한 선택력이었다는 제안은 기능주의적 정설에 입각한 설명이다. 그러나 찌르개 속성의 변화를 도구 투사 방식의 변화로 돌리는 기능주의적 설명에는 최소한 두 단계의 논리 비약이 있음을 주의해야 한다. 논리의 비약은 창이나 활과 화살이라는 전체 도구로부터 찌르개 형식으로, 그리고 찌르개 (형식)에서 장착 요소라는 속성으로 이동하는 것이다. 투사 방식의 역사를 살펴보면 자루에 장착되는 요소가 강조되는 것을 알 수 있다. 도구를 투사하는 방식은 각각 효과적으로 자루에 장착할 수 있도록 하는 독특한 공학적 디자인(곧 제약)을 필요로 한다. 새로운 투사 방식이 추가되면 찌르개 요소에 새로운 제약이 발생하게 된다. 장착에 관한 속성들은 디자인 제약의 결과 걸러지게 되어 선택의 직접적 영향을 받게 되는 것이다(e.g., Vrba 1989). 따라서 이것은 가설적으로 전체 도구 투사 방식에 관한 것으로 찌르개 형식을 구별하는 척도보다 훨씬 큰 실체를 뜻하는 것이다. 여기서는 이 문제에 더 깊이 들어가서 논의할 여유가 없다. 다만 새로운 변이들의 역사(등장, 복제, 소멸)를 설명하려 한다면 반드시 고려되어야 하는 요인들을 개괄하고자 할 뿐이다. 쉬퍼가 제시한 라디오나 게이트클리프 출토 찌르개 자료는 양식과 기능적 변이를 포괄한다. 그렇다면 양식만을 나타내는 변이는 어떠한가?

5) 미시시피 유역의 토기 자료

필립스 등(Phillips et al. 1951의 그림 21)이 제시한 미시시피 하류 세인트프란시스 강 지역 출토 토기에 대한 "순서배열 그래프"는 풍부한 양식적 변이를 보여주는 본보기이다. 그래프는 원래 아주 큰 것이기 때문에 〈그림 7-14〉에서는 대표적인 부분만을 나타내었다. 전체 그래프는 층위 자료와 함께 지표 수습품까지 포괄되어 있으며, 58개 유물조합(47,413개 토기편이 8가지의 형식과 5가지의 '기'로 나뉜다)을 배열한 것이다. 필립스 등은 대부분 표면 처리나 장식을 바탕으로 형식들을 설정하였다. 이른 시기에는 형식의 수가 적으며, 늦을수록 그 수가 늘어나고 장식에서 변이가 다양해짐을 알 수 있다. 따라서 순서배열 그래프는 상부가 큰 불안정한 형태이며, 클레이드다양도(〈그림 7-15〉) 도표 역시 마찬가지다. 클레이드다양도 자료에서 계산된 CG 값은 0.575($t = 2.343$, $p < .01$)로서 이런 관찰과 맞아떨어진다.

시간이 흐르면서 토기 형식의 풍부도가 증가할 뿐만 아니라 표본의 크기 역시 커진다(〈표 7-4〉). 이 두 변수는 58개 모든 유물군을 포괄할 때($r = .69$, $p < .002$), 그리고 각 표본들을 '분기'로 묶을 때($r = .69$, $p < .002$) 상응한다. 여기에서는 논의의 편의를 위해서 표본의 크기의 영향은 유의하지 않은 것으로 가정할 텐데, 다만 자료가 말해주는 토기의 다양성에 대한 역사를 해석할 때는 주의해야 할 것이다. 또한 클레이드다양도의 아래와 위 양단은 삭평되지 않은 것으로 판단한다. 순서배열 그래프의 시간 척도는 서수적인 것이어서 실제 지속시간에 얼마나 변이를 보이는지는 알 수 없다. 그러나 순서배열법의 한 가지 필요조건은 유물군들이 동등한 지속시간을 가져야 한다는 점을 상기할 필요가 있다. 순서배열 그래프는 이런 조건에 적어도 근접하고 있음을 보여주며, 그렇지 않다면 형식들의 빈도 분포는 단일빈도봉을 갖는 분포에 가깝지 않을 것이다(〈그림 7-14〉). 그러므로 각 유물군의 지속시간은 다른 유물군들의 지속시간과 대체로 동등하다고 판단된다.

세인트프란시스 강 지역 토기의 순서배열도는 필립스 등이 실제 자료상 토기 형식에 불연속이 발생할 경우 시간의 연속성에 대해 어떤 생각을 가졌는지를 잘 보여준다. 〈그림 7-14〉와 같이 각 개별 형식 칸에서 자료에 나타나지 않는 표본들을 점선으로 연결시키는 식으로 자신들의 생각을 드러냈다. 관찰된 형식의 수와 각 유물군에 추가로 존재한다고 믿어지는 형식의 수를 합하여 풍부도를 계산하면 58개 유물군 중 54개의 풍부도가 증가한다. 결국 4개 유물군의 풍부도 값은 변하지 않는데, 이들은 주로 순서배열상 최초의 유물군들에 해당한다(〈표 7-4〉).

〈그림 7-14〉 미시시피 하류 세인트프란시스 강 지역에서
발굴 및 지표 수습된 토기 유물군의 편년 배열

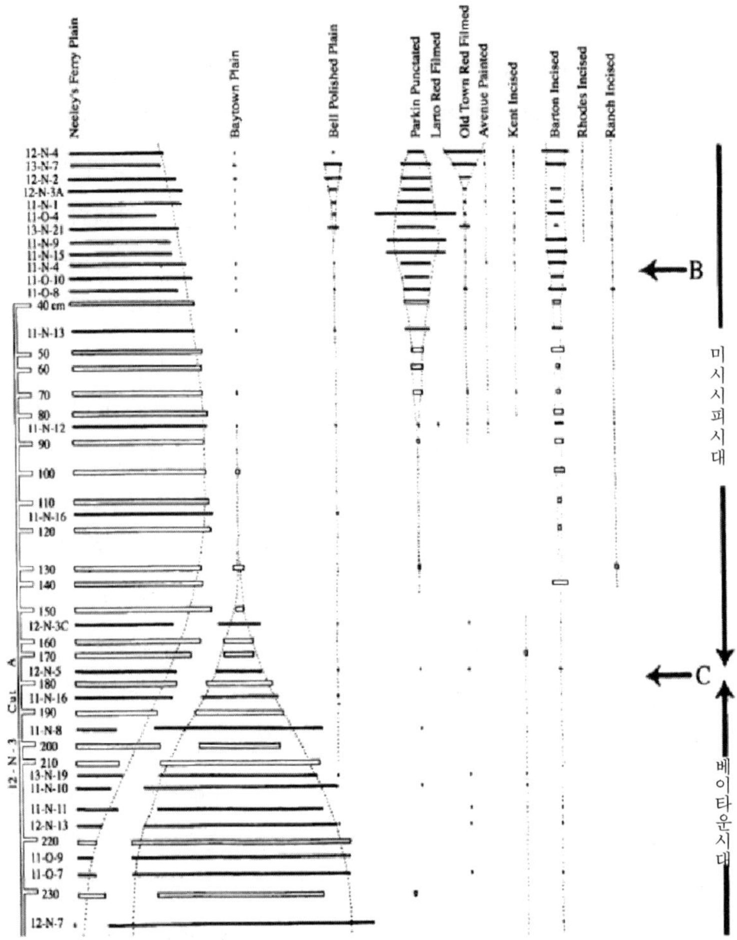

편년 순서는 주로 아칸소 주 크로스 카운티의 로즈마운드 유적에서 발굴된 레벨들(왼쪽 가장자리의 막대들)을 근간으로 만들어졌다. 여기에 토기 형식들의 비율(검은 막대의 길이)을 바탕으로 다른 토기 유물군들을 편년에 추가하였다. 58개 유물조합 가운데 46개가 여기에 제시되어 있으며, 전체 토기 편년에서 후반부에 해당하고, 편년의 전반부에 해당하는 유물군들은 제외되어 있다. 또한 드물게 나타나는 9개의 형식들도 포함되어 있지 않다. 시기들 사이의 경계는 수평 화살표로 표시되어 있으며 오른쪽에 이름이 나와 있다. (Phillips et al. 1951)

〈그림 7-15〉 세인트프란시스 지역 토기 형식들의 클레이드다양도 도표

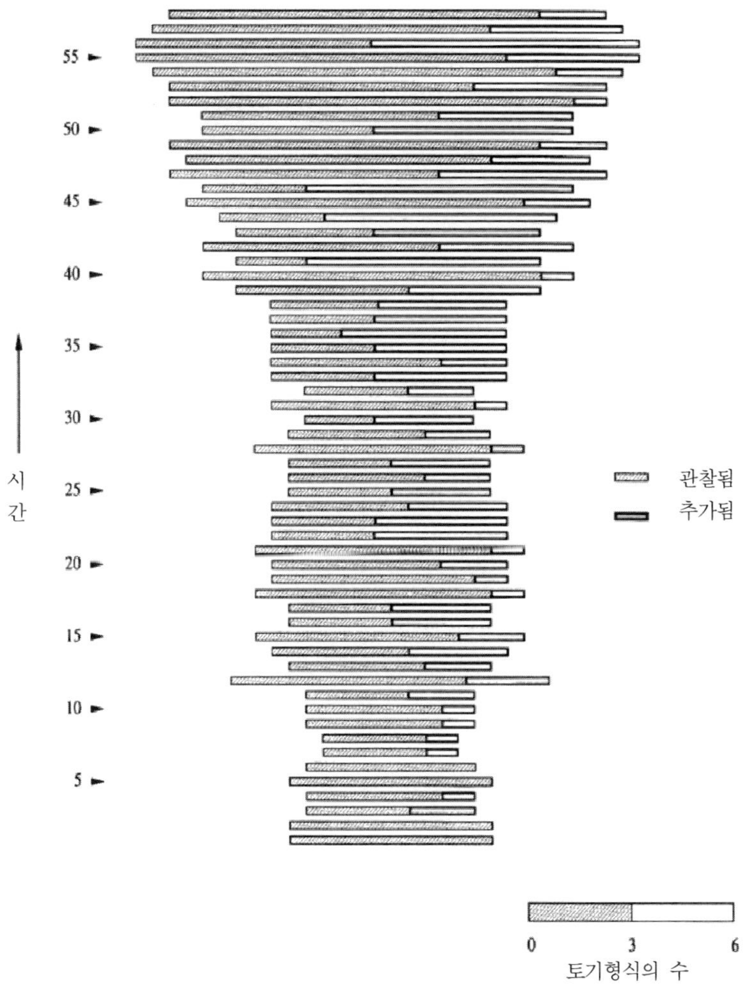

'추가'된 풍부도 값은 형식들의 시간대에 대한 필립스 등(Phillips et al. 1951)의 생각에 따른 것이다. (〈그림 7-14〉, 〈표 7-4〉 참고)

〈표 7-4〉 미시시피 하류 세인트프란시스 강 지역 토기형식의 풍부도, 추가로 존재한다고 믿어지는 형식 수, 표본의 크기

유물군	관찰된 형식 풍부도	추가로 존재한다고 믿어지는 형식의 수	표본 크기	척도화한 시간
-	0	0	-	1.000
58	11	2	731	0.983
57	10	4	674	0.966
56	7	8	254	0.949
55	11	4	1416	0.932
54	12	2	6898	0.915
53	9	4	722	0.898
52	12	1	2030	0.881
51	7	4	2590	0.864
50	5	6	686	0.847
49	11	2	7287	0.831
48	9	3	4723	0.814
47	8	5	151	0.797
46	3	8	142	0.780
45	10	2	4925	0.763
44	3	7	117	0.746
43	4	5	74	0.729
42	7	4	164	0.712
41	2	7	134	0.695
40	10	1	3063	0.678
39	5	4	106	0.661
38	3	4	65	0.644
37	3	4	60	0.627
36	2	5	103	0.610
35	3	4	113	0.593
34	5	2	99	0.576
33	3	4	59	0.559
32	3	2	83	0.542
31	6	1	273	0.525
30	2	3	73	0.508

〈표 7-4〉 계속

유물군	관찰된 형식 풍부도	추가로 존재한다고 믿어지는 형식의 수	표본 크기	척도화한 시간
29	4	2	69	0.492
28	7	1	698	0.475
27	3	3	56	0.458
26	4	2	193	0.441
25	3	3	87	0.424
24	4	3	179	0.407
23	3	4	103	0.390
22	3	4	146	0.373
21	7	1	266	0.356
20	5	2	211	0.339
19	6	1	298	0.322
18	7	1	1187	0.305
17	3	3	127	0.288
16	3	3	71	0.271
15	6	2	1478	0.254
14	4	3	98	0.237
13	4	2	488	0.220
12	7	2	117	0.203
11	3	2	106	0.186
10	4	1	109	0.169
9	4	1	223	0.153
8	3	1	158	0.136
7	3	1	47	0.119
6	5	0	629	0.102
5	6	0	987	0.085
4	4	1	181	0.068
3	3	2	285	0.051
2	6	0	713	0.034
1	6	0	288	0.017

* 자료: Phillips et al. 1951.

시기가 이른 27개 유물군의 풍부도는 평균 1.8이 증가하는 반면, 늦은 31개 유물조합의 풍부도는 각각 평균 3.7씩 감소한다. 이는 0.575라는 중심값은 CG_{int} 값을 계산하면 증가할 수 있음(t = 2.624, p < .005)을 말해준다. 정도의 차이는 있지만 두 값 모두 불안정한 형태의 클레이드다양도를 보인다. 풍부도는 외삽된 것을 포함시킬 경우 거의 모든 유물군에서 증가하지만, 삽입된 풍부도는 유물군이 늦을수록 더 급격하게 증가함을 알 수 있다(〈그림 7-16〉). CG와 CG_{int} 사이의 작은 차이는 필립스 등(Phillips et al. 1951)이 미시시피 하류의 토기 편년에 대해서 많은 지식을 가지고 있었음을 보여준다. 이들이 여러 형식 칸에서 추가한 점선들 — 우리가 외삽이라 불렀던 것 — 은 바로 이들이

〈그림 7-16〉 미시시피 하류 세인트프란시스 강 지역에서 나온 58개 유물군에서 토기 형식들의 풍부도의 변화

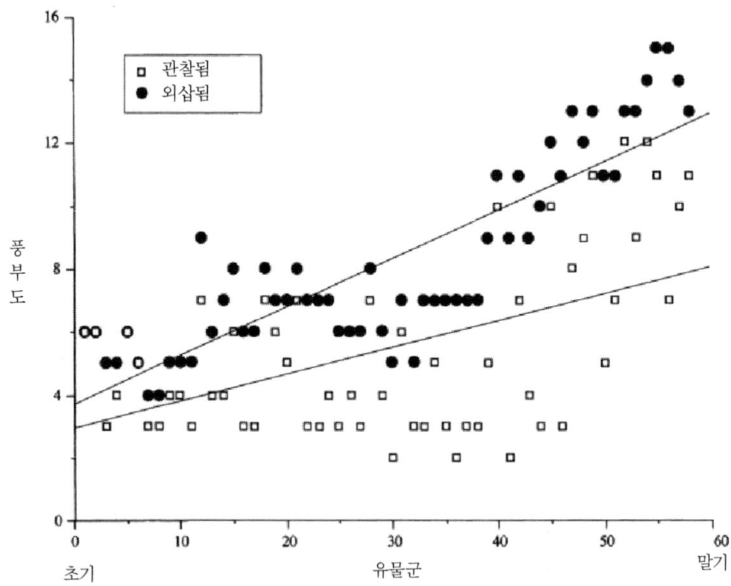

* 자료: Phillips et al. 1951.
* 아래의 선은 네모로 표시된 자료(관찰된 풍부도 값)에 가장 잘 들어맞는 회귀선이다. 위의 선은 동그란 점들(외삽된 풍부도 값)에 잘 들어맞는 회귀선을 나타낸다.

가지고 있던 지식을 근거로 한 것이다. 이들이 제안한 편년은 추가 자료 및 분석이라는 검증을 통과하였다. 그렇다면 토기 형식들의 풍부도의 증가로부터 무엇을 얻을 수 있는가?

우리는 장식에 관련된 속성이 형식을 설정의 토대가 되었기 때문에 형식은 양식적이라 믿는다. 형식이 비교적 부드러운 단일빈도봉을 갖는 빈도 분포를 보이는 것은 이러한 믿음을 뒷받침해 준다(물론 확증해 주는 것은 아니다). 필립스 등이 제시한 형식에 대한 최근 분석에 따르면 이 형식들은 대부분 양식적이다(Lipo et al. 1997). 그렇다면 왜 형식의 수는 시기가 늦을수록 증가하여 상부가 큰 불안정한 형태의 클레이드다양도 도표를 만들었을까? 여기에는 브론(Braun 1995)과 리포 등(Lipo et al. 1997)의 논의가 많은 도움이 될 것이다. 장식 형식의 수(풍부도)는 사회의 역동성, 특히 집단의 상호작용이나 집단 간 전수의 빈도에 따라 증가할 수 있다(Braun 1995). 집단 간 전수가 줄어들고 집단 내 전수가 증가하면(생식적으로 고립된 집단들 사이의 유전자 흐름이 감소하여 주변지역성 종분화가 나타나는 것과 같이) 양식들의 지역화는 증가할 것이다(Lipo et al. 1997). 데틀프센과 디츠(Dethlefsen and Deetz 1966: 508)는 "새로운 변이는 주로 집단의 작은 부분에서 시작하여 중심부로 퍼져간다"고 말한다. 이는 지리적, 이소성, 또는 주변지역성 종분화 등 생물진화에 아주 효과적인 말이다. 곧, 토기제작자는 어떤 이유에서든지 고립되어 장식적 스타일을 독자적으로 만들어내어 더 많은 "형식"들을 만들어낸다. 리포 등(Lipo et al. 1997)은 최근 이렇게 만들어진 지역들이 고고학적으로 어떻게 확인될 수 있는지를 논의하고 있다.

장식에 관련된 양식의 지역화는 사회적 정체성이 더욱 중요해진 결과일 수도 있다. 양식은 만들어내는 데 수고가 들어가며, 때문에 그 제작과 사용은 "선택에 종속된다"(Lipo et al. 1997: 318). 더 많은 양식이 점점 넓은 지역으로 퍼지는 것은 이것이 선택되었음을 의미한다. 그런 선택력을 확인하는 것은 여기서 논할 바가 아니지만, 몇몇 재미 있는 가설들이 제기된 바 있다(Braun 1985b, 1991; Braun and Plog 1982). 우리가 말하는 초점은 유물 클레이드다양도의 시간적인 생김새를 보여주어 그런 가설들에 검증이 필요할 경우 하나의 도약대 역할을 하게끔 하는 일이다. 우리는 여기서 예로든 것들이 다양성의 역동적 역사를 말하고 있지만 시간의 흐름에 따라 대체로 안정된 상태에 있는 역사 역시 설명이 필요함을 강조하고 싶다.

3. 분류와 클레이드다양도

지금까지 잘 논의되지 않았던 아주 중요한 이슈는 바로 (생물체든 유물이든) 클레이드다양도를 측정함에 있어 분류의 역할이다. 생물사학자들은 화석을 종으로 분류하는데, 우리는 이것이야말로 고고학자들이 시간 형식의 상대적 빈도를 시간의 흐름에 따라 그릴 때 기대하게 되는 볼록렌즈 모양의 분포를 내지 못한 원인이 아닌가 하고 생각한다. 빈도 순서배열에 관심 있는 고고학자들은 시간 형식들의 분류를 작성하여 시간의 흐름에 따라 단일빈도봉을 그리도록 만든다. 중요한 문제는 바로 유물의 시간 형식에 대한 클레이드다양도 도표를 만드는 것이 적절한지 하는 것인데, 다시 말해 어떤 것의 빈도가 성공적으로 순서배열될 수 있을지 하는 것이다. 아마도 연구자가 유물 형태에서 선택에 중립적 변이들의 시간에 따른 상대 빈도의 변화를 측정하고자 할 때는 적절할 것이다. 순서배열 모델은 순서배열에 사용되는 클래스를 만들어내는 방법을 알려준다. 각 유물 형식은 흔히 시행착오를 겪으며 시간의 흐름에 따라 단일빈도봉을 그리도록 분석자가 고안해 내는 것이다. 필립스 등의 자료는 볼록렌즈 모양의 빈도 분포를 바탕으로 시간을 나타내는 형식으로서 토기 형식들로 구성되어 있다. 덧붙여 형식들이 시간의 흐름에 따라 그런 볼록렌즈 모양의 빈도분포를 그린다는 것은 전승의 연속을 반영함을 확인시켜 주는 것이다. 생물사학자들이 역사적인 처음과 끝이 있는 "개체들"로서 종을 다루는 것과 마찬가지로, 연구자는 성공적으로 순서배열된 양식들의 기능적 다양도를 그릴 수도 있을 것인데, 사용에 관한 단위를 써서 측정된 표본간의 변이를 근거로 재분류되었다면 말이다. 전승의 연속은 그 같은 단위들 안에서 확인될 수 있으며, 순서배열되는 양식들은 복제자가 되고, 기능적 형식들로 재분류될 때는 상호작용자가 된다.

연구자가 유물을 분류하면서 사용하는 분류 체계는 풍부도의 측정과 단위 클래스 당 표본의 빈도에 영향을 미친다. 하지만 시간 형식(클래스) 안에서 표본의 빈도가 변하고 다양성 값이 변하는 것을 설명하기 위해서는 이론이 필요하다. 순서배열되는 시간 형식들은 시간의 흐름에 따라 선택적으로 중립적 변이들의 다양성에서 보이는 변화들에 대해 무엇인가를 말해줄 수 있을 것이다. 또한 문화적 표현 형질들의 적응적 융통성의 증가와 같은 것을 이야기해 줄지도 모른다. 여러 척도에서 양식들은 '대안들의 저수지'와 같은 역할을 하기 때문이다. 이런 것이 굴드와 브르바(Gould and Vrba 1982)의 입장에서는 파생적합(*exaptation*)이 될 것이다. 클레이드다양도 도표를 만들어내는 데 쓰이는 단위들은 어떠한가? 쉬퍼(Schiffer 1996)는 휴대용 라디오의 모델들에 대한 자료와 진공관 라디오에 대한 유사한 자료를 제시한다. 쉬퍼는 〈그림 7-10〉에서 안정된 형태의 그래프에 대해서, 〈그림 7-11〉에서는 불안정한 형태의 그래프에 대해서 설명을 하고 있지만, 그래프에서 묘사된 역사적 사건들을 이미 숙지하고 있음을 주의해야 한다. 때문에 스스로 '자극변수'라고 불렀던 것이 작용하였음을 말할 수 있었던 것이다. 그에 따르면 이 자극변수라는 것은 "선택적 맥락에서의 변화된 조건으로 인해 발생한 변형세대의 돌발로 행위적 측면에서 창조적 활동을 자극하여 새로운 행위 요소의 생산을 낳게 한다"(Schiffer 1996: 655). 비록 우리는 이것을 오히려 욕망의 충족 원인이 감소한 것이라 보지만, 다양도에 대한 어느 정도의 측정이 필요한 것은 사실이다. 그 측정은 관심변수를 충실하게 기록할 수 있는 단위들이 되어야 한다.

우리가 하나의 클레이드다양도 도표를 볼 때는 그것을 설명하기 위해서 '무엇'이 그래프로 그려져 있는지를 알 필요가 있다. 우리는 무게를 색깔의 결과라고 설명할 수도 색깔을 길이의 결과라고 설명할 수는 없다. 형식학적 다양도 그래프는, 포함된 형식들이 어떻게든 모두 동일한 선조로부터 온 것이라고 주장할 수 없다면, 반드시 하나의 클레이드다양도 도표일 수는 없다. 우리는 다음 장에서 계보의 역사를 설명하고 어떻게 여러 변화의 속도와 양태들이 확인될 수 있는지를 논의할 것이다.

제8장

계보의 역사를 설명하기

우리는 역사과학을 연구한다. 생명의 장기 역사를 이야기하는 패턴은 규칙성들을 설명하기 위해 불러내는 이론만큼이나 중요하다. 이런 패턴들은 시간의 흐름에 따라 부분적으로 이론이 작용하여 등장하기도 하지만, 생명의 역사에 큰 영향을 미친 우발적 사건 — 가끔씩 대규모로 일어난다 — 을 통해서 나타나기도 한다. 일반 이론과 함께 예측하기 힘든(적어도 이론에 입각하여서는) 특수한 사건들의 중요성을 더불어 인지하는 것이야말로 과학으로서 역사(사건들을 단순히 시간적 연쇄 속에서 묘사하는 것이 아니라) 연구에서 가장 매혹적인 일이다. (Gould 1995a: 7~8)

문화에 관심이 있는 생물학자들은 흔히 사회과학에 실행 가능한 일반이론이 없음에 놀란다. 모든 생물학 이론은 생물진화라는 이론으로 통일되어 있다. 아마도 문화진화에 일반이론이 없다는 것은 사회과학의 진보를 가로막는 가장 큰 장애일 것이다. (Sober 1992: 30)

문화진화 연구에는 일반이론이 없다는 소버의 말은 옳다. 물론 문화에 관심을 가진 철학자나 생물학자들 가운데 얼마나 많은 사람들이 그런 일반이론이 없음을 인지하고 있는지는 의문이지만 말이다. 우리 생각으로는 대부분 연구자들이 인간의 의도와 필요를 강조하는 라마르키즘적 체계로 문화와 문화 전승을 이야기했던 것 같다. 굴드는 “긴 생명의 역사를 서술하는 패턴들”이 “규칙성을 설명하기 위해 불러내는 이론”만큼 중요하다고 하였는데, 이는 옳은 지적이다. 재미있게도 굴드(e.g., Gould 1996)는 에른스트 마이어(Ernst Mayr, e.g., Angier 1997; Mayr 1982a) 등과 같이 대자연의 일부로서 문화를 보지 않고 문화와 자연을 별개의 것으로 다루어온 수많은 생물학자 가운데 한 사람이다. 굴드는 한 세기 이상 수도 없이 많은 인류학자들이 하였던 방식, 곧 인간은 신체 외적 적응 수단(문화)을 가졌기 때문에 특수하다[1]는 생각을 바탕으로 연구해 왔다. 우리는 바로 이러한 관점에 잘못의 원인이 있다고 생각한다. 물론 문화와 자연세계는 전수의 양태에서 다르다. 그러나 우리는 동물 행동에 대한 우리의 지식에 견주어 생각할 때 이런 차이는 질적인 것이라기보다는 양적인 것으로 본다(e.g., Bonner 1980, 1988). 또한 문화 전수의 속도는 유전 전수의 속도와는 비교할 수 없을 만큼 빠르게 일어난다는 것도 의심의 여지가 없다. 그러나 그렇다고 해서 인간이 진화를 멈추었다(더 이상 선택의 영향을 받지 않는다)고 결론을 내릴 수 있을 것인가? 이런 차이 때문에 '부동'(표이)과 같은 다른 진화 과정이 신체 및 신체 외적 특징들을 변화시키는데 별다른 역할을 하지 못한다고 할 수 있을까? 우리 의견으로는 이에 대한 대답은 확실히 '아니오'이다. 과거 1만 년 전이나 5만 년 전의 인류와는 달리 오늘날의 인간이 진화과정에 종속되지 않는다는 것은 명백한 잘못이다. 삶이라는 게임은 아마도 더 세련되어지고 더 많은 사람이 참여할 것이지만 예나 지금이나 게임의 룰은 변하지 않았다.

우리는 다윈 진화고고학이야말로 인간의 과거에 대한 포괄적 역사적 서술을 할 수 있는 체계적 수단을 제공한다고 믿는다. 철학자 대니얼 데넷(Daniel Dennett 1995: 74)은 그 작업을 완수하기 위해서는 "스카이훅"—"어려운 상황에서 탈피할 수 있게 해주는" (하늘에 매달린) 상상 속의 장치—가 필요할 것이라고 비유적으로 이야기했다. 우리는 그런 것이 필요하지는 않다고 보지만, 이런 확신을 갖지 못한 사람들도 있다. 패티 조 왓슨(Patty Jo Watson 1986) 같은 비판가들은 다윈 진화고고학의 주장들을 검토한 뒤, 비생산적 유물의 물리학〔방법론적으로는 견실해 보이지만 "행위적 산물의 형태와 분포를 행위가 없는 상태

---

1) 옮긴이 주—곧, 문화의 진화는 생물세계의 진화와는 다르다는 인식을 가졌음을 말한다. 지금까지 논의하였듯이 다윈 진화이론 주창자들은 문화진화와 생물세계의 진화의 메커니즘을 굳이 구분할 필요가 없다고 본다.

에서 연구하기 때문에"(DeBoer and Lathrap 1979: 103) 분석 절차로서는 쓸모없는)에 불과하다고 주장하였다. 이런 비판가들의 마음속에는 다윈 진화고고학은 유물의 계보를 만들어내고 기계적 특성을 공학적으로 분석하는 일만을 할 뿐이라는 생각이 있는 것이다. 앨리슨 와일리(Alison Wylie 1995: 206)는 다윈 진화고고학은 "본질적으로 실증주의적 (구체적으로는 연역적인) 추론을 할 수밖에 없다"고 본다. 이런 논평은 대체로 옳은 것이라 할 수도 있지만, 사실 왓슨이 비생산적이라고 하는 말은 잘못된 것이다. 유물의 역사를 구성하고 설명하는 일이야말로 정말로 많은 시간이 걸리는 지루한 작업으로서, 과거에 대해 해석적인 이야기를 하는 것만큼은 화려하게 보이지 않을지는 몰라도, 결코 비생산적이지는 않다. 더 직설적으로 말하자면 이런 다윈고고학적 방법이야말로 고고 자료가 어떠한 과정으로 그리고 왜 지금의 그런 모습을 갖추게 되었는지를 설명함에 있어 우리가 아는 한 단 하나의 이치에 맞는 접근이다.

다윈 진화고고학이 연역적 전략일 뿐이라고 생각할 이유는 없다(Broughton and O'Connell 1999: 158을 보라). 와일리는 다윈 진화고고학은 과정고고학으로부터 연역적 방법을 전수받았다고 주장하지만 이는 잘못이다. 다윈 진화이론은 언제나 강한 연역적 성격을 띠는데, 다윈의 자연선택 개념은 '변이가 따르는 계통'이라는 이론으로부터 직접적으로 연역된 것이며, 유물이나 속성들이 기능적이고 적응적 가치를 지니는지를 확인하는 것은 가설 검증에 달려 있다(e.g., Jaksic 1981). 그러므로 이런 요소가 있다고 하여 다윈 진화고고학자들이 우연히 루이스 빈포드 등의 접근법으로부터 배웠다고 할 수는 없다.

와일리와 왓슨은 다윈고고학이 역사 계보를 구성하는 데 치중해 대체로 행위 복원에는 관심을 기울이지 않는다고 했는데, 이는 옳은 지적이다. 다윈 진화고고학은 과거 행위를 직접 관찰하지 못한 상태에서 이루어지는 것은 사실인데, 적어도 우리가 아는 한 역사적 우연으로 가득 찬 행위적 과거에 직접 접근하는 길은 없기 때문이다(Dunnell

1982; O'Brien and Holland 1995b; O'Brien et al. 1998). 다시 말하건대 과거 행위를 직접 대하지 않는다고 해서 다윈 진화고고학이 비생산적이거나 하찮다고 보면 안 된다. 우리는 오히려 다윈 진화고고학은 고고학이라는 학문을 반세기 동안 휘둘렀던 해석적 침체로부터 벗어나게 함으로써 고고학에 과학적 엄격성을 불러일으켜준다고 생각한다. 행위주의야말로 가장 고고학을 침체 속에 붙잡아 두었던 요인이었다. 미국 고고학은 언제나 선사시대 행위 연구를 중시하였는데, 이는 인류학과 지성적으로 밀접한 관련을 맺기 때문이다(Lyman and O'Brien 1997).

행위적 연쇄(Schiffer and Skibo 1997) — 계보를 구성할 수도 있고 그렇지 않을 수도 있는 선사시대 행위들의 역사 — 는 과거에 대한 해석(곧, 귀납)일 뿐이다. 존재할 수도 있고 존재하지 않을 수도 있다. 간단히 말해 우리는 아직 그것을 알 길이 없는 것이다 — 또는 네프와 라슨(Neff and Larson 1997: 77)의 말대로 너무도 길고 임시적인 추론의 연쇄일 뿐이다. 우리 의견으로는 이 일(행위 연쇄의 추론)에 적합한 설명 이론은 거의 없는데, 이는 이른바 "행위 이론"이라는 것은 아직 여러 경험일반화들을 목록화한 것에 지나지 않기 때문이다. 덧붙여 행위 이론과 방법은 분석자가 어떻게 역사 계보(단순한 연쇄가 아니라)를 확인해야 하는지를 고려하지 않는다(O'Brien et al. 1998). 여기에서 행위주의자들은 우리가 시간(역사)의 연속(*historical continuity*)이라 부르는 것을 주장하였다고 말할지도 모르나 (이미 논의한 바와 같이), 그렇다고 해서 전승(계통)의 연속(*heritable continuity*)이 수반되는 것은 아니다.

1. 행위복원과 행위고고학

과정고고학의 한 분파라 할 수 있는 행위고고학은 유추를 통해 과거에 다가갈 수 있다고 믿는다. 다시 말하면 "민족지적 현재"나 아주 최근의 자료를 사용하여 아주 먼 과거 사물들이 어떠했는지를 이해하려는 것이다. 쉬퍼를 비롯한 몇몇 행위고고학자들(e.g., Schiffer 1996, 1999)은 행위를 강조함으로써 유물에만 매몰되어 있는 다윈 진화고고학의 딜레마를 풀 실마리를 찾을 수 있다고 본다. 그러나 우리는 이런 말에 찬성할 수 없다(O'Brien et al. 1998). 행위고고학이라 알려진 것은 1974년에 〈아메리칸 앤티쿼티〉(*American Antiquity*)에 실린 두 쪽짜리 "확장하는 고고학"이라는 거창한 제목의 글에서 출발한 것이다(Reid et al. 1974; Reid 1995; Schiffer 1995b). 행위고고학의 주창자들은 그 논조와 원칙을 다음 해 "행위 과학으로서 고고학"(Schiffer 1975)과 "행위고고학의 네 가지 전략"(Reid et al. 1975)이라는 두 논문에서 밝힌다. 이런 움직임을 주도하였던 제퍼슨 라이드, 마이클 쉬퍼, 윌리엄 라트지는 고고학을 "인간 행위와 물질문화 사이의 관계를 연구하는 것"이라 정의한다(Reid et al. 1975: 864). 이들은 "행위고고학"(*behavioral archaeology*)이라는 말을 "인간 행위를 기술하고 설명하기 위해 시간과 공간을 초월하여 물질자료를 연구하는 것"이라고 하였다(Reid et al. 1975: 864). 또한 "수년 동안의 연구를 통해 고고학자들은 이제 '시공간을 넘어' 물질자료와 인간 행위를 연구하는 이론, 방법, 행위 법칙을 갖고 확장시키고 있다"고 주장한다(Reid et al. 1975: 866).

이 글들이 출간된 지 상당한 시간이 흘렀지만 오늘날 많은 고고학자들은 아직도 "행위고고학은 그동안 고고학자들이 해왔으며 하고자 했던 작업의 총합이고, 그 접근 전략들은 본질적으로 상호연관되어 있으며, 학문의 총체적 발전 속에 깊게 뿌리내리고 있다"(Reid et al. 1975: 866)고 생각한다. 쉬퍼는 확실히 행위를 고고학적으로 연구하는 것이 중요하다는 생각을 바꾸지 않고 있으며, 최근에도 "사람과 유물의 상호작용이라 생각되는 인간 행위의 변이와 변화를 설명하는 행위이론을 구축하는 것이야말로 고고학의 가장 높은 과학적 요구"(Schiffer 1995a: 35)라고 말한다. 이 요구를 충족시킬 수 있는 적절한 방법에 대해서는 의견이 분분하다—철학적이고 방법론적인 의견불일치(Skibo et al. 1995 참조). 그러나 이런 이견들은 행위고고학이 행위 법칙을 찾고 적용시키려는 데서 오는 필연적 과정이라고 치부된다(Schiffer 1996). 고고학 연구에서 민족지 유추의 적절한 역할에 대해서는 많은 논란이 있었지만(e.g., Binford 1981, 1985; R. Gould 1985; R. Gould and Watson 1982; Schiffer 1985; Watson 1982), 1970년대와 1980년대 사용되었던 유추의 원칙들이 아직도 행위적 연구에 쓰이고 있다(O'Brien 1996d; O'Brien and Holland 1995b). 다시 말해 특정한 범위 안에서 현재의 물질 유물과 행위를 연구함으로서 과거 행위를 복원하는 정보를 찾을 수 있다고 생각되는 것이다.

쉬퍼(Schiffer 1996)를 비롯한 몇몇 행위고고학자들은 자신들의 접근법과 다윈 진화고고학이 많은 부분에서 공통점이 있다고 주장하지만, 사실은 그렇지 않은 경우가 많다(O'Brien et al. 1998). 우리 생각에 행위고고학자들은 진화이론으로부터 이론의 한 토막을 빌려 행위와 행위 변화를 설명하는 원칙으로서 사용하고 있을 뿐이다. 행위의 일반법칙 — 행위고고학자들은 "원칙"이라고 말한다 — 을 찾는 과거의 연구들은 아무런 소득도 거두지 못하고 말았으며(O'Brien and Holland 1995b), 때문에 다윈 진화이론의 접근법은 더 매력을 끌었던 것이다. 물론 다윈 진화이론과 행위고고학 몇몇 접근법들에는 공통점이 있기는 하다. 특히 선사시대 유물을 공학적 디자인의 측면에서 분석하는 것이 그러하다(Cogswell and O'Brien 1997; O'Brien and Holland 1990, 1992, 1995a, b; O'Brien et al. 1994). 우리는 특정한 시간대에 특정 사물이 어떻게 쓰였는지를 기술 및 기능적으로 분석하는 일은 그 물건을 제작하고 사용한 사람들의 행위, 또는 행동을 추론하는 근거가 된다는 데는 행위고고학자들(e.g., Deal and Hagstrum 1995; Schiffer and Skibo 1987, 1997; Skibo and Schiffer 1995)과 언제나 생각을 같이 한다(O'Brien and Holland 1995b, Saunders 1990). 중요한 것은 이런 추론들은 연구대상 사물이 속한 고고학적 맥락에서 수행되는 실험분석을 통해 '직접적으로' 끌어온다는 사실이다(e.g., Lyman et al. 1998a). 유물의 내재적 성질에 관한 실험적 증거들을 바탕으로 하는 공학적 연구는 사물을 만들고 사용한 사람들의 진화적 궤적뿐만 아니라 그들에게 영향을 미쳤던 선택적 환경의 성격까지 이해할 수 있는 출발점이 된다. 짧게 말하면, 그것은 역사적 이야기를 쓰는 출발점이 되는 것이다(Lyman and O'Brien 1998; O'Brien and Lyman 2000a; O'Brien et al. 1998).

하지만 우리의 접근은 행위고고학의 양상들과 모두 일치하지는 않음을 다시 강조하고 싶다(Walker et al. 1995). 우리가 말한 공통점이라는 것은 몇몇 고고학자들(e.g., R. Gould 1978a, b, 1980a, b; Hole 1979; Schiffer 1978, 1996)이 존재한다고 생각하는 보편적 행위 법칙을 찾는 것과는 전혀 무관하다. 우리 시각으로는 그 같은 보편성은 존재하지 않으며, 존재할 수도 없다. 만약 이런 보편 법칙들이 존재한다면 계보를 구성하는 것은 너무도 단순한 작업이 되고 말 것이다. 그리고 모든 작업은 거의 비슷해져 버릴 것이며, 단지 예외라고 한다면 인간들이 그런 반응에 적응하는 방식에서 조금의 차이만이 있을 뿐이다. 결국, 행위고고학자들은 현재가 과거와 똑같다고 주장하지는 않지만, 이러한 주장은 사실 인간은 비슷한 사회·물리적 환경조건에서 비슷한 행위를 한다고 주장하는 것과 마찬가지 결과를 가져온다. 여기에서 우리가 할 일이란 근접한 환경을 설정하고 행위를 예측하면 되는 것이다. 이는 우리 생각에 기껏해야 가능론에 불과하며 나쁘게 얘기하면 결정론에 다름 아니다.

행위고고학의 기본 원칙을 거부한다고 해서 현대의 행위적 결과물에 대한 유추가 고고 자료에 전혀 드러나 있지 않다는 것은 아니다. 현대의 행위들이 과거의 행위들과 비슷하지 않다는 것도 아니다. 우리는 다만 '문화적 보편성'이라는 개념에 반대한다. 문화적 보편성을 인정하는 것은 동일한 행위와 상이한 행위들을 구분하는 수단을 가지고 있음을 암시하는 것이다. 이 같은 작업은 대업으로서 어려우며, 아마도 불가능할 것이다. 중요한 이슈는 바로 비슷한 '행위'나 비슷한 '과정'이 될 것인데, 두 집단이 석기를 만드는 방식이 같다고 해서 두 행위가 동일한 것이라 말할 수 있는가? 우리는 이 두 행위 사이에는 너무도 많은 차이가 있을 것이라고 주장하고 싶다. 또한 나아가 고고 자료를 통해 보편 행위 법칙을 구성할 수 있다는 믿음에는 행위와 과정들이 혼합되어 있다고 주장하고자 한다(O'Brien and Holland 1995b). 다시 말하건대, 이것은 불가능한 일이다. 물론 우리는 고고 자료가 어떤 '구체적' 인간 행위를 연구(복원이 아니라)하는 데 쓰일 수 있다고 믿으며, 다윈 진화이론이야말로 그런 연구에 가장 좋은 토대를 제공한다고 생각한다.

몇몇 문화사고고학자들 역시 내재적 특성과 형상적 특성의 차이를 알고 있기는 했었는데, 다만 계보를 구성하는 데 잘못된 단위들을 사용하고 말았다. 켄트 플래너리(Kent Flannery 1986)와 같은 과정주의자 역시 그 차이를 인지하여 적응적 고원(안정기)과 같은 것들을 찾고자 하였지만, 사실 '단계들의 연속'만이 존재할 뿐이라며 슬퍼했던 것이다(제6장 참조). 물론 근거가 박약하다 할지라도, 지금도 이런 주장을 할 수 있겠다. 그러나 아직 연구는 진척되지 않았고, 우리가 필요로 하는 것은 더 많은 단계들을 확인하고 연구를 축적시켜 과거에 대해 더 완전한 그림을 그리는 것이다. 미시시피 하류의 고고학 연구의 전통(e. g., Phillips 1970)에서 우리가 할 일은 시간과 공간을 더 작은 단위로 나누는 일이다. 이렇듯 더 많은 정보가 필요하다는 주장도 일리가 있지만, 더 많은 단계들을 추가할 수 있다고 하더라도 우리가 가진 것은 유용한 정보와 무용한 정보가 뒤죽박죽된 것일 뿐이라는 염려가 든다. 유물군의 유사성과 차이에 대해서 무엇인가를 알게 될지는 몰라도, 변화에 대해서는 별로 알게 될 것 같지 않다. 미시시피 하류에서 최근 25년 동안 이루어진 고고학 연구 성과를 돌이켜보면 자료를 더욱 세부적인 시공간 단위로 나누는 데 별다른 진전이 없었다(Fox 1998; O'Brien 1995, 1996a; O'Brien and Dunnell 1998; O'Brien and Fox 1994b).

이 시점에서 고고학에서 쓰이는 많은 개념들 — 단계를 사용하든지 무리, 부족, 족장, 국가와 같은 민족학적 단위를 사용하든지 — 의 토대는 아주 취약하다. 경우에 따라 반듯한 토대를 가지고 있다고 하더라도 개념들은 묘사적이고 해석적인 구성물이지 설명적인 것은 아니다. 고고 자료의 내용과 맥락을 설명하는 데 단순히 유사와 차이를 바탕으로 일련의 단위들로 묶거나 민족학적 유추에 근거하는 것보다 더 나은 방법이 있다. 이것은 수많은 유물 계보들의 조각을 한 데 맞추는 일에서 출발한다. 최소한 유물들을 올바로 시간 순서로 배열하고 특정한 변이들의 시간과 공간적 위치를 파악해야 하는 것이다.

2. 조각들을 맞추기

연구자는 층위가 특정 변이들의 상대적인 편년 위치에 대한 정보를 준다는 점에서 이론적으로 지층 누중을 이용하여 계보들을 만들어낼 수 있다. 층위 정보는 방사성 동위원소와 같은 방법을 통한 절대 연대값으로 보완할 수도 있을 것이다. 그러나 몇 번에 걸쳐 강조한 바와 같이, 지층 누중은 단순히 연쇄를 의미할 뿐 계보를 보증해주지는 않는다. 몇몇 과정에서 유물이나 생물체의 연쇄는 직접 전승(유전)으로 연결되지 않을 수도 있다. 생물학에서 한 종에 속하는 개체는 다른 종의 개체들과도 형태상 유사할 수 있다. 이 경우 생물 층위 연구자는, 주의를 기울이지 않는다면, 낮은 지층에 있는 종에서 위층의 종으로 진화하였다고 판단할 수도 있다. 이런 연쇄는 자연세계에서는 그리 희귀한 사례가 아니다. 만약 그렇지 않고 드물다면 층위적 불연속을 중심 원칙으로 하고 있는 단속평형설은 큰 문제가 있는 개념이 될 것이다. 단속평형설의 입장에서 형태적 불연속은 주변지역성 종분화 및 이동의 결과로 일어난다. 구체적으로 말하면 특정 종은 한 지역에서만 존재하는데, 시간이 흘러 분지된 집단이 지리적으로 고립된 새로운 지역으로 퍼져 살게 된다. 이들 집단 사이에 더 이상 유전자의 교환이 없어지면, 분지된 집단은 유전적으로(분류학적으로) 그리고 표현형적으로 독자적인(물론 미세하겠지만) 것으로 진화하게 되는 것이다. 만약 분지된 집단의 후손들이 다시 원래 모집단의 영역으로 들어가 살다가 죽게 된다면, 이 경우에는 분지된 집단의 후손이 원래 모집단의 후손들 위에 묻혀 쌓이게 될 것이다. 마찬가지로 인간 집단은 어떤 영역에 들어가 원래 살고 있던 집단을 대체할 수도 있다. 두 집단 사이에는 아주 먼 과거에 서로 관련된 문화를 가졌을 수 있는데, 이 경우 이주해 들어온 집단의 문화는 선주 문화 위에 쌓여 발견될 것이다. 이런 예들은 바로 '시간의 연속'은 있지만 직접적인 '전승의 연속'을 찾을 수 없는 사례이다.

생물사학자들과 고고학자들은 '시간의 연속'과 '전승의 연속'을 구분하는 데 오랫동안 관심을 가져 오기는 했지만(Lyman and O'Brien 1999b), 우리와 똑같은 용어들을 쓰지는 않았다. 제 7장에서 간단하게 살펴보았듯이, 고고학에서는 문화상에 뚜렷한 차이가 나타나면 보통 혁신, 전파, 침략 등의 결과라고 여겼다(e. g., Lathrap 1956). 이것은 시간의 연속과 전승의 연속 사이의 차이를 직접적으로 언급하는 것은 아니다. 또한 생물사학자들은 보통 형태적 차이의 크기를 통해 분류학적 연속성이나 불연속성을 추론하면서 특정 유형이 출현한 원인으로서 향상진화나 주변지역성 종분화와 같은 것들을 제시하기도 한다.

단순한 시간적 연쇄를 넘어 계보를 만들어내기 위해서는 먼저 변이를 통제할 수 있는 방법 — 우리는 연구목적에 따라 만들어내는 클래스를 선호한다 — 을 필요로 하며, 다음으로는 전승의 연속을 확증할 수 있는 방법 — 순서배열이 우리가 선호하는 방법이다 — 이 있어야 한다. 유물의 계보를 만들어내는 것은 그 자체로 중요하지만, 계보 자체가 왜 그런 모양새를 갖추게 되었는지를 자동적으로 말해주지는 않는다. 예를 들어 왜 찌르개 제작자들은 늦은 시기에 들어서야 기부를 오목한 모양으로 만들기 시작했는가? 왜 미국 중서부와 동남부에서 토기의 비짐(태토조절제)이 거친 모래에서 조개가루로 바뀌게 되었는가?

이런 문제들은 계보를 만들어내고, 기계적이고 공학적이며 기능적인 측면에서 변화의 증거를 설명해야 하는 두 가지 단계의 분석 과정을 거치게 된다. 둘 모두 어려운 절차이다.

우리가 사용할 수 있는 사례들은 그리 많지 않은데, 이는 고고 자료를 서술하는 데 쓰이는 단위들이 다윈주의 이론에 입각한 분석에 적합하지 않은 경우가 많기 때문이다. 우리는 부차적 분석을 요하는 예를 최소한으로 하여 역사적 편년을 쓰고 — 유물 계보들을 구축하고 —, 역사적 이야기(서술, O'Hara 1988)를 쓰는 — 계보를 설명하는 — 다윈주의 고고학의 목적에 맞는 사례들을 고른다. 그 첫 사례는 대체로 기원전 9250년에서부터 7900년까지 찌르개에서 보이는 기술 변화이다. 우리 생각으로는 본질론적 형식에 치중하고 형식 내 개별 표본들 사이에 미묘한 변이를 무시할 때 생기는 문제를 이보다 더 잘 보여주는 예는 없는 것 같다. 또한 이 책 전체에서 논의된 방법과 기법들(특히 순서배열과 계통분지)을 아주 명확하게 보여주는 더 좋은 사례를 찾기도 힘들 것 같다. 이 장에서 우리는 계보를 설명하는 것을 강조하겠지만, 일단 설명하고자 하는 계보를 어떻게 구성하는지 간단히 살펴볼 것이다.

1) 고인디언 찌르개의 진화적 변화

고고학에서는 유물 양식(스타일)이나 형태, 기능 등을 바탕으로 본질론적 단위들을 만들어내어 과거 인간 집단들을 이야기하는 일이 광범위하게 이루어지고 있다. 여기에서 "클로비스 사람들은 매머드를 사냥하였으나, 폴섬 사람들은 들소를 사냥하였다"는 식의 주장을 하는 문헌들을 길게 나열할 필요도 없을 것이다. 이런 진술들은 선사시대의 특정한 시공간에 살던 인간 집단들이 고고학적으로 클로비스 찌르개(*Clovis point*)라 일컬어지는 뗀석기로 만들어진 창끝을 이용한 무기를 사용하였으며, 시간이 흐른 뒤에는 폴섬 찌르개(*Folsom point*)라 불리는 도구를 사용하였음을 말하고 있다. 이런 주장은 많은 부분 사실이지만, 장점에도 불구하고 어쩔 수 없이 본질론적 진술에 머물고 말았음을 부인할 수 없다. 물론 본질론적 단위들은 때로 진화적 이슈들을 연구하는 데 쓰일 수 있음도 사실인데, 다만 이런 단위들 자체가 아니라 단위들 안에 놓인 표본들을 연구할 때만 가능하다고 할 수 있다.

이렇듯 외연적 정의에 따른 전통적 찌르개 형식들을 사용하는 것은 일견 지금까지 우리 주장과 상반되는 것처럼 보일 수도 있지만, 꼭 그렇지는 않다. 우리는 외연적으로 정의된 형식들 모두가 쓸모없는 단위들이라고 주장한 적은 없다. 오히려 고고학에서 만들어진 외연적 단위 중 많은 것들은 아주 좋은 '역사적 형식'들로서 시간의 흐름을 좇는 데 유용하다. 마찬가지로 생물학의 종개념 역시 아주 유용하다고 생각한다. 우리는 분석자가 생물학적이든, 생물사학적이든, 또는 층위표현론적이든 원하는 방식대로 종을 정의할 수 있다는 입장이다. 다만 그런 단위들에 둘러 싸여 진정한 연구목적을 잃지 않는 것이 중요하다. 목적이란 바로 변이들을 측정하고 변이들이 시간의 흐름과 공간의 차이에 따라 어떻게 달라지는지를 파악하여 이를 설명하는 일인 것이다. 우리는 패러다임식 분류를 통해 만들어진 클래스들을 사용할 경우 확실히 좋은 연구를 할 수 있다고 생각한다.[2] 외연적으로 정의된 형식들을 사용할 경우에는 주사위를 던지는 일과 같다. 다시 말하면 이미 잘 알려진 찌르개 형식들을 계통 순서배열 상에 놓음으로써 계보를 구성하는 데 필요한 정보들을 얻어내야 한다는 점이다. 앞으로 살펴보겠지만 계통 순서배열은 계보 구축에 예비적 단계일 뿐이다. 일단 계통 순서배열의 장점을 파악한 뒤에 다른 단계들로 옮겨가 보자.

---

2) 옮긴이 주 — 외연정의 및 내연정의, 그리고 분류에서 클래스를 구성하는 방법, 패러다임식 분류의 사례 등은 제 5장에 자세히 논의되어 있다.

2) 계통 순서배열과 클로비스-달튼 찌르개의 계보

여기에서 살펴볼 찌르개형식의 하나는 달튼(*Dalton*) 찌르개이다. 이 찌르개는 미국 중서부 및 동남부에서 광범위하게 발견되고 있다. 칼 채프맨(Carl Chapman)은 미주리 주의 새무엘 달튼(Samuel P. Dalton)이라는 유물수집가의 이름을 따서 달튼 찌르개라는 말을 처음 사용하면서 다음과 같이 이 유물을 표현하고 있다.

〔달튼 찌르개는〕 버들잎모양 또는 오각형으로 생겼다. 돌날의 형태는 본래 삼각형이다. 돌날의 주변은 직선 또는 약간 불룩하다. 보통 톱니날을 하고 있는데, 아마도 도구를 재가공한 결과일 것이다. 잔손질로 빗각을 하고 있는데, 가파르기도 하고 얕기도 하다. 길이는 4~17cm이지만, 대부분 5~7cm이다. 너비는 1.5~3cm이며, 길이가 너비에 비해 두 배에서 다섯 배 정도이다. 두께는 5~7mm이다. 기부가 얇게 가공되어 있으며 옆으로도 기부에서부터 같은 길이만큼 갈려 있다. 보통 가장 넓은 부분은 기부이다. 비교적 깊게 오목하게 파여 있으며, 그 옆은 곧게 혹은 약간 오목하게 되어 있고 부드럽게 갈려 있다. (Chapman 1975: 245)

채프맨의 서술에서 빠져 있는 것은 달튼 찌르개는 아주 정교하게 잘 만들어져 있다는 점이다(〈그림 8-1〉). 보통 격지 뗀 면이 한쪽 날에서 다른 쪽 날까지 정연하고도 길게 뻗어 있다.

고고학자들은 오랫동안 달튼 찌르개의 연대에 대해서 별다른 이의가 없었다. 하지만 달튼 찌르개의 소멸 연대에 대해서는 우리는 알버트 구디어(Albert Goodyear 1982)와 같이 기존의 시각에 회의적이다. 구디어는 달튼 찌르개가 기원전 7900년[3]이면 더 이상 만들어지지 않

3) 편의상 우리는 이 장에서 방사성탄소연대를 언급하며 보정된 연대가 아닌 보정되지 않은 연대값을 사용할 것이다. 고인디언시대의 어떤 시기에 대해서는 보정된 값이 2천 년 정도나 높게 나오기도 한다(Fiedel 1999). 보정된 것이든

〈그림 8-1〉 미주리 주 중부에서 나온 달튼 찌르개

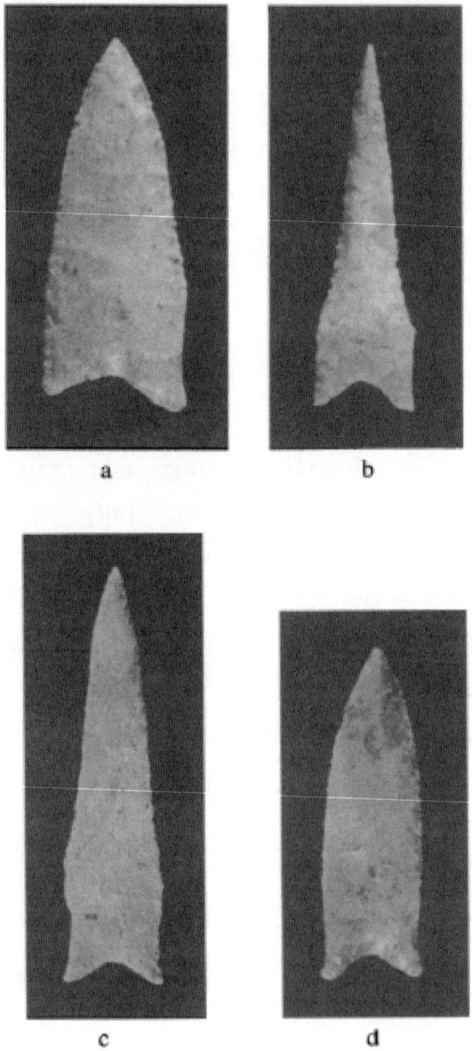

* 모두 같은 축척인데 표본 a의 길이가 8cm이다.

보정되지 않은 것이든 그 무엇을 쓰더라도 찌르개의 상대적 연쇄는 '아마도' 옳을 것이지만, 우리는 우리가 여기에서 제시하는 것과 같은 종류의 분석은 앞으로 보정된 연대값을 사용하여 모든 연대들이 논의되어야 함을 강조하고 싶다.

았다고 보았지만 최근의 자료에 따르면 시기는 다소 유동적이다. 예를 들어 저자(오브라이언)가 발굴한 미주리 주 동북부 피전루스트크릭(Pigeon Roost Creek)이라는 유적에서는 달튼 시기의 유물이 발견된 평면(*horizon*)이 보정된 방사성탄소연대값으로 기원전 7000년으로 측정되었다. 또한 달튼 찌르개가 보통 전기 아케익시대(*Early Achaic*, 기원전 7500~5000)로 생각되는 다른 형식의 찌르개들과 공반되기도 한다는 사실조차도 그 당시에는 별달리 주목 받지 못하였는데, 이는 그런 아케익시대의 유물형태는 이전의 생각과는 달리 더 일찍 시작되었던 듯이 보였기 때문이다. 또 다른 이유로는 당시에는 유물론적 사고를 하지 못했다는 점을 들 수 있겠다.

지금으로서는 흔히 달튼 찌르개라고 언급되는 유물은 기원전 8900년쯤에 처음 제작되었으며 기원전 8500~7900년 정도까지 지속되었던 것(아마도 기원전 7900년보다는 기원전 8500년에 더 가까울 것이다)이 분명하다(O'Brien 1998; O'Brien and Wood 1998). 우리가 "쯤"이라고 한 것은 달튼 찌르개 제작의 시작 또는 종말 연대에 대해서 우리가 앞으로 설명할 계통적 근거 말고는 다른 적절한 연대 추정 수단이 없기 때문이다. 그러나 이것이 허점은 아니다. 사실 달튼 찌르개를 순서배열을 통해 편년하는 것은 단순히 10개 정도의 방사성탄소연대값에 의존하는 것보다 더 강력한 수단이 될 것이다. 우리가 그런 절대연대값들을 가지고 있다고 해도 여전히 유물 제작의 시작과 종말을 이야기하면서 "쯤"이라는 말을 사용하여야 할 것이다. 우리의 계통적 연쇄의 한쪽 끝 — 초기 — 은 클로비스 찌르개 출토 맥락에서 많은 방사성탄소연대값들로 안정된 상태에 있다(〈그림 8-2〉). 이것들은 지식을 갖춘 고고학자들이 그 형식에서 대체로 동의할 수 있는 독특한 형태를 가진다.

클로비스 찌르개들은 미국 전역에서 확인된다. 다만 그 출토 맥락이 연대측정된 것은 대평원과 서남부에 한정되어 있는데, 비교적 짧은 시간대, 곧 기원전 9250년에서 기원전 8950년까지 분포한다(Haynes 1991; Taylor et al. 1996). 광범위한 분포를 고려할 때 이런 연대값들은 미국 전역에서 클로비스 찌르개 전체의 연대를 한정한다고 생각하기는 곤란할 것이다. 사실 약 40년 전 로날드 메이슨(Ronald J. Mason 1962)은 형태적 근거에서 클로비스 찌르개 제작은 미국 동남부에서 시작되어 서부로 확산되었다고 주장—우리는 이 주장에 어찌되었든지 동의한다(O'Brien and Wood 1998)—하였다. 클로비스 찌르개를 사용하는 사람들이 아메리카대륙에 들어왔다(또는 들어온 다음 바로 클로비스 찌르개를 만들었다)는 "클로비스가 최초라는" 가설은 과거에는 일반적으로 받아들여졌지만, 최근에는 고고학자들이 클로비스 찌르개 이전에 아메리카대륙, 적어도 대평원과 서남부에 사람들이 살았음을 깨닫게 되면서 학계에 변화의 바람이 불었다(Meltzer 1997). 어쨌든, 현재 클로비스는 미국 대부분 지역에서 가장 이른 시기의 찌르개 형식으로 알려져 있는 것은 사실이다.

클로비스 찌르개들은 미국 대평원과 서남부 지방에서 폴섬 찌르개로 이어지는데, 폴섬 찌르개는 클로비스보다 평균적으로 크기가 작지만 몇몇 중요한 점에서 서로 닮았다. 폴섬 찌르개는 클로비스처럼 기부가 오목하게 휘어 있고, 양면이 모두 플루트되어 있으며,[4] 양 측면의 기부 끝 부분이 갈려 있다. 폴섬 찌르개들은 층위적으로 클로비스 찌르개보다 위에서 발견되는데, 폴섬은 주로 들소의 뼈와, 클로비스는 매머드의 뼈와 공반하고 있다. 가장 처음 층위적으로 두 찌르개 형식이 구분되어 출토되어 보고된 사례는 1930년대 뉴멕시코 주 동부의 블랙워터드로(Blackwater Draw) 유적이다(Cotter 1937). 이 발견은 이후 두 찌르개 형식을 구분하는, 다시 말해 클로비스가 앞이고 폴섬이 뒤따른다는 고고학적 기준의 역할을 하게 된다. 이후 폴섬 찌르개를

4) 옮긴이 주—플루트(*flute*)는 클로비스 및 폴섬 찌르개의 가장 큰 특징 가운데 하나라고 할 수 있다. 〈그림 8-2〉와 〈그림 8-3〉에서 잘 드러나듯이 양면으로 잘 다듬어진 찌르개 제작과정에서 기부(아래)로부터 강한 타격을 가하여 비교적 큼직한 박리를 베풂으로서 결과적으로 기부 양면이 얇아지게 되는 것을 말한다. 보통 나무자루에 장착을 위한 것이라고 생각되며, 높은 수준의 기술이 필요한 것이다.

〈그림 8-2〉 미주리 주 중부에서 출토된 클로비스 찌르개

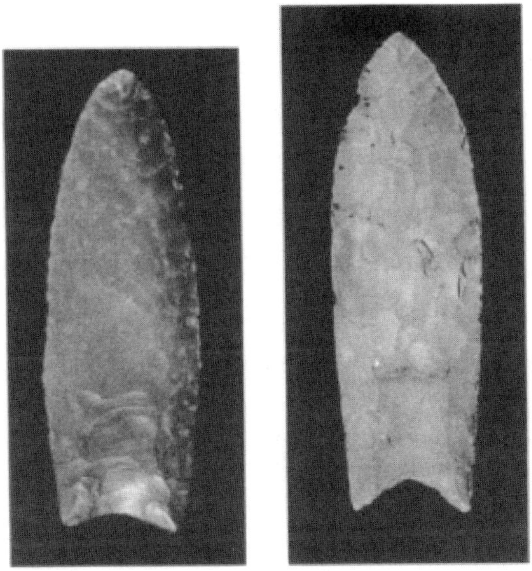

* 두 개가 같은 축적인데 왼쪽 것의 길이가 8.6cm이다.

〈그림 8-3〉 콜로라도 주 라리머카운티의 린든메이어 유적에서 나온 폴섬 찌르개

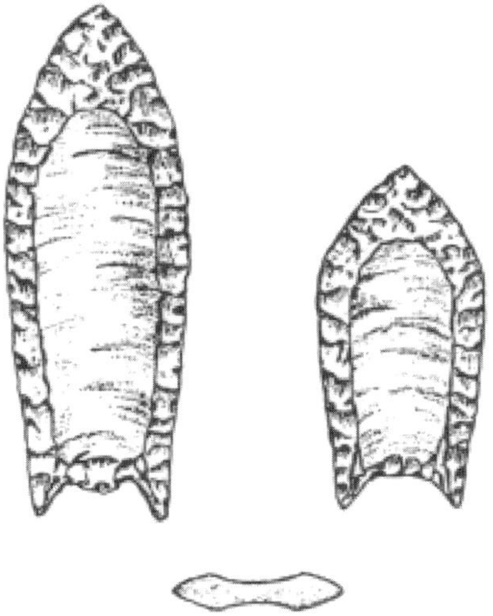

* 왼쪽 것의 길이가 6.8cm이다. (Roberts 1935).

내는 맥락에 대한 절대연대값들은 클로비스 찌르개보다 늦음을 잘 보여주고 있다. 테일러(R. E. Taylor) 등의 연구자는 미국 대평원과 서남부 지방에 광범위하게 분포하는 층위편년적 자료를 면밀히 검토하여 "북아메리카에서 가장 늦은 클로비스 점유의 시기는 가장 이른 폴섬 점유의 시기보다 선행한다"고 주장하였다(Tayler et al. 1996: 523). 또한 이들은 "클로비스에서 폴섬으로의 전이는 100년 이하의 시간대에서 이루어졌을 가능성이 높다"고 말하기도 한다(Taylor et al. 1996: 524). 폴섬 찌르개들은 기원전 8550년 정도가 되면 더 이상 만들어지지 않는다.

우리는 클로비스에서 폴섬으로의 전이에 대해서 나중에 다시 논의할 것인데, 다만 여기에서 우리의 관심은 대평원과 서남부 이외의 지역에서 폴섬 "시기"에 관한 것이다. 서남부와 대평원에서 폴섬은 편년상 클로비스 뒤에 온다는 점이 잘 알려져 있지만, 폴섬 찌르개가 별로 나오지 않는 중서부와 전혀 출토되지 않는 동남부에서는 그런 편년이 별 도움이 되지 못한다. 이런 지방에서 폴섬 찌르개가 출토되지 않는다는 점은 그동안 설명하기 어려운 일이었는데, 이는 클로비스 찌르개의 마지막 연대와 달튼 찌르개 및 다른 형식이면서도 비슷한 버들잎모양의 찌르개들의 제작 시작 연대 사이에 적어도 수백 년의 분명한 시차가 있다는 점 역시 설명하기 어려웠던 것과 마찬가지이다. 하지만 이 시차는 그렇게 보일 뿐이며, 사실은 전혀 그러하지 않다. 클로비스와 달튼 찌르개의 편년적 관계에 대해서 그동안 고고학자들은 그런 식으로 보았지만, 우리는 결코 그렇게 보지 않는다. 적어도 우리 마음속에서는 그동안 너무 본질론적 단위에 매어있어서 그 자체가 실체가 되어버린 것으로 본다. 하지만 그 "실체"라는 것은 생물학자들이 종이라고 말하는 방식대로 고고학자들이 클로비스 찌르개와 달튼 찌르개라고 부르는 것 사이에는 전승의 연속이 존재하는 것 같다는 측면에서 하는 말이다.

석기기술의 측면에서 우리 생각에 달튼 찌르개 연구 가운데 최고는 석기 전문가 브루스 브래들리(Bruce Bradley 1997)가 아칸소 주 동북부의 슬로안(Sloan) 유적에 나온 완형 유물 146점을 연구한 것이다(Morse 1997). 브래들리의 주 업적 가운데 하나는 슬로안 유적의 달튼 찌르개 유물조합에 내재된 형태변이 및 이 변이와 찌르개 제작과의 관련에 대한 것이다. 비록 그의 평가는 단 하나의 유물군에 국한되어 있는 것이 사실이지만, 보통 달튼 찌르개라 불리는 대부분의 유물들에도 적용될 수 있는 것이다.

> 슬로안 유적의 달튼 찌르개 유물군에는 광범위한 형태변이가 있다. 그 변이에는 전체 형태, 크기, 주변부 형태, 그리고 기부를 다루는 방식, 마지막 단계의 제작 등이 포함된다. 하지만, 하나의 단일한 제작 기술이 있다. 제작 과정의 여러 단계를 확인할 수 있으며, 각 유물 조각들을 구체적 제작 단계에 해당되는 유물로 분류할 수도 있다. 비록 이런 작업들이 가능하기는 하여도, 나는 이 기술을 하나의 연속적 과정으로 보는데, 석기 격지들은 각각 이러한 연속 과정에서 어느 부분에 해당하는지를 보여준다. (Bradley 1997: 53)

브래들리는 표본들에는 몇몇 독특한 특질들이 있음을 확인하였는데, 가령 눌러떼기를 통한 상당한 정도의 준비, 찌르개 가장자리에서의 체계적 박리를 하기 위한 일련의 교차 방식의 눌러떼기, 돌날의 날 부분을 따라 뚜렷한 톱날 손질과 같은 것들이 있다. 여기에서 주의할 것은 이런 특질들을 보편적 지침으로 활용하거나 제작 과정을 역으로 복원하는 것 — 곧 내재적 성질에 대한 연구를 통해 제작과정을 복원하는 것 — 은 곤란하다는 점이다. 브래들리는 결국 제작 연쇄를 다음과 같은 8개의 단계로 나누었다. 첫째, 거친 버들잎모양의 양면석기를 일반적(직접) 떼기로 만든다. 둘째, 이 양면석기에 눌러떼기를 베풀어 면을 규칙적으로 만든다. 이 과정은 양면석기를 얇게 하는 역할도 한다. 브래들리는 양면석기는 이 과정에서 플루트될 수도 있다고 한다. 비록 슬로안 표본들에서 플루트의 절차가 보인다는 증거는 없지만, 플루트가 달튼 찌르개에서 전혀 보이지 않는 것은 아니다(아래를 보라). 셋째, 양면석기를 마주보는 주변부를 따라 연속적 눌러떼기로 비스듬히 떼어냄으로써 양쪽 모두 현저히 비스듬한 모양을 갖추도록 한다. 넷째, 각도가 급한 주변 날은 일련의 연속적인 눌러떼기 타격면 역할을 한다.

다섯째, 이렇게 날의 타격면이 손질되면서 다시 양면석기의 날은 같은 면에서 연속적으로 손질된다. 이를 통해 박리면들 사이의 작은 삼각형 공간들을 없애 날을 규격화시키게 된다. 또한 날이 양면석기의 중심을 향하도록 만들며 교차 가공이 두드러지게 된다. 일련의 눌러떼기 격지들이 상당히 가파른 타격면에서 떨어져 나오며 경우에 따라 격지들이 돌날의 중간 지점을 넘기도 할 정도로 가파르기 때문에, 오목한 흔적이 눈에 띄게 된다. 이런 오목한 흔적은 많은 달튼 찌르개들에서 찾아 볼 수 있는 뚜렷한 톱날 흔적이 되는 것이다. 여섯째, 날과 인접하여 오목한 박리 흔적이 있는 곳에서는 이전의 날을 가공하면서 생긴 동일한 면에 가파른 날 잔손질을 통해서 얕은 홈날을 만든다. 일곱째, 홈날이 만들어진 뒤, 홈날을 더욱 깊게 하기 위해 동일면에서 비교적 큰 격지를 떼어낸다. 날을 오르내리며 홈날 떼기를 중복시킴으로써 날은 톱날의 생김새를 띠게 되는 것이다. 여덟째, 양면석기의 날 양쪽에 톱날이 만들어진 뒤, 하나 또는 그 이상의 상당히 긴 격지를 찌르개의 장축 방향으로 떼어냄으로써 자루에 장착되는 부분이 얇아지며, 날과 기부는 갈리게 된다.

찌르개의 장축을 따라 이렇게 작은 격지들을 떼어내어 얇게 만드는 것을 기술적으로 플루트시킨다고 이야기하지만, 브래들리는 기술적 플루트와 형태적 플루트에 대해서 다음과 같이 중요한 구분을 제시한다.

> 기술적 플루트(*technological fluting*)는 하나 또는 그 이상의 격지들을 떼어냄으로써 양면석기의 길이 방향의 두께를 비례적으로 줄여 기부가 얇아지는 것을 말한다. 이런 떼기는 길이 방향에서 최대 두께 지점을 넘어서까지 격지흔적이 남도록 한다. 이로부터 생산되는 격지흔적들이 이후의 박리에서 보존되는지 여부와는 전혀 상관이 없다.

> 한편, 형태적 플루트(*morphological flute*)는 단순히 기부의 장착되는 부분까지 박리흔이 남아 있으며 완성품에서만 관찰된다.
>
> 이런 정의를 통해, 가령 이후의 떼기를 통해 박리흔이 사라졌을 경우, 기술적으로 플루트되었으나 형태적으로는 플루트되지 않았다는 주장도 가능하다. 또한 형태적으로 플루트되었지만 기부의 격지들이 장축의 최대 두께 지점을 지나지 못한 경우도 있을 수 있다. 기술적으로 이런 격지들은 찌르개 선형(*preform*)을 얇게 하지 못하였다.
>
> 대부분의 슬로안 유적의 달튼 찌르개들과 아마도 대부분의 다른 달튼 찌르개들도 모두 형태적으로 플루트된 것은 아닐 것이다. 하지만 나는 대다수는 기술적으로는 제작과정의 어느 단계에선가 플루트되었을 것이며, 아마도 한 번 이상 플루트되지 않았을까 생각한다. (Bradley 1997: 54~55)

고고학자들이 원래 유물론적 관점을 취하였고, 따라서 브래들리가 그랬던 것처럼 형태변이에 더 많은 주의를 기울였다면, 아마도 달튼 찌르개들이 편년적으로 어디에 속할 것인지 신속하게 알아차렸을지도 모른다. 달튼 찌르개들은 대평원지역에서 몇몇 고인디언시대의 찌르개들 — 클로비스뿐만 아니라 고션(*Goshen*) / 플레인뷰(*Plainview*) 찌르개들로 포함되는데, 후자는 플루트되어 있지는 않지만 버들잎모양으로서 클로비스나 폴섬과 닮았다 — 과 많은 특징들을 함께 한다. 적절한 지식을 가진 고고학자들과 유물 수집가들 대부분은 클로비스 찌르개와 달튼 찌르개를 쉽게 구분할 것이지만, 둘 가운데 어느 한쪽으로 분류하기 힘든 표본들도 많다. 예를 들면 〈그림 8-4〉에 나와 있는 찌르개들, 특히 오른쪽 유물을 보자. 사진에서는 분명하지 않지만, 이 13cm 길이의 유물은 최대폭이 위치한 곳에서 두께가 0.5cm 정도에 불과하다 — 이것은 "전형적" 클로비스 찌르개보다 얇고 "전형적" 달튼 찌르개의 두께 범주에 포괄된다. 또한 이 유물은 달튼 찌르개에서나 보이는 깊고 오목한 기부를 가지고 있지만, 클로비스 찌르개와 마찬가지로 '형태적 플루트'를 가지고 있다. 그렇다면 이 유물을 어떻게 처리

〈그림 8-4〉 아칸소 주와 미주리 주에서 나온
클로비스에서 달튼으로 가는 "전이적" 찌르개들

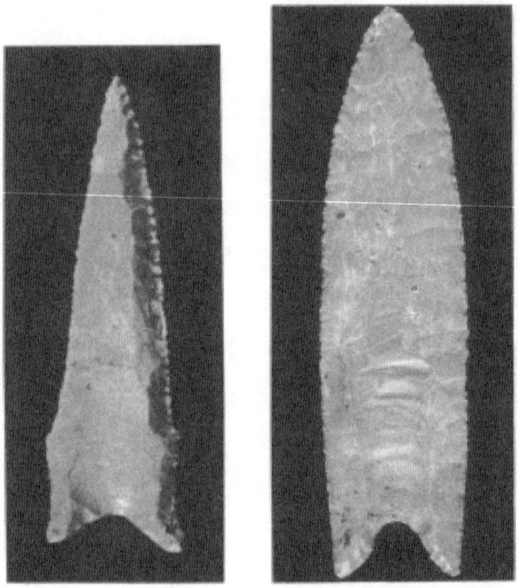

* 왼쪽 유물의 길이는 11.6cm이다.

할 것인가? 먼저 두 가지 선택 사항이 떠오른다. 첫째, 새로운 형식을 만들어 그 안에 위치 지우는 것인데, 마치 칼 채프맨(Carl Chapman 1975)이 "플루트된 달튼 찌르개"라는 말을 만들었듯이 말이다. 둘째, 현재 존재하는 두 가지 형식들—곧 클로비스 아니면 달튼—가운데 하나에 위치 짓는 방법이다. 물론 세 번째 방법도 있다. 곧, 처음부터 패러다임식 분류를 사용함으로써 그런 표본들을 걱정하지 않아도 되는 것이다. 그러나 우리는 이 단원의 처음부터 일단 이미 광범위하게 쓰이고 있는 유물 형식 명칭들을 그대로 사용한다고 밝히고 시작하였다. 물론 이런 명칭들이 본질론적이고 많은 문제가 있음을 알고서도 그러한 것인데, 어쨌든 이런 용법에 조금 더 천착해 보자.

어떠한 단위를 사용하든지 〈그림 8-4〉의 유물들은 형태적으로 클로비스 찌르개와 달튼 찌르개 사이의 것들로 보인다. 고고학자들이 유물을 주어진 어떤 형식이나 다른 형식으로 분류하면서 그 형식들이 가지는 의미에 대해서 별다른 생각을 하지 않고 흔히 간과하였던 것이 바로 이런 "전이" 형태들이다. 이 전이 형태들이 정말로 귀중한 이유는 편년적 의미와 함께 계보 — 클로비스와 달튼 찌르개가 포괄되어 있는 계보 — 의 진화적 변화에 대해서 이야기해준다는 사실이다. 아무도 기원전 8950년 쯤 클로비스 찌르개 제작이 갑자기, 그리고 완전히 중단되고 급격하게 달튼 찌르개 제작으로 이행하였다고 믿는 사람은 없다. 예를 들어 우리는 클로비스 사람들과 달튼 사람들이 마치 실재하는 것인 양 클로비스의 소멸과 달튼의 등장을 이야기한다. 예를 들면 클로비스 찌르개 안에서 보이는 변이 같은 것을 이야기하기도 해야겠지만, 그보다는 우리의 마음속에는 클로비스 찌르개의 원형이 어떠해야 하는지 하는 지침을 가지고 있으며, 이런 마음속의 그림을 통해 새로 발견되는 찌르개들을 이해하는 것이다. 어떤 특정한 유물이 클로비스, 달튼, 또는 다른 형식의 찌르개들과 유사하다는 것의 의미에 대해서는 별다른 고려가 없었다.

그렇다면 미국 중서부와 동남부에서 달튼 찌르개가 편년적으로 클로비스 찌르개 근처에까지 미치고, 기원전 8950년쯤에 만들어진 달튼 찌르개는 "고전적" 클로비스 찌르개의 속성을 많이 공유할 것이라 생각하면 어떨까? 유물론적 입장에서 '모든 것은 (어떤 한 정형에 머물러 있지 않고) 다른 어떤 것이 되려는 상태에 있다'고 할 때 플루트된 (클로비스식) 찌르개의 기부가 오목해지고 기부 양쪽이 조금 벌어져 나온 형태도 생각할 수 있지 않을까? 보고된 자료에 따르면 달튼 찌르개 가운데는 기부가 깊게 패이고 양 옆에 귀를 가졌지만 플루트되어 있다는 이유 하나로 달튼 찌르개의 범주에 집어넣지 않는 것도 있다. 이런 유물은 현재 연대측정으로는 일반적 달튼 찌르개보다 이른 것으로 되어 있다.

이 문제를 조금 다른 시각에서 살펴보자. 우리가 달튼 찌르개의 정확한 연대를 모른다고 하더라도, 〈그림 8-4〉의 유물과 같은 것은 그 연대에 실마리를 준다. 만약 클로비스, 달튼, 그리고 〈그림 8-4〉와 같은 유물을 나열하면, 클로비스 — 전이 형태 — 달튼이라는 진화적 연쇄를 어렵지 않게 도출할 수 있다. 우리는 진화의 속도가 상당히 빨랐다고 생각할 수도 있는데, 아마도 이 순서대로 변화한 것이 약 1백 년 정도에 불과하지 않았을까 생각한다. 계통 순서배열은 하나의 계보를 수립하는 첫 단계가 될 수 있으며, 몇몇 사례에서 본질론적 범주 — 표준적 석기공작 — 를 사용하고서도 가능할 수 있다. 그러나 계통 순서배열을 하기 위해서는 형식들 그 자체를 넘어서 단일한 변수의 측면에서 표본 유물들을 조사하여야 한다. 그리고 우리는 단순히 역사적 형식들의 연쇄가 아니라 하나의 계보를 만들어내는 데 주의를 기울여야 한다. 이것이 바로 우리가 계통 순서배열이 한 계통을 만들어내는 '첫' 단계가 된다는 말을 한 이유이다. 사실 순서배열에서는 단위들 사이에 커다란 덩어리가 결실되어 있을 수도 있고, 계통 순서배열이 이런 결실이 드러날 수도 있다. 우리는 지층누중의 증거들을 순서배열에 추가할 수도 있을 것이지만, 중간에 결실된 부분은 여전히 존재할 수 있음을 인지하고 있다. 하지만, 클로비스와 달튼 찌르개의 경우 우리가 알고 있는 한 미국 동남부나 중서부 — 이 지역이 달튼 찌르개의 핵심적 분포지이다 — 에서 그 어떤 유적도 그런 자료를 내지 못했다. 그런데 흥미롭게도 미국 서남부의 한 유적에서 그런 자료가 나왔다.

〈그림 8-5〉에 제시된 찌르개를 더 자세히 살펴보자. 그리고 〈그림 8-1〉의 유물들과도 비교해 보자. 〈그림 8-5〉의 찌르개는 미주리, 아칸소를 비롯한 십여 개 주에서 출토될 수 있는 것이며, 형태적 관점에서 그 어떤 고고학자도 전혀 독특한 점을 찾지 못할 것이다. 모든 점에서 이 유물은 달튼 찌르개와 닮았는데, 비록 플루트되어 있지만 "플루트된 달튼 찌르개"는 사실 중서부에서 그리 드물지는 않다. 문제는 이 찌르개가 중서부에서 출토된 것이 아니라는 데 있다. 이 유물은 뉴멕시코 주 동부의 클로비스 찌르개 유적인 블랙워터드로에서 나온 것이다. 블랙워터드로 유적은 단순히 클로비스 찌르개와 매머드 뼈가 공반했다는 사실뿐만 아니라, 그런 공반이 층서적으로 폴섬 찌르개와 들소 뼈가 공반된 층보다 아래에서 나왔다는 데 그 중요성이 있다(Cotter 1937).

〈그림 8-5〉 뉴멕시코 주 동부의 블랙워터드로에서 출토된 달튼 찌르개

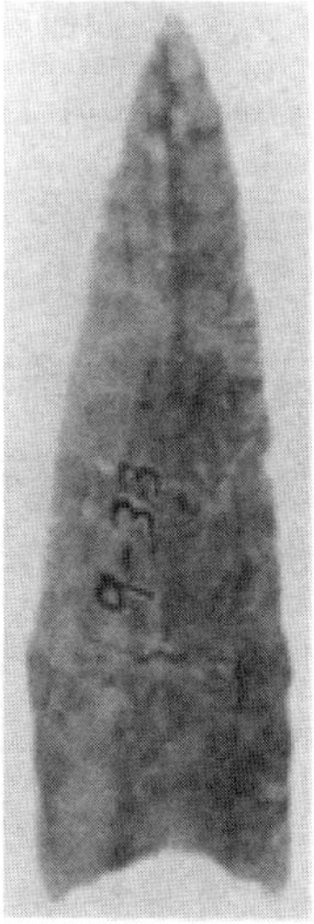

이 찌르개는 매머드 뼈와 클로비스 찌르개들이 나온 레벨에서 출토되었는데, 모두 폴섬 찌르개와 바이슨 뼈를 가지고 있는 레벨보다 층위적으로 아래에 해당한다. 유물의 크기는 5.5cm 길이다. (Cotter 1937)

〈그림 8-5〉의 찌르개는 붉은 옥수로 만들어진 것인데 클로비스 찌르개와 매머드 뼈들이 나온 레벨에서 출토되었다(Cotter 1937: 9, 12).

블랙워터드로에서 출토된 것과 같은 유물들은 우리에게 다음과 같은 물음을 던지게 한다. "달튼 찌르개라는 형식이 중서부와 동남부에 국한되어 있다면 뉴멕시코 주에서 나온 이 달튼 찌르개는 도대체 무엇이란 말인가?" 혹은, "만약 형식들이 경험 단위가 아니라 관념 단위(곧 클래스)라면 뉴멕시코 주의 유물이 달튼 형식의 분포에 포함되지 말라는 법은 없다"는 식으로 평가를 내릴 수도 있을 것이다. 여기에서 우리가 연구하고 있는 것이 복수의 발전인지, 아니면 단일한 발전과 확산 가운데 어느 것을 나타내는지를 물을 수도 있다. 다시 말하여 달튼 찌르개가 단일한 지역에서 클로비스 찌르개로부터 발전하였는지, 아니면 그 발전에 복수의 중심지가 있었는지 하는 것이다. 불행히도 이 문제를 만족스럽게 대답하는 데 충분한 분석이 실시되지는 않았는데, 이는 대체로 우리가 규범적 (본질주의적) 범주들에 의존하였기 때문이다. "달튼 찌르개는 달튼 찌르개일 뿐이다"는 관점은 공간적 중요

성을 가질 수 있는 세부적 형태변이의 가능성을 막고 있다.

브래들리가 형태적 플루트와 기술적 플루트 사이의 미묘한 차이를 관찰했던 것과 마찬가지로 어떻게든 자료를 만들어내는 일은 주의 깊은 분석을 요한다. 사실 이런 분석은 복잡한 고고 자료로부터 무엇인가를 얻어내는 유일한 방법이다. 또한 계보의 역사를 다루는 유일한 방법이기도 한데, 이것은 문자 그대로 작은 실마리들을 맞추고 관찰되는 유사성들이 공통의 조상에서 기원한 상동의 사례인지, 아니면 기능적 수렴인 상사인지를 판단해야 한다. 브래들리는 대체로 기원전 9250년에서 기원전 7500년 사이에 제작된 문자 그대로 수천 점의 찌르개들의 특징을 조사하여 스스로 "자료는 현재 클로비스에서 달튼 찌르개로의 직접적인 기술 발전을 보여준다고 믿는다"고 말한다(Bradley 1997: 57). 따라서 브래들리는 클로비스와 달튼 사이의 전승의 연속을 제시할 뿐만 아니라 중서부와 동남부에서 "클로비스 이후에는 무슨 일이 있었는지" 하는 수수께끼에 대한 해결책까지 주고 있다. 우리는 브래들리의 주장을 인정하는데, 지금까지 우리의 논의는 충분히 그럴 만하다고 생각한다. 이럴 경우 클로비스 찌르개와 달튼 찌르개 사이에 결실된 것이란 없게 된다. 달튼 찌르개는 서남부 지방의 폴섬 찌르개와 '편년적'(단지 편년적)으로 동등한 중서부 및 동남부의 형식인 것이다.

브래들리의 진술은 진화적 언어로도 손색이 없다. 브래들리는 달튼 찌르개들은 클로비스 기술로부터 발달하였다고 하였는데, 이는 어떤 생물 종이 다른 종으로부터 진화한다는 표현을 넘어서는 것은 아니다. 브래들리의 언어—기술적 변이에 대한 주의 깊은 검토를 바탕으로 한다—는 여러 형식으로 분류되는 찌르개들의 계통적 관계를 강조한다. 변이라는 측면에서 생각하고 변이를 순수한 기술(記述)의 목적이 아닌 다른 이유에서 파악하고자 한다면 관심은 차원들과 속성들로 옮아간다. 그렇다면 어떠한 차원의 변이들을 관찰할 것인가? 플루트의 존부는 분명한 차원 가운데 하나인데, 물론 우리는 브래들리(Bradley 1997)의 형태적 플루트와 기술적 플루트 사이의 중요한 구분을 명심하여야 한다. 전승의 연속이라는 관념이 시사하듯이, 이슈는 어떤 단일한 차원의 존부에 관한 것은 아니다. 최대 길이, 최대 너비, 최대 두께 역시 검토될 수 있으며, 이와 함께 날이 갈려 있는 것으로 표시되는 자루에 장착하는 부위의 길이, 돌날의 날 부분이 빗각으로 손질되어 있는지 또는 톱날 잔손질이 되어 있는지, 기부가 직선인지 오목한지, 만약 오목하다면 V자형인지, U자형인지 또는 호선 모양인지와 같은 속성도 고려될 수 있다. 찌르개를 만들어내는 기법 — 직접떼기 또는 눌러떼기, 이로부터 생기는 격지면의 생김새와 범위 등 — 역시 주목할 수 있을 것이다. 연구자는 일단 이러한 관련 변수들을 기록한 다음, 그 속성들의 분포를 찌르개 자료를 통해 검토할 수 있는 것이다. 시간의 흐름에도 개별 속성들과 그 결합이 연속되거나 그러한 연속이 결여되어 있는 것을 통해 전승의 연속성을 파악할 수 있을 것이다.

3) 발생 순서배열과 속성 상태

빈도 순서배열을 통해 전통 / 계보의 측면에서 전승의 연속을 검증할 수도 있지만, 〈표 6-1〉에 제시되어 있듯이 발생 순서배열을 통해서도 할 수 있다. 그러나 유물이라는 경험 단위들에서도 가능하다. 관심을 유물군에서의 이론 단위의 존부에서 개별 유물들에서의 이론 단위의 존부로 옮겨보자. 〈표 8-1〉이 이를 잘 보여준다. 이 표에서 6개의 속성들의 존부를 바탕으로 10개의 유물들을 파악하여(위), 그 아래에 가장 합당한 유물의 순서가 제시되어 있다. 이런 기법은 특질의 존부가 서로 중복되어 있기 때문에 시간 흐름이 파악되고 있음을 주목해 보자. 이런 결과는 유물들 사이에 전승의 연속이 있음을 강하게 말해주는 증거이다. 여기에서 중요한 것은 이 기법이 외연적 단위를 필요로 하지 않는다는 점이다. 단지 중요한 것은 표본들 그 자체이며, 변이를 측정할 때 사용되는 관념 단위들이다. 우리는 이 분석의 마지막 단계에 〈표 8-1〉에 제시된 계보를 둘로 나누어, 가령 하나는 클로비스, 다른 하나는 달튼이라는 식으로 부를 수 있을까? 이렇게 둘로 나누어 우리가 원하는 그 어떤 이름을 붙일 수 있음은 두말할 나위 없다. 여기에서 중요한 점은 어디에서 조각을 나누어야 하는지 하는 것은 큰 문제가 아니라는 사실이다. 우리는 엄격히 분석적 이유에서든지, 아니면 의사소통의 이유에서든지 그런 나누기를 할 수 있을 것이며, 우리가 그렇게 나누는 과정에서 이루어진 단계들은 분명하게 추적할 수 있다.

〈표 8-1〉 유물의 특질들을 이용하여 발생 순서배열의 절차를 제시한 사례

	특질					
유물군	A	B	C	D	E	F
배열되기 전						
1	+	+		+		
2	+	+		+	+	
3	+				+	+
4	+	+	+			
5	+			+	+	
6		+	+			
7	+	+	+	+		
8	+				+	
9	+					+
10	+				+	+
배열됨						
6		+	+			
4	+	+	+			
7	+	+	+	+		
1	+	+		+		
2	+	+		+	+	
5	+			+	+	
8	+				+	
3/10	+				+	+
9	+					+

비슷한 종류의 분석이 〈그림 8-6〉에 예시되어 있다. 그런데 이 그림에서는 관점을 차원적 분석으로 옮겨 속성의 존부가 아니라 개별 속성 상태들을 기록하였다. 이것은 〈표 5-1〉과 〈표 5-2〉에 제시된 피전루스트크릭 유적에서 나온 찌르개에 대한 패러다임적 분류와 동일한 것이다. 우리는 〈그림 8-6〉에서 일곱 개 차원들(칸)만을 제시하였는데, 각각은 몇 가지 가능한 속성 상태를 가지고 있다. 각 표본은 가로줄에 표시된 것으로 각기 상이한 것들이다. 우리는 이 가정적 사례를 통해서 속성 상태에서의 변동을 통해 개별적 차원들에서의 변화를 추적할 수 있다. 동그라미 안의 속성 상태들은(시간이 아래에서 위로 흐른다고 가정할 때) 직전 표본들에서 상태가 변화된 것을 나타낸다.

〈그림 8-6〉 패러다임적 클래스들을 바탕으로 (아래에서 위로) 시간의 흐름에 따라 속성들의 진화를 예시해주는 그림

시간 (↑)	상태						
	1	⑥	6	①	4	3	6
	1	4	6	4	4	③	6
	1	4	⑥	4	4	2	⑥
	1	4	5	④	4	2	4
	1	④	5	3	④	2	4
	1	3	5	③	3	②	4
	1	3	⑤	5	3	1	4
	1	3	4	5	③	1	④
	1	③	4	5	2	①	3
	1	2	4	⑤	2	4	3
	1	2	④	2	②	4	3
	1	2	1	2	5	4	3

* 동그라미 안의 속성 상태들은 바로 직전의 상태로부터의 변화한 것을 가리킨다.

예를 들면, 가장 오래된 표본에서 그 다음 표본으로 변화할 때 속성 상태에서 두 가지 변화가 있었는데, 하나는 차원 3에서 그리고 다른 하나는 차원 5에서 나타난다. 여기에서 중요한 것은 12개 표본 모두가 이웃하는 표본들과 5～6개의 속성 상태를 공유한다는 점이다. 이렇게 우리가 구성한 바와 같은 연쇄는 위에서 아래까지 전승의 연속이 있음이 분명하다.

〈그림 8-6〉의 각 표본들은 숫자로 표현된 클래스로부터 추출되어 정의된 어떤 그룹의 구성원이 된다. 때문에 표본들은 독자적인 시공간적 위치를 가진다. 추가적으로 전승의 연속을 확증할 수 있는 방법으로 빈도 순서배열을 만들어 볼 수도 있을 것이다. 우리는 단지 표의 위를 가로질러 그룹들을 배열하고, 가장 왼쪽 칸에 위치들을 제시하여 그 위치로부터 각 그룹의 빈도를 셈할 수 있다. 표본추출상의 오차(아마도 표본의 크기 때문에 오는 오차)를 논의에서 배제할 수 있다고 하면, 빈도 순서배열은 〈그림 8-6〉에 나와 있는 발생에 바탕을 둔 순서와 일치할 것이다. 아마도 실제로 아주 '근접하게' 일치할 것인데, 그것은 〈그림 8-6〉의 그룹들이 좋은 '역사적 형식'의 사례들로 보이기 때문이다. 그러므로 그룹들은 빈도 순서배열에도 잘 적용될 수 있을 것인데, 물론 순서배열 모델의 규정을 만족한다면 말이다.

4) 변화의 속도와 양태

지금까지 우리는 전승의 연속을 강조하였는데, 찌르개 진화의 속도와 양태 그 어느 것에 대해서도 충분히 논의하지 못하였다. 우리는 지금까지 논의가 찌르개들이 계통적 점진설의 가설에 들어맞는, 그리고 향상진화의 느낌만을 주었음을 인정한다. 하지만, 모든 찌르개 진화가 점진적이리라 생각할 근거는 없으며, 점진설이 적용되는 사례에서도 향상진화의 양태를 띨 것이라 가정할 이유도 없다. 사실, 우리는 향상진화가 유물 계보를 만들어내는 데는 분지발생보다 큰 역할을 하지 못하였으리라 보는데, 그 이유는 변이에 작용하는 선택이 그만큼 빠르게 일어나기 때문이다. 따라서 속도와 양태는 아주 밀접하게 연결되어 있다. 변화는 빨리 일어나고 또 가지를 치면서 일어나는 것이다. '만약 우리가 공통의 조상에서 기원한 특질들〔공통 파생형질(*synapomorphy*)〕을 가려낼 수 있다면, 분지도를 작성하여 찌르개 계보들 사이의 진화적 관계를 나타낼 수도 있을 것이다. 이 작업은 고고학에서 거의 시도되지 못하였다.

〈그림 8-7〉은 패러다임식 클래스들과 그로부터 끌어온 그룹들을 사용한 분지도(아래)와 향상진화의 사례(위)를 대비시킨 것이다. 향상진화에서 그룹 134698은 시간 t_1에서 선조 그룹이다. 시간 t_2가 되면 차원 4의 속성 상태는 6에서 7로 바뀌고 t_3이 되면 차원 3의 속성 상태는 4에서 3으로 변했다. 차원 1, 2, 5의 속성 상태는 이 시퀀스 내내 결코 변화하지 않는다. 그러나 실제로 진화는 분지발생으로 일어났을 수도 있는데, 〈그림 8-7〉의 아래에 나타나있는 바와 같다. 그룹 134698은 여전히 조상 그룹이지만, 그룹 134798에서 직접적으로 진화하지 않고 두 선—134699선(우리는 이것을 무시할 것이다)과 또 다른 선—으로 갈라진다. 어느 정도 시간이 흐른 뒤 "다른" 선도 갈라져 이 가운데 하나가 결국 124798로 향하고 다른 선은 형태공간에서 상이한 방향으로 흐르게 된다. 시간이 흐른 뒤 그 새로운 "다른" 선은 갈라져서 하나는 궁극적으로 그룹 133798이 되고 다른 하나는 134798로 향한다. 〈그림 8-7〉에 보이는 단계통적 그룹들은 공통 파생형질들을 설정하고 그것을 분석에 사용함으로써만 만들어질 수 있는 것이다. 파생된 특질과 비파생적(선조 또는 시원) 특질들을 뒤섞으면 잘못된 계통발생을 만들어낼 가능성이 높다.

만약 분지발생이 일어났다면, 그 변화는 계통적 점진설의 모델, 아니면 단속평형설의 모델, 그 어느 것과 부합하는가? 우리가 아는 한 단속평형설은 고고학에서 검증되지 않은 생각이지만, 적용 불가능하다고 볼 이유는 없으며, 사람에 관한 문제를 다룰 때는 계통적 점진설이

〈그림 8-7〉 찌르개 그룹들의 진화와 관련하여 향상진화(위)와 분지발생(아래)의 사례

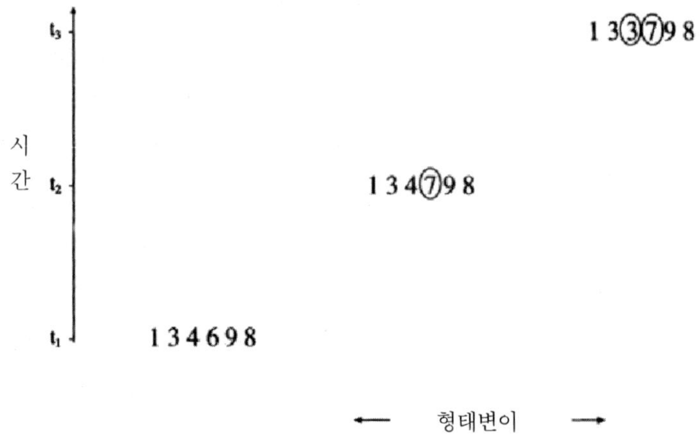

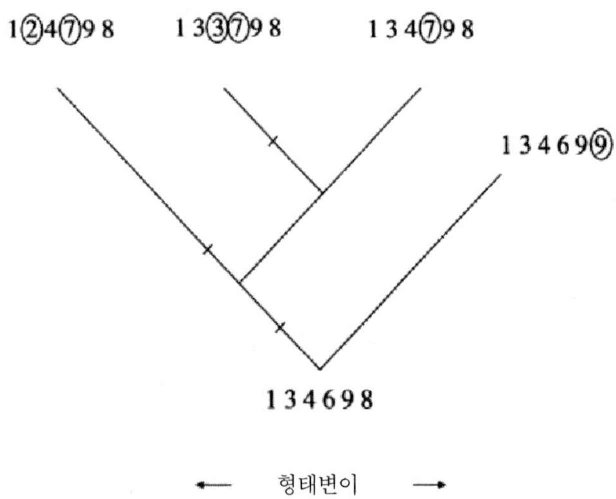

향상진화에서 그룹들은 직접적으로 차원들의 속성에서의 변화를 통해 하나의 선조로부터 다른 것으로 진화한다. 동일한 종류의 변화들이 분지발생을 통해서도 나타나지만, 분지발생에서는 그룹들이 자손 그룹들로 분지한다.

옳다고 가정할 필요도 없다. 사실 앤토니 바노스키(Anthony Barnosky 1987)의 제 4기 포유동물 자료에 대한 분석에 따르면 두 가지 양태 모두 진화에서 중요한 역할을 함을 알 수 있다. 아직 우리는 단속평형설이 인류 진화에서 어떤 역할을 했는지 보여주는 자료를 가지고 있지 못하지만, 적어도 다음과 같은 한 가지 사례는 좀더 면밀히 검토할 수 있을 것이다. 그 사례는 북아메리카에서 대체로 기원전 9250년 이후 어떠한 일들이 있었는지 하는 것이다. 우리 생각을 말하기 위해서 다시 이미 확립된 찌르개 형식들을 언급하면서, 단속평형설을 주창하는 연구자들이 종을 사용하는 방식과 똑같이 사용해 보자.

우리는 클로비스 찌르개와 아마도 아직 확인되지 않은 (그래서 아직 이름이 붙여지지 않은) 형식의 찌르개들이 선행 형식에서 비롯되었을 것이라고 생각한다. 기원전 약 9000년을 몇백 년 전후한 시기에 달튼 찌르개들이, 아마도 중서부 또는 동남부에서 클로비스 찌르개로부터 진화하여 빠르게 다른 지역들로 퍼졌다. 달튼 찌르개들이 어디에서 처음으로 만들어졌는지를 확인하는 것은 불가능하다. 뿐만 아니라 유물론적 시각에서는 하나의 종이 어디에서 처음 나타났는지를 설정하는 것과 마찬가지로 비논리적이기도 하다. 다만 논의의 편의를 위하여 이미 제 2장과 제 5장에서 했던 논의를 다시 되풀이하지 않기 위하여 일단 새로운 형식의 출현이 모처에서 어떤 시점에 일어났으며 그 기술이 다른 지역으로 확산되었다고 해두자. 물론 진정으로 자료가 말하는 것은 형태상 지속적 진화로 변화가 축적됨으로써 어떤 시점에선가 연구자가 형식이란 측면에서의 변화로 인식하게 되었다는 것이다. 미국 동남부에서는 확실히 기원전 약 8950년 이후 변화의 속도가 빨랐으며 가시성도 높았다. 고고학자들은 여러 형식 명칭들(*Suwannee*, *Simpson*, *Quad*, *Cumberland*)을 사용하여 그런 변이를 다루었다.

미국 서부에서 과연 폴섬 찌르개들이 클로비스 찌르개로부터 진화하였는지에 대해서는 오랜 의문이 있었다. 클로비스로부터 폴섬 찌르개가 진화하였다는 생각은 ① 존 코터(John Cotter 1937)가 블랙워터드로 유적에서 클로비스 찌르개보다 층위적으로 위에서 폴섬 찌르개를 발견하였으며, ② 폴섬의 연대값이 클로비스의 연대값보다 일관되게 늦으며(Tayloer et al. 1996), ③ 두 형식의 찌르개들이 비슷하다는 사실 때문에 논리적인 것이라 여겨졌다. 고고학자들은 "폴섬 사람들"과 "클로비스 사람들"이라는 말로 마치 둘이 독자적 집단이었던 것처럼 부르기도 하며, 매머드가 절멸되는 시점에는 클로비스 사람들이 찌르개를 던졌으며, 폴섬 찌르개는 들소를 사냥하기 위해 만들기 시작했던 것처럼 말하기도 한다. 그러나 아마 그렇지는 않았을지 모른다. 이런 진술은 대평원 서북부에서 최근 브루스 브래들리와 조지 프리슨이 찌르개 제작에 대해서 새로이 논증한 근거들을 바탕으로 한 것이다. 물론 브래들리와 프리슨의 논평은 임시적인 것임을 인정하더라도 면밀히 검토해볼 필요는 있다.

이슈가 되는 것은 고션(*Goshen*) 찌르개들의 편년적 위치인데, 이 찌르개는 실제로는 플레인뷰(*Plainview*) 찌르개와는 거의 구분하기 힘들다(Frison et al. 1996) — 대평원 지역 전역에서 발견되며 잘 만들어졌으며, 기부가 얇게 되어 있고, 플루트되어 있지 않으며 홈이 패어 있지도 않다. 플레인뷰 찌르개가 처음으로 발견되고 서술되었던 대평원 남부에서는 폴섬 이후의 시기로 믿어지고 있으나 대평원 북부에서는 문제가 다르다. 북부에서는 최근 많은 방사성탄소연대값들은 플레인뷰(고션) 찌르개들은 클로비스 찌르개 — 보다 '이르지는' 않다 하더라도 — 와 동시기임을 시사해준다. 어찌되었든지 이 지역에서 방사성탄소연대값들로는 플레인뷰(고션) 찌르개들이 폴섬 찌르개보다 시간적으로 이른 것이다. 브래들리와 프리슨(Bradely and Frison 1996)은 클로비스, 폴섬, 고션 찌르개 일반, 그리고 특히 몬태나 주 동남부의 밀 아이런(Mill Iron) 유적에서 나온 고션 찌르개에 대한 분석을 토대로 고션 찌르개들이 기술적으로는 클로비스 찌르개보다는 폴섬 찌르개들에 훨씬 가깝다고 말하였다. 이 찌르개들은 확실히 "고인디언시대를 전공하는 고고학자들이 기대하는 찌르개 형식은 아니다. 이 찌르개들은 확실히 기술적으로 그리고 형태적으로 클로비스와 폴섬 사이의 전이적인 것을 나타낸다"(Frison et al. 1996: 206). 때문에 프리슨 등(Frison et al. 1996: 208)은 "현재로서는 북부 및 서북부 대평원의 폴섬 찌르개에서 보이는 플루트 형태는 고션 찌르개 이후의 현상인데, 이는 밀아이런 유적의 증거로 볼 때 고션 찌르개가 기술적으로 폴섬 찌르개에 선행하기 때문이다"고 결론을 내린다. 다시 말해 폴섬은 고션 찌르개에서 진화하였지 클로비스에서 진화한 것은 아니라는 말이다.

폴섬 찌르개는 클로비스를 이은 것이라는 생각이 광범위하지 않았다면, 이미 고션 찌르개의 편년적 위치에 대해서 세밀한 기술적 분석이 있었을지도 모른다. 프리슨 등(Frison et al. 1996: 209)은 이 점을 지적하면서 "층위적 해석들 때문에 고인디언시대의 고고학자들은 잘못된 결론에 이르렀을 수도 있다. 헬갭(Hell Gap), 애거트베이신(Agate Basin), 카터/커맥기(Carter/Kerr-McGee) 같은 층위 유적을 검토해 보면 고인디언시대의 편년 자료를 시간상 중복이 없이 직전의 층위적 선행자로부터 바로 진화한 하나의 문화복합체로 생각할 유혹에 빠지는데, 실상 이것은 사실과는 다를 수 있다"라고 말한다. 프리슨과 동료 연구자들의 지적은 옳다. 고인디언시대 전공자들이 가지고 있는 생각은 문화들 또는 "문화복합체"는 층위적으로 아래에 놓인 것으로부터 진화한다는 것이다. 그런데 이 관점은 고고학이 시간의 흐름을 추적하기 위한 수단(시간의 연속)으로서 뿐만 아니라 전승의 연속을 논증하기 위한 수단으로서 지층누중에 의존한 것에서 직접적으로 기인한다. 그러나 우리가 살펴보는 대평원 서북부의 사례는 연속이 아니라 대체의 사례일 수도 있다. 일단 본질론적 어조를 유지하면서 말하자면 아마도 고션 전통과 클로비스 전통은 동시기였을 것이며, 폴섬은 고션에서 진화한 것으로 보인다. 아마도 그 이후의 전통들—애거트베이신, 헬갭 등—은 폴섬에서 진화했을 것이다. 그렇다면 클로비스의 후손은 어찌되었는가? 미국 동남부에서는 클로비스가 달튼으로 이어졌는데, 대평원과 서남부에서는 어떻게 되었는가? 미저브(*Meserve*) 형식의 찌르개 — 보통 "서부" 형식의 찌르개라 생각되고 있다 — 는 형태적 특징이 구분할 수 없을 정도로 달튼과 닮았다는 점을 주목하는 것 말고는 적당한 답을 찾을 수 없다. 이렇게 일단 달튼과 미저브 찌르개를 형태적으로 동등한 것으로 보면 서부에서 클로비스 이후 찌르개들의 계보상의 공백은 사라지게 되는 것이다.

만약 클로비스와 고션 찌르개가 독자적이면서도 동시기의 전통들이었다고 한다면, 공통의 조상을 가졌을 것인가? 우리는 아마도 그러했을 것이라고 생각은 하지만, 이 문제에 답할 자료가 현재로서는 전혀 없다. 브래들리(Bradely 1997: 57)는 달튼 찌르개와 폴섬 찌르개에 후행하는 다른 몇몇 대평원의 찌르개 '양식들' 사이의 유사성을 주목하면서 다음과 같은 흥미로운 관찰을 제시하고 있다. "고지대 대평원에서 클로비스 이후의 고인디언시대 양식들과 달튼 찌르개의 유사는 피상적이어서 기껏해야 클로비스에 선행하는 것으로부터 공통으로 기원했음을 시사할 뿐이다." 다시 말하면 클로비스에 선행하는 어떤 형식이 한편으로는 클로비스로 진화하여 달튼 찌르개를 낳았으며, 다른 한편으로는 아마도 고션 찌르개로 진화하였다는 것이다.

이런 식으로 대평원의 초기 찌르개 형식들에 대해 논의하여 보면 전반적 이슈는 장기간의 세밀한 분지적 분석이라는 점이 분명해졌을 것이다. 우리는 위에서 고의로 생물학자들이 본질론적 용어를 써서 생물학적 분류군의 진화에 대해서 이야기하는 것과 똑같은 방식으로 본질론적 언어를 사용하였다. 그렇다고 해서 궁극적으로 패러다임식 분류를 사용하여 검토 대상 그룹들을 만들어내야 한다는 믿음을 결코 저버린 것은 아니다. 우리의 논의는 분지발생이 찌르개 기술의 진화에 주된 역할을 할 수 있음을 말하고 있는 것이다. 이러한 틀을 따라 앞으로의 연구는 찌르개 형식의 진화에서 분지발생과 향상진화 모두가 했던 역할의 범위에 대해 초점을 맞추어야 할 것이다. 그렇게 하기 위해서 공통 파생형질들을 확인한다는 측면에서 표본들을 검토하여야 하며, 그렇게 해야지만 분지도가 의미를 지닐 것이다. 이것은 어떠한 차원을 사용할 것인지를 결정해야 하고, 속성 상태를 설정하는 등 많은 노력이 들어가는 작업이 될 것이지만, 연구 결과는 미국 고고학에 기념비적인 것이 될 것이다.

또한 이러한 연구를 토대로 다음과 같은 두 가지 일을 할 수 있을 것이다. 첫째, 고고 자료에서 보이는 패턴들에 단속평형설이 어떠한 효과를 내고 있는지를 검토할 수 있을 것이다. 만약 프리슨과 브래들리가 말한 폴섬 찌르개와 클로비스 찌르개가 상이한 역사를 가지고 있다는 생각이 옳다면, 클로비스 찌르개와 폴섬 찌르개들이 동일한 지역에서 나타나는 사례들 가운데는 단속평형설을 통해서 설명할 수도 있는 것도 있을 것이다. 블랙워터드로 유적과 같은 사례가 그러할 수 있는데, 이 유적에서 폴섬 찌르개들은 층위적으로 클로비스 찌르개나 달튼/미저브 찌르개보다 위에서 나온다. 여기에서 큰 관심을 끄는 것은 전술한 테일러 등(Tayloer et al. 1996: 523)이 "북아메리카에서 시간적으로 가장 늦은 클로비스 점유는 가장 이른 폴섬 점유에 선행한다"는 언급이다. 테일러 등이 말하는 클로비스에서 폴섬으로의 "전이"—이들은 백 년 이내의 시간 안에 이루어졌을 것이라고 본다—는 전혀 전이가 아닐 수도 있는 것이다. 오히려 그 변화는 폴섬 찌르개가 중심지에서 다른 지역으로 확산되는 시간을 비추어줄 수도 있는 것이다.

둘째, 그러한 연구를 토대로 진화의 속도를 검토할 수 있을 것이다. 대평원 서북부에서는 확실히 고션-폴섬 계보는 빠르게 여러 형태들로 진화하였다. 만약 프리슨과 브래들리가 옳다면, 미들랜드 찌르개나 애거트베이신 찌르개와 같은 형식들은 클로비스가 아니라 고션-폴섬 계보에서 진화한 것이며, 아주 빠르게 진화하였다. 중서부와 동남부에서는 클로비스-달튼 계보에서 진화한 찌르개 형태들이 문자 그대로 폭발적으로 증가하였다. 이 시점에 여러 형태들의 출현 시기는 몇몇 방사성탄소연대값에서 서로 아주 밀접하여 있다. 때문에 우리는 그 진화적 속도에 대해서는 별로 알지 못하고 있다.

5) 찌르개 계보들의 설명

다음과 같이 앞으로 연구에 필요한 토대를 만들었다고 가정해 보자. 다시 말해 찌르개 수천 점을 분석하여 모두 패러다임식 분류에 근거하여 그룹들로 배열하였으며, 논리적 연쇄를 만들어 이것이 전승의 연속을 가짐을 검증하였고, 진화적 속도와 양태에 대해 예비적 관찰을 하였다고 가정해 보는 것이다. 이 자체로도 아주 큰 일이 되겠지만, 아직 풀어야 할 일도 많다. 다시 말해 왜 찌르개 계보의 변화 양상을 설명해야 하는 것이다. 설명은 찌르개의 장착과 관련한 양상에서 하나의 실마리를 풀어낼 수 있을 것이다. 장착은 그 자체로는 기술과 관련된 것이지만, 몇몇 형태적 특성들은 기능과 직접적으로 연관되어 있다고 볼 수 있다. 형태와 기능은 독립적이면서도 서로 관련되어 있다. 곧, 형태에서 나타나는 변화는 기능의 변화에서 유래된 것일 수도 있고, 기능 변화를 유발시킬 수도 있다. 실험적 수단을 통해서 왜 특정한 공학적 디자인이 다른 대안들에 비해 우월하였는지, 그리고 유물의 사용자(이 경우 생계를 주로 사냥에 의존하였던 고인디언시대 사람들)들에게 미쳤던 효과는 무엇이었는지를 판단하는 것은 고고학자의 몫이다.

오브라이언과 우드(O'Brien and Wood 1998: 114~17)는 기원전 9000년에서 7000년까지 사냥 기술을 개괄하는 글에서 날을 빗각으로 손질한 사례가 많고 달튼 찌르개의 크기가 큰 것은 다트(*dart*)의 필요성을 보여주고 던져서 날아갈 때 안정감을 높이기 위해서라고 지적한 바 있다(물론 깃이 아직 사용되지 않았음을 전제로 한다). 휴즈(Susan Hughes 1998)는 와이오밍 주 서북부 머미(Mummy) 동굴에서 출토된 찌르개를 분석한 글에서 무거운 찌르개는 초기 찌르개 도구들이 깃을 사용하지 못하였음을 보여준다고 한 바 있다. 클로비스 이후의 찌르개에서 보이는 공학적 변화(예를 들면 달튼찌르개의 날을 빗각으로 손질한 것과 같은)는 아틀라틀(*atlatl*)[5]의 등장과 밀접하게 연관되어 있다고 믿는다. 똑같이 중요하면서도 기능적으로 상이한 것은 찌르개의 기부,

곧 장착되는 부분이 뼈나 나무 자루에 단단히 얽어매는 방식에서 많은 발전을 이룩한 것이다(고인디언시대의 장착에 관한 논의와 참고 문헌들은 Hughes 1998과 Lyman et al. 1998a 참조).

로버트 뮤실(R. Musil 1988)은 찌르개의 장착에 대해 설득력 있게 논의를 전개하면서 공학적 설계에 관한 중요한 이슈들을 잘 지적하고 있다. 뮤실의 결론이 모두 옳은 것은 아니겠지만, 중요한 것은 역사 계보를 설명하기 위해서 필요한 연구들이 무엇인지를 아주 명확하게 말하였다는 점이다. 논문의 제목인 "기능적 효율성과 기술 변화: 북아메리카 선사시대의 찌르개 장착의 전통"에서도 알 수 있듯이 뮤실은 기술적 변화(곧 자루에 장착하는 방식)를 기능적 효율성과 연결시킨다. 뮤실이 장착에 있어서 기능적 효율성을 독립적 변수로서 강조하는 것은 집단의 차이(곧, 상이한 집단이 상이한 형식의 찌르개를 만들었다는 주장)나 편년(시간의 흐름에 따라 상이한 형식의 찌르개들로 변한다는 주장), 경제(상이한 형식의 찌르개들이 상이한 종류의 사냥감 획득에 쓰였다는 주장) 등을 강조하는 것과는 많은 차이가 있다. 뮤실의 대평원과 서남부에서 찌르개 형태의 시간적 시퀀스—이것을 플루트/버들잎모양의 전통에서 슴베가 달린 전통으로, 그리고 홈이 파인 전통으로—에 대한 설명은 다음과 같다.

> 새로운 장착의 전통과 장착 기술에서의 변화를 보면 계기적 형태들이 더 효과적인 사냥도구가 되고 있으며, 부러진 찌르개들을 효율적으로 재사용하고 나무 자루 손상이 덜 가도록 만들어짐을 알 수 있다. 찌르개 형태에서의 변화는 보통 장착 요소와 관련되어 있고, 대부분의 찌르개 디자인이 장착과 연관되어 있다. 이러한 시각에서 여러 찌르개들에서 나타나는 다양한 형태들은 사람들의 이주로부터 파

---

5) 옮긴이 주—아메리카 인디언의 사냥도구에서 흔히 발견되는 것이다. 창을 손으로 직접 던지지 않고, 창을 꺽쇠와도 같은 도구에 꿰어 던짐으로써, 사정거리가 비약적으로 늘어남은 물론 속도가 빨라져 강력한 사냥(또는 전쟁) 도구가 된다.

> 생되었거나 특수한 환경이나 사냥 경제에 상이한 방식으로 적응한 결과가 아니라 찌르개라는 물질문화의 한 요소에서 나타난 기술적 변화로 생각된다. 이런 관점에서 이전 전통의 디자인들보다 기능적으로 더 효율적이었다는 점에서 찌르개 형태에서의 계기적 변화들이 일어나고 채택되었던 것이다. (Musil 1988: 373)

뮤실(Musil 1988: 373)은 찌르개들이 완전한 무기를 구성하기 위해서는 자루(자루 자체가 복합적 부분일 수도 있는데, 특히 창이나 다트일 경우라면 더욱 그러하다), 얽어매는 방법, 장착 기법 등의 요소가 있어야 한다고 본다. 뮤실은 다음과 같이 찌르개가 찌르는 도구로서 기능을 하고 나무 자루와 찌르개 자체를 보호하게 해주는 네 가지 설계적 차원을 제시하였다. ① 짐승의 가죽을 뚫을 수 있는 날카로운 뾰족끝, ② 상당한 상처를 내게 하는 날카로운 측면 날, ③ 자루가 쪼개어지지 않도록 충격을 흡수하는 장착, ④ 찌르개 자체에 파손을 최소화하며 파손되었을 경우 재사용될 수 있는 자루 디자인의 네 가지이다(Howard 1995도 참조). 뮤실은 세 가지 주된 장착의 전통(계보)을 제시하였는데, 이 가운데 하나는 두 가지 아전통으로 구분하기도 하였다. 첫째 플루트/버들잎모양 전통은 클로비스, 폴섬, 고션, 미들랜드, 플레인뷰 형식의 찌르개들을 포괄한다. 둘째 슴베 찌르개 전통은 어깨와 슴베가 추가되어 버들잎모양이면서 양 측면이 평행한 아전통의 찌르개들(앨버타, 스콧블러프/에덴, 미늘달린 하딘, 윈디스트 형식들 포함)과 단면과 슴베가 두터워진 버들잎모양 찌르개의 측면이 축약된 아전통의 찌르개들(애것베이신, 헬갭, 하스켓 형식들 포함)의 두 아전통이 있다. 홈날 찌르개 전통은 마지막 세 번째 주요 전통이 된다.

뮤실은 가장 시기가 이른 찌르개들을 포함하고 있는 플루트/버들잎 전통이 세 가지 장착 전통 가운데 가장 효율성이 떨어진다고 보았다. 그 이유는 찌르개가 파손될 때 상당한 정도의 석기가 폐기되며 재가공의 기회가 훨씬 적고, 자루의 파손 위험성도 높기 때문이다.

기부의 너비를 기준으로 보면 클로비스, 폴섬, 그리고 이와 관련된 달튼을 포함한 버들잎모양의 찌르개들은 분명 나무 자루 끝을 쪼개는 방식으로 장착하였을 것이다(〈그림 8-8a〉). 충격이 가해지면 그것은 대부분 찌르개 전체 — 보통 여기에 포괄된 찌르개 형식들은 이미 기부가 얇게 되어 있다 — 를 따라 흘러 나무 자루에까지 미치게 된다. 프리슨과 토드(Frison and Todd 1986: 123~128)는 뮤실(Musil 1988: 376)이 그랬던 것처럼 이런 식으로 찌르개가 자루에 끼워지게 되면 충격으로 나무 자루가 더 많이 쪼개지게 됨을 주목하였다(Howard 1995 도 참조). 또한 장착되는 부분 주변 기부가 수평으로 파손된 흔적을 가

〈그림 8-8〉 찌르개가 자루에 장착되는 기법들

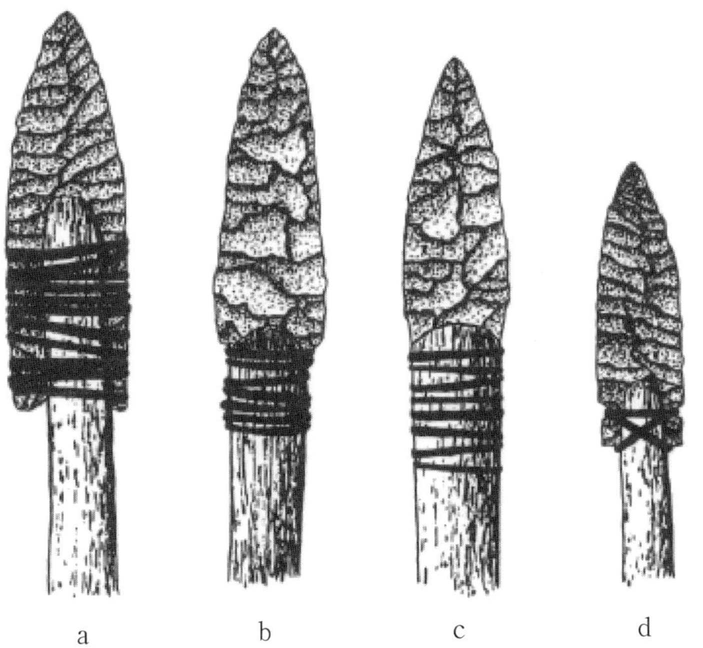

a는 평행한 버들잎 모양 찌르개를 나무 자루 끝을 쪼개는 식으로 장착하는 방법, b는 슴베 달린 찌르개를 나무 자루 끝부분을 쪼개는 식으로 장착하는 방법, c는 기부가 축약된 슴베 찌르개를 자루에 홈을 파서 장착하는 방법, d는 측면 홈손질된 찌르개를 자루 끝을 쪼개는 식으로 장착하는 방법. (Musil 1988).

진 버들잎모양 찌르개들의 수를 고려할 때, 이런 유물들을 장착하는 방법은 찌르개를 장착한 창의 생명을 늘리는 데 아무런 도움이 되지 않는 것이다.

슴베 달린 찌르개 전통에서 평행한 양 측변을 가진 아전통에 속하는 찌르개들은 나무 자루 끝을 쪼개어 얽어매는 방식이 가장 그럴듯하며(〈그림 8-8b〉), 기부가 축약된 형태의 찌르개 아전통에서는 두터운 단면과 둥그런 슴베 때문에 아마도 자루 끝부분에 홈을 파서 장착하였을 것으로 보인다(〈그림 8-8c〉). 뮤실(Musil 1988: 379)은 "〔측면이 평행한 찌르개의〕 얽어맨 부분의 어깨는 기부/자루의 파손을 경감시켜 주고, 때문에 어깨가 없는 버들잎 모양 찌르개에서보다 자루의 손상을 막아주고 동시에 날의 측면에서 얽어맨 부분이 드러나지 않도록 한다"고 주목하였다. 만약 돌날의 목적이 큰 상처를 내는 것이라면, 날이 더 많이 노출되어 있을수록 다트/창끝이 사냥감에 더 깊이 박힐 것이다(Howard 1995). 플루트/버들잎모양보다 기부가 축약된 둥그런 슴베 디자인이 더 효율적인 이유는 두 가지인데, "슴베는 날로부터 얽어맨 부분을 제거해 주고, 따라서 찌르개가 사냥감에 박힐 가능성을 높여주며, … 길고 두터운 슴베는 전체 슴베의 길이가 나무 자루에 접하여 무디고 두터운 기부가 찌르는 힘을 대부분 흡수하게 된다"는 것이다(Musil 1988: 379).

역사적 관련을 살펴보면, 대평원에서 층위적 공반 관계(가령 와이오밍의 헬갭 유적에서와 같이)는 방사성탄소연대값들과 함께 애것베이신 슴베 축약형 찌르개가 헬갭 슴베 축약형 찌르개보다 이름(애것베이신 찌르개는 8500~8000 BC이며 헬갭 찌르개는 8000~7500BC이다)을 시사하며, 몇몇 사례는 둘이 동시기 형태이면서도 헬갭이 애것베이신보다 늦게까지 존속했음을 시사하기도 한다(애것베이신 찌르개는 기원전 8500~8000년, 헬갭 찌르개는 기원전 8500~7500년) (Agenbroad 1978; Frison 1991). 이 두 형식의 찌르개는 모두 평행 측변을 가진 앨버타, 스콧브럴프, 에덴 찌르개보다 이른데, 후자의 찌르개들은 기원전

7500~6500년 사이에 분포한다(Frison 1991). 비록 뮤실(Musil 1988: 382)은 대평원에서 평행한 측변을 가진 찌르개들이 측변이 축약된 슴베를 가진 찌르개와 시간적으로 중복될 수도 있을 것이라고 보기는 하였지만 말이다(Agenbroad 1978).

플루트/버들잎 찌르개에서 축약된 측변 찌르개로, 그리고 다시 평행 측변의 찌르개로의 시퀀스이든지, 아니면 초기의 플루트/버들잎 찌르개에서 동시기 두 개의 찌르개 제작 전통으로의 시퀀스이든지, 결국은 모두 홈이 파인 찌르개들이 이전의 것들을 대체하게 된다(〈그림 8-8d〉). 이 찌르개는 뮤실(Musill 1988: 382)이 주목하였듯이 "자루에 장착하는 이전의 모든 기법들을 케케묵은 것으로 만들어버린" 특징을 지니고 있었다. 비록 이 말은 어느 정도 과장된 표현이지만, 홈이 파인 속성이 기원전 7500년에서 시작하여 역사시대까지 지속되었다는 사실은 연구자로 하여금 "홈을 파는 방식이야말로 선사시대 북아메리카에서 발날시킨 가장 효율적인 장착 기법"이라고 인정하게 만든다(Musil 1988: 382). 그 효율성은 다음과 같이 몇 가지 방식으로 가늠해 볼 수 있다.

> 홈손질을 통해 얽어 매이게 되는 부분이 홈 안으로 들어감으로써 그 부분을 제거할 수 있게 된다. 구석이 홈손질되거나 기부가 홈손질된 찌르개에서 측면 날은 얽어맨 끈 부분이 없는 깨끗한 자르는 날을 가지게 된다. 홈손질의 가장 주된 이점은 보통 장착되는 부분에 가해지는 충격이 홈손질을 가로질러 발생한다는 점인데, 이것은 기부 조각이 폐기될 때 석재의 낭비를 줄일 수 있음을 의미한다. 이로써 잔존하는 찌르개를 다시 복원하고 돌날에 추가적으로 새로운 홈손질을 베풀어 이전의 제작 전통에서보다 찌르개가 더 자주 그리고 더 성공적으로 재장착될 수 있게 되는 것이다. 이런 식으로 똑같은 유물이 몇 번 파손된 뒤에도 다시 자루에 끼워 사용할 수 있게 된다. (Musil 1988: 382)

홈손질된 찌르개가 버들잎 모양의 찌르개를 급격히 대체하는 양상은 기능적 우월성을 잘 보여주는데, 여러 지역들에서 동일한 시기에 등장하였다는 사실은 새로운 혁신이 숲속의 불처럼 급속히 퍼졌거나, 아니면 여러 곳에서 출현하였을 가능성을 시사해준다. 아마도 두 가지 모두 일어났을 가능성이 있다. 측면 홈손질의 출현과 기술 발전은 다른 연구자들이 자세히 논의한 바 있다(서부에서는 Beck 1995, 1998; 중서부에서는 O'Brien and Wood 1988 참조). 지금까지 우리가 살펴본 것은 먼저 그 연대기의 역사적 서술 — 설명 — 을 개괄하는 것이다. 설명은 원인 — 선택(*selection*) — 을 찾는 것에서 비롯되는 것이다. 무기 투사 체계의 기능적 특질들은 지속적으로 선택의 영향을 받는데, 이는 그 체계를 구성하는 성분들에 대한 세밀한 분석을 통해서 추적할 수 있다. 지금으로서는 그 같은 분석은 휴즈(Hughes 1998)의 연구밖에는 없으며, 이것이 앞으로 연구들에 모델이 될 것이다. 휴즈는 진화이론적 뼈대 안에서 이루어진 공학적 분석을 통해 단순히 변화를 해석하는 것이 아니라 변화의 성격을 설명할 수 있게 됨을 설득력 있게 논증하였던 것이다.

6) 빈도 순서배열과 중서부 지방의 토기 변화

일리노이강 하류의 토기 변화에 대한 데이비드 브론(David Braun 1983, 1985a, 1985b, 1987, 1991, 1995)의 광범위하고 세밀한 연구는 훌륭한 분석 및 다윈 진화이론을 적용하여 고고 자료의 변화를 통찰하고 있는 좋은 사례이다. 비록 우리는 양식(*style*)에 대한 브론의 관점(e.g., Braun 1995)에 의견을 같이 할 필요는 없지만, 그의 논문은 유물의 계보와 확립과 설명에 초점을 맞춘 분석을 어떻게 시작하여 결론을 맺는지를 잘 보여준다. 브론이 검토한 몇몇 속성들은 장식적인 것으로서 우리의 시각에 양식이며, 때문에 시간의 흐름과 '함께' 사람 집단 사이의 상호작용을 파악하는 데 쓰일 수 있다(e.g., Braun 1985b).

다른 속성들은 우리 시각에 기술적이고, 기능적인 것들로 역시 시간의 흐름을 파악하는 데 쓰일 수도 있지만 (e.g., Braun 1985a, 1987), 더 중요한 것은 '도구'로서 유물의 기계적 효율성을 추적하게 해준다.

브론은 대량의 토기편 표본과 관련 방사성탄소연대값을 이용하여 편년을 수립하였다. 이 표본들은 기존의 여러 형식들을 대표하는데, 이 자료로 빈도 순서배열을 하였을 수도, 아니면 형식들의 상대적 빈도를 층위적 자료와 결합시켜 기원전 200년에서부터 기원후 800년까지 시간대에 걸친 유물들의 편년 순서를 만들어 낼 수도 있었을 것이다.

〈그림 8-9〉 미주리 동부에서 나온 중기 우드랜드시대의 토기

미주리 동부와 일리노이 서부에서 출토된 기원전 200년에서 기원후 300년까지의 토기는 외부가 장식되어 있는데, 상당히 짧은 시간대에 변화하는 패턴을 보여준다. 따라서 이런 장식을 가진 토기편들은 빈도 순서배열과 같은 기법에 잘 부합된다. (O'Brien and Wood 1998)

일리노이강 하류와 이웃하는 지역들에서 기원전 200년에서 기원후 300년까지 만들어진 토기는 흔히 공들여 장식을 하였는데(〈그림 8-9〉) 이것이 상당히 짧은 시간 동안 바뀐다. 브론의 분석(Braun 1985b; Braun and Plog 1982), 그리고 관련 연구들(e.g., O'Brien and Hoard 1996)은 일리노이 서부와 미주리 동부에 걸쳐 토기 유물군들을 나누기 위해 만들어진 장식적 형식들에 전승의 연속이 있음을 보여준다.

브론은 편년을 세우면서 일단 장식을 배제하고 몇 가지 기술적이고 기능적인 차원들을 채택하였는데, 그 가운데 하나가 토기 기벽의 두께이다. 브론(Braun 1985a, 1987)은 일리노이 중서부의 32개 유적에서 연대측정이 잘 된 64개 맥락에서 출토된 토기편의 기벽두께를 도표로 그려 변화의 방향과 크기를 파악하였다. 이로부터 시간대별로 그린 곡선(〈그림 8-10〉)은 기원전 200년에서 기원후 50년 사이에 기벽 두께가 커지고 이후 얇아지는 경향을 잘 보여준다. 구체적으로는 평균 기벽 두께는 약 7.4mm이고 기원전후가 되면서 최대 약 9.0mm 정도로 커진다. 기원후 약 50년 이후가 되면 기벽 두께는 급속히 줄어들어 300년 정도에는 평균 기벽 두께가 6.1mm가 되며, 그 즈음에서 감소 속도가 줄어들기 시작하여 약 550년까지는 평균 5.8mm가 된다. 이때 감소 속도가 다시 가속되어 기원후 750년 정도에는 평균 기벽 두께가 5.3mm에 이르게 된다. 덧붙여 브론(Braun 1985a: 526)은 기원후 약 450년 이후에 토기 지름이 기벽 두께에 미치는 영향이 갈수록 줄어들어 800년 정도가 되면 평균 두께가 실제로 줄어들면서도 토기 구경은 증가하는 양상을 보인다—이 현상을 브론은 열전도율을 높이고 열에 의한 파손에 저항력을 높이고자 하는 필요의 증거로 해석하였다.

〈그림 8-10〉의 중요한 특징을 주목해 보자. 그것은 기벽 두께만으로는 (몇 가지 클래스들이 시간상 한 번 이상 발생하기 때문에) 유물군을 편년적으로 배열할 수 없다는 점이다. 이는 기벽 두께가 양식적 변수가 아니라 기능적 변수임을 가리켜 준다. 우리는 브론(Braun 1991: 375)의 자료를 사용하여 가로 막대그래프를 만들어 기벽 두께의 각 클

〈그림 8-10〉 일리노이 서부에서 출토된 표본을 토대로
기원전 200년에서 기원후 800년까지 토기의 기벽두께 변화 곡선

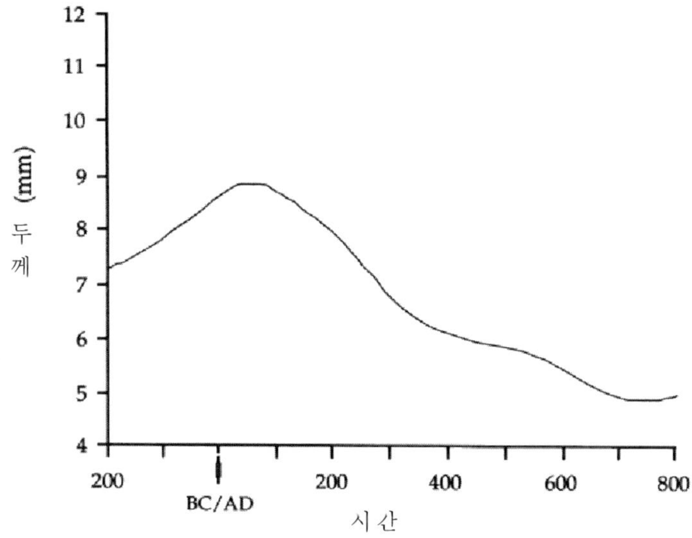

* 자료: Braun 1987.

래스들의 상대적 빈도를 그려 보았다(〈그림 8-11〉).[6] 이 그래프는 기벽 두께 클래스들의 상대적 빈도에서 나타나는 변화들은 단일빈도봉을 그리지는 않음을 보여주며, 몇몇 클래스들은 역사적 클래스들이 시간상 연속적이어야 한다는 조건을 충족시키지 못하고 있다. 우리는 이것이야말로 확률적(양식과 관련된) 변수들의 연속적 분포와는 다른 기능과 관련된 변수들의 분포라고 생각한다. 우리는 기능적 특성들은 시간의 흐름을 추적하는 데 무용한 것은 아님을 되풀이하여 말하고자 한다. 확실히 현존하는 다량의 찌르개 형식들 가운데 어느 정도는 기능적 특성을 토대로 한 형식들인데도 좋은 역사적 형식들이다(e.g., Beck

6) 브론은 토기 양식들에 대한 빈도 순서배열이나 기벽 두께의 클래스들의 빈도상의 변화를 보여주는 수평 막대그래프를 만드는 데 필요한 원 자료를 발표하지 않았다. 따라서 우리의 그래프는 근사치일 뿐이고 세부적 사항에서는 잘못이 있을 수 있다. (원문)

〈그림 8-11〉 일리노이 서부에서 출토된 토기편 자료를 토대로 기벽 두께의 각 클래스의 상대 빈도를 보여주는 수평 막대그래프

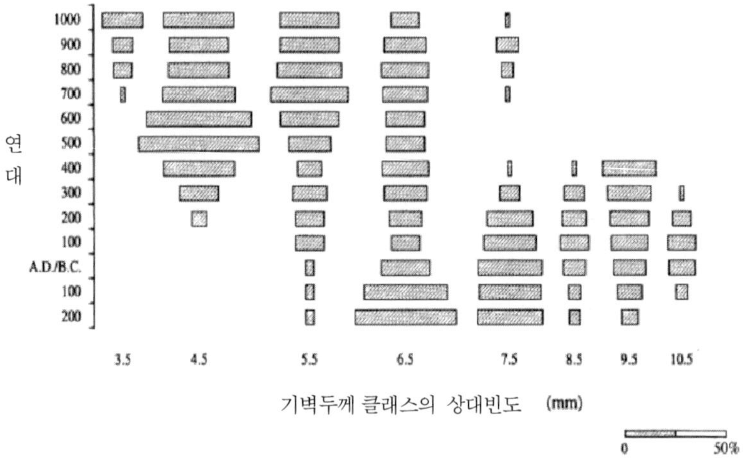

* 자료: Braun 1991

1995, 1998). 그러나 진화적 수렴의 사례들—상사—을 분지의 사례들—상동—로부터 구분하는 데는 주의를 요한다. 우리는 양식적 특질들을 다룰 때는 수렴에 대해서 염려할 필요가 없으며, 다만 그것을 그대로 확인하기만 하면 된다(O'Brien and Holland 1990, 1992).

브론이 주목하였던 기벽 두께의 변화 경향은 일리노이 남부 설라인 밸리(Saline Valley, Hargrave 1981; Hargrave and Braun 1981)와 미주리 동부의 버켐퍼(Burkemper, Hoard 1992; O'Brien and Hoard 1996; O'Brien et al. 1994) 유적에서 나온 토기 유물군을 포함하여 다른 자료에서도 나타난다. 흥미롭게도 설라인밸리의 자료에 대한 5의 분석은 평균 기벽 두께는 브론의 자료보다 5mm 두꺼우면서도 동시기 자료이면서 약 60km 정도 떨어져 수습된 것이다. 이와 유사하게 오브라이언과 호어드(O'Brien and Hoard; Hoard 1992)의 버켐퍼 유적의 자료는 일리노이강 유역에서 나온 동시기 브론(Braun 1985a, 1987)의 것보다 평균 2mm 정도 두텁다.

그렇다면 우드랜드시대의 토기에 관한 이러한 변화 경향들을 어떻게 볼 것인가. 브론(Braun 1983)이 주목한 바와 같이, 만약 우리가 측정한 변이를 설명할 수 없다면 토기 기벽이나 비짐 입자의 크기와 같은 것에서 세밀한 변화들을 파악하는 것은 별다른 의미가 없을 것이다. 우드랜드시대 토기 제작자들은 토기를 만들면서 어떠한 작업수행도(*performance characteristics*, Braun 1983; O'Brien et al. 1994; Schiffer and Skibo 1987)를 기대했으며, 왜 그러한 기대를 했을까? 무엇으로 시간이 흐름에 따라 더 크고 더 기벽이 얇은 경향을 설명할 것인가? 이런 아주 흥미로운 물음—이것은 확실히 다윈이론의 틀 안에 맞는 질문이다—에 가능한 대답이 주로 일리노이강 하류에서 십여 년에 걸친 종합적 연구를 통해 나왔는데, 중기 우드랜드에서 후기 우드랜드시대 말엽의 취락 및 생계 체계에 대한 상당한 통찰을 주고 있다. 일리노이와 미주리 동부에서 강에 인접한 환경에서 나온 광범위한 증거들(e.g., Asch and Asch 1978, 1985a, 1985b, 1985c; Asch et al. 1979; Asch and Asch 1980, 1981, 1986; O'Brien 1987; O'Brienand Pulliam 1996)은 기원전후 시점에 우드랜드시대 집단들이 야생 지성(脂性) 및 전분성 식물의 씨에 의존하는 정도가 높아졌음을 보여준다. 또한 기원후 1년에서 600년까지 일리노이 중서부에서는 어린이 충치의 빈도가 상당히 증가하였다는 증거도 있다(Buikstra 1977; Cook 1979; Cook and Buikstra 1979). 이는 씨앗 음식들을 젤라틴화할 때까지 끓인 다음 아이들에게 먹였음을 시사해준다(Braun 1983).

따라서 토기 기벽 두께의 감소 경향은 음식 가공 체계의 진화와 연관되어 있는 것으로 보인다. "〔토기 기벽 두께의 감소와 고고 자료에서 전분 및 지성 씨앗의 출현의 증가〕가 일치되는 것은 이런 토기 변화들이 모두 음식 가공에서 씨앗을 끓인 죽이 증가하고, 영양가를 높이고 아마도 맛을 좋게 하는 것을 반영한다는 점을 강하게 시사한다" (Braun 1987: 164). 토기 제작에서 지역별 차이들은 사용자가 토기에 요구하는 사항에 따라서 달라진다. 브론(Braun 1985a: 527)은 자신의 표본과 설라인밸리 출토 자료의 기벽 두께 사이에 나타나는 차이는 설라인밸리의 식량에서 전분과 지성 씨앗의 중요성이 훨씬 낮았다는 고고식물학적 증거와 일치한다고 주목하였다(Lopinot 1982: 804~806). 씨앗 음식을 요리하는 데 토기가 했던 역할에 대한 증거는 버켐퍼 유적에서 출토된 수백 점의 토기편으로도 나타나는데, 토기편의 내부에는 음식물 잔존물이 두껍게(흔히 1mm에 이른다) 탄화되어 나타난다(O'Brien and Hoard 1996).

생물고고학자 제인 바익스트라(Jane Buikstra)는 기벽이 얇은 토기로 가는 경향과 식량에서 그 같은 씨앗 식물들이 주식량으로 등장하는 것이 우드랜드시대 여성의 다산성에 직접적으로 영향을 미쳤다고 보았다. 어린 아이들은 모유를 먹고 씨앗을 끓인 탄수화물이 많은 음식을 먹는다. 우드랜드시대 어머니들의 수유 기간이 짧아지고 배란이 다시 시작하여 재생산 능력이 증가하게 된다는 것이다. 나중에 밝혀졌듯이 바익스트라의 생각은 옳았다(Buikstra et al. 1986; Holland 1989도 참조). 후기 우드랜드시대 초(기원후 약 400~750년) 동안 다산성의 증가에 대한 증거는 일리노이 서부의 유골 자료에서 확인되었다.

바익스트라의 제안은 분명 고고 자료에서 보이는 진화적 경향을 논리적으로 다른 어떠한 성격과 결부시킨 연구 결과이다. 바익스트라와 브론의 연구는 일리노이 서부(e.g., Syles 1981; Styles and Purdue 1986; Syles et al. 1985)와 미주리 동부(e.g., Purdue et al. 1989, Styles and Purdue 1996)의 여러 지역에서 동물뼈 분석과 함께 우드랜드시대 집단들이 식량을 획득하고 가공하는 전략에 풍부한 정보를 주고 있다. 우드랜드 토기의 물리적 특성들에 대한 분석은 퇴적 맥락들을 편년적으로 순서를 매기는 방법뿐만 아니라(브론의 기벽 두께 곡선) 우드랜드시대 삶의 몇몇 양상들에서 나타난 변화들을 추적할 수 있는 수단을 제공하고 있다.

7) 전수와 상호작용: 양식과 선택의 작용을 받지 않는 변화

지금까지의 사례들은 기능적, 곧 적응적 측면에서 설명되는 계보들이었다. 물론 이것은 우리가 '기능적'인 속성들에 치중하였기 때문이다. 곧, 우리는 두 사례들에서 모두 선택(*selection*)이 변화를 이끌었다고 보았다. 그렇다면 부동(*drift*)은 어떠한가? 다시 말해 단지 전수과정에서 예측할 수 없는 부동으로 생긴 계보는 어떠한가? 발생 순서배열과 빈도 순서배열은 부분적으로 전수(*transmission*)에 달려 있는데, 시간이 흐름에 따른 전수일 경우에는 '지속'(*persistence*)이라 하고, 지리적 영역에 걸쳐 있을 경우에는 '전파'(*diffusion*)라고 부른다. 비록 빈도 순서배열을 쓰는 이유는 대부분 '지속'을 관찰하기 위한 것이지만, 몇몇 주목할 만한 사례들에서는 '전파'를 추적하는 데 쓰이기도 하였다. 우리가 파악하는 한 이 방법은 비록 단순하고도 상식적 수준이었다고는 하나 조지 큄비(George Quimby 1943)가 1940년대에 오대호 지방에서 전파를 확인하기 위해 사용한 것이 처음 사용된 예일 것이다(Lyman et al. 1998b: 252~253의 논의 참조). 물론 문제는 큄비가 지속을 파악하고자 하였는지, 아니면 전파를 파악하였는지 하는 것이다. 우리는 후자일 것이라 생각하는데, 큄비가 순서배열한 네 유물군들은 지리적으로 직선 모양으로 배치할 수 있음을 생각해 보면 그러하다. 데이브 데이비스(Dave Davis 1981: 57)는 이 문제를 논의하면서 "편년적 정렬〔'빈도 순서배열'을 지칭〕의 목적으로 만들어진 유물 분류의 단위가 포괄하고 있는 시간성과 공간성은 여러 문화적 변수들에 달려 있다. 그 하나의 변수로는 시간상 공동체의 안정성의 정도이다…. 때문에 주어진 지역에서 자연의 불규칙성과 공동체간 접촉의 비율은 빈도 순서배열을 더 어렵게 만든다"고 썼다.

전수를 추적하는 방법으로 순서배열법의 근간이 되는 가정은 형식이나 변이, 또는 속성에서 나타나는 변화는 "문화적 행위 양상들에서의 변화의 산물"이라는 것이다(Davis 1981: 70). 데이비스(Davis 1981: 62)

는 형식변이체계(*type-variety system*)라는 유물분류법을 사용해(e. g., Giffod 1960; Philips 1958; Wheat et al. 1958) "변이는 세대 내 및 세대 간 디자인 전수의 기본단위가 된다"고 논했다. 따라서 그의 관점에서 형식이란 복수의 변이들로 구성되기 때문에 시간의 흐름에 따라 "고전적 전함형 〔빈도〕곡선을 따르지 않을 수도" 있다(Davis 1981: 63). 데이비스는 계속하여 속성들은 때때로 순서배열 모델이 예측한 바와 같이 단일빈도봉을 갖는 빈도 분포를 그릴 수도 있지만, 변이들은 그렇지 않을 수 있다고 했다. 지속 또는 전파와 같은 전수를 추적하는 일은 척도를 달리할 수도 있다는 데이비스의 관념은 중요한 논점이다. 데이비스(Davis 1981: 73)는 그 중요성을 강조하기 위해 필립스, 포드, 그리핀(Phillips et al. 1951: 61~62)을 인용해 "명명에는 마법이 있다. 한 번 미천한 토기편 무더기에 '이름'을 주어 위엄 있게 명명하고 나면, 필연적으로 그 이름은 실재물이 되어버리는 경향이 뒤따르는데, 특히 그 이름을 주었던 사람의 마음속에서 그러하다. 더 나아가 형식을 기술(記述)하여 출간하면 그 형식은 그 자체로 독립적 존재로 나아가게 된다. 그 시점에 분류는 '도구'로서 역할을 멈추고 고고학자가 도구가 되어버린다"고 말한다. 우리의 생각도 이와 일치한다. 그러나 전수는 무엇인가? 컴비와 데이비스의 통찰은 어떻게 사용될 수 있을까?

브론(Braun 1985b)은 자신의 이전 주장(Braun and Plog 1982)을 따라 시간상 유물 양식의 풍부도가 등락하는 것은 공동체간 상호작용에서의 변화가 있었음을 시사한다고 본다. 브론은 대체로 자신의 자료가 출토된 지역의 지리적 변이를 배제하였으나, 그의 논점은 강력한 것이었다. 일리노이강 하류 지역에서 토기의 장식적 다양도에서 나타나는 변화는 "지점을 초월한 공동체의 응집력"에서의 변화를 시사하는데, 짧게 말하여 "양식적 유사성"이라 불리던 것은 "사회적 근접성"이라 불리는 것과 직접적으로 상응한다는 것이다(Braun 1985b: 132). 브론(Braun 1985b: 132)은 과거 많은 연구들은 "양식을 사회적으로 수동적인 것으로 본다"고 하며, "양식을 사회적으로 능동적인 것으로 보는"

시각과 대비시킨다. 후자의 시각에서 "양식이란 일반적으로 사회적 전시 행동으로서, 사회적 정체성에 대한 시각적 실마리를 제공"한다고 생각된다. 다시 말해 브론은 양식적인 클래스들의 시공간적 분포가 가지는 사회기능적 이유를 찾고자 하였던 것이다. 물론 이런 평가에는 유물 양식에 대한 최근 20여 년 동안의 논의들을 상당 부분 담고 있지만(e. g., Conkey and Hastorf 1990; Hegmon 1992; Plog 1983; 그리고 이 글들의 참고문헌들), 우리는 그런 노력에 동정적이면서도 설명이론이 없는 상황에서 어떻게 주장을 검증할 수 있을지 궁금하다(Plog and Braun 1984; Saitta 1983도 참조).

가장 최근에, 그리고 가장 방법론적으로 세련되게 빈도 순서배열을 사용하여 집단들 사이에 상호작용을 논한 것은 칼 리포와 동료 연구자들의 연구일 것이다(Carl Lipo et al. 1997). 이들의 분석은 "어떤 공동체 집단은 다른 공동체와는 쉽게 구분되는 독특한 유물(토기) 양식을 생산한다"는 관념으로 시작한다(Neff 1992: 151). 리포 등은 미시시피 하류 충적평야 유적에서 필립스 등(Phillips et al. 1951)이 만들어낸 자료와 프레이저 나이맨(Fraser Neiman 1995)의 빈도 순서배열 및 전수 모델의 원칙들을 사용하여 시공간상 특질들의 전수와 혼합을 시뮬레이션하였다. 이들은 충분한 시공간적 변수를 통제할 경우에는 완벽한 볼록렌즈 모양의 곡선을 만들어낼 수 있음을 발견하게 되었다. 이런 발견을 고고 자료에 적용시켜 선사시대 상호작용과 공동체 구조의 역사를 확인하는 과정을 밟는다. 이 혁신적 연구는 분명하게 다윈주의적 전통과 전수에 대한 우리의 지식에 토대를 둔 것이다. 이들은 더넬(Dunnell 1995)이 제기한 "무엇이 진정으로 진화하는가?"라는 문제에 접근하여, 이론적으로 구조화시킨 경험적 연구로 그 문제에 답하고, 상호작용하였던 공동체들—다시 말해 토기 제작 정보를 교환하거나 전수한 공간적으로 독자적인 인간 집단들—을 확인하고자 한다. 우리는 기본적으로 필요한 방법들이 개발된 지금 앞으로 이런 연구가 더 나올 것이라 기대한다.

3. 복제자와 상호작용자 개념 재론

지금까지 논의한 사례들에 공통적으로 적용되는 중요한 문제들이 있다. 문제란 척도에 대한 관념과 공학 또는 기계적 특성을 기초로 선택의 작용을 확인하는 것이다. 이 문제는 모두 이미 논의한 바 있는 상호작용자와 복제자라는 개념을 다시 살펴봄으로써 다룰 수 있다. 하나의 '복제자'(*replicator*)는 "복제를 통해 그 구조를 직접적으로 전수하는 실재물"이며, '상호작용자'(*interactor*)란 "전체로서 환경과 직접적으로 상호작용함으로써 복제가 차별적이 되도록 하는 실재물"임을 상기해 보자(Hull 1980: 318). 그러므로 이 두 단위는 "두개의 상당히 별개의 기능"을 대표하고 있다(Hull 1981b: 30). 찌르개 사례에서 상호작용의 단위는 장착과 관련된 요소에서의 변이가 되며, 일리노이강 하류의 사례에서 상호작용의 단위는 토기 기벽 두께의 변이가 된다. 복제되는 것(Leonard and Jones 1987)은 물론 찌르개와 토기 그릇으로서 복제자들의 경험적 현시 — 표현형적 표현이라고도 할 수 있다 — 로서 속성들의 다양한 결합으로 이루어진다. 우리는 이 두 사례에서 "복제자들의 구조는 상호작용자(복제자도 그 일부이다)의 상대적 성공을 통해 차별적으로 존속된다"고 제안한다(Hull 1981b: 41). 연구자가 개념적으로 복제자에서 상호작용자 단위로 옮길 때 유물의 속성에서 개별 유물 자체로 척도의 변경이 일어난다.

이것은 진화이론의 문헌에서 다음 두 가지 중요한 논의들을 주고 있다. 첫째, 이것은 엘리엇 소버(Elliott Sober 1984a: 100)의 "'사물들의 선택'(*selection of objects*)과 '특성들에 대한 선택'(*selection for properties*) 사이의 구분"에 대한 다른 식의 표현일 뿐이다. "'~의 선택'은 선택 과정의 '효과'에 관한 것인 반면, '~에 대한 선택'은 그 '원인들'을 이야기해준다. 어떤 한 주어진 특질에 대한 선택이 있다는 것은 그 특질을 소유하고 있는 생물체의 생존 및 생식에의 성공의 '원인'이 됨을 의미하는 것이다. 그러나 하나의 주어진 사물이 선택되었다는 것은 단순히 선택 과정의 결과로 그 종류의 사물들의 표현이 증가될 것임을 뜻하는 것이다"(강조는 원문 그대로). 둘째, 이것은 엘리자베스 브르바와 스티븐 제이 굴드(Vrba and Gould 1986: 217)의 '솎아짐'이란 개념을 표현하는데, 이 개념은 "차별적 표현(*differential representation*)에 대한 단순한 서술이지 그 자체로는 원인에 대한 진술을 담고 있지 않다." 여기에서 솎아짐은 '개체들'의 위계 내의 "여러 수준에서 〔선택과 같은〕 일어날 수 있는데," 유전자, 생물체, 개체군, 종 또는 복수종(*multispecies*)일 수 있다는 점은 중요하다(Vrba and Gould 1986: 219). 다시 말하여 척도는 복제자와 상호작용자 사이를 구분하는 데 중대한 문제인 것이다. 우리의 사례들은 별개의 사물들(복제자에 근접하는 것으로서)의 속성이라는 척도와 별개 사물들(상호작용자)의 클래스들의 차별적 존속에 초점을 맞추고 있다. 기능적 시각에서 고고학자들이 흔히 기능적으로 상호관련된 어떤 특정한 클래스의 도구들을 "도구복합체"(*tool kits*)라고 말하는 것을 고려할 때 부가적 척도들도 분명히 생각해 볼 수 있다. 여기에서 복제자의 척도는 어떤 특정한 클래스의 도구 (그리고, 다시 아마도 그 상대적 빈도)가 될 것이며, 상호작용자는 도구복합체를 구성하는 기능적으로 통합된 전체가 될 것이다.

리포 등(Lipo et al. 1997)은 유물 형식의 척도, 특히 그 빈도라는 척도에 초점을 맞추면서도 양식적 변수들, 또는 더 정확히는 특정 양식적 속성들의 결합들을 검토한다. 이들은 단지 형식뿐만 아니라 더 포괄적 형식(가령 '그릇들'이 될 수도 있다)까지도 검토하여 자신들이 "더 거친," 곧 지리적으로 더 큰 진화적 단위라 부르고 있는 것을 성공적으로 논의하였다(Lipo et al. 1997: 328). 사실 그 효과는 예기치 않았던 것으로, 이들이 사용한 덜 포괄적 형식들은 주로 양식적 속성들로 이루어지는 경향이 있기 때문이다. 이 점은 속성 결합들은 성공적으로 빈도 순서배열에 정렬될 수 있다는 사실로도 확증된다. 이것은 그런 결합들은 대체로 선택이라기보다는 전수의 결과임을 시사한다. 짧게 말하면 만약 토기와 같은 물건의 공학적이거나 기계적 효율성에 분명한 증가가 없을 경우, 속성들이 변화하는 것은 선택의 결과가 아니라는 것을 시사하는 것이다(O'Brien and Holland 1990). 이런 식의 속성 결합들을 구성하는 형식들에서의 빈도 변화는 시간상 확률적 분포를 보인다. 물론 연구자는 순서배열을 처음 수행한 다음 볼록렌즈 모양의 분포를 찾는 데 실패할 수도 있고, 우선 공간적 변이를 찾은 다음 그 변화에 기능적 설명을 구할 수도 있다.

제9장

다윈 진화고고학: 맺는말

> 개념적 가능성들을 적절하게 조사하려면, 어떤 한 연구계획(리서치 프로그램)에, 옹고집은 아닐지라도, 완고하게 천착하는 것이 필요하다. (Sober 1980: 225)

> 진화를 이해하는 것은 상식을 버릴 것을 요하는 것 같다. (Hull 1980: 330)

80여 년 전 알프레드 크로버(A. L. Kroeber)는 일견 독특한 개념을 제시하였는데, 이후 수많은 인류학자들은 이를 수십 년 동안 신뢰하게 된다. 바로 허버트 스펜서(Herbert Spencer)의 용어를 차용하여, 문화는 "초유기체"적 실재물이다고 하였던 것이다(Kroeber 1917: 188). 크로버는 생물진화가 유전성(유전적 전수)을 요하지만, 이에 반해 문화적 "발달"은 사회적 학습을 동반한다고 주목하였다. 생물진화는 세대 간의 단일한 방향으로 이어지는 데 반해, 문화진화는 세대 간 및 세대 내에서 일어날 수도 있는 복합적인 방향으로 이루어지는 것이다. 때문에 문화적 발달은 생물진화보다 빨리 일어날 수 있다. 이 초유기체적 실재물, 곧 문화는 그 역사상 어떤 시점에 "자연선택을 초월"하게 된다(Kroeber 1917: 209). 결국 우리에게는 두 개의 "전반적으로 별개의 진화—하나는 생물진화이고 다른 하나는 문화진화—가 있음을 깨달아야 한다"는 것이다(Kroeber 1917: 208).

크로버가 이런 언급을 한 지 약 50년이 지나서 데이비드 캐플란(David Kaplan)이 비슷한 논지를 되풀이한다. 그 어떤 실재물이 문화를 이루든지, "그것은 시간과 공간을 가로질러 비생물학적인 메커니즘에 의해 전수되며, 이를 유전적 또는 범인류적 심리적 특질에 의존하여서는 설명할 수 있을 것 같지 않다"는 것이다(Kaplan 1965: 960). 그러나 20세기 중반 문화를 구성하는 요소에 대한 논쟁과 논의는 크로버의 주장의 상당 부분을 놓치고 있는 듯하다. 캐플란(Kaplan 1965: 962)은 크로버가 "문화 현상을 연구하는 절차로서 사용될 방법론적인 초유기체설"을 제시함으로써 문화를 확인(정의가 아니라)했다고 평가하였다. 크로버는 이런 식의 논의를 추구하지 않았다. 캐플란이 암시하였듯이, 인류학자들은 여타 이슈들에 매달리지 않았다면 아마도 문화를 초유기체라고 보기 위해서는 존재론뿐만 아니라 그 자체로 특수한 개념과 "이론적 틀"을 요하는 점을 깨달았을지도 모른다(Kaplan 1965: 965).

우리는 일반적으로 인류학, 그리고 구체적으로 고고학은 경험적이고, 때문에 잠재적으로 과학적인 연구들로 이루어져 있다는 생각에 동조한다. 연구대상은, 그것이 무엇이든, 또는 그 산물이 무엇이든지, "문화"라고 이해될 수도 있지만, 캐플란(Kaplan 1965)의 주장과도 같이 문화라는 것이 그 무엇이라고 판단을 내리는 것은 '우리'이다. 이것은 인류학자들이 관찰과 연구 영역을 구체화하기 위해 고안해낸 개념이다. 따라서 사회과학 문헌에서 문화에 대한 정의 가운데 흔히 첫 정의(가장 처음은 아닐지라도)로 인용되는 것으로부터 논의를 시작해 보자. 그것은 바로 에드워드 타일러(Edward Burnett Tylor 1871)가 자신의 고전적 저서 《원시 문화》(*Primitive Culture*)에서 "문화란 …, 광범위한 민족지적 측면에서, 지식, 신앙, 예술, 도덕, 관습, 그리고 사회의 구성원으로서 얻게 되는 기타 능력이나 습관을 포괄하는 복합적 전체"라고 하였던 것을 말한다. 문화는 "공유된 생각들"(*shared ideas*) — 생각은 전수될 수 있기 때문에 공유된다 — 인 것이다(Dunnell 1971a: 121). '왜' 생각들이 공유되는지 — 전수가 성공적으로 일어난 사례 —, 아니면 공유되지 않는지 — 전수가 성공적이지 못했던 사례 — 는 역사학적 연구의 주제가 될 수 있다. 다시 말하여 생각들은 복제자들로 구성되며, 그 경험적 현시 — 행위와 유물들 — 는 상호작용자가 된다. 문화는 유전자와는 초유기체적 — 또는 화이트(White 1959b)의 용어로는 비신체적 — 인 동등체인 것이다. '전수되는 것'이 바로 문화이면서, 또한 문화는 전수 '수단'이기도 하다. 더 정확히 말하자면 문화는 인간 유전자형과 그 환경 사이의 상호작용의 산물이다.

이것이 바로 우리의 시각을 가장 잘 요약해주고 있으며, 그 말 안에는 다윈주의 진화의 기본 개념에 반하는 그 어떤 것도 없다. 나아가 인류 진화의 원인과 과정에 관한 문제를 이해하는 데 있어 생물진화와 문화진화라는 두 종류의 진화를 인지하여야 함을 시사하지도 않는다. 크로버는 생물진화와 문화진화는 메커니즘뿐만 아니라 속도에서도 다르다고 지적하였다. 그 말 자체는 옳지만, 그런 주장의 진실성은 진화를 두 가지 별개의 종류, 곧 하나는 생물진화이고 다른 하나는 문화진화라는 것으로 구분하는 것에 전적으로 의존하고 있다. 그런데 우리는 진화의 종류를 그렇게 나누어서는 별 소득이 없을 것이라고 본다. 인간의 표현형은 문화적으로 뿐만이 아니라 유전적으로도 전수되는 특성들이 결합된 복잡한 실재물이다. 그러나 오브라인과 홀랜드(O'Brien and Holland 1995a)는 유전적 양상을 포괄하기 위해 생물학에 기반한 이론과 그 밖의 다른 것을 포괄하기 위해 인류학에 바탕을 둔 이론을 쓰는 식으로 문제를 복잡하게 할 필요는 없다고 본다. 윌리엄 더럼(William Durham 1991)이 문화진화를 유전적 진화와 비슷한 방식으로 체계화시킨 것에 대한 논평에서 더넬(Dunnell 1995)은 이 문제를 잘 지적하였다. 문화진화와 생물진화를 나누어 양면적 이론 구축의 필요는 없으며, 오직 하나의 이론 — 바로 다윈 진화이론 — 으로도 충분히 연구를 할 수 있다는 것이다.

우리에게 필요한 것은 인류의 진화적 역사와 그것들이 보여주는 특징을 이해할 수 있는 방법과 기법들이다. 그 역사는 물적 유존물 — 인간 행위의 산물과 부산물 — 에 잘 반영되어 있는데, 사람들은 물건을 만들어 사용하고 버려 결국 고고 자료가 형성된다. 고고학자들은 고생물학자와 같이 시공간상의 표현형적 변형에 관한 자료를 다룬다. 고고학적 유존물을 토대로 연대기(편년)와 설명을 쓰는 열쇠는 바로 그러한 유존물을 과거 표현형의 일부에 포함시키는 것이라고 본다.

이 책 전반에 걸쳐 우리는 생물진화론 일반, 그리고 특히 생물사학적 진화론에서 많은 문헌들을 빌려와서 논의하였다. 분석적 자료상—화석과 유물인데 모두 시간적 깊이가 있는 생물들의 산물이다—및 연구목적—생물 개체군 내부 및 그것들 사이에서 나타나는 변이의 역사와 진화를 이해하는 것이다—에서의 유사성을 고려할 때 후자는 고고학자로서 우리가 배워야할 많은 것을 제공하고 있다. 우리는 이러한 유사성과 대등함을 끌어내는 데 상당한 분량을 할애하였으며, 적절하다고 판단될 경우 각 학문의 학사를 꼼꼼히 따져 허점뿐만 아니라 개념들과 생각들의 원천을 확인하는 데 도움이 되도록 하였다. 이 가운데 몇몇은 이미 다른 곳에서 이야기한 바 있다(e.g., Lyman and O'Brien 1998; O'Brien and Lyman 2000a, 2000b; O'Brien et al. 1998). 논지의 대부분은 되풀이해서 더 자세히 논의할 만한 것들인데, 그 이유는 이 중 상당수 논지가 아직도 제대로 이해되지 못하고 있기 때문이다(e.g., Boone and Smith 1998; Preucel 1999; Rosenberg 1998; Schiffer 1996; Spencer 1997). 우리는 지금까지 다른 문헌에서는 고고자료에 다윈 진화이론을 적용시키는 접근법에서 아마도 가장 중대한 이슈를 제대로 논의하지 못한 것 같은데, 바로 고고 자료의 변이를 측정하고 기록하기 위해 사용되는 계통분류체계(*systematics*)이다. 우리는 이 책에서 바로 이 문제를 정면으로 다루고자 하였던 것이다.

1. 전승과 분류학

다윈 진화이론은 생물학적 현상에서의 변이를 기록하고 설명하는 데 초점을 맞추고 있다. 이는 아주 단순하면서도 합당한 말이다. 다윈 진화이론은 본질적으로 "왜 생물체는 시간의 흐름에 따라 변화하는가?"라는 문제에 대답하는 수단일 뿐이다. 가장 엄밀하게 말한다면 다윈 진화이론은 우리가 지금까지 이 책에서 살펴보았던 속도, 양태, 단위를 비롯한 많은 이슈들과 개념들에 대한 것이라고 할 수 없다. 물론 이런 개념들이 진화이론을 논리적으로 수행하는 데 아주 중요한 것이긴 하여도 말이다. 중요한 문제이기는 하지만, 그러한 주제와 이슈들은 다윈이 그렇게도 훌륭하게 대답하였던 문제의 단순성을 모호하게 만드는 경향이 있다. 다윈이 이해하였듯이, 그리고 생물학자와 생물사학자들이 그 이후 셀 수 없을 만큼 기록하였듯이, 생물체들은 상대적 적응도(*fitness*)가 다르기 때문에 변화한다. 그러나, 우리가 알고 있듯이, 어떤 생물체들은 적응도보다는 그저 단순히 다른 것들보다 운이 좋아서 살아남기도 한다.

다윈 진화이론에는 다음 세 가지 중요한 점이 있다.

① 변이: 한 개체군을 구성하는 생물체는 각각 표현형적 특질이 달라야 한다.
② 전승(유전): 이 특질들이 어느 정도 전승(유전) 가능하여야 하는데, 가령 특정한 모개체의 후손은 그 밖의 개체군과는 달리 부모와 닮은 특질을 가져야 한다.
③ 차별적인 생식적 성공: 상이한 변이들은 계기적인 세대들에서 상이한 수의 후손을 낳게 된다(Brandon 1990: 7; Endler 1986: 4; Lewontin 1978; Sober 1993).

다윈은 오늘날 우리가 이해하고 있듯이 '유전'을 이해하지는 못하였으나, 유전과 생식적 성공 사이의 연결은 이해하고 있었다. 우리는 생식적 성공이라는 말보다 "복제 성공"(Leonard and Jones 1987)이라는 용어를 선호하는데, 그 이유는 그것이 고고 자료에 분명한 인류의 문화적 표현형 — 유물 — 의 일부이기 때문이다. 유물의 성공적 복제 — 적어도 적응도에 영향을 미치는 유물에서 — 와 그 유물을 지니고 있는 생물체의 생식적 성공의 관련성은 확실하다. "유물 특질의 성공적 복제는 적어도 부분적으로 그런 특질을 표현형의 일부로서 소유하는 개체의 적응도에 어떠한 기여를 하는지에 달려 있다."(Jones et al. 1995: 19).

다위니즘에서 중요한 것은 어떻게 생산되었든지 변이가 존재하고, 또 전수가 일어나야 한다는 점이다. 여러 형태의 생물체들 사이에서 생식적 성공은 대체로(비록 전적인 것은 아니지만) 선택과 부동으로부터 일어난다. 비슷하게 변수가 되는 유물 형태들 사이에서 성공적 복제는 단순히 전수에서의 차이뿐만 아니라 선택에 달려 있기도 하다. 따라서 우리는 스티븐 제이 굴드(Gould 1996, 1997a)가 말하는, 문화 진화라는 형상은 "진화"라는 말이 너무 많은 생물학적 함의를 담고 있기 때문에 진화라기보다는 문화적 발달이라 불러야 한다는 주장에 동의할 수 없다. 설명이론에 포괄되어 있는 선택과 전수라는 다위니즘의 메커니즘이야말로 '정확히' 문화사고고학자들이 찾고자 하였던 것이며, 동시에 과정고고학자들이 불필요한 것이라 보았던 것이다. 이것들은 고고학자들에게 문화적 계보를 설명할 도구를 주는데, 다시 말해 과정고고학자들이 그렇게도 열띠게 말했던 "왜"라는 문제에 대한 대답을 찾는 도구를 주는 것이다.

왜 생물체는 변화하는지 하는 문제에 대한 열쇠는 유전성, 선택, 부동, 재조합과 같은 과정들이 계기적으로 이어지는 세대에 유전자를 재편시키는 방식에서 찾을 수 있다. 바로 이로부터 분석 단위—개별 생물체를 넘어서—가 출현하며, 우리가 알고 있듯이 생물학자와 생물사학자들이 여러 척도—개체군, 품종(인종), 아종, 종, 속, 과 등—에서 단위를 추구하고 있다. 대부분의 생물학자들은 현대 린네식 분류체계를 여러 척도의 단위들 사이의 진화적 계통 관계를 비추어주는 것으로 본다. 표현론적 차이는 중요한 역할을 하지만, 흔히 진화적 분류에 중심적이지는 않고 도움을 주는 역할에 머무르고 있다(e.g., Mayr 1969a, 1981, 1995b). 이러한 경향은 1915년부터 1960년 정도까지 미국 고고학의 중심이었던 문화사고고학 패러다임에도 적용될 수 있다(Lyman et al. 1997b). 그러나 1960년대에 들어와 기능적 측면에 중점을 두는 경향으로 대체되고 말았는데, 기능주의적 경향은 우리가 양식 및 전승(계통)의 연속이라는 개념으로 이야기하였던 것을 제대로 논의하지 못하고 말았다. 우리의 주된 논점은 양식과 기능 모두 중요하고 둘 다 '반드시' 진화적 역사 — 그것이 문화 계보의 역사이든지 아니면 생물 계보의 역사이든지 — 를 쓰는 데 포괄되어야 한다는 것이다.

생물사학(순고생물학) 자들과 생물학자들은 생물학적으로 의미 있는 단위 — 전형적으로는 종 — 을 확립하고자 하는 의도를 지니고 있다. 따라서 생물학자들은 생물체의 목이나 과의 분류체계를 종종 '수정'함으로써 생태학적 연구와 야생 생물의 보호와 관리의 취지에 맞게 특정 생물체군의 분류학적 유효성에 대해 논하고 있다. 후자에 관한 훌륭한 사례는 저자들이 살고 있는 미국 중서부에서 일어났는데, 세속적 분류로는 "붉은 늑대"로, 과학적으로는 'Canis rufus' 또는 'C. lupus rufus'로 분류되는 것에 관한 것이다(e.g., Nowak and Federoff 1998; Wayne et al. 1998). 여기에서 생물학적 종개념은 필요하지만, 붉은 늑대가 하나의 종인지 아니면 아종인지를 아는 데는 불충분하다. 대신이 동물의 진화적 역사에 더 천착하여 살펴보아야 한다.

늑대의 사례는 특히 이론적 이슈들을 잘 고려하지 않고 단위들을 수립할 때 발생하는 문제들을 예증하는 데 좋다. 그러나 여기에서는 화석 종과 관련된 생물사학적 사례를 논의하는 것이 더 의의가 있을 것이다. 혹자는 들소(*Bison*) 속이라는 분류체계는 확실하고 분명한 지시 '내용'(Eldredge and Gould 1977의 용어)을 가질 것이라 생각할지도 모른다. 그러나 문제는 그리 간단하지 않다. 새로운 화석들이 흔히 "잘못 동정"되고 있으며 여전히 "잘못된" 계통발생의 역사가 쓰이고 있는 것이다(Wyckoff and Dalquest 1997). 우리 시각에 화석 자료에서 종 같은 단위를 설정하려는 노력 — 경우에 따라서는 "명목 종"이라 일컬어지기도 한다(Wyckoff and Dalquest 1997) — 은, 대개 외연적인 것이기 때문에, 결코 문제의 끝이 아니다. 이는 고인류 고생물학에도 똑같이 적용된다(e.g., Tattersall 1986). 가장 큰 문제는 그런 단위들이 본질론적 단위의 성격을 띠는 경향이 있다는 점이다. 더 정확하게 문제의 '원인'은 본질론에서 기인하며 그로부터 파생된 단위들에서 말미암은 것이다. 이 경우 단위들 자체가 진화할 수 없다는 단순한 이유에서 다윈 진화이론을 사용하여 변화를 설명하려는 바람은 허망한 것이 되고 만다. 이것이야말로, 우리가 강조하였던, 이론 단위와 경험 단위를 구분하는 것이 그렇게 중요한 이유이다. 형태계측적으로 별개의 '클래스'들은 실제 세상의 생물학적 종을 이루든지 그렇지 않든지 생물학적 계보 내에서 진화적 변화를 파악할 수 있게 해준다. 다른 종류의 단위들은 그렇지 않다.

비슷한 문제들이 유물의 분류에도 광범위한데, 문제는 계통성 및 분류체계에서 기인한다. 형식 서술이나 정의가 외연적으로 이루어졌을 경우 발생하는 문제들에 대해 최근 르투르노(Philippe Le Tourneau 1998)가 "폴섬 문제"를 다루면서 훌륭하게 논의하고 있다. 1927년 이후 플루트된 모든 찌르개들은 "폴섬" 형식으로 분류되었다. 나중에 클로비스 찌르개라 불리게 된 유물 역시 처음에는 "폴섬형"(*Folsomnoid*)이라는 식으로 불리었다. 지금은 별다른 혼란 없이 둘을 구분하고 있지만, 그 기준을 당시에는 전혀 몰랐으며 뚜렷하게 적시할 수 없었다. 르투르노(LeTourneau 1998: 60)에 따르면, "폴섬 찌르개보다 작고 좁은 플루트를 가진 크기가 더 큰 찌르개를 궁극적으로 '클로비스'라 명명한 사람은 셀라즈(E. H. Sellards 1952)였다." 몇 년 뒤 매리 워밍튼(Marie Wormington 1957: 263)은 다음과 같이 논의한다.

> ■ 클로비스 찌르개
>
> 버들잎모양의 플루트된 찌르개로 평행하거나 조금 볼록한 측면날과 오목한 기부를 가지고 있다. 찌르개 길이는 1.5~5인치이지만, 보통 약 3인치 또는 그 이상이며, 아주 무겁다. 때로 플루트는 거의 찌르개 전체 길이만큼 뻗어 있기도 하지만, 보통 기부에서 선단부에 이르기까지 반 이상을 넘지는 않는다. 일반적으로 한 면이 다른 면에 비해 긴 플루트 면을 가지고 있다. 플루트는 일반적으로 복수의 박

리를 통해 만들어진다. 대부분의 사례에서 기부 부분의 날은 갈려서 무디어진 흔적이 있다. …

■ 폴섬 찌르개
클로비스 형식에서 파생된 것으로 생각되지만 더 특수화한 형식으로 아주 잘 만들어진 찌르개이다. 클로비스와 폴섬 찌르개의 크기는 중복되기도 하지만, 보통 후자가 더 가볍고 작다. 폴섬 찌르개의 길이는 3/4인치에서 3인치까지 분포하며 평균적으로 약 2인치 정도이다. 대략 버들잎모양이면서 기부가 오목하고 양쪽 끝이 귀처럼 삐져나온 모양이다. 기부의 오목한 부분 가운데에 작은 꼭지가 달려 있기도 하다. 이 찌르개는 길이 방향의 격지떼기를 통해 플루트된다. 플루트는 보통 전체적으로 크게 이루어져 있다. 대부분의 사례에서 양면 모두 한 번에 큰 격지떼기를 베풀어 플루트시키지만, 때로 한 면만이 플루트되기도 한다. 대부분 유물들은 세밀한 날 잔손질이 있다. 날의 아래쪽은 흔히 갈린 흔적이 있기도 하다.

어떤 특정한 특질 상태 앞에 붙은 "보통", "흔히", "때로", "일반적으로", "대부분의 사례에서"와 같은 수식어들과 범위와 평균에 대한 구체적 수치들을 보면 이 서술이 외연적 성격을 가짐을 알 수 있다. 이런 서술을 대신하여 유물 그림을 제시했다면 그것은 원형적 표본 — 이상적 또는 기껏해야 평균적 사례 — 을 제시하는 것이기에 그 유용성에는 한계가 있다. 마지막으로 제시된 속성 가운데 어떤 것이 결정적인 것이고 어떤 것이 서술적인 것인가? 연구자는 이 서술을 비교한 다음 어떤 유물이 어느 형식에 해당하는지 분류를 시작할 수 있을 것이다. 예를 들어 날을 가는 것은 폴섬과 클로비스 찌르개 둘 모두에 해당하는 특질이기 때문에 서술적인데, 비록 모든 찌르개들이 이 속성을 가지지는 않는다고 하더라도 말이다. 이와 유사하게 기부가 오목한 것은 서술적인 듯하며, 몇몇 폴섬 찌르개의 오목한 기부에 꼭지처럼 달린 것은 결정적 특질이 될 수도 있지만, 모든 클로비스 찌르개들을 검토하지 않은 상황에서는 잘 알 수 없다. 플루트의 범위도 결정적인 것이 될 수 있지만, 플루트가 잘 알지 못하는 형식의 찌르개들을 동정하기 위해 쓰일 때는, 플루트가 얼마나 커야 알려지지 않은 형식의 표본을 동정할 수 있는지가 명확하지 않기 때문에, 어려움이 있는 것이다.

워밍튼의 서술 이후 지난 40여 년 동안 상황이 나아졌는가? 확실히 진전되었다고 주장할 사람들도 있을 텐데, 현재 연구자들은 거의 클로비스와 폴섬 찌르개를 혼동하지 않는다는 이유에서 그러할 것이다(제8장). 따라서 찌르개에 대해서 조금이라도 아는 고고학자 혹은 유물 수집가라면 이 둘의 차이를 알 수 있다. 이런 진술에는 확실히 내용이 있지만, 동어반복이 포함되어 있다—이 책 내내 우리가 말하고자 하였던 문제이다. 동어반복이라는 것은 바로 '어떤 것은 그 어떤 것에 해당하는데 우리가 그렇게 부르기 때문이다'는 식의 진술을 말한다. 이런 진술은 굉장히 복잡하며, 만약 우리가 정확이 무엇을 뜻하는지에 대해 분명하지 않다면, 고고학에서 혼란의 상태에 빠져있는 것처럼 보일 수도 있다(물론 결코 그렇지는 않지만 말이다).

고고학자들은 다른 분류학자들과 마찬가지로 사물을 분류군(이 용어를 광범위한 용법으로 사용하여)에 배열시킨다. 어떤 것은, 엄격하게 말하여, 우리가 그렇게 범주화시키기 때문에 그 어떤 것이 된다. 그것이 바로 우리가 앞에서 고고학자들이나 유식한 유물 수집가들은 폴섬 찌르개와 클로비스 찌르개의 차이를 어렵지 않게 구분한다는 진술이 틀린 말이 아니라고 한 이유이다. 우리가 그것을 그런 식으로 '정의'하였기 때문에 그것은 그 어떤 것이 되었다는 식으로 말한다면 동어반복을 피할 수는 있을지 몰라도, 고고학에서 엄청난 수의 단위들(형식과 같은 것)을 정의할 수는 없다. 오히려 서술될 뿐인 것이다. 기껏해야 단위들은 외연적으로 정의될 뿐이지만, 그런 식으로 형식을 단순히 "정의"하는 것은 '폐쇄된 배열'—이용 가능한 표본들로부터 유추하는 서술—을 토대로 한 복합적 서술 이상은 아무 것도 아니다. 아마도 이 '폐쇄된' 배열은, 가령 더 많은 표본들이 발견될 때 가끔 열리기도 할 것이다. 그 다음 원래의 정의를 확장시켜 새로운 변이들을 포괄하는 식으로 작업이 이루어지는 것이다. 새로운 자료가 추가되어 너무 길고 번거롭게 되어버렸다면, 그 형식은 두 개 또는 그 이상의 독립된 형식들로 분리되는 식으로, 그런 외연적 정의의 과정 전체가 처음부터 다시 시작하게 된다. 물론 이와 똑같은 작업 과정이 생물 종을 비롯한 다른 외연적 단위들에 대한 연구에도 적용된다.

미국 고고학은 오랫동안 다양한 목적에서 형식들을 구축하는 작업을 해왔다. 19세기 동안 많은 범주의 유물들은 상식적 단위들에 불과하였는데, 이로부터 망칫돌, 화살촉 등과 같은 기능적 이름들이 붙여지게 되었다. 유물 형식을 특수한 방식으로 구축한다면 시간의 흐름을 파악할 수 있을 것이라는 생각을 하게 되면서 흔히 "양식"이라 일컬어지는 시간 형식들에 주된 관심이 쏠리게 되었다. 이렇게 순서배열을 통해서든 아니면 특히 층위적인 누중의 증거를 통해서든 시간의 흐름을 파악한 뒤에 유물 양식들은 일련의 문화기를 설정하는 데 쓰이게 된다. 방사성탄소 및 다른 절대연대 측정법을 통해 세밀한 편년이 가능하게 되면서 지층누중과 순서배열은 역사적으로 연속된 시퀀스를 구축하고 검증하는 방법으로서 망각되기 시작하였다. 1950년대와 1960년대 문화 복원과 과정고고학이 등장하면서 기능적 형식들을 강조하게 되는데, 이제 형식들은 사용흔과 같은 것에 기반을 둔 기능적 단위가 되었다. 그런 단위들은 기능적 변이, 그리고 의심의 여지없이 적응상 나타나는 변이를 이해하는 데 통찰을 주었으나, 전승의 연속이나 변화를 연구할 수 있게 해주지는 않았다. 편년적 분기들 내, 그리고 분기 사이에서 일어나는 기능적 변이를 추적하는 것은 확실히 더 "인류학적"인 작업처럼 보였지만, 그 자체로 문화기를 변화시키지도 않았으며 분기들 사이의 전승의 연속을 보증하지도 못했다.

2. 계통분류체계를 옹호하며

마이클 쉬퍼(Michael Schiffer 1996)는 "분명하게 진화이론만이 고고학의 무수한 설명적 문제들을 풀 수 있다"고 말한 바 있는데, 우리는 (그의 생각을 잘 알기에) 농담과 같이 받아들일 뿐이다. 이 논평에 대한 우리의 대답(O'Brien et al. 1998)은 그렇지 않다는 것이었지만, 진화이론은 고고학의 '설명적' 문제들을 '풀 수 있다'. 그런 목적을 위해 다윈 진화고고학은 다윈이론을 고고자료에 적용 가능하도록 하기 위해 개념들과 원칙들을 구축하여 왔다. 가장 기본적으로, 유물들(이것을 만든 행위들뿐만 아니라)을 인간의 표현형의 일부로 보는 것이다—진화론자(다윈 진화고고학)와 행위론자(행위고고학)들의 의견이 일치하는 부분이다. 복제 성공, 양식, 기능이란 개념들은 이런 연구틀에 필요한 요소이다. 다윈 진화고고학은 진화적 역사를 쓰고 그 역사를 자연선택과 부동이란 측면에서 설명하고자 한다. 이런 것들이 진화고고학의 목적(Lyman and O'Brien 1998)이며, 이 목적을 실현시키기 위해서 이론 단위 및 경험 단위를 구분하는 것은 필수적이다. 다윈 진화이론의 유물론적 존재론은 그 같은 구분을 요구하는 것이다. 이론 단위는 경험 현상으로 나타나는 변이를 기록하는 데 쓰이는 측정단위라고 할 수 있다. 정확하게 변이를 기록하기 않고서는 변이에 대한 그 어떠한 설명도 의미가 없는 것이다.

고고학자들은 자신들이 생애 내내 사용했던 단위들이 부적절한 것이었다는 말을 듣고 싶어 하지는 않을 것인데, 이는 자신들의 주장이 유효하지 않다는 말을 들을 때 기분이 상하는 것과 마찬가지이다. 우리는 그런 고고학자들을 비난할 생각이 없다. 다윈 진화고고학에 비판적인 사람들은 지난 10여 년 동안 출판된 계통분류체계에 대한 논의—가령 단계나 형식과 같은 표준적인 고고학적 단위들이 잘못 사용되고 있음을 지적하는 경우—는 대부분 제스처에 불과하다고 주장하며, 아마도 앞으로도 그렇게 주장할 것이다(Muller 1999). 우리의 주장을 이런 식으로 비판할 수는 없는데, 우리의 대답은 다음과 같이 명확하다. 우리는 '만약' 고고학이 역사과학이라면(우리는 고고학을 역사과학이라 정의한다), 역사과학을 '하는' 방법과 절차들을 채택하거나 개발하여야 한다고 지적하는 것은 제스처가 아니라고 생각한다. 이는 되풀이하여 일관되게 적용되는 논리적 계통분류체계를 필요로 하는데, 단순히 편의적 이유 때문은 아니다. 연구대상의 성격 때문에 고고학이 어떤 지침을 받을 수 있는 다른 학문으로는 생물사학이 있다. 하지만, 이슈는 단순히 생물사학적 방법들을 빌리는 것이 아니라 고고 자료에 그것들을 적용시키는 것이다. 방법들을 그저 빌리기만 하는 일이었다면 이 책은 아주 얇아졌을 것이다.

고고학이란 학문은 계통분류체계를 요구하며, 지난 100여 년 동안 그런 체계를 만들어왔다. 우리가 되풀이 말하였듯이(e.g., Lyman and O'Brien 1999a; Lyman et al. 1997a, 1997b, 1998b; O'Brien and Lyman 1998, 1999a), 계통분류체계 가운데 몇 개는 훌륭한 것이었으며 여전히 가능성이 있는 것들이다. 빈도 순서배열은 처음 크로버가 뉴멕시코주에서 지표 수습한 토기 유물군들을 배열하기 위해 사용하였는데, 단순히 편년적 순서 매김뿐만 아니라 양식적 변화를 밝혀준다는 점에서 눈부신 획을 그은 것이었다. 이와 비슷하게 윌리엄 맥컨의 중서부 분류체계와 후일 고든 윌리와 필립 필립스의 분류틀은 중요한 통찰을 주었다. 이런 20세기 고고학자들이 고안한 단위들에 내재되어 있는 잘못은 없다. 잘못이라면 얼마나 자주 그런 단위들이 남용되었는지 하는 것이다. 비록 잘못 사용한 사람도 자신들의 의도를 충분히 달성하였지만 말이다. 미국 서남부지역에서 헤럴드 콜튼과 헤럴드 글래드윈의 토기 분류의 틀이 그 사례가 된다. 이 분류틀은 생물학적 토대를 가지고 있다는 점에서 하나의 획을 그은 것인데, 분류가 보여주는 것이 무엇인지에 대한 논의는 지나치게 순진하여 실망스러운 것이었다.

다윈 진화고고학에 대한 이 같은 비판의 일정 부분은 계통분류체계가 사실 지루하다는 데 이유를 찾을 수 있을 것 같다. 우리는 학회에서 동료 연구자들이 관심을 접고 자리를 뜨게 만드는 확실한 길 가운데 하나가 바로 계통분류체계에 대한 이야기를 시작하는 것임을 알고 있다. 사람들은 눈동자를 굴리며 헛기침을 하고 자세를 고치면서 보통 다음 발표 논문을 훑어보게 된다. 충분히 이해가 가는 바이다. 고고학적 계통분류체계의 기본을 배우는 것만으로도 상당한 노력을 기울여야 하며, 특히 요즘은 더 이상 강단에서 분류에 대한 강의가 잘 이루어지지 않는다는 사실에서도 그러하다. 모든 고고학자들은 가령 '형식'이나 '단계'라는 용어를 사용하면서도, 우리 생각으로는 그런 단위가 진정으로 무엇을 의미하는지, 그리고 적절한 것인지에 대해 의문을 제기하는 사람은 별로 없다. 이렇게 계통분류체계의 기본을 배우는 데 상당한 노력이 들어간다고 할 때, 형식이나 단계와 같은 개념에 관해 지금까지 축적된 지식들을 분석하고 논의하는 것 역시 더욱 많은 노력이 들어갈 것이다. 우리가 이 장을 시작하면서 인용한 철학자 데이비드 헐의 말에는 진실 이상의 것이 담겨 있다. 진화 — 그리고 진화이론이 수반하는 계통분류체계의 종류 — 를 이해하는 것은 상식을 폐기할 것을 요구하는 듯하다. 또한 이 장을 시작하면서 인용한 엘리엇 소버의 논점과도 같이 개념적 가능성들을 검토하기 위해서는 연구계획에, 옹고집은 아닐지라도, 천착할 것을 요하기도 한다. 연구계획에 천착한다는 것은 그저 제스처가 아니며, 오히려 연구자 자신이 하고 있는 작업에 대한 믿음의 결과이다.

우리는 계통분류체계에 대한 마지막 메모로서 전통적 고고학 단위들을 관례적으로 사용한다고 해서 무가치한 것은 아님을 지적하고자 한다. 비록 그 가운데 많은 것들은 외연적으로 정의된 것이 사실이지만 말이다. 형식명, 단계명 등은 주로 의사소통을 수월하게 해주는 간단한 장치로서 유용하다. 우리가 가령 '달튼 찌르개를 찾았다'고 말하면 이 용어에는 당장 상당한 정보가 담겨 있게 된다. 이 용어를 통해 우리는 그 유물이 버들잎모양이고, 기부가 오목하며, 장착되는 부분에 갈린 흔적이 있으며, 기부, 측면, 가장자리에 홈손질이 없다는 것을 알 수 있다. 우리를 비판하는 사람들은 우리가 '달튼'과 같은 용어를 스스로 사용하고 있음을 놀라워하면서도 내심 즐거워할지도 모른다. 우리는 평상시 가령 '내가 클래스 87324301 표본을 찾았다'는 식으로는 말하지 않는다. 그렇게 말하면 우리를 포함하여 그 어느 누구도 도대체 무슨 말을 하는지 알 수 없을 것이다. 형식들은, 심지어 외연적으로 정의된 것들일지라도, 나름의 정보를 담고 있으며, 그것 자체로 유용한 것이다. 그러나 어떤 특정한 수준에서만 유용하다. 그리고 그 수준은 흔히, 언제나 그런 것은 아니지만, 역사과학이 요구하는 수준에는 미치지 못할 뿐이다.

3. 맺는말

제 1장에서 논의하였듯이 우리는 그리 멀지 않은 미래에 다윈 진화이론은 미국 고고학에서 평범한 흐름이 되리라 생각하고 싶다. 우리가 살펴보았듯이 지난 10여 년 동안 다윈 진화고고학을 바탕으로 많은 연구물들이 나왔다. 이런 연구 축적에도 불구하고, 진심으로 다윈고고학을 옹호하는 사람뿐만 아니라 그 같은 접근의 장점을 강조하는 사람들은 모두 다윈 진화고고학의 기본 취지를 정확히 아는 것이 중요하다. 똑같이 중요한 것은 다윈 진화이론의 측면에서 변화를 설명하려는 모든 시도들이 깔고 있는 계통분류체계를 이해하는 것이다. 아마도 과거 저자 중 한 사람이 말했듯이 "궁극적으로는 현상 — 고고학적인 것이든 다른 것이든 — 을 설명하는 것이 반드시 과학의 역할이라 할 수 없으며, 오히려 관찰 가능한 현상을 실체에 대한 우리의 지각 체계 안에 일치되도록 배열하는 것이다"(O'Brien and Holland 1995a: 195).

우리가 지각하는 실체는 (다윈고고학에 비판적인) 우리의 많은 동료 연구자들과는 아주 다르다는 점을 충분히 인정한다. 그렇다고 해서 어떤 것이 다른 것보다 더 좋고 나쁘다는 것을 말하는 것은 아니며, 단지 서로 다르다는 점을 말할 뿐이다. 실체를 지각하는 방식을 생각하면 마이클 크릭튼(Michael Crichton)이 쓴 《잃어버린 세계》(*The Lost World*)에 나오는 두 인물 사이에 일어난 흥미로운 대화를 떠올리게 한다. 우리는 이 문구가 인간이 실체를 지각하는 방식을 잘 요약해 주기 때문에 이 책을 마무리하면서 인용하고자 한다. 수학자 이안 말콤(Ian Malcolm)은 열한 살 먹은 아비 벤튼(Arby Benton) (불행히도 영화에는 등장하지 못했다)과 함께 박물관에서 파라사우르스와 아파토사우르스 집단이 포식자로부터 상호 방어적 자세를 취하고 있는 것을 보면서 대화를 나눈다.

"이것이 아주 중요한 것인지 알고 있구나."
말콤이 말했다.
"멸종의 문제에 대해서 말이야. 공룡의 멸종은 그 어떤 사람이 알고 있는 것보다 훨씬 더 복잡한 것이지."
"그래?"
아비가 말했다.
"응, 생각해 보자."
말콤이 말했다.
"모든 멸종 학설들은 화석을 토대로 한 것이야. 그러나 화석자료는 지금 우리가 여기에서 보고 있는 것 같은 행위를 보여주지는 못하지. 화석에는 집단들의 상호작용이 복잡하다는 사실이 드러나 있지 않아."
"화석이란 그저 뼈들이기 때문에…"
아비가 말했다.
"맞아. 그리고 뼈는 행위가 아니지. 생각해 보라고. 화석자료는 일련의 사진들과 같은 것이어서, 실제 움직이고 있던 실체들에서 얻어진 화석화한 순간들일 뿐이지. 화석자료를 살피는 것은 가족 앨범 사진을 보는 것과 같지. 앨범이 불완전함을 알잖아. 그리고 사진들 사이에 삶이 있었음도 알잖아. 그러나 사진들 사이에서 무슨 일이 일어났는지에 대한 기록은 없어. 그래서 그것들을 공부하고, 또 공부해야 하는 거야. 그리고 나면 곧 그 앨범이 일련의 순간들이 아니라 실체 그 자체인 듯이 생각하게 되지. 그리고 모든 것을 앨범을 통해 설명하려 하고 그 뒤에 있는 실체는 잊어버리고 마는 거야."
(Crichton 1995: 192)

다위니즘으로 고고학하기

1. 들어가기

고고학에서 진화이론에 관한 논의와 연구의 역사는 짧지 않으며, 사실 인류학과 고고학은 본래 문화진화론 또는 사회진화론과 밀접한 관련에서 출발한 학문이다. 하지만, 20세기 중반까지 고고학은 진화이론의 중심이라고 할 수 있는 다위니즘과 별다른 관련을 맺지 못하였다. 이러한 학사적인 관계와 내용에 대해서는 이 책에서도 자세히 서술되어 있다. 다위니즘의 원칙과 개념은 로버트 더넬을 중심으로 한 일군의 학자들에 의해 재발견되면서 1970년대 말부터 고고학에 적용 가능성이 거론되었던 것이다. 이러한 문제제기와 접근법은 1990년대에 들어서면서 학계에서 폭넓게 확산되기 시작하는데, 이는 오브라이언과 라이맨의 왕성한 활동에 힘입은 바가 적지 않다.

다위니즘의 원칙과 개념을 고고학에 적용하려는 연구자들은 다위니즘을 근간으로 과학성과 역사성을 추구하여 고고 자료에 나타나는 변화를 설명하려 한다. 특히 고고학은 시간(또는 역사) 자료를 다루기 때문에 진화생물학이나 고생물학적인 개념을 효과적으로 이용할 수 있다고 생각한다. 학사적으로는 과학으로서 고고학을 옹호하면서도 과정(주의) 고고학의 범법칙론적인 접근에 반대하며 오히려 고고자료의 역사성을 추구하려 하였던 문화역사고고학의 방법론을 재발견하여 튼튼한 이론의 틀 위에 정립시키고자 한다.

그러나 다윈 진화고고학의 주창자들은 이 같은 접근이 가지는 장점을 역설하면서도 그동안 주로 많은 학사적이고 이론적인 논의에 치중하였던 한계도 지니고 있었다. 때문에 종합적인 저술이 부족하고 적용사례 등이 충분하지 않아 저변을 확대하는 데 어려움을 겪었던 것이 사실이다. 1990년대 이후 오브라이언과 라이맨은 다위니즘에 근간을 둔 원칙과 개념들을 고고학에 적용하고자 하는 공통의 관심을 가지고 활발한 연구활동을 함으로써 이와 같은 어려움을 극복하고자 하였으며, 2000년 출간한 《다윈 진화고고학》은 이러한 요구에 부응하는 저술이라 할 것이다. 이 책의 주된 내용은 바로 고고학에 다위니즘의 원칙을 적용하는 방법론적인 논의와 사례연구를 제시하고 있다.

오브라이언과 라이맨은 특히 20세기 전반 미국고고학사, 고고학 이론과 방법론, 특히 유물의 계통분류체계 등에 대해 왕성한 필력을 과시하고 있다. 1990년대 중반 이후 해마다 고고학 이론과 고고학사에 관련된 논의에 적극적으로 참여하고 있다. 이들이 최근 발표한 저서와 논문을 대표적인 것만 소개하면 다음과 같다.

Lipo, C., M. J. O'Brien, M. Collard, and S. J. Shennan, 2006, *Mapping Our Ancestors: Phylogenetic Approaches in Anthropology and Prehistory*, New York: Aldine.

Lyman, R. L. and M. J. O'Brien, 2006, *Measuring Time with Artifacts: A History of Methods in American Archaeology*, Lincoln, Nebraska: University of Nebraska Press.

Lyman, R. L. and M. J. O'Brien, 2006, "Seriation and Cladistics: The Difference between Anagenetic and Cladogenetic Evolution", In *Mapping Our Ancestors: Phylogenetic Approaches in Anthropology and Prehistory*, 65~88, New York: Aldine.

Lyman, R. L. and M. J. O'Brien, 2005, *Measuring Time with Artifacts: A History of Methods in American Archaeology*, Lincoln, Nebraska: University of Nebraska Press.

Lyman, R. L. and M. J. O'Brien, 2004, "What is Normative Theory in Americanist Archaeology?", *Journal of Archaeological Method and Theory* 11, 369~396.

Lyman, R. L. and M. J. O'Brien, 2000, "Measuring and Explaining Change in Artifact Variation with Clade-Diversity Diagrams", *Journal of Anthropological Archaeology* 19, 39~74.

Lyman, R. L. and M. J. O'Brien, 1998, "The Goals of Evolutionary Archaeology: History and Explanation", *Current Anthropology* 39, 615~652.

Lyman, R. L. M. J. O'Brien, and Robert Dunnell, 1997, *The Rise and Fall of Culture History*, New York: Plenum Press.

O'Brien, M. J. (ed.), 2008, *Cultural Transmission and Archaeology: Issues and Case Studies*, Washington DC: Society for American Archaeology Press.

O'Brien, M. J. and A. Mesoudi, 2008, "The Cultural Transmission of Great Basin Projectile-Point Technology I: An Experimental Simulation", *American Antiquity* 73, 3~28.

O'Brien, M. J., R. L. Lyman, and M. B. Schiffer, 2005, *Archaeology as a Process: Processualism and Its Offspring*, Salt Lake City: University of Utah Press.

O'Brien, M. J. and R. L. Lyman, 2004, "History and Explanation in Archaeology", *Anthropological Theory* 4(2), 173~197.

O'Brien, M. J. and R. L. Lyman, 2003, *Cladistics and Archaeology*, Salt Lake City: University of Utah Press.

O'Brien, M. J. and R. L. Lyman(eds), 2003, *Style, Function, Transmission: Evolutionary Archaeological Perspectives*, Salt Lake City: University of Utah Press.

O'Brien, M. J. and R. L. Lyman, 2002, "Darwinian Evolutionism in Archaeology: Current Status and Prospects for Synthesis", *Evolutionary Anthropology* 11: 26~36.

O'Brien, M. J. and R. L. Lyman, 1999, *Seriation, Stratigraphy, and Index Fossils: the Backbone of Archaeological Dating*, Tuscaloosa: Kluwer Academic / Plenum Press.

O'Brien, M. J. and R. L. Lyman, 1998, *James A. Ford and the Growth of Americanist Archaeology*, Columbia: University of Missouri Press.

저자들의 문제의식은 기본적으로 미국 고고학사를 비판적으로 통관하는 데서 비롯된다. 때문에 독자들은 고고학사, 특히 미국 고고학사의 흐름 속에서 다윈 진화고고학의 입장들을 면밀하게 살펴보는 것이 바람직할 것이다. 다만 최근 다위니즘을 적극적으로 수용하려는 노력은 비단 미국의 연구자들이 아니라 예를 들어 런던대학의 고고학연구소(Institute of Archaeology)의 소장인 스테픈 쉐넌(Stephen Shennan, 2002)을 비롯하여 많은 국제적인 학자들도 뜻을 같이하고 있다. 이런 많은 연구자들의 노력으로 최근 들어 다윈 진화고고학이라 명명할 수 있는 학파가 눈에 띄게 저변을 확장하고 있는 것이다.

2. 진화의 의미

'진화'라는 용어와 개념은 19세기 중후반부터 생물학뿐만 아니라 인류학과 고고학과 밀접한 관련을 맺어 왔다. 진화의 구체적인 의미에 대해서는 시간의 흐름에 따라, 그리고 연구전통에 따라 다양한 시각들이 부침하기도 하였지만, 진화론 또는 진화이론은 자연과학은 물론 인문사회과학에도 커다란 영향을 미쳤다. 현재에도 사회진화론이 가졌던 부정적인 시각을 비판하는 입장이 있는가 하면, 다윈의 진화이론을 재해석하여 사회문화적인 영역에 적용시키려는 노력이 일어나기도 하는 등 아직도 진화는 학문의 중심에 자리하고 있다.

생물학에서는 다윈 이전과 이후의 학사가 분명하게 차이가 있으며, 다윈의 진화이론은 생물학에서 일반이론으로서의 지위가 확고하다. 물론 그렇다고 해서 생물진화에 대해서 아무런 논란도 없었다는 것은 아니다. 이 책에서 자세히 다루어졌듯이 20세기 전반에 들어서야 유전학의 연구성과와 적극적으로 결합하여 이른바 '진화적 종합'(*Modern Synthesis*)을 이루게 되었으며, '종'의 의미, 선택의 단위 등은 연구자들 사이에 논쟁이 되어왔다.

이와 맥락을 달리하여 사회문화적인 현상을 '진화'의 관점에서 이해하려는 흐름도 있었다. 사회문화의 영역에서 진화라는 것은 바로 인류사를 보는 하나의 시각이라 할 수 있는데, 다만 역사는 주로 구체적인 사실들을 많이 이야기하지만 진화는 좀더 이론적이라는 데서 차이를 찾을 수도 있을 것이다. 진화라는 개념의 뿌리는 중세적 세계관을 극복한 계몽사상에서 연원하여, 서양 근대사회의 형성과도 맞물려 있다. 계몽사상가들은 중세적인 세계관에서 벗어나 인류사의 보편성과 이성과 합리성에 입각한 진보를 주장하였다. 이를 토대로 19세기 말 대표적인 사상가였던 허버트 스펜서, 에드워드 타일러, 루이스 모건 등은 각각 사회진화론 또는 문화진화론이라 불리는 영역을 발전시켰던 것이다.

스펜서류의 사회진화론과 모건과 타일러에서 연원한 문화진화론은 고고학과 인류학의 주된 진화적인 관점이 되었으며, 진화를 진보와 동일시하였다(Allen, 1992; Rindos, 1989). 결국 사회·문화진화론은 다윈 진화이론과는 별개로 발달하였으며, 사색적인 전통을 가졌기 때문에 '과학적'이라 보기는 힘들다(성춘택, 2005). 적자생존의 원칙을 사회에 적용한 것을 이른바 사회다위니즘(사회다윈주의 또는 사회진화론, *Social Darwinism*)이라고 하지만, 다윈은 결코 고등이나 하등이라는 개념으로 생물체의 진화를 파악하지 않았다. 다윈 자신은 스펜서의 사회진화론이 과학적인 근거가 없다고 비판하기도 하였다. 다윈이 《종의 기원》에서 '진화'라는 말을 의도적으로 사용하지 않았다는 것도 유명하다. 이것은 당시 진화라는 말은 스펜서 등에 의해 진보("*overarching law of all development*", Gould, 1973: 36)라는 의미로 이미 광범위하게 쓰이고 있었기 때문이다. 다윈은 이를 피해 진화를 지칭할 때 "변이가 따르는 계통"(*descent with modification*)이라는 지극히 중립적이고 '과학적'인 개념을 사용하였다. 다윈의 이론에는 변화에 대한 과학적인 인식만이 있을 뿐 진보라는 개념이 들어가 있지 않은 것이다. 다위니즘에서 진화라는 것은 자연선택이나 부동(표이)이라는 메커니즘 때문에 결코 진보일 수가 없다. 진보나 진화의 방향성과 같은 것은 변화의 결과에 대한 사회문화적으로 경도된 해석일 뿐이지 어떤 추동력이나 메커니즘은 아니다(Dunnell, 1980: 42).

그럼에도 불구하고 다위니즘과 사회진화론 혹은 문화진화론의 차이는 제대로 인식되지 못하였다. 나중의 연구자들은 이러한 차이를 분명히 인식하지 못하고 진화를 이야기하고 다윈을 지칭했기 때문에 결과적으로 많은 혼용과 혼란이 생기게 된다. 이 책에 기술되어 있듯이 크로버와 같은 20세기 전반의 연구자들 역시 진화라는 개념을 사용하였지만, 실제 다위니즘에 입각한 진화는 아니었으며, 설사 다윈을 언급하였다고 하더라도 그것은 비유적이고 선언적인 것에 머무르고 말았다. 학사적으로 명백히 다위니즘적인 원칙과 개념들이 인류학과 고고학에 적극적으로 사용되기 시작한 것은 최근에 와서야 이루어지게 되는 것이다. 이렇듯 다윈 진화고고학자들은 기왕에 인류학이나 고고학 등 사회과학에 일반적이었던 사회진화론과 문화진화론에 비판적이다. 애당초 다윈의 진화이론과 사회·문화진화론은 출발선부터 별다른 관련이 없었다고 보는 것이다. 《다윈 진화고고학》은 이와 같은 진화에 대한 시각의 차이, 그러한 차이가 오게 된 근본원인, 앞으로 바람직한 논의방향 등에 대해 귀중한 통찰들을 담고 있다.

3. 고고학사의 흐름과 다윈 진화고고학

오브라이언과 라이맨은 다윈 진화고고학을 "재무장한 문화사고고학"이라 비유할 만큼 문화역사고고학의 역할과 방법론을 긍정적으로 평가한다. 주지하듯이 문화역사고고학이란 20세기 전반 미국 고고학의 주된 패러다임이었다고 할 수 있다. 학사적으로 문화역사고고학은 아직 방사성탄소연대법 등 과학적인 연대측정 기술이 발달되지 않았을 당시 고고자료의 형식분류라는 수단을 통해 유물과 유물군의 시공간적인 위치를 찾는 데 치중하였으며, 물질문화의 변화를 주로 전파나 이주와 같은 외적인 요인들을 통해 설명하고자 하는 접근법을 지니고 있다.

문화역사고고학자들은 철저한 유물 관찰을 근간으로 강력한 방법(주로 형식분류와 순서배열)을 개발하여 자신들의 학문적 목적을 이루고자 하였다. 그러나 유물에서 나타나는 변이들이 시간의 흐름에 따라 지속되고 변화해가는 양상을 설명하는 것은 고고학 본래의 역할이지만, 불행히도 방법론적인 논의에 머물러 왜 유물의 형식과 유물군의 유형이 변화하는지에 대한 이론적인 토대를 확보하지 못하고 말았다.

이처럼 이론적인 토대를 마련하지 못한 문화역사고고학은 20세기 중반 들어 비판에 직면함은 주지하는 바와 같다. 20세기 중반 생태·취락고고학적인 연구와 논의들은 1960년대 이후 신고고학을 이끈 흐름이 되었다. 이후 과정고고학이라 불리게 된 이 흐름은 문화역사고고학, 곧 '전통고고학'이 가진 비이론성을 비판하고 과학적인 학문으로서 고고학을 재정립하고자 하였다. 루이스 빈포드 등 과정고고학의 주창자들은 분명히 레슬리 화이트와 줄리언 스튜어드로 대표되는 신진화론적 인류학의 직접적인 영향을 받았다. 사실 19세기 말 스펜서와 모건의 사회·문화진화론 사조는 20세기 전반 영국에서는 기능주의 인류학의 성장과 미국에서는 역사특수주의(*historical particularism*)로 말미암아 현저히 영향력이 축소되어 있었다. 그러던 것이 20세기 중반 신진화론의 영향으로 보편진화에 대한 관심과 믿음이 되살아났으며, 신고고학은 바로 신진화론에 바탕을 두고 성장하였다고 할 수 있다.

빈포드를 비롯한 과정고고학자들은 문화란 인간의 신체외적인 적응수단이라는 레슬리 화이트의 관점을 받아들인다. 신진화론의 핵심인물이라고 할 화이트(White, 1949: 368~369)는 "문화는 에너지를 사용하는 도구적인 수단의 효율이 증가할수록 진화한다"고 하면서 문화진화의 법칙을 찾으려 하였다. 과정고고학은 과학적인 접근법을 추구하여, 주어진 조건에서 인간의 행위에 대한 가설을 세우고 연역적으로 검증하는 방식으로 문화과정을 설명하고자 하였다. 때문에 민족지 현지조사와 같은 연구를 통해 행위적인 법칙을 찾고 과거의 물적 자료에 대입하는 방법을 선호하였다. 그러나 인류사의 법칙을 찾는다는 것은 위험한 일이다. 법칙이란 것들은 대부분 '일반화'에 불과하며, 결코 그 자체로 '설명'이 아니다. 더넬은 문화진화란 과학적인 접근도 아니고, 이론도 아니며, 진화도 아니라고 비판하기도 하였다(Dunnell, 1980: 50).

역설적으로 빈포드는 자신이 다위니즘을 신봉하고 있음(Thomas, 1999: 449 참조)을 직접적으로 언급하기도 한다.

> 나는 다윈의 주장에 더욱 귀 기울여야 한다고 생각한다. 변화된 조건을 낳아 지금까지 성공적이었던 전술들이 더 이상 지속되지 못하게 될 때 변화가 선택되어 일어난다(Binford, 1983: 203). … 나는 본질적으로 다윈주의자이다. 문화체계는 자연선택의 조건하에서 변화한다고 믿는다. … 내가 말하는 것은 … 복합사회의 출현에도 … 다윈주의적인 선택압이 있었을 것이라는 점이다(Binford, 1983: 231).

그러나 이처럼 다윈을 언급하였다고 해서 다위니즘의 원칙과 개념이 고고학에 적용된 것은 아니다. 다만 다윈의 학문적 권위에 대한 의지일 뿐이다. 빈포드와 신고고학자들의 연구에서는 시간이라는 차원이 효과적으로 포괄되지 못하고 있으며, 생물과학과 물리과학의 차이를 명확히 인식하지도 못하였다. 인간행위의 법칙을 추구한 것은 시공간성을 떠난 물리과학의 모델에 의지한 것이다. 물리과학을 모델로 시간의 변수를 생략한 채 현재의 행위연구를 바탕으로 과거 유적에 대한 가설을 세우고 검증하려 했던 것이다. 고고학이라는 학문은 시공간성을 핵심으로 하는 학문으로서 물리학이나 화학 같은 과학과는 근본적으로 다르다. 오히려 고고학이 과학이 되고자 한다면, 시공간성을 주된 축으로 하며 과학적인 연구성과들을 효과적으로 축적하여 온 생물학, 특히 진화생물학에서 모델을 찾아야 할 것이다.

다위니즘을 고고학에 적용시키고자 하는 노력은 많은 관심과 함께 논쟁을 몰고 왔다. 논쟁과 오해의 원인은 많은 부분 다윈고고학이 기존의 사회진화론과 문화진화론과 대립되는 시각을 가졌다는 데서 기인한다. 특히 다윈 진화고고학을 주장하는 연구자들은 이론적인 논의에 치중하여 실제 고고학적인 현상에 적용한 사례가 빈약하다는 지적도 받았다. 이런 상황에서 《다윈 진화고고학》은 다윈이론을 어떻게 고고학에 적용시킬 것인지 종합적이고도 체계적으로 논의하였으며, 더불어 구체적인 사례연구를 개괄하여 지금까지 지적된 비판들에 훌륭한 대답이 될 것이라고 생각한다.

4. 《다윈 진화고고학》

이 책의 논의는 대체로 학사적 흐름을 유지하면서도 종합적이다. 도입부라고 할 수 있는 2장은 본질론(*essentialism*)과 유물론(*materialism*)이라는 대립되는 존재론적 입장을 논의하였다. 이 같은 학사적이고도 과학철학적인 논의를 바탕으로 고고학의 학문적 성격을 재정립하고 규정함으로써 고고학이 추구하여야 할 학문적 원칙들을 제시한다. 고고학이 나아가야 할 방향은 학사에 대한 비판적 고찰에서 얻을 수 있다.

3장은 바로 19세기 말부터 20세기 전반까지 미국 고고학의 학문적인 내용과 성격을 개괄하였다. 당시의 문화역사고고학 패러다임은 유물론적인 존재론에 의지하면서도 방법론적으로는 본질론적인 성향을 띠었다는, 이른바 "유물론적 역설"을 보여준다. 다시 말하면 당시 고고학자들은 시간의 흐름을 연속되는 것으로 파악하여 분류 및 분석의 단위들은 연구자가 고안한 것이라는 입장을 견지하면서도 실제로는 층위적 단절과 같은 본질론적 단위를 사용하였다는 것이다. 그 이유는 문화역사고고학이 이용하였던 방법들에 대한 이론적인 토대를 갖추지 못했기 때문이며, 이로 인해 결국 과정고고학의 비판에 직면한다.

생물사학(순고생물학)과 고고학에서 시간의 흐름, 곧 역사를 이해하는 방식에 대한 논의는 4장에 개괄되어 있다. 저자들은 문화역사고고학을 비판하며 학계의 중심적 위치를 차지하였던 과정고고학의 논리구조를 해부하여 문제점을 드러낸다. 결국 과정고고학은 잘못된 길에 들어서고 말았다는 비판과 함께 이전 문화역사고고학의 취약점을 보완하기 위해서는 유물론적인 시각에서 강력한 설명이론으로서 다위니즘을 견지하는 것임을 밝혔다.

고고자료의 시공간성을 추구하기 위해서는 유물분류와 분석에 관한 논의가 필수적이다. 5장에서 저자들은 철학적이고 이론적인 논의에서 출발하여 미국 선사시대의 찌르개를 사례로 들며 어떻게 전통적인 형식들을 재정의하여 다윈 진화고고학적인 분석의 토대를 만드는지를 보여준다. 형식분류란 분석과 설명의 단위(*unit*)를 만들어내는 방법인데, 사실 1960년대 이후 과정고고학이 주도하면서 이론적 논의의 중심에서 멀어진 듯하다. 저자들은 분석의 단위를 만들어내는 일이야말로 고고학의 기초적인 작업임을 강조한다.

분석단위를 만들어낸 다음 연구자들은 유물 또는 유물형식들 사이의 역사성을 추구하게 된다. 흔히 역사적인 관련이란 유사성을 바탕으로 연구하는데, '유물의 유사'에도 우연한 닮음과 역사적인 관련을 통한 유사 등 두 가지 종류가 있다. 때문에 역사적인 관련을 논하기 위해서는 단순한 유사가 아닌 상동적인 유사성을 찾아야 한다. 유물형식들의 변화, 곧 편년작업을 통해 그 변화가 단순한 시간의 흐름에 따라 연쇄적으로 일어난 것들인지, 아니면 역사적인 전승에 의한 것인지를 파악하여야 하는 것은 고고학의 주된 작업 중 하나이다. 6장에서는 특히 데이비드 클라크의 인식체계나 양식과 기능에 대한 대비를 비롯하여 유물의 역사계보를 구성하는 방법, 그리고 순서배열법에 대해서 자세하게 다루었다.

시간의 흐름에 따른 변화의 비율은 진화의 속도〔템포〕가 되며, 변화가 어떠한 양상으로 일어나는지는 진화의 양태〔모드〕이다. 7장의 주된 논의는 바로 이 진화의 두 가지 변수에 대한 것이다. 역시 생물진화의 연구와 사례를 깊이 있게 논의함으로써 고고학에서 유물변화의 속도와 양태에 대한 연구의 타산지석으로 삼고 있다. 특히 사례연구로서 미국의 진공관 라디오 생산을 논의하였으며, 그 다음 이 책의 주된 고고학적 사례로 제시되고 있는 미국 고인디언(*PaleoIndian*) 및 아케익(*Archaic*) 시대의 찌르개의 진화에 대해 깊이 있게 살피고 있다.

선사시대 찌르개의 변화에 대해서는 8장에 본격적으로 모델을 제시했다. 새로운 자료를 들어 클로비스와 달튼, 폴섬 찌르개의 계보에 대한 계보를 세우고, 찌르개의 생김새와 자루에 장착되는 방식에 대한 연구 등을 통해 찌르개의 변화를 설명하고 있다. 이러한 논의를 통해 현재까지의 연구들이 지나치게 본질론적 유형론에 매몰되어 있었음을 지적하기도 한다. 특히 이 책의 출간을 전후해 많은 연구자들은 다위니즘의 원칙에 입각하여 다양한 고고학적인 연구사례들을 제시하고 있다.

마지막 9장은 전반적인 책의 구성과 논지를 핵심적으로 요약해 놓은 것으로 사실 이 책의 첫 장이 서론이라고 할 때 마지막 장은 결론의 역할을 한다고 할 수 있다.

■ 참고문헌

성춘택, 2005, "다위니즘과 진화고고학의 원칙", 〈호남고고학보〉 17, 113~133.

Allen, M. S., 1992, *Dynamic Landscapes and Human Subsistences: Archaeological Investigations on Aitutaki Island, Southern Cook Islands*, Ph.D. Dissertation, Seattle, WA: University of Washington.

Binford, L. R., 1983, *In Pursuit of the Past: Decoding the Archaeological Record*, New York: Thames and Hudson.

Dunnell, R. C., 1970, "Seriation Method and Its Evaluation", *American Antiquity* 35(3): 305~319.

______, 1980, "Evolutionary Theory and Archaeology", In *Advances in Archaeological Method and Theory* 3, ed. M. B. Schiffer, 35~99, New York: Academic Press.

Gould, S. J., 1973, *Ever Since Darwin: Reflections in Natural History*, New York: Norton.

Rindos, David, 1989, "Undirected Variation and the Darwinian Explanation of Cultural Change", In *Archaeological Method and Theory* 1, ed. M. B. Schiffer, 1~45. Tucson, Arizona: University of Arizona Press.

Shennan, S. J. 2002, *Genes, Memes and Human History: Darwinian Archaeology and Cultural Evolution*, London: Thames and Hudson.

Thomas, Julian, 1999, "Culture and Identity", in *Companion Encyclopedia of Archaeology*, ed. Graeme Barker, 431~469. London: Routledge.

White, L. A., 1949, *The Science of Culture: A Study of Man and Civilization*, New York: Grove Press.

개체발생의(*ontogenetic*): 한 사물의 발달이나 역사에 관한.

격리메커니즘(격리기작, *isolating mechanisms*): 개체군들 사이에 유전적으로 (환경적인 것이 아니라) 결정된 차이들로 말미암아 유전자 흐름이 막히는 것.

경험 단위(*empirical unit*): 관념 단위(*ideational unit*)와는 달리 경험적인 실제를 가진 분석적 단위.

계기 순서배열(계통 순서배열, *phyletic seriation*): 외관상 유사성에 토대를 두고 물체들을 편년적으로 배열한 것. 예를 들어 토기는 형태나 장식에서의 변화에 따라 배열될 수 있음. 페트리의 순서배열 방법[1]이 대표적임.

계보(계통, *lineage*): 특정 조상이나 조상 집단으로부터 직접 이어진 시간적인 선을 말하며, 그 존재가 조상과 후손들 사이에 전수(*transmission*)를 통한 상속으로 말미암은 것. 전통(*tradition*)과 비교.

계통(적) 점진설(*phyletic gradualism*): 나일즈 엘드리지와 스테픈 제이 굴드(Eldredge and Gould 1972)가 고안한 용어로서 진화(*evolution*)는 인지하기 힘들 정도로 점진적인 중간 형태들이 선조와 후손을 이어주는 연속적인 연쇄의 결과로 일어난다고 보는 관점. 새로운 형태의 생산은 느리고 향상진화(*anagenesis*)를 통해 일어남. 단속평형설(*punctuated equilibrium*)과 비교.

계통발생 진화(*phylogenetic evolution*): 계보(*lineage*)들이 가지를 치는 식으로

1) 옮긴이 주 — 흔히 계기연대법이라고도 불린다.

일어나는 진화. 망상진화(*reticulate evolution*)와 비교.

계통발생(*phylogeny*) : 진화적 유형과 관계를 복원하는 것. 그리고 분류군들 사이에 선조와 후손의 관계를 보여주는 분지 도표를 의미하기도 함.

계통분류체계(계통분류학, *systematics*) : 특정한 분석적인 목적에서 논리적으로 끌어내어 단위를 만들어내는 절차. 그 단위를 사용하여 현상들 사이의 유사성과 차이를 확인하고 측정하며, 비슷한 것끼리 묶음. 흔히 비슷한 사물들은 어떤 특수한 친연성을 가진다고 생각됨. 이 책에서 사용되었듯이 이런 친연성 가운데 아주 중요한 것이 진화적, 곧 계통적인 친연성임.

고생물학(*paleontology*) : 화석들, 특히 그것들의 역사적 연쇄에 대한 일반적인 연구.

공통 시원형질(*symplesiomophies*) : 두 개 또는 그 이상의 분류군들이 바로 전의 선조와, 그리고 그 이전의 선조와 공유하고 있는 형질이나 형질 상태. 공유된 시원 형질이라고도 말해짐. 공통 파생형질(*synapmorphies*)과 비교.

공통 파생형질(*synamorphies*) : 두 개 혹은 그 이상의 분류군이 바로 이전의 선조와는 공유하지만, 그 이전의 선조와는 공유하지 않는 파생형질 또는 그 형질 상태. 공유된 파생형질이라고도 불림. 분지론(*cladistics*)은 전적으로 공통 파생형질을 확인하고 사용하는 것에 달려 있음. 공통 시원형질(*symplesiomorphies*)과 비교.

과정(주의) 고고학(*processual archaeology*) : 1960년대 고고학자들이 편년적인 이슈들과 문화 복원에 반대하여 문화변화를 일으키는 과정들을 확인하는 방향으로 관심을 돌린 학문적 패러다임.

관념 단위(*ideational unit*) : 경험적 실체를 가지지 못하는 개념적인 단위로서 경험 단위(*empirical unit*)와 대조됨. 관념 단위는 이론 단위(*theoretical unit*) — 다윈 진화고고학에서 가장 중요한 종류의 단위 — 일 수도, 또는 기술단위(*descriptional unit*)일 수도 있음.

그룹(*group*) : 경험적인 사물로 구성되는 현상적인 단위. 그룹들은 내포적인 분류 또는 외연적인 군집분류(*clustering*) 방법들을 통해서 끌어올 수 있음. 클래스(*class*)와는 달리 하나의 그룹은 공간상 위치(*location*)를 가짐.

기능(*function*) : 보통 사용(*use*)과 동의어로 사용되는 개념. 다윈 진화고고학에서 이 용어는 제한적인 의미를 가져 사물이나 생물체의 적응적인 양상을 지칭할 때 사용됨. 양식(*style*)과 비교.

기본설계(*Bauplan*): 긴 역사를 가져 형성된 기본 구조적 디자인. 가령 우리는 쌍무적으로 대칭적인 기본설계, 척추동물 기본설계, 포유류 기본설계, 또는 네 발 짐승 기본설계와 같은 것들을 말할 수 있음.

기의(의미되는 것, *denotata*): 한 클래스를 구성하는 내용물.

기표(*significata*): 한 클래스의 구성원이 되기 위해 어떤 한 표본이 반드시 가져야 할 필요충분조건. 의미되는 것(기의, *differentia*)과 비교.

내재적 특성(*immanent properties*): 하나의 사물이 시공간상 어디에 존재하고 있는지와는 상관없이 가지는 특질들. 형상적 특성(*configurational properties*)과 비교.

내포적 정의(*intensional definition*): 한 단위내의 구성원이 되기 위한 필요충분조건들을 수립하는 것. 조건들은 이전에 구성된 조합에서 끌어오는 것이 아니라 경험적 표본들을 나누기 위해 이 표본들에 부여되는 것임. 외연적 정의(*extensional definition*)와 비교.

다계통 집단(*polyphyletic group*): 하나 이상의 선조 분류군에서 파생된 구성원으로 이루어진 분류군들의 모음. 단계통 집단(*monophyletic group*)과 비교.

다면발현(*pleiotropy*): 한 유전자가 하나 이상의 형질에 대해 표현형적 효과를 내는 것.

다원발생(*polygeny*): 복수의 유전자가 단일한 형질에 영향을 주는 표현형적 효과.

단계통 집단(*monophyletic group*): 모두 하나의 공통조상 분류군에서 파생된 분류군 조합으로서, 클레이드(*clade*)라 불리기도 함. 다계통 집단(*polyphyletic group*)과 비교.

단속평형설(*punctuated equilibrium*): 엘드리지와 굴드(Eldredge and Gould 1972)가 고안한 용어로서 진화는 주로 긴 진화적 정체기(*stasis*) 뒤에 급작스런 이소성 종분화(*allopatric speciation*) 사건으로 일어난다는 관점을 말함. 새로운 종은 계보(*lineage*)가 갈라짐으로써만, 곧 향상진화(*anagenesis*)가 아니라 오직 분지진화(*cladogenesis*)를 통해서만, 일어난다고 봄. 새로운 자매종은 그 종의 범위의 주변에서 기원하여 모개체군이 여전히 점유하고 있는 지역에까지 확산하여 들어갈 수 있음. 따라서 지역적 지질 단면에서는 조상과 후손 사이에 명확한 형태적 차이가 나타나게 됨.

대립유전자(대립형질, *allele*): 한 유전자의 대안적인 상태이고 유전자형의 측면에서 '형질 상태'를 말함. 예를 들면, 머리색에 대한 단 하나의 유전자가 있다고 한다면 한 대립 형질은 붉은 색 코드를 가질 것이고 다른 대립 형질은 갈색 코드를 갖는 식임.

도약진화(*saltation*): 세대 간 표현형적 형질에서 상당 정도의 불연속을 보여주는 것.

돌연변이설(*mutationism*): 여기에서는 모체와는 불연속적으로 급작스럽게 생산된 변이(돌연변이)의 결과로 종분화가 생긴다는 19세기 말, 20세기 초의 믿음을 지칭함.

동소성 종분화(*sympatric speciation*): 종첩되는 범위, 따라서 생식할 가능성이 있는 개체군들 사이에서 일어나는 종분화.

딤(*deme*): 한 지역에서 잠재적으로 생식이 가능한 개체군.

라마르키즘(*Lamarckism*): 프랑스의 박물학자 장 라마르크의 연구를 통해 형성된 생각으로서, 자연이 변이의 방향을 낳았다는 것. 찰스 다윈의 비방향성의 변이라는 생각은 라마르키즘에 대한 반대임. 라마르키즘은 역사적으로 획득 형질의 유전, 또는 부드러운 유전(*soft inheritance*)을 뜻하게 되었는데, 이러한 생각에 대해 다윈은 냉소적이었음. 그런데 이것은 라마르크와 다윈의 관점 사이의 진정한 차이 — 곧 변이의 방향성의 성격 — 를 제대로 말한 것이 아님.

망상진화(*reticulate evolution*): 계보의 분지 및 통합으로 특징지을 수 있는 진화. 계통발생 진화(*phylogenetic evolution*)와 비교.

모드(*mode*): 양태를 볼 것.

법칙론적(*nomological*): 법칙의 또는 법칙들에 관한.

복제자(*replicator*): 복제를 통해 구조를 직접적으로 전수하는 실재물 — 예를 들면 유전자. 상호작용자(*interactor*)와 비교.

복제적 성공(*replicative success*): 레오나드와 존스(Leonard and Jones 1987)가 고안한 용어로서 생물체의 특질이 한 세대에서 다음 세대로 차별적으로 지속되는 것을 지칭함. 이 용어에는 특질 전수의 양태나 특질 전수와 보유의 결과로서 한 생물체가 획득하게 된 선택적 이점에 대한 진술은 담겨 있지 않음.

본질론(*essentialism*): 발견할 수 있는 독립된 사물들의 종류가 존재한다고 생각하는 형이상학적 입장. 한 종류의 구성원은 그 종류에 위치되는 모든 사물들이 공유하는 본질에 의한다. 유물론(*materialism*)과 비교.

부동(표이, *drift*): 하나의 개체군에서 예측불가능한 전수로 말미암아 일어난 특질 빈도상의 무작위적인 변화. 생물학에서는 흔히 대립형질들(*alleles*)의 세대 간 표본추출상의 실수라고 정의됨. 선택(*selection*) 및 솎아짐(*sorting*)과 비교.

분류군(*taxon*): 특정한 위계(속, 종, 과와 같은)를 밝히지 않은 채 개별 생물체들이나 생물체 조합이 배열되는 분류학적인 단위.

분지진화(*cladogenesis*): 진화의 과정에서 계보들의 가지치기 및 분지. 하나의 계보 안에서 분류군의 증식을 일으킨다. 향상진화(*anagenesis*)와 비교.

분지학(*cladistics*): 사물들을 공통 조상으로부터 내려온 시퀀스에 입각하여 분류하는 계통발생적인 분석 체계. 시간은 상대적인 측면을 제외하고는 의미가 없으며, 단지 공통 파생형질(*synapomorphy*)들만이 그런 배치에 사용됨.

비율층서법(*percentage stratigraphy*): 지질학적으로 누중된 분포에 따라 변동하는 물체들의 비율에 근거하여 시간의 흐름을 측정하는 것. 이 방법은 흔히 순서배열(*seriation*)과 혼동되기도 하지만, 순서배열은 지층누중을 동반하지 않는 방법임.

빈도 순서배열(*frequency seriation*): 시간 형식이라 생각되는 것들을 각 형식이 연속적이고도 단일한 빈도봉을 갖는 분포로서 편년적으로 배열하는 기법. 그 배열은 형식 빈도들에 바탕을 둠.

삼각소간(*spandrel*): 건축 용어로서 아치의 오른쪽이나 왼쪽 외부 곡선과 그것 주변을 감싸는 구조 사이의 삼각형 공간을 가리키는 용어. 스테픈 굴드와 리처드 르원틴(Gould and Lewontin 1979)은 이 개념을 적응(*adaptation*)이 아닌 별개의 디자인적인 결정의 필수적 부산물로서 생기게 되는 형태와 공간들을 은유적으로 지칭하는 개념으로서 진화생물학에 도입하였음.

상동(*homolog*): 공통 조상을 가진 분류군들이 공유하는 형질. 이 형질은 분류군들이 조상을 공유하고 있기 때문에 가지고 있는 것. 상사(*analog*)와 비교.

상사(*analog*): 어떤 분류군들이 공통의 조상에서는 볼 수 없는 비슷한 형질을 가지고 있는 것. 조상을 공유하여서가 아닌 다른 이유로 분류군들에서 그 형질이 발생한 것. 상동(*homolog*)과 비교.

상형(*homomorphy*): 형태상의 유사로 그 자체로 유사형태는 연관성에 대한 진술은 담고 있지 않음.

상호작용자(*interactor*): 하나의 실재물이 통일된 전체로서 차별적으로 복제되는 방식으로 환경과 상호작용하는 것. 사례로 들 수 있는 것이 포유류의 가죽, 내골격, 순환체계 등임. 복제자(*replicator*)와 비교.

생물사학(순고생물학, *paleobiology*): 고생물자료를 진화이론을 사용하여 연구하고 설명하는 것.

선택(*selection*): 한 개체군에서 특정 환경에 더 잘 적응되어 있는 어떤 형태들이 그렇지 못한 형태들에 비해 양적으로 증가하는 것. 흔히 "자연선택"과 "문화선택"은 대조되는데, 전자는 물리적 환경이 선택의 매개자인데 반해 후자의 경우 인간이 선택의 매개자가 된다는 것임. 그런데 이런 구분은 결과물—변형들의 차별적인 표상—을 생각할 때 하찮은 것이다. 부동(*drift*) 및 솎아짐(*sorting*)과 비교.

성분(*component*): 주어진 장소에서 어떤 집단에 의한 한 차례의 점유를 나타낸다고 믿어지는 공반된 유물들의 집합.

속도(템포, *tempo*): 진화적 변화의 속도. 속도는 0일 경우에는 정체(*stasis*)가 될 것이며, 속도는 점진적일 수도, 비교적 급격할 수도 있음. 양태(*mode*)와 비교.

속성 상태(*attribute state*): 하나의 '차원'(*dimension*)의 물리적 현시. 예를 들면, "생김새"라는 차원 아래에서 속성 상태 1은 "원형", 속성 상태 2는 "정사각형" 등으로 나타날 수 있음. 또한 형질 상태(*character state*) 또는 단순히 속성(*attribute*)이라고 일컬어지기도 함.

솎아짐(*sorting*): 계기적으로 이어지는 세대들에서 특질들의 차별적인 현시를 가리키는 일반적인 기술. 그 자체로 원인에 대해서는 어떤 진술도 담고 있지 않음. 선택과 부동(표이, *drift*)은 두 개의 솎아짐 메커니즘.

수행기준(*performance standards*): 어떤 것이 얼마나 주어진 기능을 잘 수행하는지를 측정하는 데 쓰이는 범주들.

순고생물학(*paleobiology*): 생물사학을 볼 것.

순서배열(*seriation*): 지층누중이 아닌 다른 논리적 원칙에 근간하여 사물들을 편년적으로 배열하는 것. 이 배열은 지리적이거나 지질학적인 위치와 같은 외부적인 특성들이 아닌 단위의 내적인 특성들에 바탕을 두고 만들어짐. 순서배열법은 그 안에 몇 가지 기법들이 있는데, 빈도 순서배열(*frequency seriation*), 발생 순서배열(*occurrence seriation*), 계기(계통) 순서배열(*phyletic seriation*) 등이 있음.

시간(역사)의 연속(*historical continuity*): 유사성을 바탕으로, 그리고 시간의 흐름을 반영하는 것을 가정하여 사물을 연쇄적으로 배열한 것. 전승(계통)적 연속(*heritable continuity*)이 이러한 배열에 함축되어 있을 수 있는데, 이 경우 중첩(*overlapping*)이 배열의 원칙일 수도, 또는 관찰된 중첩으로부터 끌어온 추론일 수도 있음. 고고학에서는 이렇듯 전승의 연속과 시간의 연속을 분명하게 구분하지 못하여 불합리한 상황을 낳게 되었음. 연쇄(*sequence*)와 비교.

시퀀스(*sequence*): 연쇄를 볼 것.

신체적(*somatic*): 신체적 특성과 관련한.

신형(*novelty*): 조상으로부터 복제의 충실도상의 불완전성으로 말미암아 등장한 새로운 특질이나 특질의 형태. 이 용어는 "혁신" 및 "발명"의 결과를 특징짓는 데도 쓰일 수 있지만, 혁신과 발명은 흔히 의도(*intent*)를 암시하거나 의미함.

양면석기(*biface*): 양면에서 격지를 떼어내어 제작된 모든 종류의 석기.

양식(*style*): 한 사물의 특수한 생김새나 디자인(형태와 장식 같은 차원을 포함하여)을 지칭할 때 쓰이는 포괄적인 용어. 다윈 진화고고학에서는 제한적인 의미를 가지고 있는데, 물체나 생물체의 비기능적인(비적응적인) 양상을 가리키는 데 쓰임. 이는 생물학자들이 "중립성"(*neutrality*)이라 일컫는 용어와 비슷한 방식. 예를 들면, 우리는 양식 A는 양식 B와는 달리 그것을 소유하는 사람에게 아무런 적응도 가치를 주지 않는다는 식으로 이야기할 수 있음.

양태(모드, *mode*): 진화의 유형들과 과정들. 향상진화(*anagenesis*)는 진화적 양태이며, 분지진화(*cladogenesis*) 역시 마찬가지임. 속도(템포, *tempo*)와 비교.

연대 종(*chronospecies*): 화석자료에서 하나의 계보의 한 부분으로서 계보에서 그 이전이나 그 이후 부분과는 형태적으로 충분히 구분되어 하나의 지리적 장소에서 독립적인 종으로 위치되는 부분을 말함. 여기에서 초점은 시간적 변이이며, 모든 표본들은 동일한 지리적 영역에서 나온 것이야 함. 지리 종(*chorospecies*) 및 형태 종(*morphospecies*)과 비교.

연쇄(시퀀스, *sequence*): 시간의 흐름에 따른 사물들의 배치. 사물 자체와는 상관없이 편년적 자료에 근간을 둘 수도 있으며, 사물들 사이의 시간의 연속(*historical continuity*)이라는 가정에 기본을 둘 수도 있음. 어떤 한 연쇄로부터 전승의 연속(*heritable continuity*)에 대한 추론을 끌어낼 수도 있으나, 모든 연쇄들이 전승의 연속을 나타내는 것은 아님.

외연적 정의(*extensional definition*): 어떤 한 단위의 구성원이 되기 위한 필요충분조건을 수립하는 것인데, 그 조건들은 이전에 구성된 속성들로부터 끌어온 것. 내포적 정의와 비교.

외집단(*outgroup*): 다른 분류군들의 집단들이 서로 분지하기 이전에 분지한 분류군. 외집단들은 시원 및 파생형질들을 동정하기 위해 분지론(*cladistics*)에서 사용되고 있는데, 여기에서는 선조격이 되는 형질은 외집단에서는 발견되지만 더 밀접하게 연관된 다른 분류군들에서는 발견되지 않을 것이라는 논리가 있음.

유물론(*materialism*): 현상들은 언제나 다른 어떤 것이 되려는 과정에 있기 때문에 독립적으로 존재할 수 없다고 주장하는 형이상학. 본질론(*essentialism*)과 대비.

유전(전승, *heredity*): 한 생물체에서 다른 생물체로, 유전자의 형식이든지 아니면 생각이든지, 정보가 전수(*transmission*)되는 결과.

유전자형(*genotype*): 하나의 생물체가 가지고 있는 유전자들의 조합.

유전자흐름(*gene flow*): 한 개체군의 한 유전자 장에서 다른 개체군의 유전자 장으로 유전자가 섞이는 것.

의미되는 것(*denotata*): 지시물을 볼 것.

이론(*theory*): 현상들의 성격을 설명하기 위해 체계적으로 적용되는 구조화된 지식.

이소성 종분화(*allopatric speciation*): 지리적으로 고립되어 있는 개체군들 사이에 유전자 흐름이 막히면서 일어나는 종분화. 동소성 종분화(*sympatric speciation*)와 주변지역성 종분화(*peripatric speciation*)와 비교.

인식론(*epistemology*): 지식의 성격과 기원을 연구하는 철학의 한 분야. 형이상학 및 존재론과 비교.

적응 정점(*adaptive peak*): 서월 라이트(Sewall Wright 1932)가 사용한 은유적 표현으로서, 한 개체군이 대립유전자(*allele*)의 빈도상 최대 중간-적응도(*mean-fitness maximum*)를 갖는 적응적 경관의 위치를 말함.

적응(*adaptation*): 한 생물체가 가지고 있는 형질로서 이 형질을 가지지 않았을 때보다 가졌을 때 주어진 환경에서 생존하고 생식할 수 있게 되는 경우를 말함. 특히 이 책에서는 주어진 형질이 현재의 기능을 가지도록 선택에 의해 형성되어야 한다는 조건이 있음. 파생적합(*exaptation*)과 비교.

전수(전달, *transmission*): 유전자든 문화적 아이디어든지 정보가 한 생물체에서 다른 생물체로 흐르는 것. 반드시 세대 간의 흐름일 필요는 없음. 이 과정은 전승을 낳고 전승(계통)의 연속(*heritable continuity*)을 이끎. 전파(*diffusion*)와 유전(전승, *heredity*) 비교.

전승의 연속(계통의 연속, *heritable continuity*): 전수(*transmission*)에 의해 생산된 사물들 사이의 유전적인 연결로서 시간적인 연속체를 따라 사물의 끊이지 않는 연쇄적인 배열을 불러오는 것. 연쇄(*sequence*)는 중첩(*overlapping*)을 바탕으로 함. 시간의 연속(*historical continuity*)과 비교.

전통(*tradition*): 관련된 형태들의 지속된 형상으로 대표되는 시간적인 연속체. 유전(*heredity*), 계보(*lineage*), 지속(*persistence*)과 비교.

전통/계보의 척도에서 전승(계통)의 연속(*tradition/lineage scale of heritable continuity*): 동일한 속에 속하는 별개의 종들은 유전적인 전수의 결과 및 공통의 선조에서 진화적으로 분지하였기 때문에 전승의 연속을 나타냄. 똑같은 원칙이 동일한 과에 속하는 속들에서도 적용됨. 이와 비슷하게 상위의 분류군들 내에 속하는 유물 분류군들도 전수를 근거로 해서 전승의 연속을 띤다고 가정됨. 형식/종의 척도에서 전승의 연속(*type/species scale of heritable continuity*)과 비교.

전파(*diffusion*): 어떤 한 문화 특질이 한 문화에서 다른 문화로 이동하는 것. 일반적으로 그 특질에 관한 개념, 그 특질의 경험적 사례, 또는 그 특질을 개념 또는 실제로 가지고 있는 사람의 이동으로 나타남.

정체(평형상태, *stasis*): 정지된 균형 또는 평형의 상태. 장기간에 걸쳐 변화가 보이지 않는 것은 단속평형설(*punctuated equilibrium*)의 주된 논점임. 속도(*tempo*)와 비교.

존재론(*ontology*): 존재를 다루는 철학의 한 가지. 인식론(*epistemology*)과 비교.

종(*species*): 생물체가 위치되는 기본적인 분류학적 범주. "생물학적 종"은 개체군 집단으로서 그 구성원은 실제로 또는 잠재적으로 자연적인 조건에서 상호 생식이 가능함. “생물사학적 종”은 화석 생물체들의 집단으로서 각 구성원들은 다른 집단의 성원들보다 표현형적으로 더 닮은 것을 말함. 다른 집단들은 지리 종(*chorospecies*), 연대 종(*chronospecies*), 또는 형태 종(*morphospecies*)일 수 있다.

주변지역성 종분화(*peripatric speciation*): 이소성 종분화(*allopatric speciation*)의 종류로서 새로운 종이 모개체군의 지리적인 범위의 가장자리에서 격리된 작은 개체군으로부터 형성되는 것을 말함.

중첩(*overlapping*): 한 종류의 현상이 복수의 근접한 시간대들에서 발생하는 것. 복수의 중첩의 사례는 상이한 시간대로부터 사물들을 연결시키는 데〔가령 순서배열(*seriation*) 같은 것〕 사용될 수 있음. 중첩은 흔히 편년적으로 배열된 사물들 사이의 전승의 연속(*heritable continuity*)을 추론하는 바탕이 되기도 함.

지리 종(*chorospecies*): 화석 자료에서 하나의 계보(*lineage*)의 한 부분으로서 상이한 지리적인 장소에 있는 그 계보의 다른 구성원들과는 형태적으로 충분히 달라 다른 종으로 위치되는 것을 말함. 여기에서 초점은 지리적 변이인데, 모든 표본들은 동일한 시대를 가져야 함. 연대 종(*chronospecies*)과 형태 종(*morphospecies*)과 비교.

지속(존속, *persistence*): 고고학에서는 전통(*tradition*)이라 알려지게 된 것을 낳는 일반적 과정. 정체(*stasis*)와 비교.

지시 화석(*index fossil*): 표지 형식(*marker type*)과 동의어.

지층누중(*superposition*): 사물들, 가령 유물, 화석, 또는 퇴적 단위들, 사이의 지질학적으로 수직적인 관계. 지층누중의 법칙은 단순하게 정리하면 아래에 놓인 사물은 위에 놓인 것보다 더 일찍 퇴적되었다는 점을 말함. 지층누중은 그 자체로 사물의 연대를 이야기하지는 않으며, 다만 퇴적된 순서를 말할 뿐임.

진화(*evolution*): 넓은 맥락에서 존재물들이 세대를 거치며 조상과 관련한 형질 상태에서, 또는 시간의 흐름으로 비율적인 표상에서 변화를 보이는 것. 생물진화는 하나 또는 그 이상의 특질에서 유전적으로 생물체들의 비율상에 변동을 보이는 것. 문화진화는 시간의 흐름에서 인간 집단이 보여주는 장기간의 변화를 의미하는 용어.

진화적 종합〔근(현)대적 종합, *Modern Synthesis*〕: 1935년부터 1948년까지 일

어났던 학문적 흐름으로 다윈의 선택(*selection*)이란 개념을 유전학의 경험 증거와 결합시킨 것을 강조하기 위해 줄리안 헉슬리(Julian Huxley 1942)가 고안한 용어. 이러한 결합의 산물은 흔히 신다윈주의(*neo-Darwinism*)이라 일컬어짐.

차원(*dimension*) : 상호 배타적으로 대안적인 특성, 또는 속성 상태들의 집합. 예를 들면 차원 1은 찌르개의 기부 생김새로서 여기에는 상호 배타적인 속성 상태들이 무한정하게 설정될 수 있으며, 차원 2는 홈손질의 각으로서 역시 무한정한 수의 속성 상태들이 내재되어 있을 수 있음.

척도(*scale*) : 어떤 특수한 포괄성 또는 위계의 정도. 예를 들면, 어떤 한 분석의 척도는 독립된 물체의 속성의 수준(e. g., 찌르개의 경부의 폭)에 있을 수도, 두 번째 척도는 독립된 물체의 수준(e. g., 토기 형식), 그리고 세 번째 척도는 물체들의 조합의 수준(e. g., 유물군)에 있을 수도 있음.

층(*stratum*) : 하나의 퇴적 사건을 대표하는 퇴적층의 삼차원적인 단위로서 다른 단위와 구분될 수 있는 것.

층위분지학(*stratocladistics*) : 지층누중과 같은 시간적 자료를 사용하여 분지도(*cladogram*)를 구성하는 방법.

층위학(층서법, *stratigraphy*) : 퇴적층 단위, 그런 단위들 안의 퇴적층, 그 단위들과 퇴적층의 수직적인 관계들에 대한 연구. 흔히 층위단면을 가리키기도 함.

컨틴전시(*contingency*) : 앞에 일어났던 사건에 의해 영향을 받는 사건. 때문에 우리는 시간상 한 시점에 일어나는 모든 것들은 그 시점까지 일어났던 모든 것들의 영향을 받는다(*contingent*)고 말하며, 그런 이전의 것들이 미래의 결과에 조건이 되는 것임.

클라인(*cline*) : 형질변화도로서 길이와 같은 하나의 형질이 점진적이고도 연속적으로 증가하거나 감소하는 것을 나타냄. 지리적 공간에 분포하는 클라인은 지리클라인, 시간상 분포하는 클라인은 연대클라인임. 지리 종 및 연대 종과 비교.

클래스(*class*) : 특징적인 속성 상태(*attribute state*)의 측면에서 내포적으로 정의된 관념(*ideational*) 단위. 의미하는 것(*significata*)을 구체적으로 밝힌 정의로서 한 표본이 어떤 클래스의 구성원이 되기 위해서 반드시 가지고 있어야 할 것들을 적시한 것. 그룹(*group*)과는 달리 클래스는 시공상의 분포를 가짐.

클레이드(*clade*): 하나의 공통 조상에서 내려온 분류군들과 그 선조를 말함. 한 클레이드는 그 선조와 모든 후손들로 구성됨. 단계통집단(*monophyletic group*)이라고도 알려져 있음.

클레이드다양도 도표(*clade-diversity diagram*): 어떤 특정 진화적 계보에서 시간의 흐름에 따라 분류군의 빈도를 그린 도표로서 하나의 클레이드 안에서 분류군들의 증식과 절멸을 보여줌.

탁사노미식 분류(*taxonomic classification*): 상위의 클래스 안에 하위의 클래스들로 이루어지는 식의 위계적인 분류. 패러다임식 분류(*paradigmatic classification*)와 비교.

템포(*tempo*): 속도를 볼 것.

파생적합(외적응, *exaptation*): 스테픈 제이 굴드와 엘리자베스 브르바(Gould and Vrba 1982)가 고안한 용어로 원래 다른 기능을 갖도록 (또는 전혀 기능 없이) 진화한 것이 나중에 현재의 기능을 가지게 된 형질을 지칭하는 말. 적응(*adaptation*)과 비교.

패러다임식 분류(*paradigmatic classification*): 비위계적인 분류 절차로서 차원(*dimension*)을 교차하여 클래스(*class*)들을 만드는 방법.

편년(*chronology*): 단위들이나 사건들 사이의 시간적인 관계.

표이(부동, *drift*): 부동을 볼 것.

표지 형식(*marker type*): 어떤 특정 지역에서 특정한 시간대를 가리킬 때—짧을수록 좋다—사용되는 현상의 종류. 이를 통해 지리적으로 분리된 단위들에 대한 시간적 상응이 가능하게 됨. 지시 화석(*index fossil*)과 같은 기능을 함.

표현도(*phenogram*): 표현형적인 유사성들에 근거하여 분류군 사이의 계통발생적인 관계들을 보여주는 도표. 분지도(*cladogram*)와 비교.

표현론(표형적 분류, *phenetics*): 오직 표현형적인 유사도에 근거한 분류 체계의 한 종류.

향상진화(*anagenesis*): 하나의 형질, 형질 결합체, 또는 한 계보 안의 종이 계보의 분지가 없이, 곧 가지를 치지 않고 단방향적인 진화를 보이는 것. 가끔 "계통진화"(*phyletic evolution*)가 동의어로 사용되기도 함. 분지진화(*cladogenesis*)과 비교.

현대적 종합(*Modern Systhesis*): 진화적 종합을 볼 것.

현세생물학자(*neontologist*): 1940년대 현대적 종합(*Modern Synthesis*)으로부터 성장한 개체군 유전학자들, 자연학자들, 그리고 실험주의자들을 통칭한 것. 이 현세생물학자들과 고생물학자들 사이에는 많은 점에서 일반적인 의견일치가 있지만, 종의 실체에 관한 이슈에서는 의견이 대립되어 있음.

형상적 특성(*configurational properties*): 한 사물이 가지고 있는 형질적 특질들로서 시간과 공간적인 위치에 따라 다른 것들임. 내재적 특성(*immanent properties*)과 비교.

형식(*type*): 종류 또는 범주.

형식/종의 척도에서 전승의 연속(*type/species scale of heritable continuity*): 어느 특정 종에 속하는 각 화석 표본들은 그 종 내의 개체들 사이의 유전적인 전수를 고려할 때 그 종의 구성원으로 동정된 그 밖의 다른 화석 표본들과 유전적으로 연속된다고 생각됨. 이와 비슷하게 하나의 고고학적인 형식에 배치된 각 유물들은 전수에 근거하여 그 형식의 구성원으로 동정된 그 밖의 다른 표본들과 계통적으로 연속적이라 생각되는 것임. 전통/계보의 척도에서 전승의 연속(*tradition/lineage scale of heritable continuity*)과 비교.

형이상학(*metaphysics*): 궁극적인 실체에 관한 문제를 탐구하는 철학의 한 가지. 인식론 및 존재론과 비교.

형질 극성(*character polarity*): 다른 형질 상태와 비교하여 하나의 '형질 상태'가 출현하는 시간적인 질서. 분지학(*cladistics*)에서는 사용되지 않지만, 그런 편년 자료는 층위분지학(*stratocladistics*)에서 쓰임.

형질 상태(*character state*): 머리색과 같은 한 형질의 물리적인 현시로서 표현형적으로 말하자면 대립형질(*allele*)에 해당함. 붉은색, 갈색, 금발 등은 모두 "머리"라는 형질 상태임. 속성이나 속성 상태(*attribute state*)라고 일컬어지기도 함.

형태 종(*morphospecies*): 형태계측적인 차이들에 의해서만 구분되는 종들. 지리 종(*chorospecies*) 및 연대 종(*chronospecies*)과 비교.

형태계측적(*morphometric*): 한 물체의 크기와 형태에 대한 측정과 관련된 것.

혼혈(*hybrid*): 비슷하지 않는 형태들 사이에 짝짓기를 통해 만들어진 개체.

확률적(*stochastic*): 흔히 무작위란 말과 동의어로 잘못 사용되고 있는데, 사실 "무작위적이지만 무한정한 수의 가능성을 의미하는 것은 아님".

역사적 컨틴전시(*contingency*), 곧 이전의 사건들, 전승(상속) 등에 의해 가능한 결과의 수가 한정됨. 예를 들면, 우리는 광범위한 검증 없이 태어나기 전에 아기가 표현형적으로 어떠한 모습일지 알 수 없지만, 그 선택이 무한정일 수는 없음. 머리색은 검거나 갈색, 붉을 수도 있지만, 녹색이거나 보라색일 수는 없는 것.

Abbot, A. L., R. D. Leonard, and G. T. Jones. (1996). Explaining the change from biface to flake technology: a selectionist application. In *Darwinian Archaeologies*, edited by H. D. G. Maschner, pp.33~42. New York: Plenum Press.

Agenbroad, L. D. (1978). The evolutionary synthesis: Morgan and natural selection revisited. In *Evolutionary Synthesis: Perspectives on the Unification of Biology*, edited by E. Mayr and W. B. Provine, pp.356~382. Cambridge, MA: Harvard University Press.

Allen, W. L., and J. B. Richardson, III. (1971). The reconstruction of kinship from archaeological data: the concepts, the methods. *American Antiquity* 36: 41~53.

Amsden, C. A. (1931). Black-on-white war. In The Pottery of Pecos, vol.1, by A. V. Kidder, pp.17~72. *Papers of the Southwestern Expedition, Phillips Academy* No.5.

Anderson, E. (1970). Quaternary evolution of the genus *Martes* (Carnivora, Mustelidae). *Acta Zoologica Fennica* 130.

______. (1994). Evolution, prehistoric distribution, and systematics of *Martes*. In *Martens, Sables, and Fishers: Biology and Conservation*, edited by S. W. Buskirk, A. S. Harestad, M. G. Raphael and R. A. Powell, pp. 1~25. Ithaca, NY: Cornell University Press.

Anderson, K. M. (1969). Ethnographic analogy and archeological interpretation. *Science* 163: 133~138.

Angier, N. (1997). Ernst Mayr at 93. *Natural History* 106(4): 8~11.

Antonovics, J. (1987). The evolutionary dys-synthesis: which bottles for which wine? *American Naturalist* 129: 321~331.

Arnold, A. J., and K. Fristrup (1982). The theory of evolution by natural selection: a hierarchical expansion. *Paleobiology* 8: 113~129.

Arnold, M. L. (1997). *Natural Hybridization and Evolution*. New York:

Oxford University.

Asch, D. L., and N. B. Asch. (1978). The economic potential of *Iva annua* and its prehistoric importance in the lower Illinois River Valley. In The Nature and Status of Ethnobotany, edited by R. I. Ford, pp.300~341. *University of Michigan, Museum of Anthropology, Anthropological Papers* No.67.

______. (1985a). Prehistoric plant cultivation in West-Central Illinois. In Prehistoric Food Production in North America, edited by R. I. Ford, pp.149~203. *University of Michigan, Museum of Anthropology, Anthropological Papers* No.75.

______. (1985b). Archeobotany. In smiling dan: structure and function at Middle Woodland Settlement in the Illinois Upland, edited by B. Stafford and M. Sant, pp.327~401. *Kampsville Archeological Center, Center for American Archeology, Research Series* 2.

______. (1985c). Archeobotany. In *Massey and Archie: A study of two Hopewellian homesteads in the Western Illinois Uplands*, edited by K. B. Farnsworth and A. L. Koski, pp.162~220. *Kampsville Archeological Center, Center for American Archeology, Research Series* 3.

Asch, D. L., K. B. Farnsworth, and N. B. Asch. (1979). Woodland subsistence and settlement in West Central Illinois. In *Hopewell Archaeology: The Chillicothe Conference*, edited by D. S. Brose and N. Greber, pp.80~85. Kent, OH: Kent State University Press.

Asch, N. B., and D. L Asch (1980). The Dickson Camp and pond sites: Middle Woodland Archaeobotany in Illinois. In Dickson Camp and Pond: Two early Havana tradition sites in the Central Illinois Valley, by A. Cantwell, pp.152~160. *Illinois State Museum, Reports of Investigation* No.36.

______. (1981). Archeobotany of Newbridge, Carlin, and Weitzer sites-the White Hall Component. In Faunal exploitation and resource selection, by B. W. Styles, pp.275~291. *Northwestern University Archeological Program, Scientific Papers* No.3.

______. (1986). Woodland period archeobotany of the Napoleon Hollow site. In Woodland period occupations of the Napoleon Hollow site in the Lower Illinois Valley, edited by M. D. Wiant and C. R. McGimsey, pp.427~512. *Kampsville Archeological Center for American Archeology, Research series* 6.

Ascher, R. (1961a). Analogy in archeological interpretation. *Southwestern Journal of Anthropology* 17: 317~325.

______. (1961b). Experimental archeology. *American Anthropology* 63: 793~816.

Bargatzky, T. (1984). Culture, environment, and the ills of adaptationism. *Current Anthropology* 25: 399~415.

Barnosky, A. D. (1937). Punctuated equilibrium and phyletic gradualism: some facts from the Quaternary mammalian record. *Current Mammalogy* 1: 109～147.

Barton, N. H. and B. Charlesworth. (1984). Genetic revolutions, founder effects, and speciation. *Annual Review of Ecology and Systematics* 15: 133～164.

Bateson, W. (1894). *Materials for the Study of Variation*. Macmillan, London.

Baum, D. A., and Larson. (1991). Adaptation reviewed: A phylogenetic methodology for studying character macroevolution. *Systematic Zoology* 40: 1～18.

Bayard, D. T. (1969). Science, theory and reality in the "New Archaeology". *American Antiquity* 34: 376～384.

Beatty, J. (1995). The evolutionary contingency thesis. In *Concepts, Theories, and Rationality in the Biological Sciences*, edited by G. Wolters and J. G. Lennox, pp.45～81. University of Pittsburgh Press, Pittsburgh, PA.

Beck, C. (1995). Functional Analysis and the differential persistence of Great Basin dart forms. *Journal of California and Great Basin Anthropology* 17: 222～243.

______. (1998). Projectile point types as valid chronological units. In *Unit Issues in Archaeology: Measuring Time, Space, and Material*, edited by A. F. Ramenofsky and A. Steffen, pp.21～40. Salt Lake City: University of Utah Press.

Beck, C., and G. T. Jones. (1989). Bias and archaeological classification. *American Antiquity* 54: 244～261.

Behrensmyer, A. K., and S. M. Kidwell. (1985). Taphonomy's contribution to paleobiology. *Paleobiology* 11: 105～119.

Behrensmeyer, A. K., and D. Schindel. (1983). Resolving time in paleobiology. *Paleobiology* 9: 1～8.

Bell, G. (1997). *The Basics of Selection*. Chapman and Hall, New York.

Bell, R. E. (1958). Guide to the identification of certain American Indian projectile points. *Oklahoma Anthropological Society, Special Bulletin* No.1.

______. (1960). Guide to the identification of certain American Indian projectile points. *Oklahoma Anthropological Society, Special Bulletin* No.2.

Bell, W. C. (1950). Stratigraphy: a factor in paleontologic taxonomy. *Journal of Paleontology*. 24: 492～496.

Bennett, J. W. (1976). Anticipation, adaptation, and the concept of culture in anthropology. *Science* 192: 847～853.

Benton, M. J. (1995). Diversification and extinction in the history of life. *Science* 268: 52～28.

Benton, M. J., and R. Hitchin. (1997). Congruence between Phylogenetic and the Stratigraphic data on the history of life. *Proceedings of the Royal Society of London: Biological sciences* 264B: 885~890.

Benton, M. J., and G. W. Storrs. (1994). Testing the quality of the fossil record: Paleontological knowledge is improving. *Geology* 22: 111~114.

Bettinger, R. L. (1991). *Hunter-Gatherers: Archaeological and evolutionary theory*. New York: Plenum press.

Bettinger, R. L., J. F. O'Connell, and D. H. Thomas. (1991). Projectile points as time markers in the great basin. *American anthropologist* 93: 166~172.

Biers, W. R. (1992). Art, artefacts, and chronology in classical archaeology. New York: Routledge.

Binford, L. R. (1962). Archaeology as anthropology. *American Antiquity* 28: 217~225.

______. (1963). "Red Ocher" caches from the Michigan area: a possible case of cultural drift. *South-western Journal of Anthropology* 19: 89~108.

______. (1964). A consideration of archaeological research design. *American Antiquity* 29: 425~441.

______. (1967). Smudge pits and hide smoking: the use of analogy in archaeological reasoning. *American Antiquity* 32: 1~12.

______. (1968a). Archaeological perspectives. In *New perspectives in Archaeology*, edited by S. R. Binford and L. R. Binford, pp.5~32. New York: Aldine.

______. (1968b). Methodological considerations of the archaeological use of ethnographic Data. In *Man the Hunter*, edited by R. B. Lee and I. DeVore, pp.268~273. Chicago: Aldine.

______. (1968c). Some comments on historical versus processual archaeology. *Southwestern Journal of Anthropology* 24: 267~275.

______. (1969). Conceptual problems in dealing with units and rates of cultural evolution. *Anthropology U. C. L. A.* 1: 27~35.

______. (1972). "United introductions to part I: Method and archaeological reasoning". In *An Archaeological Perspective*, by L. R. Binford, pp.1 7~19. New York: Seminar press.

______. (1977). General introduction. In *For Theory Building in Archaeology*, edited by L. R. Binford, pp.1~10. New York: Academic press.

______. (1981). Behavioral archaeology and the Pompeii premise. *Journal of Anthropological Research* 37: 195~208.

______. (1982). The archaeology of place. *Journal of Anthropological Research* 1: 5~31.

______. (1983). *In Pursuit of the Past: Decoding the Archaeological Record.* New York: Thames and Hudsom.

______. (1985). "Brand X" versus the recommended product. *American*

Antiquity 50: 580～590.

Binford, L. R. and J. A. Sabloff. (1982). Paradigms, systematics, and archaeology. *Journal of Anthropological Research* 38: 137～153.

Binford, S. R., and L. R. Binford (editors). (1968). *New Perspectives in Archaeology*. Chicago: Aldine.

Boas, F. (1896). The limitations of the comparative method of anthropology. *Science* 4: 901～908.

______. (1902). Some problems in North American archaeology. *American Journal of Archaeology* 6: 1～6.

______. (1904). The history of anthropology. *Science* 20: 513～524.

______. (1932). The aims of anthropological research. *Science* 76: 605～613.

Bock, W. J. (1977). Foundations and methods of evolutionary classification. In *Major Patterns in Vertebrate Evolution*, edited by M. K. Hecht, P. C. Goody, and B. M. Hecht, pp.851～895. New York: Plenum Press.

Bonner, J. T. (1980). *The Evolution of Culture in Animals*. Princeton. NJ: Princeton University Press.

______. (1988). *The Evolution of Complexity*. Princeton, NJ: Princeton University Press.

Boone, J. L., and E. A. Smith. (1998). Is it evolution yet? A critique of evolutionary archaeology. *Current Anthropology* 39:S141～S173.

Boucot, A. J. (1982). Ecophenotypic or genotypic? *Nature* 295: 609～610.

Bowler, P. J. (1990). *Charles Darwin: The Man and His Influence*. London: Blackwell.

Boyd, R., and P. J. Richerson (1985). *Culture and the Evolutionary Process*, Chicago: University of Chicago Press.

______. (1992). How microevolutionary processes give rise to history. In *History and Evolution*, edited by M. H. Nitecki and D. V. Nitecki, pp.179～209. Albany: State university of New York Press.

Boyden, A. (1943). Homology and Analogy: a century after the definition of "homologue" and "analogue" of Richard Owen. *Quarterly Review of Biology* 18: 228～241.

______. (1947). Analogy and homology. *American Midland Naturalist* 37: 648～669.

Bradely, B. A. (1997). Sloan site biface and projectile point technology. In Sloan: *A Paleoindian Dalton Cemetery in Arkansas*, by D. F. Morse, pp.53～57. Smithsonian institution press, Washington, DC.

Bradley, B A., and G. C. Frison. (1996). Flake-stone and worked-bone artifacts from the Mill Iron site. In *The Mill Iron Site*, edited by G. C. Frison, pp.43～69. Albuquerque: University of New Mexico press.

Brady, R. J. (1985). On the independence of systematics. *Cladistics* 1: 113～

126.

Brainwood, R. J. (1959). Archeology and the evolutionary theory. In *Evolution and Anthropology: A Centennial Appraisal*, edited by B. J. Meggers, pp.78~89. Washington, DC: Anthropological Society of Washington.

Brainerd W. J. (1951a). The place of chronological ordering in archaeological analysis. *American Antiquity* 16: 301~313.

______. (1951b). The use of mathematical formulations in archaeological analysis. In Essays on Archaeological Methods, edited by J. B. Griffin, pp.117~127. *University of Michigan, Museum of Anthropology, Anthropological Papers* No.8.

Brandon, R. N. (1990). *Adaptation and Environment*. Princeton, NJ: Princeton University Press.

Braun, D. P. (1983). Pots as tools. In *Archaeological Hammers and Theories*, edited by J. A. Moore and A. S. Keene, pp.107~ 134. New York: Academic Press.

______. (1985a). Absolute seriation: A time-series approach. In *For Concordance in Archaeological Analysis*, edited by C. Carr, pp.509~539. Boulder, CO: Westport.

______. (1985b). Ceramic decorative diversity and Illinois Woodland regional integration. In *Decoding Prehistoric Ceramics*, edited by B. A. Nelson, pp.128~153. Carbondale: Southern Illinois University Press.

______. (1987). Coevolution of sedentism, pottery technology, and horticulture in the central midwest, B.C. 200-A.D. 600. In emergent Horticultural Economics of Eastern Woodlands, edited by W. F. Keegan, pp.153~181. *Southern Illinois University at Carbondale, Center for Archaeological Investigations Occasional Paper* No.7.

______. (1991). Why decorate a pot? Midwestern household pottery, B.C. 200-A.D. 600. *Journal of Anthropological Archaeology* 10: 360~397.

______. (1995). Style, selection, and historicity. In *Style, Society, and Person: Archaeological and Ethnological Perspectives*, edited by C. Carr and J. E. Neitzel, pp.123~141. New York: Plenum Press.

Braun, D. P., and S. Plog. (1982). Evolution of "Tribal" social networks: theory and prehistoric North American evidence. *American Antiquity* 47: 504~525.

Brew, J. O. (1946). Archaeology of Alkali Ridge, southeastern Utah. *Peabody Museum of American Archaeology and Ethnology, Papers* 21.

Broughton, J. M., and J. F. O'Connell. (1999). On evolutionary ecology, selectionist archaeology, and behavioral archaeology. *American Antiquity* 64: 153~165.

Brower, J. C. and W. A. Burroughs. (1982). A simple method for quantitative biostratigraphy. In *Quantitative Stratigraphic Correlation*, edited by J.

M. Cubitt and R. A. Reyment, pp.61～83. Chichester, UK: Wiley.

Brower, A. V. Z., and V. Schawaroch. (1996). Three steps in homology assessment. *Cladistics* 12: 265～272.

Browman, D. L. and D. R. Givens. (1996). Stratigraphic excavation: the first "New Archaeology". *American Anthropologist* 98: 80～95.

Brown, W. L., Jr. (1987). Punctuated equilibrium excused: the original examples fail to support it. *Biological Journal of the Linnean Society* 31: 383～404.

Buikstra, J. E., L. Koningsberg, and J. Bullington. (1986). Fertility and the development of agriculture in the prehistoric Midwest. *American Antiquity* 51: 528～546.

Burgh B. R. (1959). Ceramic profiles in the western mound at Awatovi, northeastern Arizona. *American Antiquity* 25: 184～202.

Buruian, R. M. (1988). Challenges to the evolutionary synthesis. *Evolutionary Biology* 23: 247～269.

______. (1992). Adaptation: historical perspectives. In *Keywords in Evolutionary Biology*, edited by E. F. Keller and E. A. Lloyd, pp.7～12. Cambridge, MA: Harvard University Press.

Bulter, B. R. (1973). Review of "An archaeological perspective" by L. R. Binford. *American Antiquity* 39: 646～647.

Cain, J. A. (1992). Building a temporal biology: Simpson's program for paleontology during an American expansion of biology. *Earth Sciences History* 11: 30～36.

______. (1993). Common problems and cooperative solutions: organizational activity of evolutionary studies, 1936～1947. *Isis* 84: 1～25.

Cladwell, J. R. (1959). The new American Archaeology. *Science* 129: 303～307.

Cambron, J. W. and D. C. Hulse. (1960). An excavation on the Quad Site. Tennessee Archaeologist 16 (1): 14～26.

______. (1964). *Handbook of Alabama Archaeology, Part 1: Point Types* (rev. ed.). Archaeological research Association of Alabama, Moundville.

______. (1975). *Handbook of Alabama Archaeology, Part 1: Point Types* (rev. ed.). Tuscaloosa, Archaeological research Association of Alabama.

Carneiro, R. L. (1970). A theory of the Origin of the state. *Science* 129: 303～307.

______. (1972). The devolution of evolution. *Social Biology* 19: 248～258.

______. (1973). Classical Evolution. In *Main Currents in Cultural Anthropology*, edited by R. Naroll and F., pp.57～121. New York: Appleton-Century-Crofts.

Carothers, S. W. (1978). Biology. *Plateau* 50 (40): 24～32.

Carr, C, and J. E. Neitzel. (1995). Integrating approaches to material style in theory and philosophy. In *Style, Society, and Person: Archaeological and Ethnological Perspectives*, edited by C. Carr, and J. E. Neitzel, pp.3～20. New York: Plenum press.

Calrroll, R. L. (1986). Physical and biological constraints on the pattern of vertebrate evolution. *Geoscience Canada* 13: 85～90.

Chang, K. C. (1987). *Rethinking Archaeology*. Random House, New York.

Chapman, C. H. (1975). *The Archaeology of Missouri*, 1. Columbia: University of Missouri press.

Chapman, C. H., and E. F. Chapman. (1964). *Indians Archaeology of Missouri*. Columbia: University of Missouri press.

Charlesworth, B. (1982). Neo-Darwinism-the plain truth. *New Scientist* 94: 133～137.

Charlesworth, B., and R. Lande. (1982). Morphological stasis and development constraint: No problem for Neo-darwinism. *Nature* 269: 610.

Childe, V. G. (1951a). *Social Evolution*. London: Fontana.

______. (1951b). *Man Makes Himself*. London: Watt.

Clarke, D. L. (1968). *Analytical Archaeology*. London: Methuen.

______. (1978). *Analytical Archaeology*. (2nd ed.). New York: Columbia University Press.

Clyde, W. C., and D. C. Fisher. (1997). Comparing the fit of stratigraphic and morphologic data in Phylogenetic analysis. *Paleobiology* 23: 1～19.

Cogswell, J. W., and M. J. O'Brien. (1997). A comparison of Laboratory results to archaeological data: pottery surface treatments in eastern Missouri. *Southeastern Archaeology* 16: 169～660.

Cohen, A. S., and H. L. Schwartz. (1983). Speciation in molluscs from Turkana Basin. *Nature* 304: 659～660.

Colton, H. S. (1939). Prehistoric culture units and their relationships in northern Arizona. *Museum of Northern Arizona, Bulletin* 17.

______. (1942). Archaeology and reconstruction of history. *American Antiquity* 8: 33～40.

Colton, H. S., and L. L. Hargrave. (1937). Handbook of Northern Arizona pottery wares. *Museum of Northern Arizona, Bulletin* 11.

Conkey, M., C. Hastorf (editors). (1990). *The Uses of Style in Archaeology*. Cambridge, UK: Cambridge University press.

Conway Morris, S. (1998). *The Crucible of Creation: The Burgess Shale and the Rise of Animals*. Oxford, UK: Oxford University Press.

Cook, D. C. (1979). Subsistence base and health in prehistoric Illinois Valley: Evidence from the human skeleton. *Medical Anthropology* 3: 109～124.

Cook, D. C. and J. E. Buikstra. (1979). Health and differential survival in prehistoric populations: prenatal dental defects. *American Journal of Physical Anthropology* 51: 649～664.

Cotter, J. L. (1937). The occurrence of flints and extinct animals in pluvial deposits near Clovis, New Mexico. In Report on Excavation at the Gravel Pit, 1936 (part 4). *Academy of Nature Science of Philadelphia, Proceedings* 89: 1~16.

Courbin, P. (1962). *What is Archaeology? An Essay on the Nature of Archaeological Research*. University of Chicago press, Chicago.

Cowgill, G. L. (1963). Review of "A quantitative method for deriving cultural chronology" by J. A. Ford. *American Anthropologist* 65: 696~699.

______. (1968). Review of "Computer analysis of chronological seriation" by F. Hole and M. Shaw. *American Antiquity* 33: 517~519.

______. (1972). Models, methods and techniques for seriation. In *Models in Archaeology*, edited by D. L. Clarke, pp.381~424. London: Methuen.

______. (1982). Clusters of objects and associations between variables: Two approaches to archaeological classification. In *Essays of Archaeological Typology*, edited by R. Whallon and J. A. Brown, pp.30~55. Evanston, IL: Center for American Archeology press.

Coyne, J. A., and B. Charlesworth. (1979). On punctuated equilibria. *Science* 276: 339~341.

Cracraft, J. (1979). Phylogenetic . evolutionary models, and paleontology. In *Phylogenetic Analysis and Paleontology*, edited by J. Cracraft and N. Eldredge, pp.7~39. New York: Columbia University Press.

______. (1981a). Patterns and process in paleobiology: The role of cladistic analysis in systematic paleontology. *Paleobiology* 7: 456~468.

______. (1981b). The use of functional and adaptive criteria in phylogenetic systematics. *American Zoologist* 21: 21~36.

______. (1982). A non-equilibrium theory for rate-control of speciation and extinction and the origin of macroevolutionary patterns. *Systematic Zoology* 31: 348~365.

______. (1983). Species concepts and speciation analysis, *Current Ornithology* 1: 159~187.

______. (1985). Species selection, macroevolutionary analysis, and the "Hierarchical Theory" of evolution. *Systematic Biology* 34: 222~229.

______. (1987). Species as concepts and the ontology of evolution. *Biology and Philosophy* 2: 329~346.

______. (1989a). Speciation and its ontology: the empirical consequences of alternative species concepts for understanding patterns and processes of differentiation. In *Speciation and Its Consequences*, edited by D. Otte and J. A. Endler, pp.28~59. Sunderland, MA: Sinauer.

______. (1989b). Species as entities of biological theory. In *What the Philosophy of Biology Is*, edited by M. Russe, pp.31~52. Dordrecht, Netherlands: Kluwer.

Crichton, M. (1995). New York: *The Lost World.* Knopf.

Crompton, A. W., and P. Parker. (1978). Evolution of the mammalian masticatory apparatus. *American Scientist* 66: 192～201.

Cullen, B. (1993). The Darwinian resurgence and the cultural virus critique. *Cambridge Archaeological Journal* 3: 179～202.

______. (1996). Cultural virus theory and the Eusocial pottery assemblage. In *Darwinian Archaeologies*, edited by H. D. G. Maschner, pp.43～59. New York: Plenum Press.

Curry, M., M. J. O'Brien, and M. K. Trimble. (1985). The classification of pointed, hafted bifaces. In archaeology of the Central Salt River Valley: An overview of the prehistoric occupation, by M. J. O'Brien. *Missouri Archaeologist* 46: 77～189.

Dall, W. H. (1977). On succession in the shell-heaps of the Aleutian islands. *Contributions to North American Ethnology* 1: 41～91.

Daniel, G. (1975). *A Hundred and Fifty Years of Archaeology* (2nd ed.). London: Duckworth.

______. (1981). *A Short History of Archaeology.* London: Thames and hudson.

Darwin, C. (1859). *On the Origin of Species by Means of Natural Selection or the Preservation of Favored Races in the Struggle for Life.* London: Murray.

Darwin, F. (editor). (1893). *Charles Darwin, His Life Told in an Autobiographical Chapter and in a Selected Series of His Published Letters.* New York: Appleton.

Davis, D. D. (1981). Ceramic classification and temporal discrimination: a consideration of later prehistoric stylistic change in the Mississippi River Delta. *Mid-Continental Journal of Archaeology* 6: 55～89.

Davis, J. I. (1996). Phylogenetics, Molecular Variation, and the Species concept. *BioScience* 46: 502～511.

Dawkins, R. (1976). *The Selfish Gene.* Oxford University press, Oxford UK.

______. (1990). *The Extended Phenotype: The long Reach of the Gene* (new. ed.). Oxford, UK: Oxford University press.

Deal, M., and M. B. Hagstrum. (1995). Ceramic reuse Behavior among the Maya and Wanka: Implications for Archaeology. In *Expending Archaeology*, edited by J. M. Skibo, W. H. Walker, and A. E. Nielson, pp.111～125. University of Utah press, Salt Lake City.

DeBoer, W R., and D. W. Lathrap. (1979). The making and breaking of shipibo-conibo ceramics. In *Implications of Ethnography for Archaeology*, edited by C. Kramer, 102～138. New York: Columbia University press.

Deetz, J. (1965). The dynamics of stylistic change in Arikara ceramics. *Illinois Studies in Anthropology* No.4.

______. (1968). The inference of residence and descent rules from archaeological data. In *New Perspectives in Archaeology*, edited by S. R. Binford and L. R. Binford, pp.41~48. Chicago: Aldine.

______. (1970). Archaeology as a social science. In current directions in anthropology: A special issue edited by A. Fisher, pp.115~125. *American Anthropological Association*, *Bulletin* 3(3) (2).

Deetz, J., and E. Dethlefsen. (1965). The doppler effect and archaeology: A consideration of the spatial aspects of seriation. *Southwestern Journal of Anthropology* 21: 196~206.

______. (1971). Some social aspects of New England colonial mortuary art. In *Approaches to the Social Dimensions of Mortuary Practices*, edited by J. A. Brown, pp.30~38. Society for American Archaeology, Memoirs No.25.

DeJarnette, D. L. and V. J. Knight, Jr. (1976). LaGrange. *Journal of Alabama Archaeology* 22: 1~60.

Dempsey, p., M. Baumhoff. (1963). The statistical use of artifact distributions to establish chronological sequence. *American Antiquity* 28: 496~509.

Dennett, D. C. (1995). *Darwin's Dangerous Idea*. New York: Simon and Schuster.

Desmond, A. (1984). Archetypes and ancestors: palaeontology in Victorian London, 1850~1875. Chicago: University of Chicago press.

Dethlefsen, E., and J. Deetz. (1966). Death's heads, cherubs, and willow trees: Experimental archaeology in colonial cemeteries. *American Antiquity* 31: 502~510.

De Vries, H. (1901). *Die Mutationstheorie. Versuche und beobachtungen iiber die Entstehung der Arten im Pflanzenreich* (vol.1). *Die Enstehung der Arten durch Muation. Veit, Leipzig.* (English translation, J. B. farmer and A. D. Darbishire. 1909. Chicago: Open court).

Dingus, L., and P, M. Sadler. (1982). The effects of stratigraphic completeness on estimates of evolutionary rates. *Systematic Zoology* 31: 400~412.

Dixon, R. B. (1913). Some aspects of north American archaeology. *American Anthropologist* 15: 549~577.

Dobzhansky, T. (1935). A critique of the species concept in biology. *Philosophy of Science* 2: 344~355.

______. (1937a). *Genetics and the Origin of Species*. New York: Columbia University press.

______. (1937b). The genetic nature of species differences. *American Naturalist* 71: 404~420.

______. (1951). Mendelian populations and their evolution. In *Genetics in the 20th Century*, edited by L. C. Dunn, pp.573~589. New York: Macmillan.

Dole, G. (1973). Foundations of contemporary evolutionism. In *Main Currents in Cultural Anthropology*, edited by R. Naroll and F. Naroll, pp.247~279. New York: Appleton-Century-Crofts.

Donoghue, M. J. (1992). Homology. In *Keywords in Evolutionary Biology*, edited by E. F. Keller and E. A. Lloyd, pp.170~179. Cambridge, MA: Harvard University Press.

Donoghue, M. J., J. A. Doyle, J. Gauthier, A. G. Kluge, and T. Rowe. (1989). The importance of fossils in phylogeny reconstruction. *Annual Review of Ecology and Systematics* 20: 431~460.

Doran, J. E. and F. R. Hodson. (1975). *Mathematics and Computers in Archaeology and Ethnology*. Cambridge, MA: Harvard University Press.

Driver, H. E., and A. L. Kroeber. (1932). Quantitative expression of cultural relationships. *University of California, Publications in American Archaeology and Ethnology* 31: 211~256.

Dumond, D. E. (1977). Science in archaeology: the saints go marching in. *American Antiquity* 42: 330~349.

Dunnell, R. C. (1970). Seriation Method and its evaluation. *American Antiquity* 35: 305~319.

______. (1971a). *Systematics in Prehistory*. New York: Free press.

______. (1971b). *Anthropological and Scientific Models of Function in Archaeology*. New York: Paper presented at the 70th Annual Meeting of American anthropological association.

______. (1978a). *Natural Selection, Scale, and Cultural Evolution: Some Preliminary Considerations*. Los Angeles: Paper presented at the 77th Annual Meeting of American anthropological association, published in O'Brien (1996b).

______. (1978b). Archaeological potential of anthropological and scientific models of function. In *Archaeological Essays in Honor of Irving B. Rouse*, edited by R. C. Dunnell and E. S. Hall, Jr., pp.41~73. The Hague: Mouton.

______. (1978c). Style and function: a fundamental dichotomy. *American Antiquity* 43: 192~202.

______. (1980). Evolutionary theory and archaeology. In *Advances in Archaeological Method and Theory*, Vol.3, edited by M. B. Schiffer, pp.35~99. New York: Academic Press.

______. (1981). Seriation, groups, and measurements. In *Manejo de Datos y Matodos Matematicos de Arqueologia*, compiled by G. L. Cowgill, R. Whallon, and B. S. Ottaway, pp.67~90. Mexico, D.F: Union Internacional de Ciencias prehistorca y protohistoricas.

______. (1982). Science, social science and common sense: The agonizing dilemma of modern archaeology. *Journal of Anthropological Research*

38: 1～25.

______. (1985a). Archaeological survey in the lower Mississippi Alluvial Valley, 1940～1947: A landmark study in American Archaeology. *American Antiquity* 50: 297～300.

______. (1985b). Methodological issues in contemporary Americanist archaeology. In *Proceedings of the 1984 Biennial Meeting of the Philosophy of Science Association*, vol.2, edited by P. D. Asquith and P. Kitcher, pp.717～744.

______. (1986). Methodological issues in Americanist artifact classification. In *Advances in Archaeological Method and Theory*, vol.9, edited by M. B. Schiffer, pp.149～207. Orlando, FL: Academic Press.

______. (1988a). *Archaeology and Evolutionary Theory*. Paper presented at the University of Missouri-Columbia.

______. (1988b). The concept of progress in cultural evolution. In Evolutionary Progress, edited by M. H. Nitecki, pp.169～194. Chicago: University of Chicago Press.

______. (1989). Aspects of the application of evolutionary theory in archaeology. In *Archaeological Though in America*, edited by C. C. Lamberg-Karlovsky, pp.35～49. Cambridge, UK: Cambridge University Press.

______. (1992a). Archaeology and evolutionary science. In *Quandaries and Quests: visions of archaeology's future*, edited by L. Wandsnider, pp.209～224. Southern Illinois University at Carbondale, Center for Archaeological Investigations, Occasional Paper No.20.

______. (1992b). Ia a scientific archaeology possible? In *Metaarchaeology*, edited by L. Embree, pp.75～97. Dordrecht, Netherlands: Kluwer.

______. (1994). *Problems in the Application of Evolutionary Theory in Archaeology*. Tempe: Paper presented at Arizona State University.

______. (1995). What is it that actually evolves? In *Evolutionary Archaeology: Methodological Issues*, edited by P. A. Teltser, pp.33～50. Tucson: University of Arizona Press.

______. (1996). Foreword. In *Evolutionary Archaeology: Theory and Application*, edited by M. J. O'Brien, pp. vii-xii. Salt Lake City: University of Utah Press.

Dunnell, R. C., and J. K. Feathers. (1991). Late Woodland manifestations of the Malden Plain, Southeast Missouri. In *Stability, Transformation, and Variation: The Late Woodland Southeast*, edited by M. S. Nassaney and C. R. Cobb, pp.21～45. New York: Plenum Press.

Dunnell, R. C., and R. J. Wenke. (1980a). Cultural and scientific evolution: some comments on "The decline and rise of Mesopotamian Civilization" *American Antiquity* 45: 605～609.

______. (1980b). If you've nothing better to do, honk. *American Antiquity* 45: 612~613.

Durham, J. W. (1967). The incompleteness of our knowledge of the fossil record. *Journal of Paleontology* 41: 559~565.

Durham, W. H. (1991). *Coevolution: Genes, Culture, and Human Diversity*. Palo Alto, CA: Stanford University Press.

Edson, M. M., T. C. Foin, and C. M. Knapp. (1981). "Emergent properties" and ecological research. *American Naturalist* 118: 593~596.

Ehrich, R. W. (1963). Further reflections on archaeological interpretation. *American Anthropologist* 65: 16~31.

______. (1965). Ceramics and man: a cultural perspective. In Ceramics and Man, edited by F. R. Matson, pp.1~19. *Viking Fund Publication in Anthropology* No.41.

Eldredge, N. (1971). The allopatric model and phylogeny in Paleozoic invertebrates. *Evolution* 25: 156~167.

______. (1972). Systematics and evolution of Phacops rana (Green, 1832) and Phacops iowensis Delo, 1935 (Trilobita) in the Middle Devonian of North America. *American Museum of Natural History, Bulletin* 47: 45~114.

______. (1974). Testing evolutionary hypotheses in paleontology: a comment on Makurath and Anderson (1973). *Evolution* 28: 479~481.

______. (1979). Alternative approaches to evolutionary theory. In Models and Methodologies in Evolutionary Theory, edited by J. H. Schwartz and H. B. Rollins, pp.7~19. *Carnegie Museum of Natural History, Bulletin* 13.

______. (1982). Phenomenological levels and evolutionary rates. *Systematic Zoology* 31: 338~347.

______. (1985). *Unfinished Synthesis: Biological Hierarchies and Modern Evolutionary Thought*. Oxford, UK: Oxford University Press.

______. (1989). Punctuated equilibria, rates of change, and large-scale entities in evolutionary systems. *Journal of Biological and Social Structure* 12: 173~184.

______. (1990). Hierarchy and macroevolution. In *Paleobiology: A Synthesis*, edited by D. E. G. Briggs and P. R. Crowther, pp.124~129. Oxford, UK: Balckwell.

______. (1992). Mariorie Grene, "Two evolutionary theories" and modern evolutionary theory. *Synthese* 92: 135~149.

______. (1995a). *Reinventing Darwin: The Great Debate and the High Table of Evolutionary Theory*. New York: Wiley.

______. (1995b). Species, speciation, and the context of adaptive change in evolution. In *New Approaches to Speciation in the Fossil Record*, edited by D. H. Erwin and R. L. Anstey, pp.39~63. New York: Columbia University Press.

______. (1996). Hierarchies in macroevolution. In *Evolutionary Paleobiology*, edited by D. Jabloski, D. H. Erwin, and J. H. Lipps, pp.42~61. Chicago: University of Chicago Press.

______. (1999). *The Pattern of Evolution*. New York: Freeman.

Eldredge, N., and S. J. Gould. (1972). Punctuated equilibria: an alternative to phyletic gradualism. In *Models in Paleobiology*, edited by T. J. M. Schopt, pp.82~115. Cooper, San Francisco: Freeman.

______. (1974). Reply to M. K. Hecht (1974). *Evolutionary Biology* 7: 303~308.

______. (1977). Evolutionary models and biostratigraphic strategies. In *Concepts and Methods of Biostratigraphy*, edited by E. G. Kauffman and J. E. Hazel, pp.25~40. Stroudsburg, PA: Dowden, Hutchinson and Ross.

______. (1988). Punctuated equilbrium prevails. *Nature* 332: 211~212.

______. (1997). On Punctuated equilibria. *Science* 338~339.

Eldredge, N., and M. J. Novacel. (1985). Systematics and paleobiology. *Paleobiology* 11: 65~74.

Endler, J. A. (1986a). *Natural selection in the Wild*. Princeton, NJ: Princeton University Press.

______. (1986b). The newer synthesis? some conceptual problems in evolutionary biology. *Oxford Surveys in Evolutionary Biology* 3: 224~243.

______. (1998). The Place of hybridization in evolution. *Evolution* 52: 640~644.

Endler, J. A., and T. McLellan. (1988). The processes of evolution: toward a newer synthesis. *Annual Review of Ecology and Systematics* 19: 395~421.

Ereshefsky, M. (1989). Where's the species? comments on the phylogenetic species concepts. *Biology and Philosophy* 4: 89~96.

______. (1992). The historical nature of evolutionary theory. In *History and Evolution*, edited by M. H. Nitecki and D. V. Nitecki, p. 81~99. Albany: State University of New York Press.

______. (1994). Some problems with Linnaean hierarchy. *Philosophy of Science* 61: 186~205.

Evans, J. (1850). On the date of British coins. *The Numismatic Chronicle and Journal of the Numismatic Society* 12(4): 127~137.

______. (1875). On the coinage of the ancient Britons and natural selection. *Royal Institution of Great Britain, Proceedings* 7: 24~32.

Fiedel, S. J. (1999). Older than we though: implications of corrected dates for Paleoindians. *American Antiquity* 64: 95~115.

Figgins, J. D. (1927). The antiquity of man in America. *Natural History* 27: 229~239.

Fisher, A. K. (1997). Origins of the Midwestern Taxonomic Method. *Mid-Continental Journal of Archaeology* 22: 117～122.

Fisher, D. C. (1994). Stratocladistics: morphological and temporal patterns and their relation to phylogenetic process. In *Interpreting the Hierarchy of Nature*, edited by L. Grande and O. Rieppel, pp.133～171. San Diego: Academic Press.

Fisher, R. A. (1930). *The Genetical Theory of Natural Selection*. Oxford, UK: Clarendon.

______. (1936). Has Mendel's work been rediscovered? *Annals of Science* 1: 115～137.

Flannery, K. V. (1967). Culture history v. cultural process: a debate in American archaeology. *Scientific American* 217(2): 119～122.

______. (1972). The cultural evolution of civilizations. *Annual Review of Ecology and Systematics 3*: 399～426.

______. (1973). The origins of agriculture. *Annual Review of Anthropology* 2: 271～310.

______. (1986). Adaptation, evolution, and archaeological phases: some implications of Reynolds' simulation. In *Guila Naquitz: Archaic Foraging and Early Agriculture in Oaxaca, Mexico*, edited by K. V. Flannery, pp.501～507. Orlando, FL: Academic Press.

Flenniken, J. J., and P. J. Wilke(1989). Typology, technology, and chronology of great basin dart points. *American Anthropologist* 91: 149～185.

Foote, M. (1991). Morphological and taxonomic diversity in a Clade's history: the Blastoid record and stochastic simulations. *University of Michigan, Contributions from the Museum of Paleontology* 28: 101～140.

______. (1993a). Contributions of individual taxa to overall morphological disparity. *Paleobiology* 10: 403～419.

______. (1993b). Discordance and concordance between morphological and taxonomic diversity. Paleobiology 19: 185～205.

______. (1994). Morphological disparity in Ordovician-Devonian Crinoids and the early saturation morphological space. *Paleobiology* 20: 320～344.

______. (1996). Perspective: evolutionary patterns in the fossil record. Evolution 50: 1～11.

______. (1997a). Estimating taxonomic durations and preservation probability. *Paleobiology* 23: 278～300.

______. (1997b). Sampling, taxonomic description, and our evolving knowledge of morphological diversity. *Paleobiology* 23: 181～206.

Foote, M., and D. M. Raup(1996). Fossil preservation and the stratigraphic ranges of taxa. *Paleobiology* 22: 121～140.

Ford, J. A. (1935a). An introduction to Louisiana archaeology. *Louisiana Conservation Review* 4(5): 8～11.

______. (1935b). Outline of Louisiana and Mississippi pottery horizons. *Louisiana Conservation Review* 4(6): 33~38.

______. (1935c). Ceramic decoration sequence at Old Indian Village site near Sicily Island, *Louisiana. Louisiana Department of Conservation, Anthropological Study* No.1.

______. (1936a). Analysis of Indian Village site collections from Louisiana and Mississippi. *Louisiana Department of Conservation, Anthropological Study* No.2.

______. (1936b). Archaeological methods applicable to Louisiana. *Proceedings of the Louisiana Academy of Sciences* 3: 102~105.

______. (1938). *An examination of some theories and methods of ceramic analysis*. M.A. thesis, University of Michigan.

______. (1949). Cultural dating of prehistoric sites in Virú Valley, Peru. *American Museum of Natural History. Anthropological Papers* 43(1): 29~89.

______. (1951). Greenhouse: a Troyville-Coles Creek period site in Avoyelles Parish, *Louisiana American Museum of Natural History, Anthropological Papers* 44(1): 1~132.

______. (1952). Measurements of some prehistoric design developments in the southeastern states. *American Museum of Natural History, Anthropological Papers* 44(3): 313~384.

______. (1954a). Comment on A. C. Spaulding's "Statistical techniques for the discovery of artifact types". *American Antiquity* 19: 390~391.

______. (1954b). Spaulding's review of Ford. *American Anthropologist* 56: 109~112.

______. (1954c). On the concept of types: the type concept revisited. American Anthropologist 56: 42~53.

______. (1962). A quantitative method for deriving cultural chronology. *Pan American Union, Technical Bulletin* No.1.

Ford, J. A., and Griffin, J. B. (1937). (A proposal for a) Conference on pottery nomenclature for the southeastern United States. Mimeographed, reprinted in *Newsletter of the Southeastern Archaeological Conference* 7(1): 5~9.

______. (1938). Report of the conference on Southeastern Pottery typology. Mimeographed, reprinted in *Newsletter of the Southeastern Archaeological Conference* 7(1): 10~22, and in Lyman et al. 1997a (editors).

Ford, J. A., P. Phillips, and W. G. Haag. (1955). The Jaketown site in west-central Mississippi. *American Museum of Natural History, Anthropological Papers* 46(1).

Ford, J. A., and G. I. Quimby Jr. (1945). The Tchefuncte culture, and early occupation of the Lower Mississippi Valley. *Society for American*

Archaeology, Memoirs No.2.

Ford, J. A., and C. H. Webb. (1956). Poverty point, a late Archaic site in Louisiana. *American Museum of Natural History, Anthropological Papers* 46(1).

Forey, P. L. (1990). Cladistics. In *Paleobiology: A Synthesis*, edited by D. E. G. Briggs and P. R. Crowther, pp.430~434. Oxford, UK: Blackwell.

______. (1992). Fossils and cladistic analysis. In *Cladistics: A Practical Course in Systematics*, edited by P. L. Forey, C. J. Humphries, I. J. Kitching, R. W. Scotland, D. J. Siebert, and D. M. Williams, pp.124~134. Oxford, UK: Clarendon Press.

Fortey, R. A. (1985). Gradualism and punctuated equilibria as competing and complementary theories. In *Evolutionary Case Histories from the Fossil Record*, edited by J. C. W. Cope and P. W. Skelton, pp.17~28. Palaeontological Association, Special Papers in Palaeontology No.33.

______. (1988). Seeing in believing: gradualism and punctuated equilibria in the fossil record. *Science Progress* 72: 1~19.

Fowke, G. (1896). Stone art. *Bureau of American Ethnology, Annual Report* 13: 57~178.

______. (1922). Archaeological investigations. *Bureau of American Ethnology, Bulletin* 76.

Fox, G. L. (1992). *A Critical Evaluation of the Interpretive Framework of the Mississippi Period in Southeast Missouri.* Ph.D. dissertation, Department of Anthropology, University of Missouri-Columbia.

______. (1998). An examination of Mississippian-period phase in southeastern Missouri. In *Changing Perspectives on the Archaeology of the Central Mississippi Valley*, edited by M. J. O'Brien and R. C. Dunnell, pp.31~58. Tuscaloosa: University of Alabama Press.

Fox, R. C. (1986). Species in paleontology. *Geoscience Canada* 13: 73~84.

Frison, G. C. (1968). A functional analysis of certain chipped stone tools. *American Antiquity* 33: 149~155.

______. (1991). *Prehistoric Hunters of the High Plains.* (2nd ed.). New York: Academic Press.

Frison, G. C., C. V. Haynes, Jr., and M. L. Larson. (1996). Discussion and conclusions. In *The Mill Iron Site*, edited by G. Frison, pp.205~216. Albuquerque: University of New Mexico Press.

Frison, G. C., and L. C. Todd. (1986). *The Colby Mammoth Site: Taphonomy and Archaeology of a Clovis Kill in Northern Wyoming*. Albuquerque: University of New Mexico Press.

Fritz, J. M. (1972). Archaeological systems from indirect observation of the past. In *Contemporary Archaeology: A Guide to Theory and Contributions*, edited by M. P. Leone, pp.135～157. Carbondale: Southern Illinois University Press.

Fritz, J. M. and F. T. Plog (1970). The nature of archaeological explanation. *American Antiquity* 35: 405～412.

Fryer, G., P. H. Greenwood, and J. F. Peake (1983). Punctuated equilibria, morphological stasis and the palaeontological documentation of speciation: a biological appraisal of a case history in an Africa lake. *Biological Journal of the Linnean Society* 20: 195～205.

______. (1985). The demonstration of speciation in fossil molluscs and living fishes. *Biological Journal of Linnean Society* 26: 325～336.

Futuyma, D. J. (1986). *Evolutionary Biology* (2nd ed.). Sunderland, MA: Sinauer.

Futuyma, D. J., R. C. Lewontin, G. C. Mayer, J. Seger, and J. W. Stubblefield, III. (1981). Macroevolution conference. *Science* 211: 770.

Gallangher, M. (1978). Anthropology. *Plateau* 50 (4): 18～23.

Gamio, M. (1913). Arqueologia de atzcapotzalco, D. F., Mexico. *Eighteenth International Congress of Americanists, Proceedings*, pp.180～187.

Gans, G. (1979). Moentarily excessive construction as the basis for protoadaptation. *Evolution* 33: 227～233.

______. (1988). Adaptation and the form-function relation. *American Zoologist* 28: 681～697.

______. (1993). On the merits of adequacy. *American Journal of Science* 293A: 391～406.

Ghiselin, M. T. (1966). On psychologism in the logic of taxonomic controversies. *Systematic Zoology* 15: 207～215.

______. (1974a). A radical solution to the species problem. *Systematic Zoology* 25: 536～544.

______. (1974b). *The Economy of Nature and the Evolution of Sex*. Berkeley: University of California Press.

______. (1981). Categories, life and thinking. *Behavioral and Brain Sciences* 4: 269～283.

______. (1987). Species concepts, individuality, and objectivity. *Biology and Philosophy* 2: 127～143.

Gibbon, G. (1984). *Anthropological Archaeology*. New York: Columbia University Press.

______. (1989). *Explanation in Archaeology*. Oxford, UK: Blackwell.

Gifford, J. C. (1960). The type-variety method of ceramic classification as an indicator of cultural phenomena. *American Antiquity* 25: 341～347.

Gilinsky, N. L., and R. K. Bambach. (1986). The evolutionary bootstrap: a new approach to the study of taxonomic diversity. *Paleobiology* 12: 251～268.

Gilinsky, N. L., S. J. Gould, and R. Z. German. (1989). Asymmetries of clade shape and the direction of evolutionary time. *Science* 243: 1613~1614.

Gingerich, P. D. (1976a). Cranial anatomy and evolution of early Tertiary Plesiadapidae. *University of Michigan Papers in Paleontology* 15: 1~140.

______. (1976b). Paleontology and phylogeny: patterns of evolution at the species level in early Tertiary mammals. *American Journal of Science* 276: 1~28.

______. (1979). Paleontology, phylogeny, and classification: an example from the mammalian fossil record. *Systematic Zoology* 28: 451~464.

______. (1979b). The stratophenetic approach to phylogeny reconstruction in vertebrate paleontology. In *Phylogenetic Analysis and Paleontology*, edited by J. Cracraft and N. Eldredge, pp.41~77. New York: Columbia University Press.

______. (1980). Evolutionary patterns in early Cenozoic mammals. *Annual Review of Earth and Planetary Sciences* 8: 407~424.

______. (1983). Rates of evolution: effects of time and temporal setting. *Science* 222: 159~161.

______. (1984a). Darwin's gradualism and empiricism. *Nature* 309: 116.

______. (1984b). Punctuated equilibria-where is the evidence? *Systematic Zoology* 33: 338.

______. (1984c). Reply to Gould 1984. Science 226: 995~996.

______. (1985). Species in the fossil record: concepts, trends, and transition. *Paleobiology* 11: 27~41.

Gingerich, P. D., and E. L. Simons. (1977). Systematics, phylogeny, and evolution of early Eocene Adpidae (Mammalia, Primates) in North America. *University of Michigan, Museum of Paleontology, Contributions* 24: 245~279.

Ginzburg, L. R., and J. D. Rost. (1982). Are "punctuations" artifacts of time-scale? *Nature* 296: 610~611.

Givens, D. R. (1992). *Alfred Vincent Kidder and the Development of Americanist Archaeology*. Albuquerque: University of New Mexico Press.

Gladwin, H. S. (1936).. Editorials: methodology in the Southwest. *American Antiquity* 1: 256~259.

______. (1937). Conclusions. In Excavations at Snaketown, I: Material Culture, by H. S. Gladwin, E. W. Haury, E. B. Sayles, and N. Gladwin, pp 247~269. *Medallion Papers* No.25.

Gladwin, W., and H. S. Gladwin (1930). A method for the designation of Southwestern pottery types. *Medallion Papers* No.7.

______. (1934). A method for the designation of cultures and their variations.

Medallion Papers No.15.

Gleason, H. A. (1923). Review of "Age and area, a study in geographical distribution and origin of species" by J. C. Willis. *Ecology* 4: 196~201.

Goldschmidt, R. (1940). *The Material Basis of Evolution*. New Havean, CT: Yale University Press.

Goodfriend, G. A., ad S. J. Gould(1996). Paleontology and chronology of two evolutionary transitions by hybridization in the Bahamian land snail *Cerion*. *Science* 274: 1894~1897.

Goodyear, A. C. (1977). Review of "Behavioral Archaeology" by M. B. Schiffer. *American Antiquity* 42: 668~671.

______. (1982). The chronological position of the Dalton horizon in the southeastern United States. *American Antiquity* 47: 382~395.

Gould, R. A. (1978a). From Tasmania to Tucson: new directions in ethnoarchaeology. In *Explorations in Ethnoarchaeology*, edited by R. A. Gould, pp.1~10. Albuquerque: University of New Mexico Press.

______. (1978b). Beyond analogy in ethnoarchaeology. In *Explorations in Ethnoarchaeology*, edited by R. A. Gould, pp.249~293. Albuquerque: University of New Mexico Press.

______. (1980a). Living Archaeology. New York: Cambridge University Press.

______. (1980b). Review of ethnoarchaeology: implications of ethnography for archaeology, edited by C. Cramer. *Archaeology* 33: 65~66.

______. (1985). The empiricist strikes back. *American Antiquity* 50: 639~644.

Gould, R. A., and P. J. Watson(1982). A dialogue on the measuring and use of analogy in ethnoarchaeological reasoning. *Journal of Archaeological Archaeology* 1: 355~381.

Gould, S. J. (1970). Evolutionary paleontology and the science of form. *Earth-Science Reviews* 6: 77~119.

______. (1976). The genomic metronome as a null hypothesis. *Paleobiology* 2: 177~179.

______. (1977). The return of hopeful monsters. *Natural History* 86(6): 22~30.

______. (1980a). Is a new and general theory of evolution emerging? *Paleobiology* 6: 119~130.

______. (1980b). G. G. Simpson, paleontology, and the Modern Synthesis. In *The Evolutionary Synthesis: Perspectives on the Unification of Biology*, edited by E. Mayr and W. B. Provine, pp.153~172. Cambridge, MA: Harvard University Press.

______. (1980c). The evolutionary biology of constraint. *Daedalus* 109(2): 39~52.

______. (1982a). Darwinism and the expansion of evolutionary theory. *Science* 216: 380~387.

______. (1982b). The meaning of punctuated equilibrium and its role in validating a hierarchical approach to macroevolution. In *Perspectives in Evolution*, edited by R. Milkman, pp.83~104. Sunderland, MA: Sinauer.

______. (1982c). Punctuated equilibrium: A different way of seeing. *New Scientist* 94: 137~141.

______. (1983a). Punctuated equilibrium and the fossil record. *Science* 219: 439~440.

______. (1983b). The hardening of the Modern Synthesis. In *Dimensions of Darwinism*, edited by M. Grene, pp.71~93. Cambridge, UK: Cambridge University Press.

______. (1983c). Irrelevance, submission, and partnership: the changing role of palaeontology in Darwin's three centennials, and a modest proposal for macroevolution. In *Evolution from Molecules to Men*, edited by D. S. Bendall, pp.347~366. Cambridge, UK: Cambridge University Press.

______. (1984a). Smooth curve of evolutionary rates: a psychological and mathematical artifact. *Science* 226: 994~995.

______. (1984b). Toward the vindication of punctuational change. In *Catastrophes and Earth History: The New Uniformitarianism*, edited by W. A. Bergren and J. A. VanGouvering, pp.9~34. Princeton, NJ: Princeton University Press.

______. (1985). The paradox of the fist tier: an agenda for paleobiology. *Paleobiology* 96(1): 14~23.

______. (1987b). *Time's Arrow, Time's Cycle: Myth and Metaphor in the Discovery of Geological Time*. Cambridge, MA: Harvard University Press.

______. (1989a). *Wonderful Life: The Burgess Shale and the Nature of History*. New York: Norton.

______. (1989b). Punctuated equilibrium in fact and theory. *Journal of Biological and Social Structures* 12: 117~136.

______. (1989c). A developmental constraint in *Cerion*, with comments on the definition and interpretation of constraint in evolution. *Evolution* 43: 516~539.

______. (1990). Speciation and sorting as the source of evolutionary trends, or "Things are seldom what they seem". In *Evolutionary Trends*, edited by K. J. McNamara, pp.3~27. Tucson: University of Arizona Press.

______. (1991a). Exaptation: a crucial term for an evolutionary psychology.

Journal of Social Issues 47(3): 43~65.

______. (1991b). The disparity of the burgess shale arthropod fauna and the limits of cladistic analysis: Why we must strive to quantify morphospace. *Paleobiology* 17: 411~423.

______. (1993). How to analyze the burgess shale disparity: A reply to Ridley. *Paleobiology* 19: 522~523.

______. (1995a). A task for paleobiology at the threshold of the majority. *Paleobiology* 21: 1~14.

______. (1995b). Tempo and mode in the macroevolutionary reconstruction of Darwinism. In *Tempo and Mode in Evolution*, edited by W. M. Fitch and F. J. Ayala, pp.125~144. Washington, DC: National Academy Press.

______. (1996). *Full House*: *The Spread of Excellence from Plato to Darwin*. New York: Harmony.

______. (1997a). A tale of two worksites. *Natural History* 106(9): 18~22, 29, 62~68.

______. (1997b). The exaptive excellence of spandrels as a term and prototype. *National Academy of Sciences*, *Proceedings* 94: 10750~10755.

______. (1997c). The paradox of the visibly irrelevant. *Natural History* 106(11): 12~18, 60~66.

Gould, S. J., and N. Eldredge. (1977). Punctuated equilibria: the tempo and mode of evolution reconsidered. *Paleobiology* 3: 115~151.

______. (1983). Darwin's gradualism. Systematic *Zoology* 32: 444~445.

______. (1986). Punctuated equilibrium at the third state. *Systematic Zoology* 35: 143~148.

______. (1988a). Punctuated equilibrium prevails. *Nature* 332: 211~212.

______. (1988b). Species selection: its range and power. *Nature* 334: 19.

______. (1993). Punctuated equilibrium comes of age. *Nature* 366: 223~227.

Gould, S. J., and N. L. Gilinsky, and R. Z. German. (1987). Asymmetry of lineages and the direction of evolutionary time. *Science* 236: 1437~1441.

Gould, S. J., and R. C. Lewontin. (1979). The spandrels of San Marco and the Panglossian paradigm: a critique of the adaptationist programme. *Proceedings of the Royal Society of London Series B* 205: 581~598.

Gould, S. J., D. M. Raup, J. J. Sepkoski, Jr., T. J. M. Schopf, and D. S. Simberloff. (1977). The shape of evolution: a comparison of real and random clades. *Paleobiology* 3: 23~40.

Gould, S. J., and E. S. Vrba. (1982). Exaptation: A missing term in the science of form. *Paleobiology* 8: 4~15.

Graham, R. W., and M. A. Graham. (1994). Late Quaternary distribution of

Martes in North America. In *Martes, Sables, and Fishers: Biology and Conservation*, edited by S. W. Buskirk, A. S. Harestad, M. G. Raphael, and R. A. Powell, pp.26～58. Ithaca, NY: Cornell University Press.

Grantham, T. A. (1995). Hierarchical approaches to macroevolution: recent work on species selection and the "effect hypothesis". *Annual Review of Ecology and Systematics* 26: 301～321.

Grayson, D. K. (1993). *The Desert's Past: A Natural Prehistory of the Great Basis*. Washington, DC: Smithsonian Institution Press.

Gummerman, G. J., and D. A. Phillips, Jr. (1978). Archaeology beyond anthropology. *American Antiquity* 43: 184～191.

Haag, W. G. (1959). The status of evolutionary theory in American history. In *Evolution and Anthropology: A Centennial Appraisal*, edited by B. J. Meggers, pp.90～105. Anthropological Society of Washington, DC.

______. (1961). Review of "The evolution of man: man, culture and society", edited by S. Tax. *American Antiquity* 26: 439～441.

Haas, O., and G. G. Simpson. (1946). Analysis of some phylogenetic terms, with attempts at redefinition. *American Philosophical Society, Proceedings* 90: 319～349.

Haldane, J. B. S. (1932). *The Cause of Evolution*. Green, New York: Longmans.

Hall, B. K. (1996). Baupläne, phylotypic stages, and constraint: why there are so few types of animals. *Evolutionary Biology* 29: 251～261.

Hall, E. R. (1926). A new marten from the Pleistocene cave deposits of California. *Journal of Mammalogy* 7: 127～130.

______. (1936). Mustelid mammals from the Pleistocene of North America with systematic notes on some recent members of the genera Mustela, Taxidea and Mephitis. *Carnegie Institute of Washington, Publication* 73: 441～119.

Hancock, J. M. (1977). The historic development of concepts of biostratigraphic correlation. In *Concepts and Methods of Biostratigraphy*, edited by E. G. Kauffman and J. E. Hazel, pp.3～22. Stroudsburg, PA: Dowden, Hutchinson and Ross.

Hargrave, M. L. (1981). *Woodland Ceramic Chronometry and Occupational Intensity at the Carrier Mills Archaeological District, Saline Country, Illinois*. M.A. thesis, Department of Anthropology, university of Southern Illinois, Carbondale.

Hargrave, M. L., and D. P. Braun. (1981). Chronology of mechanical performance characteristics of Woodland ceramics: methods, results, applications. Paper presented at the 46th Annual meeting of the society for American Archaeology, San Diego.

Harper, C. W., Jr. (1975). Origin of species in Geologic Time: Alternative to the Eldredge-Gould model. *Science* 190: 47～48.

______. (1976). Stability of species in Geologic Time: *Science* 192: 269.

Harrington, M. R. (1909a). Ancient shell heaps near New York city. In the Indians of greater New York and Lower Hudson, edited by C. Wissler. *American Museum of Natural History, Anthropological Papers* 3: 167～179.

______. (1909b). The rock-shelters of Armonk, New York. In the Indians of greater New York and the Lower Hudson, edited by C. Wissler. *American Museum of Natural History, Anthropological Papers* 3: 123～138.

Harris, M. (1979). *Cultural Materialism: The Struggle for a Science of Culture*. New York: Random House.

Haslam, N. O. (1998). Natural kinds, human kinds, and Essentialism. *Social Research* 65: 291～314.

Hayden, B. (editor). (1979). *Lithic Use-Wear Analysis*. New York: Academic press.

Haynes, C. V. (1991). Geoarchaeological and Paleohydrological evidence for a Clovis-age drought in North America and its bearing on extinction. *Quaternary Research* 35: 438～450.

Hazard, E. B. (1998). Teaching about "Intermediate Forms". *American Biology Teache*r 60: 359～361.

Hegmon. M. (1992). Archaeological Research on style. *Annual Review of Anthropology* 21: 517～536.

Hempel, C. G. (1965). *Aspects of Scientific Explanation, and Other Essays in the Philosophy of Science*. New York: Free press.

Herschel, J. (1850). Quetelet on Probabilities. *Edinburgh Review* (July).

Heyes, C. M., and H. C. Plotkin (1989). Replicators and interactors in cultural evolution. In *What the Philosophy of Biology Is* edited by M. Ruse, pp.139～162. Dordrecht, Netherlands: Kluwer.

Hill, J. N. (1966). A prehistoric community in eastern Arizona. *Southwestern Journal of Anthropology* 22: 9～30.

______. (1970). Broken K Pueblo: Prehistoric social organization in the American Southwest. *University of Arizona, Anthropological Papers* No.18.

______. (1972). The methodological debate in contemporary archaeology: a Model. In *Models in Archaeology*, edited by D. L. Clark, pp.61～107. London: Methuen.

______. (1985). Style: a conceptual evolutionary framework. In *Decoding Prehistoric Ceramics*, edited by B. A. Nelson, pp.362～385. Carbondale: Southern Illinois University Press.

Hilts, V. L. (1973). *Statistics and Social science*. In *Foundations of Scientific*

Method: *The Nineteenth Century*, edited by R. N. Giere and R. S. Westfall, pp.206～233. Bloomington: Indiana University Press.

Hoard, R. J. (1992). Woodland-period cooking vessels from Missouri. Ph.D. dissertation, Department of Anthropology, University of Missouri-Columbia.

Hodson, F. R., P. H. A. Sneath, and J. E. Doran (1966). Some Experiments in the numerical analysis of archaeological data. *Biometrika* 53: 311～324.

Hoffman, A. (1982). Punctuated versus gradual mode of evolution: a reconsideration. *Evolutionary Biology* 15: 411～436.

Hole, F. (1979). Rediscovering the past in the present: ethnoarchaeology in Luristan, Iran. In *Ethnoarchaeology*: *Implications Ethnography for Archaeology*, edited by C. Cramer, pp.192～218. New York: Columbia university press.

Hole, F., and M. Shaw (1967). Computer analysis of chronological seriation. *Rice University Studies* 53 (3).

Holland, T. D. (1989). Fertility in the prehistoric Midwest: A critique of unifactorial models. *American Antiquity* 54: 389～426.

Holmes, W. H. (1866a). Pottery of the ancient pueblos. *Bureau of Ethnology, Annual Report* 4: 257～360.

______. (1866b). Ancient pottery of the Mississippi Valley. *Bureau of Ethnology, Annual Report* 4: 361～436.

______. (1866c). Origin and development of form and ornamentation in ceramic art. *Bureau of Ethnology, Annual Report* 4: 437～465.

______. (1892). Modern quarry refuse and the Paleolithic theory. *Science* 20: 295～297.

______. (1897). Stone implements of the Potomac-Chesapeake Tide water Province. *Bureau of American Ethnology, Annual Report* 15: 13～152.

______. (1903). Aboriginal pottery of the eastern United States. *Bureau of American Ethnology, Annual Report* 20: 1～201.

Howard, C. D. (1995). Projectile point and hafting design review. *North American Archaeologist* 16: 291～301.

Hubbs, C. L. (1944). Concepts of homology and analogy. *American Naturalist* 78: 289～307.

Huelsenbeck, J. P., and B. Rannala (1997). Maximum likelihood estimation of phylogeny using stratigraphic data. *Paleobiology* 23: 174～180.

Hughes, N. C., and C. C. Labadeira (1995). The stability of species in taxonomy. *Paleobiology* 21: 401～403.

Hughes, S. S. (1998). Getting to the point: evolutionary change in prehistoric weaponry. *Journal of Archaeological Method and Theory* 5: 345～408.

Hull, D. (1965). The effect of essentialism on taxonomy: 2000 years of stasis.

British Journal for the Philosophy of Science 15: 314~326; 16: 1~18.

______. (1970). Contemporary systematic philosophies. *Annual Review of Ecology and Systematics* 1: 19~54.

______. (1976). Are species really individuals? *Systematic Zoology* 25: 174~191.

______. (1978). A matter of individuality. *Philosophy of Science* 45: 335~360.

______. (1980). Individuality and selection. *Annual Review of Ecology and Systematics* 22: 311~332.

______. (1981a). Metaphysics and common usage. *Behavioral and Brain Sciences* 4: 290~291.

______. (1981b). Units of evolution: a metaphysical essay. In *The Philosophy of Evolution*, edited by U. J. Jenson and R., Harré, pp.23~44. New York: St. Marin's Press.

______. (1982). The naked meme. In *Learning, Development, and Culture*, edited by H. C. Plotkin, pp.273~327. New York: Wiley.

______. (1984). Can Kripke alone save essentialism? a reply to Kitts. *Systematic Zoology* 33: 110~112.

______. (1988). Interactors versus vehicles. In *The Role of Behavior in Evolution*, edited by H. C. Plotkin, pp.19~50. Cambridge, MA: MIT Press.

______. (1992). Biological species: an inductivist's nightmare. In *How Classification Works*, edited by M. Douglas and D. Hull, pp.42~68. Edinburgh: Edinburgh University Press.

______. (1997). The ideal species concept: And why we can't get it. In *Species: The Unit of Biodiversity*, edited by M. F. Claridge, H. A. Dawah, and M. R. Wilson, pp.357~380. London: Chapman and Hall.

______. (1998). Species, subspecies, and races. *Social Research* 65: 351~367.

Huxley, A. (1982). Anniversary address 1981. *Proceedings of the Royal Society* A379: ix-xx.

Huxley, J. S. (1942). *Evolution, the Modern Synthesis*. London: Allen and Unwin.

Ihde, A. (1964). *The Development of Modern Chemistry*. New York: Harper and Row.

Jablonski, D. (1986). Background and mass extinctions: alternation of macroevolutionary regimes. *Science* 231: 129~133.

Jacob, F. (1977). Evolution and tinkering. *Science* 196: 1161~1166.

Jaksic, F. M. (1981). Recognition of morphological adaptations in animals: the hypothetico-deductive method. *BioScience* 31: 667~670.

Jennings, J. D. (1947). Review of "Hiwassee Island" by T. M. N. Lewis and M. Kneberg. *American Antiquity* 12: 191~193.

Jernvall, J., J. P. Hunter, and M. Fortelius (1996). Molar tooth diversity, disparity, and ecology in Cenozoic ungulate radiations. *Science* 274: 1489~1492.

Johnson, J. G. (1975). Allopatric speciation in fossil Brachipods. *Journal of Paleontology* 49: 646~661.

______. (1982). Occurrence of phyletic gradualism and punctuated equilibria through geologic time. *Journal of Paleontology* 56: 1329~1331.

Johnson, L., Jr. (1972a). Introduction to imaginary models for archaeological scaling and clustering. In *Models in Archaeology*, edited by D. L. Clarke, pp.309~379. London: Methuen.

______. (1972b). Problems in "Avant Garde" archaeology. *American Anthropologist* 74: 366~377.

Jones, G. T., R. D. Leonard, and A. L. Abbott (1995). The structure of selectionist explanations in archaeology. In *Evolutionary Archaeology: Methodological Issues*, edited by P. A. Teltser, pp.13~32. Tucson: University of Arizona Press.

Judd, N. M. (1929). The present status of archaeology in the United States. *American Anthropologist* 31: 401~418.

Justice, N. D. (1987). *Stone Age Spear and Arrow Points of the Midcontinental and Eastern United States*. Bloomington, IN: Indiana University Press.

Kaplan, D. (1965). The superorganic: science or metaphysics? *American Anthropologist* 67: 956~976.

Kat, P. W., and G. M. Davis (1983). Speciation in molluscs from Turkana Basin. Nature 304: 660~661.

Keesing, R. M. (1974). Theories of culture. *Annual Review of Anthropology* 3: 73~97.

Kelley, P. H. (1983). Evolutionary patterns of eight Chesapeake group molluscs: evidence for the model of punctuated equilibria. *Journal of Paleontology* 57: 581~598.

Kidder, A. V. (1915). Pottery of the Pajarito Plateau and some adjacent regions in New Mexico. *American Anthropological Association, Memoir* 2: 407~462.

______. (1916). Archaeological explorations at Pecos, New Mexico. *National Academy of Sciences, Proceedings* 2: 119~123.

______. (1917). A design-sequence from New Mexico. *National Academy of Sciences, Proceedings* 3: 369~370.

______. (1919). Review of "An outline for a chronology of Zuni ruins; notes on some little Colorado ruins; ruins in the White Mountains, Arizona" by L. Spier. *American Anthropologist* 21: 296~301.

______. (1924). An introduction to the study of southwestern archaeology, with a preliminary account of the excavations at Pecos. *Papers of the*

Southwestern Expedition, Phillips Academy, No.1.

______. (1931). The pottery of Pecos, Vol 1. *Papers of the Southwestern Expedition, Phillips Academy*, No.5.

______. (1932). The artifacts of Pecos. *Papers of the Southwestern Expedition, Phillips Academy*, No.6.

______. (1936a). Discussion. In The Pottery of Pecos vol. II, by A. V. Kidder and A. O. Shepard, pp. xvii-xxxi. *Papers of the Southwestern Expedition, Phillips Academy*, No.7.

Kidder, M. A., and A. V. Kidder (1917). Notes on the pottery of Pecos. *American Anthropologist* 19: 325~360.

Kimura, M. (1979). The neutral theory of molecular evolution. *Scientific American* 241(5): 98~126.

______. (1983). *The Neutral Theory of Molecular Evolution*. Cambridge, UK: Cambridge University Press.

______. (1991). Neutral evolution. In *Evolution of Life: Fossils, Molecules, and Culture*, edited by S. Osawa and T. Honjo, pp.67~78. Tokyo: Springer-Verlag.

King, J. L., and T. H. Jukes. (1969). Non-Darwinian evolution. *Science* 164: 788~798.

Kintigh, K. W. (1984). Measuring archaeological diversity by comparison with simulated assemblages. *American Antiquity* 49: 44~54.

Kirchner, J. W., and A. Weil. (1998). No fractals in fossil extinction statistics. *Nature* 395: 337~338.

Kitchell, J. A., and N. MacLeod. (1988). Macroevolutionary interpretations of symmetry and synchroneity in the fossil record. *Science* 240: 1190~1193.

______. (1989). Asymmetries of clade shape and the direction of evolutionary time. *Science* 243: 1614~1615.

Kitchell, J. A., and D. Pena (1984). Periodicity of extinctions in the geologic past: deterministic versus stochastic explanations. *Science* 226: 689~692.

Kitcher, P. (1984a). Species. *Philosophy of Science* 51: 308~333.

______. (1984b). Against the monism of the moment: a reply to Elliott Sober. *Philosophy of Science* 51: 616~630.

Kitts, D. B. (1974). Paleontology and evolutionary theory. *Evolution* 28: 458~472.

______. (1984). The names of species: a reply to Hull. *Systematic Zoology* 33: 112~115.

Kitts, D. B., and D. J. Kitts (1979). Biological species as natural kinds. *Philosophy of Science* 46: 613~622.

Klejn, L. S. (1973). On major aspects of the interrelationship of archeology and ethnology. Current Anthropology 14: 311~320.

______. (1977). A panorama of theoretical archaeology. Current Anthropology 18: 1~47.

Kluckhohn, C. (1939a). Discussion. In Preliminary report on the 1937 excavations, Bc 50~51. Chaco Canyon, New Mexico, edited by C. Kluckhohn and P. Reiter, pp.151~162. *University of New Mexico, Bulletin* 345.

______. (The) place of theory in anthropological studies. *Philosophy of Science* 6: 328~344.

______. (1960). The use of typology in anthropological theory. In *Selected Papers of the Fifth International Congress of Anthropological and Ethnological Sciences*, edited by A. F. C. Wallace, pp.134~140. Philadelphia: University of Pennsylvania Press.

Kneberg, M. (1956). Some important projectile point types found in the Tennessee area. *Tennessee Archaeologist* 12(1): 17~28.

Knudson, R. (1979). Inference and imposition in lithic analysis. In *Lithic Use-Wear Analysis*, edited by B. Hayden, pp.269~281. New York: Academic Press.

Koch, P. L. (1986). Clinial geographic variation in mammals: implications for the study of chronoclines. *Paleobiology* 12: 269~281.

Kramer, C. (editor) (1979). *Ethnoarchaeology: Implications of Ethnography for Archaeology*. New York: Columbia University Press.

Krieger, A. D. (1944). The typological concept. *American Antiquity* 9: 271~288.

Kroeber, A. L. (1909). The archaeology of California. In *Putnam Anniversary Volume*, edited by F. Boas, pp.1~42. New York: Stechert.

______. (1916a). Zuni culture sequences. *National Academy of Sciences, Proceedings* 2: 42~45.

______. (1916b). Zuni potsherds. *American Museum of Natural History, Anthropological Papers* 18(1): 1~37.

______. (1917). The superoganic. *American Anthropologist* 19: 163~213.

______. (1919). On the principle of order in civilization as exemplified by changes of fashion. *American Anthropologist* 21: 235~263.

______. (1923a). *Anthropology*. Brace, New York: Harcourt.

______. (1923b). The history of native culture in California. *University of California, Publications in American Archaeology and Ethnology* 20: 123~142.

______. (1925). Handbook of the Indians of California. *Bureau of American Ethnology, Bulletin* 78.

______. (1931a). Historical reconstruction of culture growths and organic evolution. *American Anthropologist* 33: 149~156.

______. (1931b). The culture-area and age-area concepts of Clark Wissler. In

Methods in Social Science, edited by S. A. Rice, pp.248~265. Chicago: University of Chicago Press.

______. (1939). Cultural and natural areas of native North America. *University of California, Publications in American Archaeology and Ethnology* 38: 1~242.

______. (1940). Statistical classification. *American Antiquity* 6: 29~44.

______. (1942). Tapajó pottery. *American Antiquity* 7: 403~405.

______. (1943). Structure, function and pattern in biology and anthropology. *Scientific Monthly* 56: 105~113.

______. (1946). History and evolution. *Southwestern Journal of Anthropology* 2: 1~15.

______. (1948). *Anthropology* (rev. ed.). Brace, New York: Harcourt.

Kurtén, B. (1960). Rates of evolution in fossil mammals. *Cold Spring Harbor Symposia on Quantitative Biology* 24: 205~215.

______. (1965). Evolution in geological time. In *Idea in Modern Biology*, edited by J. A. Moore, pp.329~354. Carden City, NY: Natural History Press.

Kushner, G. (1970). A consideration of some processual designs for archaeology as anthropology. *American Antiquity* 35: 125~132.

Lande, R. (1980). Genetic variation and phenetypic evolution during allopatric speciation. *American Naturalist* 116: 463~479.

LaPorte, J. (1997). Essential membership. *Philosophy of Science* 64: 96~112.

Laporte, L. F. (1983). Simpson's Tempo and Mode in Evolution Revised. *American Philosophical Society, Proceedings* 127: 365~417.

______. (1991). George G. Simpson, paleontology, and the expansion of biology. In *The Expansion of American Biology*, edited by K. R. Benson, J. Maienschein, and R. Rainger, pp.80~106. New Brunswick, NJ: Rutgers University Press.

______. (1994). Simpson on species. *Journal of the History of Biology* 27: 141~159.

Lathrap, D. W. (editor) (1956). An archaeological classification of culture contact situations. In *Seminars in Archaeology: 1955*. Society for American Archaeology, Memoirs No.11: 1~30.

Laudan, R. (1992). What's so special about the past? in *History and Evolution*, edited by M. H. Nitecki and D. V. Nitecki, pp.55~67. Albany: State University of New York Press.

Leaf, M. L. (1979). *Man, Mind, and Science: A History of Anthropology*. New York: Columbia University Press.

LeBlanc, S. A. (1973). Two points of logic concerning data, hypotheses, general laws and systems. In *Research and Theory in Current Archaeology*, edited by C. L. Redman, pp.199~214. New York:

Wiley.

______. (1975). Micro-seriation: a method for fine chronologic differentiation. American Antiquity 40: 22～38.

Leonard, R. D., and G. T. Jones (1987). Elements of an inclusive evolutionary model for archaeology. *Journal of Anthropological Archaeology* 6: 199～219.

______. (1989). (Editors) *Quantifying Diversity in Archaeology*. Cambridge, UK: Cambridge University Press.

Leonard, R. D., and H. E. Reed (1993). Population aggregation in the prehistoric American Southwest. a selectionist model. *American Antiquity* 58: 648～661.

Leone, M. P. (1971). Review of "New Perspectives in Archeology", edited by S. R. Binford and L. R. Binford. *American Antiquity* 36: 220～222.

Leroi, A. M., M. R. Rose, and G. V. Lauder (1994). What does the comparative method reveal about adaptation? *American Naturalist* 143: 381～402.

LeTourneau, P. D. (1998). The "Folsom problem". In *Unit Issues in Archaeology: Measuring Time, Space, and Material*, edited by A. F. Ramenofsky and A. Steffen, pp.52～73. Salt Lake City: University of Utah Press.

Levin, M. E. (1973). On explanation in archaeology: a rebuttal to Fritz and Plog. *American Antiquity* 38: 387～395.

______. (1976). On the ascription of function to objects, with special reference to inference in archaeology. *Philosophy of the Social Sciences* 6: 227～234.

Levinton, J. S. (1983). Stasis in progress: the empirical basis of macroevolution. *Annual Review of Ecology and Systematics* 14: 103～137.

______. (1986). Punctuated equilibrium. *Science* 231: 1490.

Levinton, J. S., and C. M. Simon (1980). A critique of the punctuated equilibria model and implications for the detection of speciation in the fossil record. *Systematic Zoology* 29: 130～142.

Lewin, R. (1980). Evolutionary theory under fire. *Science* 210: 883～887.

______. (1982). *Thread of Life: The Smithsonian Looks at Evolution*. Washington, DC: Smithsonian Institution Press.

______. (1986). Punctuated equilibrium is now old hat. *Science* 231: 672～673.

Lewontin, R. C. (1970). The units of selection. *Annual Review of Ecology and Systematics* 1: 1～18.

______. (1974a). *The Genetic Basis of Evolutionary Change*. New York: Columbia University Press.

______. (1974b). Darwin and Mendel: The materialist revolution. In *The*

Heritage of Copernicus: Theories Pleasing to the Mind, edited by J. Neyman, pp.166~183. Cambridge, MA: MIT Press.

______. (1978). Adaptation. *Scientific American* 239(9): 156~169.

______. (1983). The organism as the subject and object of evolution. *Scientia* 118: 65~82.

Lewontin, R. C., and L. C. Birch(1966). Hybridization as a source of variation for adaptation to new environments. *Evolution* 20: 315~336.

Lindsay, D. W. (1982). Punctuated equilibria and punctuated environments. *Nature* 296: 611.

Lipe, W. D. (1964). Comment on Dempsey and Baumhoff's "The statistical use of artifact distribution to establish chronological sequence". *American Antiquity* 30: 103~104.

Lipo, C. P., M. E. Madsen, R. C. Dunnell, and T. Hunt(1997). Population structure, cultural transmission, and frequency seriation. *Journal of Anthropological Archaeology* 16: 301~334.

Lister, A. (1984). Evolutionary case histories from the fossil record. *Nature* 309: 114~115.

Logan, W. D. (1952). Graham Cave, an Archaic site in Montgomery County, Missouri. *Missouri Archaeological Society*, *Momoir* No.2.

Longacre, W. A. (1964). Archaeology as anthropology: a case study. *Science* 144: 1454~1455.

______. (1966). Changing patterns of social integration: a prehistoric example from the American Southwest. *American Anthropologist* 68: 94~102.

______. (1968). Some aspects of prehistoric society in east-central Arizona. In *New Perspectives in Archeology*, edited by S. r. Binford and L. R. Binford, pp.89~102. Chicago: Aldine.

______. (1970). Archaeology as Anthropology: a case study. University of Arizona, Anthropological Papers 17.

Loomis, Frederic B., and D. B. Young(1912). On the shell heaps of Maine. *American Journal of Science* 34: 17~42.

Lopinot, N. H. (1982). Summary of the botanical analysis. In *The Carrier Mills Archaeological Project: Human Adaptation in the Saline Valley, Illinois*, edited by R. W. Jefferies and B. M. Butler, pp.797~806. Southern Illinois University at Carbondale, Center for Archaeological Investigations, Research Paper No.33.

Lower, J. W. G., and R. J. Barth(1980). Systems in archaeology: a comment on Salmon. *American Antiquity* 45: 568~575.

Lyman, R. L., and M. J. O'Brien(1997). The concept of evolution in early twentieth-century Americanist archeology. In Rediscovering Darwin: Evolutionary Theory in Archeological Explanation, edited by c. M. Barton and G. A. Clark, pp.21~48. *American Anthropological*

Association, Archeological Papers No.7. Washington, DC.

______. (1998). The goals of evolutionary archaeology: history and explanation. *Current Anthropology* 39: 615～652.

______. (1999a). Americanist stratigraphic excavation and the measurement of culture change. *Journal of Archaeological Method and Theory* 6: 55～108.

______. (1999b). Measuring and explaining change in artifact variation with clade-diversity diagrams. *Journal of Anthropological Archaeology*. In press.

______. (n.d.a). Graphing change and testing lineages with seriation. Unpublished manuscript in possession of the authors.

______. (n.d.b). Chronometers and units in early archaeology and paleontology. *American Antiquity*. In press.

Lyman, R. L, M. J. O'Brien and R. C. Dunnell. (1997a). Editors. *Americanist Culture History: Fundamentals of Time, Space, and Form*. New York: Plenum Press.

______. (1997b). *The Rise and Fall of Culture History*. New York: Plenum Press.

Lyman, R. L., M. J. O'Brien, and V. Hayes (1998). A methodical and functional study of bone rods from Richey-Roberts Clovis cache, Washington, DC, U.S.A. *Journal of Archaeological Science* 25: 887～906.

Lyman, R. L, S. Wolverton, and M. J. O'Brien (1998). Seriation, superposition, and linterdigitation: a history of Americanist graphic depictions of culture change. *American Antiquity* 63: 239～261.

Mace, R., and M. Pagel (1994). The comparative method in anthropology. *Current Anthropology* 35: 549～564.

MacFadden, B. J. (1992). *Fossil Horses: Systematics, Paleobiology, and Evolution of the Family Equidae*. Cambridge, UK: Cambridge University Press.

MacLeod, N. (1991). Punctuated anagenesis and the importance of stratigraphy to paleobiology. *Paleobiology* 17: 167～188.

Malio, V. J. (1971). The nomenclature of intermediate forms: an opinion. *Systematic Zoology* 20: 370～373.

Mallory, V. S. (1970). Biostratigraphy: A major basis for paleontologic correlation. In *Proceedings of the North American Paleontological Convention*, edited by E. L. Yochelson, pp.553～566. Lawrence, KS: Allen Press.

Malmgren, B. A., W. A. Berggren, and G. P. Lohrmann (1983). Evidence for punctuated gradualism in th elate Neogene *Cloborotalia tumida* lineage of Planktonic foraminifera. *Paleobiology* 9: 377～389.

______. (1984). Species formation through punctuated gradualism in

Planktonic foraminifera. *Science* 225: 317～319.

Marguardt, W. H. (1978). Advances in archaeological seriation. In *Advances in Archaeological Method and Theory*, vol 1, edited by M. B. Schiffer, pp.257～314. New York: Academic Press.

Martin, P. S. (1936). Lowry ruin in southwestern Colorado. *Fieldiana: Anthropology* 23(1): 1～216.

______. (1938). Archaeological work in the Ackmen-Lowry area, southwestern Colorado, 1937. *Fieldiana: Anthropology* 23(2): 217～304.

______. (1939). Modified Basket Maker sites, Ackmen-Lowry area, southwestern Colorado, 1938. *Fieldiana: Anthropology* 23(3): 305～499.

______. (1971). The revolution in archaeology. *American Antiquity* 36: 1～8.

Martin, R. A., and A. D. Barnosky. (1993). Quaternary mammals and evolutionary theory: introductory remarks and historical perspective. In *Morphological Change in Quaternary Mammals of North America*, edited by R. A. Martin and A. D. Barnosky, pp.1～12. Cambridge, UK: Cambridge University Press.

Maschner, H. D. G. (1996). Editor. *Evolutionary Archaeologies*. New York: Plenum Press.

______. (1998). Review of *Evolutionary Archaeology: Theory and Application*, edited by M. J. O'Brien. *Journal of the Royal Anthropological Institute* 4: 354～355.

Mason, O. T. (1896). Influence of environment upon human industries or arts. *Smithsonian Institution, Annual Report* (1894): 639～665.

______. (1905). Environment. In Handbook of American Indians, edited by F. W. Hodge, pp.427～430. *Bureau of American Ethnology, Bulletin* 30.

Mason, R. J. (1962). The Paleo-Indian tradition in eastern North America. *Current Anthropology* 3: 227～246.

Mayden, R. L. (1997). A hierarchy of species concepts: the denouncement in the saga of the species problem. In *Species: The Units of Biodiversity*, edited by M. F. Claridge, H. A. Dawah, and M. R. Wilson, pp.381～424. London: Chapman and Hall.

Mayr, E. (1942). *Systematics and the Origin of Species*. New York: Columbia University Press.

______. (1943). Criteria for subspecies, species and genera in ornithology. *Annals of the New York Academy of Science* 44: 133～140.

______. (1947). Forward. *Evolution* 1: i-ii.

______. (1949). The species concept: semantics versus semantics. *Evolution* 3: 371～372.

______. (1954). Change of genetic environment and evolution. In *Evolution as a Process*, edited by J. Huxley, A C. Hardy, and E. B. Ford, pp.157～180. London: Allen and Unwin.

______. (1957). Species concepts and definitions. In *The Species Problem*, edited by E. Mayr, pp.1～22. Washington, DC: American Association for the Advancement of Science.

______. (1959a). Darwin and the evolutionary theory in biology. In *Evolution and Anthropology: A Centennial Appraisal*, edited by B. J. Meggers, pp.409～412. Washington, DC: Anthropological Society of Washington.

______. (1959b). Isolation as an evolutionary factor: *American Philosophical Society, Proceedings* 103: 221～230.

______. (1961). Cause and effect in biology. *Science* 134: 1501～1506.

______. (1962). Accident or design: the paradox of evolution. In *The Evolution of Living Organisms*, edited by G. W. Leeper, pp.1～14. Melbourne: Melbourne University Press.

______. (1963). *Animal Species and Evolution*. Cambridge, MA: Harvard University Press.

______. (1968). The role of systematics in biology. *Science* 159: 595～599.

______. (1969a). *Principles of Systematic Zoology*. New York: McGraw-Hill.

______. (1969b). The biological meaning of species. *Biological Journal of the Linnean Society* 1: 311～320.

______. (1970). *Populations, Species, and Evolution*. Cambridge, MA: Harvard University Press.

______. (1972). The nature of the Darwinian revolution. *Science* 176: 981～989.

______. (1976a). *Evolution and the Diversity of Life*. Cambridge, MA: Harvard University Press.

______. (1976b). Typological versus population thinking. In *Evolution and the Diversity of Life*, by E. Mayr, pp.26～29. Cambridge, MA: Harvard University Press.

______. (1980). Prologue: some thoughts on the history of the evolutionary synthesis. In *The Evolutionary Synthesis: Perspectives on the Unification of Biology*, edited by E. Mayr and W. B. Provine, pp.1～48. Cambridge, MA: Harvard University Press.

______. (1981). Biological classification: toward a synthesis of opposing methodologies. *Science* 214: 510～516.

______. (1982a). *The Growth of Biological Thought: Diversity, Evolution, and Inheritance*. Cambridge, MA: Harvard University Press.

______. (1982b). Speciation and macroevolution. *Evolution* 36: 1119～1132.

______. (1982c). Process of speciation in animals. In *Mechanisms of Speciation*, edited by Barigozzi, pp.1～19. New York: Wiley-Liss.

______. (1983). How to carry out the adaptationist program? *American Naturalist* 121: 324～334.

______. (1987). The ontological status of species: scientific progress and philosophical terminology. *Biology and Philosophy* 2: 145~166.

______. (1988). *Toward a New Philosophy of Biology: Observations of an Evolutionist*. Cambridge, MA: Harvard University Press.

______. (1989). Speciational evolution or punctuated equilibria. *Journal of Social and Biological Structures* 12: 137~158.

______. (1991a). An overview of current evolutionary biology. In *New Perspectives on Evolution*, edited by L. Warren and H. Koprowski, pp.1~14. New York: Wiley-Liss,.

______. (1991b). *One Long Argument: Charles Darwin and the Genesis of Modern Evolutionary Thought*. Cambridge, MA Harvard University Press.

______. (1993). Fifty years of progress in research on species and speciation. *California Academy of Sciences, Proceedings* 48: 131~140.

______. (1994). Ordering systems. *Science* 266: 715~716.

______. (1995a). Darwin's impact on modern thought. *American Philosophical Society, Proceedings* 139: 317~325.

______. (1995b). Systems of ordering data. *Biology and Philosophy* 10: 419~434.

______. (1996). What is a species, and what is not? *Philosophy of Science* 63: 262~277.

______. (1997). *This is Biology: The Science of the Living World*. Cambridge, MA: Harvard University Press.

McCartney, P. H., and M. F. Glass. (1990). Simulation models and the interpretation of archaeological diversity. *American Antiquity* 55: 521~536.

McGregor, J. C. (1941). *Southwestern Archaeology*. New York: Wiley.

McKee, J. K., J. F. Thackeray, and L. R. Berger. (1995). Faunal assemblage seriation of southern African Pliocene and Pleistocene fossil deposits. *American Journal of Physical Anthropology* 96: 235~250.

McKern, W. C. (1934). *Certain Culture Classification Problems in Middle Western Archaeology*. National Research Council, Washington, DC: Committee on State Archaeological Surveys.

______. (1937). Certain culture classification problems in middle western archaeology. In The Indianapolis Archaeological Conference, pp.70~82. *National Research Council, Committee on State Archaeological Surveys, Circular* No.17.

______. (1939). The Midwestern Taxonomic Method as an aid to archaeological culture study. *American Antiquity* 4: 301~313.

______. (1940). Application of the Midwestern Taxonomic Method. *Bulletin of the Archaeological Society of Delaware* 3: 18~21.

______. (1942). Taxonomy and the direct historical approach. *American Antiquity* 8: 170~172.

______. (1943). Regarding Midwestern archaeological taxonomy. *American Anthropologist* 45: 313~315.

______. (1944). An inaccurate description of Midwestern Taxonomy. *American Antiquity* 9: 445~456.

McKitrick, M. C. (1994). On homology and the ontological relationship of parts. *Systematic Biology* 43: 1~10.

McShea, D. W. (1993). Arguments, tests, and the Burgess Shale: a commentary on the debate. *Paleobiology* 19: 399~402.

Meggers, B. J. (1955). The coming of age of American archaeology. In *New Interpretations of Aboriginal American Culture History*, edited b y B. J. Meggers and C. Evans, pp.116~129. Washington, DC: Anthropological Society of Washington.

______. (1959). Editor. *Evolution and Anthropology: A Centennial Appraisal.* Washington, DC: Anthropological Society of Washington.

Meighan, C. W. (1959). A new method for the seriation of archaeological collections. *American Antiquity* 25: 203~211.

______. (1977). Recognition of short time periods through seriation. *American Antiquity* 42: 628~629.

Meltzer, D. J. (1979). Paradigms and the nature of change in American archaeology. *American Antiquity* 44: 644~657.

______. (1981a). A study of style and function in a class of tools. *Journal of Field Archaeology* 8: 313~326.

______. (1981b). Paradigms lost: paradigms found? *American Antiquity* 46: 662~665.

______. (1983). The antiquity of man and the development of American archaeology. In *Advances in Archaeological Method and Theory*, vol.6, edited by M. B. Schiffer, pp.1~51. New York: Academic Press.

______. (1985). North American archaeology and archaeologists 1879~1934. *American Antiquity* 50: 249~260.

______. (1991). On "paradigms" and "paradigm bias" in controversies over human antiquity in America. In *The First Americans: Search and Research*, edited by T. Dillehay and D. J. Meltzer, pp.13~49. Boca Raton, FL: CRC Press.

______. (1997). Monte Verde and the Pleistocene peopling of the Americas. *Science* 276: 754~755.

Meltzer, D. J., and R. C. Dunnell (editors). (1992). *The Archaeology of William Henry Holmes.* Washington, DC: Smithsonian Institution Press.

Miller, A. I., and J. J. Sepkoski, Jr. (1988). Modeling bivalve diversification:

the effect of interaction on a macroevolutionary system. *Paleobiology* 14: 364～369.

Miller, R. (1982). Pseudo-tools created by livestock from Halawa, Syria. *Journal of Field Archaeology* 9: 281～283.

Mishler, B., and R. Brandon. (1987). Individuality, pluralism, and the phylogenetic species concept. *Biology and Philosophy* 2: 37～54.

Mishler, B., and M. Donoghue. (1982). Species concepts: a case for pluralism. *Systematic Zoology* 31: 491～503.

Mitchell, S. D. (1987). Competing units of selection?: a case of symbiosis. *Philosophy and Science* 54: 351～367.

Moment, G. B. (1945). The relationship between serial and special homology and organic similarity. *American Naturalist* 79: 445～455.

Morgan, G. G. (1973). Archaeology and explanation. *World Archaeology* 4: 259～276.

______. (1974). Explanation and scientific archaeology. *World Archaeology* 6: 133～137.

Morgan, L. H. (1877). *Ancient Society*. New York: Holt.

Morgan, T. H. (1923). The bearing of Mendelism on the Origin of Species. *Scientific Monthly* 16: 237～246.

______. (1932). *The Scientific Basis of Evolution*. New York: Norton.

Morgan, T. H, A. H. Sturtevant, H. J. Muller, And C. B. Bridges. (1915). *The Mechanism of Mendelian Heredity*. New York: Holt.

Morse, D. F. (1997). *Sloan: A Paleoindian Dalton Cemetery in Arkansas*. Washington, DC: Smithsonian Institution Press.

Morse, D. F., and P. A. Morse. (1983). The Darwinian and modern conceptions of natural selection. *American Philosophical Society, Proceedings* 93: 459～470.

Muller, J. (1973). Review of "Broken K Pueblo: prehistoric social organization in the American Southwest" by J. N. Hill. *American Antiquity* 38: 249～251.

______. (1999). Review of "Changing perspectives on the archaeology of the Central Mississippi Valley" edited by M. J. O'Brien and R. C. Dunnell. *American Anthropologist* 101: 440～441.

Munson, P. J. (1969). Comments on Binford's "Smudge pits and hide smoking: the use of analogy in archaeological reasoning". *American Antiquity* 34: 83～85.

Murdock, G. P. (1948). Clark Wissler, 1870～1947. *American Anthropologist* 50: 292～304.

Murray, T., and M. J. Walker. (1988). Like WHAT? a practical question of analogical inference and archaeological meaningfulness. *Journal of Anthropological Archaeology* 7: 248～287.

Musil, R. R. (1988). Functional efficiency and technological change: a hafting tradition model for prehistoric North America. In *Early Human Occupation in Far Western North America: The Clovis-Archaic Interface*, edited by J. A. Willig, C. M. Aikens, and J. L. Fagan, pp.373~387. Nevada State Museum, Anthropological Papers No.21.

Nagel, E. (1961). *The Structure of Science*. New York: Harcourt, Brace, and World.

Neff, H. (1992). Ceramics and evolution. In *Archaeological Method and Theory*, vol.4, edited by N. B. Schiffer, pp.141~193. Tucson: University of Arizona Press.

______. (1993). Theory, sampling, and analytical technique in the archaeological study of prehistoric ceramics. *American Antiquity* 58: 23~44.

______. (1998). Differential persistence of what? the scale of selection issue in evolutionary archaeology. Paper presented at the 63rd annual meeting of the Society for American Archaeology, Seattle.

Neff, H., and D. O. Larson. (1997). Methodology of comparison in evolutionary archeology. In Rediscovering Darwin: Evolutionary Theory and Archeological Explanation, edited by C. M. Barton and G. A. Clark, pp.75~94. *American Anthropological Association, Archeological Papers* No.7. Washington, DC.

Nelson, N. C. (1906). Excavation of the Emeryville Shellmound [Nels C. Nelson's final report, transcribed by J. M. Broughton, 1996]. *University of California, Archaeological Research Facility, Contributions* No.54.

______. (1910). The Ellis Landing Shellmound. *University of California, Publications in American Archaeology and Ethnology* 7(5): 357~426.

______. (1913). Ruins of prehistoric New Mexico. American Museum Journal 13: 63~81.

______. (1914). Pueblo ruins of the Gallisteo Basin, New Mexico. *American Museum of Natural History, Anthropological Papers* 15(1): 1~124.

______. (1915). Ancient cities of New Mexico. *American Museum Journal* 15: 389~394.

______. (1916). Chronology of the Tano Ruins, New Mexico. *American Anthropologist* 18: 159~180.

______. (1919a). Human culture. *Natural History* 19: 131~140.

______. (1919b). The archaeology of the Southwest: a preliminary report. *National Academy of Sciences, Proceedings* 5: 114~120.

______. (1919c). The Southwest problem. *El Palacio* 6: 132~135.

______. (1932). The origin and development of material culture. *Sigma Xi Quarterly* 20: 102~123.

______. (1937). Prehistoric archeology, past, present and future. *Science* 85: 81～89.

Newell, N. D. (1959). Adequacy of the fossil record. *Journal of Paleontology* 33: 488～499.

Nickles, T. (1977). On the independence of singular casual explanation in social science: archaeology. *Philosophy and the Social Sciences* 7: 163～187.

Nitecki, M. H., and D. V. Nitecki (editors). (1992). *History and Evolution*. Albany: State University of New York Press.

Norrell, M. A. (1993). Tree-based approaches to understanding history: comments on ranks, rules and the quality of the fossil record. *American Journal of Science* 293A: 407～417.

Norell, M. A., and M. J. Novacek. (1992). The fossil record and evolution: comparing cladistic and paleontologic evidence for vertebrate history. *Science* 255: 1690～1693.

Novacek, M. J. (1982). Introduction to the symposium: phylogeny and rates of evolution. *Systematic Zoology* 31: 337.

______. (1992). Fossils as critical data for phylogeny. In *Extinction and Phylogeny*, edited by M. J. Novacek and Q. D. Wheeler, pp.46～88. New York: Columbia University Press.

______. (1996). Paleontological data and the study of adaptation. In *Adaptation*, edited by M. R. Rose and G. V. Lauder, pp.311～359. New York: Academic Press.

Nowak, R. M., and N. E. Federoff. (1998). Validity of the red wolf: response to Roy et al. *Conservation Biology* 12: 722～725.

O'Brien, M. J. (1985). Radiocarbon dates. In Archaeology of the Central Salt River Valley: n Overview of the Prehistoric Occupation, by M. J. O'Brien. *The Missouri Archaeologist* 46: 67～75.

______. (1987). Sedentism, population growth, and resource selection in the Woodland Midwest: a review of coevolutionary development. *Current Anthropology* 28: 177～197.

______. (1995). Archaeological research in the Central Mississippi Valley: culture history gone wary. *The Review of Archaeology* 16: 23～36.

______. (1996a). *Paradigms of the Past*: *The Story of Missouri Archaeology*. Columbia: University of Missouri Press.

______. (1996b). Editor. *Evolutionary Archaeology*: *Theory and Application*. Salt Lake City: University of Utah Press.

______. (1996c). Evolutionary theory: an introduction. In *Evolutionary Archaeology*: *Theory and Application*. edited by M. J. O'Brien, pp.1～15. Salt Lake City: University of Utah Press.

______. (1996d). The historical development of an evolutionary archaeology. In *Darwinian Archaeologies*, edited by H. D. G. Maschner, pp.17～32.

New York: Plenum Press.

______. (1998). Sloan: Dalton-age occupation of Northeastern Missouri. *The Review of Archaeology* 19: 16~30.

O'rien, M. J., and R. C. Dunnell. (1998). A brief introduction to the archaeology of the central Mississippi River Valley. In *Changing Perspectives on the Archaeology of Central Mississippi Valley*, edited by M. J. O'Brien and R. C. Dunnell, pp.1~30. Tuscaloosa: University of Alabama Press.

O'Brien, M. J., and G. L. Fox. (1994a). Sorting artifact in space and time. In *Cat Monsters and Head Pots: The Archaeology of Missouri's Pemiscot Bayou*, by M. J. O'Brien, pp.25~60. Columbia: University of Missouri Press.

______. (1994).b Assemblage similarities and differences. In *Cat Monsters and Head Pots: The Archaeology of Missouri's Pemiscot Bayou*, by M. J. O'Brien, pp.61~93. Columbia, University of Missouri Press.

O'Brien, M. J. and R. J. Hoard. (1996). Ceramic vessels. In Middle and Late Woodland Subsistence and Ceramic Technology in the Central Mississippi River Valley: Selected Studies from the Burkemper Site, Lincoln County, Missouri, by M. J. O'Brien, pp.91~144. *Illinois State Museum, Reports of Investigations* No.52.

O'Brien, M. J., and R. E. Warren. (1982). Chronology of the preceramic period. In *The Cannon Reservoir Human Ecology Project: An Archaeological Study of Cultural Adaptations in the Southern Prairie Peninsula*, edited by M. J. O'Brien, R. E. Warren, and D. E. Lewarch, pp.103~116. New York: Academic Press.

______. (1983). An archaic projectile point sequence from the Southern Prairie Peninsula: The Pigeon Roost Creek Site. In *Archaic Hunters and Gatherers in the American Midwest*, edited by J. L. Phillips and J. A. Brown. pp.71~98. New York: Academic Press.

______. (1985). Stratigraphy and chronology at Pigeon Roost Creek. In Archaeology of the Central Salt River Valley: An Overview of the Prehistoric Occupation, by M. J. O'Brien. *The Missouri Archaeologist* 46: 203~225.

O'Brien, M. J., and H. C. Wilson. (1988). A paradigmatic shift in the Search of the Origin Agriculture. *American Anthropologist* 90: 958~965.

O'Brien, M. J., and W. R. Wood . (1988). *The Prehistory of Missouri.* Columbia: University of Missouri Press.

O'Connell, J. F. (1995). Ethnoarchaeology needs a general theory of behavior, *Journal of Archaeological Research* 3: 205~255.

O'Connell, J. F. (1994). Surprise Valley projectile points and their chronological implications. *Journal of California and Great Basin*

Anthropology 16: 162~198.

O'Hara, R. J. (1988). Homage to Clio, or, toward an historical philosophy of evolutionary biology. *Systematic Zoology* 37: 142~155.

______. (1993). Systematic generalization, historical facts, and the species problem. *Systematic Biology* 42: 231~246.

Olson, A. P. (1962). A history of the phase concept in the Southwest. *American Antiquity* 27: 457~472.

O'Meara, J. T. (1989). Anthropology as empirical science. *American Anthropologist* 91: 354~369.

Orel, V. (1996). *Gregor Mendel: The First Geneticist.* New York: Oxford University Press.

Padian, K. (1989). The whole real guts of evolution? *Paleobiology* 15: 73~78.

______. (1994). Ordering organisms. *Science* 265: 1017.

______. (1997). The rehabilitation of Sir Richard Owen. *BioScience* 15: 73~78.

Palmer, A. R. (1985). Quantum changes in Gastropod shell morphology need not reflect speciation. *Evolution* 39: 699~705.

Panchen, A. L. (1994). Richard Owen and the concept of homology. In *Homology: The Hierarchical Basis of comparative biology*, edited by B. K. Hall, pp.21~62. San Diego, Academic Press.

Patterson, C. (1981). Significance of fossils in determining evolutionary relationships. *Annual Review of Ecology and Systematics* 12: 195~223.

______. (1982). Morphological characters and homology. In *Problems of Phylogenetic Reconstruction*, edited by K. A. Joysey and A. E. Friday, pp.21~74. New York: Academic Press.

______. (1988). Homology in Classical and Molecular Biology. *Molecular Biology and Evolution* 5: 603~625.

Patterson, T. C. (1963). Contemporaneity and Cross-dating in archaeological interpretation. *American Antiquity* 28: 389~392.

Peabody, C. (1904). The explorations of mounds, Coahoma co., Mississippi. *Peabody Museum, Papers.* 3(2): 23~66.

Peabody, C., and W. K. Moorehead. (1904). The exploration of Jacobs Cavern. *Phillips Academy, Department of Archaeology, Bulletin* 1.

Pearson, P. N. (1992). Survivorship analysis of fossil taxa when real-time extinction rates vary: The paleogene planktonic foraminifera. *Paleobiology* 18: 115~131.

______. (1998).a Evolutionary concepts in biostratigraphy. In *Unlocking the stratigraphical Record: Advances in Modern Stratigraphy*, edited by P. Doyle and M. R. Bennett, pp.123~144. Chichester, U.K: Wiley.

______. (1998).b Speciation and extinction: asymmetries in paleontological phylogenesis: evidence for evolutionary progress? *Paleobiology* 24:

305~335.

Penny, D. (1983). Charles Darwin, gradualism and punctuated equilibrium. *Systematic Zoology* 32: 72~74.

Perino, G. (1963). Tentative classification of two projectile points and one knife from west-central Illinois. *Central states Archaeological Journal* 10: 95~100.

______. (1968). Guide to the identification of certain American Indian projectile points. *Oklahoma Anthropological Society, Special Bulletin* No.3.

______. (1971). Guide to the identification of certain American Indian projectile points. *Oklahoma Anthropological Society, Special Bulletin* No.4.

______. (1985). *Selected Preforms, Points and Knives of the North American Indians*, vol.1. Idabel, OK: Points and Barbs press.

______. (1991). *Selected Preforms, Points and Knives of the North American Indians*, vol.2. Idabel, OK: Points and Barbs press.

Peterson, C. H. (1977). The paleoecological significance of undetected short-term temporal variability. *Journal of Paleontology* 51: 976~981.

Petrie, W. M. F. (1899). Sequences in prehistoric remains. *Journal of the Royal Anthropological Institute of Great Britain and Ireland* 29: 295~301.

______. (1901). Diospoils Parva. *Egypt Exploration Fund, Memoir* No.20.

Phillips, P. (1942). R, Review of "An archaeological survey of the pickwick basin in the Adjacent portions of the states of Alabama, Mississippi, and Tennessee" by W. S. Webb and D. L. Dejarnette. *American Antiquity* 8: 197~201.

______. (1955). American archaeology and general anthropological theory. *Southwestern Journal of Anthropology* 11: 246~250.

______. (1958). Application of the Wheat-Gifford-Wasley taxonomy to Eastern Ceramics. *American Antiquity* 24: 117~125.

______. (1970). Archaeological Survey in the Lower Yazoo Basin, 1949~1955. *Peabody Museum of Archaeology and Ethnology, Papers* 60.

Phillips, P., J. A. Ford, and J. B. Griffin. (1951). Archaeological survey in the Lower Mississippi Valley, 1940~1947. *Peabody Museum of Archaeology and Ethnology Papers* 25.

Phillips, P., and G. R. Willey. (1953). Method and theory in American archaeology: an operational basis for culture-historical integration. *American Anthropologist* 55: 615~633.

Pitt-Rivers, A. L. (1870). Primitive warfare, sec. III: on the resemblance of the weapons of early races, their variations, continuity and development of form-metal period. *Royal United Service Institute*,

Journal 13: 509～539.

______. (1875a). On the principles of classification adopted in the his anthropological collection, now exhibited in the Bethnal Green Museum. *Anthropological Institute of Great Britain and Ireland, Journal* 4: 293～308.

______. (1875b). The evolution of culture. *Royal Institution of Great Britain, Proceedings* 7: 496～520.

Platnick, N. I., and D. Cameron. (1977). Cladistic methods in textual, linguistic, and phylogenetic analysis. *Systematic Zoology* 26: 380～385.

Plog, F. T. (1974). *The Study of Prehistoric Change*. New York: Academic Press.

______. (1975). Systems theory in archeological research. *Annual Review of Anthropology* 4: 207～224.

Plog, S. (1983). Analyses of style in artifacts. *Annual Review of Anthropology* 12: 125～142.

Plog, S., and D. P. Braun. (1984). Some issues in the archaeology of "Tribal" social systems. *American Antiquity* 49: 619～625.

Praetzellis, A. (1993). The limits of arbitrary excavation. In *Practices of Archaeological Stratigraphy*, edited by E. C. Harris, M. R. Brown, III, and G. J. Brown, pp.68～86. London: Academic press.

Preucel, R. W. (1999). Review of "evolutionary archaeology: theory and application", edited by M. J. O'Brien. *Journal of Field Archaeology* 26: 93～99.

Prothero, D. R. (1985). North American mammalian diversity and Eocene-Oligocene extinctions. *Paleobiology* 11: 389～405.

Purdue, J. R., B. W. Styles, and M. C. Masulis. (1989). Faunal remains and white-tailed deer exploitation from a Late Woodland upland encampment: The Boschert site (23sc609), St. Charles County, Missouri. *Midcontinental Journal* of *Archaeology* 14: 146～163.

Quetlet, A. (1835). *Sur L'Homme et le Development de se Facultes, ou Essai de Physique*. Paris: Bachelier.

Quimby, G. I. (1943). The ceramic sequence within the Goodall Focus. *Michigan Academy of Science, Arts and Letters, Papers* 28: 543～548.

Rafferty, J. (1943). The archaeological record on sedentariness: recognition, development, and implications. In *Advances in Archeological Method and Theory*, vol.5, edited by M. B. Schiffer, pp.113～156. New York: Academic Press.

______. (1994). Gradual or step-wise change: the development of sedentary settlement patterns in north-east Mississippi. *American Antiquity* 59: 405～425.

Rau. C. (1876). The archeological collections of the United States National

Museum in charge of the Smithsonian. *Smithsonian Contributions to Knowledge* 22(4).

Raup, D. M. (1972). Taxonomic diversity during the Phanerozoic. *Science* 177: 1065~1071.

______. (1976a). Species diversity in the Phanerozoic: A Tabulation. *Paleobiology* 2: 279~288.

______. (1976b). Species diversity in the Phanerozoic: An Interpretation. *Paleobiology* 2: 289~297.

______. (1977). Stochastic models of evolutionary paleontology. In *Patterns of Evolution as Illustrated by the Fossil Record*, edited by A. Hallam, pp.59~78. Amsterdam: Elsevier Scientific,.

______. (1986). Biological extinction in earth history. *Science* 231: 1528~1533.

Raup, D. M., and G. E. Boyajian. (1988). Patterns of genetic extinction in the fossil record. *Paleobiology* 14: 109~125.

Raup, D. M., and S. J. Gould. (1974). Stochastic simulation and evolution of morphology: towards a nomothetic Paleontology. *Systematic Zoology* 23: 305~322.

Raup, D. M., S. J. Gould, T. J. M. Schopf, and D. S. Simberloff. (1973). Stochastic models of Phylogeny and the evolution of diversity. *Journal of Geology* 81: 525~542.

Raup, D. M., and J. J. Sepkoski, Jr. (1982). Mass extinctions in the fossil record. *Science* 215: 1501~1503.

______. (1984). Periodicity of extinctions in the geologic past. *Proceedings of the National Academy of Science USA* 81: 801~805.

______. (1986). Periodic extinction of families and genera. *Science* 231: 833~836.

Raup, D. M., and S. Stanley. (1978). *Principles of Paleontology* (2nd ed.). San Francisco: Freeman.

Read, D. W. (1979). The effective use of radiocarbon date in the seriation of archaeological sites. In *Radiocarbon Dating*, edited by R. Berger and H. E. Suess, pp.89~94. Berkeley: University of California Press.

Read, D. W., and S. A. LeBlanc. (1978). Descriptive Statements, covering laws, and theories in Archaeology. *Current Anthropology*.19: 307~335.

Redman, C. L. (1973). Editor. *Research and Theory Current Archeology*. New York: Wiley.

______. (1991). In defense of the seventies: The adolescence of New Archeology. *American Anthropologist* 93: 295~307.

Reed, E. K. (1940). Review of "Prehistoric culture units and their relationships in Northern Arizona" by H. S. Colton. *American Antiquity* 6: 189~

192.

Reid, J. J. (1995). Four strategies after twenty years. In *Expanding Archaeology*, edited by J. M. Skibo, W. H. Waker, and A. E. Nielsen, pp.15～21. Salt Lake City: University of Utah Press.

Reid, J. J., W. L. Rathje, and M. B. Schiffer. (1974). Expanding archaeology: *American Antiquity* 39: 125～126.

Reid, J. J., M. B. Schiffer, and W. L. Rathje. (1975). Behavioral Archaeology: four strategies. *American Anthropologist* 77: 864～869.

Renfrew, C. (editor). (1973). *The Explanation of Culture Change: Models in Prehistory*. London: Duckworth.

Renfrew, C., M. J. Rowlands, and B. A. Segraves (editors). (1982). *Theory and explanation in the Archaeology: The Southampton Conference*. New York: Academic Press.

Renner, S. (1994). Ordering Systems. *Science* 266: 716.

Rhode, D. (1988). Measurement of Archaeological diversity and the sample-size effect. *American Antiquity* 53: 708～716

Rhodes, F. H. T. (1983). Gradualism, punctuated equilibrium and the *Origin of Species*. *Nature* 305: 369～372.

______. (1984). Darwin's gradualism and empiricism: Reply to Gingerich. *Nature* 309: 116.

Ridley, M. (1980). Evolution and gaps in the fossil record. *Nature* 286: 444～445.

1985 T*he Problems of Evolution*. Oxford University Press, Oxford, UK.

Rieppel, O. (1994). Homology, topology, and typology: the history of modern debates. In *Homology: The Hierarchical Basis of Comparative Biology*, edited by B. K. Hall, pp.63～100. San Diego: Academic Press.

Rindos, D. (1980). Symbiosis, instability, and the origin and spread of agriculture: a new model. *Current Anthropology* 21: 751～772.

______. (1984). *The Origins of Agriculture: An Evolutionary Perspective*. Academic Press.

______. (1985). Darwinian selection, symbolic variation, and the evolution of culture. *Current Anthropology* 26: 65～88.

______. (1989). Undirected variation and Darwinian explanation of cultural change. In *Archaeological Method and Theory*, vol.1, edited by M. B. Schiffer, pp.1～45. Tucson: University of Arizona Press.

Ritchie, W. A. (1971). A typology and nomenclature for New York projectile points (rev. ed.). *New York State Museum and Science Service, Bulletin* No.384.

Roberts, F. H. H., Jr. (1935). A survey of Southwestern Archaeology. *American Anthropologist* 37: 1～35.

Rose, K. D., and t. M. Bown. (1986). Gradual evolution and species discrimination in the fossil record. In Vertebrates, Phylogeny, and Philosophy, edited by K. M. Flanagan and J. A. Lillegraven, pp.119~130. *University of Wyoming, Contributions to Geology, Special Paper* No.3.

Rosenberg, M. (1990). The mother of invention: evolutionary theory, territoriality, and origins of agriculture. *American Anthropologist* 92: 399~415.

______. (1991). Population pressure, locational constraints, and the evolution of culture: A reply to Graber. *American Anthropologist* 92: 399~697.

______. (1994). Pattern, process, and hierarchy in the evolution of culture. *Journal of Anthropological Archaeology* 13: 307~340.

______. (1998). Comment on "the goals of evolutionary archaeology: history and explanation" by R. L. Lyman and M. J. O'Brien. *Current Anthropology* 39: 639~640.

Rouse, I. B. (1939). Prehistory in Haiti: a study in method. *Yale University Publications in Anthropology* No.21.

______. (1953). The strategy of culture history. In *Anthropology Today*, edited by A. L. Kroeber, pp.57~76. Chicago: University of Chicago Press.

______. (1954). Review of "Measurements of some prehistoric design developments in the southeastern states" by J. A. Ford. *American Antiquity* 19: 296~297.

______. (1955). On the correlation of culture. *American Anthropologist* 57: 713~722.

______. (1967). Seriation in Archaeology. In *American Anthropology*: *Essay in Honor of Leslie Spier*, edited by C. L. Riley and W. W. Taylor, pp.153~195. Carbondale: Southern Illinois University Press.

Rowe, J. H. (1954). Max Uhle, 1856~1944: A memoir of the father of archaeology. *University of California, Publications in American Archaeology and Ethnology* 46(1): 1~134.

______. (1959). Archaeological dating and cultural process. *Southwestern Journal of Anthropology* 15: 317~324.

______. (1961). Stratigraphy and seriation. *American Antiquity* 27: 395~415.

______. (1962). Alfred Louis Kroeber. *American Antiquity* 27: 395~415.

______. (1975). Review of "A history American Archaeology" by G. R. Willey and J. A. Sabloff. *Antiquity* 49: 156~158.

Rudwick, M. J. S. (1964). The Inference of function from structure in fossils. *British Journal of the Philosophy of Science* 15: 27~40.

______. (1976). *The Meaning of Fossils* (rev. ed.). New York: Neale Watson.

______. (1996). Curvier and Brongniart, William Smith, and the reconstruction of geohistory. *Earth Sciences History* 15: 25~36.

Sabloff, J. A., T. W. Beale, and A. M. Kurland, Jr. (1973). Recent Developments in the Archaeology. *American Academy of Political and Social Science, Annals* 408: 103~118.

Sabloff, J. A. L. R. Binford, and P. A. McAnany. (1987). Understanding the archaeological record. *Antiquity* 61: 203~209.

Sadler, P. M. (1981). Sediment accumulation rates and the completeness of stratigraphic sections. *Journal of Geology* 89: 569~584.

Sahlins, M. D., and E. R. Service (editors). (1960). *Evolution and Culture*. Ann Arbor: University of Michigan Press.

Saitta, D. J. (1983). On the evolution of "Tribal" social networks. *American Antiquity* 48: 820~824.

Salmon, M. H. (1975). Confirmation and explanation in Archaeology. *American Antiquity* 40: 459~464.

______. (1978). What can systems theory do for Archaeology? *American Antiquity* 43: 174~183.

______. (1980). Reply to Lowe and Barth. *American Antiquity* 45: 575~579.

______. (1981). Ascribing functions to Archaeological objects. *Philosophy of the Social Sciences* 11: 19~26.

______. (1982). *Philosophy and Archaeology*. Academic Press, New York.

Salmon, N. H., and W. C. Salmon (1979). Alternative models of scientific explanation. *American Anthropologist* 81: 61~74.

Sapir, G. W. (1979). Comment on the use of the term *Emergent Properties*. *American Naturalist* 81: 145~148.

Sapir, E. (1916). Time perspective in Aboriginal American Culture, a study in method. *Canada Department of Mines*, *Geological*, *Memoir* 90.

Saunders, J. (1990). The discovery of America's past. In Megafauna and Main: Discovery of America's heartland, edited by L. D. Agenebroad, J. I. Mead, and L. W. Nelson, pp.136~143. *Mammoth Site of Hot Springs, South Dakota, Scientific Papers* 1.

Schaeffer, B., M. K. Hecht, and N. Eldredge (1972). Phylogeny and Paleontology. *Evolutionary Biology* 6: 31~46.

Schankler, D. M. (1981). Local extinction and ecological re-entry of early Eocene mammals. *Nature* 293: 135~138.

Scharrer, E. (1946). Anatomy and the concept of analogy. *Science* 103: 578~579.

Schiffer, M. B. (1972). Archaeological context and systemic context. *American Antiquity* 37: 156~165.

______. (1975). Archaeology and behavioral science. *American Anthropologist* 77: 836~848.

______. (1976). *Behavioral Archeology*. Academic Press, New York.

______. (1978). Methodological issues in ethnoarchaeology. In *Exploration in*

Ethnoarchaeology, edited by R. A. Gould, pp.229～247. Albuquerque: University of New Mexico Press.

______. (1985). Is there a "Pompeii premise" in archaeology? *Journal of Anthropological Research* 41: 18～41.

______. (1987). *Formation Processes of the Archaeological Record.* Albuquerque: University of New Mexico Press.

______. (1995a). Social theory and history in behavioral archaeology. In *Expanding Archaeology*, edited by J. M. Skibo, W. H. Walker, and A. E. Nielsen, pp.22～35. Salt Lake City: University of Utah Press.

______. (1995b). A personal history of behavioral archaeology. In *Behavioral Archaeology: First Principles*, by M. B. Schiffer, pp.1～24. Salt Lake City: University of Utah Press.

______. (1996). Some relationships between behavioral and evolutionary archaeologies. *American Antiquity* 61: 643～662.

______. (1999). Behavioral archaeology: some clarification. *American Antiquity* 64: 27～50.

Schiffer, M. B., and J. M. Skibo (1987). Theory and experiment in the study of technological change. *Current Anthropology* 28: 595～622.

______. (1997). The explanation of artifact variability. *American Antiquity* 62: 27～50.

Schindel, D. E. (1980). Microstratigraphic sampling and the limits of paleontologic resolution. *Paleobiology* 6: 408～426.

______. (1982). Resolution analysis: a new approach to the gaps in the fossil record. *Paleobiology* 8: 340～353.

Schoch, R. M. (1983). Evolution debate. *Science* 220: 360.

Schopf, T. J. M. (1980). Macroevolution: the fifth dimension? *Paleobiology* 6: 380～382.

______. (1981). Punctuated equilibrium and evolutionary stasis. *Paleobiology* 7: 156～166.

______. (1982). A critical assessment of punctuated equilibria: I. duration of taxa. *Evolution* 36: 1144～1157.

Schopf, T. J. M., and A. Hoffman (1983). Punctuated equilibrium and the fossil record. *Science* 219～438～439.

Schwartz, S. P. (1981). Natural kinds. *Behavioral and Brain Sciences* 4: 301～302.

Scully, E. G. (1951). *Some Central Mississippi Valley Projectile Point Types.* University of Michigan, Ann Arbor: Museum of Anthropology.

Sellards, E. H. (1952). *Early Main in America.* University of Texas Press, Austin.

Sepkoski, J. J., Jr. (1975). Stratigraphic biases in the analysis of taxonomic survivorship. *Paleobiology* 1: 343～355.

______. (1981). A factor analytic description of the Phanerozoic marine fossil record. *Paleobiology* 7: 36~53.

Sepkoski, J. J., Jr., R. K. Bambach, D. M. Raup, and J. W. Valentine (1981). Phanerozoic marine diversity and the fossil record. *Nature* 293: 435~437.

Sepkoski, J. J. Jr., and P. R. Crane (1985). Tenth anniversary issue of Paleobiology. *Paleobiology* 11: i.

Sennan, S. J. (1989). Cultural transmission and cultural change. In *What's New? A Closer Look at the Process of Innovation*, edited by S. E. van der Leeuw and R. Torrence, p. 330~346. London: Unwin Hyman.

______. (1991). Tradition, rationality, and cultural transmission. In *Processual and Postprocessual Archaeologies: Multiple Ways of Knowing the Past*, edited by R. W. Preucel, pp.197~208. Southern Illinois University Press, Carbondale, Center for Archaeological Investigations, Occasional Paper No.10.

Signor, P. W. (1982). Species richness in the Phanerozoic: compensating for sampling bias. *Geology* 10: 625~628.

______. (1990). The geologic history of diversity. *Annual Review of Ecology and Systematics* 21: 509~539.

Simpson, G. G. (1937a). Notes on the Clark Fork, Upper Paleocene, Fauna. *American Museum Novitates* 954.

______. (1937b). Patterns of phyletic evolution. *Geological Society of America Bulletin* 48: 303~314.

______. (1937c). Super-specific variation in nature and in classification from the view-point of paleontology. *American Naturalist* 71: 236~267.

______. (1940). Types in modern taxonomy. *American Journal of Science* 238: 413~431.

______. (1943). Criteria for genera, species and subspecies in zoology and paleozoology. New York Academy of Sciences, Annals 44: 145~178.

______. (1944). *Tempo and Mode in Evolution*. New York: Columbia University Press.

______. (1949). *The Meaning of Evolution*. New Haven, CT: Yale University Press.

______. (1951). The species concept. *Evolution* 5: 285~298.

______. (1953). *The Major Features of Evolution*. New York: Yale University Press.

______. (1961). *Principles of Animal Taxonomy*. New York: Columbia University Press.

______. (1963). Historical Science. In *The Fabric of Geology*, edited by C. C. Albritton, Jr., pp.24~48. Stanford, CA: Freeman, Co.

______. (1970). Uniformitarianism: an inquiry into principal, theory, and method in geohistory and biohistory. In *Essays in Evolution and Genetics in Honor of Theodosius Dobzhansky*, edited by M. K. Hecht and W. C. Steere, pp.43～96. New York: Appleton.

______. (1975). Recent advances in methods of phylogenetic inference. In *phylogeny of primates: A Multidisciplinary Approach*, edited by W. P. Luckett and F. S. Szalay, pp.3～19. New York: Plenum Press.

______. (1984). Introduction: twenty years later. In *Tempo and Mode in Evolution* (rev. ed.), by G. G. Simpson, pp. xiii-xxx. New York: Columbia University Press.

Skibo, J. M. and M. B. Schiffer (1995). The clay cooking pot: an exploration of women's technology. In *Expanding Archaeology*, edited by J. M. Skibo, W. H. Walker, and A. E. Nielsen, pp.80～91. Salt Lake City: University of Utah Press.

Sluys, R. (1996). The notion of homology in current comparative biology. *Journal of Zoological Systematics and Evolutionary Research* 34: 145～152.

Smith, A. B. (1994). *Systematics and the Fossil Record: Documenting Evolutionary Patterns*. London: Blackwell.

Smith, B. D. (1977). Archaeological inference and inductive confirmation. *American Anthropologist* 79: 598～617.

Smith, E. A., and B. Winterhalder (editors) (1992). *Evolutionary Ecology and Human Behavior*. New York: Aldine.

Smith, H. M. (1967). Biological similarities and homologies. *Systematic Zoology* 16: 101～102.

Sober, E. (1980). Evolution, population thinking, and essentialism. *Philosophy of Science* 47: 350～383.

______. (1984a). *The Nature of Selection: Evolutionary Theory in Philosophical Focus*. Cambridge, MA: MIT Press.

______. (1984b). Sets, species and evolution: comments on Philip Kitcher's "Species". *Philosophy of Science* 51: 334～341.

______. (1988). Reconstructing the past: parsimony, evolution, and inference. Cambridge, MA: MIT Press.

______. (1992). Models of cultural evolution. in *Trees of Life: Essays in Philosophy of Biology*, edited by P. Griffiths, pp.17～39. Netherlands: Kluwer, Dordrecht.

______. (1993). *Philosophy of Biology*. Westview Press, Boulder, CO.

Sober, E., and D. S. Wilson (1994). A critical review of philosophical work on the units of selection problem. *Philosophy of Science* 61: 534～555.

Sokal, R. R., and T. Crovello (1970). The biological species concept: a critical evaluation. *American Naturalist* 104: 127～153.

Sokal, R. R., and P. H. A. Sneath (1963). *Principles of Numerical Taxonomy*.

San Francisco: Freeman.
Solow, A. R., and W. Smith (1997). On fossil preservation and the stratigraphic ranges of taxa. *Paleobiology* 23: 271～277.
Spaulding, A. C. (1949). Cultural and chronological classification in the Plains area. *Plains Archaeological Conference Newsletter* 2(2): 3～5.
______. (1953a). Review of "Measurements of some prehistoric design development sin the southeastern States" by J. A. Ford. *American Anthropologist* 56: 588～591.
______. (1953b). Statistical techniques for the discovery of artifacts types. *American Antiquity* 18: 305～313.
______. (1954a). Reply (to Ford) *American Anthropologist* 56: 112～114.
______. (1954b). Reply to Ford. *American Antiquity* 19: 391～393.
______. (1954c). Prehistoric cultural development in eastern United States. In *New Interpretations of Aboriginal American Culture History*, edited by B. J. Meggers and C. Evans, pp.12～27. Washington, DC: Anthropological Society of Washington.
______. (1957). Review of "Method and theory in American Archeology: an operational basis for cultural-historical integration" by P. Phillips and G. R. Willey, and "Method and theory in American Archeology II: historical-developmental interpretation" by G. R. Willey and P. Phillips. *American Antiquity* 23: 85～87.
______. (1960). The dimensions of archaeology. In *Essays in the Science of Culture in Honor of Leslie A. White*, edited by G. E. Dole and R. L. Carneiro, pp.437～456. New York: Crowell.
Spencer, G. S. (1992). Homology, analogy, and comparative research in archaeology. *Behavior Science Research* 26: 1～4.
______. (1997). Evolutionary approaches in archaeology. *Journal of Archaeological Research* 5: 209～264.
______. (1998). Comment on "The goals of evolutionary archaeology: history and explanation" by R. L. Lyman and M. J. O'Brien. *Current Anthropology* 39: 641～642.
Spier, L. (1917a). An outline for a chronology of Zuni ruins. *American Museum of Natural History, Anthropological Papers* 18(3): 207～331.
______. (1917b). Zuni chronology. *National Academy of Sciences, Proceedings* 3: 280～283.
Springer, K. B., and M. A. Murphy (1994). Punctuated stasis and collateral evolution in the Devonian lineage of *Monograptus hercynicus*. *Lethaia* 27: 119～128.
Stahl, A. B. (1993). Concepts of time and approaches to analogical reasoning in historical perspective. *American Antiquity* 58: 235～260.
Stanislawski, M. B. (1973). Review of "Archaeology as anthropology: a case

study" by W. A. Longacre. *American Antiquity* 38: 117～121.

Stanley, S. M. (1975). A theory of evolution above the species level. *National Academy of Sciences. Proceedings* 72: 646～650.

______. (1976). Stability of species in geologic time. *Science* 192: 267～269.

______. (1979). *Macroevolution: Pattern and Process*. San Francisco: Freeman.

______. (1981). *The New Evolutionary Time Table: Fossils, Genes, and the Origin of Species*. New York: Basic Books.

______. (1982). Macroevolution and the fossil record. *Evolution* 36: 460～473.

______. (1989). The empirical case for the punctuational model of evolution. *Journal of Biological and social structures* 12: 159～172.

Stanley, S. M., P. W. Signor III, S. Lidgard, and A. F. Karr. (1981). National clades differ from "Random" clades: simulations and Analyses. *Paleobiology* 7: 115～127.

Stearns, S. C. (1986). National selection and fitness, adaptation and constraint. In *Patterns and Processes in the History of life*, edited by D. M. Raup and D. Jablonski, pp.23～44. Berlin: Springer-Verlag.

Stebbins, G. L., and F. J. Ayala. (1981). Is a new evolutionary synthesis necessary? *Science* 213: 967～971.

Stein, E., and P. Lipton. (1989). Where guesses come from: evolutionary epistemology and the anomaly of Guide variation. *Biology and Philosophy* 4: 33～56.

Sterns, F. H. (1915). A stratification of cultures in Nebraska. *American Anthropologist* 17: 121～127.

Stevens, P. F. (1980). Evolutionary polarity of character states. *Annual Review of Ecology and Systematics* 11: 333～358.

Stevens, S. S. (1946). On the theory of scales of measurement. *Science* 103: 677～680.

Steward, J. H. (1929). Diffusion and independent invention: a critique of logic. *American Anthropologist* 31: 491～495.

______. (1941). Review of "Prehistoric culture units and their relationships in northern Arizona" by H. S. Colton. *American Antiquity* 6: 366～367.

______. (1942). The direct historical approach to archaeology. *American Antiquity* 7: 337～343.

______. (1944). Re: Archaeological tools and jobs. *American Antiquity* 10: 99～100.

______. (1955). *Theory of culture change: The Methodology of Multilinear Evolution*. Urbana: University of Illinois Press.

Stiebing, W. H., Jr. (1993). *Uncovering the Past: A History of Archaeology.*

Buffalo, New York: Prometheus books.

Striediter, G. F., and R. G. Northcutt. (1991). Biological hierarchies and the concept of homology. *Brain Behavior and Evolution* 38: 177~189.

Strong, W. D. (1952). The value of archeology in the training of professional anthropologists. *American Anthropologist* 54: 318~321.

Styles, B. W. (1981). Early Late Woodland subsistence in the Lower Illinois Valley. *Northwestern University Archeological Program, Scientific Papers* No.3.

Suhm., D. A., and E. B. Jelks. (1962). Handbook of Texas archeology: type descriptions. *Texas Archeological Society, Special Publication* No.1.

Shum., D., A., A. D. Krieger, and E. B. Jelks. (1954). An introductory handbook of Texas archeology. *Texas Archeological Society, Bulletin* 25.

Sylvester-Bradley, P. C. (editor). (1956). *The Species Concept in Paleontology.* The Systematics Association, London.

Szalay, F. S. (1994). *Evolutionary History of the Marsupials and an Analysis of Osteological Characters.* Cambridge, UK: Cambridge University Press.

Szalay, F. S., and W. J. Bock. (1991). Evolutionary theory and systematics: relationships between process and patterns. *Zeitschrift für Zoologische Systematik und Evolutionsforschung* 29: 1~39.

Szarski, H. (1949). The concept of homology in the light of the comparative anatomy of vertebrates. *Quarterly Review of Biology* 24: 124~131.

Tattersall, I. (1986). Species recognition in human paleontology. *Journal of Human Evolution* 15: 165~175.

Taylor, P. J. (1987). Historical versus selectionist explanations in evolutionary biology. *Cladistics* 3: 1~13.

Taylor, R. E., C. V. Haynes, Jr., and M. Stuiver. (1996). Clovis and Folsom age estimates: stratigraphic context and radiocarbon calibration. *Antiquity* 70: 515~525.

Taylor, W. W. (1948). *A Study of Archeology.* American Anthropological Association, Memoir 69.

Teltser, P. A. (1995a) Editor. *Evolutionary Archaeology: Methodological Issues.* Tucson: University of Arizona Press.

______. (1995b). Introduction: the methodological challenge of evolutionary theory. In *Evolutionary Archaeology: Methodological Issues*, edited by P. A. Teltser, pp.1~11. Tucson: University of Arizona Press.

______. (1995c). Culture history, evolutionary theory, and frequency seriation. In *Evolutionary Archaeology: Methodological Issues*, edited by P. A. Teltser, pp.51~68. Tucson: University of Arizona Press.

Templeton, A. R. (1980). The theory of speciation via the founder principle.

Genetics 94: 1011～1038.

______. (1981). Mechanisms of speciation: A population genetic approach. *Annual Review of Ecology and Systematics* 12: 23～48.

Terrell, J. (1986). Causal pathways and causal processes: studying the evolutionary prehistory of human diversity in language, customs, and biology. *Journal of Anthropological Archaeology* 5: 187～198.

Thomas, C. (1891). Catalogue of prehistoric works east of the Rocky Mountains. *Bureau of Ethnology, Bulletin* 12.

______. (1894). Report on the mound explorations of the Bureau of Ethnology. *Bureau of Ethnology, Annual Report* 12: 3～742.

Thomas, D. H. (1981). How to classify the projectile points form Monitor Valley, Nevada. *Journal of California and Great Basin Anthropology* 3: 7～43.

______. (1983a). Cultural stratigraphy at Gatecliff Shelter. in The Archaeology of Monitor Valley 2: Gatecliff Shelter, by D. H. Thomas, pp.172～176. *American Museum of Natural History, Anthropological Papers* 59.

______. (1983b). Some theoretical and methodological considerations. In The Archaeology of Monitor Valley 2: Gatecliff Shelter, by D. H. Thomas, pp.177～211. *American Museum of Natural History, Anthropological Papers* 59.

Thompson, P. (1983). Tempo and mode in evolution: punctuated equilibria and the Modern Synthesis Theory. *Philosophy of Science* 50: 432～452.

Thompson, R. H. (1956a). Editor, An archaeological approach to the study of cultural stability. In Seminars in Archaeology: 1955. *Society for American Archaeology, Memoirs* No.11: 31～57.

______. (1956b). The subjective element in archaeological inference. *Southwestern Journal of Anthropology* 12: 327～332.

______. (1958a). Editor. Migrations in New World culture history. *University of Arizona, Social Science Bulletin* 27.

______. (1958b). Modern Yucatecan Maya pottery making. *Society for American Archaeology, Memoirs* No.15.

Trigger, B. G. (1968). *Beyond History: The Methods of Prehistory*. New York: Holt, Rinehart and Winston.

______. (1989). *A History of Archaeological Thought*. Cambridge, UK: Cambridge University Press.

______. (1998). Review of "The Rise and Fall of Culture History", by R. L. Lyman, M J. O'Brien, and R. C. Dunnell. *Journal of Field Archaeology* 25: 363～366.

Treman, E. R. (1979). Species concept. In *The Encyclopedia of Paleontology*, edited by R. W. Fairbridge and D. Jablonski, pp.764～767.

Stroudsburg, PA: Dowden, Hutchison and Ross.

Tschauner, H. (1994). Archaeological systematics and cultural evolution: retrieving the honor of culture history. *Man* 29: 77~93.

Tuggle, H. D., A. H. Townsend, and T. J. Riley. (1972). Laws, systems and research designs: a discussion of explanation in archaeology. *American Antiquity* 37: 3~12.

Turner, J. R. G. (1986). The genetics of adaptive radiation: a neo-Darwinian theory of punctuational evolution. In *Patterns and Processes in the History of Life*, edited by D. M. Raup and D. Jablonski, pp.183~207. Berlin: Springer-Verlag.

Tylor, E. G. (1871). *Primitive Culture*. Murray, London.

Uhen, M. D. (1996). An evaluation of clade-shape statistics using simulations and extinct families of mammals. *Paleobiology* 22: 8~22.

Uhle, M. (1903). *Pachacamac*. University of Pennsylvania Press, Philadelphia.

______. (1907). The Emeryville shellmound. *University of California, Publications in American Archaeology and Ethnology* 7: 1~107.

Valentine, J. W., and C. L. May. (1996). Hierarchies in biology and paleontology. *Paleobiology* 22: 23~33.

Van Riper, A. B. (1993). *Men among the Mammoths: Victorian Science and the Discovery of Human Prehistory*. Chicago: University of Chicago Press.

Vaupel Klein, J. C. von. (1994). Punctuated equilibria and phyletic gradualism: even partners can be good friends. *Acta Biotheoretica* 42: 15~48.

Vrba, E. S. (1980). Evolution, species and fossils: how does life evolve? *South African Journal of Science* 76: 61~84.

______. (1983). Macroevolutionary trends: new perspectives on the roles of adaptation and incidental effect. *Science* 221: 387~389.

______. (1984). What is species selection? *Systematic Zoology* 33: 318~328.

______. (1985). Environment and evolution: alternative causes of the temporal distribution of evolutionary events. *South African Journal of Science* 81: 229~236.

______. (1989). Levels of selection and sorting with special reference to the species level. *Oxford Surveys in Evolutionary Biology* 6: 111~168.

Vrba, E. S., and N. Eldredge. (1984). Individuals, hierarchies and processes: towards a more complete evolutionary theory. *Paleobiology* 10: 146~171.

Vrba, E. S., and S. J. Gould. (1986). The hierarchical expansion of sorting and selection: sorting and selection cannot be equated. *Paleobiology* 12: 217~228.

Wade, M. J., and S. Kalisz. (1990). The causes of natural selection. *Evolution* 44: 1947~1955.

Wagner, P. J. (1995). Stratigraphic tests of cladistic hypotheses. *Paleobiology* 21: 153～178.

Walker, W. H., J. M. Skibo, and A. E. Nielsen. (1995). Introduction: expanding archaeology. In *Expanding Archaeology*, edited by J. M. Skibo, W. H. Walker, and A. E. Nielsen, pp.1～12. Salt Lake City: University of Utah Press.

Watson, P. J. (1982). Review of "Living Archaeology" by R. A. Gould. *American Antiquity* 47: 445～448.

______. (1986). Archaeological interpretation, 1985. In *American Archaeology Past and Future: A Celebration of the Society for American Archaeology, 1935～1985*, edited by D. J. Meltzer, D. D. Fowler, and J. A. Sabloff, pp.439～457. Washington, DC: Smithsonian Institution Press.

Watson, P. J., S. A. LeBlanc, and C. L. Redman. (1971). *Explanation in Archeology: An Explicitly Scientific Approach*. New York: Columbia University Press.

______. (1974). The converting law model in archaeology: practical uses and formal interpretations. *World Archaeology 6*: 125～132.

______. (1984). *Archeological Explanation: The Scientific Method in Archeology*. New York: Columbia University Press.

Watson, R. A. (1966). Is geology different: a critical discussion of "The fabric of geology". *Philosophy of Science* 33: 172～185.

______. (1976). Inference in archaeology. *American Antiquity* 41: 58～66.

Wauchope, R. (1965). Alfred Vincent Kidder, 1885～1963. *American Antiquity* 31: 149～171.

Wayne, R. K., M. S. Roy, and J. L. Gittleman. (1998). Origin of the red wolf: response to Nowak an Federoff and Gardener. *Conservation Biology* 12: 726～729.

Weller, J. M. (1949). Paleontologic classification. *Journal of Paleontology* 23: 680～690.

______. (1961). The species problem. *Journal of Paleontology* 35: 1181～1192.

Whallon, R. (1982). Editorial introduction. *Journal of Anthropological Archaeology* 1: 1～4.

Wheat, J. B., J. c. Gifford, and W. W. Wasley. (1958). Ceramic variety, type cluster, and ceramic system in southwestern pottery analysis. *American Antiquity* 24: 34～47.

White, L. A. (1943). Energy and evolution of culture. *American Anthropologist* 45: 335～356.

______. (1945). History, evolution, and functionalism: three types of interpretation of culture. *Southwestern Journal of Anthropology* 1:

221～248.

______. (1949). *The Science of Culture: A Study of Man and Civilization.* New York: Grove Press.

______. (1959a). The concept of evolution in Anthropology. In *Evolution and Anthropology: A Centennial Appraisal*, edited by B. J. Meggers, pp.106～124. Washington, DC: Anthropological Society of Washington.

______. (1959b). *The Evolution of Culture: The Development of Civilization to the Fall of Rome.* McGraw-Hill, New York.

Whittaker, J. C., D. Caulkins, and K. A. Kamp. (1998). Evaluating consistency in typology and classification. *Journal of Archaeological Method and Theory* 5: 129～164.

Willey, G. R. (1938). Time studies: pottery and trees in Georgia. *Society for Georgia Archaeology, Proceedings* 1: 15～22.

______. (1939). Ceramic stratigraphy in a Georgia village site. *American Antiquity* 5: 140～147.

______. (1940). Review of "Prehistory in Haita: A Study in Method" by I. B. Rouse. *American Anthropologist* 42: 673～675.

______. (1949). Archeology of the Florida Gulf Coast. *Smithsonian Miscellaneous Collections* 113.

______. (1953). Archaeological theories and interpretation: New World. In *Anthropology Today*, edited by A. L. Kroeber, pp.361～385. Chicago: University of Chicago Press.

______. (1968). One hundred years of American archaeology. In *One Hundred Years of Anthropology*, edited by J. O. Brew, pp.26～53. Cambridge, MA: Harvard University Press.

______. (1988). *Portraits in American Archaeology: Remembrances of Some Distinguished Americanists.* Albuquerque: University of New Mexico Press.

Willey, G. R., and P. Phillips. (1955). Method and theory in American archaeology, II: historical-developmental interpretation. *American Anthropologist* 57: 723～819.

______. (1958). *Method and Theory in American Archaeology.* Chicago: University of Chicago Press.

Willey, G. R., and J. A. Sabloff. (1993). *A History of American Archaeology* (3rd ed.). New York: Freeman.

Willey, G. R., and R. B. Woodbury. (1942). A chronological outline for the Northwest Florida Coast. *American Antiquity* 7: 232～254.

Williams, G. C. (1966). *Adaptation and Natural Selection.* Princeton, NJ: Princeton University Press.

Williamson, P. G. (1981). Palaeontological documentation of speciation in

Cenozoic molluscs from Turkana Basin. *Nature* 293: 437~443.

______. (1982). Williamson replies. *Nature* 296: 611~612.

______. (1983). Williamson replies. *Nature* 304: 661~663.

______. (1985a). Punctuated equilibrium, morphological stasis and the paleontological documentation of speciation: a reply to Fryer, Greenwood and Peake's critique of the Turkana Basin mollusc sequence. *Biological Journal of the Linnean Society* 26: 307~324.

______. (1985b). In reply to Fryer, Greenwood and Peake. *Biological Journal of the Linnean Society* 26: 337~340.

Willis, J. C. (1922). *Age and Area*. Cambridge, UK: Cambridge University Press.

Wilmsen, E. N. (1968a). Functional analysis of flaked stone artifacts. *American Antiquity* 33: 156~161.

______. (1968b). Lithic analysis in paleoanthropology. *Science* 161: 982~987.

Wilson, B. E. (1996). Changing conceptions of species. *Biology and Philosophy* 11: 405~420.

Wissler, C. (1909). Introduction. In The Indians of Greater New York and the Lower Hudson, edited by C. Wissler. *American Museum of Natural History*, *Anthropological Papers* 3: xiii-xv.

______. (1914). Material cultures of the North American Indians. *American Anthropologist* 16: 447~505.

______. (1915). Explorations in the Southwest by the American Museum. *American Museum Journal* 15: 395~398.

______. (1916a). Correlations between archeological and culture areas in the American continents. In *Holmes Anniversary Volume*: *Anthropological Essays*, edited by F. W. Hodge, pp.481~490. Washington, DC.

______. (1916b). The application of statistical methods to the data on the Trenton Argillite culture. *American Anthropologist* 18: 190~197.

______. (1916c). The genetic relations of certain forms in American aboriginal art. *National Academy of Sciences*, *Proceedings* 2: 224~226.

______. (1917a). *The American Indian*. McMurtrie, New York.

______. (1917b). The New Archaeology. *American Museum Journal* 17: 100~101.

______. (1919). General introduction. *American Museum of Natural History*, *Anthropological Papers* 18: iii-x.

______. (1923). *Man and Culture*. New York: Crowell.

______. (1924).. The relation of nature to man as illustrated by the North American Indian. *Ecology* 5: 311~318.

Wobst, H. M. (1977). Stylistic behavior and information exchange. In For the Director: Research Essays in Honor of James B. Griffin, edited by C. E. Cleland, pp.317~342. *University of Michigan*, *Museum of*

Anthropology, Anthropological Papers No.61.

______. (1978). The archaeo-ethnology of hunter-gatherers or the tyranny of the ethnographic record in archaeology. *American Antiquity* 43: 303～309.

Woodbury, R. B. (1960a). Nels C. Nelson and chronological archaeology. *American Antiquity* 25: 400～401.

______. (1960b). Nelson's stratigraphy. *American Antiquity* 26: 98～99.

______. (1973). *Alfred V. Kidder*. New York: Columbia University Press.

Wormington, H. M. (1957). Ancient man in North American (4th ed.). *Denver Museum of Natural History, Popular Series* No.4.

Wright, C. W. (1950). Paleontologic classification. *Journal of Paleontology* 24: 746～748.

Wright, S. (1930). The genetical theory of natural selection: a review. *Journal of Heredity* 21: 349～356.

______. (1931). Evolution in Mendelian populations. *Genetics* 16: 97～159.

______. (1932). The roles of mutation, inbreeding, crossbreeding, and selection in evolution. *Proceedings of the 6th International Congress on Genetics* 1: 356～366.

Wyckoff, D. G., and W. W. Dalquest. (1997). From whence they came: the paleontology of Southern Plains bison. In Southern Plains Bison Procurement and Utilization from Paleoindian to Historic, edited by L. C. Bement and K. J. Buehler, pp.5～32. *Plains Anthropologist Memoir* 29.

Wylie, A. (1982). An analogy by any other name is just as analogical: a commentary on the Gould-Watson dialogue. *Journal of Anthropological Archaeology* 1: 382～401.

______. (1985). The reaction against analogy. In *Advances in Archaeological Method and Theory*, vol.5, edited by M. B. Schiffer, pp.63～111. New York: Academic Press.

______. (1995). An expanded behavioral archaeology: transformation and redefinition. In *Expanding Archaeology*, edited by J. M. Skibo, W. H. Walker, and A. E. Nielsen, pp.198～209. Salt Lake City: University of Utah Press.

Wyman, J. (1868). An account of some Kjoekkenmoeddings, or Shell-Heaps, in Maine and Massachusetts. *The American Naturalist* 1: 561～584.

______. (1875). Fresh-water shell mounds of the St. John's River, Florida. *Peabody Academy of Science, Memoir* 4.

Yoffee, N. (1979). The decline and rise of Mesopotamian civilization: an ethnoarchaeological perspective on the evolution of social complexity. *American Antiquity* 44: 5～35.

______. (1980). Honk if you know Darwin: brief reply to Dunnell and Wenke.

American Antiquity 45: 610～612.

Youngman, P. M., and F. W. Schueler. (1991). *Martes nobilis* is a synonym of *Martes americana*, not a extinct Pleistocene-Holocene species. *Journal of Mammalogy* 72: 567～577.

찾아보기

(용 어)

ㄱ

ㄴ · ㄷ

ㄹ · ㅁ

ㅂ

ㅅ

ㅇ

ㅈ

찾아보기

(인명 · 서적 · 유적)

인명

서적

유적

마이클 오브라이언 (Michael J. O'Brien)

미국 텍사스대학교(Austin)를 졸업(Ph. D.)하고, 현재 미주리대학교(Columbia) 인류학과 교수이자 동 대학박물관장, 문과대학장이다. 연구 분야는 고고학사와 미국 동부의 선사시대이며, 주요 저술로는 *The Prehistory of Missouri* (1998), *Mapping Our Ancestors: Phylogenic Methods in Anthropology and Prehistory*(2005, C. Lipo · S. Shennan 공저) 등이 있다.

리 라이맨 (R. Lee Lyman)

미국 워싱턴대학교를 졸업(Ph. D.)하고, 현재 미주리대학교 인류학과 교수이자 학과장이다. 연구 분야는 동물고고학, 고고학사, 미국 서부 선사시대이며 주요 저술로는 *Vertebrate Taphonomy*(1994), *Quantitative Paleozoology* (2008) 등이 있다.

두 저자의 공저로는 *Seriation, Stratigraphy, and Index Fossils: The Backbone of Archaeological Dating*(1999), *Measuring Time with Artifacts: A History of Methods in American Archaeology*(2006), *The Rise and Fall of Culture History*(1997, R. Dunnell 공저), *Archaeology as a Process: Processualism and Its Progeny*(2005, M. Schiffer 공저) 등이 있다.

성춘택

서울대학교 인문대학 고고미술사학과를 졸업하고, 미국 워싱턴대학교 인류학과에서 고고학전공으로 박사학위를 받았다. 2002년 충남대학교 고고학과 교수로 부임하였으며, 현재는 경희대학교 사학과 교수로 재직중이다. 연구 분야는 구석기시대, 수렵채집민, 고고학사 등이다. 주요 저술로는 《한국고고학강의》(사회평론, 2007, 이선복 등과 공저) 등이 있고, 《고고학사: 사상과 이론》(B. Trigger 원저)과 《인류학과 고고학》(C. Gosden 원저)을 번역하여 출간하였다.